L'ART
DE VÉRIFIER LES DATES
DES FAITS HISTORIQUES,
DES CHARTES, DES CHRONIQUES,
ET AUTRES ANCIENS MONUMENTS,
DEPUIS LA NAISSANCE DE NOTRE-SEIGNEUR;

L'ART
DE VÉRIFIER LES DATES
DES FAITS HISTORIQUES,
DES CHARTES, DES CHRONIQUES,
ET AUTRES ANCIENS MONUMENTS,
DEPUIS LA NAISSANCE DE NOTRE-SEIGNEUR,

Par le moyen d'une Table Chronologique, où l'on trouve les Olympiades, les Années de J. C., de l'Ère Julienne ou de Jules César, des Ères d'Alexandrie et de Constantinople, de l'Ère des Séleucides, de l'Ère Césaréenne d'Antioche, de l'Ère d'Espagne, de l'Ère des Martyrs, de l'Hégire; les Indictions, le Cycle Pascal, les Cycles Solaire et Lunaire, le Terme Pascal, les Pâques, les Épactes, et la Chronologie des Éclipses;

Avec deux Calendriers Perpétuels, le Glossaire des Dates, le Catalogue des Saints; le Calendrier des Juifs; la Chronologie historique du Nouveau Testament; celle des Conciles, des Papes, des quatre Patriarches d'Orient, des Empereurs Romains, Grecs; des Rois des Huns, des Vandales, des Goths, des Lombards, des Bulgares, de Jérusalem, de Chypre; des Princes d'Antioche; des Comtes de Tripoli; des Rois des Parthes, des Perses, d'Arménie; des Califes, des Sultans d'Iconium, d'Alep, de Damas; des Empereurs Ottomans; des Schahs de Perse: des Grands-Maîtres de Malte, du Temple; de tous les Souverains de l'Europe; des Empereurs de la Chine; des grands Feudataires de France, d'Allemagne, d'Italie; des Républiques de Venise, de Gênes, des Provinces-Unies, etc., etc., etc.

PAR UN RELIGIEUX DE LA CONGRÉGATION DE SAINT-MAUR;

Réimprimé avec des corrections et annotations, et continué jusqu'à nos jours,

Par M. DE SAINT-ALLAIS, chevalier de plusieurs Ordres, auteur de l'Histoire généalogique des Maisons souveraines de l'Europe.

TOME SEPTIÈME.

A PARIS,

RUE DE LA VRILLIÈRE, N°. 10, PRÈS LA BANQUE.

VALADE, IMPRIMEUR DU ROI, RUE COQUILLIÈRE.

L'ART

DE

VÉRIFIER LES DATES.

CHRONOLOGIE HISTORIQUE

DES

ROIS DE PORTUGAL.

Le Portugal, qui comprend l'ancienne Lusitanie, borné à l'Occident et au Sud par l'Océan, à l'Est et au Nord par l'Espagne, s'étend sur environ cent vingt-cinq lieues de longueur et soixante de largeur. Dans la décadence de l'empire romain, il éprouva le sort des autres provinces d'Espagne, et fut successivement soumis aux Suèves et aux Alains, aux Visigoths et aux Maures. Enfin, après que les Espagnols eurent secoué le joug des barbares, le Portugal recouvra sa liberté, et devint dans la suite un royaume d'Espagne. On n'a rien d'assuré sur l'origine du nom de Portugal : l'opinion la plus commune est qu'il vient de celui de *Portus cale*, ou *Portus caliæ*, qu'on donna autrefois à la ville de Porto, sur le Douro, et qui s'étendit ensuite à tout le diocèse situé entre les rivières de Douro et de Minho, puis à toutes les terres qu'on y joignit par la suite des tems.

HENRI DE BOURGOGNE, COMTE DE PORTUGAL.

Henri de Bourgogne, né vers l'an 1060, petit-fils par Henri, son père, de Robert I, duc de Bourgogne, étant venu au secours d'Alfonse VI, roi de Castille et de Léon, contre les Maures, avec Raimond, comte de Toulouse, Raimond de Bourgogne, et d'autres seigneurs français, reçut, en 1094, ou 1095, pour récompense de ses services, la main de THÉRÈSE, fille naturelle d'Alfonse, qui le fit en même tems comte du canton de la Lusitanie, situé entre le Douro et le Minho. Il établit sa résidence à Guimaras, sur la rivière d'Ave. C'était un prince rempli de valeur. Il se signala par plusieurs victoires remportées sur les Maures, auxquels il enleva Viseo, Lamego, Brague et Coïmbre. Maître de ces places, il y rétablit les chaires épiscopales dont elles étaient décorées avant l'invasion des infidèles. Roderic de Tolède dit qu'il fut quelque tems rebelle envers le roi, son beau-père, mais non pas, ajoute-t-il, jusqu'à lui refuser l'hommage qu'il lui devait. Du reste, il le représente comme un prince qui joignit les vertus chrétiennes à l'héroïsme. La reine Urraque, sœur de Thérèse, trouva dans ce comte, son beau-frère, un défenseur contre Alfonse le Batailleur, roi d'Aragon, son époux, avec lequel elle était en guerre. Henri lui mena des troupes, et mourut durant cette expédition, l'an 1112, dans la ville d'Astorga, d'où son corps fut apporté à Brague. De son mariage, il laissa un fils, qui suit, et deux filles, Thérèse, mariée à Ferdinand Nugnez, l'un des plus grands seigneurs de la Galice; et Urraque, femme de Ferdinand Bermond Paez, comte de Transtamare. Il eut encore un fils naturel, qui s'unit d'une étroite amitié à saint Bernard, dans un voyage qu'il fit en France vers l'an 1147.

ALFONSE-HENRIQUEZ, Ier. ROI,

AVEC THÉRÈSE, SA MÈRE.

1112. ALFONSE-HENRIQUEZ fut le successeur de Henri, son père, au comté de Portugal. Dona Thérèse, sa mère, demeura souveraine jusqu'en 1128, qu'il voulut gouverner lui-même, à l'exclusion de cette princesse, dont les seigneurs étaient mécontents. Mariana donne la qualité de reine à Thérèse, ce qui marque seulement qu'elle était souveraine, mais non qu'elle ait porté le titre de reine: ou bien il l'appelle ainsi parce qu'elle était fille d'un roi : elle mourut le 1er. novembre 1130. Alfonse-Raimond, roi de Castille, voulant obliger le comte de Portugal à lui rendre hommage, celui-ci prend les armes pour s'en défendre, et, l'année suivante, après quelques succès, il fait un traité de paix qui lui assure son indépendance, par la médiation du cardinal-légat Gui. Ce ministre, dans sa négociation, n'oublia pas les intérêts de sa cour; car il obtint que le comte de Portugal paierait tous les ans quatre onces d'or au saint siége, comme une marque de sa dévotion. Délivré de la guerre avec un prince chrétien, le comte Alfonse la déclara aux infidèles, et la fit avec avantage. L'an 1139, il remporta, le 25 juillet, dans la plaine de *Campo-Ourique*, qui fut appelée depuis *Cabeza-de-Reies* (Tête-de-Rois), une grande victoire sur cinq rois maures. Cette victoire, en mémoire de laquelle il mit cinq petits écus dans ses armes, est l'époque de la monarchie de Portugal, Alfonse ayant été alors proclamé roi par les soldats dans le camp, avant, ou selon d'autres, après la bataille. Les états assemblés à Lamego lui confirment cet auguste titre. Ce fut dans cette assemblée, suivant l'abbé de Vertot, ou dans une autre tenue l'an 1143, au même lieu, selon du Verdier, qu'on établit les lois fondamentales touchant la succession à la couronne. Elles sont comprises en six articles. 1°. *Si le roi a des enfants mâles, qu'ils soient nos rois : le fils succédera au père, puis le petit-fils, et ensuite le fils de l'arrière-petit-fils, et ainsi à perpétuité dans leurs descendants.* 2°. *Si le fils aîné du roi meurt pendant la vie de son père, le second fils, après la mort du roi son père, sera notre roi; le troisième succédera au second, le quatrième au troisième, et ainsi des autres fils du roi.* 3°. *Si le roi meurt sans enfants, le frère du roi, s'il en a un, sera notre roi, mais pendant sa vie seulement; car après sa mort, le fils de ce dernier ne sera pas notre roi, à moins que les évêques et les états ne l'élisent, et alors ce sera notre roi, sans quoi il ne pourra l'être.* 4°. et 5°. *Si le roi n'a point d'enfant mâle et qu'il ait une fille, elle sera reine après la mort du roi, pourvu qu'elle se marie avec un seigneur portugais; mais il ne portera le nom de roi que quand il aura un enfant mâle de la reine qui l'aura épousé : lorsqu'il sera dans la compagnie de la reine, il marchera à sa main gauche, et ne mettra point la couronne royale sur sa tête.* 6°. *Si la fille du roi épousait un prince ou un seigneur d'une nation étrangère, elle ne sera point reconnue pour reine, parce que nous ne voulons point que nos peuples soient obligés d'obéir à un roi qui ne serait pas portugais.* C'est sur le fondement de cette constitution, pour le dire d'avance, que le Portugal, en 1640, a secoué le joug des rois d'Espagne descendus d'Isabelle de Portugal, mère de Philippe II, et qu'il a placé sur le trône la maison de Bragance, comme on le verra dans la suite. C'est sur le même fondement qu'en 1777, après la mort du roi Joseph, décédé sans enfants mâles, Marie-Françoise-Elisabeth, sa fille aînée, mariée avec don Pèdre, son oncle, frère du roi, a été proclamée reine sans qu'on lui ait associé son époux, quoiqu'ils eussent de leur mariage un fils, Joseph-François, prince de Béira, âgé de quinze ans, et marié quatre jours avant la mort du roi, son aïeul, à sa tante Marie-Françoise-Bénédicte, sœur de sa mère. Les Almoravides étant venus d'Afrique fondre sur le Portugal, en 1144, Alfonse marcha contre eux, et fut battu. Délivré de ces hôtes funestes, en 1145, il se rend maître de Santaren par surprise. Lisbonne n'était point encore aux Portugais. Alfonse, l'an 1147, ou 1148, l'emporte sur les Maures, le 25 octobre, avec le secours de la flotte des croisés, qui allaient à la conquête de la Terre-Sainte. M. Cardonne met cette conquête au 8 novembre. Les Almoravides, sous la conduite d'Ali-Jacoub, ayant fait une nouvelle descente, l'an 1184, en Portugal, vinrent mettre le siége devant Santaren. Alfonse, malgré son grand âge, accourt avec Sanche, son fils, au secours de la place. Elle est délivrée après une bataille gagnée par Sanche sur Jacoub, qui mourut peu de jours après d'une blessure qu'il y avait reçue. (Cardonne.) Alfonse termina ses jours le 6 décembre de l'année suivante, âgé de plus de 90 ans, et fut enterré dans l'église de Sainte-Croix, à Coïmbre, qui était alors la capitale du Portugal. Il avait épousé, l'an 1146, MAFALDE, ou MATHILDE, fille d'Amédée II, comte de Maurienne ou de Savoie, dont il eut plusieurs enfants; Henri, mort jeune; Sanche, son successeur; Jean; Mafalde, première femme d'Alfonse II, roi d'Aragon; Urraque, mariée à Ferdinand II, roi de Léon, dont elle fut séparée; Thérèse, appelée depuis Mathilde, que Philippe, comte de Flandre, épousa en premières noces, et Eudes III, duc de Bourgogne, en secondes (morte le 6 mai 1218). Alfonse est instituteur des ordres militaires de l'Aile et d'Avis. Ce prince est également célèbre par son zèle pour la religion et par ses exploits contre les infidèles.

SANCHE I.

1185. SANCHE I, fils d'Alfonse et Mafalde, né le 11 novembre 1154, est couronné trois jours après les funérailles de son père. Il hérita de sa valeur, et continua de l'exercer contre les infidèles. L'an 1189, le 8 septembre, il enlève aux Maures Silves, capitale des Algarves, à l'aide d'une flotte de croisés anglais, que le besoin de prendre des rafraîchissements avait obligés de relâcher à la barre de Lisbonne. Mais, l'an 1191, la place est reprise avec quelques autres par le roi de Maroc. Une aventure semblable à celle qui en avait procuré la conquête à Sanche, la lui fit recouvrer en 1197. Des croisés allemands et hollandais qui avaient relâché sur les côtes de l'Algarve, remirent Lisbonne sous la domination du Portugal. Ce fut alors, dit-on, que Sanche commença de prendre le titre de roi des Algarves. Sanche fit, l'an 1203, une nouvelle conquête sur les infidèles par la prise d'Elvas, dans l'Alentejo. L'an 1212, selon

M. de la Clède, ou 1211, selon Ferréras, plus exact que le premier, ce prince finit ses jours âgé de cinquante-sept ou cinquante-huit ans, après en avoir régné vingt-six ou vingt-sept, et fut inhumé auprès de son père. Ce prince avait épousé, suivant Roderic de Tolède. DONA DOUCE (inconnue à dom Vaissète) fille de Raimond-Berenger IV, comte de Barcelonne, et prince d'Aragon (morte l'an 1198), dont il eut trois fils et cinq filles: 1° Alfonse, qui lui succéda; 2°. Ferdinand, ou Ferrand, né l'an 1186, marié l'an 1211, avec Jeanne, fille de Baudouin, empereur de Constantinople, et comtesse de Flandre; 3°. don Pèdre, né l'an 1187, marié, en Aragon, avec Aurembiax, comtesse d'Urgel: les filles sont, dona Thérèse, mariée avec Alfonse IX, roi de Léon, morte en odeur de sainteté, l'an 1250; Mafalde ou Mahaut, promise à Henri I, roi de Castille, qu'elle n'épousa point; Sancie, abbesse de Larvan; Blanche, dame de Guadalajara; et Bérengère, mariée à Waldémar II, roi de Danemarck, morte en 1221.

ALFONSE II, DIT LE GROS.

1211, ou 1212. ALFONSE II, né le 23 ou 25 avril 1185, est proclamé roi de Portugal après la mort de Sanche Ier, son père. L'histoire ne nous a conservé qu'un seul trait mémorable de son règne. L'an 1217, il gagna une grande bataille sur les rois maures de Cordoue et de Badajoz, qui l'un et l'autre y périrent. Alfonse mourut le 25 mars 1223, âgé de trente-huit ans moins un mois, ayant régné onze ans et quelques mois. Il fut enterré au monastère d'Escobaz, où il avait choisi sa sépulture. Roderic dit de lui: *In principio christianissimus, in fine suæ vitæ deditus voluptati.* Il avait épousé, en 1207, ou 1208, URRAQUE, fille d'Alfonse III, roi de Castille, dont il eut plusieurs enfants; Sanche, qui suit; Alfonse, qui viendra ci-après; Ferdinand; Vincent, et Léonore, mariée à Waldémar, prince de Danemarck.

SANCHE II, DIT CAPEL.

1223. SANCHE II, dit CAPEL (parce que sa mère lui avait fait prendre, par dévotion, l'habit monastique), né le 8 septembre 1208, monte sur le trône de Portugal. Les premières années de son règne furent assez brillantes: il remporta des avantages considérables sur les Maures, les chassa de la province d'Alentejo, et leur enleva plusieurs places dans l'Algarve; mais dans la suite, il se plongea dans les plaisirs, et abandonna le gouvernement à ses favoris. Les Portugais, mécontents, portent, l'an 1245, au pape Innocent IV, leurs plaintes de la conduite de leur souverain. Innocent, après l'avoir inutilement averti de rentrer en lui-même, l'excommunie, met son royaume en interdit, et en donne ensuite la régence à son frère Alfonse, héritier présomptif de la couronne, attendu que Sanche n'avait point d'enfants. L'infortuné monarque, abandonné des prélats et de la plus grande partie de la noblesse, prend le parti de la fuite à l'approche de son frère, et se retire à Tolède auprès du roi Ferdinand. Il en fut accueilli généreusement, et reçut de ce prince les secours dont il avait besoin pour se rétablir. L'an 1227, il rentre dans le Portugal avec une armée commandée par l'infant de Castille, remporte une victoire, prend diverses places, et se voit sur le point de remonter sur le trône. Mais la seule lecture de la bulle du pape, que l'archevêque de Brague fait publier dans le camp de l'armée castillane, y jette la consternation. Les armes tombent des mains aux chefs comme aux soldats; ils se débandent, et Sanche obligé de retourner à Tolède, y meurt l'an 1248, sans postérité. Il avait épousé, ou du moins avait eu pour concubine DONA MENCIA, fille de don Lopez Diaz de Haro, et de dona Urraque, fille naturelle d'Alfonse III, roi de Castille. On ne voit effectivement aucun monument où Mencia soit qualifiée reine. On ignore l'année de sa mort, mais on sait, d'après Faria y Souza, qu'elle fut enterrée à Nagère, dans la vieille Castille. don Sanche était beau et bien fait. Il est représenté dans quelques palais avec un manteau de pourpre, la couronne en tête, tenant un livre d'une main et une colombe de l'autre, symbole de sa douceur. Il ne lui manquait que cette hardiesse et cette dextérité qui mettent les princes en état de se ménager avec les factions, de donner le change à ceux qui veulent les tromper, et de saisir l'occasion de perdre ceux qui cherchent leur ruine.

ALFONSE III.

1248. ALFONSE III, né le 5 mai de l'an 1210, marié, l'an 1238, à MATHILDE DE DAMMARTIN, comtesse de Boulogne-sur-Mer, et veuve de Philippe Hurepel, fils du roi Philippe Auguste, s'étant rendu, l'an 1245, en Portugal, à la sollicitation des Portugais, gouverna le royaume comme régent jusqu'à la mort de Sanche II, son frère, arrivée l'an 1248 : alors il fut proclamé roi et couronné à Coïmbre. Dès qu'il fut sur le trône, il poussa au-delà de la Guadiane les conquêtes qu'il avait faites sur les Maures pendant sa régence; mais Alfonfe, roi de Castille, jaloux de ses succès, et appuyé de plusieurs seigneurs mécontents de Portugal, l'obligea de partager avec lui ce que les armes lui avaient acquis dans l'Algarve et l'Andalousie. Ce fut le pape Innocent IV qui se rendit médiateur du traité de pacification qui se fit entre eux l'an 1253 ou 1254. Cette dernière année, le roi de Portugal répudie Mathilde, sa femme, et épouse BÉATRIX DE GUZMAN, fille naturelle du roi de Castille. Mathilde ayant porté ses plaintes à Alexandre IV, successeur d'Innocent IV, ce pape enjoint à Alfonse de la reprendre : il le refuse, et s'attire, par son refus, l'an 1257, une excommunication avec un interdit sur tout le royaume, qui durent jusqu'à la mort de Mathilde, arrivée l'an 1262. (Voy. *les comtes de Boulogne.*) Alors Alfonse obtient du pape Urbin IV la confirmation de son mariage avec Béatrix; l'interdit est levé, et les enfants du second mariage sont déclarés légitimes. L'an 1267, le roi de Castille, en considération des services que le roi de Portugal lui avait rendus dans ses guerres, lui abandonne le royaume d'Algarve, dont il s'était réservé l'usufruit. (Brandan, *Monarch. Lusit.* part. 4, l. 15, c. 30, p. 225.) La conduite d'Alfonse III à l'égard des ecclésiastiques, des religieux et des ordres militaires de ses états, lui attira, de la part de l'archevêque de Brague, de nouvelles censures dont il ne fut absout qu'à sa mort, arrivée le 16 février, ou, selon le nouvel historien de Portugal, le 20 mars 1279. Alfonse avait régné environ trente et un ans depuis son couronnement, et était âgé de soixante-neuf ans. Il est incertain s'il eut des enfants de sa première femme; mais il en eut plusieurs de Béatrix (morte l'an 1304); savoir, Denis, son successeur, don Alfonse, don Ferdinand, don Vincent, et trois princesses, Blanche, Constance, et Sanche.

DENIS, DIT LE LIBÉRAL ET LE PÈRE DE LA PATRIE.

1279. DINIZ, ou DENIS, fils d'Alfonse et de Béatrix, né le 12 octobre 1261, fut le successeur de son père. Il n'était pas encore marié. L'an 1282, il épousa l'infante ELISABETH, fille de don Pèdre III, roi d'Aragon. Jaloux de ses droits, il entreprit de restreindre les immunités ecclésiastiques qui lui paraissaient trop étendues. Mais, l'an 1283, il fut obligé de les confirmer, et n'obtint qu'à cette condition la levée de l'excommunication dont les évêques l'avaient frappé pour les avoir violées. Ce prince était ami des lettres. L'an 1290 il établit à Lisbonne une université qu'il transféra, l'an 1308, à Coïmbre. Les prévilèges qu'il accorda à cette académie y attirèrent de toute l'Europe les plus savants hommes de son siècle. Ce fut alors que la langue portugaise commença à prendre une forme régulière, et cessa d'être un mélange bizarre de latin et de vandale. La langue en se perfectionnant fit éclore les talents. Sous le règne de Denis on vit paraître le premier ouvrage portugais qui portât l'empreinte du génie. L'original de cette production subsiste dans la librairie des seigneurs d'Aveiro. Nous voulons parler du roman de l'Amadis des Gaules, dont le véritable auteur est Vasco Lobeira ; c'est en vain qu'on a voulu en faire honneur à un français, sur ce que l'auteur a fait son héros prince du sang de France ; comme si les poëtes de tout tems n'étaient pas dans l'usage de transporter dans les pays étrangers la scène de leurs fictions. L'agriculture fut aussi l'objet des soins du roi Denis. Pour encourager les laboureurs, il ne dédaigna point d'exercer cet art de ses propres mains. Ce prince, vraiment philosophe, ne connut point cette politique dangereuse qui profite des querelles des voisins pour faire des conquêtes sur eux. La Castille et l'Aragon étaient en guerre depuis long-tems au sujet des prétentions d'Alfonse de la Cerda. Denis, l'an 1305, se rendit médiateur entre ces deux puissances, et vint à bout de les amener à un traité de paix. Les villes du Portugal étaient pour la plupart en mauvais état; Denis s'appliqua à les réparer et à les embellir. L'an 1312, il fonda celle de Montréal. Les Templiers ayant été abolis, il obtint du pape, l'an 1319, la réunion des biens qu'ils possédaient en Portugal à l'ordre militaire de Christ qu'il venait de fonder. Des chagrins domestiques troublèrent les dernières années de sa vie. L'an 1320, il fut obligé de prendre les armes pour réduire Alfonse, son fils, qui avait soulevé une partie de la nation contre lui. Alfonse, l'année suivante, se rendit maître de Coïmbre, et ses partisans assassinèrent l'évêque d'Evora, que le pape avait chargé de procéder par les censures contre les perturbateurs de la paix. La reine Elisabeth ménagea, l'an 1322, un accommodement entre son fils et le roi, son époux. Il fut convenu, que l'infant garderait au nom de son père les places qu'il avait conquises, et que le roi éloignerait de la cour Sanche d'Albuquerque, son fils naturel, l'objet de la jalousie de l'infant. Cette paix ne fut point solide, et la division recommença dès l'année suivante. La reine se rendit encore médiatrice, et réussit, en 1324, à réconcilier de nouveau le père avec le fils. Le roi Denis touchait alors au terme de ses jours, qui arriva le 7 janvier 1325. Ce prince laissa de la reine, son épouse, (morte en odeur de sainteté le 4 juillet 1336.) Alfonse, son successeur; et Constance, mariée avec Ferdinand, quatrième du nom, roi de Castille. Denis était âgé d'environ soixante-quatre ans, et en avait régné quarante-cinq. Ce monarque, né pour le bonheur de ses sujets, mérita, par ses excellentes qualités, les glorieux titres de *libéral*, de *père de la patrie*, et de *roi laboureur*.

ALFONSE IV, DIT LE BRAVE ET LE FIER.

1325. ALFONSE IV, fils de Denis et d'Elisabeth d'Aragon, né le 8 février 1291, ou, selon la nouvelle Histoire de Portugal, 1290, est proclamé roi le 7 janvier. Aussitôt qu'il fut monté sur le trône, il dépouilla de ses biens, et chassa du royaume Sanche d'Albuquerque, son frère naturel, pour lequel il avait toujours eu une extrême aversion. Ce prince ne dégénéra point de la valeur de ses ancêtres, et la dénomination que ses exploits lui méritèrent, prouve qu'il enchérit sur eux à cet égard. L'an 1340, il combattit, le 30 octobre, à la célèbre bataille de Salado, qui coûta la vie à deux cent mille maures, si l'on en croit les historiens espagnols. L'an 1342, la flotte d'Alfonse remporta plusieurs avantages sur les maures d'Afrique. Nous supprimons d'autres occasions où il se distingua contre ces infidèles. L'an 1355 est une époque flétrissante pour la mémoire d'Alfonse, comme nous l'expliquerons à l'article suivant. Ce prince mourut, le 12 mai 1357, âgé d'environ soixante-six ans, après en avoir régné trente-deux. Il avait épousé, l'an 1309, BÉATRIX, fille de Sanche IV, roi de Castille, et de Marie Moline, dont il eut les infants don Alfonse, don Denis, don Juan, morts jeunes; don Pèdre, son successeur; Marie, qui épousa Alfonse XI, roi de Castille; Léonore, deuxième femme de Pierre IV, roi d'Aragon.

D. PEDRE, OU PIERRE I, DIT LE JUSTICIER ET LE SÉVERE.

1357. PIERRE I, fils d'Alfonse IV et de Béatrix de Castille, né à Coïmbre le 19 avril (et non le 13 mai) 1320, succède à son père le 12 mai. Il avait épousé, l'an 1339, CONSTANCE, fille de Jean-Emmanuel de Castille, et en avait eu deux fils, don Louis, mort jeune; don Ferdinand, qui lui succéda; et Marie, qui épousa Ferdinand d'Aragon, marquis de Tortose. Constance étant morte, l'an 1345, par le déplaisir qu'elle avait de voir le mauvais commerce de son mari avec Inez de Castro, Pierre épousa cette concubine à l'insu du roi, son père, et eut d'elle trois fils et une fille; don Alfonse, mort jeune; don Denis, marié à Jeanne, fille naturelle de Henri II, roi de Castille; don Juan, duc de Valencia, qui épousa; 1°. Marie Tellez, 2°. Constance, fille naturelle de Henri II, roi de Castille; Béatrix, mariée à Sanche, bâtard de Castille, alliances qui cimentèrent la paix que Pierre conclut avec la Castille au commencement de son règne. Excité par deux de ses intimes confidents, le roi don Alfonse fit tuer Inez, l'an 1355, dans la crainte que Pierre ne voulût assurer la couronne aux enfants qu'il avait eus de cette dame. Cette barbarie a fait le sujet d'une tragédie française qui en perpétuera le souvenir. Lorsque Pierre fut monté sur le trône, il tira une horrible vengeance de la mort d'Inez sur ses meurtriers, et déclara qu'elle était sa femme; pour ne rien omettre de ce qu'il croyait devoir à sa mémoire, il fit exhumer son corps l'an 1361, lui fit rendre tous les honneurs dus à la dignité royale, et la fit représenter avec la couronne en tête sur un tombeau de marbre blanc. L'an 1367, Pierre meurt le 18 janvier, dans la quarante-septième année de son âge, et dans la dixième de son règne. Outre les enfants de Constance et d'Inez de Castro, il laissa de Thérèse Lorenzo un fils naturel, nommé Jean, qui régna après Ferdinand. L'exactitude de ce prince à faire rendre la justice lui mérita les surnoms de *Justicier* et de *Sévère*. Il disait à ses courtisans : *Ne péchez point contre la justice, et vous ne pécherez point contre moi.* Ce zèle ne venait point de son humeur qu'il avait naturellement enjouée. Il aimait d'ailleurs les lettres, et les cultivait, sur-tout la poésie, sans préjudice du soin de l'état. Ennemi de l'oisiveté, l'une de ses maximes était qu'un roi qui passe un jour sans travailler au bien de ses sujets, ne mérite pas de leur commander. A l'égard de ses qualités extérieures, il avait la taille haute, les yeux grands, noirs et vifs, les cheveux longs, de même que la barbe qu'il peignait soigneusement. Les gens de bien le regrettèrent sincèrement, parce qu'ils étaient en sûreté sous son règne.

FERDINAND.

1367. FERDINAND, fils de Pierre I et de Constance, né le 27 février 1340, succède à son père le 18 janvier. L'an 1369, après la mort de Pierre le Cruel, roi de Castille, il forme des prétentions sur ce royaume du chef de Béatrix, son aïeule, fille de Sanche IV, roi de Castille. Le roi Henri, qu'il entreprit de déposséder après avoir favorisé son parti tant que Pierre vécut, se défendit vigoureusement, et l'obligea, l'an 1371, malgré sa confédération avec le roi d'Aragon, de s'accommoder avec lui. Une des conditions de la paix, fut que Ferdinand épouserait Léonore, fille du roi Henri. Mais, au mépris de cet engagement, Ferdinand épouse publiquement, l'an 1372, LÉONORE TELLEZ, femme de Laurent d'Acunha, après avoir fait casser le mariage de cette dame avec son mari. La guerre recommence alors entre les deux rois. Ferdinand fait une nouvelle tentative sur la Castille, à la faveur d'une ligue conclue avec le duc de Lancastre, qui, ayant épousé Constance, fille de Pierre le Cruel, formait aussi des prétentions sur sa succession: mais il est encore contraint de demander la paix, après avoir vu son pays ravagé, et la ville même de Lisbonne assiégée l'an 1373, par celui dont il voulait envahir les états.

La cour de Lisbonne fut troublée, l'an 1378, par un événement tragique. Don Juan, frère du roi, ayant épousé secrètement Marie Tellez, sœur de la reine, l'égorge quelque tems après, sur un faux soupçon d'infidélité, inspiré par la reine elle-même, qui avait pris ombrage de ce mariage. Après ce coup il se retire en Castille. L'an 1381, nouvelle guerre entre cette couronne et le Portugal. Les Anglais viennent au secours de Ferdinand, sous la conduite d'Edmond, comte de Cambridge, frère du duc de Lancastre. Il en était tems; car les Castillans étaient déjà maîtres de plusieurs places en Portugal. Le comte Edmond amenait avec lui son fils, âgé de six ans, à qui le roi donna Béatrix, sa fille, en mariage: mais les anglais s'étant rendus odieux par leurs excès, ils furent congédiés l'année suivante, après la paix faite entre les rois de Castille et de Portugal; et le mariage de Béatrix fut regardé comme nul. L'an 1383, Ferdinand meurt le 20 ou le 22 octobre âgé de quarante-trois ans, dans la dix-septième année de son règne, ne laissant de Léonore Tellez que Béatrix, dont on vient de parler, qui fut mariée avec Jean I, roi de Castille. On a dit de Ferdinand qu'il fut un roi médiocre avec de l'esprit, et un homme faible avec du courage. La mort de ce prince fut suivie de grands troubles pour la succession à la couronne. Jean I, roi de Castille, devenu gendre de Ferdinand quelques mois avant la mort de ce prince, y prétendait, suivant une des clauses de son contrat de mariage, quoique Ferdinand eût deux frères appelés Jean l'un et l'autre. Le premier, fils de Pierre I et d'Inez, de Castro était en Castille, où le roi le retenait en prison; et le second fils naturel de Pierre I était grand-maître de l'ordre d'Avis (1): les Portugais se déclarèrent en faveur de ce dernier.

---

(1) On n'a rien de bien certain sur l'origine de l'ordre militaire et religieux d'Avis, ni sur l'étymologie de ce nom. L'opinion commune est qu'il fut institué par Alfonse I, roi de Portugal, en mémoire de la conquête qu'il fit d'Evora sur les Maures, en 1147. Mais il ne prit la forme qu'il a conservée depuis qu'en 1162, suivant l'acte primordial de l'établissement de cet ordre, dont l'original, au rapport de Bernard Britto dans ses chroniques de l'Ordre de Cîteaux, est conservé dans les archives du monastère d'Alcobara, du même ordre, et

D. JUAN, OU JEAN I, DIT LE GRAND ET LE PERE DE LA PATRIE.

1383. JEAN I, fils naturel de Pierre I et de Thérèse Lorenzo, né le 1, ou le 2 avril 1357, grand-maître de l'ordre d'Avis, est reconnu régent du royaume par le peuple après la mort de Ferdinand, et déclaré chef de la guerre contre Jean I, roi de Castille. La reine Léonore Tellez, belle-mère du roi de Castille, excite une conjuration, de concert avec son gendre, contre le régent. Celui-ci, l'ayant découverte, poignarde, en présence de cette princesse, Jean Fernandez d'Andeyro, son favori, l'un des principaux conjurés; d'autres sont arrêtés par ses ordres et punis. La reine se retire à Santaren pour s'y défendre, et demande du secours au roi de Castille. Mais ce prince, qui se défiait d'elle, la fait conduire à Tordesillas, où elle est enfermée dans un couvent jusqu'à sa mort. L'an 1385, le régent accepte la couronne, qui lui est offerte par les états tenus à Coïmbre. Il fut redevable de son élection au jurisconsulte Jean de la Regras, qui fit un discours pour prouver que Béatrix n'était point fille légitime de Ferdinand, et que les infants don Denis et don Jean, fils de Pierre et d'Inez de Castro, étaient pareillement nés d'un mariage contracté contre les règles; d'où il concluait que nul prince n'ayant un droit certain à la couronne les états étaient en droit de procéder à l'élection d'un monarque. Le 14 août de la même année, Jean remporte sur le roi de Castille la célèbre bataille d'Aljubarotta, qui lui assure le sceptre: pour en conserver la mémoire, il fait bâtir dans le lieu où elle s'était donnée, un monastère de l'ordre de Saint-Dominique, qui est devenu la sépulture des rois de Portugal. Nugno-Alvarez Pereyra, son connétable, avait commandé sous lui à cette journée. Pour sa récompense il lui donna le duché de Bragance, dont l'héritière épousa dans la suite don Alfonse de Portugal, fils naturel du même roi. Ce

---

porte la date de l'ère d'Espagne 1200. Cet acte, que le chroniqueur se contente de citer, et qu'il eût mieux fait de transcrire, donne pour premier grand-maître d'Avis, un prince de la maison de France, *proles regia*, nommé Pierre, et non pas Ferdinand-Rodrigue de Montorio, comme quelques-uns l'ont avancé. A l'égard de l'étymologie du nom d'Avis, les uns le tirent du nom du lieu où les chevaliers bâtirent leur première forteresse, les autres de deux aigles qui parurent dans ce même endroit. Ce qui favorise cette dernière étymologie, c'est que l'ordre d'Avis, porte d'or, à la croix fleurdelysée de sinople, accompagnée en pointe de deux oiseaux affrontés en sable.

mariage fut l'origine de la maison qui règne aujourd'hui en Portugal. Le roi don Jean, avant son élévation au trône, avait fait vœu de chasteté. S'en étant repenti depuis, il en obtint dispense, et épousa, l'an 1387, au mois de février, la princesse PHILIPPE, fille du duc de Lancastre.

Les prédécesseurs de don Jean avaient imprudemment aliéné la plus grande partie des domaines de la couronne. Ce prince, l'an 1394, vint à bout de décider les principaux engagistes à les lui vendre : vrai coup d'état, dit un moderne, qui ôtait à ces seigneurs presque toute leur puissance, en leur ôtant leurs vassaux. La ville de Ceuta, possédée par les Maures sur les côtes d'Afrique, était pour les corsaires un asile d'où ils infestaient impunément celles d'Espagne et de Portugal. Le roi don Juan, dans le dessein de les en chasser, indique à Lisbonne, l'an 1414, un grand tournoi, auquel il invita les chevaliers espagnols, français et anglais. A la fin de ces jeux militaires, il engage tous les tenants à le seconder dans l'expédition qu'il méditait. Les ayant de nouveau rassemblés en 1415, il s'embarque avec eux pour l'Afrique, et se rend maître de Ceuta la veille de l'Assomption. L'année 1420 est remarquable par les navigations hardies des Portugais qui s'emparèrent de l'île de Madère, où bientôt après ils transplantèrent des ceps de vigne, tirés de Chypre, et des cannes de sucre qu'ils avaient fait venir de Sicile, où elles étaient communes dès le douzième siècle, comme le témoigne Hugues Falcand, écrivain de ce tems. L'ère chrétienne n'était point encore suivie alors en Portugal. Ce fut l'an 1422 qu'elle commença d'y être en usage. Le roi don Jean l'avait néanmoins employée quelques années auparavant. On voit en effet une procuration de ce prince, datée en même tems de l'an 1413 de J. C. et de l'an 1451 de l'ère d'Auguste. Des trêves conclues et renouvelées entre le Portugal et la Castille n'assuraient pas la tranquillité de ces deux états. Elles aboutirent enfin, l'an 1431, à un traité de paix perpétuelle, que le roi don Jean ménagea. Ce prince, l'un des plus illustres qui aient régné en Portugal, mourut de la peste le 14 août 1433, âgé de soixante-seize ans, après avoir régné quarante-huit ans et quelques mois, depuis l'an 1385, qu'il accepta la couronne. Il laissa plusieurs enfants de son épouse, morte le 18 juillet 1414; savoir, Édouard, son successeur; don Pèdre, duc de Coïmbre; Henri, duc de Viseu, grand-maître de l'ordre de Christ (1) : (prince doué des plus rares qualités et des plus

(1) L'ordre militaire et religieux de Christ, institué, comme on l'a dit, par Denis I, roi de Portugal, l'an 1319, fut confirmé par le pape

belles connaissances : ce fut lui qui encouragea les navigations des Portugais dans la mer Atlantique); don Ferdinand, grand-maître de l'ordre d'Avis, mort saintement dans les fers en Afrique; don Jean, grand-maître de l'ordre de Saint-Jacques et connétable ; enfin, Isabelle, mariée avec Philippe le Bon, duc de Bourgogne. Jean eut encore un fils naturel, nommé Alfonse, premier duc de Bragance : c'est de cet Alfonse, comme on l'a déjà dit, que la famille qui règne aujourd'hui en Portugal tire son origine.

EDOUARD.

1433. EDOUARD, fils du roi Jean et de Philippe de Lancastre, né l'an 1391, succède à son père. La première chose qu'il fit après son couronnement, fut de faire reconnaître héritier de la couronne Alfonse, son fils, qui était à peine âgé de vingt mois. Il obtint du pape que les chevaliers de l'ordre de Saint-Jacques et de Saint-Jean seraient dispensés de leur vœu de chasteté, et pourraient se marier. L'an 1434, il fait transporter le corps de Jean I, son père, dans l'église de la Bataille. L'an 1436, ou, selon Ferréras, 1437, il fait une entreprise sur Tanger, en Afrique, où il envoie ses deux frères, Henri et Ferdinand. Cette expédition fut très-funeste : les Portugais, enveloppés par une multitude d'ennemis, furent obligés de composer avec le roi de Fez : ils s'engagèrent à rendre Ceuta, et laissèrent l'infant Ferdinand en ôtage. La cour de Portugal ne put se déterminer à remettre une place aussi importante aux infidèles, et sur son refus, l'infant resta dans les liens, où il mourut, l'an 1443, en odeur de sainteté. Edouard, l'an 1438, s'étant retiré dans le monastère de Tomast, pour se mettre à l'abri de la peste, il y est poursuivi par ce fléau, dont il meurt le 9 septembre, âgé de 37 ans, après cinq ans de règne. Il avait épousé, l'an 1428, Léonore, fille de Ferdinand, roi d'Aragon et de Sicile, morte l'an 1445, dont il eut trois princes et trois princesses; Alfonse, son successeur; D. Ferdinand, duc de Viseu, grand-maître des ordres de Christ et de Saint-Jacques, connétable du royaume, qui épousa Béatrix, fille de Jean, son oncle; Philippe, mort dans l'enfance; Léonore, mariée en 1452 à Frédéric III, empereur; Catherine, et Jeanne mariée à Henri IV, roi de Castille. Il eut encore un fils naturel, nommé Jean-Emmanuel.

Jean XXII, qui donna aux chevaliers la règle de Saint-Benoît. Mais Alexandre VI leur permit de se marier. Ils sont vêtus de blanc, et portent sur la poitrine une croix patriarcale de gueules, chargée d'une autre croix d'argent. La grande maîtrise de l'ordre est réunie à la couronne de Portugal.

ALFONSE V, DIT L'AFRICAIN.

1438. ALFONSE V, fils d'Edouard et de Léonore, né l'an 1432, succède à son père le 9 septembre, sous la régence de sa mère, à qui cet emploi fut ôté l'année suivante, pour être donné à l'infant don Pèdre, oncle du roi. L'an 1446, selon M. de la Clède, ou 1448, selon Ferérras, Alfonse épouse ISABELLE, sa cousine, fille de don Pèdre. Quelque tems après, le roi, sur de faux rapports, prend de l'ombrage contre don Pèdre, qui se retire, l'an 1449, à Coïmbre, avec un corps de troupes pour sa sureté. Don Pèdre marche ensuite vers Lisbonne pour s'en rendre maître, et le 20 mai, il est tué d'un coup de flèche à la gorge, dans un combat qu'Alfonse lui livra. Son corps resta trois jours exposé sur le champ de bataille en vertu de la défense que le roi, dans sa colère, avait faite de l'enterrer. Don Pèdre avait toujours servi le roi comme un fidèle sujet, et ne devint coupable que par l'extrémité où il fut réduit de prendre les armes contre son souverain; ce qui n'est jamais permis. Les calomnies, qui avaient occasionné sa révolte, se dissipèrent après sa mort. L'année qui la suivit, Alfonse rétablit la mémoire de ce prince, après qu'on eut appliqué à la question ceux qu'on avait soupçonnés d'être entrés dans une conspiration prétendue, dont on le faisait le chef. L'an 1459, Alfonse, au retour d'une expédition assez heureuse en Afrique, institue, le 2 juillet, un nouvel ordre de chevaliers, appelés de l'Epée, dont il fixe le nombre à vingt-sept, qui était alors le nombre de ses années. Le succès de sa première expédition d'Afrique fut une invitation pour lui à tenter une nouvelle descente en ce pays: mais ayant entrepris le siége de Tanger, il échoua devant cette place. Il fut plus heureux dans une troisième expédition, l'an 1471, et s'empara d'Arzile, le 24 août, puis de Tanger, que les habitants effrayés avaient abandonné. A la prise d'Arzile, deux femmes et deux filles de Muley, roi des Maures, étant tombées entre les mains d'Alfonse, lui procurèrent le moyen de recouvrer, par un échange le corps de l'infant don Ferdinand, que les Portugais n'avaient pu obtenir jusqu'alors. De mauvais conseils firent prendre à ce prince, quelques années après, un parti dont il eut lieu de se repentir. L'an 1474, ou 1475, selon Ferréras, à la sollicitation du marquis de Villena, de l'archevêque de Tolède, et d'autres mécontents de Castille, Alfonse, étant veuf pour lors, forme la résolution d'épouser Jeanne, prétendue fille du roi Henri IV: il entre en Castille dans cette disposition; fiance

Jeanne à Placencia, et s'y fait proclamer roi. Battu, l'an 1476, à Toro, par Ferdinand, roi de Castille, il passe en France, et va trouver Louis XI à Tours, pour lui demander du secours : le mauvais succès de sa négociation lui fait naître le dessein de descendre du trône pour passer dans la Terre-Sainte : il écrit en conséquence à l'infant don Jean, son fils, lui marque de se faire proclamer roi de Portugal; et, s'étant déguisé, il quitte la cour de France le 24 septembre : deux jours après, il est reconnu par Ravinet, gentilhomme normand, qui en donne avis; ses gens viennent le rejoindre, et, vaincu par leurs instances, il consent de retourner dans ses états : il s'embarque à Honfleur sur des vaisseaux que Louis XI lui avait fait préparer, et arrive en Portugal le 15 novembre 1477, après une absence de plus d'un an. Don Jean, qui s'était fait proclamer roi, le 10 de ce mois, en vertu des ordres qu'il en avait reçus, remet le sceptre à son père. Pour se procurer une tranquillité parfaite, Alfonse, l'an 1479, renonce par un traité de paix, du 24 septembre, au titre de roi de Castille, et à son projet de mariage avec Jeanne, qui se consacre à Dieu dans un monastère de Sainte-Claire, où elle fait profession le 11 novembre 1480. Alfonse, touché de cet exemple, se disposait à l'imiter, lorsque la peste l'enleva, le 28 août 1481, à l'âge de quarante-neuf ans, après en avoir régné quarante-trois, laissant de la reine Isabelle, morte le 2 décembre 1455, Jean, son successeur, et une princesse, nommée Jeanne, qui refusa l'alliance de Maximilien I, empereur, celle de Charles VIII, roi de France, et celle de Richard III, roi d'Angleterre, pour se consacrer à Dieu.

D. JUAN, OU JEAN II, DIT LE PARFAIT.

1481. JEAN II, fils d'Alfonse et d'Isabelle, né le 3 mai 1455, est proclamé roi le lendemain de la mort de son père, 29 août. Ce prince dès-lors avait fait des exploits qui annonçaient ce qu'il devait être sur le trône. Dès l'âge de seize ans, il s'était trouvé à la prise d'Arzile et de Tanger; et l'an 1476, il s'était signalé à la bataille de Toro. L'an 1482, il fait construire un fort sur la côte de Guinée, pour s'assurer la possession d'une mine d'or qu'on y avait découverte. Ce fort, par cette raison, fut nommé Saint-Georges de la Mine. Instruit, l'an 1483, des intelligences que le duc de Bragance avait avec le roi de Castille contre le bien de l'état, il le fait arrêter, nomme des juges pour instruire son procès; et, d'après la sentence de mort rendue contre lui, le fait décapiter le 21 juin de la même année. Plusieurs des grands, irrités de cette exécution, conspirent contre la vie du roi, pour mettre sur le trône le jeune duc de Viseu. Le complot est découvert, et le duc poignardé de la main du roi; ses partisans sont, les uns punis de mort, les autres obligés de s'expatrier. L'ambition de Jean II s'étendait loin de ses états. Vers l'an 1492, il envoie dans les Indes orientales une flotte sous la conduite de Cane, noble vénitien, qui, sur la route, fait la découverte des royaumes de Congo et de Béni, et ensuite celle du plus grand cap qui soit dans le monde, auquel le roi Jean donna le nom de *Cap de Bonne-Espérance*. (Ce cap avait été reconnu dès l'an 1486, après une navigation très-périlleuse de seize mois, par Barthélemi Diaz, officier portugais, qui l'avait appelé *Capo Tormentoso*, à cause des violentes tempêtes qui ne lui permirent pas d'en approcher.) Le roi Jean ayant fait alliance avec le roi de Congo, lui envoie des missionnaires qui l'instruisent, lui et son peuple, des mystères de la religion chrétienne, et leur administrent le baptême.

L'an 1493, excité par les découvertes que Christophe Colomb, dont il avait rejeté les offres, venait de faire au nouveau monde, Jean II fait équiper une flotte pour aller sur les traces de ce navigateur faire de nouvelles conquêtes. Le roi de Castille, qui avait pris les devants, et s'était fait attribuer par le pape tous les pays de l'autre hémisphère, découverts et à découvrir, prétend empêcher cet armement. Après quelques contestations, on s'en rapporte à la décision du saint siége, qui limite la navigation des deux couronnes par une ligne qu'on a nommée de *marcation*. Mais le roi de Portugal trouvant son ambition trop gênée par cette ligne, convint, l'année suivante, d'une nouvelle ligne qui déclinait de celle d'Alexandre VI, et qui fut nommée par cette raison, *ligne de démarcation*. Une mort prématurée enleva le roi Jean II l'an 1495, le 14 septembre, selon Mariana, ou le 25 octobre selon l'auteur de la Généalogie des rois de Portugal, à l'âge de quarante ans révolus et quelques mois, après un règne de quatorze ans. Il avait épousé Léonore, fille aînée de l'infant don Ferdinand, duc de Viseu, dont il n'eut que l'infant Alfonse, mort, le 12 juillet 1491, d'une chûte de cheval qu'il fit peu de jours après avoir épousé dona Isabelle, fille aînée du roi Ferdinand le Catholique et d'Isabelle de Castille. Quoiqu'il aimât tendrement ce fils, il sut modérer en héros les regrets que sa perte lui causa. *Ce qui me console*, disait-il, *c'est qu'il n'était pas propre à régner; et que Dieu en me l'ôtant a montré qu'il veut secourir mon peuple*; parlant ainsi, dit un historien portugais, parce que son fils aimait beaucoup les femmes. Jean II est recommandable par un assortiment de grandes qualités, qui lui a mérité le titre de *parfait*. On loue surtout son zèle pour l'administration de la justice, et sa vigilance à cet égard. Il dit un jour à un juge avide et indolent : *Prenez garde à vous ; je sais que vous tenez vos mains ouvertes et vos portes fermées.* L'avis produisit son effet. Dans les affaires du fisc, il remerciait les magistrats lorsqu'ils avaient décidé contre lui, et quelquefois même il les récompensait. Persuadé que le luxe entraîne la ruine de l'état, comme celle des mœurs, il fit des lois pour en arrêter les progrès en Portugal. Une, entre autres, ne permettait qu'aux femmes de porter de la soie, de l'or et des pierreries. Ses ministres lui objectèrent que cette ordonnance était préjudiciable au commerce. *Vous vous trompez*, leur dit-il, *il suffit que la moitié de mes sujets donne dans le luxe pour fournir de l'occupation à l'autre.* C'est en parlant de lui qu'un anglais disait à son roi Henri VII : *Ce que j'ai vu de plus rare en Portugal, c'est un roi qui commande à tous et à qui personne ne commande.*

EMMANUEL LE FORTUNÉ.

1495. EMMANUEL LE FORTUNÉ, fils de Ferdinand, duc de Viseu, et de Béatrix, fille de Jean grand-maître de Saint-Jacques, et connétable de Portugal, né le 3 mai 1469, remplace Jean II, son cousin, qui l'avait déclaré son successeur à la couronne. L'an 1496, il donne une loi pour bannir de ses états tous les Juifs. Ceux qui restèrent, en embrassant le Christianisme, furent appelés par mépris *nouveaux chrétiens*, et exclus, par la même loi, de toutes charges ecclésiastiques et civiles. Emmanuel, marchant sur les traces de ses prédécesseurs, mit plusieurs fois des vaisseaux en mer pour faire des découvertes et des conquêtes dans les pays inconnus. Vasquez et Paul de Gama, frères, gentilshommes portugais, s'étant embarqués, le 9 juillet 1497, à Lisbonne avec cent soixante hommes seulement, soldats ou matelots, doublèrent pour la première fois, après une navigation très-difficile de quatre mois, le Cap de Bonne-Espérance, firent la découverte de toute la côte orientale d'Éthiopie, et de la plupart des îles qui s'y trouvent, et de là faisant voile, vers les Indes, arrivèrent, le 22 mai 1498, à Calicut, sur la côte de Malabar. Leur étonnement fut grand de trouver un nombre prodigieux de vaisseaux et un commerce réglé sur toutes les côtes des Indes, sur celles de l'Afrique, de l'Arabie, de la mer Rouge et de la Perse. Mais ils furent bien plus surpris, lorsque Vasquez de Gama ayant obtenu du roi de Melinde, sur la côte de Zanguebar, un pilote pour conduire sa flotte à Calicut, il trouva dans ce pilote, appellé Kanaka, gentil de Guzarate, un homme si habile dans la navigation, que les Portugais lui ayant montré un astrolabe, il y fit peu d'attention, parce qu'il était accoutumé à se servir de la boussole, du quart de cercle et des cartes géographiques. Vasquez, après avoir perdu Paul, son frère, étant rentré, le 14 septembre 1499, dans le port de Lisbonne, Emmanuel envoie, l'an 1500, d'autres vaisseaux, sous la conduite de Pierre-Alvarez Capral. Celui-ci étant poussé sur les côtes du Brésil, reconnaît cette contrée, parcourt différents royaumes, contracte des alliances avec les rois de ces pays au nom du roi de Portugal, et y fait bâtir des forts.

Emmanuel, attentif à profiter des occasions d'agrandir ses états et d'en étendre le commerce, ne négligeait pas cependant les intérêts de la religion. Sur les flottes qu'il envoyait en Asie, il avait soin de faire embarquer des missionnaires pour convertir à la foi les peuples qu'elles découvriraient. Son zèle ne se borna point là; sensible à la dépravation du clergé de Portugal et d'Espagne, il écrivit, l'an 1499, de concert avec le roi Ferdinand le Catholique, au pape Alexandre VI pour lui en demander la réformation. Mais à qui s'adressaient-ils? On sait quelles étaient les mœurs de ce pontife. Alexandre parut étonné de ce que les ambassadeurs lui dirent; mais il se contenta de les renvoyer vers leurs maîtres avec de belles promesses et des présents. Ce fut tout le fruit de cette ambassade.

La prospérité d'une nation tourne souvent au détriment d'une autre, et irrite par-là sa jalousie. Les Vénitiens voyant leur commerce des épiceries qu'ils allaient chercher en Egypte, diminuer depuis les navigations des Portugais, excitent contre eux, vers l'an 1504, Kansou-Algouri, sultan d'Egypte (1). Kansou se ligue avec le roi de Calicut, ennemi des Portugais dès qu'il les eut connus. Lopez Suarez, un de leurs amiraux, qui croisait alors sur ces côtes, prend la ville de Cranganor, dont il brûle une partie, et épargne l'autre à cause des chrétiens qui s'y trouvaient. Ces chrétiens, différents en plusieurs points des Catholiques, se disaient chrétiens de saint Thomas, parce qu'ils croyaient avoir reçu la foi de cet apôtre. (*Hist. Univ.*, t. XXIX. in-4°, p. 150.) L'an 1506, François d'Almuyda, envoyé l'année précédente en qualité de vice-roi dans les Indes, y forme divers établissements dans les royaumes de Narsingue, de Quiloa, de Cananor, de Cochin, après plusieurs victoires remportées sur

---

(1) La conduite des Vénitiens, à l'égard des Portugais, était d'autant plus blamable, qu'en 1501, le roi Emmanuel, apprenant qu'ils étaient attaqués par les Turcs, leur avait envoyé une flotte sous le commandement de D. Jean de Menesez, qui avait obligé le sultan Bajazet à lever le siége de Corfou.

les habitants de ces pays. Son fils Lorenzo prend possession des Maldives et de Ceylan.

La distinction des anciens et des nouveaux chrétiens, établie en Portugal, y occasionna, l'an 1506, une violente sédition que le roi ne put appaiser qu'en promettant de détruire la cause qui l'avait produite. C'est ce qu'il exécuta, l'an 1507, en révoquant la loi qui établissait cette odieuse distinction, par un édit du 1er mars, où il promet de ne mettre plus désormais de différences entre les juifs convertis et les autres fidèles, et d'admettre les uns comme les autres à toutes les charges et emplois civils et ecclésiastiques. On faisait cependant au loin de nouvelles conquêtes pour le compte d'Emmanuel. Alfonse d'Albuquerque, la même année, s'empara de l'île d'Ormus dans le golfe Persique. L'an 1510, Jacques Sigueira s'introduit dans l'île de Sumatra, et fait alliance, au nom du roi de Portugal, avec plusieurs princes de la partie occidentale de cette île. Albuquerque surprend l'île de Goa, et l'année suivante il débarque dans la presqu'île de Malaca, dont il oblige les habitants à se ranger sous la domination portugaise. La mort de don Jean de Menesès, arrivée le 15 mai 1514, dans Azamor, dont il était gouverneur, affecta le roi Emmanuel qui lui devait ses conquêtes en Afrique. Albuquerque, vice-roi des Indes, suivit de près Menesès au tombeau. L'an 1515, se voyant rappelé, malgré ses importants services, il tomba malade de chagrin, et mourut à Goa, regretté de ses compatriotes et des Indiens. Les Portugais, dans leurs courses, s'étaient approchés de la Chine, mais il n'avaient encore pu y pénétrer. L'an 1517, Ferdinand Perez Auduade y ayant abordé avec huit vaisseaux, obtint la permission d'entrer avec deux seulement dans le port de Canton. De là, Thomas Perez alla trouver l'empereur de la Chine avec titre d'ambassadeur du roi de Portugal, et réussit à conclure un traité d'alliance entre les Portugais et les Chinois. Mais, après le départ de Ferdinand Auduade, les Portugais se comportèrent avec tant d'insolence, que l'empereur, les ayant fait arrêter, les condamna à périr dans les prisons. Une autre flotte, qui vint se présenter ensuite à la Chine sans savoir ce qui s'était passé, fut poursuivie par celle des Chinois qui firent prisonniers ceux qui la montaient, et les massacrèrent. Les Chinois enfin, revenus de leurs préjugés contre les Portugais, leur permirent de bâtir, à vingt lieues de Canton, la ville de Macao, pour être gouvernée concurremment par un chinois et un portugais.

Antoine Correa fit, l'an 1520, sur la côte occidentale du Bengale, une autre découverte dont le Portugal tira parti, ce fut celle du Pégu, pays abondant en or, en pierres précieuses, en bois de senteur et en graines de toute espèce. Ayant fait alliance au nom du roi son maître, avec le souverain du pays, il ouvrit par-là une nouvelle mine de richesses aux Portugais. Dans le même tems qu'Emmanuel envoyait des flottes dans les Indes, il avait une armée occupée en Afrique à faire la guerre à différentes hordes des Maures de Barbarie. Quelques-unes s'allièrent avec les Portugais et les aidèrent à triompher des autres. Les succès de cette guerre qui fut très-longue, furent néanmoins variés, et les Portugais eurent besoin de toute leur valeur et de toute leur habileté pour réparer les échecs que les Maures leur firent de tems en tems essuyer.

Le roi Emmanuel, en étendant au loin le commerce de ses états et travaillant à les enrichir, s'occupait en même tems des affaires de l'église en Europe. Affligé des troubles que les erreurs de Luther excitaient en Allemagne, il écrivit, le 21 avril 1521, une lettre très-forte à Frédéric, dit le Sage, électeur de Saxe, pour l'exhorter à se défaire de cet hérésiarque comme d'une peste publique. La même année, une maladie épidémique enleva ce monarque à Lisbonne, le 13 décembre, dans la cinquante-troisième année de son âge, après un règne de vingt-six ans. Il fut inhumé dans le monastère de Belem, qu'il avait fait bâtir. Il avait épousé, en premières noces, l'an 1497, ISABELLE d'ARAGON, dite de Castille, veuve de l'infant don Alfonse, décédé l'an 1491 : cette première épouse étant morte le 24 août, l'an 1498, en couches d'un prince, nommé Michel, qui mourut âgé de deux ans; Emmanuel épousa en secondes noces, par dispense d'Alexandre VI, le 30 octobre 1500, MARIE DE CASTILLE, sœur d'Isabelle (morte à Lisbonne le 7 mars 1517) : sept princes et trois princesses sortirent de ce deuxième mariage ; savoir, Jean III ; Louis ; Ferdinand ; Alfonse, cardinal ; Henri, aussi cardinal, puis roi de Portugal ; Edouard, et Antoine. Cependant la postérité d'Emmanuel fut éteinte à la seconde génération. Les princesses sont, Marie, morte au berceau ; Elisabeth, femme de Charles-Quint, empereur et roi d'Espagne, née l'an 1503 ; Marie-Béatrix, née l'an 1504, mariée à Charles III, duc de Savoie. Enfin après le décès de la reine Marie, arrivé le 7 mars 1517, Emmanuel épousa en troisièmes noces, l'an 1519, ELÉONORE D'AUTRICHE, sœur de Charles-Quint ; il en eut un prince, auquel il survécut, et une princesse, morte l'an 1528. (Eléonore se remaria depuis à François I, roi de France.) Le règne d'Emmanuel est célèbre par les grandes actions de ce prince, qui doit être regardé comme un des meilleurs rois qui aient porté le sceptre de Portugal, et par les exploits des Portugais en Asie, en Afrique et dans les Indes ; ce qui a fait regarder son règne comme l'âge d'or de la nation. On voit dans le sceau de ce prince son écusson surmonté d'une sphère, symbole de son amour pour l'astronomie, et des découvertes que les Portugais firent sous son règne dans le pays éloignés.

JEAN III.

1521. JEAN III, fils d'Emmanuel et de Marie de Castille, sa deuxième femme, né le 6 juin 1502, monta sur le trône le 19 décembre 1521. Le commencement de son règne fut marqué par de grands désastres. D'horribles tremblements de terre, qui durèrent huit jours, endommagèrent considérablement Lisbonne et plusieurs villes voisines. On fit état de plus de trente mille personnes, qui furent écrasées sous les ruines des bâtiments qu'ils renversèrent. Le roi et la reine furent obligés de camper en pleine campagne sous des tentes, malgré la rigueur de la saison : on était alors au mois de février. Un débordement des eaux du Tage inonda près de la moitié du Portugal. Le roi n'oublia rien de ce qui était en son pouvoir, pour remédier à ces calamités. Tel est le récit d'un moderne ; mais où l'a-t-il pris ? c'est ce que nous n'avons pu découvrir.

Les affaires des Portugais continuèrent de prospérer en Asie et en Afrique, sous le règne de Jean III. Mais ce ne fut pas sans une vigoureuse résistance qu'ils se maintinrent dans l'île d'Ormus et au Calicut, contre les efforts des Indiens qui voulaient les en chasser. L'empereur Charles-Quint, de son côté, suscita, l'an 1524, une querelle aux Portugais, par rapport aux îles Moluques qu'ils avaient découvertes en 1511, prétendant qu'elles se trouvaient dans la partie des Indes qui lui appartenait, suivant le partage fait par le pape Alexandre VI. On nomma pour arbitres des géographes, qui ne purent s'accorder. Enfin, l'empereur, ayant besoin d'argent, céda ses prétentions pour un million de ducats aux Portugais.

La crainte que la foi ne s'altérât dans ses états, fit prendre au roi Jean III le parti d'y introduire l'inquisition. Les Portugais, à qui ce tribunal était odieux, lui firent en vain des remontrances pour le détourner de ce dessein. Il fut inflexible ; et, l'an 1526, l'inquisition fut établie à Lisbonne, d'où elle se répandit ensuite dans toute la domination portugaise, et jusqu'à Goa, dans les Indes orientales. Ce ne fut néanmoins qu'en 1536 que cet établissement fut confirmé par Paul III. Les Portugais en firent, vers le même tems, de plus assortis à leur goût et à leurs intérêts dans le Brésil, l'une des plus riches contrées de l'Amérique méridionale.

La compagnie de Jésus, dès son origine et avant même qu'elle eut pris une entière consistance, frappa l'attention de Jean III, et attira sur elle la protection de ce monarque. L'an 1541, il fit venir de Rome en Portugal les pères François Xavier et Simon Rodriguez, deux membres de cette société; et, l'année suivante, il fit partir le premier, avec le titre de légat *à latere*, dont le pape l'avait revêtu, pour aller prêcher l'Evangile au Japon, nouvellement découvert par les Portugais. Simon Rodriguez resta en Portugal, où il fonda plusieurs maisons de son institut. Le roi Jean III fit lui-même les vœux des Jésuites; il obéissait en conséquence au provincial, et obtint permission du saint siége pour garder sa couronne.

Les orangers, qui sont aujourd'hui si communs en Portugal, qu'on dirait qu'ils y croissent d'eux-mêmes, y étaient inconnus avant le règne de ce prince. Ce furent des marchands portugais qui les apportèrent de la Chine dans leur patrie en 1548, et de là ces arbres se sont distribués dans toute l'Europe méridionale; mais il n'est aucune contrée où ils produisent d'aussi bons fruits qu'en Portugal. Les vice-rois de Goa, sous le règne de Jean III, eurent avec les peuples et les princes leurs voisins de fréquentes guerres dont ils sortirent avec avantage. Dans le cours de ces hostilités, le roi Jean III mourut d'apoplexie à Lisbonne, le 7 juin 1557, âgé de 55 ans, dans la trente-sixième année de son règne, sans laisser aucun enfant de CATHERINE D'AUTRICHE, son épouse, sœur de Charles-Quint, quoi qu'il eût eu d'elle six princes, savoir : Alfonse, Emmanuel, Philippe, Denis, Jean, mort le 2 janvier 1554; Antoine, et trois princesses, Marie, femme de Philippe II, roi d'Espagne; Isabelle et Béatrix. Le roi Jean III, disent les auteurs de l'Histoire Universelle, avait une affection si tendre pour son peuple, qu'aucune raison n'était capable de l'engager à le charger d'impôts. Quand ses ministres en proposaient, *examinons d'abord*, disait-il, *s'il est nécessaire de lever de l'argent*. Quand ce premier point était éclairci, *voyons à présent*, disait le roi, *quelles sont les dépenses superflues*; de sorte que l'économie fut sous son règne le fonds pour les besoins extraordinaires. Sa mémoire était excellente, et il l'avait si prodigieuse, qu'un jour étant à Coïmbre, après s'être fait lire tous les noms des écoliers de l'Université, il les retint, et appela ensuite chacun d'eux par le sien. On le voit à Lisbonne, sur son tombeau, habillé en jésuite. Son zèle pour la religion éclata par les réformes qu'il fit faire dans les ordres religieux, par les fondations de divers hôpitaux dans son royaume, et par l'établissement de plusieurs évêchés dans ses colonies.

SÉBASTIEN.

1557. SÉBASTIEN, fils de l'infant Jean, cinquième fils de

Jean III, et de Jeanne d'Autriche, fille de Charles V et d'Élisabeth de Portugal, né le 20 janvier 1554 (dix-huit jours après la mort de son père), succède à son aïeul le 11 juin, et règne sous la tutelle de Catherine, son aïeule, ensuite sous celle du cardinal Henri, son grand-oncle, en faveur duquel Catherine se démit de la régence en 1562. L'an 1574, le roi Sébastien, plein de l'esprit de chevalerie, que son gouverneur et son précepteur lui avait inspiré, passe en Afrique dans la vue de signaler ses armes contre les infidèles. Il fait quelques courses dans le pays, ose même attaquer les Maures, quoique bien supérieurs en nombre, les combat avec intrépidité, remporte sur eux de petits avantages, et retourne en Portugal au mois de novembre de la même année. Ces faibles succès enflammèrent tellement le désir qu'il avait de faire des conquêtes en Afrique, que dans les quatre années qui suivirent, il ne fut occupé qu'à préparer un nouvel armement capable de répondre à ses vues. Un incident lui fournit un prétexte de reporter la guerre chez les Maures, quoiqu'il n'en eût pas besoin. Mulei-Mohammed, roi de Fez et de Maroc, avait été dépouillé de ses états par Mulei-Moluch, son oncle, L'an 1577, il vient demander du secours à don Sébastien, et lui rend Arzile, que son père avait conquis sur les Portugais. Ravi de cet événement, le roi de Portugal promet au prince africain de faire tous ses efforts pour le rétablir. Au mois de décembre il a une conférence à N. D. de la Guadeloupe avec Philippe II, roi d'Espagne, sur son expédition. Philippe, après avoir fait d'inutiles efforts pour l'en détourner, s'engage à lui fournir cinquante galères et 5000 hommes. La reine Catherine avait toujours été opposée à ce dessein du roi, son petit-fils. Cette princesse termina ses jours le 12 février 1578, dans les mêmes dispositions. En mourant elle avait chargé le cardinal Henri de faire au roi de nouvelles remontrances à ce sujet. Le cardinal Henri n'étant point écouté, se retire de la cour. Enfin, le 24 juin, don Sébastien s'embarque avec la fleur de sa noblesse. Il aborde en Afrique, et campe, le 29 juillet, à deux lieues d'Arzile. Moluch, informé de son arrivée, vient à lui avec une armée de cent mille hommes, c'est-à-dire près de cinq fois plus forte que celle des Chrétiens. Il s'approche d'Alcaçar-Quivir, et de là va camper près de la rivière de Luco, à la vue de l'ennemi. Le 4 août, le combat s'engage. Les Chrétiens ont l'avantage au premier choc; mais, enveloppés ensuite par les Maures, ils sont pris ou taillés en pièces. Le roi Sébastien, après avoir fait des prodiges de valeur, est entouré par les ennemis qui, s'étant saisis de sa personne, se disputent une si belle proie. Un de leurs généraux survient, et voyant les efforts qu'ils faisaient pour se l'arracher, *quoi! chiens*, dit-il, *après que Dieu vous a donné une victoire si complète, vous voulez vous égorger pour un prisonnier?* En même tems, d'un coup de cimeterre il renverse le roi de cheval; après quoi les Maures, désespérant de pouvoir tirer aucune rançon de ce malheureux prince, achèvent de le tuer. Telle fut, suivant les relations les moins suspectes, mais non pas absolument sûres, la déplorable fin du roi Sébastien. On fut long-tems en Portugal sans pouvoir se persuader qu'il fut mort sur le champ de bataille. On fit courrir le bruit qu'il s'était échappé du combat, et qu'il errait en divers lieux; ce qui donna sujet à des imposteurs, comme on le verra, de prendre son nom. Ce prince était dans la vingt-cinquième année de son âge, et dans la vingt-deuxième de son règne. Il n'était pas encore marié. C'est le premier roi de Portugal qui ait pris le titre de majesté, que le roi Philippe II lui donna.

HENRI I.

1578. HENRI I, fils du roi Emmanuel et de Marie de Castille, sa deuxième femme, né le 31 janvier 1512, cardinal du titre des Quatre-Couronnés, successivement archevêque de Brague, de Lisbonne et d'Evora, grand-inquisiteur de la foi, fut proclamé roi aussitôt qu'on eut appris la triste nouvelle de la défaite et de la mort de Sébastien, son petit-neveu. Henri, étant âgé de près de soixante-sept ans, et fort infirme, les prétendants à la couronne de Portugal pensèrent dès-lors à faire valoir leurs droits sur un trône qui semblait devoir être bientôt vacant. Ces prétendants étaient, 1°. le prince Antoine de Portugal, fils naturel de l'infant Louis, frère du cardinal Henri; 2°. Philippe II, roi d'Espagne, fils d'Elisabeth, sœur de Henri, et fille aînée d'Emmanuel; 3°. Emmanuel-Philibert, duc de Savoie, fils de Béatrix, autre fille d'Emmanuel; 4°. Rainuce Farnèse, prince héréditaire de Parme, né de Marie, fille de l'infant Edouard, fils d'Emmanuel; 5°. Catherine, autre fille du même Edouard, mariée à Jean, duc de Bragance; 6°. Catherine, reine de France, mère de Henri III; 7°. enfin le pape Grégoire XIII prétendait aussi que le choix du roi de Portugal le regardait, tant par les droits du saint siége sur ce royaume, que par ceux qu'il a sur les biens des cardinaux. Pour exclure le premier des compétiteurs, les émissaires de la cour d'Espagne font revivre la distinction des anciens et des nouveaux chrétiens, autorisée par différents brefs subreptices des papes, publient en conséquence que sa mère Yolande de Gomez est juive d'extraction, et prétendent que par là il est inhabile au trône. Les Portugais craignant les troubles dont ils étaient menacés après la mort du roi Henri, le pressent de nommer son successeur; mais il est irrésolu. L'an 1580, Henri assemble, le 8 janvier, les états du royaume, et leur propose de reconnaître pour roi Philippe II; la proposition est rejetée. Le 31 du même mois, Henri meurt dans de grands sentiments de piété, n'ayant régné qu'environ un an et demi. Le Commestaggio dit que « quoiqu'il eut plus de vertus que de vices, il ne laissait pas » d'être plus vicieux que vertueux, parce que ses vertus étaient » de prêtre, au lieu que ses vices étaient de prince. » Après sa mort le royaume de Portugal fut administré par cinq régents, dont trois étaient dans les intérêts de Philippe II.

ANTOINE.

1580. ANTOINE, grand-prieur de Crato, fils naturel de Louis, deuxième fils du roi Emmanuel, né l'an 1531, avait prétendu au trône de Portugal après la mort de Sébastien, et en avait été exclus. Après celle de Henri, il renouvela ses prétentions, et se fit proclamer roi, par la populace, à Santaren, le 19 juin, ensuite à Lisbonne le 24 du même mois; mais Antoine, jeune prince, emporté et violent, ne jouit pas long-tems de cette dignité. Le 25 août, il est défait à Alcantara par le duc d'Albe, qui entre ensuite à Lisbonne, et achève, en moins de deux mois, de soumettre le royaume de Portugal à Philippe II. Antoine, après sa défaite, est abandonné de tous et obligé de s'enfuir : il erre long-tems de lieu en lieu sans pouvoir trouver d'asile; et enfin il passe en France, où il arrive au mois de juillet 1581; le roi Henri III lui fit un accueil digne de son rang. Après quelque séjour en France, Antoine s'embarque sur une flotte d'environ soixante vaisseaux, portant six mille hommes que le roi lui donna sous le commandement de Philippe Strozzi, et débarque dans l'île de Saint-Michel, où il est reconnu roi de Portugal. Le marquis de Sainte-Croix dissipe la flotte de Strozzi dans une sanglante bataille donnée le 26 juillet; deux mille français y périssent; Strozzi tombe entre les mains de ses ennemis, et meurt deux jours après de ses blessures; Antoine, qui s'était retiré avant la bataille dans les îles de Tercère, revient en France. Antoine, l'an 1589, fait une nouvelle tentative avec une flotte anglaise commandée par les fameux amiraux Jean Norris et François Drake; mais il échoue, et vient finir ses jours à Paris, où il meurt le 26 août 1595, âgé de soixante-quatre ans, laissant deux fils, qu'il recommande au roi Henri IV par son testament, où il l'institue son héritier. Son corps fut enterré aux Cordeliers, et son cœur porté dans l'église de l'*Ave Maria*.

PHILIPPE I.

1580. PHILIPPE I (IIe. du nom, roi d'Espagne), envoie en Portugal le duc d'Albe, qui s'empare de ce royaume en moins de deux mois, et y fait proclamer roi Philippe le 2 septembre. L'an 1581, Philippe convoque les états-généraux, le 15 avril, à Tomar; il y est reconnu roi de Portugal après qu'on eut arrêté, entr'autres choses, que le Portugal formerait toujours un royaume séparé et indépendant, dont Lisbonne serait la capitale, et où les conseils et tribunaux souverains résideraient, de manière que les Portugais ne fussent pas obligés de sortir du royaume pour avoir justice. Le 29 juin, Philippe fait son entrée à Lisbonne. Avant la séparation des états, il avait fait publier une amnistie, mais si remplie de restrictions qu'elle n'en méritait pas le nom. Plusieurs nobles et autres furent emprisonnés, exécutés, ou souffrirent d'autres traitements rigoureux. Un nombre incroyable d'ecclésiastiques, séculiers ou réguliers, périrent par divers supplices. On en précipita une si grande quantité dans le Tage, que le peuple, s'imaginant que la rivière était excommuniée, ne voulut plus manger de poisson. Il fallut que l'archevêque de Lisbonne, pour lever ce scrupule, se rendît sur la rivière, et lui donnât l'absolution avec les cérémonies ordinaires. L'an 1583, pendant le séjour de Philippe à Lisbonne, on évente deux mines sous le palais, et une autre sous la chapelle où il allait entendre la messe. Voyant alors que sa vie était en danger parmi les Portugais, ce monarque prend le parti de retourner en Espagne. L'an 1585, deux imposteurs veulent se faire passer pour le roi D. Sébastien, et ne trompent qu'un petit nombre de personnes. Un troisième, appelé Mathieu Alvarez, qui vivait dans un ermitage, fut comme forcé de jouer le même personnage. Sur quelques traits de ressemblance qu'il avait avec D. Sébastien, le peuple voulut que ce fut ce roi lui-même qui faisait pénitence pour la bataille d'Alcaçar. L'ermite séduit se rendit aux instances qu'on lui fit. Il se soutint pendant quelques mois, au bout desquels, ayant été pris, il fut puni de mort avec les principaux auteurs de la révolte. L'an 1594, on voit paraître un nouvel imposteur, nommé Gabriel de Spinosa. Il s'acquitta mal du rôle de D. Sébastien, qu'un augustin, grand partisan de la maison de Bragance, lui avait appris; tous deux furent pris et pendus à Valladolid. L'an 1598, Philippe meurt le 13 septembre, après avoir régné dix-huit ans en Portugal. La cruelle politique de ce prince lui avait fait donner le nom de *Démon du Midi*. Les Portugais conviennent néanmoins que de tous les rois d'Espagne qui les ont gouvernés,

Philippe Ier. est celui qui les a traités avec le moins d'inhumanité. (*Voy.* Philippe II, *roi d'Espagne.*)

PHILIPPE II.

1598. Philippe II (IIIe. du nom, roi d'Espagne), est proclamé roi après la mort de son père. Ses ministres traitent le Portugal comme une province d'Espagne, et augmentent, par le despotisme qu'ils y exercent, la haine des Portugais pour le gouvernement espagnol. Un aventurier profite de ces dispositions pour renouveler le rôle de D. Sébastien, dont il avait la taille et quelques traits du visage. Il parcourut l'Italie, où il soutint son personnage avec plus de dignité que ceux qui l'avaient précédé. L'apparente naïveté avec laquelle il racontait ses malheurs séduisit beaucoup de personnes. Les Portugais qui n'attendaient que le signal d'une révolution pour se soustraire à la domination espagnole, étaient prêts à adopter le nouveau D. Sébastien; mais le grand-duc de Toscane l'ayant fait arrêter, le livra aux Espagnols qui le firent étrangler en prison. Les Hollandais profitèrent des troubles du Portugal pour envahir ses domaines dans les Indes. L'an 1604, ils lui enlèvent une partie des Moluques, et y établissent leur compagnie des Indes Orientales. Ce ne fut que le prélude des conquêtes que ces républicains firent sur les Portugais, qu'ils dépouillèrent, sous ce règne et sous le suivant, de la plus grande partie de ce qu'ils possédaient en Asie et en Amérique. Philippe mourut, l'an 1621, dans la vingt-troisième année de son règne. (*Voy.* Philippe III, *roi d'Espagne.*)

PHILIPPE III.

1621. Philippe III (IVe. du nom, roi d'Espagne), succède au roi, son père, et par sa dureté inflexible (ou plutôt celle d'Olivarez, son ministre), il donne occasion aux Portugais de se révolter, et de secouer le joug de la domination espagnole. La révolte commence à Lisbonne le 1er. décembre 1640; les conjurés se rendent maîtres du palais, en criant : *Liberté! vive Jean IV, roi de Portugal!* Le prince D. Jean, duc de Bragance, informé de ce qui se passait en sa faveur, quitte la maison de campagne où il s'était retiré près de Villaviciosa, arrive à Lisbonne, y est reconnu roi de Portugal, comme ayant droit de succession et de représentation. Ce qui surprend dans cette révolution, c'est que rien n'en ait transpiré, quoique le secret eût été communiqué à trois cents personnes six mois avant l'exécution; elle ne coûta la vie qu'à deux personnes, François Suarez, lieutenant civil, et Michel Vasconcellos, secrétaire d'état, qui avaient le plus maltraité les Portugais. La duchesse de Mantoue (Marguerite de Savoie, veuve de François IV, duc de Mantoue), gouvernante, ou vice-reine du pays, se retire dans un monastère à deux lieues de Lisbonne. Plusieurs historiens, entr'autres le P. Pétau, qui vivait dans le tems que cette révolution est arrivée, en attribuent le projet et le succès (1) au cardinal de Richelieu. (*Voy.* Philippe IV, *roi d'Espagne.*)

JEAN IV.

1640. JEAN IV, duc de Bragance, petit-fils de Catherine, fille de l'infant Edouard, fils du roi Emmanuel, est proclamé roi à Lisbonne le 1er. décembre, et peu de jours après dans tout le royaume; il fait son entrée dans la ville le 8 du même mois, et le 15 il est couronné (2). Un castillan, témoin du triomphe de ce prince, ne peut s'empêcher de s'écrier en soupirant:

---

(1) Il est d'ailleurs formellement dit, dans les instructions que Louis XIV, ou le cardinal Mazarin, son ministre, donna le 4 et le 13 mai 1657, à M. de Comminges, qu'il envoyait avec titre de son ambassadeur extraordinaire en Portugal, que *la France n'avait pas peu contribué au rétablissement du roi de Portugal dans le trône de ses ancêtres.* (Journal de Verdun, 1735, mars, page 186, *et seqq.*)

(2) « On peut dater la décadence du Portugal, dit un écrivain judicieux, du tems que ce royaume devint une province de l'Espagne. » Pendant ce période la marine portugaise fut employée et détruite au » service des Espagnols. Son commerce souffrit au point que sa flotte » marchande diminua de plus de deux cents gros vaisseaux. Ses arsenaux furent épuisés de munitions, d'artillerie et d'armes de toute » espèce. Plus de deux mille pièces de canon de fonte et un nombre » infini de canons de fer furent transportés en Espagne. On vit à la » fois sur la grande place de Séville jusqu'à neuf cents pièces de canon » marquées aux armes de Portugal, et les exactions en argent étaient » si considérables, que dans le court espace de quarante-deux ans, » c'est-à-dire depuis 1584 jusqu'en 1626, l'Espagne tira du Portugal » au-delà de deux cent millions d'écus d'or, ce qui faisait alors une » somme immense.

» Dans ce même tems les Hollandais ayant déclaré la guerre aux » Portugais, sous prétexte qu'ils étaient sujets du roi d'Espagne, les » chassèrent des îles de Ceylan, de Ternate et de Tidor, et leur prirent » Malaca après un siége de six mois; ce qui fit passer entre les mains » des Hollandais le monopole de la canelle, du clou de girofle, de la » muscade, et en grande partie du poivre. Ils leur enlevèrent aussi les » ports de la Mina et d'Arguin sur la Guinée, ainsi que Fernambouc et » une grande partie du Brésil; et quoique depuis la révolution le » Brésil ait été reconquis et qu'il reste encore aux Portugais plusieurs » établissements dans l'Inde, la puissance et le commerce de ce

Est-il possible qu'un si beau royaume ne coûte qu'un feu de joie à l'ennemi de mon maître ! Jean était fils de Théodore, septième duc de Bragance, et tirait son origine de Jean Ier., roi de Portugal, par Alfonse, son fils naturel, premier duc de Bragance; par Ferdinand, Ier. du nom, deuxième duc; par Ferdinand, IIe. du nom, troisième duc, qui fut décapité, l'an 1483, sous le règne de Jean II; par Jacques, quatrième duc; par Théodore, Ier. du nom, cinquième duc; par Jean, sixième duc; par Théodore, IIe. du nom, septième duc de Bragance, père de Jean IV. Jean de Bragance n'était pas l'unique rejeton des anciens rois de Portugal. Les ducs de Villa Réal et de Camina en descendaient également, mais dans un degré plus éloigné. Jaloux de voir leur égal devenu leur maître, ils trament, de concert avec l'Espagne, une conjuration pour l'exterminer avec sa famille et livrer Lisbonne au fer et au feu des Espagnols. La reine est informée de cet affreux dessein par le marquis d'Ayamonte, espagnol, son parent. On arrête les principaux conjurés, et le peuple les voit avec joie périr sur l'échafaud. L'archevêque de Brague et le grand-inquisiteur, qui étaient de ce nombre, sont exécutés en prison. L'an 1641, les états, assemblés le 28 janvier, confirmèrent tout ce qui avait été fait jusqu'alors en faveur du roi Jean. Le même zèle que les Portugais faisaient paraître en Europe pour ses intérêts, se communiqua dans les autres parties du monde où ils avaient des possessions. Tout ce qui reconnaissait la domination portugaise en Asie, en Amérique, et sur les côtes d'Afrique, proclama unanimement Jean IV, dès qu'on y eut appris la nouvelle de la révolution. Le nouveau monarque fit part de son élévation à toutes les cours de l'Europe, et toutes le reconnurent, à l'exception de l'empereur et du roi d'Espagne. Ni l'un ni l'autre ne s'en tinrent à un simple refus. Le premier avait dans ses armées Edouard de Bragance, frère du roi Jean; il eut la lâcheté de le livrer, malgré les services qu'il en avait reçus, aux Espagnols, qui le firent mourir dans les prisons de Milan, après l'y avoir retenu l'espace de huit ans; le second fit, pour recouvrer le Portugal, des efforts que la valeur des Portugais rendit inutiles. Ceux-ci avaient dans le même tems à se défendre hors de l'Europe contre les Hollandais, quoique liés avec eux par un traité d'alliance. L'an 1648, ils réussissent à les chasser des royaumes de Benguela et d'Angola, dans l'Afrique, et de l'île de Saint-Thomas, dans les An-

---

» royaume ont néanmoins souffert un tel échec pendant qu'il demeura
» sous la domination de l'Espagne, qu'il s'est toujours trouvé depuis
» cette époque dans le plus grand état de langueur. » (Lettres sur le Portugal, pp. 4-6.)

tilles. D. Philippe de Mascaregnas, vice-roi des Indes, y soutient, avec un égal succès, les affaires du Portugal. Mais l'an 1653, l'évêque de Coïmbre, l'un des principaux ministres de Jean IV, forme une conspiration pour livrer son maître au roi d'Espagne. Ce noir complot est découvert par ce bonheur qui a fait donner à Jean IV le surnom de *Fortuné*. L'évêque est mis en prison et ses complices punis de mort. Les Hollandais restaient toujours maîtres d'une partie du Brésil. L'an 1654, les Portugais les obligent d'évacuer entièrement ce pays. Mais ils perdent, l'an 1656, l'île de Ceylan, dont les Hollandais achèvent la conquête (commencée l'année précédente) par la prise de Colombo. Le 6 novembre de la même année le roi Jean, dont la santé dépérissait depuis neuf ans, meurt âgé de cinquante-deux ans, après un règne de seize ans moins un mois, laissant de LOUISE DE GUSMAN, sa femme, sœur du duc de Médina-Sidonia, deux princes qui régnèrent successivement après lui, Alfonse et Pierre, et deux princesses, Marie, morte sans alliance, et Catherine, mariée, le 31 mai 1662, à Charles II, roi d'Angleterre. Jean IV, sans avoir des qualités brillantes, se maintint sur le trône avec dignité, par sa piété, par sa prudence, par la bonté de son caractère, et plus encore par les conseils et l'habileté de la reine, son épouse. C'est sous Jean IV que le titre de prince du Brésil commença d'être affecté à l'héritier présomptif de la couronne en Portugal.

ALFONSE VI.

1656. ALFONSE VI, fils de Jean IV et de Louise de Gusman, né le 21 août 1643, succède à son père, et règne sous la tutèle de la reine qui gouverne avec beaucoup de sagesse jusqu'en l'an 1662, qu'elle se démet de la régence. Cette princesse mourut le 27 février de l'an 1666. La mauvaise conduite d'Alfonse, ses excès, ses procédés à l'égard de la princesse MARIE DE SAVOIE, duchesse de Nemours, son épouse, ayant révolté contre lui les Portugais, il est obligé de se démettre de l'administration du royaume le 23 septembre de l'an 1667. Aussitôt les états s'assemblent, déclarent régent le prince don Pierre, frère du roi, et lui prêtent serment de fidélité. L'an 1668, la guerre, qui durait depuis vingt-six ans entre l'Espagne et le Portugal, est terminée par un traité du 13 février, qui assure l'indépendance de la couronne de Portugal. Le roi Alfonse qui, après sa démission, avait été confiné dans l'île de Tercère, étant revenu, l'an 1675, au château de Cintra, à sept lieues de Lisbonne, y meurt d'apoplexie, le 12 septembre 1683, âgé de quarante ans.

D. PEDRE OU PIERRE II.

1683. PIERRE II, né le 26 avril 1648, frère d'Alfonse, régent du royaume dès l'an 1667, est proclamé et couronné roi aussitôt après la mort de son frère. L'an 1686, sur les contestations qui s'étaient élevées entre les missionnaires jésuites, et les gouverneurs de l'Amérique méridionale, le roi publie, le 21 décembre, un règlement, par lequel il est dit, paragraphe I, *que les pères de la compagnie de Jésus auront le Gouvernement, non seulement spirituel qu'ils avaient auparavant, mais politique et temporel des villes et villages de leur administration.* (Le roi don Alfonse VI avait réglé tout le contraire par une loi du 12 septembre 1663, portant que *les susdits religieux de la compagnie; non plus que ceux de tout autre ordre, n'auraient aucune juridiction temporelle dans le gouvernement des Indiens.*) Par le quatrième paragraphe il est statué, *qu'il ne pourra y avoir, ni demeurer dans les villages, d'autres personnes que des Indiens avec leurs familles, à cause des mauvaises suites qui résulteraient de leur mélange avec d'autres nations; et en cas qu'il y demeure, ou qu'il s'y trouve quelques blancs ou créoles, le gouverneur les en fera sortir, avec défense d'y retourner; sous peine du fouet pour les roturiers, et du bannissement pour les nobles.*

Pierre II fut du nombre des souverains qui se déclarèrent pour Philippe V à son avènement au trône d'Espagne. L'an 1701, il fit en conséquence une ligue offensive et défensive avec ce prince et le roi de France contre la maison d'Autriche et ses alliés. Mais l'an 1703, il rompt ce traité, et entre le 6 mai dans la ligue que l'empereur Léopold avait faite à la Haye, le 7 septembre 1701, avec l'Angleterre et la Hollande, contre la France et l'Espagne (1). Il fond ensuite dans l'Estramadoure, prend Valence, Coria, Albuquerque, et s'empare de plusieurs autres villes en faveur de Charles, archiduc d'Autriche. (*Voy.* Louis XIV, *roi de France*, et Philippe V, *roi d'Espagne.*) L'an 1706, Pierre meurt d'apoplexie à Alcantara, le 9 décembre, dans la cinquante-septième année de son âge, et la vingt-quatrième de son règne depuis la mort d'Alfonse. Ce prince avait épousé, 1°. le 2 avril 1668, avec dispense du pape, la reine MARIE DE SAVOIE, épouse de son frère, après que son mariage avec Alfonse eut été déclaré nul par une sentence du 28

(1) Par un traité particulier que Pierre fit avec l'Angleterre dans le même tems, cette dernière puissance s'engageait à prendre tous les vins de Portugal en échange de ses manufactures, ce qui convertit bientôt tous les champs de blé en vignes, de sorte que ce royaume regorgea de vin, et se trouva manquer absolument de pain.

mars précédent. Pierre n'eut de cette épouse (morte le 27 décembre 1683) qu'une princesse, décédée l'an 1690, sans avoir été mariée, quoiqu'elle eût été promise au duc de Savoie. Il épousa, 2°., le 2 juillet 1687, MARIE-ELISABETH, fille de Guillaume, électeur palatin du Rhin, morte le 4 août 1699, après lui avoir donné don Jean, né et mort en 1688; don Jean-François-Antoine-Joseph, qui suit; François-Xavier, né en 1691, mort le 21 juillet 1742; Antoine-François-Bénédict, né le 15 mars 1695; Emmanuel, né le 3 août 1697; dona Thérèse-Françoise, morte le 6 février 1704; dona Françoise-Xavière-Josèphe, née en 1699, morte en 1736. Le roi Pierre II était si sobre qu'il mangeait la plupart du tems seul, assis par terre sur un morceau de liége, et n'ayant qu'un seul domestique pour le servir; il ne buvait jamais de vin, et ne permettait pas qu'on approchât de lui après en avoir bu. Il était si habile dans les affaires d'état, que les ministres étrangers aimaient mieux traiter avec ses ministres qu'avec lui. Dans les premières années de son règne, on ne connaissait d'autres légumes en Portugal qu'une mauvaise espèce de choux, l'ail et les oignons. C'est depuis lui qu'on voit abonder ce royaume en toutes sortes de légumes et de fruits délicieux; nous exceptons les oranges, plus anciennes que lui en Portugal, comme on l'a vu ci-dessus.

JEAN V.

1706. JEAN V, fils de Pierre II et d'Elisabeth de Bavière, né le 22 octobre 1689, monte sur le trône de Portugal le 9 décembre, et, le 1 janvier de l'année suivante, est proclamé solennellement. Fidèle aux engagements que son père avait pris avec les alliés contre la France et l'Espagne, il se mit en état de pousser la guerre avec vigueur. Mais le succès ne favorisa pas ses armes. Presque tous les Portugais, qui se trouvèrent à la bataille d'Almanza, gagnée sur les alliés par le maréchal de Barwick, le 25 avril 1707, furent tués ou faits prisonniers. L'an 1708, le roi Jean épouse, le 28 octobre, MARIE-ANNE-JOSEPHE-ANTOINETTE, deuxième fille de l'empereur Léopold, née le 7 novembre 1683. La même année (1708), les rois d'Espagne et de Portugal, quoique toujours en guerre, conviennent d'empêcher, de part et d'autre, les hostilités contre les laboureurs et les vignerons. L'an 1709, le marquis de Bay enlève aux Portugais le château d'Alconchel, après avoir battu l'armée des Anglais et des Portugais, le 7 mai, dans la campagne de Gudina. Dans l'hiver de cette même année, le roi se brouille avec les ambassadeurs de l'empire, de l'Angleterre et des états-généraux, au sujet des franchises que son père avait abolies vingt ans auparavant, et que ses ministres voulaient faire revivre. Sa fermeté les contraignit à la fin de plier. Le roi Jean V eut lieu de se repentir d'avoir pris le parti de l'archiduc Charles contre Philippe V. L'an 1710, le marquis de Bay réduisit l'armée portugaise à l'inaction, en l'empêchant de pénétrer en Espagne pour aller renforcer l'armée de l'archiduc, qui était entré triomphant une seconde fois à Madrid. Cet échec fut suivi d'un revers plus fâcheux en Amérique. L'an 1711, au mois de septembre, du Guai-Trouin attaque et prend Rio-Janéiro, capitale du Brésil, ville opulente, et cause une perte de vingt-cinq millions à la colonie portugaise. Enfin, l'an 1713, la paix est signée à Utrecht, entre la France et le Portugal, le 11 avril, le même jour qu'elle le fut avec l'Angleterre. L'an 1715, elle est signée au même lieu, le 13 février, entre l'Espagne et le Portugal. La tranquillité que le roi Jean procura par là à ses peuples, fut constante, et ne souffrit aucune interruption durant tout le cours de son règne. Il fut spectateur des guerres qui agitèrent les autres puissances, sans vouloir y prendre part, si ce n'est que peu après la paix d'Utrecht, il envoya une escadre pour assister le pape et les Vénitiens contre les Turcs. Le pape reconnut ce service, en partageant l'archevêché de Lisbonne en deux, et en érigeant la chapelle royale en église métropolitaine et patriarcale : depuis ce tems la ville est divisée en deux grands districts, l'oriental et l'occidental.

Le roi Jean V aimait les lettres. Il en donna des preuves, l'an 1720, en établissant, par un décret du 8 décembre, l'*Académie royale d'histoire de Portugal*. Sa protection excita aussi l'émulation parmi les artistes : son humanité méritait pareillement des éloges. Jusqu'à son règne les prisonniers du saint office n'avaient aucun avocat pour défendre leurs causes. Touché de cet abus, il entreprit de le réformer ; et, l'an 1725, il obtint du pape Benoît XIII une bulle pour accorder à ces malheureux un secours que la justice rendait indispensable ; ce qui fut suivi d'un décret royal qui assujettissait les inquisiteurs à communiquer leurs arrêts au conseil du roi avant de les mettre à exécution.

Le roi Jean V méditait d'autres réformes utiles ; mais l'état d'inaction où le réduisit une maladie de langueur dans les huit dernières années de sa vie, c'est-à-dire jusqu'au 31 juillet 1750, époque de sa mort arrivée dans la soixante-unième année de son âge, ne lui permit pas d'effectuer le bien qu'il avait projeté, faute de ministres habiles ou disposés à suivre ses vues. Toutes les branches du gouvernement dans cet intervalle se relâchèrent, et l'état à la fin se trouva non-seulement sans argent, mais chargé de près de cent millions de dettes, argent de

France. Ce prince laissa de son épouse (morte le 14 août 1754) don Joseph, qui suit; don Pèdre, grand-prieur de Crato, né le 5 juillet 1717; Marie-Madeleine, mariée, le 19 janvier 1729, à Ferdinand, prince des Asturies, puis roi d'Espagne. Jean V était d'une représentation avantageuse, d'une physionomie agréable, et d'une grande magnificence dans ses habits. Son caractère n'est point aisé à définir. Jaloux de la dignité de son trône et de sa qualité de roi, il cherchait plus à se faire craindre des grands, qu'à s'en faire aimer. Son peuple avait pour lui l'un et l'autre sentiment dans un égal degré. Il était ferme, et rigoureux observateur de la justice, amateur, comme on l'a vu, des lettres et des arts. Il avait fait acheter dans les pays étrangers une infinité de choses rares et précieuses, tableaux, statues, livres imprimés et manuscrits.

JOSEPH.

1750. JOSEPH, né le 6 juin 1714, de Jean V et de Marie-Antoinette d'Autriche, est proclamé roi de Portugal après la mort de son père. Il avait épousé, le 19 janvier 1729, MARIE-ANNE-VICTOIRE, fille de Philippe V, roi d'Espagne, et d'Elisabeth Farnèse, née le 31 mars 1718, la même qui dans son enfance avait été élevée auprès de Louis XV, roi de France, qu'elle devait épouser.

Les domaines respectifs de l'Espagne et du Portugal dans le continent de l'Amérique méridionale jusqu'alors n'avaient point encore de limites bien déterminées. L'an 1751, ces deux puissances, d'après le rapport des commissaires qu'elles avaient nommés, concluent et signent, au mois d'avril, divers traités par lesquels on marque les lignes qui doivent séparer leurs possessions. Mais l'exécution de ces traités souffrit de grandes oppositions de la part des Indiens du Para et du Maragnan, et plus encore de la part de ceux qui habitent les terres adjacentes aux rivières d'Uraguai et de Parana. Ces peuples, excités, dit-on, par leurs missionnaires, se prétendirent indépendants des deux couronnes qu'ils connaissaient à peine, et prirent les armes pour défendre leur liberté

Un désastre dont le souvenir saisit encore d'effroi, un tremblement de terre affreux détruisit, le premier novembre 1755, plusieurs quartiers de la capitale du Portugal, et fit périr, sous les ruines des églises et de la plupart des maisons qu'il renversa, plus de quinze mille personnes, parmi lesquelles fut compris, en se sauvant, l'ambassadeur d'Espagne avec neuf de ses domestiques. Le palais royal fut du nombre des édifices abattus. Mais le roi et sa famille s'étaient sauvés un moment avant sa chûte. Cette horrible secousse, qui se répéta plusieurs fois, se fit sentir à Madrid et dans plusieurs autres villes d'Espagne et de Portugal. On vit, dans le moment de la première, les eaux du Tage s'élever de dix pieds à Tolède, qui est à cent lieues de Lisbonne, et les eaux de la mer monter de vingt-deux pieds de hauteur perpendiculaire à Cadix. Le roi de Portugal ayant informé les différentes cours de l'Europe du funeste événement qui venait d'arriver, ne le fit pas en vain; et, pour l'honneur de notre siècle, le Portugal reçut des secours de tous côtés. Les maximes politiques firent pour cette fois place aux lois de l'humanité; et les puissances qu'on aurait pu croire mal intentionnées pour ce royaume, furent les premières à lui tendre une main secourable. Le roi de Portugal profita de ces subsides pour réparer les ruines de sa capitale, et la rebâtir sur un plan plus régulier. On le croyait uniquement occupé de ce soin, lorsqu'en 1758, parut tout à coup un bref de Benoît XIV, accordé à sa demande, et daté du 1er. avril, par lequel ce pape commettait le cardinal François Saldanha, portugais, pour réformer les *désordres et les abus très-considérables qui régnaient dans les provinces des clercs réguliers de la compagnie de Jésus, établis dans le Portugal et dans les parties orientales et occidentales soumises à sa domination*. Mais cette commission, qui fut le dernier acte du pontificat de Benoît XIV, s'évanouit un mois après sous celui de Clément XIII, autrement affecté que son prédécesseur envers les Jésuites. Un autre événement qui rendit mémorable cette année, fut le malheur qu'éprouva le roi dans sa propre personne. Le 3 décembre, revenant d'une petite maison de campagne à Lisbonne, seul et sans autre domestique que son valet-de-chambre, ce monarque est attaqué sur les onze heures du soir par des assassins, qui tirent plusieurs coups de carabine sur sa chaise, et le blessent grièvement à l'épaule (1). La blessure, heureusement, ne fut point mortelle. Le 13 décembre, les auteurs et les complices de ce régicide sont arrêtés; et, le 13 janvier suivant, dix des principaux d'entre eux, du nombre desquels était le duc d'Aveiro, le marquis de Tavora, sa femme et son fils, et le comte d'Atoguia, sont exécutés. Dans le même tems, on se saisit de trois jésuites, Malagrida, Alexandre et Mathos, accusés d'avoir ap-

(1) « Je sais, dit l'auteur anglais des Lettres sur le Portugal, qu'on » a formé des conjectures différentes sur cet attentat dans quelques » cours de l'Europe. Plusieurs raisons ont empêché de publier tout » ce qui concerne cette malheureuse affaire. La politique de l'état et » probablement l'intérêt et la tranquillité publique exigeaient que » plusieurs faits ne fussent pas connus. Mais une des principales raisons » a été la volonté absolue du roi, qui ne pouvait supporter l'idée » qu'une des personnes avec qui il avait eu un commerce de galanterie, fût publiquement exposée et punie; et dans cette occasion » l'honneur de l'amant prévalut sur le devoir du souverain. »

prouvé le dessein des conjurés. Le roi fait solliciter à Rome, pendant plus d'un an, la permission de les faire juger par ses officiers, et ne peut l'obtenir. Le 3 septembre 1759, le roi donne un édit pour chasser tous les jésuites de ses états.

Le roi n'avait point de fils, et sa fille aînée, l'infante Marie-Françoise-Elisabeth, né le 17 septembre 1734, devait lui succéder par la loi fondamentale de l'état. N'étant point encore mariée, plusieurs princes étrangers ambitionnaient sa main. Le roi, pour satisfaire au vœu de la nation, leur préféra l'infant don Pèdre, son frère; et le mariage de ce prince avec sa nièce fut célébré le 6 de juin 1760. Tous les ministres étrangers prirent part aux réjouissances qu'occasionna ce mariage. Le nonce du pape fut le seul d'entre eux qui s'abstint d'illuminer la façade de son hôtel pendant les trois jours qu'elles durèrent. Les altercations qui furent les suites de cette affectation désobligeante, le firent renvoyer de la cour de Portugal.

Malagrida était toujours dans la prison royale. L'an 1761, le roi ne pouvant le soumettre au jugement de ses officiers touchant les intelligences qu'on l'accusait d'avoir eues avec ses assassins, le fait transférer dans les prisons de l'inquisition, pour y être jugé sur deux livres, fruits d'un esprit en délire, qu'il avait composés dans la prison royale. L'un, écrit en portugais, avait pour titre: *La vie héroïque et admirable de la glorieuse Saint-Anne, etc.* Le titre de l'autre, écrit en latin, était: *Tractatus de vitâ et imperio Antichristi.* Les deux livres examinés, et l'auteur ouï sur la doctrine qu'ils renferment, l'inquisiteur, par sentence du 20 septembre de la même année, condamne ledit Malagrida comme hérétique, imposteur, etc., à être dégradé, puis livré au tribunal séculier de la *Relation*, qui, le lendemain, entre trois et quatre heures du matin, le fait publiquement étrangler et brûler. Ce jugement était conforme aux règles du saint office, mais l'était-il à celles de la saine raison; et Malagrida, d'après l'examen de ses ouvrages et son interrogatoire, ne méritait-il pas plutôt les petites-maisons que la corde et le feu? C'est ce que pensent aujourd'hui les personnes les plus impartiales.

On a parlé sur les rois d'Espagne de la déclaration de guerre que la cour de Madrid fit à celle de Lisbonne le 4 janvier 1762, de ses motifs et de ses suites, ainsi que de la contre-déclaration que le roi de Portugal y opposa le 23 mai de la même année.

Le Portugal abondait en vin, et le blé y manquait, parce que les habitants, ennemis du labourage par indolence, aimaient mieux recevoir de l'Angleterre leurs grains et même leurs farines, que de s'adonner à ce genre pénible de travail. Pour les contraindre à tirer du sein fertile de leurs terres la denrée la plus nécessaire, au lieu de l'acheter de l'étranger, le roi ordonna, par un édit, l'an 1765, d'arracher les vignes des environs du Tage, du Mondego et de la Vecga et de les ensemencer. Il n'y eut d'excepté que les vignobles voisins de Lisbonne, d'Oyeras, et de quelques autres lieux. (Busching.) « Quelque » arbitraire que puisse paraître une pareille ordonnance, elle » était néanmoins absolument nécessaire, si l'on considère l'esprit du gouvernement et du peuple portugais; et quoiqu'en » général, les lois prohibitives semblent occasionner une trop » grande compulsion, les besoins de l'état peuvent cependant » les autoriser quelquefois, surtout dans un pays aussi épuisé et » aussi dépendant que l'est le Portugal. L'événement a prouvé la » vérité de ce fait; car quoique ce royaume ne puisse pas fournir encore à son entière consommation, il dépend cependant » beaucoup moins aujourd'hui des étrangers pour l'importation » de son blé. » (*Let. sur le Port.*)

Jusqu'au règne de Joseph, il n'y avait point de royaume où la bulle *in cœna Domini* fût plus religieusement observée qu'en Portugal. Ce prince, la jugeant contraire aux intérêts de sa couronne et préjudiciable aux droits des évêques, la supprima, l'an 1768, par une déclaration du 6 avril, ainsi que les *Index* expurgatoires des livres. Par le même motif, il ôta, deux jours après, à l'inquisition le droit qu'elle s'était arrogé de veiller à l'impression des livres. Il établit, pour cet effet, un conseil formé de magistrats et d'ecclésiastiques sous le titre de *Tribunal royal des censures*, auquel furent attribuées toutes les causes concernant la permission et la prohibition des livres. Ce ne fut pas la seule atteinte qu'il porta au pouvoir exorbitant de l'inquisition. Par un édit du 20 mai 1769, il la dénatura entièrement, et la rendit un tribunal purement royal qui n'exerce et ne peut exercer d'autre autorité que celle que le souverain lui départ, et lui ôta enfin tout ce qu'elle avait de révoltant et d'odieux, soit dans la forme de sa procédure, soit dans sa prétention de réunir les autorités du pape, des évêques et du roi, et de n'être néanmoins subordonnée qu'au pape seul.

Une autre loi salutaire fut celle qu'il publia le 25 mai 1773, pour abolir et éteindre à perpétuité l'odieuse distinction des anciens et des nouveaux chrétiens en Portugal. Ces derniers, ainsi qu'on l'a dit plus haut, étaient les juifs et les maures convertis, lesquels, sans égard à la sincérité de leur conversion, étaient regardés dans ce royaume à perpétuité comme infâmes, *séparés de tous les autres chrétiens, et incapables de posséder aucune charge ecclésiastique ou civile.*

L'esprit militaire, en Portugal, avait dégénéré au point que la jeune noblesse dédaignait d'entrer au service. Elle se laissait remplacer par des officiers sans naissance et sans mérite. « Il

» n'était pas rare de voir un valet-de-chambre capitaine d'in» fanterie, et un cocher officier de cavalerie, servant leurs » maîtres à table, et menant leurs voitures les jours qu'ils n'é» taient pas de service. Pour remédier à cet abus, le roi ne nomma » point aux commissions (1) qui venaient à vaquer, résolu » de faire une réforme générale aussitôt que les circonstances » pourraient le permettre ». (*Let. sur le Port.*)

Les études fixèrent ausssi l'attention du monarque. Elles étaient tombées en Portugal dans la même décadence à peu près où elles étaient parmi nous dans les siècles barbares (2). Pour les rétablir, le conseil dressa des réglements très-sages avec ordre aux colléges et aux universités de s'y conformer. On y joignit un plan d'éducation publique, qui, bien exécuté, devait faire refleurir en peu de tems les sciences et les mœurs en Portugal.

L'âme de toutes ces opérations du gouvernement était Sébastien-Joseph Carvalho, comte d'Oyeras et ensuite marquis de Pombal, né l'an 1699, d'une famille noble à Coïmbre, et élevé au ministère par le roi Joseph, dès le commencement de son règne. Jamais ministre en Portugal ne s'est rencontré dans des conjonctures plus épineuses que lui, et n'a montré plus de courage et de fermeté pour suivre les projets de réforme qu'il avait imaginés, malgré les obstacles sans nombre qui en traversaient l'exécution (3). Ses ennemis l'ont accusé d'ambition

---

(1) « C'est principalement au comte de Lippe qu'il faut attribuer la » réforme de l'état militaire en Portugal. Ce général étant un jour à » dîner chez le comte-baron des Arcos, général des troupes portu» gaises, aperçut un valet de la maison en uniforme d'officier, destiné » pour le servir. Ayant appris que cet homme était capitaine du régi» ment de cuirassiers de ce général, qu'on nomme le *régiment d'Alcan*» *tara*, il se leva de table, et le fit asseoir entre lui et le comte-baron, » dont la fierté eut beaucoup à souffrir. (*Ibid.*)

(2) C'est ce que reconnaît lui-même équivalemment un illustre portugais, le comte d'Oliveira, dans la préface de ses Mémoires. « Nous » vivons, dit-il, chez nous dans l'ignorance sans nous en douter. Sor» tons-nous du Portugal, il semble que nos yeux s'ouvrent, et nous » voyons à découvert dans quelle ignorance nous croupissons : on sait » de quoi je veux parler. Les étrangers conviennent que nous avons du » génie, du savoir, du jugement, des mœurs, et une capacité à goûter » ce qu'il y a de bon quelque part que ce soit : mais notre prévention, » notre gravité, et la gêne où nous vivons qui ne nous permet pas la » liberté de penser, nous exposent à de justes reproches, et aux fâ» cheuses idées que les autres peuples se font de nous. La coutume » d'interdire tant de livres en Portugal est la grande source de notre » ignorance, et une pierre de scandale pour toutes les nations. »

(3) Le trait qui peut-être montre le plus d'habileté dans le marquis de Pombal, est la conduite politique et hardie qu'il tint pour parvenir à découvrir et punir les auteurs de la conjuration formée contre les jours du roi.

dans ses vues, de violence dans les moyens employés pour s'enrichir, et d'inhumanité dans ses vengeances. C'est le même reproche qu'on a fait au cardinal de Richelieu et à d'autres grands hommes à qui la France doit une partie de sa gloire. Quoiqu'il en soit, il a joui constamment de la confiance de son maître jusqu'à la mort de ce monarque, arrivée à Lisbonne le 24 février 1777, dans la soixante-troisième année de son âge. Les enfants que le roi Joseph a laissés de son mariage sont Marie-Françoise-Elisabeth, née à Lisbonne le 17 décembre 1734, mariée, comme on l'a dit, le 6 juin 1760 à don Pèdre, son oncle ; Marie-Anne-Françoise-Josephe-Rite-Jeanne, née le 8 octobre 1736, née le 7 octobre 1736, et Marie-Françoise-Bénédictine, née le 25 juillet 1746, mariée à Joseph-François-Xavier, son neveu, prince du Brésil.

PIERRE III.

1777. PIERRE III, frère du précédent, né le 5 juillet 1717, s'allia, le 6 juin 1760, avec sa nièce MARIE-FRANÇOISE-ELISABETH, reine de Portugal et des Algarves, le 24 février 1777. Il mourut le 25 mai 1786, et la reine en 1816. Les enfants de Pierre III et de cette princesse sont : Joseph-François-Xavier, prince du Brésil, né le 21 août 1761, marié, le 21 février 1777 avec Marie-François-Bénédictine, sa tante: il fut régent du royaume et mourut le 11 septembre 1788 ; Jean-Marie-Louis-Joseph, infant de Portugal, qui suit; et Marie-Anne-Victoire Josephe, née le 15 décembre 1768, mariée, le 23 mai 1785, à Gabriel-Antoine François-Xavier, infant d'Espagne, fils du roi Charles III.

JEAN VI.

1816. JEAN VI, né le 13 mai 1767, prince du Brésil en 1788, régent du royaume en 1789, pendant la maladie de la reine, a succédé à la couronne le 20 mars 1816. Il a épousé, le 9 juin 1785, CHARLOTTE-JOACHIME, infante d'Espagne, née le 25 avril 1775. Ils ont eu des enfants qui suivent.

1°. D. Pierre d'Alcantara, prince royal du Portugal, du Brésil et des Algarves, né le 12 octobre 1798 ;
2°. D. Michel, né le 26 octobre 1802 ;
3°. Marie-Thérèse, née le 29 avril 1793, veuve, le 4 juin 1812, de l'infant don Pèdre, fils de l'infant d'Espagne don Gabriel ;
4°. Isabelle-Marie-Françoise, née le 19 mai 1797, mariée, le 29 septembre 1816, à Ferdinand VII, roi d'Espagne ;
5°. Marie-Françoise d'Assise, née le 22 avril 1800, mariée, le 29 septembre 1816, à Charles-Marie-Isidore, infant d'Espagne frère du roi régnant ;
6°. Isabelle-Marie, née le 4 juillet 1801 ;
7°. Marie-Anne-Jeanne-Joséphine, née le 25 juillet 1805.

CHRONOLOGIE HISTORIQUE

DES

ROIS D'ANGLETERRE.

L'ÎLE qu'aujourd'hui nous appelons ANGLETERRE et GRANDE-BRETAGNE, nommée par les anciens *Albio*, à cause de la blancheur de ses dunes, et *Britannia*, du nom de ses premiers habitants, quoique séparée du reste du monde, et moins exposée par sa situation aux incursions des nations étrangères, a été néanmoins plus que toute autre pillée et ravagée par différents peuples, et le théâtre d'une infinité de révolutions dont nous avons vu des exemples jusqu'au dernier siècle. Jules César fit deux descentes avec succès en cette île, et remarqua entre les habitants de la partie méridionale et les Gaulois une conformité particulière dans les mœurs, les coutumes, la religion et le gouvernement; ce qui donne lieu de croire que les premiers étaient originaires des Gaules; conjecture d'autant plus vraisemblable que l'île faisait autrefois partie de notre continent. Auguste ne voulant rien avoir à démêler avec les peuples de la Grande-Bretagne, se contenta de les avoir pour amis : Caïus entreprit de les subjuguer, et n'y réussit pas : Claude en assujettit une partie : Agricola conquit l'île presque toute entière sous Domitien. Dans la décadence de l'empire romain, les habitants de la Grande-Bretagne furent attaqués par différents peuples : les Calédoniens, et les Pictes, sortis de la Scythie, ou plutôt de la Scandinavie, après un long séjour dans l'Hibernie, où d'abord ils avaient débarqué, s'établirent dans la Haute-Bretagne, et y dominèrent jusques vers l'an 480, qu'ils furent subjugués par les Ecossais. On ignore le tems de l'invasion des Pictes, ainsi nommés du mot gallois, *pictich*, qui signifie pillard ou voleur. Les Scots ou Ecossais, venus pareillement d'Hibernie, où ils avaient aussi demeuré long-tems, s'étant emparés de la partie la plus occidentale occupée par les Pictes, donnèrent enfin le nom à tout le nord de l'île, et y formèrent un royaume qui a subsisté jusqu'à la fin du dernier siècle. Les Romains, sous les empereurs Honorius, Constance et Théodose le Jeune, envoyèrent du secours aux Bretons, pour se soutenir contre les Barbares, et les abandonnèrent ensuite sous le règne de l'empereur Valentinien III. Alors les Pictes et les Ecossais rentrèrent en foule dans le pays des Bretons, et se rendirent maîtres de la muraille de Sévère, qu'ils avaient rétablie pour se mettre à l'abri de leurs incursions. Il est certain que les Pictes et les Ecossais, joints ensemble, entrèrent dans le pays des Bretons pendant le Carême de l'an 429, puisque saint Germain d'Auxerre et saint Loup de Troyes, qui s'y étaient rendus pour combattre l'hérésie de Pélage, firent remporter aux Bretons, qui avaient reçu le baptême à Pâques de cette année, une grande victoire sur ces barbares, après avoir entonné l'*Alleluia*. L'an 446, les Bretons, pressés par les Barbares, s'adressent à Aëce pour avoir des secours des Romains; mais ils n'obtiennent rien. Se voyant abandonnés, les uns se soumettent aux Barbares, les autres mettant leur confiance en Dieu, prennent les armes et les repoussent. L'an 447, saint Germain fait un deuxième voyage avec saint Sévère de Trèves dans la Grande-Bretagne, pour combattre les Pélagiens, et purger l'île de cette hérésie. La même année, Vortigerne, roi des Bretons, appelle à son secours les Anglais et les Saxons, pour arrêter les incursions des peuples septentrionaux. Le P. Pagi remarque que la plupart des historiens et des critiques se méprennent sur l'époque de l'arrivée des Anglais et des Saxons, dans la Grande-Bretagne, et qu'ils accusent mal à propos Bède de se tromper à se sujet, et de n'être pas d'accord avec lui-même. L'erreur de ces historiens vient de ce qu'ils ne distinguent point, comme fait Bède, l'année que les Angles, ou Anglais, les Saxons et les Jutes, tous peuples des côtes de Danemarck ou d'Allemagne, furent invités à venir en Angleterre, et l'année qu'ils s'y rendirent. Ce fut l'an 447 qu'ils y furent appelés par Vortigerne, chef des Bretons; et ce fut l'an 449 qu'ils y arrivèrent sous la conduite des généraux Hengist et Horst. Ces auxiliaires vengèrent ceux qui les avaient fait venir, des ennemis qui les attaquaient. Mais dès l'an 455, ils font un traité avec les Pictes, tournent leurs armes contre les Bretons, et mettent tout à feu et à sang depuis une mer jusqu'à l'autre, dans toute la largeur de l'île. Les Bretons reprenant courage sous la sage conduite d'Ambroise Aurélien, le seul romain qui fût resté dans l'île, et ayant imploré le secours du ciel, attaquent les victorieux et les défont : ils continuent de faire la guerre avec différents succès jusqu'à l'an 491, ou 494, ou enfin 520, selon Ussérius. Les Bretons gagnent, contre les Barbares, la célèbre bataille de Bath. Les historiens varient beaucoup sur l'année de cet événement, qui procura aux Bretons la liberté et le repos dont ils jouirent environ quarante-quatre ans. Depuis la bataille de Bath, jusqu'à la conversion des Anglais, sous saint Grégoire le Grand, on ne sait rien de certain sur ce qui se passa dans la Grande-Bretagne, puisque Bède, mieux instruit et plus habile que tous les autres historiens de ce pays, n'en dit rien. Il est seulement certain que les Saxons et leurs alliés se rendirent enfin maîtres de toute la longueur de l'île jusqu'à l'Ecosse, sans qu'on sache comment, et partagèrent entre eux leurs conquêtes, dont ils formèrent sept royaumes, qui commencèrent, les uns plutôt, les autres plus tard. Les Saxons en eurent trois ; savoir, la Saxe orientale, c'est ce qu'on a appelé depuis le royaume d'Essex, où sont Londres et Colchester : 2°. la Saxe méridionale, qui fait le royaume de Sussex, dont la capitale est Chichester : 3°. la Saxe occidentale ; c'est le royaume de Westsex, où est Salisburi. Les Anglais eurent aussi trois royaumes dans leur partage ; savoir, 1°. l'Angleterre orientale ; c'est le royaume d'Estanglie, qui comprenait les provinces de Cambridge, de Suffolk et de Norfolk : 2°. le royaume de Mercie, composé de tous les comtés de l'intérieur de l'Angleterre : 3°. celui de Northumberland, qui est l'Angleterre septentrionale. Les Anglais furent les mieux partagés, et peut-être est-ce pour cela que tous les autres ont été compris sous leur nom. Rapin de Thoiras prétend que dès l'an 585, la partie de la Grande-Bretagne, conquise par les Anglo-Saxons, commença d'être appelée Angleterre, et que c'est à tort que quelques-uns en fixent l'époque au règne d'Egbert. Les Jutes eurent l'île de Vight et le royaume de Kent, où régnait néanmoins la postérité d'Hengist qui était saxon. Les naturels du pays restèrent maîtres du pays de Galles, commes tous les auteurs en conviennent, et peut-être encore du pays de Cornouailles. Tel fut le partage de l'Angleterre après l'invasion des Saxons et des Angles. C'est là ce qu'on appelle l'Heptarchie, qui a été éteinte par le roi Egbert vers l'an 827.

Nous apprenons de Bède (*Hist.*, l. 1, c. 4), que sous le règne de Marc Aurèle, et L. Verus, un roi breton, nommé Lucius, envoya une ambassade au pape Eleuthère pour le prier de lui procurer les moyens de s'instruire de la religion chrétienne. Ceci doit être arrivé vers l'an 180. Le nom de Lucius annonce que ce prince régnait dans quelque partie de la Bretagne, soumise aux Romains. Bède ajoute qu'Eleuthère accueillit favorablement sa demande, et que les Bretons, instruits par les missionnaires romains, pratiquèrent fidèlement le Christianisme jusqu'à l'empire de Dioclétien. Lucius fut donc le premier roi chrétien de la Grande-Bretagne et même de l'univers. Les archives de l'abbaye de Glastonburi, citées par Guillaume de Malmesburi, et d'autres monuments indiqués par Ussérius, (*Antiq. Britan.*, c. 4, p. 29), attestent que Fugace et Dumien baptisèrent Lucius avec un grand nombre de ses sujets, et furent enterrés à Glastonburi. Qu'il y ait eu dans la Grande-Bretagne un roi nommé Lucius, c'est ce qui est prouvé par deux médailles dont Usserius fait mention, (*ibid*, c. 3, p. 22), et par une autre que cite Bouteroue. Saint Justin (*Dial.*, p. 445), saint Irénée (l. 1, c. 2), Tertullien (*contra Judæos*, c. 7), Eusèbe (*Hist.*, l. 2, c. 3), saint Chrisostôme (*Homil. de Laud. Pauli*, t. II, p. 477, *ed. no.*) et Théodore (*de curand. Græc. affect.*, l. 9, t. IV, p. 610), assurent que la Bretagne connut le Christianisme peu de tems après la résurrection de Jésus-Christ. Trois évêques de Bretagne assistèrent, l'an 314, au concile d'Arles, savoir, Eborius d'Yorck, Restitu de Londres, et Adelfius dont le siége est inconnu : ce qui montre que la persécution de Dioclétien n'avait pas anéanti le Christianisme en Bretagne. Il est vrai que les Bretons dans la suite tombèrent dans de grands désordres. Cependant ils conservèrent toujours la lumière de la vraie foi, si l'on excepte quelques éclipses assez courtes qu'elle souffrit parmi eux, lorsque l'Arianisme eut pénétré en Occident, et à la naissance du Pélagianisme, dont l'auteur était leur compatriote. Mais, éclairés, comme on l'a vu, par saint Germain d'Auxerre et saint Loup de Troyes, ils abandonnèrent cette dernière hérésie avec autant de facilité qu'ils l'avaient embrassée, et la première dès-lors avait entièrement disparu dans la Bretagne.

§. Ier.

ROIS DE NORTHUMBERLAND.

L'an 547, **Idda**, prince saxon, fils d'Eoppa, débarque, à la tête d'un parti considérable, à Flamborough, dans le nord de la Grande-Bretagne, et forme le royaume de Northumberland, dont Yvre fut la capitale. Il y est couronné, et étend ses conquêtes dans les provinces de Durham, Cumberland, Westmorland, et jusqu'au détroit d'Edimbourg, en Ecosse. Ce prince, d'un mérite rare, finit ses jours l'an 559. Après sa mort, le royaume de Northumberland est partagé en deux parties, la Bernicie et la Déire.

ROIS DE BERNICIE.

559. **Ada**, fils d'Idda, occupe la Bernicie. Il meurt l'an 564, ou 566.

Ella pendant ce tems, règne sur la Déire, près de trente ans. Il meurt l'an 588, ou 589, laissant un fils, nommé Edwin, âgé de trois ans; mais ce jeune prince est bientôt dépouillé par Adelfrid, son beau-frère, qui avait épousé Acca, fille d'Ella.

564, ou 566. **Glappa** règne sur la Bernicie jusqu'en 572.

572. **Freidulphe**, jusqu'en 579.

579. **Theodorick**, jusqu'en 586.

586. **Athalaric.** On ne sait rien de tous ces rois que leurs noms et le tems de leur mort, qu'on ne peut même fixer bien exactement.

590. **Adelfrid**, ou **Alfred**, succède à son père, Athalaric, au royaume de Bernicie, qu'il gouvernait depuis deux ans sans avoir le titre de roi. Il s'était emparé de la Déire après la mort d'Ella, et fut ainsi roi des deux parties du Northumberland. Alfred se rendit puissant, et très-redoutable à ses voisins, aux Bretons, aux Gallois, aussi-bien qu'aux Pictes et aux Ecossais. L'an 613, il défait les Gallois, et détruit le célèbre monastère de Banchor, après avoir tué douze cents moines avant le combat. L'an 617, il est tué dans une bataille contre Redowald, roi d'Estanglie, chez lequel Edwin s'était retiré. Après cette défaite, Ansfrid, Oswald et Oswy, fils d'Adelfrid, se retirent en Ecosse, et laissent le Northumberland au pouvoir du victorieux.

617. **Edwin**, fils d'Ella, devient maître des deux royaumes, de Bernicie et de Déire, par la défaite et la mort d'Adelfrid, et par la générosité de Redowald, qui ne se réserva pour lui-même que la gloire d'avoir défait un usurpateur, et rétabli Edwin. L'an 625, Edwin épouse en secondes noces **Edelburge**, fille d'Ethelbert, roi de Kent, et de Berthe de France. Dieu se servit d'Edelburge pour procurer à Edwin et à ses sujets la connaissance de l'Evangile, comme il s'était servi de Berthe, sa mère, pour procurer à Ethelbert et aux Saxons du royaume de Kent ce même avantage. Edwin reçut le baptême le jour de Pâques, 12 avril, l'an 627. Son exemple eut tant de force, que

dix mille de ses sujets, dit-on, furent baptisés en un jour par Paulin, que Juste, archevêque de Cantorberi, avait fait évêque des Northumbres, et qui fixa son siége à Yorck, Edwin, devenu chrétien, fait fleurir la religion, établit le bon ordre dans ses états, et fait rendre la justice avec tant d'exactitude et de sévérité, que, selon le témoignage des historiens, *un enfant aurait pu traverser tout le royaume de Northumberland avec une bourse d'or à la main sans courir risque qu'elle lui fut enlevée.* L'an 633, Edwin perd la vie dans une bataille contre Penda, roi de Mercie, et Cadawallo, roi de Galles. Il était âgé de quarante-huit ans, et en avait régné environ dix-sept. Les rois victorieux usent de leur avantage avec toute la cruauté imaginable. Les Northumbres, pour s'opposer à leur fureur, pensent à se donner un chef, et s'en donnent deux, ne pouvant s'accorder dans le choix d'un seul.

633. Ansfrid, fils du roi Adelfrid, est proclamé roi de Bernicie par les Berniciens.

633. Osrick, parent d'Edwin, est élu roi par les Déirois.

Les deux rois ne sont pas plutôt sur le trône, qu'ils abandonnent la religion chrétienne, et sont bientôt punis de leur apostasie. L'an 634, Osrick assiége Cadawallo, roi de Galles, dans Yorck, et périt dans une bataille: peu après Ansfrid a le même sort. Cadawallo, maître du pays, exerce des cruautés effroyables dans le Northumberland. Oswald, frère d'Ansfrid, prenant la résolution de tout hasarder pour procurer du soulagement à sa nation, assemble des troupes, met sa confiance dans l'assistance du ciel, et remporte une victoire complète sur Cadawallo qui reste au nombre des morts. Le secours de Dieu fut si manifeste en cette occasion, que le champ de bataille fut appellé *haefen-field*, c'est-à-dire *champ céleste.*

OSWALD, roi de tout le Northumberland.

634. Oswald, fils d'Adelfrid, se rend maître de tout le Northumberland, après la défaite de Cadawallo: il rétablit la religion chrétienne, et met si bien à profit les bonnes instructions qu'il avait reçues pendant sa retraite en Ecosse, qu'il surpasse tous les princes de son tems en piété, et a mérité d'être révéré comme saint après sa mort. L'an 642, le 5 août, il perd la vie dans une bataille contre Penda, et laisse un fils, nommé Adelwalt, qui fut roi de Déire l'an 651.

ROIS DE BERNICIE.

642. **Oswi**, frère d'Oswald, est élu roi par les Berniciens. L'an 651, il fait la guerre à Oswin pour le dépouiller de ses états, et fait égorger ce pieux roi, action barbare, qui ne lui procura cependant pas l'avantage qu'il s'était promis. L'an 655, Oswi gagne, dans la province d'Yorck, une grande bataille contre Penda et Ethelrick, rois de Mercie et d'Estanglie, qui l'un et l'autre y périssent. Après cette victoire, il se rend maître de la Mercie, et on lui confère la dignité de monarque, vacante depuis la mort de son frère Oswald. Oswi mourut l'an 670, laissant d'**Ansflède**, sa femme, deux fils et trois filles, avec un fils naturel nommé Alfred, à qui il avait donné la Déire; mais les Déirois le chassèrent après la mort d'Oswi; et depuis ce tems, le Northumberland ne fut plus partagé.

ROIS DE DÉIRE.

642. **Oswin**, fils d'Osrick, tué dans la bataille contre Cadwallo, est élu roi par les Déirois. L'an 651, ce prince, plus pieux que brave, ne pouvant se résoudre à répandre du sang pour sa défense contre Oswi qui lui fait la guerre, se retire chez un ami, dans le dessein d'aller s'enfermer dans un monastère; il est trahi par ce faux ami, et livré à Oswi, qui le fait massacrer inhumainement, dans la neuvième année de son règne, à Gillini, près de Richmond, au comté d'Yorck.

651. **Adelwalt**, fils d'Oswald, est reconnu roi par les Déirois. L'an 655, il se ligue avec les rois de Mercie et d'Estanglie; mais il demeure neutre pendant le combat qu'ils livrent, pour conserver ses troupes, afin d'être en état de résister à celui qui serait victorieux, de qui il avait à craindre, quelqu'il fût. Adelwalt meurt quelque tems après, sans laisser d'enfants. Après sa mort, la Déire fut réunie à la Bernicie par Oswi, qui la donna à Alfred, son fils naturel.

EGFRID, roi de tout le Northumberland.

670. **Egfrid**, fils d'Oswi, lui succède. Il se distingua, dès le commencement de son règne, par d'heureux succès, qui lui firent obtenir la dignité de monarque. L'an 684, il porte ses armes contre les Pictes; mais s'étant engagé imprudemment dans un pays inconnu, il y périt avec la plus grande partie de ses troupes. Sous le règne d'Egfrid, saint Benoît Biscop fonda, par les libéralités de ce prince, en 674, le célèbre monastère de Wiremouth. Ce fut dans l'église de ce

monastère qu'on employa, pour la première fois, le verre en Angleterre pour les fenêtres. On le fit venir de France, parce qu'il n'y avait point encore de verreries en Angleterre.

685. **Alfred**, fils naturel d'Oswi, est rappelé par les Northumbres, et placé sur le trône qu'il occupa jusqu'à l'an 705, époque de sa mort. Il laissa un fils âgé de huit ans, nommé Osred.

705. **Osred**, fils d'Alfred, succède à son père. L'an 716, ce prince, qui s'était livré à toutes sortes de débauches, est tué dans une bataille que lui livre le parti des mécontents, il n'était âgé que de dix-neuf ans, et en avait régné onze.

717. **Cenred**, le principal auteur de la révolte contre Osred, devient son successeur, et meurt la deuxième année de son règne.

719. **Osrick**, qui avait aidé Cenred à obtenir la couronne, monte sur le trône après lui, et règne onze ans, sans rien faire de remarquable.

730. **Céolulphe**, parent d'Osrick, lui succède. Après avoir régné sept ou huit ans, il prend l'habit monastique dans l'abbaye de Lindisfarne, où il passe le reste de ses jours.

737. **Edbert** monte sur le trône, et en descend vers l'an 758 pour se retirer dans un monastère.

758. **Osulphe**, fils et successeur d'Edbert, est assassiné la première année de son règne.

759. **Mollon-Adelwalt** est élevé sur le trône quoiqu'il ne fût pas du sang royal : l'an 765, il est assassiné par Alered.

765. **Alered** s'étant fait couronner roi, est chassé vers l'an 774.

774. **Éthelred**, fils de Mollon-Adelwalt, est élevé à la dignité royale. L'an 779, ne se trouvant point en sûreté dans son royaume, à cause d'un parti de mécontents qui avait battu deux fois ses troupes, il en sort pour chercher un asile ailleurs.

779. **Alphuad**, fils du roi Osulphe, est placé sur le trône, et s'y distingue par son équité et sa modération ; ce qui n'empêche point qu'il ne soit assassiné vers l'an 789.

789. **Osred**, fils du roi Alered, est mis à la place d'Alphuad, et se rend si méprisable, que, dès la première année de son règne, on le confine dans un monastère.

790. ETHELRED, fils de Mollon, est rappelé et replacé sur le trône après un exil de douze ans. Il est assassiné l'an 796, ou, selon le père Pagi, l'an 794. Usserius l'appelle le dernier roi des Northumbres.

796. OSBALD, ou OSRED, est élu roi, et chassé par la faction contraire vingt-sept jours après son élection.

796. ARDULPHE est mis sur le trône, et s'y soutient pendant environ douze ans non sans beaucoup de peine, à cause des factions qui déchiraient l'état. L'an 808, il est obligé, pour sa sûreté, de quitter son royaume, et se retire à la cour de Charlemagne où les anglais étaient toujours bien reçus.

808. ALPHUAD II, après avoir chassé Ardulphe, prend sa place, et meurt au bout de deux ans.

810. ANDRED succède à Alphuad. Ce fut sous son règne, l'an 827, que le Northumberland se soumit à Egbert, roi de Westsex, qui mit fin à l'heptarchie. Hickes donne cependant une suite de rois de Northumberland jusqu'au milieu du dixième siècle; mais c'étaient des rois tributaires de ceux d'Angleterre, ou placés par les Danois, maîtres du pays. Halfden, capitaine danois, dépouilla, l'an 876 ou 877, Egbert, qu'il avait lui-même établi roi, et partagea le Northumberland à ses compatriotes. Ce royaume fut alors éteint et partagé en plusieurs comtés.

§. II.

ROIS D'ESSEX,

OU DES SAXONS ORIENTAUX.

L'an 450, Vortigerne, roi des Bretons, qui avait appelé les Saxons à son secours, fut obligé de céder à Hengist, un de leurs chefs, et qui fut le premier roi de Kent, les provinces d'Essex et de Middlesex; c'est ce qui forma le royaume des Saxons orientaux, dont la principale ville était Londres. On ne sait comment les successeurs d'Hengist perdirent ce royaume.

ERCENWIN, OU ERESKIUS,

Ier. ROI DE LA SAXE ORIENTALE.

L'an 526, ou environ, ERCENWIN commence à régner dans la Saxe orientale. Barrow lui donne soixante ans de règne, et pour successeur son fils, qui suit.

587. **Sledda**, fils, à ce qu'on croit, d'Ercenwin, occupe le trône après lui, l'espace de dix ans, et meurt l'an 597.

597. **Sebert** ou **Scabert**, fils et successeur de Sledda, fut converti au Christianisme par le prêtre Mellitus, qu'il fit évêque de Londres après y avoir bâti l'église de Saint-Paul. Il fit construire ensuite l'église de Saint-Pierre de Westminster, où Walsingham dit que ses cendres et celles de son épouse furent trouvées sous le règne de Richard II. Sebert mourut, suivant Barrow, la dix-septième année de son règne (l'an 614). En mourant, il laissa trois fils qui suivent.

614. **Sexred**, **Seward** et **Sigebert I**, fils et successeurs de Scabert, règnent tous trois ensemble, et conviennent d'abandonner la religion qu'ils avaient professée pendant la vie de leur père. L'évêque Mellitus leur ayant fait des remontrances sur leur apostasie, ils le chasssent de son siége l'an 616, et l'obligent de se retirer en France. La vengeance divine ne laissa pas leurs crimes impunis. L'an 622, ils périssent misérablement tous les trois avec leur armée, dans une bataille que leur livrent Cinigisil et Quinchelm, rois de Westsex.

623. **Sigebert II**, dit **le Petit**, cousin des trois rois précédents, leur succède et règne trente-deux ans. Le P. Pagi place sa mort peu de tems avant l'an 655.

655 ou environ, **Sigebert III**, dit **le Bon**, petit-fils de Scabert, et héritier de la piété de ce roi chrétien, monte sur le trône, et rétablit la religion chrétienne, par les soins et le ministère de Cedda, prêtre de Northumberland, qui fut sacré évêque des Est-Saxons. L'an 660, selon le P. Pagi, ou 661, Sigebert est assassiné par deux comtes, ses parents, que Cedda avait excommuniés.

661. **Suithelm** succède à Sigebert III, et ne règne que deux ans.

663. **Sigher**, fils de Sigebert le Petit, et **Sebba**, fils de Séwa, succèdent à Suithelm, et règnent ensemble. Sigher retombe dans l'idolâtrie, et règne peu de tems. Sebba demeure attaché à la religion chrétienne, et règne jusqu'à l'an 693, qu'il embrasse la vie monastique dans un âge fort avancé, laissant deux fils, qui suivent.

693. **Sigéhard** et **Swenfred**, fils de Sebba, succèdent à leur père, et règnent sept ans.

700. **Offa**, fils de Sigher, monte sur le trône, et règne huit ans. Ciniswinthe, fille, ou plus vraisemblablement petite-fille de Penda, roi de Mercie, princesse vertueuse, étant recherchée

en mariage par Offa, persuade à ce prince et à Cenred, qui régnait alors en Mercie, de renoncer au monde. Les deux rois vont ensemble à Rome, et y reçoivent la tonsure de la main du pape Constantin.

709. SELRED, cousin d'Offa, lui succède, et règne trente-sept ans et six mois.

746. SUITHRED, succède à Selred. Il y eut encore des rois depuis lui jusqu'à l'an 819, qu'Egbert se rendit maître du royaume et le réunit au sien : mais on ignore les noms de ces rois.

§. III.

ROIS DE SUSSEX,

OU DES SAXONS MÉRIDIONAUX.

Le royaume de Sussex était un des moins considérables de l'heptarchie. Il ne contenait que les deux provinces de Sussex et de Surrei, dont l'une ne consistait presque que dans une grande forêt. L'histoire à peine nous a conservé les noms de trois ou quatre rois de cette petite monarchie.

ELLA, OU ELI, Ier. ROI.

L'an 491, ELLA, saxon, qui était entré dans la Grande-Bretagne, l'an 477, et avait été défait, l'an 487, par Ambroise, prend le titre de roi l'an 491, est élu, l'année suivante 492, roi ou général de tous les Saxons, et meurt l'an 514, après avoir régné environ vingt-trois ans. Il avait eu trois fils, dont on dit que deux avaient été tués à la célèbre bataille de Bath, ou Badon : si cela est, Ussérius se trompe, en plaçant cette bataille en l'an 520.

CISSA ou CLISSA, IIe. ROI DE LA SAXE MÉRIDIONALE.

514, ou 515, CISSA, troisième fils d'Ella, lui succède, et meurt sans enfants. Après sa mort, Céolin, roi de Westsex, et monarque des Anglo-Saxons, s'empare de son royaume, qui passe de lui à Céolric, son successeur, ensuite à Céolwlfe.

648. ÉTHELWACH, ou ATHELWALD, est placé sur le trône par les Saxons. L'an 661, il est battu et fait prisonnier par Wolpher, roi de Mercie. On place en cette année la conversion des Saxons méridionaux, et celle d'Ethelwach, leur roi, qui fut amené à la foi par son vainqueur. Ce prince dans la suite re-

monta sur le trône, puisqu'il paraît par les Annales Saxonnes qu'il régnait l'an 686 : il fut tué cette année dans un combat contre Cedwalla, roi des Saxons occidentaux, qui réunit le royaume de Sussex à celui de Westsex.

AUTHUN et BERTHUN, généraux d'Ethelwach, ou peut-être ses fils, ayant chassé Cedwalla, partagent entre eux le royaume de Sussex. L'an 688, Authun est tué dans un combat contre Cedwalla. Alors Berthun règne seul sous la dépendance du roi de Westsex. On ignore les noms des rois qui suivirent jusqu'à Alduin.

725. ALDUIN, ou ALBERT, est proclamé roi par les Saxons. Il est défait et tué la même année par Ina, roi des Saxons occidentaux, qui réunit pour toujours le royaume de Sussex à celui de Westsex.

§. IV.

ROIS DE WESTSEX,

OU DES SAXONS OCCIDENTAUX.

Le royaume de Westsex est l'un des plus considérables de l'heptarchie.

CERDIK, Ier. ROI DE WESTSEX.

L'an 519, CERDIK, après avoir gagné une grande bataille sur Artur, roi des Bretons, l'oblige à lui céder les provinces de Hant et de Sommerset, qu'il érige en royaume, et se fait couronner roi à Winchester la même année, la vingt-quatrième depuis son entrée dans la Grande-Bretagne. Cerdik mourut l'an 534, après avoir régné environ seize ans. C'est de lui que sont descendus les rois d'Angleterre, jusqu'à Edouard le Confesseur.

535. CHINRIK, fils de Cerdik, lui succède. Il s'applique à faire fleurir les sciences et les arts dans ses états, où il attire les gens de lettres. L'an 560, Chinrik meurt, laissant quatre fils, dont l'aîné lui succède.

560. CÉOLIN, ou CÉAULIN, fils et successeur de Chinrik, mais bien éloigné du caractère pacifique de son père, travaille d'abord à s'agrandir, et soumet les rois saxons, ses voisins. Après différentes guerres contre Ethelbert, roi de Kent, contre les Bretons, et contre Aïdan, roi d'Ecosse, dans lesquelles il eut des succès assez heureux, il est mis en déroute, l'an 592, par le roi de Kent, et ne paraît plus.

592. CÉOLRIC, neveu de Céolin, monte sur le trône, règne cinq ans, et meurt l'an 597, laissant la couronne à Céolwulfe, son cousin-germain.

597. CÉOLWULFE, cousin de Céolric, lui succède. Son règne fut une suite continuelle de combats, tantôt contre les Ecossais et les Pictes, tantôt contre les princes circonvoisins. Il fut heureux dans toutes ses entreprises; et mourut l'an 611, laissant un fils, qui suit.

611. CINIGISIL, fils de Céolwulfe, lui succède. L'an 613, il partage son royaume avec QUINCHELM, son frère. Celui-ci meurt l'an 636, ayant embrassé, l'année précédente, la religion chrétienne, à l'exemple de Cinigisil, qui règne seul jusqu'à sa mort, arrivée l'an 643. Huntington parle d'une grande victoire qu'il remporta sur les Bretons, qui laissèrent, dit-il, plus de deux mille morts sur le champ de bataille. Il eut une autre guerre avec Penda, roi de Mercie, dont il triompha également.

643. CÉNOWALCH, ou CÉNEWALT, succède à Cinigisil. L'an 645, chassé de ses états par Penda, dont il avait épousé et ensuite répudié la sœur, il se retire chez Annas, roi d'Estanglie, où il demeure trois ans, et a le bonheur de devenir chrétien pendant son séjour. L'an 648, il est rétabli par le secours d'Annas. Il fut ensuite attaqué par Wolpher, roi de Mercie, qui, l'ayant battu l'an 661, ravagea son pays, et s'empara de l'île de Wight. Il régna encore onze ans depuis ce revers et mourut l'an 672.

672. SAXEBURGE, femme de Cénowalch, règne un an après son mari, et meurt, ou est chassée l'an 673. Le royaume est alors partagé entre plusieurs grands, dont Census, descendant de Cerdik, est le principal.

673. CENSUS succède à la reine Saxeburge, selon Rapin de Thoiras. L'an 674, il associe ESGUIN, son fils. CENTWIN, frère du feu roi, règne cependant sur une partie du royaume. Hickes, d'après Jacques Tirell, donne pour successeur à Saxeburge, Esguin, cousin de Cénowalch, qui règne deux ans, et selon les mêmes auteurs, Centwin, fils de Cinigisil, succède ensuite à Esguin, et règne neuf ans.

685. CEDWALLA, monarque, ou capitaine-général des Saxons, monte sur le trône, règne trois ou quatre ans, pendant lesquels il fait différentes expéditions plus heureuses que légitimes, se rend ensuite à Rome, où il reçoit, à Pâques de l'an 689, le baptême des mains du pape Sergius, qui lui donne le nom de Pierre, et meurt peu de jours après, comme il l'avait souhaité. Cedwalla fut inhumé dans l'église de S. Pierre, où on lui dressa un mausolée. La plûpart des auteurs placent cet événement en 688, quoiqu'il appartienne plutôt à l'an 689, selon Pagi.

On a un diplôme de ce prince, daté de l'ère de l'Incarnation 680.

689. **Ina**, cousin de Cedwalla, lui succède au préjudice de deux fils qu'il avait laissés en bas-âge, et est reconnu pour monarque-général des Saxons. Ina est un des rois d'Angleterre les plus distingués de l'heptarchie : il se rendit célèbre par ses différentes expéditions contre les Bretons de Cornouailles, les rois de Kent, de Mercie, et les Saxons méridionaux. Il s'appliqua ensuite à policer son royaume dont il fit recueillir les lois qu'il munit de sa sanction, avec ordre à ses officiers de les faire soigneusement observer. Ce prince, l'an 726, après un règne glorieux de trente sept ans, étant allé à Rome sous le pontificat de Grégoire II, y fit bâtir le *collége anglais*, et une belle église : il imposa une taxe d'un sou par maison dans les royaumes de Westsex et de Sussex, pour fournir à l'entretien de ce collége destiné à recevoir et à instruire les ecclésiastiques anglais : enfin il quitta la couronne, et embrassa la profession monastique. **Ethelburge**, sa femme, se fit religieuse au monastère de Berking. Ina est qualifié *saint* par le vénérable Bède, qui ne parle plus de ce roi dans son histoire depuis cette année ; ce qui donne sujet de croire qu'il ne survécut pas long-tems.

Ce fut sous le règne d'Ina que le clergé d'Angleterre, à la persuasion du pape Jean VII, quitta l'habit court et large des laïques pour prendre l'habit long et serré du clergé de Rome. (Baluze, *Miscell.*, T. V, p. 478.) Ce fut aussi vers le même tems, suivant Brompton, que Wilfrid, évêque de Winchester, introduisit en Angleterre l'usage des vitres composées de pierres transparentes ou de verre. *Iste artifices lapidearum et vitrearum fenestrarum primus omnium in Angliam asciuit.* (*Johan.* Brompton, col. 1694.) Mais on a vu plus haut que la verrerie plate était plus ancienne en Angleterre.

726. **Adélard**, ou **Etheléard**, parent d'Ina, est placé sur le trône avec le consentement de l'assemblée générale. Oswald, prince du sang royal, veut lui disputer la couronne, mais il est défait, et meurt peu après. Adélard finit ses jours l'an 740, selon Thoiras, ou 741, selon Tirell.

Jusqu'alors il n'y avait point eu d'église de pierre dans toute l'Agleterre. La coutume était de bâtir toutes les églises en bois, et l'évêque Ninyas en ayant fait élever une en pierre, cela parut si extraordinaire qu'on l'appela *candida casa*, withern ou église blanchie (Beda, *Hist.*, l. 3. c. 4.)

740, ou 741. **Cudred**, parent d'Adélard, lui succède, et quelque tems après il a le malheur de perdre son fils Kenrick, que les soldats mirent à mort dans un soulèvement excité par le saxon Ethelul. N'ayant pu vaincre ce rebelle, il s'en fait un ami, et lui confie le commandement de ses troupes contre Ethelwald, roi de Mercie, qui était venu l'attaquer. Les Merciens furent battus par ce général, qui subjugua ensuite les Bretons de Cornouailles, dont Cudred réunit une partie à ses domaines. Ce prince mourut l'an 774, laissant la couronne à Sigebert, son neveu.

754. SIGEBERT monte sur le trône, et s'attire bientôt, par sa cruauté et ses débauches, le mépris de ses sujets, qui le déposent l'an 755. Obligé de céder à la force, il se retire dans une forêt où il est tué par un porcher.

755. CYNULPHE ou KINOWULT, fils d'Adélard, est placé sur le trône après la déposition de Sigebert, et se signale par de fréquentes victoires sur les Bretons. L'an 784, il est assassiné par Cunchard, ou Cyneherd, frère de Sigebert, dont il voulait se défaire. Les seigneurs vengèrent sa mort sur son rival et ses complices qu'ils massacrèrent. Cynulphe fut inhumé à Winchester.

784. BRITHRIK succède à Cynulphe, son père. L'an 787, il épouse EDBURGE, fille d'Offa, roi de Mercie. Vers le même tems, il bannit du royaume Egbert, prince du sang royal, qui lui faisait ombrage à cause de l'estime et de l'affection qu'il s'attirait par ses belles qualités. Egbert passe à la cour d'Offa, roi de Mercie; mais n'y ayant pas trouvé l'accueil qu'il attendait, il se retire en France, où Charlemagne le reçoit avec bonté. Sous le régne de Brithrik, les Danois descendent, pour la première fois, dans le royaume de Westsex. L'an 800, Brithrik meurt empoisonné par sa femme.

800 ou 802, selon le P. Pagi, EGBERT est élu roi, et éteint l'heptarchie. *Voyez* EGBERT, roi de toute l'Angleterre.

§. V.

ROIS D'ESTANGLIE,

OU DES ANGLAIS ORIENTAUX.

Le P. Pagi place le commencement de ce royaume environ l'an 526. *Ce fut effectivement environ ce tems que les Anglais, ayant abordé sur les côtes orientales de la Grande-Bretagne, sous la conduite des douze chefs, s'y établirent : mais Uffa, l'un de ces douze chefs, qui survécut aux autres, ne prit le titre de roi des Estangles que vers l'an* 571.

L'an 571, UFFA commence de régner dans l'Estanglie, et meurt l'an 578.

578. TITIL, ou TITILA, succède à son père. Thoiras place sa mort l'an 599, quoique le tems en soit fort incertain.

599 ou 593, selon Tirell, REDOWALD, fils de Titila, monte sur le trône, qu'il occupe avec beaucoup d'éclat; en sorte qu'il peut être regardé comme un des plus illustres, même entre les autres rois de l'heptarchie, au jugement de Thoiras, qui place sa mort l'an 624.

624. ERPWALD, fils de Redowald, succède à son père. Il fit une très petite figure dans l'heptarchie pendant son règne; mais il eut le bonheur d'embrasser le Christianisme, à la persuasion du roi Edwin, et de recevoir le baptême. Quelque tems après il fut assassiné vers l'an 627. Hickes met le commencement du règne d'Erpwald en 599, et la fin en 633.

629. SIGEBERT, frère utérin d'Erpwald, monte sur le trône après un interrègne de deux ans. Il avait reçu le baptême en France où il s'était retiré, ayant été exilé par Erpwald. Aussitôt qu'il fut couronné il travailla efficacement, avec le secours d'un prêtre bourguignon, nommé Félix, qu'il fit sacrer archevêque de Cantorberi, à faire embrasser la religion chrétienne à ses sujets. Afin d'affermir les nouveaux Chrétiens dans la foi, Sigebert institua des écoles sur le modèle de celles qu'il avait vues en France. Il paraît que ce furent les premières établies par les Anglo-Saxons. L'an 632, Sigebert quitte la couronne, et se retire dans un monastère, d'où on le fait sortir, l'an 635, pour commander l'armée contre Penda, roi des Merciens. Il y périt. Sigebert est placé, dans le martyrologe d'Angleterre, au rang des martyrs, le 27 septembre.

632. EGRIK succède à Sigebert, son parent, et périt avec lui, l'an 635, dans la bataille contre Penda.

635. ANNAS, l'un des plus illustres rois qu'aient eus les Estangles, succède à Egrik, et meurt l'an 654. Il avait épousé HERESWITH qui se retira, l'an 646, à l'abbaye de Chelles, en France, et y mourut l'an 680.

654. ETHELRICK, ou ETHELTHER, frère d'Annas, lui succède, et est tué l'an 655, dans une bataille contre Oswi, roi de Bernicie.

655, ou 656, ETHELWALD, ou ADELWALD, monte sur le trône vacant par la mort d'Ethelrick, son parent, ou son frère, et meurt l'an 664.

664. ALDULPHE, fils d'Ethelrick, succède à Ethelwald, et règne jusqu'à l'an 680, ou 683.

680, ou 683. ALPHUALD, frère d'Adulphe, devient son suctesseur, et règne jusqu'à l'an 749, selon Thoiras. Hickes met la fin de son règne en 690.

749. BÉORNA, et ETHELRED, succèdent à Alphuad. Hickes met la fin du règne de Béorna où Thoiras en met le commencement. De plus, selon Thoiras, Béorna demeura seul roi, l'an 758, après la mort d'Ethelred; au contraire, selon Hickes, Ethelred, fils d'Ethelwald, survécut à Béorna. On ignore la fin de son règne.

ETHELBERT, fils d'Ethelred, est tué par Offa, roi de Mercie, l'an 793, et est regardé comme martyr. Alors l'Estanglie et la Mercie ne font plus qu'un même royaume, selon Thoiras. Il y eut néanmoins encore plusieurs petits rois dans l'Estanglie pendant soixante et un ans, jusqu'à l'an 859.

857 ou 859, saint EDMOND, issu des anciens rois d'Estanglie, fut couronné le jour de Noël 855, au château de Burum, aujourd'hui Buers, sur le Stour, et régna paisiblement l'espace de quinze ans, à la faveur d'un traité qu'il avait fait avec les Danois. Mais Hingard, l'un des princes de cette nation, ayant fait une descente en Angleterre en 870, entra dans l'Estanglie, après avoir ravagé le Northumberland et la Mercie, et attaqua le roi Edmond, qui, comptant sur la foi des traités, n'était point préparé à se défendre. L'ayant tiré du château de Framlinghan, où il s'était retiré après avoir été défait, Hingard le fit mourir cruellement en haine de sa religion qu'il ne voulut point trahir. Après sa mort, arrivée le 20 novembre 870, il y eut un interrègne de huit ans.

878. GUNTRUM, ou GUNTHORON, capitaine, prend le titre de roi d'Estanglie par la permission d'Alfred, et règne douze ans.

890. EORICK, danois, succède à Guntrum; et après sa mort, Edouard le Vieux, ayant subjugué les Danois, joignit ce pays à son royaume.

§. VI.

ROIS DE MERCIE,

OU DES ANGLAIS OCCIDENTAUX.

Le royaume de Mercie était le plus beau et le plus considérable de tous ceux de l'heptarchie.

L'an 584, CRIDA, premier roi de Mercie, arrive en Angleterre, est couronné roi la même année, ou la suivante, et meurt l'an 594. Après sa mort, Ethelbert, roi de Kent, s'empare de la Mercie, et la garde quelques tems.

597. WIBBA, fils de Crida, est placé sur le trône de son père par Ethelbert, et meurt l'an 615.

615. CÉARLUS, cousin-germain de Wibba, lui succède, et affranchit les Merciens de la domination des rois de Kent, après la mort d'Ethelbert : il régne neuf ans, et meurt l'an 624.

624 ou 625. PENDA, fils de Wibba, occupe le trône après Céarlus. Jamais prince ne fut si remuant, ni si inquiet : le repos était pour lui un martyre. Après avoir fait périr plusieurs rois, il fut tué lui-même l'an 655, à l'âge de quatre-vingts ans, dans une bataille contre Oswi, roi de Northumberland, et laissa cinq fils. Penda, Wolpher, Ethelred, Mérovald, Mercelm, et deux filles, que l'église honore comme saintes.

655. OSWI s'empare de la Mercie après la défaite et la mort de Penda, et garde ce royaume pendant trois ans, laissant cependant le royaume de Leicester à Penda, son gendre.

659. WOLPHER, fils de Penda, et époux d'ERMENILDE, fille d'Ercombert, roi de Kent, ayant chassé Oswi, monte sur le trône de son père et embrasse peu après la religion chrétienne, dans laquelle il fait élever ses enfants. Vereburge, sa fille, est honorée comme sainte. Wolpher fut d'une humeur assez semblable à celle de son père, et ne laissa guère tranquilles ses voisins qu'à sa mort arrivée l'an 675.

675. ETHELRED s'empare du royaume de son frère, Wolpher, au préjudice d'un fils, nommé Cenred, qu'il avait laissé, et règne vingt-neuf ans, après quoi il quitte la couronne et embrasse la vie religieuse, dans le monastère de Bardney, dont il devient abbé peu après.

704. CENRED, fils de Wolpher, succède à son oncle Ethelred, règne quatre ans, descend du trône l'an 708, se rend avec Offa, roi des Saxons orientaux, à Rome, où il embrasse la vie monastique, reçoit la tonsure des mains du pape, et passe le reste de ses jours dans la pénitence et les bonnes œuvres.

709. CÉOLRED, fils du roi Ethelred, monte sur le trône de Cenred, son cousin, et meurt l'an 716, selon Thoiras, ou 719, selon Hickes.

716, ou 719, ETHELBALD LE SUPERBE, petit-fils d'Eoppa, frère du roi Penda, monte sur le trône de Céolred, et joint, l'an 726, à la couronne la dignité de monarque des Anglo Saxons, après la retraite d'Ina : dignité qui donnait le droit de présider aux assemblées générales, et de commander les armées communes des sept royaumes. L'an 757, Ethelbald fut tué dans une sédition par un seigneur nommé Béornred.

737. **Béornred** est proclamé roi par les soldats, et peu après défait par Offa.

737. **Offa**, neveu d'Ethelbald, élu roi des Merciens par les seigneurs, après une victoire remportée sur Béornred. Ce prince est célèbre par ses guerres contre les rois ses voisins, et par ses victoires sur les Gallois. Mais il ternit beaucoup sa réputation par le meurtre d'Ethelbert, roi d'Estanglie. Après avoir fait mourir, l'an 793, par la plus indigne perfidie, ce jeune prince, qui était venu lui demander sa fille en mariage, il s'empare de l'Estanglie. L'an 794, il se rend à Rome pour calmer les agitations que lui causait l'horreur de son crime, et obtient des indulgences du pape. Offa augmente alors le tribut établi par Ina, pour l'entretien du collège anglais. Ce tribut, appelé *Romescot*, c'est-à-dire *tribut de Rome*, fut ensuite appelé *denier de Saint-Pierre*, parce que l'argent se comptait à Rome à la fête de Saint-Pierre-aux-Liens. Ce tribut a été aboli par Henri VIII lorsqu'il forma le schisme d'Angleterre. Offa mourut l'an 796.

796. **Egfrid**, associé par Offa, son père, dès l'an 786, et couronné roi, lui succéde dans le royaume de Mercie, et meurt quatre ou cinq mois après.

796. **Cénulphe**, successeur d'Egfrid, règne avec beaucoup de gloire pendant près de vingt-quatre ans, et meurt l'an 819, laissant un fils nommé Cénelm, et deux filles, Quendride et Burganilde.

819. **Cénelm**, encore enfant, monté sur le trône de son père, et peu après, est assassiné par Ascobert, à l'instigation de sa sœur Quendride, qui se proposait, par ce crime, de devenir reine.

819. **Céolulphe**, oncle paternel de Cénelm, est placé sur le trône par les Merciens, et dépossédé au bout d'un an par Bernulphe.

820. **Bernulphe**, un des principaux seigneurs des Merciens, enlève la couronne à Céolulphe, et ne la porte que trois ans, ayant été tué l'an 823, dans une guerre contre les Estangles.

823. **Ludican** ne règne qu'un an et six mois, et meurt l'an 825.

825. **Withglaph** règne 14 ans, et meurt tributaire du roi de Westsex l'an 839 ou 837 selon d'autres.

839. **Berthulphe**, frère de Withglaph, règne treize ans.

852. **Burhed** règne vingt-deux ans, et l'an 874, est dépouillé par les Danois.

874. **Céolulphe** est replacé sur le trône par les Danois, qui l'en font descendre peu après, et partagent entre eux la Mercie. Ils sont chassés, l'an 910, par Edouard l'Ancien, qui donna à Ethelred la Mercie à titre de comté.

910. **Ethelred** est fait comte de Mercie, et meurt l'an 912, laissant la Mercie à **Ethelflède**, son épouse, sœur d'Edouard. Cette princesse fait de grands progrès contre les Danois, et meurt l'an 918. Après sa mort, Edouard se rend maître de la Mercie, et la joint à ses états.

§. VII.

ROIS DE KENT.

Le royaume de Kent est le premier, quoique le moins considérable, de ceux que les Saxons fondèrent dans la Grande-Bretagne; mais sa situation était des plus avantageuses.

L'an 449, **Hengist** ayant fait entrer dans la Grande-Bretagne les premières troupes saxonnes; Vortigerne, l'année suivante, lui cède le pays de Kent. Mais, l'an 455, s'étant brouillé avec Vortigerne, il s'allie contre les Bretons avec les Pictes, et prend le titre de roi qu'il porta jusqu'à sa mort, arrivée l'an 488.

488. **Escus**, fils et successeur d'Hengist, règne jusqu'en 512, qu'il laisse par sa mort la couronne à Octa, son fils.

512. **Octa**, succède au roi Escus, son père, et meurt l'an 534, après vingt-deux ans de règne.

534. **Hermenrick**, fils d'Octa, monte sur le trône, règne vingt-six ans, et meurt l'an 560, selon Hickes, ou 568, selon Thoiras; ce qui ne peut se concilier avec les trente années de règne, que le dernier donne à ce prince. Car ayant commencé de régner en 534, et ayant régné jusqu'à sa mort, si son règne a été de trente ans, il devrait être mort en 564, suivant Thoiras même.

560. **Ethelbert**, associé à la royauté du vivant de son père, lui succède, et règne cinquante-six ans. Ethelbert est un des plus grands princes, non-seulement du royaume de Kent, mais encore de toute l'heptarchie. Il se rendit célèbre par différentes expéditions, et redoutable à ses voisins. Il eut l'avantage d'être

le premier roi chrétien de sa nation. Ce fut l'an 597, que saint Augustin, envoyé par le pape saint Grégoire le Grand, prêcha la foi dans le royaume de Kent : elle fut embrassée par le roi, qui reçut le baptême. La conversion du prince fut bientôt suivie de celle d'un grand nombre de ses sujets. Thoiras prend occasion du succès rapide de la mission de saint Augustin pour combattre une des plus solides preuves de la religion chrétienne, établie par le célèbre Pascal. Ethelbert mourut saintement l'an 616 : son nom se trouve dans le martyrologe romain. Il laissa de BERTHE, sa première femme, fille de Caribert, ou Chérebert, roi de Paris, un fils, nommé Ebald, qui lui succéda, et deux filles, dont l'aînée, Edelburge, fut mariée à Edwin, roi de Northumberland. On donne à Ethelbert pour deuxième femme une autre princesse de France, qu'on ne nomme point.

616. EBALD, ou EADBALD, fils d'Ethelbert, monte sur le trône : il abandonne la religion chrétienne et se plonge dans toute sortes de vices. Dieu fit la grâce à Ebald, par les soins de saint Laurent, archevêque de Cantorberi, de se reconnaître, et de retourner au culte qu'il avait quitté : il y persévéra jusqu'à sa mort, arrivée, suivant Bède, l'an 640, et non pas 660, comme le marque Barrow. Ce prince laissa deux fils, Ermenfred et Ercombert.

640. ERCOMBERT, le plus jeune des fils d'Ebald, s'empare du trône au préjudice de son aîné, ou, selon d'autres, il y fut placé par son père avant sa mort, avec le consentement du peuple. Son premier soin fut de faire raser les temples des faux dieux, et de mettre en pièces les idoles. Ercombert régna vingt-quatre ans, et mourut l'an 664, laissant de SEXBURGE, son épouse, deux fils, Egbert et Lothaire, et deux filles, dont l'une, nommée Erménilde, épousa Wolpher, roi de Mercie, et l'autre fut religieuse à Farmoutiers, au diocèse de Meaux. Bède rapporte qu'Ercombert fit une loi de l'observation du Carême dans tout son royaume ; et nous voyons par les anciennes lois saxonnes qu'il y avait des peines attachées à la violation de ce jeûne. (Spelman, t. I, *Synodis.*)

664. EGBERT succède à Ercombert, règne neuf ans, et débute par faire mourir les deux fils d'Ermenfred, frère aîné de son père, qui avaient plus de droit que lui à la couronne. Il contraignit de plus Dorneva, leur sœur, veuve du roi de Mercie, à se retirer dans l'île de Thanet, où elle bâtit un monastère dont elle devint supérieure. Ce prince fit dans la suite pénitence de ces crimes, et mourut l'an 673, laissant deux fils, Edrick et Widred.

673. LOTHAIRE, frère d'Egbert, enlève la couronne à ses

neveux : voulant l'assurer à sa postérité, il associe Richard, son fils, l'an 683. Cette démarche lui fit perdre la royauté et la vie. Edrick en étant piqué, quitte la cour, implore le secours d'Ethelwach, roi de Sussex, revient dans le royaume de Kent avec une armée, et défait Lothaire, qui meurt de ses blessures l'an 685. Richard, fils de Lothaire, se retire en Allemagne, d'où il alla mourir à Lucques, où l'on voit encore son tombeau.

685. EDRICK, fils d'Egbert, après la défaite de Lothaire, son oncle, se fait couronner sans aucune difficulté, et meurt sans enfants la deuxième année de son règne.

687. WIDRED, frère d'Edrick, lui succède, et règne avec SWABERT, dont on ne connaît point l'origine. Hickes prétend que Widred n'était point de la famille royale, non plus que Swabert. Sous le règne de ces deux rois, le royaume de Kent souffrit beaucoup des ravages qu'y fit Cédwalla, roi de Westsex. Swabert meurt l'an 695 ; et Widred, étant demeuré seul, règne encore jusqu'en 725 ou 727, qu'il mourut, laissant trois fils, Ethelbert, Edbert et Aldrick.

725 ou 727, selon Hickes. ETHELBERT et EDBERT succèdent à Widred, leur père, et règnent ensemble jusqu'en 748 ; qui fut l'année de la mort d'Edbert. Ethelbert règne seul jusqu'en 760, et meurt sans enfants, ayant perdu Adulphe, son fils, qu'il s'était associé.

760. ALDRICK, fils de Widred, succède à son frère et a bien de la peine à se soutenir sur le trône contre Offa, roi de Mercie, qui cherchait à lui enlever son royaume. Il associe son fils Almund au gouvernement. Mais Aldrick lui survécut et ne laissa point de postérité. Par sa mort, arrivée l'an 794, fut éteinte la race d'Hengist.

794. EDBERT, surnommé Piron, devient le successeur d'Aldrick, par préférence à plusieurs prétendants. Mais Cénulphe, roi de Mercie, ne souffrit pas qu'il jouît du trône paisiblement. L'an 798, étant entré dans le pays de Kent avec une puissante armée il y répandit la désolation. Edbert, avec le peu de troupes qu'il put rassembler, lui livra une bataille qu'il perdit avec la liberté. Maître de sa personne, le vainqueur l'emmène en Mercie, et lui fait crever les yeux.

798. CUDRED est placé sur le trône par Cénulphe, roi de Mercie, dont il devient tributaire. Cudred meurt l'an 805, après avoir régné environ huit ans, et laisse un fils qui lui succède.

805. BALDRED, monte sur le trône de Kent, après la mort de son père, par la permission du roi de Mercie. Il est le dernier

roi de Kent, et ce fût sous son règne qu'arriva la dissolution de l'heptarchie; car Egbert ayant fait, l'an 819, une invasion dans le royaume de Kent, défit Baldred et l'obligea de fuir au-delà de la Tamise. Maître de ses états, le vainqueur les réunit à ceux des saxons occidentaux. Ainsi finit le royaume de Kent, après avoir duré 369 ans.

EGBERT, Ier. ROI DE TOUTE L'ANGLETERRE.

Egbert, du sang royal des princes saxons de Westsex, banni, l'an 787, par Brithrik, à qui il faisait ombrage par ses belles qualités, fut élu roi, l'an 800, par les West-Saxons, qui lui envoyèrent une députation pour lui offrir la couronne. Egbert était pour lors à Rome avec Charlemagne, qui lui avait donné retraite. C'est là qu'il reçut la députation, et qu'il prit congé de ce grand prince, qui lui avait tenu lieu de père, et qui, à son départ, lui donna de nouvelles marques de son affection. Egbert ne fut pas plutôt sur le trône, qu'il pensa à se rendre maître de toute l'île. L'an 819, il est revêtu de la dignité de monarque, et commence à exécuter son projet, en réduisant successivement sous sa domination les sept royaumes d'Angleterre. Cette réduction est achevée l'an 827, et Egbert devient souverain de toute l'Angleterre. Mais il faut remarquer que le royaume que ce prince posséda en propre, après ses conquêtes, n'était composé que des quatre anciens royaumes de Westsex, de Sussex, d'Essex et de Kent, qui étaientpeuplés de Saxons et de Jutes. Pour les trois autres, il en avait seulement la souveraineté, souffrant qu'ils fussent gouvernés par des rois particuliers qui lui faisaient hommage, et payaient tribut. Egbert mourut l'an 837, ayant régné trente-sept ans comme roi de Westsex, et 16 ans environ comme souverain effectif de toute l'Angleterre. Il ne laissa de Redburge, son épouse, dont on ignore l'origine, qu'un fils qui suit.

ETHELWOLF ou ETHÉLULF.

837. Ethelwolf reçut la couronne après la mort de son père. Thomas Rudborne dit qu'il était sous-diacre de l'église de Winchester, et qu'il obtint dispense du pape Léon pour monter sur le trône. Mais Léon (c'est Léon IV) ne parvint au saint siége qu'en 847. Ainsi cette anecdote est pour le moins très-suspecte. Dès le commencement du règne d'Ethelwolf, les Danois firent successivement plusieurs invasions dans l'Angleterre, et portèrent partout le fer et le feu. Ethelwolf fatigué de voir ses états continuellement infestés par ces barbares, céda, l'an

840, à Aldestan, son fils naturel, les royaumes de Kent, d'Essex et de Sussex. Ce parti prudent n'empêcha pas néanmoins les Danois de revenir encore pendant plusieurs années faire le dégât dans le Northumberland. Mais les deux rois ayant réuni leurs forces, gagnent, l'an 852, la sanglante bataille d'Ockley contre ces pirates. La mort d'Aldestan suivit de près cette victoire. L'année suivante Ethelwolf envoie son fils Alfred, à Rome pour recevoir la confirmation des mains du pape Léon IV. L'an 855, il établit la dîme sur ses terres et sur toutes celles de son royaume en faveur du clergé. *Decumavit Athulf Rex*, dit Ethelwerd, ancien chronographe (L. 3.) *de omni possessione suâ in partem Domini, et in universo regimine sui principatûs sic constituit.* La même année, il vient en France avec Alfred, qui retourne ensuite avec lui à Rome, où ce monarque fait de grandes libéralités au pape Benoît III et à l'église de Saint-Pierre, répare le collége anglais, et, par un diplôme, étend dans toute l'Angleterre le *Romescot,* ou denier de Saint-Pierre, établi par le roi Offa pour l'entretien de ce collége et les besoins de l'église de Rome. Après environ un an de séjour en cette ville, il repasse en France, où il épouse en secondes noces, le 1er octobre 856, au palais de Verberie, JUDITH, fille de Charles le Chauve. Le couronnement de Judith suivit son mariage, quoique cette pompe fût inconnue en Angleterre. Hincmar, archevêque de Reims, fit l'une et l'autre cérémonies. Les prières qu'il prononça dans ces deux rencontres, sont venues jusqu'à nous. Elles prouvent que la forme de la bénédiction nuptiale était alors déprécatoire, qu'on étendait le voile sur les deux époux, qu'on passait l'anneau au doigt de l'épouse, et qu'on lui faisait un présent. Pendant l'absence d'Ethelwolf, son fils Ethelbad avait conspiré contre lui. Pour éviter la guerre civile, le roi cède à son fils le royaume de Westsex, et se contente de celui de Kent. L'an 858, suivant l'annaliste de Saint-Bertin, et non 857, comme Altorf le marque, Ethelwolf meurt après avoir régné environ vingt et un ans, laissant d'un premier mariage quatre fils : Ethelbad, Ethelbert, Ethelred et Alfred, qui régnèrent tous les quatre.

858. ETHELBALD était déjà roi de Westsex avant la mort de son père, par le traité fait avec lui l'an 856. Il finit ses jours en 860. Ce prince, après avoir perdu son père, avait épousé, par un exemple inoui, JUDITH, sa belle-mère, dont il ne laissa

858. ETHELBERT, deuxième fils d'Ethelwolf, lui succède au royaume de Kent. Les Danois, ayant recommencé leurs courses, pénètrent jusqu'à Winchester qu'ils pillent et réduisent en cendres. Mais comme ils s'en retournent chargés de

point d'enfants. Quelques historiens anglais disent que, touché de repentir, il chassa Judith de son lit et de son royaume. Quoi qu'il en soit, il est certain qu'étant revenue en France, soit avant, soit après la mort d'Ethelbald, elle épousa, en troisièmes noces, Baudouin, dit *Bras-de-Fer*, comte de Flandre, qui l'avait enlevée.

butin; ils sont taillés en pièces par deux capitaines anglais, qui leur reprennent tout ce qu'ils emportaient. L'an 860, Ethelbert réunit le royaume d'Ethelbald au sien; et meurt l'an 866, laissant deux fils, Adhelm et Ethelward, qui ne lui succédèrent pas.

ETHELRED I.

866. ETHELRED I devint le successeur d'Ethelbert, son frère, selon la disposition du testament d'Ethelwolf, au préjudice de ses neveux. Depuis le premier jour de son règne, jusqu'à celui de sa mort, l'Angleterre fut ravagée par les Danois; appelés par le comte Bruen, pour se venger de l'outrage qu'Ausbert, roi de Northumberland, et vassal d'Ethelred, avait fait à sa femme. Ethelred leur livra jusqu'à neuf batailles, et ayant été blessé dangereusement dans la dernière, donnée à Witingham, il mourut de ses blessures, l'an 871, après cinq ans de règne, emportant au tombeau le chagrin de laisser les ennemis au milieu du royaume. « Il était brave, humain, sage et vertueux. Il » fut pendant sa vie l'amour de son peuple, et sa mort fit ver» ser des larmes sincères. » (Barrow.) Il laissa des enfants dont aucun n'hérita de sa couronne.

ALFRED, SURNOMMÉ LE GRAND.

871, ou 872. ALFRED, dit LE GRAND, fils d'Ethelwolf, né l'an 849, à Wantage, dans le Berkshire, parvient au trône après la mort de son frère, à l'âge de vingt-deux ans. Il n'y est pas plutôt monté, qu'il perd la bataille de Wilton contre les Danois. Après avoir livré jusqu'à sept batailles à ces barbares, il est obligé, l'an 877, de prendre la fuite, et de se tenir caché dans la cabane d'un berger, où il demeure quelque tems, à l'insu de ses ennemis et de ses amis, et même inconnu à la femme de son hôte, qui l'employait au service de son ménage. L'an 878, Alfred, ayant appris la défaite des Danois devant le château de Kinwith, sort de sa cabane, va reconnaître lui-même le camp ennemi, où il entre déguisé en ménestrel, la harpe à la main, examine tout, et s'en retourne. Ayant en peu de tems levé une armée, il attaque les Danois, remporte une grande victoire sur eux, les oblige de lui demander la paix, et par une seule bataille il recouvre son royaume. Alfred fait un traité avec Guntrum, ou Gunthoron, capitaine danois, qu'il établit roi d'Estanglie, mais comme son vassal. Pour prévenir de nouvelles irruptions des Danois, il fait creuser un large fossé qui s'étend depuis les marais situés au Nord jusqu'à la rivière d'Ouse; on l'appelle aujourd'hui Reechdike, d'un bourg de ce nom. Après avoir affermi la tranquillité dans son royaume, Alfred s'applique sans relâche à faire fleurir dans ses états la religion, la justice, les sciences, les arts et le commerce. Ce fut lui qui divisa l'Angleterre en comtés, les comtés en centuries, et les centuries en décuries. Le tems a respecté un fragment des lois qu'il publia sur le modèle de celles des Juifs, des plus sages législateurs païens, des anciens Bretons et des Saxons ses prédécesseurs. On y remarque avec admiration une effrayante sévérité contre les mauvais juges; une solide attention à assurer la tranquillité publique, à protéger la religion, et sur-tout à perpétuer cette douce liberté qui met le peuple à couvert de l'oppression, sans préjudicier à l'autorité légitime du souverain. Cet amour d'Alfred pour ses sujets donna lieu au privilége qu'il leur accorda et qui subsiste encore, de ne pouvoir être jugés au criminel que par leurs pairs, c'est-à-dire par des juges de leur condition. Personne ne fut plus économe que lui de son tems. Il partageait le jour en trois parties, donnant huit heures aux exercices de piété, huit heures aux affaires publiques, et autant au sommeil, à l'étude, aux repas et à la récréation. Pour mesurer le tems, au défaut des horloges qui n'étaient pas encore connues, Alfred fit faire des cierges d'un certain poids, qui, divisés par pouces, devaient durer chacun quatre heures; et pour les garantir du vent, il les fit enfermer dans des lanternes de corne. Alfred mourut le 25 octobre de l'an 900, âgé de cinquante-deux ans, après en avoir régné environ vingt-huit. Il eut d'ASWINTE, son épouse, plusieurs enfants, savoir, Edouard, qui suit; Ethelward, qui se distingua dans les sciences; Elflède, femme d'Ethelred, comte de Mercie; Elstrude, femme de Baudouin II, comte de Flandres, et Etelgite, abbesse du monastère de Schastsburi, fondé par son père. Alfred doit-être regardé comme un des meilleurs princes qui aient jamais porté la couronne en Angleterre; il était juste, pieux, père du peuple et des pauvres, et très-savant pour son siècle. Il est dit de ce prince qu'ayant suspendu à un arbre, près du grand chemin, des bracelets d'or, tout le monde les vit, et personne n'osa y toucher, tant il avait imprimé d'éloignement pour le vol à son peuple. *Il ne fonda point de monastère*, dit Voltaire, *c'est pourquoi les moines ne l'ont pas mis au nombre des saints*. Il en fonda deux au moins, suivant l'auteur contemporain de sa vie, un pour les hommes, et un pour les femmes, dont sa propre fille, comme on vient de le voir, devint abbesse, et il rétablit ceux qui étaient tombés en ruine. Il composa plusieurs ouvrages, outre le corps de lois qu'il rédigea, et traduisit en saxon le Pastoral de saint Grégoire, les Consolations de Boëce, et l'Histoire Ecclésiastique de Bède. On dit aussi qu'il avait traduit l'Ancien et le Nouveau Testaments. Il est certain qu'il entreprit une version des Pseaumes. Avec le secours des maîtres qu'il avait fait venir de France, il établit des écoles, pour la grammaire et la philosophie, à Oxford ; ce qui le fait regarder comme le fondateur de l'Université de cette ville. L'Angleterre lui est redevable aussi de l'établissement de sa marine. Il fit construire un grand nombre de vaisseaux, qu'il distribua par escadres le long des côtes d'Angleterre, pour prévenir les descentes des Normands. Il ne put cependant empêcher celle du fameux Hastings; mais l'ayant battu près de Londres, il l'obligea de s'en retourner. Ce fut encore lui qui apprit aux Anglais l'art de bâtir en briques; auparavant ils ne bâtissaient qu'en bois, ce qui rendait les incendies fréquents et désastreux. Londres devint sous son règne, par les embellissements qu'il y fit, la capitale de l'Angleterre. C'était une colonie romaine dès le tems de Néron. Enfin parmi toutes les grandes choses qu'Alfred entreprit pour le bien de l'Angleterre, il ménagea toujours extrêmement la liberté de ses sujets. On lit dans son testament ces paroles immortelles : *Les Anglais doivent être aussi libres que leurs pensées.*

ÉDOUARD I., DIT L'ANCIEN.

900. ÉDOUARD I, fils d'Alfred, lui succéda, et se rendit célèbre par ses expéditions contre les Danois de ses états, qu'Ethelward, son cousin-germain, avait engagés à se soulever; aidé par sa sœur Elflède, veuve alors, et véritable héroïne, il leur enleva l'Essex, l'Estanglie, la Mercie, le Northumberland et plusieurs autres provinces; il soumit aussi les Gallois et les Bretons. Le P. Pagi rapporte toutes ces expéditions à l'an 907; ce qui est difficile à comprendre. Edouard jouissait paisiblement du fruit de ses conquêtes, lorsque la mort l'enleva l'an 924, selon le témoignage de la plupart des historiens. Ce prince laissa plusieurs enfants, 1°. d'EGWINE, qui n'était que sa concubine, fille d'un berger, il eut Aldestan, Alfred et Béatrix; 2°. EFLÈDE, sa femme légitime, lui donna Elsward, mort peu après son père; Edwin, qu'Aldestan fit mourir l'an 933; et six filles dont deux furent religieuses; les autres furent mariées à de grands princes; Ogive, à Charles le Simple, roi de France;

Hedwige, à Hugues le Grand, comte de Paris; Edithe, à l'empereur Otton le Grand; Edgive, à Louis l'Aveugle, roi de Provence; 2°. d'EDGIVE, sa deuxième femme, Edouard eut deux fils, Edmond et Edred; et deux filles, Edburge et Adèle; femme d'Ebles, comte de Poitiers.

ALDESTAN.

924. ALDESTAN, ou ATHELSTAN, fils d'Edouard et d'EGWINE, sa concubine, fut élevé sur le trône par le consentement du clergé et de la noblesse, et couvrit par ses nobles inclinations le défaut de sa naissance. Son élection toutefois ne fut pas unanime, et quelques seigneurs auraient voulu qu'on lui préférât Edwin, son frère. Un d'entre eux, nommé Alfred, avait même formé le complot de l'arrêter à Winchester et de lui crever les yeux. Ce dessein ayant été découvert, il prit la fuite et se retira en Italie. Les Danois du Northumberland se joignirent aux mécontents pour exciter de nouveaux troubles. Aldestan tomba sur eux, l'an 925, avant qu'ils eussent réuni leurs forces et les écrasa. Cependant le monarque anglais voulant attacher les Danois à ses intérêts, donna sa fille Edithe en mariage à Sithric, prince de Northumberland, veuf alors, et rendit à Constantin, roi d'Ecosse, les terres qu'il tenait en qualité de vassal de l'Angleterre. Mais ces expédients ne furent que momentanés. Sithric étant mort, ses enfants du premier lit, Anlaff et Guthred prétendirent lui succéder. Aldestan marcha contre eux et les obligea de s'expatrier. Edwin, son frère, accusé d'avoir été d'intelligence avec eux, fut mis à mort, l'an 933, par ses ordres. Quelques écrivains prétendent néanmoins qu'Edwin périt malheureusement sur mer, et qu'Aldestan, bien loin d'avoir eu part à sa mort, en fut très-affligé.

La reine de France, Ogive, sœur d'Aldestan, était alors à la cour d'Angleterre avec le prince Louis, son fils, depuis l'emprisonnement du roi Charles le Simple, son époux. Raoul de Bourgogne, rival et successeur de cet infortuné monarque, étant mort l'an 936, environ six ans après lui, les seigneurs français, attachés au sang de Charlemagne, redemandèrent au roi d'Angleterre le fils de Charles, qui leur fut renvoyé avec sa mère, escorté d'un corps de troupes. Ce retour fut heureux, et Louis, qu'on surnomma d'Outremer, fut reconnu roi de France à son arrivée.

Le roi d'Ecosse, l'an 938, forma une nouvelle confédération, contre Aldestan, avec les enfants de Sithric et six rois d'Irlande ou de Galles. On en vint à une bataille dans la plaine de Brunambourgh, où le monarque anglais remporta une victoire complète. Ce fut, à ce qu'il paraît, sa dernière expédition. Aldestan mourut, le 27 octobre de l'an 940, suivant Roger d'Hoveden, et non pas 941, comme le marque Thoiras, dans la quarante-sixième année de son âge. *Ce roi*, dit M. Gaillard, *paraît avoir eu des vues supérieures à son siècle. Pour encourager le commerce et la navigation, il accorda la noblesse à tout négociant qui aurait fait sur mer, à ses frais, deux voyages de long cours.* La même grâce fut accordée au *céorle* ou fermier qui possédait cinq hydes de terre, une chapelle, une cuisine, une salle et une cloche. Aldestan laissa de plus divers monuments de son savoir et de sa piété, parmi lesquels on doit placer la traduction d'une Bible en langue saxonne, qui était alors la langue vulgaire d'Angleterre. Il ajouta aussi un corps de lois excellentes à celles qu'Alfred avait publiées.

EDMOND I.

940. EDMOND I, fils d'Edouard I et d'Edgive, sa deuxième femme, succède à son frère Aldestan. Le prince Anlaff, voyant sur le trône un roi dont il n'avait pas encore éprouvé la valeur, renouvela ses mouvements pour rentrer dans le Northumberland. Avec des secours, qu'il reçut de Norwège, il s'empara d'Yorck et pénétra dans la Mercie. Edmond se hâta de marcher contre lui. Après une bataille, dont le succès fut indécis, on fit une paix que les Danois violèrent, l'an 944, par de nouvelles hostilités. Ce fut pour leur malheur; Edmond les battit partout, et réunit à la couronne les provinces qu'ils avaient envahies. Un prince, qui se distinguait par de si beaux exploits, semblait mériter un long règne. La providence en décida autrement. L'an 946, le 26 mai, au milieu d'une fête qu'Edmond donnait à sa cour, un scélérat, nommé Léof, entre insolemment dans la salle du festin, et se place à l'une des tables dressées pour les courtisans. Le roi, choqué de cette étrange vue, ordonne à Léof de sortir. Léof a l'impudence de rester; Edmond, au lieu de le faire chasser, se jette sur lui et le saisit par les cheveux. Léof tire un poignard dont il frappe le roi. L'assassin est aussitôt mis en pièces par les assistants; mais le roi meurt aussi sur-le-champ, de sa blessure. Tous les Anglais, dit le P. Pagi, s'accordent à mettre la mort d'Edmond en l'an 946; néanmoins Thoiras la place en l'an 948. Edmond laissa deux fils d'EDGIVE, son épouse, Edwi et Edgar, qui ne lui succédèrent point immédiatement, à cause de leur bas-âge, et une fille qui fut enlevée de son consentement par Baudouin de Huesden, et emmenée en Hollande où elle l'épousa. Ce mariage fut ensuite approuvé par Edmond. Ce prince, aux lois de ses

prédécesseurs en ajouta de nouvelles qui servirent à les perfectionner. Il fut le premier qui ordonna la peine de mort contre les voleurs. On ne les punissait avant lui que par des amendes.

EDRED.

946. Edred, frère d'Edmond I, monte sur le trône par les suffrages unanimes du clergé et de la noblesse. Il acheva de soumettre les Danois qui ne manquaient aucune occasion de se révolter, et réduisit en province d'Angleterre le Northumberland qu'ils possédaient à titre de principauté. Edred, se trouvant dans une profonde paix, se livre entièrement à des exercices de piété, sous la conduite de saint Dunstan, abbé de Glastonburi, entre les mains duquel il remet l'administration des finances. Il ne pouvait faire un plus mauvais choix, si l'on en croit Thoiras et Barrow, qui prodiguent des plus odieuses qualifications à ce ministre, sans égard pour le témoignage avantageux que les anciens lui ont rendu. Une esquinancie termina les jours d'Edred l'an 955. Thoiras, qui convient de cette époque, ne laisse pas néanmoins de lui donner dix ans de règne, quoiqu'il en place le commencement en 948.

EDWI.

955. Edwi, fils d'Edmond I, et successeur d'Edred, son oncle, à l'âge de quatorze ans, ne fut pas plutôt sur le trône, qu'il devint amoureux d'une princesse nommée Elgive, ou Athilgive, sa proche parente, et l'épousa. Saint Odon, archevêque de Cantorberi, et saint Dunstan, son neveu, scandalisés de ce mariage illégitime, arrachent la princesse du palais, et la traitent avec outrage. Le roi, pour se venger, exige que Dunstan rende compte des finances qu'il avait administrées sous le règne précédent. D'autres sujets de dégoût qu'il lui donne, l'obligent à quitter l'Angleterre pour se retirer en Flandre. Après la retraite de son neveu, l'archevêque fait arrêter Elgive, et la fait marquer d'un fer rouge au visage. Le roi ne pouvant encore s'en détacher malgré cette difformité, Odon la fait arrêter de nouveau, et lui fait couper les jarrets; elle expira dans les tourments. Le vrai zèle, il faut l'avouer, n'inspire pas de pareils excès d'inhumanité. Dunstan revint sur ces entrefaites. Les esprits s'échauffent de part et d'autre. Il se forme un parti pour déposer Edwi. Son frère, Edgar, est élu roi de Mercie, par les révoltés, l'an 959. Edwi conçoit un si grand chagrin de se voir dépouillé du royaume de Mercie, qu'il en meurt après un règne de quatre ans et quelques

mois, selon Thoiras : Hickes ne lui donne que deux ans de règne ; mais il se trompe.

EDGAR, DIT LE PACIFIQUE.

959. EDGAR, à l'âge de douze ans, recueillit la succession de son frère, après sa mort, et fit jouir ses sujets d'une paix continuelle pendant tout son règne, ce qui lui a mérité le surnom de PACIFIQUE. Cette paix ne fut point le fruit de ses victoires ; mais il la procura en faisant sur mer et sur terre de grands préparatifs de guerre, qui continrent ses sujets dans le devoir, et ses voisins dans la crainte. Les loups faisaient de grands ravages en Angleterre au commencement de son règne. Il donna ses soins pour en nettoyer ce royaume, et fut si bien secondé par ses sujets, que la race en fut entièrement exterminée dans ses états. On prétend que, pour opérer cette destruction, il fit un édit par lequel il obligeait chaque noble à lui apporter tous les ans les têtes ou les peaux de dix loups, et qu'afin de les mieux engager à cette chasse, il comprit dans ce réglement son fils aîné pour cent loups. Edgar, quoique petit de taille, avait des qualités vraiment royales ; mais il n'était pas, à beaucoup près, exempt de vices. Sa première femme, ou concubine, fut une religieuse, nommée ETHELFLÈDE, qu'il avait enlevée de son cloître. L'ayant renvoyée sur les rémontrances de saint Dunstan, devenu archevêque de Cantorberi, après en avoir eu Edouard, qui suit, avec une fille, Edithe, il donna sa main à ELFRIDE, dont il avait fait assassiner le mari, pour la rendre veuve et pouvoir l'épouser. Ce prince mourut le 18 juillet 975, laissant d'Elfride un fils, Ethelred, qui fut le successeur d'Edouard, son frère.

Burnet, suivi de Barrow, veut tromper ses lecteurs lorsqu'il avance que la plupart des églises cathédrales d'Angleterre furent changées en prieurés de moines par saint Dunstan devenu archevêque de Cantorberi, et saint Ethelwode, soutenus de l'autorité du roi Edgar. Il n'y eut que celles de Worcester et de Winchester, où l'on introduisit des moines sous le règne de ce prince ; et ce furent les déréglements des chanoines, fruit de leur ignorance, qui occasionnèrent ces changements. Toute la science en Angleterre, comme l'avouent eux-mêmes leurs protestants les plus équitables, étaient alors concentrée dans les monastères.

EDOUARD II, DIT LE MARTYR.

975. EDOUARD II, fils aîné d'Edgar, lui succède suivant les dernières dispositions de son père, et reçoit la couronne des

mains de saint Dunstan. L'an 978, Edouard passant, au retour de la chasse, près d'un château, où Elfride, sa belle-mère, faisait sa résidence avec Ethelred, son fils, s'écarte de sa troupe pour les aller voir, et cette marâtre le fait assassiner. Ses vertus l'ont fait mettre au nombre des saints, et même au rang des martyrs, quoiqu'il n'ait pas souffert pour la foi.

ETHELRED II.

978. **Ethelred II**, fils d'Edgar et d'Elfride, âgé de douze ans, est reconnu roi après la mort de son frère, et sacré par saint Dunstan. Les Danois, dès le commencement du règne d'Ethelred, font une invasion en Angleterre, et continuent d'années à autres d'y faire des descentes et de grands ravages. Ethelred, l'an 991, leur ayant livré bataille, est défait, et leur donne une somme d'argent, pour les engager à se retirer. C'était les inviter à revenir, comme cela ne manqua pas d'arriver. L'an 994, Suénon, roi de Danemarck, et Olaüs, roi de Norwège, font une nouvelle descente en Angleterre, d'où ils emportent un butin considérable. Leurs flottes ne cessèrent de désoler les côtes de cette île jusqu'à l'an 1001, qu'Ethelred se soumit à payer une somme à ces pirates pour en être délivré. Ce fut à cette occasion qu'il établit la taxe connue sous le nom de *danegelt*, monument, dit un moderne, de l'oppression des Anglais, de l'ascendant des Danois, et de la faiblesse d'Ethelred. La honte de cet assujettissement fit prendre, quelque tems après, à ce prince un parti violent dont il eut lieu de se repentir. L'an 1002, le 13 novembre, par le conseil d'Edrick-Streon et d'Alfrick, ses ministres, il fait massacrer tous les Danois de ses états. Suénon, étant accouru pour venger la mort de ses compatriotes, met tout à feu et à sang, et s'en retourne en 1005. L'Angleterre ne s'était pas encore relevée de ce désastre, lorsqu'en 1012, on vit reparaître les Danois dont on ne put arrêter les courses, qu'en leur donnant encore de l'argent pour s'en retourner. Mais à peine se sont-ils rembarqués, que Suénon rentre dans l'île avec la résolution de s'y établir. Après s'être rendu maître de plusieurs provinces, il assiége Londres, d'où Ethelred était sorti pour se retirer en Normandie. La ville se soumet, et Suénon, s'étant logé dans le palais, se fait décerner par les siens la couronne d'Angleterre.

SUÉNON.

1014. **Suénon** ou **Sweyn**, roi de Danemarck, est proclamé roi d'Angleterre à Londres, et meurt l'an 1015. (*V.* Suénon I, *roi de Danemarck.*)

ETHELRED II, RÉTABLI.

1015. **Ethelred**, rappelé par les Anglais, est reçu avec une grande joie dans Londres; mais toujours livré aux conseils de l'affreux Edrick, il se porte à des injustices et à des cruautés qui lui attirent la haine de ses peuples. Edrick lui-même l'abandonne pour se joindre aux Danois commandés par Canut, fils de Suénon, prince aussi brave et aussi dangereux que son père. Ethelred eut alors le chagrin de voir l'Angleterre retombée dans le même état où elle était lorsqu'il se retira en Normandie. Il ne put survivre à ce malheur, et accablé de tristesse, il mourut à Londres, le 23 avril de l'an 1016, âgé de cinquante ans, après environ trente-huit ans de règne. Un ancien historien donne une juste idée de son règne par ces paroles : *Ejus vitæ cursus sævus in principio, miser in medio, turpis in exitu asseritur*. Ethelred II avait épousé, 1°. **Elgive**, dont il eut Edmond, Aldestan, mort jeune, et Edwi, avec trois filles, Edgive, Edgithe et Egwine; 2°. en 1002, **Emme**, fille de Richard I, duc de Normandie, morte vers la fin de novembre 1016. De ce mariage sortirent deux fils, Alfred et Edouard, et une fille, nommé Goda, mariée à Dreux, comte du Vexin, ensuite à Eustache II, comte de Boulogne. Ethelred eut encore un fils naturel.

CANUT I, DIT LE GRAND.

1015. **Canut**, fils de Suénon, après la mort de son père, est proclamé roi d'Angleterre par les Danois, hors de Londres, d'où ils avaient été chassés; mais peu de tems après il retourne en Danemarck, pour empêcher son frère Harald de se rendre maître de ce royaume. Canut, après en avoir pris possession, revient en Angleterre l'an 1016, et règne sur les Danois dans toutes les provinces qu'ils occupaient. Il assiége jusqu'à trois fois Londres, qui reconnaissait Edmond II, et toujours est obligé d'en lever le siége. Enfin il fait la paix avec Edmond, par un traité qui le rend maître de la moitié de l'Angleterre; savoir, de la Mercie, du Northumberland et de l'Estanglie. Edmond, ayant été assassiné l'an 1017, Canut s'empare de l'autre moitié du royaume, au préjudice des deux fils d'Edmond, qu'il envoie en Danemarck pour les y faire, dit-on, mourir, sous prétexte de les faire voyager; mais celui qui était chargé de ces deux princes, touché de compassion, les conduit en Suède, d'où le roi de Suède les envoie en Hongrie. Canut, la même année, voulant mettre dans ses intérêts Richard II, duc de Normandie, chez qui Alfred et Edouard, fils d'Ethelred II, s'étaient réfugiés, lui demande en mariage **Emme**, veuve d'Ethelred II, et lui offre pour lui-même Es-

Sous le règne d'Ethelred II on ne mettait point encore de sceaux aux chartes d'Angleterre, *nondum utebantur Sigillis in Anglia*, dit la Chronique de Burton, *ad an.* 1004.

EDMOND II, DIT COTE-DE-FER.

1016. EDMOND II, fils d'Ethelred et d'Elgive, que sa force prodigieuse fit surnommer *Côte-de-Fer*, est proclamé roi dans Londres, après la mort de son père, et livre jusqu'à cinq batailles en un an, à Canut, son concurrent : enfin étant encore près d'en venir à un combat, qui semblait devoir décider du sort des deux rois, la paix se fait par le partage de l'Angleterre. Edmond eut le Westsex, dont il ne jouit pas long-tems. Edrick, accoutumé à trahir ses maîtres, ne fut pas moins infidèle à Edmond, quoique devenu son beau-frère, qu'il l'avait été à Ethelred. Après l'avoir traversé en différentes occasions, il mit le comble à sa perfidie, en le faisant assassiner l'an 1017 : triste fin pour un prince, dont la valeur peu commune, la fermeté à l'épreuve des revers, la prudence consommée, la bonté sans égale, méritait un meilleur sort. Edrick fut puni de ses crimes quelques années après par Canut lui-même, qui lui fit couper la tête, et la fit mettre sur l'endroit le plus élevé de Londres, pour dégager la parole qu'il lui avait donnée, après l'assassinat d'Edmond, de trithe, une de ses sœurs; les deux mariages furent agréés et célébrés. Canut voyant l'Angleterre tranquille, repasse, l'an 1019, en Danemarck, où il fait la guerre avec succès contre les Vandales, après quoi il revient dans son île.

La dévotion était alors d'aller visiter, à Rome, le tombeau des apôtres, comme le remarque Thoiras. Canut fait ce pélérinage, l'an 1027, et assiste, le 26 mars, jour de Pâques, au couronnement de l'empereur Conrad. A son retour, il se rend maître de la Norwège par une irruption subite, et oblige le roi Olaüs à prendre la fuite. Olaüs, étant rentré dans la Norwège, l'an 1030, livre à son rival, le 29 juillet, un combat où il périt. Canut, après ces expéditions, retourne en Angleterre, et commence à suivre un autre genre de vie. Il devient humble, juste, charitable, et persévère dans ces dispositions jusqu'à sa mort arrivée le 12 novembre 1036, ou 1037, suivant la vieille Chronique danoise, après vingt ou vingt et un ans de règne. M. Mallet place sa mort et 1035, mais sans donner de preuves. Il laissa trois fils, qui partagèrent ses états après sa mort. Suénon, l'aîné, fils d'ALGIVE, sa première femme, ou sa concubine, eut la Norwège; Harald, né de la même mère, eut l'Angleterre : le Danemarck échut à Canut ou Hardi-Canut, fils d'Emme de Normandie; Gunilde ou Chunelinde, née

l'élever au-dessus de tous les autres seigneurs du royaume. Edmond laissa deux fils d'ALGITHE, sa femme, Edmond et Edouard, qui furent dépouillés par Canut des états de leur père. de son second mariage, épousa Henri III, roi de Germanie. (*Voy.* Canut le Grand, *roi de Danemarck.*)

HARALD I.

1036, ou 1037. HARALD I, succède à Canut, son père, au royaume d'Angleterre, par le choix des Danois qui restaient en ce pays. Dans le même tems, Canut ou Hardi-Canut, son frère, est proclamé roi de Westsex par les Anglais, tandis qu'il est occupé à prendre possession du Danemarck. Le comte Goodwin, chargé de gouverner le Westsex en l'absence de Canut, vient à bout, par ses intrigues, de le dépouiller de ce royaume, qu'il remet entre les mains d'Harald. La reine Emme, mère de Canut, dissimule la trahison faite à son fils, et pense à lui substituer en Angleterre ses deux autres fils, Alfred et Edouard, réfugiés en Normandie. Goodwin, ayant pénétré le dessein de la princesse, feint de l'approuver, et lui conseille même d'écrire aux deux jeunes princes, et selon d'autres, leur écrit sous le nom d'Emme, pour les inviter à venir recouvrer l'héritage du roi Ethelred, leur père. Ils donnent l'un et l'autre dans le piége, et arrivent en Angleterre, ayant un corps de mille Normands à leur suite. Les Anglais revoient avec joie les rejetons de leurs anciens maîtres. Mais leur mère, toujours dans la défiance, et craignant qu'un même malheur ne les enveloppe tous deux, les oblige de se séparer, et retient le second auprès d'elle, tandis que l'autre est en campagne. Ses pressentiments n'étaient pas vains. Alfred est surpris dans le château de Guildford par Goodwin qui lui fait crever les yeux, après avoir massacré six cents normands qui l'accompagnaient; de là il est conduit en l'île d'Ely, où le chagrin et la misère ne tardèrent pas à terminer ses jours. Emme, à la nouvelle de la surprise d'Alfred, fait repasser la mer à Edouard, et bientôt après, persécutée par Harald, elle quitte elle-même l'Angleterre, et va chercher une retraite chez Baudouin le Barbu, comte de Flandre, qui la reçoit avec distinction. N'espérant plus alors de pouvoir mettre Edouard sur le trône d'Angleterre, elle sollicite et presse le roi de Danemarck de se rendre aux vœux des Anglais, qui désiraient de l'avoir pour maître. Canut cède aux instances de sa mère, et tandis que sa flotte fait voile vers l'Angleterre, il va trouver cette princesse à Bruges pour conférer avec elle. Il y était encore lorsqu'il apprit la mort d'Harald, arrivée l'an 1040.

CANUT II, ou HARDI-CANUT.

1040. Canut II, après la mort d'Harald, son frère, arrive en Angleterre avec une flotte de quarante vaisseaux. Il est également bien reçu des Danois et des Anglais; mais sa conduite dément bientôt leurs espérances. A peine est-il couronné, qu'il fait exhumer et jeter dans la Tamise le corps d'Harald. Cet acte de brutalité fut d'un très-mauvais augure pour son règne. Une taxe exorbitante qu'il imposa pour payer sa flotte, qu'il voulait renvoyer, indisposa de plus en plus ses sujets. La ville de Worcester s'étant soulevée à cette occasion, le roi la punit par le pillage et le feu. Canut fit néanmoins un acte de générosité que l'histoire ne doit pas oublier. Il accueillit favorablement Édouard, son frère utérin, qui était revenu en Angleterre. Mais Edouard lui ayant demandé justice du comte Goodwin, qu'il accusait de la mort d'Alfred, son frère, Canut se laissa corrompre par un présent du coupable, et le renvoya absout sur son serment. Le règne de ce prince fut abrégé par ses débauches. Il mourut subitement le 8 juin 1042. (*Voy.* Canut II, *roi de Danemarck.*)

EDOUARD III, dit LE CONFESSEUR.

1042. Edouard III, fils d'Ethelred II et d'Emme de Normandie, né l'an 1002, est proclamé roi par le crédit du comte Goodwin, avec lequel il s'était réconcilié, en promettant d'épouser sa fille Edithe, princesse, dit Albéric, qui réunissait en elle tous les arts libéraux; mais ce ne fut que deux ans après qu'il exécuta sa promesse. Quelque légitime que fût l'élévation de ce prince, il la devait cependant moins au droit de sa naissance, qu'au choix libre des Anglais. Il restait en effet un autre Edouard, son neveu, fils d'Edmond Côte-de-Fer, qui était, par la loi du sang, le plus proche héritier du trône. Mais tel était l'usage des Anglo-Saxons, semblable à celui des Francs sous les rois mérovingiens: obligés de prendre leur souverain dans la famille royale, ils pouvaient, lorsque le bien de l'état l'exigeait, préférer le fils puîné du roi défunt à l'aîné, et même la ligne collatérale à la directe. Le fils d'Edmond était en Hongrie, et il y avait du danger d'attendre son retour pour remplir le trône vacant. Voilà ce qui détermina les Anglais en faveur de son oncle. Le couronnement du nouveau roi se fit à Pâques de l'an 1043. Dès le commencement du règne d'Edouard, on ne voit plus les Danois faire aucune figure dans l'Angleterre, eux qui en étaient auparavant les maîtres et les souverains ; et ce qui est étonnant, c'est que l'histoire ne nous apprend point comment est arrivé un changement si extraordinaire. Edouard abolit le *danegelt*, et ce fut une de ses premières opérations. Une autre non moins utile fut la rédaction qu'il fit en 1044 des lois d'Angleterre en un seul corps, qui fut appelé *les lois d'Edouard, ou les lois communes.* Mais ces lois prirent des formes bien différentes sous les règnes suivants, jusqu'à celui de Jean Sans-Terre, qu'elles acquirent, par la faiblesse de ce monarque, la consistance qu'elles ont encore de nos jours.

Edouard, pendant sa retraite en Normandie, avait été comblé d'amitiés par le duc Robert et Guillaume, son fils. L'an 1048, ou, selon d'autres, 1052, il eut occasion d'en marquer sa reconnaissance à ce dernier, dans la visite qu'il en reçut à Londres. On prétend même qu'Edouard, n'ayant point d'enfants, et ne pouvant en avoir sans violer le vœu de continence qu'il avait fait, promit alors, en secret, au duc de Normandie, de lui transmettre la couronne d'Angleterre. Mais ce qu'il fit depuis en faveur de son neveu dément cette assertion.

Un événement, qu'on a regardé comme surnaturel et qui en avait toutes les apparences, délivra Edouard, l'an 1053, d'un ennemi domestique dont la prudence ne lui permettait pas de punir les forfaits suivant les lois. C'était le comte Goodwin, son beau-père, si fameux et si redoutable par son grand crédit sous les règnes précédents. Cet homme dangereux, étant à la table du monarque, ose affirmer, avec serment, qu'il n'est pas coupable de la mort du prince Alfred, frère d'Edouard, et souhaite que le morceau qu'il est près d'avaler l'étouffe, s'il parle contre la vérité. Le souhait fut accompli. Son fils Harald lui succède, et s'attire, par ses belles qualités, l'estime et l'affection des grands et du peuple. Edouard, voyant que la voix publique lui destinait la couronne après sa mort, fait revenir de Hongrie, l'an 1057, Edouard, son neveu, fils d'Edmond *Côte-de-Fer*; mais ce prince meurt peu de tems après son arrivée, laissant un fils en bas âge, nommé Edgar, qui fut pendant une longue vie exposé à une infinité de traverses. Alors Harald aspire à la couronne, et prend des mesures pour se l'assurer. Plus il voit approcher la fin d'Edouard, plus il sent croître ses espérances. Cependant un voyage qu'il fait imprudemment en Normandie, les aurait entièrement ruinées, s'il eût été fidèle à la religion du serment que le duc Guillaume le Bâtard extorqua de lui. (Voy. *les ducs de Normandie.*) Enfin, Edouard termina ses jours le 5 janvier 1066 (n. st.), et le lendemain il est inhumé dans l'église de Westminster, qu'il avait fait dédier en sa présence, à la fête précédente des saints Innocents, et où l'on voit encore son tombeau. Thoiras prétend que ce prince ne voulut pas décider, avant sa mort, l'affaire de la succession à la couronne. Toutefois, Ingulphe, auteur contemporain (*ad an.* 1065), assure formellement le contraire dans l'Histoire du monastère de Croyland : *Guillelmum comitem Normanniæ..... sibi succedere in regnum Angliæ voce stabili sancivit.* D'autres historiens racontent, à la vérité, qne, dans ses derniers moments, sollicité, par une députation des seigneurs assemblés à Londres, de désigner son successeur, il leur renvoya ce choix, disant, qu'ils devaient profiter de l'occasion qui les réunissait pour élire celui qu'ils jugeraient le plus capable de commander à la nation. Le règne d'Édouard retraça celui d'Alfred, qu'il semblait avoir pris pour modèle. Il n'avait peut-être pas l'étendue de son génie, mais il l'égala par son amour pour son peuple, et le surpassa même par sa piété, qui lui mérita le titre de *Confesseur* et les honneurs de la canonisation, avant même que Dieu eût attesté sa sainteté par des miracles. On lui reproche l'exil de sa femme, et des procédés encore plus durs envers sa mère. Mais la raison d'état le justifie sur le premier point. Il était en guerre avec Goodwin, son beau-père, qui s'était révolté lorsqu'il éloigna son épouse de la cour, et dès qu'il eut réduit ce rebelle, il la fit revenir. Pour sa défense sur le second point la réponse est également facile. Des accusations les plus graves avancées contre sa mère, et soutenues par des personnes de poids avec toutes les apparences de la vérité, le mirent dans la nécessité d'instruire le procès de cette princesse. Elle se purgea par l'épreuve du feu, qu'elle avait elle-même choisie, et ayant ainsi prouvé son innocence, elle fut rétablie dans les honneurs, dont son fils l'avait dépouillée, pour satisfaire à ce qu'il croyait devoir à la justice. La politique ne lui pardonne pas un troisième article. C'est son vœu de virginité ; sur quoi nous avouons qu'il est peut-être aussi difficile de le défendre que téméraire de le condamner. Que de malheurs, dit-on, il eût évités à l'Angleterre, s'il eût laissé un héritier de son sang! Mais en eût-il laissé, quand même il aurait usé du mariage? C'est ce que nul mortel ne peut assurer. Quelques écrivains rapportent à ce prince l'établissement du *wittena-gémot*, ou de l'Assemblée des Sages, à laquelle a succédé le parlement. Mais d'autres, en plus grand nombre, prétendent qu'elle est aussi ancienne que la monarchie anglaise, et que sous l'heptarchie chaque royaume avait son *wittena-gémot* qui partageait l'autorité législative avec le souverain.

Edouard est le premier roi d'Angleterre qui ait fait usage du sceau dans ses diplômes.

HARALD II.

1066. **Harald II.**, fils aîné du comte Goodwin, est élu roi d'Angleterre par le *wittena-gémot*, au préjudice d'Edgar, petit-fils, par Edouard, son père, du roi Edmond *Côte-de-Fer*, à qui la couronne appartenait par le droit de sa naissance. Toston, frère d'Harald, refuse de le reconnaître, et forme le dessein de le détrôner. Trop faible par lui-même, il s'adresse à Harald, ou Horde-Raalde, roi de Norwège, et l'engage à seconder ses vues. D'un autre côté, Guillaume, duc de Normandie, prépare un grand armement pour se rendre maître de l'Angleterre. Harald livre deux sanglantes batailles contre ses deux concurrents, à peu de distance l'une de l'autre, mais avec des succès bien différents : dans la première, donnée au pont de Stamford, près d'Yorck, il remporte une victoire complette sur son frère et le roi de Norwège, qu'il laisse étendus l'un et l'autre sur le champ de bataille : dans la deuxième, donnée près d'Hastings, le 14 octobre, contre Guillaume, il est entièrement défait, et perd la couronne et la vie, après environ neuf mois de règne : ce ne fut pas au reste, sans avoir long-tems disputé la victoire; car la bataille dura depuis sept heures du matin jusqu'à l'entrée de la nuit. Deux frères d'Harald périrent avec lui. Telle fut la fin de la domination des Anglo-Saxons en Angleterre, où elle avait commencé plus de 600 ans auparavant en la personne d'Hengist.

ROIS D'ANGLETERRE,

DE LA MAISON DES DUCS DE NORMANDIE.

GUILLAUME I, dit LE BATARD et LE CONQUÉRANT.

1066. **Guillaume I**, duc de Normandie, dit le **Batard**, à cause du vice de sa naissance, et le **Conquérant**, parce-qu'il fit la conquête de l'Angleterre, se rendit maître de ce royaume, l'an 1066, après la défaite et la mort d'Harald, dernier roi saxon. Tout est étonnant dans cette entreprise du duc Guillaume, le dessein, les préparatifs, l'exécution et le succès. Les suites en furent encore plus heureuses pour l'Angleterre : cette révolution y produisit un renouvellement entier. C'est là proprement l'époque de sa grandeur et de sa puissance. Le commerce des Français adoucit les mœurs demi-barbares des Anglais : les arts, les sciences, la religion, fleurirent parmi eux. Enfin l'Angleterre est redevable à Guillaume le Conquérant de sa puissance, de son éclat, et de la grande figure qu'elle a depuis faite en Europe. Ainsi un moderne a raison de dire que *la nation qui le déteste lui doit sa gloire*. Guillaume ayant défait Harald, marche vers Douvres, qui ne résiste que peu de jours. La province de Kent envoie des députés qui offrent leur soumission. En vain Morkard et Edwin proposent de mettre le prince Edgar sur le trône, la consternation est si grande à Londres, que les magistrats portent les clefs de la ville à Guillaume, les évêques lui offrent la couronne qu'il accepte par délibération de son conseil ; et il est couronné le jour de Noël, à Westminster, par Aldred, archevêque d'Yorck. Quoiqu'il connût les funestes effets de la féodalité en France, où elle faisait la ruine de la nation et le désespoir de ses rois, il ne laissa pas de l'établir dans ses nouveaux états, et l'événement prouva qu'il avait sagement fait. Semblable à certaines plantes venimeuses qui, transplantées dans un autre climat, y deviennent salutaires, la féodalité fut en Angleterre le plus sûr appui de l'autorité royale et du pouvoir de la nation au-dehors (1). Tout ce qui, lors de la conquête, n'était point du domaine de la couronne, fut divisé en baronnies, dont Guillaume récompensa les seigneurs normands qui l'avaient suivi, à la charge ordinaire de l'hommage, du service militaire et de certaines redevances en argent. Les Anglais n'eurent aucune part à cette distribution. Le petit nombre de ceux à qui on laissa quelques proprietés, se trouvèrent trop heureux, pour conserver les héritages qu'ils avaient reçus libres de leurs pères, de les mettre sous la protection des grands vassaux, et eux-mêmes sous leur dépendance. De là, le titre qu'ils prirent de *Knights-Fees*, c'est-à-dire Chevaliers tenanciers, ou vassaux des grands barons. Ce fut alors que Guillaume fit dresser le terrier général d'Angleterre, ouvrage aussi exact qu'incroyable. Ce prince, après avoir réglé les affaires d'Angleterre, et fait jetter les fondemens d'une abbaye, sous le nom de *la Bataille*, au même lieu où Harald avait été tué, repasse en Normandie, au mois de mars 1067,

---

(1) Il faut convenir aussi qu'en introduisant le gouvernement féodal en Angleterre, Guillaume eut soin d'en retrancher les abus qui le faisait dégénérer en anarchie dans le reste de l'Europe ; le tempérament qu'il y mit fut de se réserver exclusivement le droit de la chasse et de la guerre, le pouvoir d'imposer des taxes, l'avantage d'une cour de justice, où les causes, tant civiles que criminelles de tous les ordres de l'état, étaient jugées en dernier ressort, par lui et par les grands officiers de sa couronne, qu'il choisissait et destituait à sa volonté.

emmenant avec lui le prince Edgar et la plupart des grands seigneurs. Pendant son absence, Odon, évêque de Bayeux, son frère utérin (1), et Guillaume, fils d'Osberne, son général d'armée, qu'il avait laissés pour régens du royaume jusqu'à son retour, exercent sur les Anglais une tyrannie qui les porte à se soulever. Guillaume étant revenu promptement en Angleterre, le 6 décembre de la même année, appaise facilement cette émotion. Dans la suite il y eut d'autres révoltes excitées par les grands; mais elles furent toujours réprimées, et quelquefois avec une modération dont on voit peu d'exemples. Il est vrai qu'elles obligèrent Guillaume à se précautionner contre l'indocilité des Anglais par des lois sévères, qui gênèrent extrêmement leur liberté. Pour obvier aux troubles, il les désarma, leur interdit la chasse, leur fit défense, à peine d'une grosse amende, d'avoir de la clarté chez eux après huit heures du soir, comme il l'avait déjà établi en Normandie, et fit élever en plusieurs endroits des citadelles, dont la principale est la tour de Londres, qui fut bâtie vers l'an 1078; il rétablit le *danegelt*, taxe de deux schelings par hyde, ou journal de terre, qu'Ethelred II avait établie, comme on l'a dit à son article, et qui avait été abolie par saint Edouard; il érigea les comtés en fiefs, et en investit ses créatures; il fit déposer les prélats anglais, à l'exception d'un seul, et leur substitua des Normands; il fit rédiger par écrit, dans une assemblée des plus nobles et des plus sages de chaque comté, les anciennes coutumes des Anglo-Saxons et des Danois qui étaient mêlés ensemble. Passionné pour la chasse jusqu'à la cruauté, il força les hommes d'abandonner aux bêtes fauves, dans le comté de Hampshire, un espace de trente milles, où il détruisit toutes les habitations, sans épargner les églises; et

(2) Ce prélat, que Guillaume, son frère, avait fait évêque de Bayeux en 1049, à l'âge de quatorze ans, et créé comte de Kent, après la conquête de l'Angleterre où il l'avait accompagné, se croyait toutes les voies permises pour fournir, en accumulant des richesses, au luxe prodigieux de sa table et de ses équipages. Son ambition crût avec son opulence, et le porta même à rechercher la papauté. Pour l'obtenir, il acheta à prix d'argent les suffrages des principaux citoyens de Rome, et presque assuré de réussir, il se fit bâtir un palais dans cette ville. Déjà il était sur le point de partir avec des troupes gagnées, lorsque le roi, son frère, irrité de ses concussions, le fit arrêter et conduire à la tour de Rouen, où il le retint prisonnier jusqu'à ce qu'étant près d'expirer, il consentit, pressé par ceux qui l'environnaient, à lui rendre la liberté. Ordéric Vital, dont nous tenons ce récit, ne dit pas à quel pape Odon prétendait succéder. Mais il y a bien de l'apparence que ce fut à Grégoire VII, mort en 1085.

plus inhumain que ces bêtes, il condamna à perdre la vue quiconque tuerait un lièvre, tandis que pour un homicide il n'en coûtait qu'une légère amende. Jean de Salisburi lui reproche aussi d'avoir introduit le luxe en Angleterre. « Il envoya, dit-il, » (*Polycrat*, chap. 7) des ambassadeurs chez toutes les nations » étrangères, pour lui apporter ce qu'ils y trouveraient de plus » magnifique et de plus rare. C'est ainsi que tout le luxe de l'u- » nivers passa dans une île, qui jusqu'alors s'était contentée de » ses propres richesses. On doit sans doute, ajoute-t-il, des » louanges au dessein de ce grand homme, qui était de rassem- » bler dans ses états l'opulence de tous les autres. Mais il aurait » certainement beaucoup mieux fait de réformer, par de bon- » nes lois, l'intempérance qui avait perdu les Anglais, et lui » avait préparé la conquête de leur île ». Enfin, il ordonna que les actes publics seraient dressés en langue française. C'est ainsi qu'il conserva l'Angleterre, en y introduisant le despotisme, et en demeura possesseur tranquille jusqu'à sa mort, arrivée le 8 ou 9 septembre 1087. (*Voy.* Guillaume II, *duc de Normandie.*)

Guillaume le Conquérant établit une cour fixe et constante de judicature dans la grande salle de son palais à Londres, et c'est de là que sont sorties les quatre cours de justice actuelles d'Angleterre. (Robertson.) Il fut le premier roi d'Angleterre qui eut en tout tems une armée sur pied; la sienne était de soixante mille hommes, suivant Ordéric. Mais ces troupes étaient tirées de ses états, et pour la plupart fournies de gré ou de force par ses vassaux.

Ce prince, suivant Heriman de Tournai, (*apud* Bouquet, tom. XI, pag. 255) était représenté sur son sceau, d'un côté à cheval, comme duc de Normandie, et de l'autre assis sur un trône, le sceptre en main, comme roi d'Angleterre.

GUILLAUME II, DIT LE ROUX.

1087. GUILLAUME II, fils puîné de Guillaume le Conquérant, et de Mathilde de Flandre, est reconnu roi d'Angleterre au préjudice de Robert, son aîné, par le crédit de Lanfranc, archevêque de Cantorberi, qui avait été son précepteur; et le 27 septembre de la même année, il est couronné par ce prélat. L'évêque de Bayeux, son oncle, ne le trouvant pas assez favorable à ses vues, entra, l'an 1088, dans une conspiration formée contre lui. Mais Guillaume l'ayant découverte, vint facilement à bout de la dissiper. (*Voyez* Eustache II, *comte de Boulogne.*) Ce prince ne voulait suivre pour règle, dans le gouvernement, que ses passions. Lanfranc, ayant osé lui faire des remontrances à ce sujet, tomba dans la disgrâce l'an 1089, et mourut peu de tems après, regretté des deux nations. Un prêtre, nommé Ranulfe, homme de néant, mais d'un génie souple et artificieux, s'était dès-lors insinué dans l'esprit du monarque, et réussit à le corrompre par ses flatteries et ses pernicieux conseils. Guillaume lui confia la direction du temporel des bénéfices qui viendraient à vaquer, et Ranulfe le servit au gré de son avarice. Dès qu'un évêque ou un abbé venait à mourir, il faisait mettre la main sur ses meubles et son argent au nom du roi, qui se les appropriait, ainsi que les revenus du bénéfice, qu'il laissait vaquer, pour en jouir le plus long-tems qu'il le pouvait. Etait-il obligé de le remplir, il le mettait comme à l'encan, et ne l'adjugeait d'ordinaire qu'au plus offrant. La même avidité que ce prince montrait pour les biens ecclésiastiques, il la faisait paraître pour ceux d'une autre nature qui se trouvaient à sa convenance. L'an 1090, il forma le dessein d'enlever la Normandie à Robert, son frère, et s'empara de quelques places de ce duché. Les deux princes, l'an 1091, font un traité de paix, et portent la guerre en Ecosse contre Malcolm; elle est suivie de la paix conclue par la négociation du prince Edgar. Guillaume étant tombé malade en 1093, les remords le saisissent. Alors il se détermine à remplir les bénéfices vacants dont il retenait les revenus; il nomme à l'archevêché de Cantorberi, qui vaquait depuis quatre ans, saint Anselme, abbé du Bec, avec lequel il eut dans la suite de grands démêlés. La guerre se rallume en 1093, entre Guillaume et le roi d'Ecosse, qui est défait, et tué avec son fils aîné. L'an 1096, Robert, frère de Guillaume, voulant partir pour la croisade, et manquant de ressources nécessaires pour cette expédition, lui engage la Normandie et le Maine pour le prix de 10000 marcs; somme modique, qui néanmoins ne fut levée qu'à force d'extorsions. Tous les seigneurs manceaux n'étaient pas disposés à subir le joug de ce nouveau maître. L'an 1097, comme il chassait dans la forêt Neuve en automne, un courrier vient lui apprendre que ses gens sont assiégés par Hélie de la Flèche, dans le château du Mans. A cette nouvelle, il pique son cheval vers la mer, en criant : *Qui m'aime me suive.* Arrivé à Dartmouth, il monte le premier vaisseau qui se présente, et sur ce que les mariniers lui remontrent qu'il s'expose à périr, le tems étant mauvais; il répond froidement : *Je n'ai jamais ouï dire qu'un roi se soit noyé.* Ayant fait mettre aussitôt à la voile, il aborde le lendemain au port de Touque. De là, il vole avec une armée qu'il a rassemblée à la hâte, vers la place assiégée. Le bruit de sa marche effraie les assiégeants, qui se retirent avant qu'il arrive. (*Voyez* Hélie, *comte du Maine.*) Guillaume avait dans le même tems la guerre avec Louis le Gros, roi désigné des Français. Elle commença peu de tems après le départ du duc Robert, et ne finit qu'à la mort du monarque anglais. Voici quand et comment arriva ce dernier événement. L'an 1100, Guillaume étant à la chasse avec Henri, son frère, dans la forêt Neuve, le 2 août, un chevalier français, nommé Gauthier Tyrel, seigneur de Poix et de Pontoise, lui perce le cœur d'une flèche en tirant sur un sanglier, ou sur un cerf, et l'étend roide mort sur la place. C'est ainsi que les anciens et les modernes racontent ordinairement la mort de ce prince. Cependant Suger, dans la Vie du roi Louis le Gros, rapporte que Tyrel, qui s'était sauvé en France, lui avait plusieurs fois protesté avec serment, que le jour que Guillaume fut tué, il ne l'avait pas vu, ni ne s'était trouvé dans l'endroit de la forêt où il chassait. Quoi qu'il en soit, Guillaume fut enterré dans l'église de Saint-Pierre de Winchester. Il était dans la quarante-quatrième année de son âge, et dans la treizième de son règne. Tous les historiens du tems s'accordent à représenter ce prince comme un vrai tyran. Il n'avait point été marié. Sa taille était courte et épaisse, son visage haut en couleur, sa voix rauque et forte, son regard fier et même un peu farouche. Son surnom annonce assez la couleur de son poil. Il aimait et cultivait les lettres; et, pour engager ses sujets à s'instruire, il donna un édit, par lequel il déclarait que tout criminel pourrait racheter sa vie, s'il prouvait qu'il savait lire. Cette loi est encore aujourd'hui en vigueur : on dit au criminel : *Toi qui es convaincu de tel crime, qu'as-tu à demander en ta faveur pour empêcher que la sentence prononcée contre toi ne soit exécutée?* Le criminel répond alors : *Je demande le bénéfice du clergé.* La salle de Wesminster et le pont de Londres sont des ouvrages de ce prince.

Les diplômes de Guillaume II ne portent ordinairement que la date du lieu.

HENRI I, DIT BEAU-CLERC ET LE LION.

1100. HENRI I, troisième fils de Guillaume le Conquérant, né l'an 1068, (et non 1070, comme le marque Ordéric Vital) surnommé BEAU-CLERC, parce qu'il était beau de visage et lettré, étant accouru à Londres, aussitôt après la mort du roi Guillaume, son frère, s'empare de ses trésors et du trône d'Angleterre en l'absence de Robert, duc de Normandie, son aîné, qui s'était arrêté en Italie à son retour de la croisade. Le dimanche suivant, 5 août, ou le 15 selon Mathieu Paris, il est sacré à Westminster par Maurice, évêque de Londres, et couronné par Thomas, archevêque d'Yorck. Peu de jours après cette cérémonie, Henri, pour détruire les prétentions que son frère pouvait un jour lui opposer, s'applique à gagner l'affection de ses sujets par le rétablissement des lois d'Edouard, par l'abolition des impôts et par la suppression de l'édit, qui défendait là lumière et le feu dans les maisons après huit heures du soir. Il fit plus, il rendit aux églises la jouissance de leurs priviléges, réduisit à une seule grandeur les poids et mesures, et ordonna la punition corporelle des faux monnayeurs. On remarque qu'il fit faire de la charte, donnée à ce sujet, autant d'expéditions qu'il y avait de comtés en Angleterre, avec ordre d'en déposer une dans la principale abbaye de chacune de ces provinces. (*Math. Paris.*) Enfin Henri, au mois de septembre, rappela de son exil saint Anselme, archevêque de Cantorberi, que les persécutions de Guillaume le Roux avaient obligé de quitter l'Angleterre. Le 11 novembre de la même année, ayant assemblé les grands du royaume à Londres, il épousa en leur présence MATHILDE, fille de Malcolm, roi d'Ecosse, qui fut couronnée le même jour par saint Anselme. A Noël suivant, que les Anglais prenaient alors pour le premier jour de l'année, Henri tient une cour plénière qu'un illustre étranger honora de sa présence : c'était Louis, roi désigné des Français. Bertrade, sa marâtre et sa persécutrice, apprenant qu'il était passé en Angleterre, écrivit à Henri des lettres scellées du sceau du roi Philippe, son époux, pour le prier de faire arrêter le jeune prince et de l'enfermer dans une étroite prison. Henri communique ces lettres à Louis, et lui conseille de retourner en France. (*Order. Vital.*) Ce que Henri avait lieu d'appréhender pour lui-même arriva. L'an 1101, le duc de Normandie forme un parti en Angleterre, pour arracher de ses mains le sceptre qu'il lui avait enlevé. Il arrive sur les lieux au mois d'août, et se prépare à une bataille : mais sur le point de la livrer, il s'accommode avec son frère, et lui abandonne ses droits pour une pension de 3000 marcs. Par une de leurs conventions, Henri avait promis une amnistie à tous les Anglais qui avaient suivi le parti de son frère. Robert apprenant qu'au mépris de sa parole il en maltraite plusieurs, se rend à Londres, l'an 1102, pour se plaindre à lui-même de son infidélité. Henri le reçoit avec hauteur, témoignant sa surprise de ce qu'il a osé mettre le pied dans ses états sans avoir obtenu sa permission. Il lui reproche ensuite sa négligence à punir ceux qui les avaient trahis l'un et l'autre, et prétend par-là satisfaire à ses plaintes. Robert, craignant d'être arrêté, tâche de calmer son frère, et lui remet, à la prière de la reine, sa pension de 3000 marcs.

La même année commence le fameux démêlé du roi avec saint Anselme, touchant les investitures. On député à Rome de part et d'autre pour consulter sur ce différent le saint siége. Anselme, se défiant de la réponse que rapportèrent les députés, va lui-même trouver le pape. A son retour, il fait la paix avec le monarque à l'Aigle, en Normandie, le 22 juillet 1103, par la médiation de la comtesse de Blois. (Eadmer, *Hist. novor*, liv. 3, p. 62.)

L'avidité de Henri n'était pas satisfaite du royaume d'Angleterre qu'il avait envahi sur son frère, il veut encore le dépouiller de son duché. La conduite de Robert fournissait un beau prétexte à ce dessein. Prodigue et indolent, il se ruinait par ses profusions, et abandonnait les biens de ses sujets à la rapacité de ses ministres. Une partie des Normands s'étant soulevée, appelle le roi d'Angleterre à son secours. Henri, à cette invitation qu'il avait sollicitée, s'embarque, l'an 1105, pour la Normandie, et aborde au port de Barfleur dans la semaine sainte; de là s'étant rendu le samedi saint à Carentan, il y passe la fête de Pâques, dont l'office fut célébré en sa présence par Serlon, évêque de Séez. Ce prélat y donna une marque singulière de son zèle contre les cheveux longs, que le roi et toute sa cour portaient alors; usage qu'une fausse interprétation de saint Paul faisait regarder par les dévots du tems comme un péché contre nature. S'étant mis à prêcher avant le service contre cette mode, il ébranla tellement Henri et ses courtisans, qu'ils consentirent à y renoncer. Serlon les prit au mot; et, tirant aussitôt de sa poche des ciseaux dont il s'était muni, il fit sur chacun d'eux, en commençant par le roi, l'opération de la tonsure. Henri, si l'on en croit Guillaume de Malmesburi, avait beaucoup hésité avant d'entreprendre la guerre contre son frère pour le déposséder. Ce fut le pape Pascal II, suivant cet historien, qui leva ses scrupules en lui représentant la guerre qu'il ferait à son frère comme une expédition louable, et le dépouillement de ce prince comme le salut de la Normandie: *Asseverans non fore civile bellum; sed præclaræ patriæ prædicandum emolumentum.* Mais il y a bien de l'apparence que le roi d'Angleterre avait auprès du pape des amis, qui le servaient suivant ses désirs. Henri étant parti de Carentan, se rend maître de Caen par la trahison des bourgeois qu'il avait corrompus par argent. Il va mettre ensuite le siége devant Bayeux, qu'il emporte avec le secours du comte d'Anjou, son allié. De là, s'avançant dans le pays, il soumet plusieurs autres places jusqu'au mois d'août qu'il se rembarque pour l'Angleterre. L'an 1106, le duc Robert vient avant le Carême trouver le roi, son frère, à Northampton, pour redemander ce qu'il lui avait pris, et ne peut rien obtenir. (*Henric. Huntid. et Chron. anglo-sax.*) Henri, dans l'été de la même année, repasse la mer pour achever sa conquête, et y réussit après avoir battu et fait prisonnier le duc Robert à la bataille de Tinchebrai, donnée le 27 septembre. Thoiras, qui place mal à propos cette bataille en l'an 1107, voudrait la faire regarder comme aussi glorieuse pour les Anglais, que celle de Hastings pour les Normands. Henri, après avoir réglé les affaires de Normandie, retourne triomphant, dans le Carême de l'an 1107, en Angleterre, et y fait terminer la même année le différent touchant les investitures dans un concile tenu à Londres. (*Voy.* Robert II, *duc de Normandie.*)

L'empereur Henri V, cherchant une épouse, jeta les yeux sur la princesse Mathilde, fille du roi d'Angleterre, et fit partir, l'an 1109, des ambassadeurs pour en aller faire la demande. La princesse fut accordée; mais sa trop grande jeunesse fit différer de cinq ans la célébration du mariage. Le roi, pour payer la dot de l'impératrice, imposa une taxe de trois schellings sur chaque hyde de terre: coutume nouvelle et onéreuse, mais qui a été soigneusement observée en pareille occasion par les rois ses successeurs.

L'an 1111, de vastes inondations de la mer sur presque toutes les côtes des Pays-Bays, ayant obligé un très-grand nombre des habitants de s'expatrier et de se réfugier en Angleterre, Henri les reçoit, et en forme une colonie, qu'il place dans la province de Pembrock, au pays de Galles, où leurs descendants ont fleuri jusqu'à ce jour avec des mœurs très-distinctes de celles des anciens Gallois.

Henri perdit, le 1er. mai de l'an 1118, la reine Mathilde, son épouse, décédée à Westminster, et laissant de son mariage un fils nommé Guillaume Adeling, avec la fille dont nous venons de parler. La guerre se faisait alors avec une ardeur égale de part et d'autre, entre l'Angleterre et la France, au sujet de la Normandie que le roi Louis le Gros revendiquait pour Guillaume Cliton, fils de l'infortuné Robert. L'an 1119, le 20 août, on en vint, dans la plaine de Brenneville, à une bataille que les Anglais gagnèrent, mais non sans avoir couru risque d'y perdre leur roi. Guillaume Crépin, gentilhomme normand, attaché à Cliton, qui était du combat, déchargea au monarque, dans la mêlée, deux coups sur la tête, qui le mirent en sang malgré la bonté de son casque. Mais Henri, à son tour, lui en porte un si furieux qu'il le renverse de son cheval, et le fait prisonnier. Le roi de France, entraîné par les fuyards après avoir eu son cheval tué sous lui, est obligé de se sauver à pied. Au mois de septembre suivant, nouveau combat entre les mêmes armées près du château d'Eu. L'événement en fut douteux, quoiqu'en disent les historiens anglais, qui donnent une pleine victoire à leur monarque. Vers la fin d'octobre, le pape Callisté II, au retour du concile de Reims, où il avait présidé, vient trouver à Gisors le roi d'Angleterre, et travaille avec succès à la réconciliation des deux rois. Il ne réussit pas également à faire approuver à Henri le décret du concile de Reims contre les investitures, quoique Louis le Gros, présent à l'assemblée, eût semblé y acquiescer par son silence. Henri déclara nettement qu'il s'en tiendrait sur cet article aux usages dont les rois ses prédécesseurs étaient en possession depuis long-tems. Calliste échoua pareillement dans la demande qu'il fit au roi d'Angleterre de rétablir sur son siége Turstin, archevêque d'Yorck, contre lequel il était justement irrité. (Ce prélat, nouvellement élu, s'était fait sacrer par le pape au concile de Reims, malgré la défense du roi, pour ne pas l'être par l'archevêque de Cantorberi, à qui il contestait la primatie.) Henri, pour s'excuser, allégua au pape le serment qu'il avait fait de ne jamais permettre à Turstin de rentrer dans ses états. Calliste, lui ayant offert de l'absoudre de ce serment, le roi lui envoya dire, après en avoir délibéré avec son conseil : *Saint Père, il ne convient pas à ma dignité que je reçoive l'absolution que vous m'offrez. Quelle foi ajoutera-t-on aux serments, si l'on voit, par mon exemple, qu'ils puissent être si facilement anéantis par une absolution?* Belle leçon pour le pontife! Turstin fut cependant rétabli dans la suite. La plupart des historiens mettent la conférence dont nous venons de parler en 1120 ; mais la preuve qu'ils se trompent, c'est que Calliste était au commencement de janvier de cette année à Cluni pour s'en retourner à Rome.

Un événement funeste, arrivé l'an 1120, plongea le roi d'Angleterre dans un chagrin qui empoisonna la suite de ses jours. Après avoir heureusement terminé toutes ses affaires en-deçà de la mer, il s'était embarqué pour l'Angleterre, où il avait abordé le 26 novembre. Guillaume, son fils, le suivait d'assez loin dans un autre bâtiment avec environ trois cents personnes de son âge, dont la plupart étaient des meilleures maisons. La débauche excessive à laquelle se livra cette jeunesse licencieuse, servit d'exemple aux matelots qui, s'étant enivrés, laissèrent aller le vaisseau se briser contre un écueil. On eut le tems de mettre la chaloupe en mer pour sauver le prince; et déjà il avait vogué vers la terre, quand les cris de la comtesse du Perche, sa sœur naturelle, le firent retourner pour la prendre avec lui. Mais tant de personnes qui couraient le même danger, se jetèrent dans l'esquif avec elle, qu'ils le firent couler à fond, en sorte que tout le monde fut noyé. Tous ceux qui étaient restés à bord du vaisseau subirent le même sort, à l'exception du fils d'un boucher de Rouen, qui, s'étant sauvé sur un mât, vint au bout de trois jours annoncer au roi la nouvelle du naufrage. Cette catastrophe changea entièrement le caractère de Henri ; et depuis ce moment jamais on ne le vit rire. Le désir de réparer la perte de son unique fils légitime le porta néanmoins à se remarier au mois de février suivant, avec ADÉLAÏDE, fille de Godefroi, comte de Louvain. Mais, l'an 1127, voyant son espérance trompée par la stérilité de cette épouse, il fait reconnaître pour son héritière Mathilde, sa fille, veuve alors, sans enfants, de l'empereur Henri V. Cette princesse, après la mort de son époux, était retournée à la cour de son père, qui, l'an 1129, lui fit accepter contre son gré la main de Geoffroi Plantagenet, comte d'Anjou. Il eut la satisfaction, l'an 1133, d'apprendre la naissance d'un fils sorti de cette alliance. Empressé de voir cet enfant à qui l'on donna son nom, dont il soutint la gloire, il quitte l'Angleterre pour se rendre en Normandie. Le 2 août 1133, fut le jour de son départ, époque d'une grande éclipse de soleil, qui fut suivie deux jours après d'un tremblement de terre considérable.

Tandis qu'il résidait dans son duché, les Gallois, qu'il croyait avoir entièrement réduits après plusieurs victoires, firent, l'an 1135, une irruption en Angleterre et battirent l'armée royale dans la plaine d'Aberteivi. Henri, à la nouvelle de de ce revers, tenta jusqu'à trois fois de traverser la mer, et toujours les vents furent contraires à son dessein. Il y renonça enfin à la persuasion de sa fille, et se retira vers la Toussaint au château de Saint-Denis de Forment, dans la forêt de Lions, où il passa quelque tems à chasser. Mais un jour (25 novembre) étant revenu de cet exercice, épuisé de fatigues, il mangea avec avidité des lamproies, son mets favori, qui lui causèrent une indigestion dont il ne releva pas. Prévoyant sa fin prochaine, il fit venir Hugues d'Amiens, archevêque de Rouen, entre les mains duquel il rendit l'esprit, un dimanche, premier décembre 1135, dans la soixante-huitième année de son âge, et la trente-sixième de son règne. Son corps fut transporté à l'abbaye de Reading, en Angleterre, qu'il avait fondée. Henri fut un prince valeureux, politique, lettré; mais voluptueux à l'excès, dur, ambitieux et fourbe. La différence qu'il mit dans sa conduite entre les Normands et les Anglais le fit adorer des premiers et détester des seconds. Il augmenta le nombre des forêts royales; ce qui découragea tellement l'agriculture, qu'un jour qu'il arrivait de Normandie en Angleterre, des laboureurs vinrent lui remettre les socs de leurs charrues comme des instruments qu'il avait rendus inutiles. Sur la fin de ses jours, il fut agité par des alarmes continuelles, s'imaginant voir dans chacun de ses domestiques autant d'assassins. On prétend même que pour dérober l'endroit où il couchait à leur connaissance, il changeait de lit jusqu'à cinq et six fois par nuit. Ce prince ne laissa d'enfants légitimes que Malthilde; mais il laissa plusieurs bâtards de l'un et de l'autre sexes, dont les principaux sont Robert surnommé de

Caen, lieu de sa naissance, que son père fit comte de Glocester, en faveur de son mariage avec Mabile, fille de Robert Hamon, seigneur de Glocester; Renaud comte de Cornouailles; Mathilde femme de Conan III, duc de Bretagne; Alix, femme de Mathieu de Montmorenci; et N. mariée à Guillaume Gouet, qui a donné son nom au Perche-Gouet. La reine Adélaïde, deuxième femme de Henri, mourut en 1151, suivant les Annales de Margan. Ce prince, selon Ordéric Vital (l. 12, p. 840,) accorda, l'an 1113, à l'abbaye de Saint-Evroul, en Normandie, une charte par laquelle il ordonnait que toutes les causes de ce monastère seraient portées en première instance à sa cour royale: *Et ne quis ad placitum Monachos . . . . nisi in curia Regali provocaret, generali authoritate prohibuit.* C'est ce qu'on a depuis appelé *Lettres de Committimus.* (Voy. Louis le Gros, *roi de France, pour les guerres que Henri eut avec ce prince.*)

ÉTIENNE.

1135. ÉTIENNE, comte de Mortain et de Boulogne, troisième fils d'Étienne, comte de Blois, et d'Adèle, fille de Guillaume le Conquérant, succède à Henri, son oncle, malgré les précautions que ce prince avait prises pour assurer la couronne à l'impératrice Mathilde, sa fille. L'ambition rendit Étienne ingrat et parjure. Il avait le premier fait serment de fidélité à Mathilde entre les mains du père de cette princesse, et il devait lui être attaché par reconnaissance pour Henri, qui lui avait fait des établissements considérables en Angleterre et en Normandie, sans parler du comté de Boulogne qu'il lui avait procuré, en lui faisant épouser l'héritière de ce riche domaine. Mais que peuvent les engagements les plus sacrés sur un cœur dominé par la passion de régner! Etienne étant passé de France en Angleterre aussitôt après la mort du roi, se porta pour son successeur, et s'étant saisi de ses trésors, les employa pour acquérir les suffrages de la noblesse. Henri, son frère, évêque de Winchester, lui gagna de son côté ceux du clergé. Cependant les prélats et les barons ne lui prêtèrent serment qu'à des conditions avantageuses pour eux-mêmes, et, pour la plûpart, utiles au peuple. Il ne faut pas mettre néanmoins au nombre de celles-ci la permission qu'ils obtinrent de faire fortifier leurs châteaux; ce qui jeta bientôt le royaume dans la plus grande désolation, par la facilité que cette concession donna aux seigneurs de vexer leurs vassaux, de se faire la guerre entr'eux, et de la faire au roi lui-même. Le 22 décembre 1135, Etienne est couronné par Guillaume, archevêque de Cantorberi. (Les écrivains anglais qui mettent ce couronnement au jour de Noël, ont voulu parler de la cour plénière qu'Etienne tint ce jour-là.) Mathilde, rivale d'Etienne, qu'on nommait toujours impératrice, trouva un défenseur dans son oncle David, roi d'Ecosse. Ayant levé des troupes, il entre dans le nord de l'Angleterre, et oblige la plus grande partie des peuples à se soumettre à cette princesse. Mais le roi Etienne étant venu à sa rencontre, David se retire, après avoir fait un traité de paix avec lui. Peu de tems après, Etienne passe en Normandie pour en chasser Thibaut, comte de Blois, son frère, que les Normands avaient appelé, et Geoffroi, comte d'Anjou, qui, de son côté, faisait des efforts pour se rendre maître de ce duché. Les deux frères s'accommodent. Geoffroi, chassé des places dont il s'était emparé, traite pareillement avec le roi, moyennant une pension qui lui est offerte. Alors Etienne investit de la Normandie Eustache, son fils, déjà comte désigné de Boulogne. Le roi d'Ecosse n'avait pas entièrement abandonné les intérêts de sa nièce. L'an 1138, il profite de l'éloignement d'Etienne pour faire une invasion dans le Northumberland. Etienne repasse en Angleterre, et fait marcher contre lui Guillaume, comte d'Aumale. Celui-ci l'ayant atteint vers la fin d'août, le met en déroute à la fameuse bataille dite de l'Étendard, parce qu'un crucifix d'argent, élevé sur un chariot au bout d'un mât de vaisseau, et accompagné de trois bannières d'églises, y servit d'enseigne aux Anglais. Etienne se brouille avec le clergé l'année suivante, au sujet des forteresses de quelques prélats, qu'il s'était appropriées. L'évêque de Winchester, son frère, se met à la tête des mécontents. Mathilde alors se rend en Angleterre, le 22 septembre, et ranime son parti à la faveur de ces troubles. Le comte de Glocester, son frère naturel, rassemble pour elle une armée, où la noblesse vient se rendre en foule. L'an 1141, il gagne, le 2 février, la bataille de Lincoln sur Etienne, qu'il fait prisonnier, et l'envoie à Mathilde, qui le fait renfermer à Bristol, où il est mis aux fers. Mathilde alors fait de grands progrès. Presque toutes les villes, excepté Londres, la reconnaissent; mais elle gâte ses affaires par trop de hauteur : l'évêque de Winchester, à qui Mathilde était redevable de ses progrès, la quitte, et retourne au parti de son frère. La reine, femme d'Etienne, nommée aussi Mathilde, et Eustache, son fils, se mettent à la tête d'une armée : l'impératrice est obligée de s'enfuir, et n'échappe qu'avec grande peine. Le comte de Glocester, à son tour, est battu, fait prisonnier, le 14 septembre, par Guillaume d'Ypres, bâtard de Flandre, et conduit à Rochester : le 1er. novembre, il est échangé avec le roi. Etienne ayant recouvré sa liberté, assiége, l'an 1142, Oxford, où sa rivale s'était retirée ; la princesse sort clandestinement de la ville et se sauve d'une manière bien extraordinaire (1) à Wallingfort, où le prince Henri, son fils, et le comte de Glocester vont la joindre. Ce dernier, suivant les Annales de Margan, étant mort à Bristol le 31 octobre de l'an 1147, le parti d'Etienne prit entièrement le dessus, et Mathilde ne pouvant plus se soutenir, passe en Normandie. Alors Etienne commence à se persuader qu'il restera paisible possesseur du royaume. Il essaya toutefois en vain, l'an 1151, de faire couronner Eustache, son fils, par l'archevêque de Cantorberi; ce prélat aima mieux prendre la fuite que de prêter son ministère à cette cérémonie. (*Henric. Hunting.*) La perte que le roi fit de Mathilde, son épouse, le 3 mai de l'année suivante, le rendit inconsolable. Cette princesse, vraiment digne de ses regrets à tous égards, fut enterrée à l'abbaye de Feversham dans le Kentshire, qu'elle avait fondée avec lui. Cependant le jeune Henri, fils de l'impératrice, devenait puissant en-deça de la mer. Investi, l'an 1149, du duché de Normandie par le roi de France, il succéda, l'an 1151, à Geoffroi, son père, dans le comté d'Anjou, et à ces domaines, l'an 1152, il joignit l'Aquitaine par son mariage avec l'héritière de ce duché, répudiée par le roi Louis le Jeune. Alors il pensa sérieusement à renouveler ses efforts pour la conquête de l'Angleterre. Ayant fait une descente dans cette île au mois de janvier 1153, il employa dix mois à disputer le terrein à son antagoniste. Le prince Eustache étant mort subitement dans cet intervalle (vers la mi-août) sans laisser d'enfants de sa femme Constance, fille du roi Louis le Gros, les deux partis commencèrent à se rapprocher. On convint d'une entrevue; et, le 6 novembre, le roi Etienne fit à Winchester, avec Henri, un traité par lequel il l'adoptait au préjudice de Guillaume, son second fils, et lui laissait la couronne après sa mort. Etienne ne survécut pas une année entière à cet accommodement, étant mort d'une maladie hémorroïdale, le 25 octobre 1154, dans la cinquantième année de son âge. Il fut inhumé dans le même tombeau que sa femme et son fils aîné. Outre les deux fils qu'on vient de nommer il eut une fille, Marie, qui, d'abbesse de Ramsai, devint femme de Ma-

(1) On était alors au cœur de l'hiver. La rivière était glacée et la terre couverte de neige. Mathide ayant observé que les assiégeants faisaient négligemment le service et ne gardaient pas toujours les passages, se revet d'habits blancs pour n'être pas distinguée de la neige; et, suivie de quatre chevaliers dans le même équipage, elle sort par la fausse porte, traverse la rivière sur la glace, et arrive, sans avoir été aperçue, au château de Wallingfort.

thieu d'Alsace qu'elle fit comte de Boulogne en l'épousant. (Voy. *les comtes de Boulogne.*) Pour faire un excellent roi d'Etienne, il ne lui manqua peut-être que des droits plus légitimes à la couronne dont il s'était emparé. Brave, vigilant, humain, affable, il réunissait à ces qualités de l'âme une figure imposante, un bras nerveux et beaucoup d'adresse dans le maniement des armes.

Ce fut sous le règne d'Etienne, vers l'an 1144, suivant Gervais de Cantorberi, que le droit commença d'être enseigné dans l'université d'Oxford. Ce qui y donna occasion, furent les prétentions excessives de Henri, évêque de Winchester, et frère du roi Etienne, lequel, en vertu de son titre de légat du saint siége, exigeait de tous les évêques d'Angleterre, et même du primat, qu'ils vinssent à ses ordres toutes les fois qu'il jugeait à propos de les mander. Thibaut, archevêque de Cantorberi, indigné de ces hauteurs, alla trouver le pape Célestin II, et obtint de lui le titre de légat, qui fut ôté à l'évêque de Winchester. *Oriuntur hinc, inde*, dit Gervais, *discordiæ graves, lites et appellationes antea inauditæ. Tunc leges et causidici in Angliam primò vocati sunt, quorum primus erat magister Vacarius. Hic in Oxonefordia legem docuit, ut apud romam M. Gratianus.*

On remarque aussi que l'Angleterre essuya, sous le règne d'Etienne, le premier interdit général, dont voici quelle fut l'occasion. Le pape Eugène III avait convoqué, vers la fin de l'an 1147, un concile général à Reims. Mais au lieu de laisser, suivant l'usage, à l'église anglicane le choix de ses députés, ce pontife nomma d'autorité cinq prélats, pour la représenter à cette assemblée, et exigea qu'ils s'y rendissent. Le roi, choqué de cette entreprise, défendit aux évêques de partir. Eugène, pour se venger, jeta un interdit sur tout le parti d'Etienne qui fut obligé de plier.

Enfin ce fut sous ce roi que les appels au pape, défendus par les lois anglaises, commencèrent à s'introduire en Angleterre.

HENRI II, SURNOMMÉ PLANTAGENET.

1154. HENRI II, né, le 5 mars 1133 (N. S.), dans la ville du Mans, de Geoffroi Plantagenet, comte d'Anjou, et de Mathilde, fille de Henri I, passe en Angleterre après la mort d'Etienne, y arrive le 7 décembre, et le 19 est couronné à Westminster par Thibaut, archevêque de Cantorberi, sans aucune opposition. L'une de ses premières opérations fut de faire réunir à son domaine les villes et châteaux que le roi

Etienne en avait distraits pour les donner à ceux qui l'avaient servi dans ses guerres. Il fallut employer la force pour dépouiller la plupart des possesseurs. La chronique de Saint Aubin d'Angers fait état de cent quarante de ces places que le roi leur enleva les armes à la main, et dont il fit raser les fortifications.

Henri jouissant, depuis son mariage avec Eléonore, d'un tiers de la France à titre de fief, était l'objet de la jalousie du roi Louis le Jeune. Mais le vassal, plus rusé que son suzerain, cherchait encore à s'agrandir à ses dépens. L'an 1158, étant passé d'Angleterre en Normandie, il eut avec Louis, sur la rivière d'Epte, une entrevue dans laquelle ils convinrent du mariage de Henri, fils du premier, avec Marguerite, fille du second, tous deux enfants, pour être célébré lorsqu'ils auraient atteint l'âge de puberté. La princesse fut emmenée par son beau-père futur pour être élevée sous ses yeux, et la ville de Gisors, qui lui était assurée pour sa dot, mise entre les mains des Templiers, à condition d'être rendue après l'accomplissement de l'alliance arrêtée. La paix entre les deux princes ne fut pas de longue durée. L'anglais, du chef de sa femme, avait sur le Toulousain des prétentions que nous expliquerons ailleurs, les mêmes au reste que Louis avait tenté de faire voir en 1141 lorsqu'Eléonore partageait encore son lit. Henri, l'an 1159, voulant à son tour les exercer, fait une invasion dans les états de Raimond V, comte de Toulouse, dont il menaça la capitale. Le roi de France vole au secours du comte, et s'enferme dans la place, résolu de la bien défendre en cas de siége. L'anglais alors, quoique assisté des comtes de Barcelonne, de Nismes, de Blois, et d'autres seigneurs, prend le parti de se retirer sur la fin de septembre, alléguant son respect pour la présence de son suzerain, et ne trompe personne par ce vain prétexte. Il prouva bien l'année suivante, par sa conduite envers ce monarque, combien il mettait son intérêt au-dessus des égards qu'il lui devait. Impatient de posséder Gisors qui devait servir de barrière à son duché de Normandie, le 2 décembre 1160 il fait célébrer à Neufbourg, près de Saint-Lô, avec la dispense de deux légats, le mariage de son fils qui n'avait que quatre ans, avec Marguerite qui était du même âge, et retire aussitôt la place de mains des chevaliers qui l'avaient en séquestre. Louis, justement indigné de cette supercherie, entre dans un grand courroux et contre le roi d'Angleterre et contre les Templiers qu'il bannit de son royaume. Le comte de Blois, beau-frère du roi de France, adopte son ressentiment, et fortifie Chaumont, entre Blois et Amboise, à dessein de s'en servir contre l'anglais. Mais Henri étant venu en diligence faire le siége de cette place, s'en rend le maître, et fait prisonniers cent cinquante-trois chevaliers du comte, qui la défendaient. (*Radulf. de Diceto.*) La guerre aurait recommencé, suivant M. Hume, entre les deux rois sans la médiation du pape Alexandre III, *qui résidait alors*, dit-il, *en France.* Il se trompe, Alexandre n'arriva dans ce royaume qu'au mois d'avril 1162, et les deux rois s'étaient raccommodés par un nouveau traité fait au mois de mai 1161, à Freteval, selon Raoul de Diceto et Mathieu Paris, à Chaumont, en Vexin, selon Robert du Mont. Ce fut sur la fin de la même année que Henri, assistant au concile de Toulouse, reconnut Alexandre pour légitime pape.

L'an 1163 commencèrent les fameux démêlés entre Henri et Thomas Becket, archevêque de Cantorberi, touchant la juridiction ecclésiastique. Ce prélat, sur la fin de janvier 1164, se laissant entraîner par les autres évêques, signa les seize articles que le roi leur avait proposés sur cette matière, et qu'ils avaient reçus dans l'assemblée de Clarendon. C'étaient autant de limitations que l'on mettait aux prérogatives du clergé. Mais, apprenant depuis que le pape les avait condamnés, il les désavoue et en condamne au moins dix dans l'assemblée tenue le 8 octobre de la même année à Northampton. « Il faut » convenir, dit un écrivain judicieux, que si quelques-uns de » ces articles se bornaient à faire rentrer l'église (il fallait » dire le clergé) dans les limites dont elle n'aurait pas dû sor- » tir, il y en avait d'autres qui tendaient à la dépouiller de » ses droits, et qui au moins avaient besoin de restriction. Tel » était, par exemple, l'article qui donnait au roi, sans autre » explication, le revenu des bénéfices vacants. Certainement » les rois avaient trop abusé de ce droit, en laissant quelque- » fois pendant dix ans entiers les églises sans pasteur, pour » qu'une telle clause n'eût pas besoin d'être restreinte; et si » la fermeté du prélat n'avait pas eu d'autre objet, il serait dif- » ficile de la blâmer. » Le roi, indigné de ce qu'il appelait *la Palinodie de Becket*, se déclare ouvertement son ennemi. Presque tout le clergé d'Angleterre abandonne son primat. Thomas se voyant exposé à la persécution, s'échappe furtivement et passe, le 2 novembre 1164, en France, où le roi Louis le Jeune, qu'il rencontre à Soissons, lui offre un asile, et se retire d'abord à l'abbaye de Pontigni, puis en 1166 à celle de Sainte-Colombe de Sens.

L'impératrice Mathilde, mère du roi d'Angleterre, était toujours vivante. Cette princesse, depuis l'élévation de son fils sur le trône, vivait comme retirée et se mêlait peu des affaires du gouvernement. Elle mourut, le 10 septembre 1167, à Rouen d'où son corps fut transporté au prieuré de Notre Dame du Pré (aujourd'hui de Bonne-Nouvelle) pour y être inhumé. Le pape Alexandre ne cessait cependant de travailler à faire la paix de l'archevêque de Cantorberi avec le roi. Mais les légats qu'il envoya en France pour seconder ses vues, échouèrent dans leur négociation. Le monarque anglais, l'an 1170, mit le comble aux griefs du prélat, en faisant couronner Henri, son fils, le 15 juin, dans l'église de Westminster, par l'archevêque d'Yorck. C'était une entreprise faite sur les droits de l'archevêque de Cantorberi, que cette fonction regardait comme primat de l'église anglicanne. Le pape, sur les plaintes que saint Thomas lui en porta, donna commission à l'archevêque de Tours et à l'évêque de Nevers de mettre en interdit les terres du roi, si dans quarante jours il ne s'accommodait avec ce prélat. Henri, craignant l'effet de cette commission, tint à Mont-Louis, entre Amboise et Tours, le 12 octobre, une grande assemblée de prélats, dans laquelle il accorda la paix à l'archevêque de Cantorberi, avec la permission de retourner à son église. (Roger de Hoveden.) Mais quoiqu'il lui eût promis de faire couronner de nouveau son fils par lui-même, ce prélat ne laissa pas, sur la fin de novembre, avant de partir pour l'Angleterre, d'y envoyer les lettres du pape, portant suspense contre l'archevêque d'Yorck et les évêques qui avaient assisté au sacre du jeune roi. Cette démarche ranime toute l'animosité du roi père, qui témoigne souhaiter d'être délivré d'un prêtre avec lequel il lui est, dit-il, impossible de vivre en paix. Là-dessus quatre chevaliers partent de Normandie où était alors ce monarque, et vont assassiner l'archevêque le 29 décembre, un mardi, dans son église, croyant en cela seconder les intentions du monarque. Guillaume de Newbridge, auteur contemporain, fait sur la dernière démarche du saint archevêque à l'égard de ses confrères, des réflexions qui nous paraissent trop judicieuses pour ne pas les mettre sous les yeux de nos lecteurs. « Ce prélat, dit-il, se conduisait » en cela par le mouvement d'un zèle ardent pour la justice ; » mais agit-il selon la science ? Dieu le sait. Pour nous, bornés comme nous le sommes, il ne nous est pas permis de » juger témérairement des actions d'un si grand homme. Je » pense néanmoins, que le bienheureux pape Grégoire (le » Grand) se fut comporté avec plus de douceur et de circonspection à la suite d'une réconciliation si récente d'un évêque » avec son roi, et qu'ayant égard aux circonstances, il eût jugé » à propos de dissimuler des choses qui pouvaient se tolérer » sans danger pour la religion. Je n'entreprends donc ni de » défendre ni de blâmer ce que fit alors ce vénérable pontife.

» Mais je me contenterai de dire que, si l'impétuosité d'un saint » zèle l'a poussé au-delà des justes bornes, cet excès a été purifié par la mort sanglante et précieuse qui en a été le fruit. » Car nous autres, qui connaissons la distance qui est entre » nous et les saints, nous devons les cherir et les louer, de » manière que nous ne confondions pas, dans notre culte et » nos éloges, ce qu'il y a eu de faible et d'humain en eux, » avec les actions où sans scrupule nous devons les imiter. Qui » osera dire en effet qu'ils sont imitables en toutes choses? » Ainsi nos louanges ne doivent pas s'étendre indifféremment » à tout ce qu'ils ont fait; mais la sagesse et la discrétion doit » les régler, afin de conserver à Dieu sa prérogative, puisqu'il » est le seul qu'on ne puisse louer avec excès, à quelque degré » que nos louanges soient portées. » La mort de ce prélat causa au roi d'Angleterre une surprise mêlée de frayeur, à raison des suites, qu'il avait lieu d'en appréhender. Sa consternation n'alla pas toutefois au point de lui faire négliger les intérêts de l'état. L'an 1171, en vertu d'une bulle du pape Adrien III, qui lui avait accordé l'Irlande en 1156, il fait la conquête de cette île, si l'on peut nommer conquête, une expédition, où il n'eut qu'à se présenter aux habitants du pays pour recevoir leurs soumissions. La plupart des modernes placent en 1172 la descente de Henri en Irlande. Mais il est certain, par Gervais de Cantorberi, Guillaume de Newbridges et Roger d'Hoveden, qu'elle se fit au mois d'octobre 1171. Ce dernier dit positivement, que ce monarque aborda au port de Milford le 16 octobre, un samedi, qu'il mit pied à terre le lendemain, et que le lundi suivant, fête de saint Luc, il marcha vers Waterford; ce qui se rapporte à l'année 1171, dont la lettre dominicale était C.

Ce prince devait une satisfaction authentique à la mémoire de son archevêque, que le concert des voix metttait au nombre des martyrs. L'an 1172, il témoigne publiquement son repentir, d'avoir occasionné, par une parole indiscrète, la mort de ce prélat, et consent à subir la pénitence canonique. Il était dans ces dispositions, tandis que ses fils, animés par la reine Eléonore, leur mère, formaient contre lui une dangereuse conspiration. L'ayant découverte, au mois de mars 1173, il fit enfermer sa femme dans une étroite prison, où elle passa environ seize années. Cet acte de sévérité ne réprime point la révolte de ses enfants. Le roi de France, beau-père du jeune Henri, qui s'était rendu furtivement à Paris, le 9 mars, se déclare pour eux. Ils engagent aussi dans leurs intérêts le roi d'Ecosse. L'orage gronde de toutes parts sur la tête du roi d'Angleterre. Il éclate tout-à-coup en Guienne, en Normandie, en Anjou, en Bretagne et dans le Northumberland. Tous ces pays sont ravagés, mais non pas impunément par-tout. Le comte de Flandre, qui dévastait la Normandie, est chassé, et se retire, après avoir vu son frère tué d'un coup de flêche, dans le comté d'Eu. Louis assiégeant Verneuil, dans le Perche, Henri marche au secours de cette place : il arrive le jour même où les assiégés avaient promis de se rendre, s'ils n'étaient secourus. Louis, craignant une bataille, demande au roi d'Angleterre une suspension d'armes et une entrevue pour le lendemain. Henri accorde l'une et l'autre, et se retire, ce jour là, du côté de Conches. Mais le lendemain, en s'avançant vers le lieu de l'entrevue, il aperçoit Verneuil embrâsé. Les assiégés qui, la veille, avaient remarqué la retraite de Henri, désespérant d'être secourus, s'étaient rendus ; et Louis, mal corrigé de l'aventure de Vitri par son repentir et par sa croisade, venait de renouveler la même horreur à Verneuil, en y ajoutant la tache d'infidélité. Henri s'en vengea ; il fondit sur Louis qui, après cet acte de mauvaise foi, se retirait avec toute la précipitation de la crainte, tailla en pièces son arrière-garde, et enleva ses munitions et ses bagages, ensorte qu'il ne manqua, dit M. Gaillard, aucune espèce de honte à l'incendiaire de Verneuil et de Vitri. Le monarque anglais fait passer ensuite un détachement de son armée en Bretagne, d'où les rebelles sont chassés, après la prise de Dol où ils s'étaient retranchés. Ces succès en Normandie et en Bretagne rétablirent le calme dans les autres provinces que l'anglais possédait. La même année on ouvre des conférences à Gisors pour la paix : elles sont infructueuses, et la guerre continue.

L'an 1174, Henri. sentant le bras de Dieu appesanti sur lui, et ne doutant point que ce ne soit à cause de la persécution qu'il avait faite à l'archevêque Thomas, dont la sainteté éclatait par de grands miracles, prend le parti de recourir à Dieu : le 12 juillet il va nu-pieds au tombeau de ce saint, et se soumet à la pénitence qui lui est imposée. Dieu, touché de l'humiliation du roi, comme autrefois de celle d'Achab, le délivre de ses ennemis. Dès le lendemain, 13 du même mois, un samedi, Guillaume, roi d'Ecosse, est battu et fait prisonnier par les Anglais. Les fils de Henri rentrent dans le devoir : enfin la paix se fait avec la France, le 30 septembre, à Mont-Louis, entre Tours et Amboise.

Henri était zélé pour l'administration de la justice. Il le prouva, l'an 1175, en divisant l'Angleterre en quatre départements, que des commissaires devaient parcourir, deux fois par an, pour éclairer la conduite des juges locaux. C'est ce qu'on appelle en Angleterre les assises qui se tiennent dans les termes de Saint-Hilaire et de la Trinité. Cette coutume subsiste encore aujourd'hui. Henri, la même année, dans l'octave de la Saint-Michel, fait avec Roderic O-Connor, roi d'Irlande, un traité par lequel ce dernier s'oblige à le reconnaître pour son seigneur-lige et à lui rendre les devoirs de vassal, sans perdre néanmoins le titre de roi. (Hoveden.) Guillaume, fils d'Adelme, fut envoyé cependant par Henri, pour gouverner l'Irlande en son nom. (Ware.) Le duel, depuis que les Normands étaient maîtres de l'Angleterre, y tenait lieu de preuves juridiques dans les procès tant civils que criminels. Henri, n'osant abolir cet usage, permit aux parties, l'an 1176, de demander à être jugées par douze francs-feudataires, conformément aux lois d'Alfred. Par une autre loi, il soumit les meurtriers des clercs aux peines civiles, qui seraient prononcées par le juge laïque, en présence de l'official de l'évêque. (Les meurtriers de saint Thomas en avaient été quittes pour des peines canoniques.)

Jusqu'alors les Juifs, quoique répandus par toute l'Angleterre, n'avaient un cimetière qu'à Londres, et c'était là, dit Benoît de Peterborough, qu'il fallait apporter le cadavre de tout juif qui mourait dans ce royaume. Henri II accorda, par lettres du 12 juillet 1177, à cette nation, un cimetière dans chaque ville hors des murs.

L'impatience de porter le titre de roi, sans en exercer les droits avait plusieurs fois, comme on l'a vu, soulevé le jeune Henri contre le monarque, son père. Il se préparait à lui déclarer de nouveau la guerre, lorsqu'une maladie l'ayant surpris au château de Martel, en Querci, l'enleva de ce monde, le 11 juin 1183, à l'âge de vingt-huit ans. Ce prince témoigna de grands regrets de sa révolte avant de mourir. Le surnom de *Court Mantel* lui fut donné, suivant une Chronique française manuscrite, parce qu'à la cour d'Angleterre, il avait réformé l'usage des habits longs, et qu'à la mode de France il portait et faisait porter à ses officiers un manteau qui ne venait qu'à mi-jambes, au lieu du manteau à l'anglaise qui descendait jusqu'aux talons. (*Bibl. de S. Germ.* n° 139.) Richard, son frère, qui lui succéda dans le droit d'aînesse, n'était pas d'un caractère plus souple et moins ambitieux que lui. Non content du duché d'Aquitaine que lui avait donné son père, il aurait encore voulu posséder tous ses autres domaines en-deçà de la mer. L'an 1188, il se ligue secrètement avec le roi Philippe Auguste, qui venait de déclarer la guerre à Henri, et le prince Jean, son frère puîné, entre dans la même confédération. Henri, abandonné de ses vassaux de France, et battu par-tout, est obligé de faire la paix à des conditions très-dures et très-humiliantes pour un prince si fier, et jusqu'alors presque toujours heureux. Cette paix, conclue le 28 juin 1189, à Azai sur le Cher, ou selon d'autres, à la Colombière, près de

Villandri, sur la même rivière, ne bannit point de son cœur le ressentiment dont il était animé contre ses enfants. Il leur donna sa malédiction, qu'il ne voulut jamais révoquer, malgré les exhortations des évêques et des personnes pieuses. Une maladie, que la violence de son chagrin lui causa, le mit au tombeau, le 6 juillet, à Chinon, deux jours après la ratification du traité de paix. On prétend, et des historiens contemporains l'assurent, que Richard, son fils, étant accouru à Chinon, sur la nouvelle de sa mort, le cadavre, lorsqu'il en approcha, jetta du sang par les narines. Quoiqu'il en soit, il fut porté à Fontevrault pour y être inhumé. Henri eut de la reine Éléonore, qui mourut le 31 mars 1204, cinq fils et trois filles; Guillaume, mort en bas âge; Henri, né au Mans, le 28 février 1155, mort l'an 1183; Richard, qui lui succéda; Geoffroi, duc de Bretagne, mort en 1186; Jean Sans-Terre, successeur de Richard. Les filles sont, Mathilde, mariée à Henri le Lion, duc de Saxe; Eléonore, femme d'Alfonse VIII (ou III) roi de Castille, Jeanne, mariée, 1° à Guillaume II, roi de Sicile, 2° à Raymond VI, comte de Toulouse. On connaît la fameuse Rosemonde de Clifford, sa concubine, qu'il cacha, dit-on, dans un labyrinthe à Woodstock, pour la dérober aux jalouses recherches de la reine. (Il eut d'elle deux fils, Guillaume surnommé *Longue-épée*, qu'il fit comte de Salisburi, mort en 1226; et Geoffroi, qui devint évêque de Lincoln, puis archevêque d'Yorck et chancelier d'Angleterre, mort en 1213.) On sait aussi les soupçons affreux que fit naître sa conduite envers la princesse Alix, fille du roi Louis le Jeune, qu'il avait fait venir en Angleterre pour la marier à son fils Richard, et qu'il garda jusqu'à sa mort dans son palais, sans jamais vouloir la donner à Richard, ni la renvoyer en France. Henri fut d'ailleurs un prince doué d'excellentes qualités, spirituel, affable, éloquent, brave, fécond en ressources dans les conjonctures critiques, respectant la liberté de ses sujets, autant qu'il était jaloux de sa propre autorité. Il est le premier roi d'Angleterre qui se soit formé une puissance militaire toujours subsistante et indépendante de la féodalité. Ce fut la nécessité qui lui suggéra cette ressource. Voyant presque tous ses vassaux ligués ouvertement contre lui avec ses enfants, ou disposés à le trahir, il rassemble tous les brigands, que la licence des guerres précédentes avait rendus incapables de tout autre métier que celui de combattre et de piller, et vint à bout de les accoutumer à un service régulier. Etienne s'était servi de ces troupes mercénaires avant Henri; mais Etienne n'ayant pas su les discipliner, elles étaient devenues le fléau de l'Angleterre, comme elles l'étaient du reste de l'Europe, et Henri les avait congédiées à son avènement pour plaire au peuple. Il les reprit quand il vit son peuple et ses enfants se soulever contre lui. Ces troupes, dont le service n'était ni exigé par aucune loi, ni borné par aucun privilége, furent très-utiles à Henri, parce qu'il sut les discipliner et les payer. C'étaient des avanturiers rassemblés de différentes nations. On les nommait communément Brabançons, parce qu'apparemment la plûpart étaient du Brabant. Ils avaient encore d'autres noms, tels que Cotereaux, Routiers, c'est-à-dire voleurs qui infestaient les côtes et les routes. (Gaillard.) Girard de Cambden, auteur contemporain, fait ainsi le portrait de Henri II. Ce prince avait, dit-il, la tête grosse et ronde, les cheveux d'un blond ardent, l'œil bien fendu, verdâtre, mêlé de rougeur et menaçant, le visage haut en couleur, la voix rauque, le coup penché, la poitrine large et carrée, les bras nerveux, le corps charnu, le ventre fort gros, la taille médiocre. Son embonpoint, au reste, n'était le fruit ni de l'intempérance ni de la paresse. Jamais prince ne fut ni moins livré à sa bouche, ni plus actif dans les guerres presque continuelles qu'il eut à soutenir; il était toujours en exercice, à l'exception de quelques heures qu'il donnait au sommeil. Dans la paix, il ne faisait que changer de travail. La chasse était alors l'une de ses principales occupations. Dès le grand matin, il montait à cheval, courait à travers les broussailles et les forêts, poursuivant le gibier par monts et par vaux, et de retour le soir en son palais, au lieu de s'asseoir pour se délasser de ses fatigues, il restait presque toujours debout, soit avant, soit après le souper ; ce qui était fort à charge à ses courtisans, obligés, malgré leur lassitude, de garder la même situation. L'auteur parle ensuite de ses qualités de cœur et d'esprit. Mais ses actions à cet égard le peignent mieux que les discours. (*Voy.* Louis le Jeune et Philippe Auguste, *rois de France.* Voy. *aussi les ducs de Normandie et les ducs de Guienne*).

On a des lettres de Geoffroi Plantagenet, comte d'Anjou, expédiées l'an 1135, et datées du règne de Henri, son fils, roi d'Angleterre. C'est que Henri I, à la naissance de Henri II, son petit-fils, l'avait compris dans les serments qu'il avait fait renouveler par les grands vassaux de la couronne à Mathilde, sa fille et son héritière. Henri II en passant en Angleterre pour y occuper le trône, y porta les armoiries de Geoffroi, son père, qui étaient, comme on l'a observé à l'article de ce dernier, trois lions passants, lampassés de gueules. Ce furent celles des rois plantagenets jusqu'à Henri III qui changea, l'an 1235, les lions en léopards. (Math. Paris *ad hunc an.*)

La première collection des lois et coutumes d'Angleterre fut faite sur la fin du règne de Henri II par Glanville.

RICHARD I, DIT CŒUR DE LION.

1189. RICHARD I, troisième fils de Henri II, et d'Eléonore, né le 13 septembre 1157, succéda à son père le 6 juillet 1189, et le 3 septembre fut couronné à Londres. La reine, sa mère, qu'il avait délivrée, en arrivant en Angleterre, de la prison où le roi, son époux, l'avait enfermée dès l'an 1173, fut présente à cette cérémonie. Mais ce qui rendit mémorable à jamais cet événement, ce fut l'horrible massacre qu'on fit le même jour des juifs à Londres, pour les punir, disait-on, de leurs criantes usures. Les Anglais se préparaient ainsi à la nouvelle croisade publiée sur la fin du dernier règne, et Richard s'y disposait de son côté en faisant des dignités ecclésiastiques un commerce indigne qui lui procura des sommes immenses. L'an 1190, ce prince se met en route pour cette expédition avec une armée de trente cinq mille hommes, laissant le gouvernement de ses états à son chancelier Guillaume de Longchamp, évêque d'Eli, et va s'embarquer le 16 août à Marseille. Arrivé en Sicile le 24 septembre, il va prendre son logement dans un faubourg de Messine, chez un riche citoyen nommé Réginald Muschet, et se détermine à passer l'hiver dans cette île avec le roi de France. Pendant le séjour les deux monarques se brouillent par les artifices de Tancrède, roi de cette île, et la pétulance du roi d'Angleterre. Celui-ci, au mépris d'Alix, sœur de Philippe Auguste, qui lui avait été, comme on l'a dit, fiancée dès l'enfance, contracte le même engagement avec BÉRENGÈRE, fille de Sanche VI, roi de Navarre, que la reine Eléonore, sa mère, lui avait amenée en Sicile. Au retour du printems, il fait partir la reine douairière de Sicile, sa sœur, et son épouse future, avec un nombre de vaisseaux, pour le devancer en Palestine. Ayant lui-même ensuite mis à la voile le 1er. avril, il rencontre au port de Limisso en Chypre, le navire qui portait les deux princesses. Là il apprend que deux jours auparavant une partie de sa flotte ayant échoué devant ce port, Isaac Comnène, tyran de Chypre, avait fait mettre aux fers ceux qui avaient échappé au naufrage, et qu'il refusait la descente aux deux princesses. Richard lui envoie redemander ses gens jusqu'à trois fois, et sur son refus persévérant, il ordonne le débarquement de ses troupes. Isaac est mis en fuite, et obligé le lendemain de venir à composition. S'étant dédit presque aussitôt, il est livré entre les mains de Richard, qui le fait conduire en Palestine après s'être mis en possession de l'île. (Voy. *les rois latins de Chypre.*) Le 12 mai, Richard célèbre à Limisso son mariage avec Bérengère. Ayant mis ensuite à la voile, il arrive le 7 juin devant

Acre, qui se rend le 13 juillet. Ce prince ternit la gloire dont il s'était couvert devant cette place, par la barbarie qu'il exerce envers les prisonniers qu'il fait massacrer à ses yeux, au nombre de deux mille six cents hommes, femmes et enfants, (Math. Paris.) et cela, dit Sanut, (*par. X, c. IV*) sur le refus que fit Saladin de rendre la vraie croix (1). Vers le même tems, il donne à Gui de Lusignan l'île de Chypre, en échange du titre de roi de Jérusalem. (Voy. *les rois de Chypre.*) L'année suivante, il remporte auprès d'Antipatride une victoire complète sur Saladin qui commandait une armée de trois cent mille hommes, et s'empare ensuite de plusieurs places; mais la retraite des ducs de Bourgogne et d'Autriche, occasionnée par ses hauteurs et précédée du départ du roi de France, la diminution de ses propres troupes, et la crainte que Philippe Auguste ne profite de son absence pour faire quelque invasion en Normandie, l'empêchent de continuer ses progrès. Impatient de s'en retourner, il conclut une trève de trois ans avec Saladin, après quoi il s'embarque, le 9 octobre 1192, au port d'Acre. Ayant fait naufrage proche d'Aquilée, il s'engage imprudemment dans les états de Léopold, duc d'Autriche, qu'il avait mortellement offensé au siége d'Acre, et le 20 décembre il est arrêté près de Vienne, déguisé en Templier. Le duc d'Autriche vend et livre son prisonnier, le 23 mars suivant, à l'empereur Henri VI, qui le retient enfermé dans une étroite prison, malgré les plaintes et les sollicitations de la reine Eléonore, mère de Richard. Pendant la prison de ce prince, Jean, son frère, fait tous ses efforts pour se rendre maître de la couronne d'Angleterre; et le roi Philippe Auguste, d'intelligence avec lui, se dispose à faire la conquête de la Normandie. Mais avant de commencer les hostilités, il somme la régente de lui remettre sa sœur Alix avec le Vexin et les autres terres qui composaient sa dot. On s'excuse de déférer à sa demande sur ce qu'on n'a point reçu d'ordre à ce sujet. Cette réponse devient le signal de la guerre. Philippe entre à main armée dans la Normandie, et y prend diverses places. Mais il échoue devant la ville de Rouen, par la brave défense du comte de Leycester. Pour couvrir la honte de cet échec, il accorde une trève moyennant la somme

(1) Elle ne fut rendue que l'an 1221 par le sultan Meledin, en échange de la ville de Damiète, que les croisés lui restituèrent. Mais il est à propos d'observer que la vraie croix qui fut prise par Saladin à la bataille de Tibériade en 1187, avait été partagée en deux avant qu'on la portât à cette expédition, et que dans la crainte du malheur qui arriva, on en avait conservé une moitié dans le trésor de l'église de Jérusalem. (*Math. Paris ad an.* 1216, *p.* 201.)

de vingt mille marcs d'argent, qui seront payés après le retour de Richard, c'est-à-dire qui ne le seront jamais. Richard enfin recouvre à Mayence sa liberté, le 4 février 1194, après environ quatorze mois de prison, moyennant deux cent cinquante mille marcs d'argent, et arrive en Angleterre le 20 du même mois, dimanche après la fête de sainte Georgie, qui tombait le 15 de ce mois. (Hoveden.)

De retour en son royaume, dont il était absent depuis quatre ans, Richard dissipe le parti de Jean, son frère, qui s'était retiré en France, fait rendre une sentence contre lui, et se fait couronner une deuxième fois, le 17 avril, premier dimanche après Pâques, à Winchester. Richard se prépare ensuite à faire la guerre à Philippe, et passe en Normandie dans ce dessein. Pendant cette guerre, qui dura près de quatre ans, et fut souvent interrompue par des traités ou des trêves, les deux princes eurent différents succès, et ne remportèrent jamais l'un sur l'autre des avantages bien considérables; mais Philippe y fit une grande perte; savoir, celle de tous les anciens registres de la couronne, qui lui furent enlevés, avec son bagage, dans une action qui se passa proche de Blois; ces registres sont toujours restés depuis en Angleterre. Dans un des combats qui furent livrés alors, Philippe de Dreux, évêque de Beauvais, ayant été fait prisonnier par les Anglais, le pape sollicita Richard en faveur de ce prélat, qu'il appelait *son fils*. Le prince lui envoya la cotte-d'armes toute sanglante de l'évêque, et lui fit demander s'il *reconnaissoit la tunique de son fils*. Des révoltes qui succédèrent à cette guerre appelèrent Richard en Poitou, pour les réprimer. Tandis qu'il est en ce pays, Aimar, vicomte de Limoges, fait dans ses terres la découverte d'un trésor dont il lui envoie une portion en présent. Richard prétend, comme suzerain, que le trésor entier lui appartient; et sur le refus que le vicomte fait de le livrer, il vient l'assiéger dans son château de Chalus près de Limoges. Tandis qu'il est devant cette place, le 26 mars 1199, un arbalétrier, nommé Gordon, l'ayant visé, décoche une flèche qui lui perce l'épaule. Richard, irrité par sa blessure, ordonne l'assaut, emporte la place, et fait pendre sur la brèche la garnison, à l'exception de Gordon, qu'il veut réserver à un supplice plus lent et plus cruel. La blessure de ce prince n'était pas mortelle; mais la maladresse du chirurgien, en retirant la flèche, l'envenima au point que la gangrène s'y mit. Richard sentit qu'il touchait au terme de ses jours, alors ayant fait venir Gordon, il lui dit : *Malheureux! que t'avais-je fait pour t'obliger à me donner la mort? Ce que vous m'avez fait*, répondit froidement l'archer, *vous avez tué de vos propres mains mon père et mes deux frères*; *vous comptiez me faire pendre moi-*

même. Je suis maintenant en votre pouvoir; vous pouvez me condamner aux plus horribles tourments. Je les endurerai volontiers, pourvu que je puisse penser que j'ai délivré le monde d'un fléau tel que vous. Richard, frappé de la vérité et de la fermeté de cette réponse, et amolli par les approches de la mort, commanda qu'on le mît en liberté et qu'on lui donnât une somme d'argent. Il est vrai qu'il n'en profita pas; car Marcadée, chef des Brabançons au service du monarque, l'ayant fait reprendre, le fit écorcher tout vif. Richard mourut le 6 avril; il était âgé de quarante-deux ans, et en avait régné environ dix, pendant lesquels il ne resta pas plus de huit mois en Angleterre. Les Anglais qu'il avait accablés d'impôts, le pleurèrent comme ils eussent fait pour un bon roi, parce que la gloire de ses exploits flattait leur orgueil. Il est cependant vrai que, parmi les actes sans nombre d'injustice et de violence qu'il commit dans ses états, il fit quelques réglements utiles. Il réduisit à l'uniformité les poids et les mesures qui variaient suivant les différentes provinces. Il fit de même pour les monnaies. Un autre réglement de ce prince dont le souvenir mérite d'être conservé, quoique négligé par nos historiens modernes, est ainsi rapporté dans la Chronique de Trivet. « Richard établit des juges particuliers pour décider » les procès qui s'éléveraient entre les Juifs et les Chrétiens. Il » imagina un expédient singulier pour empêcher les fraudes » que les Juifs pratiquaient envers les Chrétiens. Ce fut d'or- » donner que les contrats entre un juif et un chrétien ne se » feraient plus en secret, mais publiquement, en présence de » témoins qui seraient députés pour cet effet, et que de chaque » contrat il serait fait trois copies, dont l'une serait remise » entre les mains des gens du fisc, une autre sous la garde » d'un homme de probité reconnue, et la troisième demeure- » rait au juif créancier, afin que, s'il voulait user de quelque » supercherie, comme par le passé, les deux autres copies ser- » vissent à le confondre. A l'égard des Chrétiens, il leur dé- » fendit absolument toute sorte d'usure, de manière qu'il ne » leur permit de rien recevoir, sous quelque prétexte que ce » fût, au-delà de ce qu'ils avaient prêté. Que s'il arrivait qu'ils » reçussent en gage des revenus ou des terres qui produisissent » un profit annuel, en ce cas il ordonnait qu'après le sort prin- » cipal acquitté, la chose engagée retournerait à son maître, » nonobstant toute convention contraire où l'on aurait fixé » pour l'engagement un tems qui ne serait pas encore écoulé. L'auteur ajoute que Richard donna ordre à ses officiers de justice de faire droit sur les plaintes qui leur seraient portée par les moindres de ses sujets; que les églises ayant été dépouillées pour fournir à sa rançon, il fit faire des ornements et des calices pour celles qui n'avaient pas le moyen de s'en procurer. (*Spicil.*, tom. VIII, p. 527.) Ce fut aussi pendant le règne de Richard que la ville de Londres commença, par rapport à la police, de recevoir une nouvelle forme, et d'être partagée en diverses compagnies, ou, comme on les appelle aujourd'hui, *corporations*. Ce prince est le premier roi d'Angleterre, suivant Thomas Ruddiman, qui ait employé dans ses diplômes le pluriel en parlant de lui seul. Richard ne laissa point de postérité légitime; mais il eut un fils naturel, nommé Philippe, à qui il légua la seigneurie de Cognac. Son corps fut inhumé à Fontevrault, le 23 juin, et son cœur porté à la cathédrale de Rouen. Bérengère, son épouse, lui survécut, et vivait encore l'an 1229, résidant au Mans, qui lui avait été donné pour son douaire, comme on le voit par le soin qu'elle prit cette année de rétablir l'abbaye de Lespau, près de cette ville. (*Bibl. de Poitou*, tom. I, p. 300.) (*Voyez* Philippe-Auguste, *roi de France*; et Richard, *duc d'Aquitaine*.)

JEAN SANS TERRE.

1199. JEAN, cinquième fils de Henri II, surnommé SANS TERRE, parce qu'à la mort de son père il n'avait point d'apanage, né l'an 1166, succède à Richard I, son frère, qui l'avait fait comte de Mortain, et se fait couronner, le 27 mai, dans l'église de Westminster. Le règne de ce prince ne fut qu'une suite continuelle de disgrâces, et de fautes ou de crimes qui les attirèrent. Le premier anneau de cette malheureuse chaîne fut le meurtre d'Artur, son neveu, qu'il tua de sa propre main, l'an 1203, parce qu'il lui disputait à bon titre, le trône d'Angleterre. (Voyez *les Ducs de Bretagne*.) Le roi Philippe Auguste, comme suzerain, ayant entrepris de punir ce vassal parricide, lui enleva les provinces qu'il possédait entre la Loire et la Seine. La reine Eléonore, mère de Jean, vivait alors retirée à Fontevrault. Elle y mourut le 31 mars 1204, et fut inhumée auprès de son époux. La fâcheuse destinée du roi Jean, l'engagea, l'an 1206, ou 1207, dans une querelle dont un prince mieux avisé que lui, serait sorti avec gloire, et qui par son imprudence le précipita dans l'excès de l'humiliation. Le siége de Cantorberi étant venu à vaquer, les moines de la cathédrale, après l'élection faite de l'un d'entr'eux pour la remplir, la révoquèrent, et en firent une deuxième, qui tomba sur un sujet plus agréable au Roi. Les deux élus s'étant pourvus à Rome, le pape Innocent III cassa l'une et l'autre élection, et fit élire en sa présence par les députés de la cathédrale, le cardinal Etienne Langton, anglais de nation, qui résidait à Rome. Ce coup d'autorité révolte le roi qui rejette le nouvel archevêque. Le pape veut soutenir ce qu'il a fait, et lance à la suite des interdits, les sentences d'excommunication et de déposition contre le monarque. Pour rendre ses foudres efficaces, il transporte le royaume d'Angleterre au roi de France. Le don est accepté. Philippe Auguste prépare en conséquence un grand armement pour aller se mettre en possession de l'Angleterre. La noblesse anglaise paraît elle-même disposée à seconder cette entreprise. Enfin l'infortuné roi Jean se trouve réduit, pour conjurer l'orage, à la cruelle nécessité de remettre sa couronne entre les mains du légat Pandolfe, qui lui avait donné ce conseil, de la recevoir ensuite de ses mains après qu'il l'eut gardée cinq jours, et de déclarer, en la recevant, qu'il ne la tiendra désormais que comme vassal du Pape : dépendance pour laquelle il s'engage, tant pour lui que pour ses successeurs, à payer au saint siége une redevance annuelle de mille marcs. Cette cérémonie avilissante se fit le 15 mai 1213, dans la maison des Templiers de Douvres, en présence d'un grand nombre de seigneurs et d'officiers. Nous avons deux chartes là dessus, qui contiennent le serment et l'hommage de Jean, qui fut absout le 6 juillet suivant; l'interdit jeté sur l'Angleterre, dès le 23 mars 1208, fut alors levé, après avoir duré cinq ans trois mois et quatorze jours. Tant de bassesse ne servit qu'à fortifier les barons dans leur révolte. Dans l'impuissance où Jean se voit de les réduire, le désespoir lui suggère d'envoyer une ambassade au roi des Sarrazins d'Afrique et d'Espagne, pour lui demander du secours, offrant de lui payer tribut, et même d'embrasser sa religion : mais le prince mahométan reçoit ses offres avec mépris, disant que s'il avait à changer de religion, il embrasserait lui-même celle des Chrétiens. Mathieu Paris dit avoir appris ces faits d'un des ambassadeurs; cependant Thoiras, uniquement fondé sur le préjugé, rejette comme calomnieux le récit de l'historien anglais. Peu de tems après, le roi Jean croit apercevoir un retour de prospérité dans la grande victoire que sa flotte remporta sur celle de France, qu'elle détruisit, quoique beaucoup supérieure en nombre de vaisseaux. Encouragé par ce succès, il fait des préparatifs pour porter la guerre en France, aborde, l'an 1214, vers la mi-février à La Rochelle, et soumet une partie du Poitou, tandis que Philippe est occupé en Flandre contre l'empereur Otton; de là il s'avance en Anjou et dans le Maine; mais le prince Louis arrête ses progrès, et l'oblige à lever avec tant de précipitation le siége de la Roche-aux-Moines, qu'il avait entrepris, que ses machines de guerre et son bagage restèrent au pouvoir des Français. La nouvelle qu'il reçut alors de l'événement de la bataille de Bouvines, gagnée sur ses alliés par Philippe, achève de le déconcerter. Étant allé se renfermer à Parthenai, ville du Poitou, il apprend que Philippe vient à lui avec son armée victorieuse. Il était perdu si le légat Robert de Courceon, auquel il eut recours, n'eût interposé sa médiation, pour obtenir une trêve. Philippe l'accorde moyennant une somme de 60 mille livres sterlings qui lui furent payées comptant. Le roi Jean après cela repasse en Angleterre, où de nouvelles disgrâces l'attendaient. Les barons, s'étant ligués, lui demandent à son arrivée la confirmation de la charte de Henri I, concernant leurs privilèges. L'an 1215, il satisfait à leur demande, suivant Raoul de Coggeshale, par une nouvelle charte datée du 15 janvier, qu'il ne tarda pas à rétracter. Ce nétait pas sans raison; elle changeait effectivement son état, en le faisant d'un monarque le chef d'une espèce de république. La ligue dissipée se renoue; les barons élisent un général, auquel ils donnent le titre de *maréchal de l'armée de Dieu et de l'Eglise:* étant entrés dans Londres sans obstacle, le 17 mai, ils assiégent le roi dans la tour, et l'obligent de signer, au mois de juin, deux nouvelles chartes, *la charte des libertés et la charte des forêts;* ces deux chartes si célèbres ont servi depuis de fondement aux libertés de la nation anglaise. Jean se repent encore de les avoir signées; il a recours au pape, qui, par une bulle du 24 août, casse les deux chartes, délie le roi de son serment, et excommunie les barons. Ceux-ci appellent en Angleterre Louis, fils de Philippe-Auguste, et lui offrent la couronne. L'an 1216, ce jeune prince ayant reçu des ôtages pour sûreté de la parole des barons, quitte le Languedoc, où il était occupé à la guerre contre les Albigeois, passe en Angleterre malgré les défenses du pape, aborde à l'île de Thanet le 21 mai, puis étant allé descendre au port de Sandwich, il marche vers Rochester, qui ne fait qu'une faible résistance, et de là se rend à Londres, où il reçoit le serment des barons et de la ville. Le roi Jean déterminé à décider le sort de sa couronne dans une bataille rangée, se met en marche à la tête d'une armée considérable. Mais ayant passé sans précaution avec cette armée dans des lieux marécageux, ordinairement submergés au tems de la haute mer, la marée l'y surprit, engloutit ses bagages, ses trésors, avec une grande partie de ses troupes; il eut lui-même beaucoup de peine à sauver sa vie, et il ne la sauva pas pour long-tems. Le chagrin de ce désastre et les embarras de ses malheuseuses affaires achevèrent d'épuiser sa santé déjà dérangée. Il arriva avec la fièvre au château de Newarck, dans la province de Lincoln, où il fut obligé de s'arrêter. Bientôt averti que sa dernière heure approche, il fait son testament, par lequel il institue héritier Henri, son fils aîné, et meurt le 19 octobre, dans la cinquante et unième année de son âge. Ce prince avait de ces vices bas et obscurs qui étouffent tout sentiment d'honneur, excluent tout talent, et dégradent l'homme privé comme le monarque. Il avait épousé en troisièmes noces, dans la ville d'Angoulême, le 24 août de l'an 1200 (et non 1202) ISABELLE, fille d'Aimar, comte d'Angoulême, après l'avoir ravie à Hugues de Lusignan, depuis comte de la Marche, qui était sur le point de l'épouser. De cette princesse, dont Hugues recouvra la main en 1217, (morte en 1245) il laissa deux fils, Henri, son successeur, et Richard, comte de Cornouaille, avec trois filles, Jeanne, qui fut femme d'Alexandre II, roi d'Ecosse; Eléonore; et Isabelle, qui fut mariée à l'empereur Frédéric II. ALIX, fille d'Hugues, comte de Mortain, sa première femme, ne lui donna point d'enfants, non plus que la deuxième, HAVOISE DE GLOCESTER, dont il se fit séparer, sous prétexte de parenté. Le corps de ce prince fut inhumé dans le chœur des moines de Winchester, suivant Henri de Knighton. Londres et la plupart des villes du royaume, doive au roi Jean, la forme du gouvernement civil qui s'y observe aujourd'hui. (*Voy.* Philippe Auguste et Artur I, *comte de Bretagne.*) Le roi Jean, suivant Roger de Hoveden, était d'une taille au-dessous de la médiocre, et d'une figure ignoble qui annonçait la bassesse de son âme.

HENRI III.

1216. HENRI III, fils de Jean et d'Isabelle d'Angoulême, né le 1er octobre 1207, est couronné le 28 du même mois, de l'an 1216, à Glocester, par les évêques de Bath et de Winchester, en l'absence d'Etienne Langton, archevêque de Cantorberi. (Ce prélat suspendu de ses fonctions pour son attachement au parti du prince Louis, était alors à Rome, où il sollicitait son rétablissement.) La couronne royale ayant été perdue dans la marche imprudente et malheureuse qui coûta la vie au roi Jean, on se servit d'un simple bandeau de fil d'or pour couronner son fils. Le légat, présent à la cérémonie, n'oublia pas les intérêts de sa cour, et obtint que le jeune roi fît hommage au saint siége. C'était le grand-maréchal Guillaume, comte de Pembrock, nommé régent à la mort du feu roi, qui avait fait reconnaître Henri pour son successeur. Il s'agissait après son sacre de congédier Louis, son rival. Ce prince n'étant nullement disposé à désemparer, il fallut employer la force pour l'y contraindre. L'an 1217, tandis qu'il est occupé au siége de Douvres, le régent bat, le 20 mai, devant Lincoln, l'armée française, commandée par le comte de Perche, qui périt dans la mêlée. Cette bataille fut appelée la foire de Lincoln à cause du butin immense qu'on y fit. Louis, à la nouvelle de cet échec, va se renfermer dans Londres, où il est aussitôt investi. Enfin se voyant abandonné des barons anglais, et ne recevant point de France les secours que sa courageuse femme s'était mise en devoir de lui faire passer, après avoir renoncé à ce royaume par un traité aussi honorable qu'avantageux, il quitte l'Angleterre et repasse en France, où il aborde le 29 septembre, suivant la Chronique de Tours. Le comte de Pembrock étant mort dans le mois de mars 1219 (1), Hubert du Bourg, recommandable par sa valeur et sa capacité, lui succède au gouvernement; mais il lui manqua le pouvoir de Pembrock, et les barons lui donnèrent souvent de l'inquiétude par leurs violences et leurs soulèvements (2). Ils n'en donnèrent pas moins au roi par leur attachement aux deux chartes du roi Jean, dont ils lui avaient fait jurer l'observation au commencement de son règne. Henri, qui les regardait comme des entraves, les révoque en 1227, disant qu'elles avaient été extorquées dans des tems de trouble. Mathieu Paris impute ce manque de parole aux suggestions de Hubert du Bourg, que le roi fit, vers ce même tems, grand-justicier du royaume. Mais cette imputation ne paraît pas fondée à M. Hume, d'autant mieux, dit-il, qu'aucun autre historien n'en parle. La faveur de Henri III était inconstante comme son caractère. Pierre des Roches, poitevin de naissance et évêque de Winchester, réussit par ses intrigues à la faire perdre à du Bourg, l'an 1231, et à le remplacer dans le ministère. Mais le soulèvement général qu'excita la conduite violente de ce prélat,

(1) Mathieu Paris (page 210) dit : *Anno Incarn. millesimo ducentesimo decimo nono rex Henricus quarto regni sui anno fuit ad Natale Domini apud Wintoniam.... Quo etiam tempore Willelmus Senior Mareschallus Regis et Rector regni diem clausit extremum, et Londini apud novum templum (Westmonasteriense) honorificè tumulatur scilicet in Ecclesia, in Ascensionis die, videlicet* XVII *cal. aprilis.* Il y a certainement faute ici pour la date de l'inhumation. Peut-être au lieu de *in Ascensionis die*, faut-il lire *in Annuntiationis die*, et VIII *cal. aprilis*, au lieu de XVII *cal. Aprilis.*

(2) « Le roi, dit M. Hume, souffrit autant que le peuple de leur » insolence et de leurs désordres; ils retenaient par force tous les » châteaux qui lui appartenaient et dont ils s'étaient emparés, pendant » les fermentations passées, ou dont le régent leur avait confié la » garde : ils usurpaient les domaines royaux, infestaient leurs voisins » les plus faibles, et invitaient tous les vagabonds, qu'ils pouvaient » trouver, d'entrer à leur service et de vivre sur leurs terres, où ils » protégeaient leurs brigandages et leurs extorsions. »

obligea le monarque à le congédier au bout d'environ dix-huit mois. L'archevêque de Cantorberi prit le timon des affaires, le 14 janvier 1233, et le mania sagement. Il rétablit la grande charte, éloigna les poitevins dont était composé le conseil du roi, et n'y admit que des anglais. Mais Henri ayant épousé, l'an 1236, ÉLÉONORE, fille de Raimond-Bérenger IV, comte de Provence, l'Angleterre, qui se croyait délivrée des étrangers, vit arriver à la cour une foule de provençaux que le roi caressa avec enthousiasme, et qu'il enrichit avec la plus imprudente générosité.

La mère de Henri III s'était remariée, l'an 1217, à Hugues X, comte de la Marche, à qui le roi Jean l'avait enlevée, comme on l'a dit, lorsqu'il était sur le point de l'épouser. Cette princesse altière ayant engagé, l'an 1241, son second mari, à refuser l'hommage qu'il devait au comte de Poitiers, frère de saint Louis, attira sur lui les armes de ce monarque. Henri, excité par sa mère, passe la mer avec une armée pour aller au secours de son beau-père. Mais cette expédition ne tourna qu'à sa honte et au malheur de celui qu'il était venu défendre. Le roi de France, après divers avantages remportés sur les Anglais, les mit en déroute, le 21 juillet 1242, à la fameuse bataille de Taillebourg. Henri, obligé de fuir jusqu'à Blaye, sans manger ni dormir, se trouva trop heureux, quelques jours après, de pouvoir conclure avec son vainqueur une trève de cinq ans. De là, s'étant rendu à Bordeaux, il y passa une année entière dans les plaisirs, donnant continuellement des fêtes somptueuses et brillantes à la vicomtesse de Béarn, Marthe de Bigorre, dont il était merveilleusement épris. De retour en Angleterre, Henri parut donner quelque attention aux désordres qui régnaient dans le royaume. Les Provençaux n'étaient pas les seuls étrangers que la cupidité y avait attirés. Des essaims d'Italiens étaient passés dans cette île sous les auspices du pape, qui les y avait pourvus de la plupart des bénéfices avec si peu de discrétion et de respect pour les règles, qu'un d'entre eux, nommé Mansel, chapelain du roi, en possédait jusqu'à sept cents, et qu'en totalité, le produit annuel de tous ceux que possédaient les Italiens excédait les revenus de la couronne. Outre cela, les légats et les nonces s'étaient permis d'imposer sur l'Angleterre des taxes arbitraires et exorbitantes, d'où il arrivait qu'ils emportaient souvent de ce royaume plus d'argent qu'ils n'y en avaient consommé pour leur dépense. Le roi, sur les remontrances de la noblesse, et de concert avec elle, députa, l'an 1245, au concile général de Lyon, pour demander la réforme de ces abus. Innocent IV, qui présidait à cette assemblée, éluda ces plaintes par une réponse échappatoire, et n'en poursuivit pas moins le plan qu'il s'était formé d'asservir entièrement l'église anglicane. On le vit encore depuis exiger le vingtième de tous les revenus ecclésiastiques, les fruits de tous les bénéfices vacants, et le tiers de tous ceux qui étaient possédés par des titulaires non résidants. (Math. Paris.)

Il fallait un génie plus éclairé, plus ferme et plus vigoureux que celui de Henri pour réprimer de pareilles entreprises. Mais la tyrannie qu'il exerçait lui-même sur le clergé par les élections forcées qu'il faisait faire, les atteintes fréquentes qu'il donnait à la charte des libertés, et surtout la préférence qu'il continuait de donner pour les emplois aux Poitevins et aux Provençaux sur les Anglais, donnaient à la nation plus de sujets de mécontentement qu'elle n'en avait contre la cour de Rome. On se borna long-tems à murmurer; mais enfin des murmures on en vint au soulèvement. L'an 1258, les barons, ayant à leur tête Simon de Montfort, comte de Leycester, beau-frère du roi, et dernier fils de ce fameux Simon, le fléau des Albigeois, se liguent ensemble pour réformer le gouvernement, lèvent des troupes, et obligent le roi de consentir à la réformation : on nomme de part et d'autre des commissaires, au nombre de vingt-quatre, qui dressent plusieurs articles. Ces articles, appelés *Statuts* et *expédients d'Oxford*, qui furent une source de division, sont approuvés par le parlement, et le roi jure solennellement de les observer.

La trève que Henri avait obtenue du roi de France était expirée; et ce prince, disposé comme il était, à revenir contre les articles d'Oxford, n'avait pas intérêt d'entreprendre une nouvelle guerre contre une puissance étrangère. Déterminé à faire une paix solide avec la France, il envoya au roi saint Louis des plénipotentiaires avec les quels il arrêta, au mois de juin 1258, les articles préliminaires qui furent approuvés par Henri dans un voyage qu'il fit à Paris, au mois de décembre suivant, et ratifiés de part et d'autre le 25 ou le 28 mars 1259, à Abbeville, où les deux rois s'étaient rendus. Par ce traité l'Anjou, la Touraine, la Normandie et le Poitou restèrent à la France, et les autres terres enlevées au roi Jean, furent cédées à l'Angleterre pour êtres tenues sous la suzeraineté de la France. Henri étant revenu à Paris, accompagné de plusieurs prélats et seigneurs anglais, y fit hommage-lige et serment de fidélité pour les provinces d'outre-Loire qu'on lui avait laissées : *Fecit homagium ligium et sacramentum fidelitatis L. regi Franciæ.* (Mat. Paris.)

L'an 1260, après un séjour de plus d'une année en France, le monarque anglais quitte ce pays, pour repasser dans son île. Dès qu'il y fut rentré, il prit des mesures pour rompre les entraves où les barons avaient resserré son pouvoir. S'étant fait absoudre par le pape du serment qui le liait à l'observation des statuts d'Oxford, il assemble son parlement, l'an 1261, pour lui déclarer qu'il ne veut plus les tenir. Ce fut le signal d'un nouveau soulèvement. Richard, roi des Romains et frère de Henri, ménage un accommodement et appaise les esprits. Mais le calme dura peu. L'an 1263, les barons élisent le comte de Leycester pour chef, lèvent des troupes, et obligent le roi de confirmer les statuts d'Oxford. Les hostilités recommencent; le comte de Leycester entre dans Londres, et contraint le roi de se retirer. Henri et les barons conviennent de remettre leurs différents à l'arbitrage de saint Louis, roi de France, qui rend sa sentence le 23 janvier (et non juin) 1264. Rien de plus sage et de plus impartial que ce jugement. Saint Louis tint la balance égale entre la tyrannie et l'indépendance. Il confirma la grande charte et celle des Forêts, parce qu'il les regardait comme le droit commun des Anglais et le rempart de leur liberté. Il annula les statuts d'Oxford, parce qu'ils étaient l'effet de la violence et anéantissaient la prérogative royale. « Cet équitable arrêt, dit M. Hume, ne fut pas plutôt connu en Angleterre, que Leycester et ses confédérés se déterminèrent à le rejeter et à courir aux armes pour se procurer eux-mêmes des conditions plus sûres et plus avantageuses du roi. » Henri remporte divers avantages sur les barons, et perd ensuite (le 14 mai) la bataille de Lewes, dans laquelle il est fait prisonnier avec Richard, son frère. Édouard son fils, qui, après avoir battu les milices de Londres, revenait triomphant, se laisse amuser par le comte de Leycester, et se voit réduit à se remettre entre les mains des rebelles. La reine se retire en France avec le prince Edmond, son second fils. Les barons dressent un nouveau plan de gouvernement, et font signer au roi des commissions qui établissent dans chaque province certains officiers ou magistrats, auxquels on donna le titre de *Conservateurs*, sous prétexte qu'ils étaient destinés à conserver les privilèges du peuple. Le roi signe encore de nouveaux ordres par lesquels il est ordonné aux *Conservateurs* de nommer quatre chevaliers de chaque comté ou province, pour assister au prochain parlement et y représenter leurs provinces. C'est ici l'époque célèbre, et à proprement parler, l'origine des communes en Angleterre et même du parlement d'Angleterre, si on le considère comme une assemblée composée des trois corps du royaume. Le parlement, tenu le 22 juin, approuve ce plan des barons; le roi et Edouard, son fils, sont contraints de le ratifier. L'an 1265, le comte de Glocester, jaloux du crédit de Leycester, forme un parti contre lui, et fait évader le prince Edouard: les affaires changent alors de face. Edouard marche contre Leycester, qui est défait et tué le 4 août avec Henri, son fils, à la bataille d'Evesham. Ainsi finit la carrière de ce chef des rebelles, qu'un moderne appelle le *Catilina anglais*. Le prince Edouard eut en même tems la gloire de délivrer le roi, son père, et de lui sauver la vie, qu'il courut risque de perdre pendant la bataille, étant auprès du comte de Leycester, qui ne voulait point perdre de vue son prisonnier. Richard, frère du roi, est mis en liberté par Simon de Montfort, fils aîné de Leycester. Enfin, l'an 1267, la guerre est terminée par la soumisssion du comte de Glocester et des rebelles, qui s'étaient retirés dans l'île d'Eli.

Le prince Edouard n'ayant plus d'occasion d'exercer sa valeur en Angleterre, se croise, l'an 1268, avec Henri, son cousin, fils de Richard, roi des Romains, et plusieurs seigneurs, pour aller cueillir des lauriers à la Terre-Sainte. Il part l'an 1270, s'embarque à Aigues-Mortes avec Eléonore, son épouse, et va joindre le roi saint Louis devant Tunis. Ce monarque étant mort le 25 août de la même année, il fait voile pour la Sicile, où il passe l'hiver. S'étant rembarqué au printems, il aborde à Saint-Jean d'Acre au mois de mai 1271. Les progrès qu'il fit d'abord sur les infidèles furent arrêtés par un coup de poignard que lui porta un assassin. Il guérit heureusement de sa blessure. Pendant qu'on le pansait, la princesse, son épouse, accoucha d'une fille qu'on nomma *Jeanne d'Acre*, du lieu de sa naissance. Edouard, après avoir fait une trève de dix ans et dix jours avec le soudan Bibars, remet à la voile le 22 septembre 1272, pour revenir en Angleterre, et dans sa course il relâche encore en Sicile, où il est aussi bien reçu que la première fois par le roi Charles d'Anjou. C'est là qu'il apprend la première nouvelle de la mort du roi, son père, arrivée à Londres le 15 ou 16 novembre. Ce prince était âgé de soixante-cinq ans, et en avait régné cinquante-cinq. Il laissa d'Eléonore (morte le 25 juin 1291), deux fils et deux filles; savoir, Edouard, son successeur; et Edmond, né l'an 1245, lequel, après avoir inutilement attendu la couronne des deux Siciles, dont le pontife romain l'avait flatté, devint comte de Lancastre, de Darbi, de Leycester, et grand steward d'Angleterre; Marguerite, mariée à Alexandre III, roi d'Ecosse; et Béatrix, épouse de Jean II, duc de Bretagne. Henri III, naturellement bon, n'avait ni vigueur, ni politique. Inconstant, mou, capricieux, irrésolu, il ne sut ni se faire craindre, ni se faire aimer. Ses mœurs, d'ailleurs, étaient pures et édifiantes. Saint Louis disait de lui qu'il était redoutable par ses aumônes. Mais ces aumônes, si l'on en croit Mathieu Paris (*ad an* 1148, pag. 498.), étaient souvent le fruit de ses rapines; ce prince, dit-il, ne se faisait par scrupule d'enlever aux marchands, cire, étoffes de soie, et autres marchandises, sans rétribution, pour les employer en luminaires et en ornements des églises. On raconte qu'il entendait jusqu'à trois messes par jour, sur quoi le monarque français lui ayant représenté qu'il valait mieux entendre moins de messes et plus de sermons, il répondit qu'il aimait mieux entendre parler plus rarement de son ami, et le voir plus souvent. (Trivet.) Il avait la taille médiocre, mais le corps épais et robuste, et l'une des paupières plus abaissée que l'autre. (*Idem.*)

Il est remarquable qu'on ne commença à dater du règne de ce prince que du jour de son couronnement, comme il est marqué dans le livre rouge de l'échiquier. *Notandum*, y est-il dit, *quod data regis Henrici filii Johannis mutavit in festo Apostolorum Simonis et Judæ, videlicet XXVIII*e. *die mensis octobris.* Une autre remarque à faire, c'est que dans les actes de Rymer, les diplômes de Henri III, ainsi que ceux de ses successeurs, ne portent ordinairement que la date du lieu et du jour, non que cela soit ainsi dans les originaux, mais parce que l'éditeur, ayant rangé les pièces de son recueil dans l'ordre chronologique, se contente de marquer une seule fois l'année qui est commune à plusieurs d'entre elles.

Henri III, dit M. Hume, fut le premier roi d'Angleterre, depuis la conquête, que l'on puisse vraiment dire avoir été sous le joug de la loi; il fut aussi le premier qui usa du pouvoir d'en dispenser, et qui se servit dans les priviléges qu'il accorda, et dans ses dispenses de la fameuse clause *nonobstante*, imaginée par le pape Innocent III. Il paraît que sous ce règne, dit le même auteur, la haute et la petite noblesses dédaignaient la langue de leur pays natal, et ne se servaient familièrement que de la langue française.

Les armoiries des rois d'Angleterre, sous le règne de Henri III, étaient encore chargées de trois léopards au lieu de trois lions qu'on y voit à présent (1). C'est Mathieu Paris qui l'atteste, en disant que l'empereur Frédéric II, après avoir épousé, le 20 juillet 1235, à Worms, Isabelle, sœur de Henri, envoya trois léopards à ce prince, faisant allusion à l'écu royal d'Angleterre, où sont représentés trois léopards passants : *Misit ergo imperator regi Anglorum tres leopardos in signum regalis clypei in quo tres leopardi transeuntes figurantur.*

L'an 1224 est l'époque de l'introduction des frères mineurs en Angleterre, suivant Henri de Knigthon.

---

(1) C'est une erreur, les armes d'Angleterre sont toujours *de gueules, à trois léopards d'or l'un sur l'autre, lampassés et armés d'azur.* (Note de l'Editeur.)

EDOUARD I (IV), DIT AUX LONGUES JAMBES.

1272. EDOUARD I, né, le 18 juin 1239, à Winchester, de Henri III et d'Eléonore, est reconnu roi le 20 novembre. Ce prince n'était point encore de retour de son voyage d'outre-mer. Avant que de se rendre dans son royaume, il alla à Rome pour voir le pape Grégoire X, son ami, traversa la France, vint à la cour du roi Philippe le Hardi, qui lui fit grand accueil, et arriva enfin en Angleterre, où il fut couronné le 19 août 1274. Dès qu'il se vit possesseur de ce royaume, les bornes lui en parurent trop étroites; il chercha à les reculer. De tems immémorial, un canton de l'Angleterre formait un état particulier, dont l'indépendance avait toujours blessé les yeux jaloux des monarques anglais. C'était le pays de Galles. Edouard, plus hardi que ses prédécesseurs, entreprit de le subjuguer, et déclara la guerre dans ce dessein à Léolin ou Lieuvelin, qui en était prince alors. Etant venu à bout de le dompter, il consentit à lui accorder la paix, mais à des conditions très-dures que la nécessité ne permit pas au vaincu de refuser. Léolin ayant depuis voulu secouer le joug, Edouard, l'an 1283, marcha de nouveau contre lui, et le défit dans une bataille où il périt. David, frère et successeur de Léolin, poursuivi par le monarque, est obligé d'errer de montagne en montagne. Il est enfin livré par des traîtres à Edouard, qui fait pendre et écarteler, comme un rebelle et un brigand, ce généreux défenseur de sa patrie et de ses états. Sa fureur ne fut pas même assouvie par cette exécution affreuse. Il voulut encore l'exercer sur le cadavre de David, et, par une dérision indigne et barbare, il fit exposer sa tête, couronnée de lierre, sur la porte de la tour de Londres. La principauté de Galles fut alors unie pour toujours à la couronne, et devint le titre du fils aîné des rois d'Angleterre (1). C'est ainsi que les Gallois, qui depuis huit cents ans avaient conservé leur liberté dans un petit coin de cette île, subirent le joug des Anglais.

---

(1) « Le fils aîné du roi ou de la reine d'Angleterre est toujours, il » est vrai, prince de Galles, mais non pas en naissant. Il n'est alors » que duc de Cornouailles et comte de Chester; ce n'est qu'à un » certain âge que le roi l'investit de la principauté de Galles, avec des » cérémonies qui consistent à lui mettre sur la tête une couronne que » l'on appelle *cap of state*, bonnet d'état, une verge d'or à la main et » un anneau au doigt. La couronne que le prince de Galles porte sur » ses armes est particulière; elle est ornée de plumes d'autruche ou » de paon, et il porte pour devise deux mots gallois ou ancien breton, » *ich dien*, c'est-à-dire *le voici*. Ce sont les mots dont se servit le roi » Edouard en présentant son fils aux Gallois, qui lui demandaient un » prince. » (M. le M. de Paulmi, *Lect. des L. Fr.*, tom. II, vol. K K.)

L'ambition d'Edouard ne se borna pas à cette conquête. Les troubles dont l'Ecosse fut agitée après la mort du roi Alexandre III, arrivée l'an 1286, pour l'élection de son successeur, lui firent naître l'envie d'étendre sa domination sur ce royaume disputé par douze compétiteurs, dont les deux principaux étaient Jean Baillol et Robert Brus. Les différentes factions ne pouvant réunir leurs suffrages sur l'un des candidats, convinrent, l'an 1290, de prendre le roi d'Angleterre pour arbitre. Flatté de ce choix, Edouard, l'an 1291, assemble à Norham, le 10 mai, les états d'Ecosse, et leur propose de le reconnaître pour seigneur suzerain. Les états intimidés par une armée qu'Edouard avait dans le voisinage, consentent à sa demande, et en conséquence il est mis en possession, le 2 juin, de toutes les places fortes du royaume, s'engageant toutefois à les rendre, deux mois après son jugement, à celui en faveur duquel il déciderait. L'an 1292, ce prince déclare, le 19 novembre, légitime héritier du trône d'Ecosse, Jean Baillol, qui prête serment de fidélité au roi d'Angleterre le 26 décembre suivant, jour de saint Etienne, et reconnaît sa suzeraineté par un acte authentique écrit en français : le nouveau roi est installé à Scone, et y reçoit le serment des seigneurs écossais. Baillol, se voyant traité durement par Edouard, et plutôt en esclave qu'en vassal, cherche à secouer le joug. L'an 1297, Edouard attaque l'Ecosse, prend Barwick par stratagême, défait Baillol, et fait de si grands progrès que Baillol et toute la noblesse ne trouvent point d'autre ressource que de se soumettre. Baillol, après avoir fait la résignation de son royaume, est envoyé en Angleterre, et enfermé dans la tour de Londres. Edouard enlève le sceptre et la couronne d'Ecosse avec la fameuse pierre de Scone, sur laquelle se faisait l'inauguration des rois; il brûle les archives, met garnison anglaise dans toutes les places, et revient triomphant en Angleterre. Les affaires d'Edouard n'allaient pas si bien en Guienne. (Voyez *les Rois de France.*)

Les Ecossais, privés de leur roi, n'en supportèrent pas moins impatiemment la domination d'Edouard. L'an 1298, Guillaume Walleis ou Wallace, homme d'une taille gigantesque et d'une force extraordinaire, s'étant mis à leur tête, ils prennent les armes, et chassent les Anglais d'Ecosse dont ils nomment Walleis régent. Edouard, qui faisait la guerre en Flandre pour le comte Gui, révolté contre la France, quitte ce pays, après avoir fait une trève de trois ans avec Philippe le Bel, repasse en Angleterre, marche en Ecosse, et gagne, le 22 juillet 1298, la bataille de Falkirk; elle fut décisive, et le rendit une seconde fois maître de ce royaume. Walleis, quelque tems avant qu'elle se livrât, s'était démis de la régence pour calmer la jalousie des grands, et Cummin, seigneur d'une naissance illustre, le remplaça. Walleis ne discontinua pas néanmoins de servir généreusement sa patrie sous ce nouveau chef, et réussit, l'an 1299, à chasser les Anglais du nord de l'Ecosse. Mais ils se vengèrent sur la partie méridionale qu'ils dévastèrent. Les Ecossais, convaincus de l'infériorité de leurs forces, ont recours à la médiation de Boniface VIII, et remettent leurs intérêts entre ses mains. Le pontife écrit, l'an 1300, à Edouard pour l'exhorter à se désister de ses prétentions sur l'Ecosse, et se donne en même tems pour son rival, en soutenant que ce royaume est un fief de l'église romaine. Edouard est si piqué d'une pareille semonce, qu'il jure de détruire l'Ecosse : il n'ose cependant refuser une trève que Philippe le Bel demande pour les Ecossais. Pendant cet armistice, il investit son fils aîné de la principauté de Galles. Les Ecossais, ayant repris les armes en 1302, font des incursions heureuses dans les provinces du midi. Jean de Segrave, qu'Edouard y avait laissé pour commandant, envoie contre eux, l'an 1303, ses troupes partagées en trois divisions qui sont battues en autant de combats dans le même jour, 24 février, aux environs d'Edimbourg. Cette triple victoire rend aussitôt le régent maître de toutes les forteresses des provinces méridionales, et réduit Edouard à recommencer la conquête de l'Ecosse. Elle l'occupa l'espace de deux ans, et fit moins d'honneur à son humanité qu'à sa valeur et à son habileté. Dans le cours de cette expédition, le brave Walleis lui ayant été livré par un ami perfide, il le fit conduire, chargé de chaînes, à Londres, et exécuter, le 23 août 1305, à Tower-Kill, comme traître et rebelle, quoiqu'il ne lui eût jamais fait serment de fidélité. Edouard comptait intimider les Ecossais par cet acte de sévérité. Mais la barbare politique de ce prince manqua son but. Les Ecossais, déjà mécontents des innovations que ce conquérant faisait à main armée dans leurs lois et leur gouvernement, s'indignèrent encore plus du traitement injuste et cruel que Walleis venait d'éprouver.

L'an 1306, Robert Brus, fils de ce Robert Brus, l'un des compétiteurs de la couronne d'Ecosse, et Jean Cummin, se concertent ensemble pour délivrer leur patrie du joug des Anglais. Ils étaient alors en Angleterre au service d'Edouard. Brus étant ensuite trahi par Cummin, se retire en Ecosse, où il assassine le traître ; après quoi il se fait couronner roi. Edouard envoie une armée sous la conduite du comte de Pembrock qui défait Brus au combat de Méthuen. Il vient lui-même en Ecosse, exerce une affreuse vengeance contre les partisans de Brus, et fait perdre la tête sur un échaffaud à trois frères du nouveau roi. Il ne fit par-là qu'animer son courage, loin de l'abattre. L'an 1307, Brus, profitant de l'absence d'Edouard, bat le comte de Pembrock, et s'empare de plusieurs places. Edouard, résolu de ruiner entièrement l'Ecosse, assemble une grande armée à Carlisle; il y tombe malade, et se fait porter à Burg, petite ville d'Ecosse, où il meurt le 7 juillet, âgé de soixante-huit ans, dont il en avait régné trente-quatre. En 1774, le président de la société des antiquaires de Londres ayant trouvé dans Rymer un passage dans lequel on lit que le corps d'Edouard I, surnommé *aux longues jambes*, était enterré à Westminster dans un cercueil de pierre, qu'il était recouvert de cire, et qu'il y avait une somme fixée pour l'entretien de ce tombeau, demanda et obtint la permission d'en faire l'ouverture. La situation du corps se trouva conforme au récit de l'historien. Il était couvert d'une longue robe de tissu d'or et d'argent, par-dessus laquelle il y en avait une autre de velours cramoisi. Les joyaux dont il était orné conservaient leur éclat. Il tenait dans une main un sceptre surmonté d'une colombe, et dans une autre un sceptre long de cinq pieds, surmonté d'une croix. En soulevant sa couronne on vit le crâne sans cheveux. Le visage et les mains étaient encore entiers. La taille de ce prince était de six pieds deux pouces. Par son testament il avait ordonné que son tombeau serait ouvert chaque cinquantième année; ce qui n'a eu lieu que deux fois. (*Gazette de France de* 1774, p. 188.) Ceci ne contredit pas le récit de Froissard, suivant lequel Edouard, en mourant, fit promettre avec serment à son héritier qu'aussitôt qu'il aurait rendu l'âme il ferait mettre son cadavre dans une chaudière, *et le feroit bouillir tant que la chair se départit des os, et après feroit mettre la chair en terre et garderoit les os; et toutes les fois que les Ecossois se rebelleroient contre lui, il semonderoit ses gens, et porteroit avec lui les os de son père. Car il tenoit fermement que tant que son successeur auroit ses os, les Ecossois seroient battus. Mais le successeur*, ajoute-t-il, *n'accomplit mie ce qu'il avoit promis, et fit rapporter son père à Londres, et là ensevelir, dont lui meschut.* Edouard avait épousé en premières noces, l'an 1254, ELÉONORE, fille de Ferdinand III, roi de Castille (morte en 1290), dont il eut quatre fils et onze filles. Edouard II, son successeur, fut le seul qui lui survécut. Eléonore, sa deuxième fille, épousa Henri III, comte de Bar; Marguerite, la cinquième, fut mariée à Jean II, duc de Brabant; Elisabeth, la neuvième, devint femme, 1°. de Jean Ier., comte de Hollande; 2°. de Humphroi, comte de Héréford. Edouard eut de MARGUERITE DE FRANCE, sa seconde épouse, fille de Philippe le Hardi, et non sa sœur (morte en 1319), Thomas, comte de Norfolk; Edmond, comte de Kent, et une fille morte dans l'enfance.

L'esprit de conquête et le zèle pour la réformation de la

justice sont les deux principaux traits qui caractérisent le gouvernement d'Edouard I. On a vu ce qu'il fit pour agrandir ses états. Il ne fut pas moins attentif à les policer. Il corrigea les lois, les étendit, les réforma, et les maintint contre les efforts des barons factieux. Ce travail lui fit donner à juste titre le surnom de *Justinien anglais*. Il abolit la charge de grand-justicier, dont l'autorité lui paraissait excessive, établit la juridiction de plusieurs cours, et d'abord l'office de juge de paix, encouragea le commerce en procurant aux négocians des facilités pour se faire payer de ce qui leur était dû, et enfin donna une face nouvelle aux affaires par la vigueur et la sagesse de son gouvernement. Mais ce grand zèle pour l'observation des lois ne l'empêcha pas de les faire plier de tems en tems au gré de son intérêt, et de leur substituer des coups d'autorité. L'histoire d'Angleterre n'a pas oublié ce qu'il fit en 1299 pour aider le comte de Flandre, son allié, à soutenir la guerre contre la France, n'étant pas en état d'aller en personne à son secours. Edouard manquait d'argent pour lever les troupes qu'il lui destinait. Il saisit chez les marchands les laines, les cuirs, et les fit vendre à son profit, en promettant de rembourser les marchands dans un tems plus heureux. Il fallait nourrir ces troupes; il exigea de chaque laboureur une certaine quantité de mesures de blé. On se contenta de murmurer. Sous un roi moins estimé, on eût passé du murmure à la révolte. Edouard est le premier roi chrétien qui est passé un statut de main-morte et empêché le clergé, par une loi positive, de faire de nouvelles acquisitions de terres.

La forme des assemblées du parlement fut réglée sous ce règne; et on fit une loi qui défendait de lever des taxes sans le consentement des communes. Le titre de *baron*, alors commun à tous les seigneurs relevants de la couronne, fut réservé aux seuls nobles que l'on appelait au parlement.

On a divers actes passés au nom de ce prince en Angleterre, avant son retour de la Terre-Sainte.

EDOUARD II (V), SURNOMMÉ DE CAERNARVON.

1307. EDOUARD II, quatrième fils d'Edouard Ier. et d'Eléonore de Castille, sa première femme, dit de CAERNARVON, du lieu de sa naissance, arrivée le 25 août 1284, monte sur le trône le 7 juillet, et rappelle aussitôt Gaveston, gentilhomme gascon, son favori, banni sous le règne de son père. Edouard, l'année suivante, passe en France, et épouse, le 25 janvier, à Boulogne, ISABELLE, fille de Philippe le Bel, née l'an 1292. Etant ensuite retourné en Angleterre, il est couronné le 24 février, et promet d'observer les lois de saint Edouard. Les faveurs dont le roi comble Gaveston, donnent une si grande jalousie aux seigneurs, qu'ils font une ligue contre lui, ayant Thomas, comte de Lancastre, cousin du roi à leur tête, et obligent le monarque à le bannir du royaume. Mais au lieu d'envoyer Gaveston dans sa patrie, comme on s'y attendait, Edouard le nomme son lieutenant en Irlande, pays alors révolté qu'il vint à bout de subjuguer. L'année ne se passa point sans que le roi le fît revenir. Gaveston, oubliant les motifs de sa première disgrâce, s'en prépare une nouvelle par l'insolence avec laquelle il se comporte. Les cabales recommencent, et les confédérés s'étant assemblés en parlement contre les règles, et malgré la défense du roi, établissent une commission qu'ils le forcent d'approuver, pour la réformation de l'état. Gaveston, condamné à un bannissement perpétuel, se retire dans les Pays-Bas en attendant que l'orage soit passé. Edouard, croyant l'avoir effectivement dissipé par toutes ses complaisances pour ceux qui l'avaient excité, s'avisa, l'an 1312, de rappeler son favori. Dès qu'il reparaît, les plaies mal fermées des cœurs ulcérés se rouvrent; on court aux armes. Gaveston assiégé dans le château de Scarborough, capitule, le 19 mars, avec le comte de Pembrock auquel il se rend prisonnier de guerre. Conduit ensuite au château d'Hadington, il est livré par la garnison au comte de Warwick qui lui fait trancher la tête, le 1er. juillet, à Warwick, contre les lois militaires et sans égard à la capitulation qu'il avait faite. A la nouvelle de cette exécution, Edouard ne put contenir sa fureur. Mais comme il était plus capable de persévérance dans ses amitiés que dans ses ressentiments, il écouta des propositions d'accommodement, et moyennant la cérémonie que firent les barons de lui demander pardon à genou, tout le passé fut de sa part oublié. Robert Brus cependant se fortifiait en Ecosse, et étendait ses courses jusque sur les provinces septentrionales de l'Angleterre, où il faisait subsister ses troupes du pillage de ces contrées. Il lui restait néanmoins en Ecosse, deux places à conquérir, celles de Sterling et de Barwick. Edouard Brus, son frère, assiégeait la première, et le gouverneur avait déjà promis de la rendre, si dans un terme assez court il n'était secouru. Le monarque anglais sort alors de sa léthargie, conduit en diligence une armée, dit-on, de cent mille hommes en Ecosse, et trouve Robert Brus campé avec la sienne, bien inférieure en nombre, près de Sterling. L'ayant attaqué le 25 juin 1314, il est entièrement défait et perd dans l'action son neveu, le comte de Glocester. Depuis cette bataille, appelée la journée de Bannock-Burn, les Ecossais devinrent si redoutables aux Anglais, que trois soldats écossais, si l'on en croit les historiens de leur nation, auraient mis en fuite deux cents anglais. Robert Brus envoie son frère en Irlande où il est reçu comme un libérateur par la haine qu'on y portait aux Anglais ; mais une famine qui survint cette année l'obligea de l'abandonner. Ce fléau se fit également sentir en Angleterre, et d'une manière encore plus épouvantable, jusque-là qu'on était obligé de cacher les enfants, de peur qu'ils ne fussent enlevés pour servir d'aliment. Cependant il paraît que la cour n'en jouissait pas moins des commodités de la vie. Voici un fait rapporté par Stow : (*Description de Londres.*) « Edouard célébrait » sa fête à Westminster, le jour de la Pentecôte ; il était à » table avec ses pairs autour de lui, lorsqu'il entra une femme, » vêtue et parée comme un mènestrel, et montée sur un » cheval richement harnaché, suivant l'usage des ménestrels. » Après avoir tourné quelque tems autour des tables, elle s'ap- » procha de celle du roi, et mit devant lui un placet, après » quoi elle salua la compagnie, piqua son cheval et partit. » Ce placet contenait une remontrance au roi sur les graces qu'il prodiguait à ses favoris, tandis qu'il négligeait ses plus braves chevaliers et ses plus fidèles serviteurs, et laissait mourir de faim son peuple. Entre les favoris notés en général dans ce placet, le principal était le jeune Hugues Spenser, qui avait nouvellement remplacé Gaveston dans l'esprit du roi, et se préparait, en imitant son insolence, le même sort qu'il avait subi. Les barons ayant à leur tête Thomas, comte de Lancastre, premier prince du sang, demandent, les armes à la main, qu'il soit banni et son père avec lui, sans égard pour le mérite de ce vieillard respectable par ses anciens services, sa sagesse, ses lumières et son intégrité. Sur le refus du roi, ils font confisquer, l'an 1321, par une sentence illégale du Parlement, les biens des Spenser. Edouard, forcé de pardonner cette violence, dissimule son ressentiment. L'année suivante, ayant rassemblé des troupes, il se met à la poursuite des auteurs de la conspiration, et s'étant rendu maître, le 16 mars, de la personne du chef, ainsi que d'un grand nombre de ses partisans, il établit une cour martiale qui condamne à mort ce prince par un jugement qu'il fait exécuter le 23 du même mois. Il tient dans le mois de mai suivant, un parlement où le procès contre les Spencer est revu et déclaré nul ; après quoi il partage entre différents seigneurs les terres du comte de Lancastre ; mais celui qui en eut la meilleure part fut le jeune Spencer.

Edouard, ayant ainsi triomphé des mécontents, se dispose à porter la guerre en Ecosse ; et indique le rendez-vous de ses vassaux militaires à Newcastle, pour le mois de juillet. Cette expédition ne produisit que de la honte pour lui. Etant entré dans l'Ecosse, il fut battu près de Blackmor, et mis en fuite par Robert Brus, qui porta le fer et la flamme, en le poursuivant, jusque sous les murs d'Yorck. N'osant revenir à la charge, Edouard s'estima trop heureux de pouvoir obtenir de Brus, le 13 mai 1323, une trêve de treize ans. L'Angleterre était alors en paix avec la France. Mais l'an 1324, une entreprise du seigneur de Montpezat, en Guienne, occasionna une rupture entre les deux couronnes. La reine Isabelle, femme d'Edouard, se fait nommer l'an 1325, pour aller négocier un accommodement avec le roi Charles le Bel, son frère; le jeune prince Edouard, son fils, vient la joindre à Paris, après avoir reçu du roi son père, le don pur et simple du duché de Guienne et du comté de Ponthieu, dont il rend hommage au roi de France peu de jours après son arrivée. Isabelle ayant conclu le traité qui était l'objet de son voyage, veut prolonger son séjour en France. Deux motifs l'y retenaient, la crainte des Spencer, et son attachement trop tendre pour le jeune Mortimer, comte de la Marche, qui ne pouvait la suivre en Angleterre où il avait été condamné deux fois à mort pour ses liaisons suspectes avec cette princesse. Le roi d'Angleterre menace, tonne pour ravoir sa femme avec son fils; et sachant que le roi de France est de connivence avec elle, il rompt le traité de paix nouvellement signé. *Audict an* 1326, suivant une chronique manuscrite, *le roy Edouard, par le conseil de Hue le Depensier, son coadjuteur et gouverneur de son dit royaume, fist prendre et mettre en prison tous les religieux françois qui estoient au royaume d'Engleterre, et de euls leva une grande somme de pecune; et quant Charles, roy de France et de Navarre le sceut, il fist autant aux Englois qui estoient en France.* La guerre en même tems fut déclarée, et les hostilités se firent principalement en Guienne. Mais bientôt Isabelle, se voyant abandonnée du roi, son frère, a recours au comte de Hainaut, et s'étant retirée auprès de lui, elle conclut le mariage de Philippe, fille de ce comte, avec le prince Edouard. Isabelle, après cela, s'embarque pour retourner en Angleterre, et fait sa descente, le 22 septembre 1326, dans la province de Suffolck, avec son fils, le prince Edmond, son beau-frère, et des troupes commandées par Jean, frère du comte de Hainaut. Les princes du sang, Mortimer et les autres factieux, s'empressent de venir la joindre. Edouard, abandonné de tout le monde, prend la fuite; la reine le poursuit, et publie à Wallingford, le 15 octobre, un manifeste. Elle s'empare de Bristol, où s'était retiré Spenser, le père, qui est pris et pendu à l'âge de quatre-vingt-dix ans. Peu de jours après Spenser, le fils, subit le même supplice à une potence de cinquante pieds. Le roi, découvert dans les montagnes de Galles, est conduit a Montmouth, et obligé à donner le grand sceau. L'an 1327, la reine entre dans Londres au mois de janvier; le parlement s'assemble et prend la résolution de déposer le roi. Ce malheureux prince, cédant à la force, remet, le 13 janvier, la couronne, le sceptre, et les marques de la dignité royale entre les mains des députés du parlement. Cette formalité finie, on procède à la dégradation. Les commissaires représentaient la nation ; un nommé *Trussel*, juge, et qui dans cette occasion faisait l'office de procureur spécial du peuple, lut au roi l'acte qui déliait ses sujets de leur serment. Il est trop singulier pour ne point trouver place ici ; telle était sa teneur : *Moi, Guillaume Trussel, procureur du parlement et de toute la nation anglaise, je vous déclare en leur nom et en leur autorité, que je révoque et rétracte l'hommage que je vous ai fait ; et dès ce moment je vous prive de la puissance royale, et proteste que je ne vous obéirai plus comme à mon roi.* Le grand-maréchal rompit sa baguette, et dispensa les officiers de leur service. Telle fut la fin du règne d'Edouard ; celle de sa vie fut encore plus cruelle : les chevaliers Maltravers et Gournay, chargés de la garde de ce prince enfermé dans le château de Berklei, le firent mourir le 21 septembre suivant, en lui enfonçant dans le corps par le fondement un tuyau de corne, au travers duquel ils firent passer un fer chaud qui lui brûla les entrailles. On rapporte que ces deux hommes, avant de faire le coup, ayant consulté l'évêque d'Hereford, grand ennemi d'Edouard, ce prélat leur donna par écrit cette réponse équivoque par le défaut de ponctuation : *Eduardum regem occidere nolite timere bonum est.* Edouard était dans la quarante-quatrième année de son âge, et dans la vingtième de son règne. Il laissa d'Isabelle, son épouse, deux fils, Edouard qui suit, et Jean, comte de Cornouailles, qui mourut jeune à Perth ; avec deux filles, Jeanne, qui fut mariée à David, roi d'Ecosse ; et Eléonore, qui épousa Renaud, duc de Gueldres.

Le livre rouge de l'échiquier porte : *Data regis E.* (*Edwardi*) *filii regis E. mutatur singulis annis in festo translationis S. Thomæ martyris, videlicet VII die Julii.*

Jusqu'au règne de ce prince on reconnaissait les notaires impériaux en Angleterre, où l'on souffrait qu'ils exerçassent leur ministère ; ce qui paraît assez étrange, puisque depuis l'empire d'Honorius les empereurs n'avaient aucune juridiction dans ce royaume. Edouard II cassa tous ces notaires impériaux, et défendit d'avoir aucun égard aux actes qu'ils passeraient. (Du Cange.)

Ce fut aussi sous le règne de ce monarque que Richard de Walingford, abbé de Saint-Albans, construisit sur les principes de la mécanique la première horloge à roues, dont l'histoire d'Angleterre ait fait mention.

EDOUARD III. (VI.)

1327. EDOUARD III, né, le 13 novembre 1312, d'Edouard II et d'Isabelle, fille de Philippe le Bel, nommé comte de Chester et non prince de Galles, (Le premier de ces titres appartient à l'héritier présomptif de la couronne par sa naissance, et il n'obtient l'autre que par création.) est proclamé roi, le 24 janvier, après la déposition de son père, et couronné le 2 février. Mortimer, comte de la Marche, usurpe au commencement de ce règne toute l'autorité du gouvernement. Une invasion que firent les Ecossais en Angleterre sous la conduite des généraux Murrai et Douglas, au commencement de son règne, lui donna occasion de faire les preuves de sa valeur. Il marcha contre eux à la tête de soixante mille hommes. Mais après les avoir cherchés quelque tems sans pouvoir les rencontrer, tant ils étaient habiles à se dérober en un instant aux yeux de l'ennemi, il les trouva enfin campés si avantageusement, qu'il ne put, malgré toute son ardeur, ni les attaquer, ni les forcer au combat. Peu s'en fallût même qu'il ne fût enlevé par Douglas, qui avait pénétré de nuit dans son camp à la tête de deux cents hommes. Son courage et sa présence d'esprit le tirèrent de ce danger. Il voulut au retour de la lumière aller prendre sa revanche. Mais étant entré dans le camp des Ecossais, il n'y trouva que six Anglais qu'ils avaient attachés à des arbres, après leur avoir cassé les jambes, pour les empêcher de porter à leurs compatriotes la nouvelle du décampement. Mortimer, à qui l'on s'en prit du mauvais succès de cette expédition, se hâta, pour maintenir sa fortune, de faire la paix avec Robert Brus, en le reconnaissant pour roi d'Ecosse légitime et indépendant. Ce traité, dont toute la nation murmura, fut cimenté par le mariage de la princesse Jeanne, sœur d'Edouard, avec David, fils de Robert. La reine Isabelle, vers le même tems, fit épouser au roi, son fils, la princesse Philippe, fille de Guillaume III, comte de Hainaut.

L'ambition d'Edouard éclata, l'an 1328, à la nouvelle de la mort de Charles le Bel, roi de France, arrivée le 31 janvier. Ce monarque n'ayant point laissé d'enfant mâle, le roi d'Angleterre, petit-fils, par sa mère, de Philippe le Bel, prétendit lui succéder comme plus proche parent que Philippe de Valois, son concurrent, qui n'était que neveu du même Philippe le Bel par Charles de Valois son père. Mais le droit de Philippe de Valois fut jugé le meilleur par les pairs et les barons de France, parce qu'il était du sang royal par les mâles, et que les femmes en France ayant été de tout tems exclues de la succession à la couronne, les mâles sortis d'elle, et non d'un prince du sang, en étaient pareillement exclus. Edouard se tut, et remit à un autre tems sa protestation contre cette décision. Mortimer continuait de braver par son arrogance la haine publique, qu'il provoquait par sa mauvaise administration. Ses ennemis les plus déclarés étaient les trois oncles du roi. Pour se venger et se faire craindre, il entreprit le plus faible d'entre eux, le prince Edmond, comte de Kent, qui témoignait hautement son repentir d'avoir concouru à la déposition du roi, son frère. Ayant réussi par ses émissaires à lui persuader qu'Edouard II était encore vivant, il lui fit naître l'envie de le délivrer. Il n'en fallut pas davantage pour le perdre. Le parlement de Winchester auquel il fut déféré, sur une de ses lettres, qu'on avait interceptée, le condamna, le 18 mars 1329, à être décapité. Ce jugement, que la reine-douairière et le ministre firent exécuter dès le lendemain dans la prison, répandit la terreur parmi les grands. Il ne paraît pas qu'Edouard en ait alors senti l'atrocité. Son orgueil, dans le mois suivant, essuya une mortification qui ajouta beaucoup au dépit qu'il avait d'avoir été exclus de la couronne de France. Ce fut un ajournement qui lui fut fait de la part du roi Philippe de Valois pour venir lui rendre hommage des terres qu'il possédait en ce royaume. Il fallut obéir; Edouard arrive le 5 juin dans la ville d'Amiens, où le monarque son suzerain l'attendait au milieu des rois de Navarre, de Bohême, de Majorque, de ses grands-officiers, et d'une nombreuse et brillante noblesse. On veut exiger de lui l'hommage lige, il soutient qu'il ne le doit que simple; on consent enfin, après quelques débats, qu'il le rende en termes généraux. *Sire*, lui dit le grand-chambellan, *vous devenez homme du roi de France, monseigneur, de la Guienne et de ses appartenances, que vous reconnaissez tenir de lui, comme pair de France, selon la paix faite entre ses prédécesseurs et les vôtres, selon ce que vous et les vôtres avez fait pour ce même duché à ses devanciers, rois de France.* Il répondit, *voire* (oui.) — *S'il est ainsi*, reprit le grand-chambellan, *le roi notre sire vous reçoit, sauf ses prétentions et retenues.* Le monarque français dit : *Voire*, et baisa à la bouche le roi d'Angleterre, dont il tenait les mains entre les siennes. Ainsi finit (le 6 juin) cette superbe cérémonie qui mit la rage dans le cœur de l'Anglais, et lui fit jurer une haine implacable contre le prince qui l'avait traité avec tant de hauteur.

De retour en Angleterre, il ouvre enfin les yeux sur la tyrannie de son ministre. L'ayant tiré par surprise du château de Nottingham, où il était renfermé avec la reine-douairière, il le livre au parlement, qui, sur la prétendue notoriété des faits, sans observer d'autres formalités, sans écouter ses défenses, sans entendre des témoins, le fait pendre, le 29 novembre

1329, aux Elmes, près de Londres. La reine-mère fut dans le même tems confinée au château de Rising où elle mourut le 21 novembre 1357, après environ vingt-huit ans de captivité. Les historiens remarquent que le roi, son fils, ne manquait pas chaque année de lui rendre une ou deux visites. Ce prince, en se mettant à la tête de ses affaires, reconnut le tort que son ministre lui avait fait par le dernier traité conclu avec Robert Brus. Pour se relever de ce traité, comme il le désirait, il lui fallait un instrument propre à seconder ses vues. Il le trouva dans Edouard de Baillol, qui avait accompagné le roi Jean de Baillol, son père, en France, où il vivait dans l'état de particulier. Le monarque anglais engagea celui-ci à faire revivre les prétentions de son père sur la couronne d'Ecosse, contre David Brus, successeur de Robert, après avoir tiré de lui secrètement la promesse de lui en faire hommage. Baillol, avec le secours de plusieurs barons anglais qui se joignirent à lui, fait une descente près de Perth, dont il s'empare, après avoir battu quatre fois les Ecossais en peu de jours. David, se voyant abandonné d'une partie de ses sujets, passe en France avec son épouse; et Baillol, maître du pays, se fait couronner roi à Scone, le 27 septembre 1332; selon Barnes. Pour acquitter sa parole, il rend hommage à Edouard III et lui cède le château de Barwick. Mais sa prospérité fut de courte durée. L'an 1333, Baillol est surpris par les partisans de Brus, chassé honteusement, et obligé de s'enfuir sur un cheval sans selle à Carlisle, d'où il informe Edouard, son protecteur, de son désastre. Le monarque anglais entre en Ecosse, gagne une bataille sur les Ecossais, s'empare de Barwick, qu'il unit à la couronne, et laisse en partant vingt-six mille hommes à Baillol pour réduire l'Ecosse. L'imprudence de Baillol aliène de lui ses amis, et grossit le nombre de ses ennemis. Le parti de Brus reprend le dessus, et en peu de tems il se rend maître de toutes les parties de l'Ecosse septentrionale. Les hostilités sont suspendues par l'arrivée des ambassadeurs de France, envoyés pour faire un accommodement entre l'Ecosse et l'Angleterre. On ouvre des conférences à Gedeling, près de Nottingham. L'Anglais rejette le plan de pacification proposé par la France, et se détermine à recommencer la guerre. Ce prince fait trois expéditions en Ecosse dans les années 1334, 1335 et 1336. La dernière était à peine finie, qu'excité par Robert d'Artois, banni de sa patrie pour une fourberie insigne, Edouard se détermine à porter la guerre en France pour faire valoir ses prétentions chimériques sur ce royaume. Le comte de Hainaut, son beau-père, lui ménage les alliances de l'empereur, du duc de Brabant, et de plusieurs autres grands de l'empire. Edouard envoie trois ambassadeurs à

Valenciennes pour ratifier les traités faits avec ces princes. L'ambassade était brillante tant par la magnificence du cortége que par la qualité de ceux qui la composaient : *Et si avoit entre eux*, dit Froissard, *plusieurs jeunes bacheliers qui avoyent chacun un œil couvert de drap, afin qu'ils n'en pussent voir ; et disoit-on que ceux-là avoyent voué entre dames de leur pays que jamais ne verroyent que d'un œil, jusques à ce qu'ils auroyent fait aucune prouesse de leur corps ou royaume de France, lesquels n'en vouloient rien connoître* (déclarer) *à ceux qui leur en demandoyent : si en avoit chacun grant merveille.* Edouard travailla aussi a mettre le pape et les cardinaux dans ses intérêts, par des lettres pressantes qu'il leur écrivit. L'an 1337, il prend le titre de roi de France, comme le prouvent ses lettres du 7 octobre de cette année, par lesquelles il nomme le duc de Brabant son lieutenant ou son vicaire en Flandre. Enfin, après bien des préparatifs et des mouvements, il part d'Angleterre au mois de juillet de l'an 1338, avec une flotte de cinq cents voiles, et débarque en Flandre. Ce fut dans ce pays, qu'à la persuasion de Jacques Artevelle, il commença de prendre, l'an 1339, non le titre de roi de France, qu'il avait déjà pris, comme on l'a vu, dès l'an 1337, mais les armes de France ; et dans tous les actes il marque cette année comme la première de son nouveau règne. Il publie en même tems une déclaration adressée à tous les Français, et un manifeste contre Philippe. De retour en Angleterre, il en repart le 22 juin 1240, et gagne le 24 une grande bataille sur mer. S'étant mis ensuite à la tête d'une armée de cent-cinquante mille hommes, il assiége Tournai devant lequel il échoue. Ce revers l'engage à revenir dans son île, d'où il envoie, l'an 1342, en Bretagne, Robert d'Artois, le flambeau de la guerre. Ce perfide y reçut le juste salaire de sa félonie. Blessé mortellement à Vannes, il alla mourir cette année, et non la suivante, en Angleterre. Edouard vient lui-même en Bretagne, et assiége à la fois Nantes, Rennes, Vannes et Guingamp ; le duc de Normandie, fils aîné du roi de France, accourt au secours de ces places, et fait lever les quatres siéges. Le duc de Normandie delà passe en Guienne, où il fait de grands progrès. L'an 1346, Edouard s'embarque, le 2 juillet, dans le dessein de porter le fort de la guerre dans cette province, que le duc avait presque entièrement soumise ; mais ayant été contraint deux fois, par le vent contraire, de retourner dans ses ports, Géoffroi d'Harcourt, seigneur normand, qui l'accompagnait, lui persuade de faire une descente en Normandie ; il suit ce conseil, et débarque à la Hogue au mois de juillet. (*Voyez la suite de cette campagne à l'article de* Philippe de Valois.)

David, roi d'Ecosse, ayant fait, l'an 1347, une invasion dans le nord de l'Angleterre, la reine, femme d'Edouard, en l'absence de son époux, se met à la tête d'un corps de troupes ramassées à la hâte, bat l'armée du roi d'Ecosse, et le fait prisonnier lui-même. Ce fut près de Durham, que se donna, le 30 septembre cette bataille, à laquelle on vit les archevêques de Cantorberi, d'Yorck, les évêques de Lincoln et de Durham, commander des divisions. La reine, après cette victoire, amène un secours de 17000 hommes au roi, son mari, occupé depuis près d'un an à faire le siége de Calais par mer et par terre. La place ayant été forcée à la fin de capituler, Edouard veut punir les habitants de leur brave résistance par un massacre général. Eustache de Saint-Pierre, et cinq autres des principaux bourgeois, se dévouent généreusement, pour le salut de leurs concitoyens, à être les victimes de cette barbare vengeance. Ils sont près d'être exécutés; mais la reine, à force de prières, leur obtient la vie de son féroce époux. (Froissard.) L'empire étant venu cette année à vaquer par la mort de Louis de Bavière, quelques-uns des électeurs donnent leurs suffrages à Edouard, qui refuse prudemment cette dignité. Vers l'an 1349, il institue l'ordre ou la chevalerie de la Jarretière, dont l'origine est fort obscure. Ceux qui font naître cette institution d'une galanterie d'Edouard en faveur de la comtesse de Salisburi, n'ont, de l'aveu de M. Hume, aucun témoignage contemporain pour leur opinion. La plus vraisemblable est que cet ordre fut établi en mémoire de la bataille de Créci, où l'on avait donné pour mot, *garter*, qui signifie, en anglais, jarretière.

La guerre était comme suspendue entre l'Angleterre et la France. L'an 1355, Edouard, ayant investi le prince de Galles du duché de Guienne, l'envoie dans cette province pour recommencer les hostilités, et passe lui-même en France avec une flotte de 1000 voiles, qui portaient 100,000 hommes. L'année suivante, le 19 septembre, un lundi, se donne la fameuse bataille de Maupertuis, dite ordinairement de Poitiers, où le roi de France (Jean II) est fait prisonnier avec le duc de Bourgogne, son fils, et grand nombre de seigneurs français. Jamais vainqueur n'usa de la victoire avec plus de modération que le fit, en cette occasion, le prince de Galles, et jamais captif ne fut traité avec plus d'honneur que le fut le monarque français. Conduit d'abord à Bordeaux, il y conclut, le 23 mars 1357, avec l'anglais, une trève dont celui-ci avait besoin pour pouvoir mener son prisonnier en Angleterre sans danger, car les Gascons, qui avaient la plus grande part à sa victoire, attendu qu'ils faisaient les trois quarts de son armée, voulaient retenir parmi eux le roi, qu'ils se glorifiaient d'avoir pris. Le 24 mai suivant, Jean II fit son entrée à Londres, monté sur un coursier blanc remarquable par son extrême beauté et par son harnais. Edouard III, étant venu à sa rencontre, le reçut avec le respect d'un vassal envers son suzerain, et comme un prince voisin qui serait venu volontairement lui rendre une visite d'amitié. Mais bientôt après on vit changer la scène. Le monarque français est renfermé dans la tour de la capitale, où il eut le tems de sentir le désagrément de sa captivité. Résolu de faire la conquête de la France, Edouard, l'an 1359, fait, le 14 novembre, selon M. Hume, le 28 octobre, suivant d'autres, une descente dans ce royaume, pénètre jusqu'aux portes de Paris, dont il ravage les environs, rabat sur la Champagne, et échoue devant Reims dont il voulait se rendre maître à dessein de s'y faire couronner roi de France.

Edouard poursuivait une chimère, en prétendant réduire la France entière sous ses lois. Il s'en aperçut bien aux dispositions qu'il remarqua dans la nation. Prenant donc un parti plus sage, il conclut à Bretigni, le 8 mai 1360, un traité de paix, par lequel il rendit la liberté au roi Jean, moyennant une rançon de trois millions d'écus d'or, et la cession qu'on lui fit du Poitou, de la Saintonge, du Périgord, de l'Agénois, du Limosin, du Querci, du Rouergue, de l'Angoumois, de Calais, de Guines, de Montreuil et du comté de Ponthieu, pour être par lui possédés en toute souveraineté. (*Voy.* Jean II, *roi de France.*) Le prince de Galles avait trop de part aux succès des armes anglaises en France, pour ne pas mériter une récompense distinguée. Le roi, son père, dans la vue de satisfaire à ce qu'il croyait lui devoir, lui donna, l'an 1362, la Guienne, après l'avoir ennoblie sous le titre de principauté d'Aquitaine. Edouard conféra, vers le même tems, des titres à ses autres enfants : celui de duc de Clarence à Lionnel, son second fils ; celui de duc de Lancastre à Jean de Gaunt, le troisième ; celui de comte de Cambridge à Edouard, le quatrième. Nous disons qu'il leur donna des titres, parce qu'effectivement ils n'eurent rien de plus, et qu'ils ne furent ni propriétaires, ni usufruitiers des terres qui y avaient rapport.

Le prince noir (c'est ainsi qu'on nommait le prince de Galles de la couleur de son armure) traitait en pays de conquête les peuples de sa principauté d'Aquitaine. L'an 1367, les prélats, les barons, les chapitres et les communautés de Gascogne et de Guienne, exédés de ses extorsions, résolurent d'en porter leurs plaintes au roi de France. Edouard, prévenu de leur dessein, pare le coup en faisant expédier dans son conseil, le 5 novembre, des lettres-patentes, par lesquelles il désavoue la conduite de son fils, promet avec serment fait sur le corps du Sauveur, *d'amender tous les griefs* des parties plaignantes, *et afin*, ajoute-t-il, *qu'elles tiennent ces choses à vérité, nous voulons que chacun prenne et ayt la copie de ces présentes.* (Froissard, t. I, vol. I, ch. 279, p. 387.) Mais le monarque français ne lui donna pas le tems d'effectuer ces spécieuses promesses. (*Voy.* Charles V, *roi de France.*) La santé du prince de Galles allait cependant en dépérissant. L'an 1371, ayant remis l'Aquitaine au duc de Lancastre, son frère, il passe en Angleterre pour prendre l'air natal. Il y meurt à Westminster, le jour de la Trinité (8 juin) de l'an 1376, à l'âge de quarante-cinq ans. » Ce prince, dit M. Hume, » laissa une mémoire immortalisée par les plus grandes vertus, » et par une vie sans tache depuis sa plus tendre jeunesse jus- » qu'au dernier moment. Sa valeur, ajoute-t-il, et ses talents » militaires furent la moindre partie de son mérite. Sa généro- » sité, son humanité, sa politesse et sa modération, lui ga- » gnèrent tous les cœurs. » Depuis que ce prince eut quitté la France, les affaires des Anglais, qu'il y avait soutenues dans leur décadence, après les avoir mises dans l'état le plus florissant, se précipitèrent vers leur ruine avec tant de rapidité, qu'à sa mort, de tant de conquêtes qu'ils avaient faites, il ne leur restait du côté du nord que Calais, et du côté du midi que Bordeaux et Bayonne. Il avait épousé, l'an 1361, Jeanne, sa cousine, surnommée *la belle Vierge de Kent*, fille et héritière d'Edmond, comte de Kent, décapité l'an 1329. Il laissa d'elle un fils nommé Richard.

Edouard ne survécut qu'un an à la perte de son fils, et l'Angleterre fut privée à la fois de deux princes qui faisaient essentiellement sa gloire et son appui. Le père expira dans la soixante-cinquième année de son âge, le 21 juin 1377, après avoir tenu le sceptre cinquante ans. Ce prince, qui avait été toujours heureux pendant la plus grande partie de son règne, eut la douleur de se voir enlever dans ses dernières années, par Charles V, tout ce qu'il avait acquis par ses victoires, et même d'être abandonné de tout le monde à la mort, excepté d'Alix Perrers, sa maîtresse, qui ne resta auprès de lui que pour le voler. L'ascendant que cette femme prit sur l'esprit d'Edouard, augmenta à mesure que les ressorts de son ame se relâchèrent. L'Angleterre vit avec indignation ce monarque souffrir qu'elle présidât en personne aux tribunaux de justice, et osât exercer les fonctions d'administration publique. Le parlement, soulevé, l'obligea de la renvoyer; mais elle revint peu de tems après, et reprit le gouvernement du prince et de l'état. Il faut donc distinguer deux époques du règne d'Edouard. Sous la première, on le voit, dans l'éclat de la jeunesse et dans la force de l'âge mûr, développer des qualités imposantes, des talents éblouissants, la valeur d'un soldat, la générosité d'un chevalier, la conduite d'un capitaine, la majesté d'un roi, l'affabilité d'un homme aimable. Sous la deuxième, qui commence à la retraite du prince de Galles, Edouard n'est plus que l'ombre de lui-même. Affaissé par le poids des années, abattu par les revers, subjugué par la volupté, il devient de jour en jour plus méconnaissable. Son mérite diminue par degrés; il meurt enfin avec le mépris d'un peuple dont il avait été l'idole. Ce prince eut de PHILIPPE DE HAINAUT, sa femme (morte le 15 août 1369), sept fils et cinq filles : Edouard, prince de Galles, dont on vient de parler; Guillaume, mort dans l'enfance; Lionnel, duc de Clarence, mort l'an 1368, en Italie, où il était allé pour épouser la fille de Galéas II, prince de Milan, dont il laissa une fille nommée Philippe; Jean de Gaunt, duc de Lancastre; Edmond, comte de Cambridge, ensuite duc d'Yorck; Guillaume de Windsor, mort jeune; Thomas de Woodstock, duc de Buckingham, et ensuite de Glocester; les filles sont : Isabelle, Jeanne, Blanche, Marie et Marguerite. La mère de ces enfants était amie des lettres et protectrice de ceux qui les cultivaient. Le collége d'Oxford, qu'on appelle encore aujourd'hui le *Collége de la Reine*, est son ouvrage. Entre les savants qui eurent part à ses libéralités, le plus célèbre est l'historien Froissard, natif du Hainaut, qu'elle fit clerc de sa chambre, ou son secrétaire.

Dans le Livre rouge de l'Echiquier, il est dit : *Data Regis E. tertii à conquestu mutatur singulis annis XXIV, die mensis januarii... et notandum quod idem rex transfretavit primò versus Brabanç. die Veneris XVI julii, anno regni sui XII, sicut continetur in brevi de magno sigillo, de perdonatione debitorum, quod est inter communia de anno XIV*. La charte confirmative des conventions faites entre Edouard et l'archevêque de Trèves, porte cette date singulière : *Dat. an. Domini MCCCXXXVIII, secundùm stylum et consuetudinem Ecclesiæ anglicanæ et provinciæ Trevirensis die XVIII mensis martii*. Le style de l'église anglicane et de la province de Trèves était alors de commencer l'année au 25 mars.

Il est aisé d'imaginer qu'un prince aussi ferme et aussi éclairé qu'Edouard, n'était nullement l'esclave de la cour de Rome. Quoique l'ancien tribut eût été payé pendant quelques années de sa minorité, il le supprima dans la suite; et lorsqu'en 1367 le pape Urbain V le menaça de le citer à son tribunal pour défaut de payement, le parlement, à qui Edouard renvoya la discussion de cette affaire, non-seulement déclara nul l'assujétissement que le roi Jean avait contracté envers une puissance étrangère sans le consentement de la nation, mais défendit en même tems tout appel au pape, et confirma le droit des patrons par le statut des proviseurs.

Six ans auparavant, (l'an 1361) le parlement avait aboli l'usage que l'on faisait de la langue française dans le barreau et dans les actes publics depuis la conquête des Normands. « Il » paraît étrange, dit M. Hume, que la nation ait porté si » long-tems la marque de ses anciens vainqueurs. Mais le roi et » les grands semblent n'avoir jamais été vraiment anglais jus- » qu'au tems où les guerres d'Edouard avec la France leur don- » nèrent de l'antipathie pour elle. Encore la langue anglaise ne » fut-elle pas sitôt à la mode. Le premier papier anglais que » nous trouvons dans Rymer est de l'an 1386. »

Edouard III fut le premier, suivant Nicolson, qui fit battre de la monnaie d'or en Angleterre. Carte prétend que ce fut Henri III. Edouard III fut aussi le premier qui introduisit le titre ducal en Angleterre, où il était inconnu jusqu'alors; ce qu'il fit en créant, l'an 1337, duc de Cornouaille, son fils aîné, qu'il investit par la couronne, l'anneau et la verge d'or. Le diplôme de cette création se trouve dans Selden, *De titulis honorum*, p. 506. Voyez aussi Cambden, *De Britanniâ*, p. 118, et le glossaire de Spelman, p. 192. Le magnifique château de Windsor est son ouvrage; et pour le bâtir, il obligea les habitants des provinces à se cotiser, et à lui envoyer des maçons, des charpentiers, etc. preuve du despotisme qu'il exerçait en Angleterre. Cependant, on cite jusqu'à vingt confirmations de la grande charte qu'il accorda au parlement; mais ces confirmations lui furent arrachées dans des tems de crise, et il sut toujours les éluder lorsqu'il put le faire impunément.

Il y avait si peu de police en Angleterre sous ce règne, que le roi de Chypre visitant le royaume en 1364, fut dépouillé, volé, lui et toute sa suite, sur un grand chemin. Avant le règne d'Edouard III, toutes les laines d'Angleterre, excepté le peu qui s'en consommait en draps grossiers pour les habitants, se vendaient aux Flamands, qui les manufacturaient. Quoique Edouard II, en 1326, eût commencé d'attirer quelques tisserands de Flandre en Angleterre, il s'écoula bien du tems avant que les Anglais fussent en état de fabriquer des draps pour l'étranger, et l'exportation des laines en nature continua d'être le fonds principal de leur commerce. Edouard III donna ses soins pour encourager les manufactures, et ce ne fut pas sans quelque succès. (Anderson.) Il favorisa aussi les lettres, et sous son règne, en 1340, on comptait jusqu'à trente mille étudiants dans l'université d'Oxford.

Le premier usage bien avéré de la boussole fut fait par un moine d'Oxford, sous le règne de ce prince. Jusqu'au règne d'Edouard III, dit M. Hume, la dénomination de l'argent n'avait pas changé. Une livre sterling était toujours une livre de poids, ce qui fait environ trois livres de la monnaie actuelle d'Angleterre. Ce prince tira de la livre de 12 onces vingt-deux schellings, et ensuite vingt-cinq. Enfin ce fut sous le règne d'Edouard III en Angleterre, comme sous le règne de Philippe de Valois en France, que l'imposition des taxes commença à devenir fixe et permanente. De part et d'autre, les domaines de la couronne étaient en grande partie aliénés.

RICHARD II.

1377. RICHARD II, fils du fameux prince de Galles et de Jeanne de Kent, âgé de 11 ans, succède à Edouard, son aïeul. Ses oncles sont les premiers à le reconnaître. L'ayant fait couronner à Westminster le 16 juillet, ils s'emparent du gouvernement à la faveur de la minorité (1). Les caractères de ces trois princes, dont le premier faisait les fonctions de régent, formaient un contraste frappant. C'était la hauteur, l'ambition et l'avarice dans le duc de Lancastre; la mollesse et l'indolence dans le duc d'Yorck; l'audace et la turbulence dans le duc de Glocester. Ils continuèrent la guerre avec la France, mais d'une manière languissante qui ne produisit aucun événement mémorable. Cependant, les frais qu'elle occasionna, joints au défaut d'économie, épuisèrent en peu d'années les finances, et obligèrent d'avoir recours à de nouveaux impôts. Mais la levée d'une capitation, accordée l'an 1381 par le parlement, causa une terrible commotion. Wat Tyler, forgeron, s'étant mis à la tête des séditieux, au nombre de cent mille hommes, va forcer la tour de Londres, massacre le chancelier, qui était primat en même tems, le grand-trésorier, et quelques autres personnes de considération; après quoi, il se met à ravager la cité. Le roi vient à sa rencontre avec une faible escorte, et s'abouche avec lui. Wat Tyler répond avec insolence, et tire son poignard; dans la crainte qu'il n'en frappe le roi, le maire de Londres le prévient, et le renverse mort d'un coup de massue. Toute sa troupe aussitôt crie à la vengeance et se prépare au combat. Le roi s'avance: *Mes amis*, leur dit-il, *Wat Tyler n'est plus: vous n'aurez désormais d'autre chef que moi*, paroles qu'il prononça d'un ton d'assurance et de bonté qui leur fit

(1) Au sacre de Richard, on vit une cérémonie dont les historiens n'ont point encore parlé, quoiqu'elle paraisse plus ancienne. Ce fut celle d'un champion à cheval, armé de toutes pièces, qui vint jeter dans la salle du festin son gantelet, en défiant ceux qui voudraient disputer au roi la couronne (cérémonie qui s'observe encore aujourd'hui): nous apprenons en même tems que le chevalier Jean Dimmock ne remplit cet emploi qu'en vertu d'un privilége attaché à une terre qu'il possédait dans le comté de Lincoln: ce qui prouve qu'on doit rechercher dans des siècles plus reculés l'origine de cette commission.

tomber les armes des mains. Un moment après, arrive Robert Knowles avec des troupes qu'il avait rassemblées à la hâte. Il demande permission de charger les rebelles. *Des rebelles*, dit le roi, *il n'y en a plus; vous ne voyez ici que mes sujets et mes enfants.* On ne pouvait s'annoncer avec plus d'éclat : le reste de la vie de Richard ne répondit point à ce moment. (M. Gaillard.) L'expédition qu'il fit en Ecosse, l'an 1385, fut une preuve évidente de la légèreté de son caractère. Après avoir réduit en cendres villes et villages, depuis Barwick jusqu'à Edimbourg, il revient sur ses pas malgré les remontrances du duc de Lancastre, qui le pressait d'aller en avant pour remporter quelque avantage solide (1). Le duc emmène, l'année suivante, la fleur des forces militaires d'Angleterre en Espagne pour faire valoir ses vaines prétentions sur la Castille : entreprise où, après quelques succès encourageants, il finit par échouer.

Richard, à mesure qu'il avançait en âge, sentait le poids du joug que lui imposaient ses oncles. Las de le porter, il se livre au comte d'Oxford, Robert de Vères, qu'il créa d'abord marquis de Dublin (titre jusqu'alors inconnu en Angleterre), puis duc d'Irlande avec l'entière souveraineté de cet île pour sa vie. Il ne pouvait guère accorder sa confiance à un sujet qui la méritât moins. C'était un jeune débauché qui n'avait par-devers lui que la noblesse de son extraction, avec les grâces de la figure et les talents de la frivolité. Bientôt il s'empara du gouvernement auquel il associa ses créatures. Deux factions se formèrent alors, celle des princes et celle des favoris. Le parlement, dont le monarque eut besoin, demanda l'éloignement de ces derniers et la punition des plus coupables d'entre eux. Richard, après quelque résistance, consent à leur abandonner son chancelier, Michel de la Poole, à condition qu'on ne toucherait point à ses autres ministres. La Poole, sur les accusations des communes, est dépouillé de son office par la chambre des pairs. Le parlement, avant de se séparer, nomme un conseil de régence, sans l'avis duquel, le roi ne pourra rien entreprendre. Richard promet forcément de s'y soumettre, bien résolu de n'en rien faire. Animé par ses favoris, il maltraite les seigneurs qui paraissaient leur être le plus opposés, et les oblige par-là de prendre les

---

(1) « Le roi, prévenu par ses favoris, répondit sèchement au duc » de Lancastre, qui le pressait sur cet article : *Vous pouvez aller où il » vous plaira. Pour moi, je ne ferai pas un pas de plus vers le nord.* — *Je » n'ai point d'autre volonté que celle de mon souverain*, répondit respec- » tueusement Lancastre, *je ne suis qu'un sujet, et un sujet soumis.* — » *C'est ce qui est en question*, répliqua Richard avec colère et en se » retirant. »

armes. Le Duc d'Irlande vient au secours de son maître avec une armée qui est défaite par les confédérés. Obligé de s'enfuir, le duc quitte l'Angleterre, et va chercher une retraite dans les Pays-Bas, où il mourut peu d'années après. Richard, ayant fait apporter son corps en Angleterre, fit ouvrir sa bière pour le considérer à loisir avant qu'on le déposât dans le tombeau qu'il lui avait fait ériger à Coolne. Ces témoignages d'une si vive affection ne furent pas interprétés des Anglais en bonne part. L'an 1388, le roi entre en conférence avec les seigneurs mécontents, qui lui font de sanglants reproches, auxquels il ne répond que par ses larmes. Sa faiblesse enhardit la cabale. L'année suivante, le parlement, surnommé l'*impitoyable*, sévit contre les favoris et les ministres. On n'épargna pas même le gouverneur du roi, Simon Burley, dont l'attachement à son maître faisait tout le crime. Les larmes de la reine ne purent garantir cet homme respectable du dernier supplice qu'il subit avec une courageuse résignation. Tels furent les orages qui s'élevèrent pendant la minorité de Richard. Enfin, ayant atteint l'âge de majorité, il convoque, cette même année, un nouveau parlement, dans lequel il déclare qu'il veut désormais gouverner par lui-même. Le ton de fermeté avec lequel il s'explique, impose à l'assemblée : elle applaudit, et obéit. Richard mania pendant quelques années avec assez de prudence les rênes du gouvernement. Nul ressentiment n'éclata dans sa conduite à l'égard des princes et des lords qui l'avaient si cruellement humilié. Une amnistie universelle accordée et des bienfaits versés sur le peuple auquel il remit un subside contre toute espérance, semblaient lui avoir réconcilié tous les esprits. Le duc de Lancastre revient de son expédition d'Espagne, et reprend auprès du roi le rang dû à sa naissance. Le seul duc de Glocester témoigne du mécontentement, parce qu'il désespère de pouvoir recouvrer la confiance du monarque. Il s'applique à décrier les nouveaux ministres, dont le crédit le blessait d'autant plus qu'il contrastait avec la bassesse de leur extraction et la médiocrité de leurs talents. Il attaque même la personne du roi qu'il représente comme livré servilement à la France, dont ses ancêtres avaient tant de fois triomphé. Insensiblement il se forme un parti considérable qui menace de faire passer la couronne sur sa tête après l'avoir enlevée à Richard. L'an 1397, les troubles augmentent : les ducs d'Yorck et de Lancastre quittent la cour ; le roi fait arrêter le duc de Glocester et les comtes d'Arondel et de Warwick : le premier est conduit à Calais et étouffé entre deux matelas dans sa prison ; les deux autres sont condamnés par le parlement à perdre la tête ; le comte d'Arondel est exécuté publiquement sous les yeux du roi, et la peine de Warwick est commuée en un exil perpétuel.

Il s'éleva, en 1398, entre Thomas, comte de Mowbraï, et Henri, comte de Derbi, fils aîné du duc de Lancastre, une querelle qu'ils se proposaient de vider par le duel. Le roi le prévint en bannissant ces deux seigneurs. Le premier se retire en France, et le second à Venise. Ce qui faisait le sujet de la rupture était des discours que Henri accusait Thomas d'avoir tenus contre le roi. La mort du duc de Lancastre, arrivée au mois de février de l'année suivante, ouvrit au comte de Derbi une ample succession dont il n'était pas exclu par son bannissement. Il avait effectivement, avant de partir, obtenu du roi des lettres-patentes par lesquelles il était dit qu'au cas qu'il lui échût en son absence quelque héritage, il pourrait s'en mettre en possession par procureur, et différer l'hommage jusqu'à son retour. Richard a l'injustice de s'opposer à la prétention du comte, révoque sa concession, et s'empare de la succession comme si elle eût été vacante. Cette violence excitait des murmures dans le public, et devient la source des plus grands malheurs pour le monarque. Un grand projet l'occupait alors, celui de soumettre l'Irlande qui s'était révoltée l'année précédente. Il s'embarque au mois de mai, et aborde le 31 de ce mois à Waterford, ayant laissé le duc d'Yorck régent du royaume. Pendant l'absence du roi les mécontents forment une conspiration et appellent le nouveau duc de Lancastre; car le comte de Derbi prenait dès-lors ce titre. S'étant rendu au commencement de juillet dans la province d'Yorck, une foule de seigneurs accourent à lui avec des troupes; en peu de tems il se voit à la tête de soixante mille hommes, avec lesquels il va droit à Londres, où il est reçu en triomphe. Le régent, son oncle, à son approche, s'était retiré à Berkelei, dans le comté de Glocester, voyant la défection générale. Le duc de Lancastre marche ensuite vers Bristol, oblige la place de se rendre à discrétion, et livre à la rage du peuple quelques-uns des ministres qui s'y étaient réfugiés. De là il va trouver le régent, qu'il engage sans peine dans son parti. Richard, à ces tristes nouvelles, revient d'Irlande pour défendre avec courage une couronne qui lui échappe; mais il ne la défend pas. Se voyant abandonné par une partie de ses troupes, il abandonne l'autre, et va se renfermer dans une citadelle qu'il croyait imprenable. Le duc de Lancastre vient l'y assiéger, et demande à être introduit dans la place avec deux cents hommes, pour conférer avec le roi. On ne lui permet d'y entrer qu'avec douze; il y consent; et Richard qui d'un geste pouvait disposer de son sort, n'a pas la force de le faire arrêter. Le duc lui parle en juge et en maître. *La nation*, lui dit-il, *vous rejette ; votre naissance lui est suspecte, votre administration odieuse. Votre règne est passé ; suivez-moi tout à l'heure à Londres.* Richard, à qui le duc fait voir son armée toute prête à le forcer, obéit, et se laisse conduire à la tour de la capitale. Le parlement est convoqué au nom du roi ; mais avant qu'il s'assemble, le duc de Lancastre contraint Richard, le 29 septembre, de lui remettre la couronne et le sceptre, avec un écrit signé de sa main, par lequel il se déclare indigne et incapable de gouverner. On dresse ensuite les articles d'accusation contre Richard, pour servir de fondement à sa déposition, après quoi le parlement déclare le trône vacant, et ordonne que Henri de Lancastre sera proclamé roi ; ce qui est exécuté le même jour, 30 septembre. C'est ainsi que des rebelles, qu'un célèbre historien qualifie de *pestes des royaumes, de destructeurs des états, et d'ennemis de Dieu et des hommes*, dégradent et avilissent la dignité royale par un attentat contraire aux lois divines et humaines. Richard, après sa déposition, fut enfermé dans la tour de Londres, ensuite transféré à Pontfract ; il y mourut l'an 1400, d'une mort violente, après avoir mieux défendu sa vie contre ses assassins qu'il n'avait défendu le trône : il était âgé de trente-trois ans, et ne laissa point de lignée. Prince mal avisé qui fit tout à contre tems, qui montra de la faiblesse où il fallait de la fermeté, qui mit de la hauteur où il fallait de la souplesse ; de la lenteur où il fallait de l'activité, de la précipitation où il était à propos de temporiser, de la rigueur et même de la cruauté où il était besoin de modération. Il avait épousé, 1°. sur la fin de l'an 1381, ANNE DE LUXEMBOURG, sœur de l'empereur Wenceslas, morte en 1394 ; 2°. le 3 novembre 1396, ISABELLE DE FRANCE, fille de Charles VI, laquelle se remaria, l'an 1406, à Charles, duc d'Orléans, et mourut le 13 septembre 1409. Ce fut sous le règne de Richard, et au milieu des convulsions qui agitaient l'Angleterre, que Jean Wiclef, docteur d'Oxford, osa répandre une doctrine fatale, dont le germe devait produire toutes les hérésies du seizième siècle.

Dans le livre rouge de l'échiquier on lit : *Data regis Ricardi II à conquestu mutatur singulis annis in Festo S. Albani accidente* XXII *junii, et cessavit penult. die sept anno regni sui* XXIII.

C'est Richard II qui a introduit l'usage de créer des pairs par lettres patentes. Le lord Beauchamp de Holt fut le premier. Jusque-là les pairs avaient toujours été créés en parlement. Ce fut aussi sous ce règne que le parlement régla (en 1382) le cérémonial qui s'observe encore aujourd'hui entre les deux chambres. Il fut arrêté que les communes communiqueraient, par députés, leurs résolutions à la chambre-haute, et que les seigneurs feraient venir les communes à la barre pour y apprendre leurs délibérations.

HENRI IV.

1399. HENRI IV, fils de Jean, duc de Lancastre, qui était le troisième fils d'Edouard III, est proclamé roi le 30 septembre, après la déposition de Richard II, et sacré le 13 octobre suivant. (L'élévation de Henri IV sur le trône, fait au préjudice d'Edmond Mortimer, comte de la Marche, héritier légitime de la couronne, comme descendant de Lionel, deuxième fils d'Edouard III, au lieu que Henri descendait du troisième, fut l'origine des guerres civiles qui ont fait répandre tant de sang en Angleterre.) Le jour même de son couronnement, Henri publie une proclamation, par laquelle il déclare qu'il est monté sur le trône, 1°. par droit de conquête; 2°. parce que Richard lui avait résigné la couronne, 3°. parce qu'il était le plus proche héritier mâle du dernier roi, savoir d'Edouard III. Henri excluait par là, dit Thoiras, le seul titre qu'il eût, savoir, le consentement du peuple; comme si le consentement d'un peuple révolté, qui se réunit pour détrôner son prince, pouvait devenir un titre. Le lendemain du couronnement, le parlement se rassemble, et passe un acte qui établit la succession du trône dans la maison de Lancastre, au préjudice du comte de la Marche. L'évêque de Carlisle fut le seul qui eût assez de courage dans cette assemblée pour s'élever contre l'attentat des Anglais, et pour soutenir qu'il n'y avait point d'autorité qui pût légitimement déposer un roi: le fruit que cet évêque retira de sa générosité, fut la prison. Le même parlement ordonne que Richard sera détenu en prison tout le reste de sa vie, et que si quelqu'un entreprend de l'en retirer, Richard lui-même sera mis à mort. Ce décret effrayant n'empêcha point divers seigneurs de conspirer pour le rétablissement de cet infortuné prince, et la perte du tyran qui l'avait supplanté. C'était dans un tournoi, qu'ils avaient indiqué à Windsor, que Henri, invité par eux à cette fête, devait être arrêté ou même assassiné. Mais ils furent trahis par un de leurs chefs, le comte de Rutland, qui se hâta de révéler au roi le complot, dans la crainte d'être prévenu par le duc d'Yorck, son père, qui lui avait surpris la liste de ses complices. Le maire de Chichester, où ils s'étaient rassemblés, instruit du secret, les enveloppa inopinément, et envoya de son autorité les principaux d'entre eux à l'échafaud. D'autres exécutions non moins illégales dissipèrent le reste du parti. Les alliances que Richard avait contractées avec la France, animèrent d'abord cette cour du desir de le remettre sur le trône, et ensuite de venger sa mort. Mais les troubles dont était agitée la France ne permirent pas au roi Charles VI d'effectuer ses menaces. Content de retirer des mains de Henri sa fille Isabelle, dont le mariage avec Richard n'avait pas été consommé, il confirma la trêve qu'il avait faite avec l'Angleterre. Owen Glendour, qui descendait des anciens princes de Galles, montra plus de hardiesse. Ayant excité les Gallois à secouer le joug des Anglais, il bat le comte de la Marche, envoyé contre lui, et le fait prisonnier. Les Pierci, maison puissante alliée du comte, veulent traiter de sa rançon. Mais Henri, qui leur était redevable de la couronne, ne le permet pas, et laisse le comte entre les mains des Gallois. Piqué de ce trait d'ingratitude, le comte de Northumberland, chef de la maison de Pierci, se ligue avec Owen Glendour et le comte de la Marche, pour le détrôner: le roi marche contre les mécontents, et gagne sur eux, le 21 juillet 1403, la bataille de Shrewsburi, l'une des plus furieuses qu'on ait vues dans les guerres civiles; il fait décapiter le comte de Worcester, et promet le pardon au comte de Northumberland s'il met bas les armes; le comte accepte la proposition. Le roi, l'année suivante, envoie le prince Henri, son fils, contre les Gallois, qui perdent deux batailles; mais loin d'être découragés par ces défaites, ils font de nouveaux efforts pour se maintenir dans leur liberté. Une nouvelle révolte éclate l'an 1405. Richard Scroop, archevêque d'Yorck, Thomas Mowbrai, grand-maréchal, et le comte de Northumberland, qui l'avaient excitée, prennent les armes avec plusieurs seigneurs, après avoir publié un manifeste contre le roi. Le comte de Westmorland demande à conférer avec l'archevêque et le grand-maréchal, chefs des conjurés; ils acceptent la conférence, et sont enlevés par le comte, qui les fait décapiter. Le supplice de Richard Scroop est le premier exemple d'une peine capitale infligée à un prélat en Angleterre. Nous ne connaissons point d'évêque en France à qui l'autorité royale ait fait perdre juridiquement la vie pour crime d'état.

Le roi, l'an 1406, convoque un parlement qui s'assemble le 1 mars: on y fait un acte pour exclure les femmes de la succession à la couronne; mais cette exclusion est révoquée la même année par un acte du 2 décembre, signé du roi, de tous les seigneurs, et de l'orateur des communes, au nom de toute sa chambre. C'est de ce tems qu'on peut dire que les femmes en Angleterre ont commencé d'avoir un véritable droit à la couronne. Henri, dans la même année, viole, d'une manière scandaleuse, la foi des traités et les droits de l'hospitalité, envers Robert III, roi d'Ecosse, avec lequel il avait fait une trêve de plusieurs années. Robert, se fiant sur la bonne foi du monarque anglais, avait fait partir, sans aucune précaution, Jacques Stuart, son fils, pour aller recevoir son éducation à la cour de France. L'incommodité de la navigation ayant obligé le jeune prince à relâcher sur les côtes d'Angleterre, il est arrêté et conduit au roi, qui a l'inhumanité de le faire enfermer dans la tour de Londres. L'an 1408, nouvelle révolte du comte de Northumberland. Il est défait par le shérif d'Yorck, et tué dans la bataille.

Henri ne resta point spectateur indifférent des funestes querelles qui déchiraient alors la France et la partageaient en deux factions acharnées l'une contre l'autre. Il envoya du secours, en 1412, sous la conduite de Thomas, duc de Clarence, son deuxième fils, à celle qu'on nommait des Orléanais. Mais l'anglais, apprenant à son arrivée que la paix venait d'être faite entre les deux partis, passe en Guienne où il reprend les places dont les Français s'étaient rendus maîtres. Tandis qu'il est occupé à cette expédition, le roi, son père, est attaqué de la lèpre, et ne laisse pas de prendre la croix pour la Terre-Sainte. Dans le cours de cette maladie qui dura deux mois, deux sentiments opposés l'agitèrent, des remords sur son usurpation, et la crainte qu'on ne lui enlevât sa couronne, ce qui fit qu'il voulut l'avoir toujours au chevet de son lit. Enfin la regardant une dernière fois, il dit à son fils aîné: *Voilà une couronne sur laquelle nous n'avons droit ni vous ni moi.* — *Mon épée*, répond le fils, *me conservera ce que la vôtre vous a acquis.* Peu de moments après il rendit l'esprit le 20 mars 1413, à l'âge de quarante-six ans, dans la quatorzième année de son règne. Henri avait épousé, 1°, l'an 1380, MARIE BOHUN, fille du comte de Hereford, morte en 1394; 2°, l'an 1403, JEANNE, fille de Charles le Mauvais, roi de Navarre, veuve de Jean IV, duc de Bretagne, morte le 10 juillet 1437, dont il n'eût point d'enfants. Ceux du premier lit sont, quatre fils et deux filles: Henri, qui suit; Thomas, duc de Clarence; Jean, duc de Bedford, et Humphroi, duc de Glocester; Blanche, l'aînée des filles, fut mariée à Louis de Bavière, comte palatin du Rhin; Philippe, la deuxième, épousa Eric IX, roi de Danemarck, de Norwège et de Suède.

Le livre rouge de l'échiquier marque ainsi la date du règne de Henri IV: *Data regis Henrici IIII à conquestu mutatur singulis annis in die Festo S. Ieronimi accidente* XXX *sept. videlicet in crastino sancti Michaelis*, *et obiit* XX *martii an. regni sui* XIIII.

La chambre basse du parlement acquit sous ce règne une grande influence dans les affaires de l'état.

HENRI V, DIT DE MONMOUTH.

1413. HENRI V, l'idole des Anglais, né, l'an 1388, de Henri IV et de Marie de Hereford, est proclamé roi immédiatement après la mort de son père, et couronné le 9 avril. Il avait mené jusqu'alors une vie fort licencieuse. En montant sur le trône, il devint tout-à-coup un autre homme. Résolu de faire régner les lois avec lui, il congédia les compagnons de ses débauches, et assura de sa confiance les sages ministres qui avaient exhorté son père à le ramener à son devoir par des châtiments sévères. Les commencements du règne de Henri se passent en négociations avec la France, mais sans succès : les commissaires du roi d'Angleterre les firent échouer, par les demandes déraisonnables qu'ils firent ; ils n'ambitionnaient rien moins que tout le royaume de France, quoiqu'ils feignissent de se restreindre à l'exécution du traité de Bretigni. En conséquence, la guerre contre la France est résolue dans un parlement tenu à Leicester le 31 mai 1414, ce qui n'empêche point que les négociations ne continuent, mais toujours inutilement.

Il se formait cependant une conspiration, à la tête de laquelle était le comte de Cambridge, frère du duc d'Yorck, et d'autres seigneurs, pour mettre sur le trône Edmond Mortimer, comte de la Marche ; celui-ci, par crainte, découvrit au roi tout le mystère. Henri, après avoir puni les conjurés, met à la voile au mois d'août 1415, débarque en Normandie le 21 de ce mois, prend Harfleur le 22 septembre (et non le 28), après avoir perdu une partie considérable de son armée, envoie un cartel de défi au dauphin, pour se battre seul à seul, à condition que le vainqueur serait roi de France ; et gagne, le 25 octobre, en voulant se retirer à Calais (un vendredi), la fameuse bataille d'Azincourt, que la témérité des Français lui livra. Cette victoire, quoique complète, n'empêcha pas que sur la fin de l'action son bagage ne lui fût enlevé, avec les pierreries de la couronne et les ornements royaux. Mais il en recouvra ensuite la meilleure partie par les recherches du seigneur de Gaucourt, l'un de ses prisonniers, qui mérita par-là sa liberté. Henri triomphant repasse en Angleterre au mois de novembre, menant avec lui les principaux de ses prisonniers. (*Voy.* Charles VI, *roi de France.*) Henri cependant ne pousse point la guerre, comme il semble que ses premiers succès devaient l'y engager. On ne doit point s'en étonner ; il était en négociation avec le duc de Bourgogne, qu'il se flattait de mettre dans ses intérêts :

mais il n'y réussit point, et ne put jamais l'engager, quoi qu'en disent les historiens anglais, à le reconnaître pour roi de France, ni à signer les traités relatifs dont il lui avait apporté les modèles. (*Voy.* Jean, *duc de Bourgogne.*) Henri néanmoins avait assez d'intelligences en France pour espérer d'y faire des nouveaux progrès. L'an 1417, il fait une deuxième descente, dans le mois de juillet, en Normandie, et soumet sans obstacle presque toute la province : tel était l'acharnement des factions qui déchiraient le royaume, qu'elles aimaient mieux répandre le sang français, que de se réunir contre l'ennemi commun. L'an 1419, le 28 juillet, Henri prend Pontoise par escalade, et fait un riche butin. Après cette expédition, il publie un manifeste pour faire valoir ses prétentions. Cependant, malgré tous ces avantages, qu'il devait moins à ses propres forces, qu'aux funestes divisions des Français, les affaires de ce prince étaient dans une situation à ne pouvoir se soutenir long-tems; elles seraient infailliblement tombées en décadence, si l'animosité du dauphin contre le duc de Bourgogne ne lui eût ouvert une voie pour venir à bout de son entreprise. Après l'assassinat du duc, elles prennent une face toute nouvelle. (*Voy.* Charles VI, *roi de France*, et Jean-sans-Peur, *duc de Bourgogne.*) La reine Isabeau de Bavière, mère du dauphin, se ligue avec le roi d'Angleterre contre lui. L'an 1420, Henri, le 21 mai, fait à Troyes avec Charles VI, roi de France, et cette princesse, le fameux traité par lequel ils lui promettent la main de CATHERINE, leur fille, avec le droit de succéder au trône à l'exclusion du dauphin. Le 2 juin suivant, le mariage est célébré dans l'église de Saint-Urbain de la même ville, par Henri de Savoisi, archevêque de Sens. Héritier prétendu de la couronne de France, Henri ne se comporte pas avec plus de modération dans ce royaume. Les Parisiens s'étant plaints à lui de ce que les troupes étrangères brûlaient tout le pays des environs de Paris ; *c'est usance de guerre*, répondit-il ; *guerre sans feu ne vaut rien, non plus que andouille sans moutarde.* (Juvenal des Ursins.) L'an 1421, Henri repasse en Angleterre, menant avec lui la reine, son épouse, qu'il fait couronner le troisième dimanche de Carême. Après avoir réglé ses affaires, il revient en France au mois de juin. Le 6 octobre, il commence le siége de Meaux, qui ne capitule que le 2 mai de l'année suivante. Henri fait trancher la tête à trois officiers de la garnison, et pendre le bâtard de Vaurus, gouverneur de la place. Ce fut pendant ce siége qu'il apprit l'agréable nouvelle que la reine, son épouse, avait mis au monde, le 6 décembre 1421, un fils qui fut nommé comme son père, et destiné à lui succéder.

Le dauphin cependant se soutenait au-delà de la Loire. L'an 1422, Henri s'étant mis en marche pour aller au secours de Cosne, dont ce prince faisait le siége, tombe malade de la fistule qu'on nommait alors le *mal de saint Fiacre*, mal incurable jusqu'à Louis XIV qui en a été le premier guéri par le secours de l'art. Obligé de rebrousser chemin, Henri se fait porter à Vincennes, et y meurt le 31 août, âgé de trente-quatre ans environ, dans la dixième année de son règne. Ses obsèques furent célébrées de la manière la plus pompeuse à Notre-Dame de Paris, et son corps fut transporté ensuite à Westminster, où la reine fit placer sur son tombeau sa statue en argent, de grandeur naturelle et très-ressemblante. Malgré les éloges dont les historiens anglais le comblent, jamais on ne justifiera l'ordre barbare qu'il donna d'égorger les prisonniers faits à la bataille d'Azincourt, ni les traitements inhumains qu'il fit aux bourgeois et aux garnisons de plusieurs places dont il se rendit maître. Henri laissa de Catherine de France un fils au berceau. La reine, sa veuve, épousa, quelque tems après, un gentilhomme gallois, nommé Owen Tudor, dont elle eut trois fils, Edmond, Gaspard et Owen. Edmond épousa Marguerite, fille unique de Jean de Beaufort, duc de Sommerset, petit-fils de Jean de Gaunt, duc de Lancastre. De ce mariage naquit Henri, comte de Richemond, qui devint roi d'Angleterre sous le nom de Henri VII. La reine Catherine mourut en 1438, dans sa trente-huitième année, et fut enterrée à Westminster. Tudor, dont le mariage avec cette princesse avait été tenu secret jusqu'alors, fut aussitôt mis en prison. Il se sauva quelque tems après; mais malheureusement ayant été repris pendant les guerres civiles des maisons d'Yorck et de Lancastre, il eut sur-le-champ la tête tranchée. Gobelin (*Comment.* Pie II, p. 154) dit, que Henri V avait interdit les lits de plume aux Anglais, et que son dessein était, s'il eût été maître entièrement en France, de faire arracher toutes les vignes, disant que rien n'énervait plus les hommes que la plume et le vin.

L'extrême disproportion de ses revenus et des dépenses qu'entraînaient ses grandes entreprises, mirent Henri V dans la nécessité d'engager ses joyaux et sa couronne même, d'emprunter de toutes parts sans pouvoir payer ses dettes, et de recourir sans cesse au parlement dont il n'obtenait jamais que des subsides inférieurs à ses besoins.

Le livre rouge de l'échiquier porte : *Data regis Henrici V, à conquestu mutatur singulis annis in festo S. Benedicti accidente XXI martii, et obiit ultimo die Augusti, anno regni sui* X°.

Henri V, dit M. Hume, frappa la monnaie sur le pied de trente schellings par livre pesant.

HENRI VI.

1422. HENRI VI, fils de Henri V et de Catherine de France, né le 6 décembre 1421, proclamé, à l'âge d'environ dix mois, roi d'Angleterre, à Londres, lorsqu'on y apprit la mort de son père, et roi de France, à Paris, après le décès de Charles VI, règne en Angleterre sous la régence du duc de Glocester, et en France sous celle du duc de Bedford, ses deux oncles. Son couronnement, pour le premier de ces deux royaumes, se fit à Londres le 6 novembre 1429, et pour le second, le 17 décembre 1431, à Paris, où il avait fait son entrée solennelle le 2 de ce mois, et d'où il repartit le lendemain de Noël.

Les affaires des Anglais avaient alors bien changé de face en France. Depuis qu'en 1429 ils eurent levé avec ignominie le siége d'Orléans, elles allèrent pour eux toujours en décadence. Le duc de Bedford voyant, en 1435, le duc de Bourgogne, le principal appui des Anglais, réconcilié avec le roi Charles VII, par la paix d'Arras, signée le 21 septembre, en meurt de chagrin à Rouen le 14 décembre suivant (1) : prince dont la mémoire serait exempte de tache, sans l'exécution barbare de la Pucelle d'Orléans qui se fit par ses ordres. (Voy. *les rois de France.*) Il fut remplacé par le duc d'Yorck, qui n'obtint que sept mois après sa commission. Ce qui la fit retarder, ce furent les querelles du duc de Glocester et du cardinal de Winchester, son oncle, qui partageaient la cour en deux factions. Ce retardement fut très-préjudiciable aux affaires de l'Angleterre. Le duc d'Yorck, à son arrivée en France, trouva les Anglais chassés de la capitale par le connétable de Richemont. Ce ne fut plus depuis entre eux et les Français qu'une guerre de chicane. On était trop épuisé de part et d'autre pour faire des coups décisifs. Enfin, l'an 1443, malgré l'opposition du duc de Glocester, le cardinal de Winchester détermina le conseil à proposer une trève avec la France. Elle fut conclue, pour vingt mois, à Tours, le 28 mai de la même année (et non pas de la suivante comme le marque Thoiras) par la négociation du comte de Suffolk, attaché depuis long-tems au parti du cardinal. Peu content d'avoir rempli l'objet de sa commission, Suffolk s'appliqua aussi à terminer une autre affaire qui n'était qu'implicitement renfermée dans ses pouvoirs. Ce fut le mariage du roi, son maître, avec MARGUERITE D'ANJOU, fille de René, roi

(1) Thoiras met la mort de Bedford au 14 septembre, quatre jours, dit-il, avant la paix d'Arras : double méprise.

titulaire de Naples et de Sicile. Il réussit à le conclure en dépit du duc de Glocester, qui voulait faire épouser au roi la fille du comte d'Armagnac. Cette alliance ne s'accomplit néanmoins qu'au mois de novembre 1444. Le cardinal et la jeune reine, devenue bientôt maîtresse de l'esprit de son faible époux, réunissent leurs efforts contre le duc de Glocester, qui, de son côté, s'étudie à mettre le peuple dans ses intérêts. L'an 1447, il est arrêté dans le parlement de Saint-Edmondsburi, sur une accusation de mauvais desseins contre l'état, et jeté dans une étroite prison, où le lendemain, 25 février, il est trouvé mort dans son lit. Le cardinal, regardé comme son meurtrier, six mois après le suivit au tombeau.

Un des articles du traité de mariage de la reine d'Angleterre, portait que la province du Maine serait cédée à Charles d'Anjou, son oncle. La cour de France exigeant que cette condition fût remplie, François Surienne, officier aragonais au service de l'Angleterre, reçut, l'an 1448, un ordre signé du roi Henri, de remettre à Charles d'Anjou la ville du Mans dont il était gouverneur. Sur son refus, le comte de Dunois vint assiéger la place, qui fut rendue par capitulation. Le reste de la province suivit le sort de la capitale. Surienne, dont les troupes ne pouvaient subsister dans l'oisiveté, les mène en Bretagne, et ravage ce duché après s'être rendu maître de Fougères et de quelques autres places. Le duc de Bretagne s'étant plaint de ces hostilités à la cour de France, la guerre se renouvelle entre les deux couronnes rivales, quelques soins que prît le ministère anglais pour l'éviter. Le succès en fut si heureux pour la France, qu'en deux campagnes elle recouvra la Normandie et la Guienne, qui furent réunies pour toujours à cette monarchie, après en avoir été séparées pendant trois siècles. (*Voy.* Charles VII, *roi de France.*) Une perte aussi considérable excita des murmures en Angleterre contre la reine et contre Suffolk, devenu duc et premier ministre. Ce dernier est déféré au parlement sur la fin de l'an 1449 comme coupable de haute trahison et d'autres crimes. Le roi, pour le soustraire au jugement des pairs, l'envoie, le 17 mars 1450, en exil au-delà de la mer. Mais le duc s'étant embarqué pour la France, ses ennemis font courir après lui un corsaire, qui, l'ayant pris sur le passage, lui coupe la tête sans aucune forme de procès. Cette exécution loin de rendre le calme à l'Angleterre, devient le commencement d'une révolution; le duc de Sommerset succède au crédit de Suffolk et à la haine du peuple. Richard, duc d'Yorck, profite de ces dispositions pour aspirer à la couronne. Un irlandais de basse naissance, nommé Cade, hardi scélérat, seconde ses vues, et fait soulever la province de Kent en se portant pour le fils de Jean de Mortimer, exécuté au commencement de ce règne d'une manière très-illégale. Le duc d'Yorck était fils de Richard, Ier. comte de Cambridge, décapité l'an 1415, et d'Anne de Mortimer, sœur et héritière du comte de la Marche. Les droits de Richard paraissaient incontestables selon les lois d'Angleterre; car il descendait, par sa mère, de Lionel, second fils d'Édouard III, au lieu que la maison de Lancastre, alors régnante, descendait de Jean de Gaunt, troisième fils du même Édouard.

Le duc, pendant les derniers troubles, était occupé en Irlande à faire la guerre aux rebelles de cette île, qu'il vint à bout de dompter. De retour, l'an 1451, il se concerte avec ses amis pour l'exécution de ses vues sur le trône. L'an 1452, il prend les armes, et se présente devant Londres, qui lui ferme ses portes : il offre au roi de congédier son armée, pourvu que le duc de Sommerset soit mis à la tour. La demande lui est accordée; mais il est arrêté lui-même, et ne recouvre ensuite sa liberté qu'après avoir prêté un nouveau serment au roi. C'est là l'époque des deux plus cruelles factions qui aient jamais partagé un état; celle d'Yorck, dont la marque était la rose blanche, et celle de Lancastre qui portait la rose rouge. On compte jusqu'à treize batailles qui signalèrent la haine des deux partis : elle fit de l'Angleterre un théâtre de carnage et de sang; et les guerres qu'elle occasionna coûtèrent la vie, suivant Commines, à près de 1,100,000 hommes, et à quatre-vingts princes du sang. La naissance d'un héritier du trône, dont la reine accoucha le 23 octobre 1453, loin de calmer les esprits ne servit qu'à les irriter. La guerre civile s'allume. Le duc d'Yorck prend les armes pour soutenir ses droits, et entraîne dans son parti le comte de Salisburi, de l'illustre maison des Plantagenets, avec le comte de Warwick, son fils, le héros de l'Angleterre. Le roi se met à la tête de son armée pour les réduire, et n'y réussit pas. L'an 1455, le 31 mai, Henri est battu et fait prisonnier à Saint-Albans, par le duc d'Yorck, qui ramène le roi à Londres, et se fait déclarer protecteur du royaume. L'an 1458, le 3 avril, les deux partis font un traité d'accommodement; mais bientôt après, les troubles recommencent.

L'an 1460, le 19 juillet, l'armée royale est battue à Northampton, par Warwick, général des mécontents, et Henri tombe encore une fois entre les mains des seigneurs victorieux; la reine s'enfuit à Durham et de là en Ecosse, avec le prince de Galles. Le roi, conduit à Londres le 16 août, y convoque un parlement le 2 octobre : il y est décidé que Henri gardera la couronne sa vie durant, et que le duc d'Yorck lui succédera. La reine Marguerite, revenue promptement d'Ecosse, reparaît dans les provinces septentrionales. Cette princesse, égale en courage aux plus grands hommes, assemble une armée, et gagne, le 24 décembre, la bataille de Wakefield sur le duc d'Yorck, qui est tué dans l'action. Son corps ayant été trouvé parmi les morts, Marguerite ordonne d'en séparer la tête, et de la planter sur une des portes d'Yorck, avec une couronne de papier, en dérision des prétendus droits de Richard à celle d'Angleterre. Le duc de Rutland, son deuxième fils, n'eut pas un meilleur sort. Etant tombé entre les mains des ennemis, le lord Clifford l'égorgea de sang-froid. L'an 1461, la reine marche vers Londres, défait le comte de Warwick, le 15 février, à Barnads-Heath, près Saint-Albans, et a la satisfaction de délivrer le roi, son mari. Le comte de la Marche, fils du duc d'Yorck, sans perdre courage, soutient les prétentions de son père, et marche vers Londres, où il entre comme en triomphe au commencement de mars; il est élu roi d'Angleterre par les intrigues du comte de Warwick, et proclamé le 5 du mois, à Londres et aux environs, sous le nom d'Edouard IV.

L'an 1463, Henri est arrêté et enfermé dans la tour de Londres. Après y être resté sept ans, il en est tiré le 6 octobre 1470, et replacé sur le trône par Warwick, appelé *le faiseur de roi*. L'an 1471, Henri est de nouveau remis dans la tour, où il mourut tragiquement, dans le mois de mai de la même année, comme on le dira plus au long sous le règne suivant. (*Voyez* Edouard IV, *qui suit*, et Charles VII, *roi de France.*)

La date du règne de Henri VI changeait tous les ans au premier septembre, suivant cette note du Livre rouge de l'Echiquier : *Data regis Henrici VI à conquestu mutatur singulis annis in festo S. Ægidii accidente primò die septembris.* Henri fonda le collége d'Eaton, proche de Windsor, et le collége du Roi, à Cambridge, pour y recevoir les écoliers d'Eaton, après leurs premières études.

ÉDOUARD IV (OU VII),

PREMIER ROI DE LA MAISON D'YORCK.

L'an 1461, le 5 mars, selon Thoiras, EDOUARD IV, fils du duc d'Yorck, est proclamé roi d'Angleterre à l'âge de 19 ans. Le dimanche des Rameaux (22 mars), il gagne la bataille de Taunton, qui coûte la vie à plus de 36,000 hommes de l'armée du roi Henri. Le 20 juin, Edouard est couronné à Westminster; il y convoque un parlement, qui approuve son élection, et casse tous les actes faits contre la maison d'Yorck. La reine Marguerite, qui s'était retirée en Ecosse avec le roi Henri, après la bataille de Taunton, passe en France pour solliciter du secours. L'an 1463, Henri et la reine rentrent en Angleterre et sont bientôt suivis d'un grand nombre d'anglais : leur camp est forcé par Montaigu, frère du comte de Warwick, général d'Edouard; Henri et la reine fuient chacun de leur côté. Quelque tems après, Henri est arrêté, conduit ignominieusement à Londres, les jambes liées sous le ventre d'un mauvais cheval, au milieu des huées de la populace, et enfermé dans la tour. La reine se sauve dans une forêt, où elle est rencontrée par des voleurs et dépouillée de ses pierreries; elle s'échappe des mains de ces brigands, tenant son fils entre ses bras, à la faveur d'une querelle qui s'éleva entre eux pour le partage du butin. Marguerite rencontre un autre voleur qui, touché de compassion, la conduit au bord de la mer, où elle trouve une barque qui la passe à l'Ecluse dans les Pays-Bas; elle y est bien reçue par le duc de Bourgogne, qui lui donne deux mille écus, et la fait conduire auprès du roi René, père de la reine.

Le nouveau roi se croyant affermi sur le trône, songe alors à se marier, et jette les yeux sur Bonne de Savoie, sœur de la reine de France. L'an 1465, le comte de Warwick se rend à Paris, où la princesse était, pour en faire la demande au nom de son maître. Mais tandis qu'il négocie ce mariage, Edouard change de goût, devient amoureux d'ELISABETH WOODWILLE, fille du baron de Rivers, veuve du chevalier Gray, mort au service de la maison de Lancastre, et l'épouse. Warwick apprend avec étonnement cette nouvelle en France. Outré d'avoir été joué, il revient en Angleterre le cœur rempli de haine et de vengeance contre Edouard. Il dissimule néanmoins ses dispositions, et attend un tems plus favorable pour les faire éclater. Croyant ce tems arrivé sur la fin de l'an 1468, ou au commencement de l'année suivante, il commence à exécuter le dessein qu'il avait formé de renverser du trône celui qu'il y avait placé. Il gagne l'archevêque d'Yorck et le marquis de Montaigu, ses frères; il gagne même le duc de Clarence, frère puîné d'Edouard; et pour cimenter leur union, il lui donne sa fille en mariage. Warwick se retire ensuite à Calais, d'où il excite sourdement, par ses émissaires, une révolte dans la province d'Yorck. Le roi fait marcher le comte de Pembrock contre les rebelles. Ce général est défait et tué dans une bataille près de Bamburi; et peu de jours après, les rebelles ayant pris le comte de Rivers, père de la reine Elisabeth, et Jean, son fils, leur coupent la tête à Northampton. Warwick et le duc de Clarence ne s'étaient pas encore montrés sur la scène. L'an 1470, ils se déclarent ouvertement, et se mettent à la tête des mécontents; Warwick surprend Edouard, le fait prisonnier, et l'envoie au château de Medelham, d'où il s'échappe, et rentre dans Londres.

Edouard ayant pris le dessus, Warwick passe en France avec le duc de Clarence; il se réconcilie avec la reine Marguerite, et va trouver Louis XI à Angers, où le prince de Galles, fils de Henri VI, épouse la fille de Warwick. Le duc et le comte retournent en Angleterre, lèvent une armée de soixante mille hommes, marchent contre Edouard qui, étant abandonné des siens, prend la fuite et se retire en France dans les états du duc de Bourgogne, son beau frère. Victorieux sans avoir combattu, le duc de Clarence et le comte de Warwick entrent en triomphe dans Londres au commencement d'octobre. Le 6 de ce mois, Warwick tire Henri VI de la prison où il était enfermé depuis sept ans, et le rétablit sur le trône. Le parlement, convoqué le 29 novembre, approuve la nouvelle révolution, et déclare Edouard traître et usurpateur. Mais la fortune n'avait point abandonné ce prince sans retour.

L'an 1471, Edouard revient en Angleterre avec des secours que le duc de Bourgogne lui avait fournis. Il est joint par le duc de Clarence, son frère, avec lequel il s'était réconcilié, rentre dans Londres le 11 avril, remet Henri dans la tour, et marche contre le comte de Warwick. La bataille se donne à Barnet, le jour de Pâques, 14 avril; le comte de Warwick, et Montaigu, son frère, la perdent avec la vie. Le sort de la maison de Lancastre est enfin décidé par la bataille de Teuksburi, que gagne le roi Edouard, le 4 ou le 9 mai 1471, sur Marguerite et son fils, qui sont faits l'un et l'autre prisonniers. Le jeune prince, âgé de dix-huit ans, est amené devant le vainqueur, qui lui demande d'une manière insultante comment il ose tenter d'envahir ses états. « Je suis venu, répondit-il, pour recouvrer mon propre héritage. » Le roi lui réplique par un coup qu'il lui donne avec son gantelet. Les officiers du roi prenant ce mouvement pour le signal de la mort du captif, l'entraînent dans l'appartement prochain, où ils l'égorgent eux-mêmes. Il avait épousé, l'année précédente, Anne Neville, fille de Richard, comte de Warwick, que nous verrons dans la suite remariée à Richard III, roi d'Angleterre. Le roi Henri ne survécut que peu de jours à son fils. Renfermé dans la tour de Londres avec la reine sa femme, il y mourut le 21 mai, à l'âge de cinquante ans : prince dépourvu des qualités royales, mais doué de mœurs très-pures et digne de compassion pour ses malheurs. Le bruit courut, dit Fabien, qu'il avait été mis à mort par Richard, duc de Glocester, frère du roi Edouard. Mais la Chronique de Croyland avouant qu'il avait fini par une mort violente, ne désigne l'auteur de ce crime que par le prénom indéterminé, *quicumque*. Ce *quicumque* ne serait-il pas plutôt quelqu'un des officiers d'Edouard IV?

Il restait encore un rejeton de la maison de Lancastre, Henri comte de Richemond, fils de Marguerite de Sommerset et d'Edmond Tudor. Craignant avec fondement qu'Edouard ne l'immolât à sa sûreté, il s'embarque avec le comte de Pembrock, son oncle, pour se retirer en France. Le vent les ayant jetés sur les côtes de Bretagne, ils sont menés au duc, qui les retient dans une honnête captivité, pour ne point blesser le roi d'Angleterre, ni satisfaire, en les livrant, sa cruauté.

Edouard devait son rétablissement aux secours que Charles, duc de Bourgogne, son beau-frère, lui avait fournis. Charles l'ayant invité, l'an 1475, à se liguer ensemble contre le roi Louis XI, il y consent autant par haine pour la France que par reconnaissance pour le duc. Mais ayant débarqué à Calais avec ses troupes, il n'y trouve point l'armée que celui-ci avait promis de lui amener. Charles vient lui faire excuse de ce manque de parole, en lui disant qu'il a été obligé de la faire marcher contre le duc de Lorraine. Edouard alors prête l'oreille aux propositions de paix que le roi de France lui fait faire, et que le ministère anglais, gagné par ses présents, appuie de fortes raisons. Les deux monarques, dans une entrevue qu'ils ont, le 29 août, sur le pont de Péquigni, une grille entre deux, font leur accommodement, dont une des conditions fut la délivrance de la reine Marguerite, veuve de Henri VI. Cette princesse était toujours enfermée dans la tour de Londres. Edouard s'engage à la renvoyer en France moyennant une somme de cinquante mille écus, que Louis XI promet pour sa rançon. Marguerite, délivrée sur un ordre d'Edouard, daté du 13 novembre,, revint en France, où elle finit ses jours le 25 août 1482 : héroïne digne d'un époux qui lui eût ressemblé, plus recommandable néanmoins par sa fermeté dans l'adversité que par sa modération dans la prospérité.

N'ayant plus d'ennemis à redouter, Edouard se livre tout entier au plaisir et à la dissipation. Les Woodewille, parents de la reine, s'emparent de l'administration des affaires. L'abus qu'ils font de leur crédit irrite le duc de Clarence dont ils traversaient les entreprises. S'étant échappé, l'an 1478, en discours indécents, et même séditieux contre le roi son frère, ce prince est arrêté et conduit à la tour de Londres, et condamné secrètement à perdre la vie. Son nom de baptême était Georges. On prétend qu'Edouard se détermina à le faire périr sur une prédiction astrologique qui lui donnait pour successeur quelqu'un dont le nom commencerait par G. Mais tous les écrivains du tems ne s'accordent pas sur ce point. On est aussi partagé sur le genre de la mort de l'infortuné duc. Suivant quelques historiens on lui donna l'option du genre de sa mort;

il préféra d'être noyé dans un tonneau de Malvoisie, et cette funeste satisfaction lui fut accordée.

Les intrigues de Louis XI qui excitait sourdement les Ecossais contre l'Angleterre, tirèrent Edouard de son assoupissement. Il se préparait à porter la guerre en France lorsqu'une maladie, causée par son intempérance, l'arrêta. Elle l'emporta le 9 avril 1483, à l'âge de quarante-deux ans, après un règne de vingt-deux. D'Elisabeth de Woodewille, il laissa deux princes, Edouard, qui suit, et Richard, avec six princesses, dont l'aînée épousa Henri VII ; trois autres, Cécile, Anne et Catherine, furent mariées à des seigneurs anglais; et deux, Brigite et Marie, moururent dans le célibat. Le mariage d'Edouard avec Elisabeth avait été précédé d'un autre avec Eléonore Talbot, qu'il avait répudiée sans cause et sans dispense; ce qu'il est important d'observer.

Edouard IV était l'un des hommes de son royaume les mieux faits et de la plus agréable figure. Son air affable et ses manières populaires lui gagnaient les cœurs de ses sujets, et le talent malheureux qu'il avait de séduire les femmes, lui assurait la conquête de toutes celles qui étaient devenues l'objet de sa lubricité. Mais l'ambition étouffait en lui les sentiments de l'humanité. Pour parvenir au trône et s'en assurer la possession, il inonda de sang l'Angleterre, et n'en témoigna des remords que dans ses derniers moments; remords qui ne sont qu'un tourment de plus pour le coupable lorsque la seule frayeur les produit.

Dans le livre rouge de l'échiquier, le changement de la date du règne d'Edouard IV est ainsi marqué : *Data regis Edwardi mutatur singulis annis quarto die martii, et obiit nono die aprilis, anno regni sui vicesimo tertio.*

L'opinion commune est que Guillaume Caxton, qui fut ambassadeur d'Edouard IV en différentes cours, et mourut en 1494, introduisit en Angleterre l'art de l'imprimerie. Ce qui est vrai, c'est qu'il a le premier employé dans ce pays les caractères en fonte, et que les premiers livres imprimés par cet ambassadeur artiste, dont un, composé par lui-même, a pour titre : *Fructus temporum*, sont de l'an 1474. Mais il est certain que six ans auparavant il avait paru, l'an 1468, à Oxford, chez *Frédéric de Corcellis*, un volume in-4°. de 41 pages, en caractères gravés, avec ce titre : *Expositio S. Ieronymi in symbolum apostolorum ad Laurentium papam.*

EDOUARD V (OU VIII.)

1483. EDOUARD V, fils d'Edouard IV et d'Elisabeth Woodwille, né le 4 novembre 1470, est proclamé roi après la mort de son père, tandis que Richard, duc de Glocester, est occupé à rendre à ce dernier les honneurs funèbres à Yorck. Averti par le duc de Buckingham que la reine et les Rivers veulent, contre les lois du royaume, se rendre maîtres de la tutelle du jeune roi, son neveu, Richard va le prendre, l'amène à Londres, et y convoque un grand-conseil dans lequel il se fait déclarer protecteur du royaume. Le premier usage qu'il fit de son autorité, fut de faire trancher la tête, sans aucune forme de procès, au comte de Rivers, frère de la reine, et à plusieurs seigneurs attachés aux Woodwille. La reine s'étant réfugiée dans l'asile de Westminster, il l'oblige de lui livrer son deuxième fils, Richard, duc d'Yorck, qu'elle avait emmené avec elle. Maître des deux princes, le protecteur fait examiner leur naissance; et, après en avoir prouvé ou prétendu prouver l'illégitimité, il fait déclarer, dans une assemblée du clergé, de la noblesse et du peuple, Edouard V comme bâtard, incapable de porter la couronne, au bout d'environ deux mois de règne.

La date du règne d'Edouard V commença le 9 avril, suivant cette note du livre rouge de l'échiquier : *Data regis Edwardi quinti inchoavit nono die aprilis, et cessavit* XXII° *die junii proximè sequentis, videlicet anno regni sui primo.*

RICHARD III, SURNOMMÉ LE BOSSU.

1483. Richard, duc de Glocester, fut proclamé roi, le 22 juin, par la même assemblée qui déposa Edouard V, son neveu; ce qui fut ratifié, le lendemain, par un acte solennel du parlement. Rien ne paraissant s'opposer à son élévation, il fut couronné le 6 juillet suivant. Que devinrent alors les deux jeunes princes ses neveux? C'est sur quoi l'histoire ne s'explique point. Ce silence ne serait-il point l'effet de la politique de Henri VII, intéressé, comme on va le voir, à ce qu'on les crût morts? Cependant il est prouvé par le *Coronation Roll*, ou l'acte du couronnement de Richard, qu'Edouard V a dû se trouver à cette cérémonie. Il n'y est point fait mention du duc d'Yorck, vraisemblablement séparé dès-lors de son frère. Quoi qu'il en soit, on ne peut démontrer que Richard ait fait périr ces deux princes. Thomas Morus et Bacon, qui ont le plus contribué à le faire passer pour le meurtrier de ses neveux, avouent que leur sort *n'a jamais été bien éclairci, qu'on en a parlé diversement, et qu'il a été long-tems douteux s'ils avaient été mis à mort du tems de Richard, ou non.* Malgré cet aveu, ces deux chanceliers ne laissent pas de se déclarer pour l'affirmative, sans faire attention au personnage contradictoire qu'ils font faire au chevalier Robert Blackenburi, gouverneur de la tour de Londres, où les deux victimes de l'ambition de Richard étaient, suivant eux, renfermées. Car ils le supposent d'abord assez vertueux pour résister aux volontés criminelles de ce prince, puis assez faible pour confier les clefs de la tour à Jacques Tyrel, chargé à son refus d'égorger Edouard et son frère. Enfin ils le font mourir les armes à la main pour la défense de ce même Richard qu'il devait regarder comme l'assassin de ses légitimes souverains. La suite de notre récit servira encore à fortifier ces raisons de révoquer en doute celui de Morus et Bacon. Le duc de Buckingham, cousin de Richard, et le principal auteur de son élévation, exige des récompenses que ce prince croit dangereux de lui accorder, dans la crainte que, léger et factieux comme il est, il n'en abuse. Morton, évêque d'Eli, zélé lancastrien, que Richard avait mis en prison sous la garde du duc, s'aperçoit de son mécontentement, et l'excite à détruire son ouvrage. Buckingham forme une conspiration contre Richard. Mais elle éclate avant que d'être mûre. Le duc, traversé par un contre-tems, abandonné des siens, et trahi par un de ses domestiques chez qui il s'était réfugié, est pris et décapité sans forme de procès. L'an 1484, dans un parlement tenu au commencement de l'année, les enfants d'Edouard IV sont déclarés bâtards. Ces princes étaient donc supposés encore vivants; et cependant Morus place leur mort sept mois avant l'acte de cette assemblée. Henri, comte de Richemond, dernier mâle de la maison de Lancastre, était toujours comme prisonnier en Bretagne. Richard, qui n'avait pas moins d'intérêt qu'Edouard de s'assurer de sa personne, envoie une ambassade en Bretagne, pour engager le duc François II à lui livrer ce captif. Landais, ministre du duc, se prête aux vues de Richard; mais le comte de Richemond, étant averti du complot, s'échappe heureusement, et se retire auprès de Charles VIII, roi de France. Ayant obtenu de ce monarque un secours d'hommes et d'argent, il s'embarque à Harfleur, le 31 juillet 1485, et passe en Angleterre. Tout le pays de Galles se déclare en sa faveur; Richard marche contre lui, et perd, le 22 août, la bataille de Bosworth, dans laquelle il périt, n'ayant joui que deux ans et deux mois de la couronne. Il ne laissa point d'enfants d'ANNE, son épouse, fille du fameux comte de Warwick, mariée d'abord au prince de Galles, fils unique de Henri VI et de Marguerite d'Anjou. Richard est le dernier roi de la race des rois angevins, ou plantagenets, dont Henri II fut le chef; et il ne restait plus, à sa mort, d'enfants mâles de la nombreuse postérité d'Edouard III, que le comte de Warwick. Ce comte était fils de Georges, duc de Clarence, frère de Richard, qui avait, dit-on, fini ses jours dans un tonneau de Malvoisie. La bataille de Bosworth, en mettant fin à la domination des Plantageneis, qui régnaient depuis plus de trois cents ans, termina aussi les longues guerres civiles des maisons de Lancastre et d'Yorck.

Le changement de la date du règne de Richard III se faisait tous les ans, suivant le livre rouge de l'échiquier, le 26 juin. *Data regis Ricardi tertii mutatur singulis annis*, XXVI° *die junii, et interfectus est in bello ab Henrico septimo, vicesimo secundo die augusti, anno regni sui tertio.*

HENRI VII.

1485. Henri Tudor VII, comte de Richemond, né vers l'an 1455, descendant par Edmond Tudor, son père, d'Owen Tudor, gallois d'origine, et du roi Edouard III, par Marguerite, sa mère, fille de Jean de Beaufort, duc de Sommerset, petit-fils de Jean de Gaunt, qui fit la branche (mais d'origine bâtarde) de Lancastre, est proclamé roi d'Angleterre par son armée, sous le nom de Henri VII, aussitôt après la bataille de Bosworth, le 22 août. Il en prend dès-lors le titre, et se fait couronner le 13 octobre. L'an 1486, Henri épouse, le 18 janvier, Elisabeth, fille d'Edouard IV : par ce mariage, les droits des deux maisons de Lancastre et d'Yorck se trouvent réunis sur sa tête. C'était l'intention de ceux qui avaient appelé Henri à la couronne ; mais il fit voir par sa conduite, que ses vues étaient différentes. Telle était sa jalousie contre la maison d'Yorck, que la politique dont il se piquait ne fut pas assez forte pour l'étouffer, ou du moins la contenir. Elle éclata en diverses occasions par des actes qui soulevèrent les partisans de cette maison. Un des plus échauffés d'entre eux, nommé Richard Simon, prêtre d'Oxford, forma le dessein de la relever, en détrônant le nouveau roi. Pour y réussir, il dressa un certain Lambert Simnel, fils d'un boulanger, à jouer le rôle du comte de Warwick, fils du duc de Clarence, et pour lors enfermé dans la tour de Londres. Simnel prit le nom de ce prince, qu'un bruit public disait s'être échappé de sa prison. Bientôt il eut un parti considérable en Irlande, où son instituteur avait établi le lieu de la scène. Le roi, soupçonnant la reine Elisabeth, sa belle-mère, d'avoir part à cette imposture, la fait renfermer et confisque ses biens.

L'an 1487, le comte de Lincoln, neveu, par sa mère, d'Edouard IV, et plusieurs barons, s'étant rendus auprès de Simnel au mois de mai, le font couronner à Dublin. Le roi marche contre les rebelles qu'il défait, le 6 juin, à la baille de Stoke, prend Simnel, lui accorde la vie, et honore d'une charge de marmiton dans sa cuisine celui qui avait voulu lui disputer la couronne. Quelque tems après, il lui donna la charge de fauconnier.

Henri aimait l'argent avec une passion qui le déshonorait. Pour s'en procurer au-delà de ses revenus ordinaires, qu'il trouvait trop modiques, il entreprit la guerre contre la France à l'occasion de la nouvelle réunion, qu'en bon politique il aurait dû effectivement empêcher, du duché de Bretagne à cette couronne. S'étant fait accorder, par le parlement, des subsides pour son expédition, il s'embarque avec des troupes, et va descendre, le 6 octobre 1492, à Calais, d'où il conduit son armée devant Boulogne pour en faire le siége. Mais bientôt, sous prétexte que la place était plus forte et mieux pourvue qu'on n'avait d'abord cru, que l'hiver était proche, et que ses troupes manqueraient de vivres pour subsister dans cette saison, il prête l'oreille à des propositions de paix qui lui sont faites par des personnes considérables qu'il avait gagnées. Le roi de France, Charles VIII, tout occupé du projet de la conquête de Naples, ne demandait pas mieux que de le renvoyer promptement dans son île. Par un traité conclu le 3 novembre de la même année, entre Richard Fox et Desquerdes, leurs ambassadeurs respectifs, Charles promet à Henri la somme de sept cent quarante-cinq mille écus, pour les frais de la guerre, et vingt-cinq mille écus de pension pour lui et ses héritiers : traité qui fut ratifié le 10 décembre suivant. (*Abr. de Rymer.*) Ainsi la guerre et la paix remplirent également les coffres de Henri VII.

Il paraissait alors sur la scène un nouveau prétendant au trône d'Angleterre sous le nom de Richard, duc d'Yorck, frère d'Edouard V. On croyait ce duc assassiné dans la prison où Richard III l'avait fait enfermer. Celui qui se donnait pour être lui-même, affirmait qu'il avait eu le bonheur de s'évader. S'étant retiré dans les Pays-Bas, il y fut accueilli par la duchesse douairière de Bourgogne, Marguerite d'Yorck, ennemie déclarée de Henri VII, parce qu'il l'était de la maison d'Yorck. Elle avait déjà trempé, si l'on en croit Polydore Virgile, dans l'imposture de Simnel. Après avoir fait publiquement au soi-disant duc toutes les questions concernant son état, satisfaite de ses réponses, enchantée de sa bonne mine et de sa ressemblance avec Edouard IV, et de la facilité avec laquelle il s'exprimait en anglais, elle ne douta point, ou parut ne point douter qu'il ne fût véritablement son neveu. L'ayant ensuite fait voyager en Portugal, et de là passer en Irlande où il se fit des partisans, elle engagea Charles VIII, roi de France, à le faire venir à sa cour. Henri VII alors le fait redemander à ce monarque comme un imposteur. Charles, craignant de violer les droits de l'hospitalité, se contente de le renvoyer en Flandre : il y fait connaissance avec beaucoup d'anglais que le commerce avait attirés dans les Pays-Bas ; et par leur moyen il entretient des correspondances en Angleterre, où il se fait un puissant parti. Henri VII, qui épiait toutes ses démarches, découvre la conspiration dont il fait arrêter et punir de mort les chefs. Stanley, son chambellan et son allié, le principal d'entre eux, est exécuté avec le plus d'appareil. Ce fut alors que Henri fit courir le bruit que le prétendu duc d'Yorck était le fils d'un juif de Tournai, nommé Warbeck, dont la femme étant venue accoucher de lui à Londres, obtint du roi Edouard IV, avec lequel on prétendait qu'elle avait eu commerce, qu'il le ferait tenir en son nom sur les fonts de baptême, où il avait été nommé Pierre ou Peter, que les Flamands convertirent en Perkin. C'est ainsi que nous le désignerons nous-mêmes dans la suite.

L'an 1496, Jacques IV, roi d'Ecosse, qui avait reçu dans ses états Perkin, et lui avait donné en mariage une de ses parentes, fait une invasion en Angleterre, ravage le Northumberland, et retourne chez lui chargé de butin. L'an 1498, des rebelles de Cornouailles appellent Perkin qui se met à leur tête, et prend le titre de roi d'Angleterre. Bientôt abandonné de ses partisans, il se retire dans un asile, et se rend au roi qui le fait mettre dans la tour de Londres. Perkin ayant fait un complot avec le comte de Warwick pour en sortir, ils sont condamnés l'un et l'autre l'an 1499, le premier à être pendu, le second à être décapité. Avant l'exécution, on contraint Perkin à déclarer publiquement qu'il est un imposteur. C'est la seule occasion où il se soit démenti. Jusqu'alors, il avait si bien soutenu son personnage, que jamais personne ne s'est vanté de l'avoir fait tomber en contradiction dans ses réponses aux questions diverses qu'on lui faisait sur sa naissance et sur les particularités de son éducation. Henri VII lui-même n'osa pas lui faire subir un interrogatoire public, comme il avait fait à Simnel, et se contenta de l'interroger en particulier. Pourquoi donc cette réserve à l'égard d'un homme que la duchesse de Bourgogne avait hautement reconnu pour son neveu, que la cour de France avait accueilli et traité comme un prince de la maison d'Angleterre, à qui le roi d'Ecosse avait fait épouser une de ses parentes, et pour la défense duquel nombre de seigneurs anglais avaient sacrifié leur fortune et leur vie ? Ces considérations nous tiennent en suspens, et nous obligent de laisser en doute, avec

M. Horace Walpole, si le personnage dont il s'agit était ce qu'il prétendait être ou non.

Arthur, ou Artus, prince de Galles, ayant atteint l'âge de quinze ans, le roi Henri, son père, lui fit épouser, le 14 novembre 1501, Catherine d'Aragon, fille de Ferdinand le Catholique, roi d'Aragon, et d'Isabelle, reine de Castille. Mais le jeune prince mourut six mois après son mariage, sans l'avoir, dit-on, consommé. Le roi d'Angleterre alors, dans la crainte d'être obligé de rendre la dot de Catherine, qui était de 200 mille écus, la remarie avec Henri, son second fils, par dispense de Jules II, du 26 décembre 1503. Nous verrons sous le règne suivant les funestes effets de cette alliance, où le sordide intérêt du père eut plus de part que l'inclination du fils, qui n'avait alors que douze ans. Henri VII avait marié, quelques mois auparavant, Marguerite, sa fille, à Jacques IV, roi d'Ecosse, contre l'avis de son conseil, qui lui représenta que c'était le moyen de soumettre l'Angleterre à l'Ecosse. Il prétendit au contraire que cela servirait à réunir l'Ecosse à l'Angleterre; et l'événement a fait de cette réponse une prédiction. Ce prince, à qui tous ses projets réussissaient par des voies que souvent l'honneur et la probité n'autorisaient pas, termina sa carrière le 22 avril 1509, à Richemond, dans la cinquante-quatrième année de son âge, et la vingt-quatrième de son règne, ne laissant d'ELISABETH, son épouse (morte le 2 février 1503), que trois enfants sur sept qu'il en avait eus; savoir : Henri, qui lui succéda, et deux filles; Marguerite, alliée à Jacques IV, roi d'Ecosse, et Marie, qui fut la seconde femme du roi Louis XII, après avoir été promise à Charles, archiduc d'Autriche. Marie, après la mort de Louis XII, épousa Charles Brandon, duc de Suffolk.

L'amour de Henri VII pour la paix, le soin qu'il eut de l'entrenir d'une manière honorable avec ses voisins, les sages réglements qu'il fit pour l'administration de la justice, et son attention à les faire observer, les bornes étroites dans lesquelles il sut contenir la noblesse, les encouragements qu'il fournit à l'industrie, au commerce et aux arts, la protection qu'il accorda aux lettres, l'ont fait appeler le *Salomon de l'Angleterre.* Mais il se montra indigne de ce nom par une basse avarice, qui lui fit commettre bien des injustices, à l'ombre des lois, pour remplir ses coffres par des amendes, des confiscations et d'autres voies semblables, qui, pour être juridiques, souvent n'en étaient pas moins illicites. Il est le premier roi d'Angleterre qui ait eu des gardes. Son trésor, lorsqu'il expira, montait à 18 cent mille livres sterling : somme effroyable pour le tems.

Henri, par une loi donnée en parlement l'an 1489, ordonna que tout clerc convaincu de crime capital serait marqué d'un fer chaud à la main, avant que d'être renvoyé au juge d'église. Cette loi s'exécute encore aujourd'hui.

Ce fut sous le règne de Henri VII que l'on construisit, en Angleterre, le premier vaisseau de la marine royale. On le nomma *le Grand Henri;* il coûta 14 mille livres sterling. Jusqu'alors en Angleterre comme en France, quand l'état avait besoin d'une flotte, il louait et armait des vaisseaux marchands. (M. Gaillard.)

Tous les ans on changeait la date du règne de Henri VII au 21 août, suivant le livre rouge de l'échiquier : *Data regis Henrici VII mutatur singulis annis vicesimo primo die augusti.*

HENRI VIII.

1509. HENRI VIII, fils de Henri VII, et d'Elisabeth d'Angleterre, né au mois de juin 1492, réunissant en sa personne les droits des deux maisons de Lancastre et d'Yorck, monte sur le trône d'Angleterre le 22 avril. Le 7 juin, il consomme son mariage avec CATHERINE D'ARAGON, et le 22 du même mois, il est couronné avec la reine. Les fêtes qu'occasionna cette cérémonie furent si brillantes et si dispendieuses, qu'une bonne partie du riche trésor que Henri VII avait laissé dans ses coffres, y fut employée. Il en resta néanmoins assez pour fournir aux frais de la guerre que son fils entreprit, l'an 1513, contre la France, à la sollicitation du pape, de l'empereur et du roi d'Espagne. (*Voy.* Louis XII.) Pendant son absence, Jacques IV, roi d'Ecosse, pour faire une diversion en faveur de la France, se jette sur le Northumberland, et perd la bataille de Floddenfield, où il périt le 9 septembre 1513. La guerre contre la France semblait devoir être de longue durée. Henri, en la commençant, se proposait de reprendre la Guienne, cet ancien patrimoine de sa couronne. C'était le roi Ferdinand, son beau-père, qui lui avait présenté cette perspective, afin d'attirer de ce côté-là ses troupes et de les employer à la conquête de la Navarre, qu'il méditait. Revenu bientôt de son illusion, Henri porta la guerre en Flandre, où il eut l'honneur d'avoir l'empereur à sa solde. Mais s'étant aperçu qu'il était joué par ses alliés, il conclut, le 14 septembre 1514, un traité de paix avec Louis XII, moyennant la cession que lui fait celui-ci de la ville de Tournai, avec la promesse d'un million d'écus. Quelques jours après, ce traité fut cimenté par le mariage de la sœur de Henri avec Louis XII. La mort de Maximilien ayant laissé vacant, au mois de janvier 1519, le trône impérial, Henri députe Richard Place, à la diète électorale, pour le briguer en son nom. Le choix, comme l'on sait, tomba sur Charles-Quint. Henri digéra mieux cette préférence que François Ier, roi de France, l'un des compétiteurs, qui ne put jamais la pardonner à l'empereur élu. Les deux rois, qui cherchaient à se connaître et se lier, convinrent d'une entrevue entre Ardres et Guines. Charles-Quint, délié politique, ayant ouï parler en Espagne de ce projet, en craignit les suites. Pour les parer, il prit occasion d'un voyage qu'il faisait par mer aux Pays-Bas, de relâcher en Angleterre, où il fut reçu par Henri avec les honneurs dûs à son rang. Le cardinal Wolsey, premier ministre, qu'il eut soin de gagner par des présents et des promesses magnifiques, lui concilia l'amitié de son maître. Wolsey, fils d'un boucher d'Ipswich, était parvenu par la souplesse de son genie à toutes les dignités qu'il pouvait espérer en Angleterre; archevêque d'Yorck, chancelier, cardinal, légat *à latere*; il ne manquait à ses désirs que la papauté qu'il se flattait d'obtenir par la faveur de Charles-Quint.

L'entrevue des deux rois s'ouvrit néanmoins le 7 juin de la même année, et continua jusqu'au 24 de la manière dont on l'a dit à l'article de François Ier. L'empereur voit à son tour le roi d'Angleterre, et le prend pour arbitre entre lui et le roi de France. Wolsey, par ordre de Henri, se rend, l'an 1521, à Calais, pour faire les fonctions de médiateur en son nom. Mais le médiateur contribua plus à éloigner les parties qu'à les rapprocher. Etant allé, de-là, trouver l'empereur à Bruges, il convient, le 24 novembre, d'une ligue de son maître avec lui contre la France. Henri était occupé alors à composer son ouvrage *des sept Sacrements* contre Luther. Le pape Léon X, auquel il fut présenté de sa part, en fit le plus grand éloge, et donna au roi le titre de *Défenseur de la Foi*, que Henri sollicitait depuis cinq ans (Mansi), et qu'il démentit bien dans la suite.

La mort de Léon X, arrivée le premier décembre 1521, semblait ouvrir l'entrée du saint siége à l'ambition de Wolsey. Mais l'empereur, au mépris de la parole qu'il lui avait donnée, y fit élever son précepteur, Adrien Florent. Craignant toutefois le ressentiment de ce ministre altier, il passe en Angleterre, et se rend sur la fin de mai suivant à Windsor, afin de réparer l'atteinte que cet événement donnait à leur bonne intelligence. Il y réussit en promettant de le satisfaire à la première vacance que le grand âge d'Adrien annonçait comme prochaine. Le roi, charmé des attentions qu'il redouble envers lui-même, confirme le traité de Bruges, et installe l'empereur dans l'ordre de la Jarretière. Pour remplir ses engagements, Henri, peu de jours après le départ de l'empereur, déclare la guerre à la

France, et la fait sans succès cette année et la suivante, comme il l'avait entreprise sans motif. La funeste bataille de Pavie, où le roi François Ier. fut fait prisonnier le 24 février 1525, réconcilia le roi d'Angleterre avec ce prince, et le tourna contre Charles-Quint, son vainqueur. Wolsey, pour qui l'empereur n'avait plus les mêmes égards, fomenta ces dispositions, et engagea son maître à faire un traité d'alliance, le 30 août de la même année, avec la régente de France, pendant la prison du roi, son fils. Il le renouvela avec ce prince après sa délivrance. Henri, l'an 1527, joignit ses troupes à celles que François Ier. envoya, sous la conduite de Lautrec, en Italie, après le sac de Rome, et pendant la captivité du pape Clément VII.

Henri, cette même année, s'étant laissé prendre d'une passion violente pour Anne de Boulen, fille d'honneur de la reine, forme la résolution de l'épouser. Pour y réussir, il commence à feindre des scrupules sur la validité de son mariage, contracté dix-huit ans auparavant, avec la veuve de son frère, et dont il était né trois enfants. Telle est la cause du divorce du roi avec Catherine d'Aragon, et telle est l'origine scandaleuse de la prétendue réforme en Angleterre, et du schisme qui sépare encore aujourd'hui ce royaume de l'église catholique. Le pape Clément VII, après avoir commis les cardinaux Wolsey et Campège, pour décider, en Angleterre, l'affaire du divorce, l'évoque à Rome, l'an 1529, par une bulle du 15 juillet. Wolsey, pour ne s'être pas conformé au goût de son maître dans l'exercice de sa commission, tombe dans la disgrâce; les sceaux lui sont retirés et donnés à Thomas Morus. Tout le monde applaudit à la chute de ce favori, devenu odieux par son faste et sa hauteur. Le 9 octobre, il est déféré au banc du roi, comme coupable de plusieurs crimes d'état. Ses biens sont confisqués au profit du roi, qui veut bien lui en rendre une partie. Mais Henri garde sa maison, appelée palais d'Yorck, aujourd'hui le palais de Whitehall. Cependant, malgré ses défauts, Wolsey était un grand ministre. Son maître ne connut ce qu'il valait qu'après l'avoir perdu. Il avait rendu florissant le royaume d'Angleterre, et prévu avec douleur tous les maux que les nouvelles opinions devaient y faire. Apprenant l'arrivée du lieutenant de la tour de Londres, qui venait pour l'y conduire, il prit, dit l'abbé de Longuerue, un poison qui lui causa un dévoiement, dont il mourut avant que d'y arriver, après s'être confessé. Depuis qu'il ne fut plus dans le ministère, ajoute-t-il, tout alla de mal en pis.

L'an 1530, Henri, par le conseil de Thomas Cranmer, docteur de Cambridge, consulte sur son mariage les universités de différents pays. Plusieurs docteurs de celles de France, d'Angleterre, d'Italie même, corrompus, à ce qu'on prétend, par l'argent de ce prince, donnent une décision favorable. Mais les universités protestantes d'Allemagne se déclarent hautement contre le divorce (1). Henri prend enfin le parti de faire décider cette affaire en Angleterre, et publie, dans un écrit imprimé, les raisons qu'il a de faire casser son mariage. Dans ces entrefaites, le cardinal Wolsey meurt, le 30 novembre, à l'abbaye de Leycester. On l'amenait alors de son église d'Yorck, où il s'était retiré, pour lui faire son procès à Londres, comme coupable de haute trahison. Le fondement de cette accusation était la légation qu'il avait exercée dans le royaume, quoiqu'il ne l'eût acceptée que du consentement du roi. Le chagrin qu'il eut de ce traitement, lui causa sur la route une fièvre qui l'emporta. Plusieurs modernes mettent sa mort en 1533, et se trompent. Ce prélat était, comme on l'a dit, de la plus basse naissance. La fortune l'avait élevé au plus haut degré de la prospérité, pour le précipiter ensuite dans l'abîme de la disgrâce. *Hélas!* dit-il en mourant, *si j'avais servi le roi du ciel avec la même fidélité que j'ai servi le roi mon maître sur la terre, il ne m'abandonnerait pas dans ma vieillesse, comme mon prince m'abandonne aujourd'hui.* « Le roi, » dit M. Hume, fut fort fâché de sa mort lorsqu'on l'en eut » informé, et parla toujours de lui d'une manière honorable, » ce qui prouve que les dernières persécutions qu'il exerça con- » tre lui n'étaient pas fondées sur la découverte de quelques

(1) « En jugeant, dit M. Hume, cette question, même sur l'écri- » ture sainte, à laquelle on en appelait à tout moment, les arguments » que l'on faisait en faveur du roi étaient infirmes. Le mariage au de- » gré d'affinité où s'était contracté celui de Henri et de Catherine, est » en effet prohibé dans le Lévitique; mais il est naturel d'interpréter » cette prohibition comme faisant partie des lois municipales ou céré- » moniales des Juifs. Quoiqu'on y dise dans la conclusion que les » Gentils avaient encouru la vengeance divine en violant les degrés de » consanguinité, étendre cette maxime à tous les cas qui sont spécifiés » auparavant, c'est supposer que les écritures sont entrées dans des » détails minutieux, où nous savons que leurs écrivains ne croyaient » pas convenable de s'embarrasser. La descendance du genre humain, » d'un père commun, avait nécessairement obligé la première géné- » ration à se marier dans les degrés de consanguinité les plus proches. » On nous rapporte des exemples de cette nature parmi les patriar- » ches. Le mariage d'un homme avec la veuve de son frère, en cer- » tains cas, était non-seulement permis, mais même ordonné par les » lois de Moïse. On dit en vain que ce précepte était une exception à » la lo, et qu'il ne regardait exactement que la nation juive; il en ré- » sulte toujours que de tels mariages ne sont impurs ni naturellement, » ni moralement, sans quoi Dieu, l'auteur de toute pureté, ne les » aurait jamais permis dans aucun cas. »

» perfidies, et qu'il y entrait plus d'humeur que de raison ». Protecteur des lettres, qu'il avait toujours cultivées avec soin, Wolsey fonda, dans l'université d'Oxford, un collége où il établit la première chaire de grec qu'il y ait eue en Angleterre.

Le pape, cependant, pressé par les cardinaux de la faction de l'empereur, neveu de la reine Catherine, et excité d'ailleurs par un appel de cette princesse, faisait citer Henri à comparaître devant lui en personne ou par procureur. Résolu de ne faire ni l'un ni l'autre, le roi s'applique à saper l'autorité du pape en Angleterre. Le parlement, assemblé le 16 janvier 1531, entre dans ses vues, et porte la complaisance jusqu'à déclarer que *le roi est le protecteur et le chef suprême de l'église et du clergé d'Angleterre.* L'union entre le pape et l'église anglicane, par-là, fut en quelque sorte rompue. Le parlement, qui s'ouvrit le 15 janvier 1532, n'abolit pas néanmoins entièrement les taxes que la cour de Rome levait en Angleterre. Il se contenta de les modérer, et arrêta même de présenter une requête au roi, pour le supplier de ne pas renvoyer la reine, et d'abandonner la poursuite de son divorce. Mais le roi prévint la requête qui n'eut point lieu, et par ses insinuations, vint à bout de ramener les principaux membres de l'assemblée à sa manière de penser. Le chancelier Thomas Morus, prévoyant alors que toutes les démarches du roi et du parlement tendaient à se soustraire à la communion de Rome et à une altération de la religion, remit les sceaux au roi, et descendit de cette place éminente avec plus de joie, dit M. Hume, qu'il n'y était monté.

Henri, quoique déterminé à ne point se soumettre au jugement du pape, ne laissa point d'envoyer à Rome deux personnes de confiance, en qualité d'*excusateurs*, (c'est ainsi qu'on les nomma) pour faire l'apologie des motifs qui l'empêchaient de donner cette marque de déférence au souverain pontife. Dans la crainte néanmoins du ressentiment de l'empereur, dont la reine, sa tante, avait imploré le secours, il demanda une entrevue au roi de France, pour renouveler une alliance si nécessaire dans les conjonctures. Les deux monarques se virent au mois d'octobre 1532, entre Calais et Boulogne, et se séparèrent le 30 de ce mois, après s'être donné pendant plusieurs jours les marques réciproques de la plus tendre amitié. Anne de Boulen avait été du voyage. Henri, à son retour, conclut secrètement son mariage avec elle, et le fit célébrer le 14 novembre par le prêtre Roland Lée, qu'il fit depuis évêque de Coventri. Il avait trompé ce prêtre, en lui faisant entendre qu'il avait gagné son procès à Rome.

Warham, archevêque de Cantorberi, était mort le 23 août

précédent. Le roi ne jugea personne plus propre à remplir ce siége conformément à ses vues que Cranmer. Il était alors en Allemagne, où il prenait les avis des théologiens sur le divorce, et suçait en même tems le venin des nouvelles opinions. Henri, après l'avoir nommé le 9 septembre, demanda les bulles en cour de Rome, au mois de janvier 1533. Le pape hésita quelque tems sur le parti qu'il avait à prendre. Craignant toutefois qu'un refus ne donnât lieu à une rupture entière, il accorda les bulles. Avant qu'elles fussent expédiées, le parlement, assemblé le 4 février, porta une nouvelle atteinte à l'autorité du pape, en défendant tout appel à la cour de Rome, et en ordonnant que toutes les causes de quelque nature qu'elles fussent, seraient jugées dans le royaume aux cours ordinaires.

Cranmer étant arrivé d'Allemagne, fut sacré, suivant Burnet, le 18 mars; date qui paraît douteuse, puisqu'il ne fut mis en possession de son archevêché, par le roi, que le 29 avril. Henri avait bien choisi son homme. Assuré qu'il terminerait à son avantage l'affaire de son divorce, il presse la reine, pour laquelle il avait toujours eu jusqu'alors des égards, de vouloir bien y consentir. Sur son refus, il la prie de choisir tel de ses palais qu'il lui plaira pour y faire sa résidence. Elle la fixa pour quelque tems à Amphill, près de Dunstable. Cranmer s'étant transporté en cette ville, y rend, après des informations juridiques, deux sentences, l'une du 23 mai, par laquelle il déclare nul le mariage de Catherine avec Henri; l'autre, du 28, qui confirme le mariage de ce prince avec Anne de Boulen, dont le couronnement se fit le premier juin suivant. Le parlement, assemblé le 15 janvier 1534, ratifia les deux jugements de l'archevêque de Cantorberi, et fit, à la demande du roi, plusieurs statuts schismatiques. La réconciliation de ce prince avec le saint siége n'était pas néanmoins encore tout-à-fait désespérée. Le roi de France y travaillait, et tenait en suspens, par sa médiation, les foudres que Clément VII menaçait de lancer. Henri consentait à se soumettre au jugement du consistoire, pourvu que les Impériaux n'y entrassent point, et le pape avait promis de lui donner cette satisfaction. On attendait une réponse positive de ce prince dans un jour marqué. Le courrier qui devait l'apporter n'arriva point. Le pape, ce jour même, assembla le consistoire, et, par une précipitation fatale, rompit toutes les mesures, en déclarant légitime le mariage de Henri avec Catherine, et en prononçant l'excommunication contre lui, s'il persistait dans le divorce. Le courrier arriva deux jours après, avec les lettres du monarque. Mais le mal était sans remède; et jamais événement, dit M. l'abbé Millot, ne prouva mieux combien une fausse démarche dans les affaires importantes peut entraîner de suites pernicieuses.

Henri, séparé de l'église, devient fanatique, et ne garde plus de modération dans sa conduite. Egalement ennemi des Hérétiques, qu'il avait ci-devant combattus par ses écrits, et des Catholiques attachés au saint siége, il veut assujétir tous les Anglais à sa nouvelle façon de penser. Le parlement, dont tous les membres lui étaient asservis, s'étant assemblé le 23 novembre, confirme la suprématie qu'il s'attribuait, et condamne à une prison perpétuelle Jean Fischer, évêque de Rochester, qui avait été précepteur du roi, et Thomas Morus, qui refusaient de la reconnaître.

Une sanglante persécution s'ouvre, l'an 1535, contre tous ceux qui témoignent de l'éloignement pour le schisme. Plusieurs prieurs et moines, et entr'autres dix-huit chartreux, scellent, par le supplice de la potence, leur amour pour l'unité de l'église. Fischer et Thomas Morus sont condamnés à perdre la tête, et subissent la mort (le premier le 22 juin, le second le 6 juillet), avec une fermeté comparable à celle des anciens martyrs. Tel est le portrait que trace M. Hume de Morus : « Cet homme, dit-il, indépendamment de ses connaissances » étendues dans la littérature, réunissait la vertu la plus » sublime et l'intégrité la plus pure au génie le plus vaste. Il » se joua de tous les caprices de la fortune, qui le placèrent » si diversement dans le cours de sa vie. Toujours au-dessus » d'elle, ni l'orgueil du rang, ni les disgrâces de la retraite et » de la pauvreté n'altérèrent l'égalité de son ame ou la viva- » cité de son esprit. Il apprit à sa famille non à rougir de sa » disgrâce, mais du regret qu'elle faisait paraître de sa faveur ».

La reine Catherine avait passé d'Amphill, à Kinbolton, dans la province d'Huntington. Elle y termina sa vie et ses chagrins, le 8 janvier 1536, dans la cinquantième année de son âge. Avant que de mourir, elle dicta une lettre pour le roi, qu'elle nommait *son très-cher roi, seigneur et époux*, et finissait un adieu tendre par ces mots : *Je vous proteste qu'au moment où mes yeux sont prêts à se fermer pour jamais, mon unique désir serait de les attacher sur vous.* Henri en fut attendri, et ordonna ses funérailles dans l'abbaye de Péterborough, qu'il érigea dans la suite en évêché. Catherine passa trente-trois ans en Angleterre, et ne songea point à en sortir, de peur de nuire à sa fille : c'est ce même intérêt qui lui fit supporter sans murmure les mortifications dont on voulait lasser sa patience. Depuis la sentence de divorce, elle ne reçut que le douaire de veuve du prince de Galles, et dans tout le royaume, que le titre de douairière, hors dans sa maison, où elle se faisait traiter en reine. L'histoire lui donne des vertus respectables, beaucoup de piété, de douceur, peu d'attachement aux grandeurs, une application continuelle au travail, du mépris pour les plaisirs. Anne de Boulen s'attira l'indignation du public par la joie immodérée qu'elle fit éclater en apprenant la mort de cette princesse infortunée. Un revers terrible ne tarda pas à dissiper l'illusion de son triomphe insolent. Parmi ses filles d'honneur, Jeanne de Seymour (ou plutôt de Saint-Maur), frappa les yeux de Henri par sa beauté. Dégoûté de la reine, il veut mettre cette fille à sa place, et pour y réussir, il la fait condamner, par vingt-six pairs, avec le lord Rochefort, son frère, à perdre la tête, pour crime non avéré d'inceste, et pour crime, aussi mal prouvé, d'adultère: ce qui fut exécuté le 19 mai. Le roi, dès le lendemain, épouse **Jeanne de Seymour**, et trois jours après, il fait en public la cérémonie de ses noces. (Le père de Jeanne était un chevalier descendu de l'ancienne maison de Saint-Maur, en Normandie, établie en Angleterre du tems de Guillaume le Conquérant.) On remarque que le roi voulant faire casser juridiquement son mariage avant l'exécution d'Anne, l'archevêque de Cantorberi, Cranmer, en qualité de président de la cour ecclésiastique, annulla ce mariage, la surveille du supplice de l'accusée, par une sentence de divorce, sur ce que la reine elle-même avoua qu'elle n'avait pu épouser le roi, après avoir donné sa foi par écrit au lord Perci, fils du comte de Northumberland. Dans la première session du parlement, assemblé le 8 juin, tous les petits monastères, au nombre de 376, dont les revenus étaient au-dessous de 200 livres sterlings, sont supprimés, et tous leurs biens, meubles et immeubles sont vendus au profit du roi. C'est par là qu'on commença à détruire la religion catholique en Angleterre. Il se formait cependant, au nord de ce royaume, une confédération, sous le nom de *Pélerinage de la Grâce*, pour la défense de l'église et la suppression de l'hérésie. Des prêtres, en habits sacerdotaux, marchaient à la tête des confédérés, qui portaient le nom de *Jésus* brodé sur leur manche, et avaient la croix pour bannière. Le duc de Norfolk, envoyé contre ces rebelles, qui s'étaient déjà rendus maîtres d'Yorck et de Hull, les intimide, et les engage à mettre bas les armes, en leur promettant le pardon.

La nouvelle reine ne jouit pas long-tems de sa bonne fortune. Etant accouchée, le 12 octobre 1537, d'un fils, qui eut le nom d'Edouard, elle mourut le lendemain de l'opération césarienne qu'on lui avait faite pour sauver son fruit.

Ce qu'annonçait la suppression des petits monastères (1) arriva l'an 1539. Le roi, dont elle n'avait fait qu'*aiguiser l'appétit*, comme parle Thoiras, prend la résolution de supprimer toutes les abbayes et autres maisons religieuses d'Angleterre. Pour l'exécution de ce projet, il se fait faire des résignations des monastères par les abbés et les moines. Thoiras convient lui-même que *les désordres vrais ou prétendus des moines, n'étaient qu'un pur prétexte pour couvrir la vengeance du roi, et peut-être sa cupidité*. Le parlement, qui sous ce règne ne s'assemblait plus que pour servir les passions du prince, lui accorde les biens des monastères, qu'on supposait lui avoir été volontairement résignés. Cromwell, qu'il avait nommé son vice-gérent, est chargé d'en faire démolir les édifices. La suppression des monastères est suivie de la loi des six articles, qui sont conformes à la doctrine de l'église; mais la loi est contraire à l'esprit de douceur qui conduit l'église, en ce qu'elle condamne à être pendus et brûlés, ceux 1°. qui nient la transsubstantiation; 2°. qui demandent la communion sous les deux espèces; 3°. qui croient le mariage des prêtres légitime; 4°. qui croient qu'on peut violer le vœu de virginité; 5°. qui regardent les messes basses comme inutiles; 6°. qui ne croient pas la confession auriculaire nécessaire au salut. Les religionnaires appelèrent cette loi *le statut de sang*. Plusieurs d'entre eux en éprouvèrent la sévérité.

Henri VIII affectait une grande horreur pour l'adultère, et ne pouvait se passer de femme. Sur un portrait infidèle qu'on lui montra d'Anne, fille de Guillaume, duc de Clèves, il envoie Cromwell faire la demande de la princesse. Elle arrive en Angleterre sur la fin de décembre, et le roi se rend *incognito* à Rochester pour la voir. Mais la trouvant fort différente de son portrait, il se retira confus, et dit à ses confidents, en jurant, qu'on lui avait amené une *cavale flamande*. Il n'osa pas néanmoins reculer, et le mariage se célébra le 6 janvier 1540. Le roi dissimule son mécontentement à Cromwell qui l'avait si mal servi dans son ambassade. Il l'élève même au mois d'avril suivant à la dignité de comte d'Essex, et le nomme pour faire l'ouverture du parlement, qui s'assembla le 12 de ce mois. Cromwell y fait ordonner la suppression de l'ordre des chevaliers de Saint-Jean, nouvellement établi à Malte. Mais l'assemblée finie, ce

---

(1) Le projet de supprimer les petits monastères avait été proposé à l'évêque Jean Fischer par certains ecclésiastiques. Il répondit par cet apologue: « La coignée demanda une branche d'arbre à la forêt pour » s'en faire un manche. L'ayant obtenue, elle s'en servit pour détruire » la forêt même. »

ministre est accusé de haute trahison par le duc de Norfolk, qui le conduit, le 13 juin, à la tour, par ordre du roi. On lui fait son procès, et le 28 juillet il est exécuté à mort. Cromwell était l'objet de l'envie de la haute noblesse, qui ne pouvait voir sans dépit le fils d'un maréchal ferrant élevé au-dessus d'elle. Henri était alors épris de la beauté de Catherine Howard, nièce du duc de Norfolk. Impétueux dans ses passions, il se détermine à faire casser son nouveau mariage pour l'épouser. Le parlement, toujours asservi à ses volontés, donne les mains à la proposition qu'il lui en fait, et CATHERINE HOWARD, qu'il avait déjà épousée en secret, est déclarée reine le 8 août. Ce n'était rien moins qu'une vestale qu'il avait admise dans sa couche. Catherine s'était auparavant livrée au plus infâme libertinage; et depuis son mariage, elle continua le même genre de vie. Le roi fut un des derniers à s'en apercevoir. Furieux d'avoir été trompé par une femme qu'il adorait, il dénonce sa conduite au parlement, le 6 février 1542. Son procès fut instruit en peu de jours. Condamnée à perdre la tête, elle subit son jugement le 13 février.

L'intérêt est le grand mobile des princes dans leurs alliances et leurs divisions. Henri, pour qui François Ier. n'avait plus les mêmes égards, cherche à se réconcilier avec Charles-Quint, et lui députe l'évêque de Londres pour lui proposer de s'allier avec lui contre la France. L'empereur était alors en guerre avec cette puissance, et Henri se flattait qu'en réunissant leurs forces, ils viendraient à bout d'en distraire les provinces qui étaient le plus à leur bienséance. L'empereur sacrifia ses griefs aux avantages que le roi d'Angleterre lui faisait espérer, et le traité proposé fut signé le 8 avril 1543. Henri termina, le 1er. juillet suivant, la guerre qu'il faisait à l'Ecosse, par le mariage projetté, qui n'eut point lieu, du prince Edouard, son fils, avec Marie, fille de Jacques V, mort l'année précédente. Il donna lui-même sa main, le 12 de ce mois, à CATHERINE PARR, veuve du lord Latimer. Henri, surchargé d'embonpoint, incommodé d'un ulcère à la jambe, et menacé d'une maladie mortelle, trouva dans la complaisance et dans les soins empressés de cette épouse le soulagement de ses maux. Mais elle était imbue de la doctrine de Luther; obligée d'entendre le roi continuellement disserter sur la théologie, elle se hasardait souvent à le contredire, et peu s'en fallut qu'elle ne subît la peine de sa témérité. Son esprit la tira du péril auquel elle s'était exposée. Persuadé par ses excuses qu'elle n'avait cherché qu'à s'instruire, en disputant contre un savant aussi profond que lui, Henri lui pardonna et lui rendit son affection.

La discorde qui régnait en Ecosse entre le comte de Lenox et le comte d'Arran qui se disputaient la principale autorité, donna occasion au roi d'Angleterre d'envoyer, l'an 1544, une armée dans ce royaume, pour y faire une invasion. Mais après que ses troupes eurent brûlé Dumbar et Haddington, il les rappela pour les amener en France, où l'appelait son alliance avec Charles-Quint. Celui-ci l'avait prévenu ; et déjà maître de Luxembourg et de Ligni, il faisait le siège de Saint-Dizier lorsque Henri, après son débarquement, vint investir Boulogne et Montreuil. Il se rendit maître de la première de ces deux places, et leva le siége de l'autre sur la nouvelle d'un traité de paix que l'empereur venait de conclure (le 18 septembre), avec François Ier. C'est à quoi se termina son expédition, dont les frais ne furent pas, à beaucoup près, compensés par la conquête de Boulogne. Henri, de retour en Angleterre, acheva de se ruiner par sa prodigalité. Pour faire ressource, il obtint du parlement, assemblé le 23 novembre 1545, la propriété des biens des hôpitaux, des chapellenies, et des universités qui furent toutes supprimées, à l'exception de celles de Cambridge et d'Oxford. Cette assemblée porta la bassesse jusqu'à reconnaître que le roi a toujours été de droit divin, le chef suprême de l'église anglicane, que les évêques et les autres supérieurs ecclésiastiques tiennent de lui leur juridiction, et que lui seul a reçu du ciel la puissance de régler la croyance et de réformer les abus.

La guerre continuait toujours, mais faiblement, entre l'Angleterre et la France. L'an 1546, elle fut terminée par un traité de paix signé le 7 juin. Boulogne resta au pouvoir des Anglais jusqu'au remboursement des arrérages de la pension que François Ier. faisait à Henri. Lors de la publication de cette paix à Londres, il y eut une procession solennelle où l'on étala tous les riches ornements et bijoux qui appartenaient aux églises ; mais ce fut pour la dernière fois. Le roi, peu de tems après, s'appropria toutes ces richesses en vertu de son autorité souveraine. (Barrow.) Les Protestants se réjouirent de cette usurpation sacrilége, les Catholiques en gémirent. Mais les uns et les autres éprouvèrent également les effets du fanatisme qui animait le roi. Le duc de Norfolk et le comte de Surrey, son fils, furent arrêtés sur quelques délations, n'ayant d'autre crime que celui d'être attachés, quoiqu'en secret, à la religion catholique : le comte de Surrey est condamné à mort, et exécuté le 19 janvier 1547 ; le duc devait l'être le 29, et l'ordre en fut donné au lieutenant de la tour ; mais la mort du roi, arrivée la nuit du 28 au 29, lui sauva la vie par un trait des plus marqués de la providence. Henri était dans la cinquante-cinquième année de son âge, et dans la trente-huitième de son règne. En mourant il avoua qu'il n'avait jamais refusé la vie d'un homme à sa vengeance, ni l'honneur d'une femme à ses désirs. Il n'en disait pas encore assez. En effet, sous le règne de ce prince, il n'y eut d'autre religion et d'autres lois en Angleterre que sa volonté et sa passion: il ajoutait, il retranchait; et, comme s'il eût été infaillible, il n'avait qu'à manifester ses sentiments pour les faire approuver par le parlement, et leur faire donner force de loi. Jamais despote ne fut plus absolu; il en coûta presque toujours la vie à quiconque osa s'opposer à ses volontés. On compte, parmi les personnes sacrifiées à ses passions, deux reines, deux cardinaux, trois archevêques, dix-huit évêques, treize abbés, cinq cents prieurs, moines et prêtres, quatorze archidiacres, soixante chanoines, plus de cinquante docteurs, douze ducs, marquis et comtes, avec leurs fils, vingt-neuf barons et chevaliers, trois cent trente-cinq nobles moins distingués, cent vingt-quatre citoyens, et cent dix femmes de condition. Toutes ces personnes, excepté les deux reines, furent mises à mort pour avoir désapprouvé le schisme et les désordres du roi Henri, quoiqu'il leur supposât souvent des crimes pour avoir occasion de les faire mourir. Le parlement, dit un historien, était si fort subjugué sous ce prince, qu'il ordonna que ceux qui auraient prêté de l'argent à Henri seraient obligés de l'en tenir quitte. Quelque injuste que fût cet acte, les chambres ne furent pas fâchées que le roi le désirât, afin de faire cesser l'usage des emprunts qui, avec le tems, auraient rendu les parlements inutiles. (*Gal. philop.*) Henri fût marié six fois: 1°. le 3 juin 1509, avec CATHERINE D'ARAGON, morte en 1536; 2°. le 14 novembre 1532, en présence d'un petit nombre de témoins, comme le remarque M. l'abbé Garnier, (Histoire de France, in-4°., tome XII, page 526.) avec ANNE DE BOULEN; 3°. le 20 mai 1536, avec JEANNE DE SEYMOUR, morte le 14 octobre 1537; 4°. le 6 janvier 1540, avec ANNE DE CLÈVES, fille de Jean, duc de Clèves, qu'il répudia la même année; 5°, le 8 août 1440, avec CATHERINE HOWARD, décapitée le 13 février 1541; 6°, le 12 juillet 1543, avec CATHERINE PARR, laquelle deux mois après la mort de son époux, donna sa main au chevalier de Seymour, et mourut en septembre 1548. De toutes ces femmes, Henri ne laissa que trois enfants, dont il régla l'héritage par son testament. Édouard, fils de Jeanne de Seymour, fut son successeur immédiat; Marie, fille de Catherine d'Aragon, succéda à Edouard; et Elisabeth, née d'Anne de Boulen, succéda à Marie.

Le livre rouge de l'échiquier marque au 22 avril le changement de date du règne de Henri VIII. *Data regis Henrici octavi mutatur singulis annis vicesimo secundo die aprilis, et obiit* XXVIII°

die januarii, anno regni sui XXXVIII°. Avant le règne de ce prince on n'appelait le roi d'Angleterre que *votre grâce*. Henri VIII fut le premier qui se fit appeler *votre altesse*, puis *votre majesté*. Ce fut François Ier. qui lui donna ce dernier titre dans la célèbre entrevue de 1520, et non pas 1519 comme on pourrait l'inférer de ce qui a été dit ci-dessus.

Dans les premières années de Henri VIII, il ne croissait en Angleterre, ni chou, ni carotte, ni aucune racine comestible; et on a remarqué que la reine Catherine ne put avoir à son dîner une salade qu'après que son mari eut fait venir un jardinier des Pays-Bas. Les artichauts, les abricots, les prunes, y parurent pour la première fois vers le même tems. On n'y connaît que depuis 1524 les coqs d'Inde, les carpes et le houblon. On y apporta de l'île de Zante le groseillier en 1533, et les Flamands y envoyèrent des cerisiers en 1540.

Le règne de Henri VIII vit naître une quantité prodigieuse de modes différentes. Cela devint même si ridicule, qu'un artiste du tems publia une estampe satyrique sous le titre d'*Introduction to knowledge*, où un anglais est représenté nu, tenant d'une main une pièce de drap, et des ciseaux de l'autre. Cette gravure très-connue, est encore recherchée des curieux. Anne de Boulen porta le deuil en jaune pour Catherine d'Aragon.

EDOUARD VI, (IX.)

1547. EDOUARD VI, né le 12 octobre 1537, de Henri VIII et de Jeanne de Seymour, proclamé roi le 31 janvier à Londres, et couronné le 20 février, règne sous la tutelle de seize régents désignés par le testament du roi Henri. De ce nombre était Edouard Seymour, oncle du roi, comte de Hereford. Le jeune roi le créa duc de Sommerset, et ensuite le nomma protecteur du royaume, malgré l'opposition du chancelier Wriothéseli, zélé catholique, mais d'un caractère dur et ambitieux, qui bientôt, sous un léger prétexte, fut dépouillé de sa dignité. Délivré de ce rival, Sommerset travaille avec Cranmer, archevêque de Cantorberi, à l'établissement de la religion protestante en Angleterre. On donne au jeune monarque des maîtres qui lui enseignent les nouvelles erreurs. Cranmer fait venir d'Allemagne des recrues de luthériens qui s'emparent des chaires dans les églises et dans les écoles. Nul prélat, excepté Gardiner, évêque de Winchester, n'ose réclamer en faveur de l'ancienne religion. L'an 1547, le protecteur porte la guerre en Ecosse, dans la vue d'unir ce royaume à l'Angleterre, en contraignant la reine Marie de donner sa main à Edouard. Il gagne, le 10 septembre, la bataille de Pinkei ou de Musselbourg, où les Anglais ne perdirent pas deux cents hommes. Cette victoire eût peut-être été suivie de la conquête de l'Ecosse, si des cabales, qui se formaient contre le protecteur, ne l'eussent rappelé en Angleterre. A son retour, il convoque le parlement dans lequel il fait abolir les lois de Henri VIII, touchant les nouveaux dogmes, et sur tout celle des VI articles. Ce fut dans cette assemblée que le dernier sceau fut mis à la prétendue réforme, par la suppression des messes privées, des images, de la confession auriculaire, l'établissement de la communion sous les deux espèces pour les laïques, et l'obligation imposée aux évêques d'exercer leur juridiction au nom du roi. La guerre cependant continuait en Ecosse, où le protecteur avait laissé le comte de Warwick pour le remplacer: mais les succès furent balancés; et la reine, s'étant retirée, l'an 1548, en France où bientôt elle fut fiancée au dauphin, rompit, par là, toutes les mesures du protecteur. Celui-ci avait un ennemi irréconciliable dans l'amiral Thomas Seymour, son frère, époux de la veuve de Henri VIII. L'an 1549, après avoir inutilement essayé de le regagner, il étouffa la voix de la nature, et le livra au parlement, qui le condamna à mort sur trente-trois chefs d'accusation, qu'on refusa de lui communiquer. Ce jugement fut exécuté le 10 mars. Mais Thomas eut bientôt un vengeur dans le comte de Warwick, qui, choqué de la hauteur de Sommerset et de son despotisme, réussit par ses intrigues à le faire dégrader de ses offices par le parlement. Content de l'avoir humilié, il lui rendit ensuite son amitié, et cimenta leur réconciliation par le mariage de son fils avec la fille de Sommerset. Il fit plus, il le fit rentrer dans le conseil de régence. Les membres qui composaient cette espèce de tribunal, étaient occupés depuis son établissement à faire dans le culte public différentes innovations dont la principale fut une nouvelle liturgie, contraire en plusieurs points essentiels aux rites de l'église romaine. Des commissaires furent envoyés pour l'établir partout le royaume. Elle ne trouva d'opposition que chez la princesse Marie, dont la fermeté à la rejeter fut inébranlable. L'évêque Gardiner lui-même s'y soumit; ce qui n'empêcha pas qu'il ne fût déposé la même année à cause de son attachement aux principaux dogmes de l'église romaine. Le parlement, assemblé au mois de février 1550, imprima sa sanction à la nouvelle liturgie. Ce fut le signal de la guerre qui fut déclarée aux livres de l'ancienne. On les rechercha partout pour les brûler; et sous ce prétexte on pilla les bibliothèques dont les manuscrits, sans distinguer ce qu'ils renfermaient, furent livrés aux flammes ou vendus aux épiciers. Le duc de

Sommerset n'en fut pas quitte pour la première disgrâce qu'il avait essuyée. De nouveaux revers plus funestes l'attendaient pour lui faire entièrement expier la mort de son frère. Warwick, créé duc de Northumberland, devint à son tour l'objet de sa jalousie. Des imprudences qui la manifestèrent furent la cause de sa perte. Warwick l'ayant accusé d'avoir voulu attenter à sa vie et à celle de quelques membres du conseil, il fut arrêté et conduit à la tour. Ses juges, qui étaient en même tems ses parties, le condamnèrent à mort sans avoir voulu le confronter avec ses accusateurs. Pour rendre ce jugement exécutoire, la signature du roi, son oncle, était nécessaire. Warwick l'obtint par ses artifices au bout de deux mois; et le 22 janvier 1552, le duc de Sommerset fut décapité à huit heures du matin, sur l'esplanade de la tour. Le parlement, alors assemblé, passa le lendemain un bill qui déclarait bons et légitimes les mariages des prêtres; il statua des peines contre quiconque s'absenterait volontairement du culte public: il avait déjà défendu de célébrer la messe. Dans le cours de la même année, le roi fut attaqué de la petite vérole. Cette maladie, sans le défigurer, lui laissa dans la poitrine un venin qui le consuma lentement, et enfin l'enleva de ce monde à Greenwick, le 6 juillet 1553, à l'âge de seize ans. Ce jeune prince, le dernier mâle de la maison de Tudor, était savant pour son âge, et avait d'excellentes qualités; mais il eut le malheur d'être élevé dans le schisme et dans l'erreur, et de mourir fort attaché à l'un et à l'autre.

Depuis Henri III, un grand nombre d'allémands s'étaient rendus maîtres du commerce en Angleterre à la faveur des grands priviléges que ce prince avait accordés aux villes anséatiques. Edouard VI modéra ces priviléges, ce qui excita l'émulation des Anglais et les porta à se livrer au même genre de travail qui avait enrichi ces étrangers.

JEANNE GRAY.

1553. Jeanne Gray, fille aînée de Henri Gray, duc de Suffolk, et de Françoise Brandon, est proclamée reine, le 10 juillet, par les intrigues du duc de Northumberland, son beau-père, ci-devant comte de Warwick. Ce courtisan, qui avait tout crédit sur l'esprit d'Edouard VI, l'avait engagé à instituer Jeanne Gray son héritière au préjudice de Marie et d'Elisabeth, sœurs de ce prince. Jeanne descendait de Henri VII par Marie, son aïeule maternelle. Elle ne porta que neuf jours la couronne, ayant été obligée de la céder à l'héritière légitime, le 19 juillet. Jeanne Gray eut la tête tranchée le 12 février 1554, deux heures après l'exécution du lord Guilford-Dudley, son mari : et le duc de Suffolk, son père, subit un pareil sort le 17 du même mois. Le duc de Northumberland, beau-père de Jeanne, avait été exécuté dès le mois d'août 1553, après avoir abjuré l'hérésie sur l'échafaud.

La pointe des souliers et des bottes s'était tellement alongée depuis quelque tems, qu'on fut obligé de la restreindre à deux pouces par une loi particulière.

MARIE, Reine d'Angleterre.

1553. Marie, fille de Henri VIII et de Catherine d'Aragon, née le 18 février 1516, est proclamée reine d'Angleterre, avec un applaudissement universel, à Londres, le 19 juillet, par les soins du comte d'Arondel, et couronnée le 4 octobre par Gardiner, évêque de Winchester. La princesse Elisabeth, sœur de Marie, porta dans cette cérémonie la couronne qu'on devait mettre sur la tête de la reine. Elisabeth dit tout bas à l'ambassadeur de France, le comte de Noailles, que cette couronne était bien pesante, et qu'elle était lasse de la porter. *Prenez patience, madame*, lui répondit l'ambassadeur, *bientôt cette couronne, placée sur votre tête, vous paraîtra plus légère.* (Griffet.)

Marie, fermement attachée à la foi de l'église, ne pouvait s'allier qu'à un prince catholique. Elle trouva l'époux qui convenait à sa religion dans Philippe, fils de Charles-Quint, et depuis roi d'Espagne. Les articles de leur mariage furent signés le 12 janvier 1554. Cette alliance excita parmi les Anglais des murmures qui dégénérèrent bientôt en une révolte ouverte. Le duc de Suffolk et un gentilhomme nommé Thomas Wyat, se mettent à la tête des rebelles; les chefs sont battus, arrêtés et exécutés, et la conjuration se dissipe. La reine, zélée pour la religion catholique, nomme des commissaires pour déposer les évêques mariés, et rétablit l'ancienne liturgie de l'église. Le 2 avril, elle convoque le parlement, qui approuve son mariage avec Philippe. Ce prince arrive d'Espagne à Southampton (1)

(1) La reine avait envoyé au-devant de Philippe une escadre de vaisseaux anglais, qui se joignit à celle d'Espagne sur laquelle on avait embarqué quatre mille hommes de troupes destinées à passer en Flandre. Mais les navires espagnols étaient si petits, si faibles, et si mal équipés, que l'amiral d'Angleterre les comparait à des coquilles de moules. Le prince amenait avec lui les principaux seigneurs de la cour d'Espagne, et entr'autres le duc d'Albe, don Ruys Gomès, l'amiral de Castille,

le 19 juillet, suivant M. Hume, et épouse le 25 la reine Marie. Il obtient la grâce de la princesse Elisabeth et de plusieurs autres personnes enfermées avec elle dans la tour de Londres, pour avoir trempé dans la conjuration du duc de Suffolk et de Wyat.

Il y avait dans la maison royale un homme très-propre à seconder les vues de la reine pour l'extinction du schisme et la réconciliation de l'église anglicane avec le saint siége. C'était le cardinal Renaud Polus ou de la Pôle, petit-fils par sa mère du duc de Clarence. Mais il était absent d'Angleterre depuis environ trente ans. Nommé doyen d'Excester dès sa première jeunesse par le roi Henri VIII, il avait été faire ses études à Paris, d'où il s'était ensuite rendu à Padoue pour les achever. Henri, lorsqu'il y était encore, fit de vaines tentatives par lettres pour lui faire approuver son divorce et son schisme. Polus ne lui répondit que par son *Traité de l'Unité de l'Eglise*. Résolu de se fixer en Italie, il se lia intimement avec tout ce qu'il y avait en ce pays de plus distingué soit par le rang, soit par le mérite. Ses vertus, son savoir, et le sacrifice qu'il faisait à la religion des avantages que sa naissance lui donnait lieu d'espérer en sa patrie, déterminèrent le pape Paul III, en 1536, à l'admettre dans le sacré collége, quoiqu'il ne fut encore que diacre. Jules III, à la demande de la reine Marie, l'envoya, l'an 1554, en Angleterre avec le titre de légat. Y étant arrivé le 24 novembre, il alla prendre séance le 30 au parlement; et sur la promesse que firent les deux chambres de révoquer toutes les lois faites contre l'autorité du pape, il leva les censures et réunit l'Angleterre à l'église romaine. La présence du cardinal ne servit pas à modérer le zèle excessif de la reine contre les Hérétiques. Elle commença, l'an 1555, à les faire rechercher; et plusieurs, entre lesquels on compte quatre évêques et treize prêtres, furent livrés aux flammes. Ces supplices, contraires à l'esprit de l'Evangile, furent très fréquents sous le règne de Marie. Philippe, dont le caractère et les principes ne s'opposaient

---

don César de Gonzague, fils de don Fernand, le marquis de Pescaire, le comte de Feria, etc. Il avait aussi trois des principaux seigneurs de Flandre à sa suite, le comte d'Egmond, le comte de Horn, le marquis de Berghes. Six lords anglais, d'une naissance distinguée, vinrent le prendre dans une barque richement ornée. Il y entra après avoir reçu l'ordre de la Jarretière, qui lui fut présenté par le comte d'Arondel entre les mains duquel il fit serment d'observer exactement les lois du royaume. (Griffet.)

point à ces exécutions, quitte l'Angleterre au mois de septembre et passe en Flandre.

Cranmer, archevêque de Cantorberi, le promoteur et l'apologiste du divorce de Henri VIII, le principal auteur du changement de la religion en Angleterre, et l'instigateur de la plupart des meurtres qui s'étaient commis sous les deux règnes précédents, ne pouvait échapper à la vengeance de Marie. L'ayant fait arrêter, elle le livra aux juges qui le condamnèrent au feu comme traître et hérétique. La crainte de ce supplice lui arracha une rétractation de ses erreurs, qu'il signa dans sa prison. Mais le malheureux, étant sur le bûcher, la révoqua lorsqu'il vit qu'il n'y avait point de grâce à espérer. Son archevêché fut donné au cardinal Polus, qui employa tous ses soins à purifier l'église de Cantorberi des erreurs que Cranmer y avait introduites.

Philippe, époux de Marie, nouveau roi d'Espagne, étant revenu le 20 mai 1557, en Angleterre, engage cette princesse à s'unir avec lui contre la France. En conséquence, elle envoie un héraut déclarer la guerre à cette couronne, et fait partir, le 17 juin, huit mille anglais pour aller joindre l'armée espagnole dans les Pays-Bas. Philippe, avec leurs secours, gagna, le 10 août de cette année, la fameuse bataille de Saint-Quentin. Mais au commencement de la suivante, le duc de Guise se rend maître de Calais, le 8 janvier, en sept jours de siége. Guines, après deux assauts, ouvre ses portes le 21 du même mois, et la garnison du château de Ham ayant pris la fuite dès qu'il parut, la France, par-là, se trouva entièrement délivrée des Anglais. Une flotte de cent vingt vaisseaux qu'ils avaient en mer sous le commandement du lord Clington, débarqua, le 1er. juin, des troupes sur les côtes de Bretagne. Elles brûlèrent le Conquet, et furent obligées de regagner leurs vaisseaux en diligence, après avoir été considérablement maltraitées. Ces revers, dont on murmura beaucoup en Angleterre, firent consentir la reine à des conférences pour la paix, qui s'ouvrirent, le 15 octobre 1558, à Cateau-Cambrésis Elles durèrent près de six mois, et Marie n'en vit pas la fin. Une hydropisie, qu'on prit pour une grossesse, la conduisit au tombeau le 17 novembre suivant, dans la quarante-troisième année de son âge et la sixième de son règne. Sa mort fut une grande perte pour la religion catholique, qu'elle appuya de toute son autorité, mais par des voies (il faut en convenir) souvent trop rigoureuses, au gré de cette même religion. Le zèle de Marie tint de l'âcreté de son tempérament, et produisit plus de changements forcés que de conversions réelles. Le cardinal Polus, dont les auteurs protestants et

Thoiras lui-même ne peuvent s'empêcher de dire du bien, mourut seize heures après la reine. Lorsqu'on lui eût annoncé la mort de cette princesse, prévoyant tous les maux que la religion devait souffrir sous Elisabeth, il prit son crucifix, et dit en le baisant : *domine, salva nos, perimus.* Ce furent les dernières paroles qu'il prononça.

ELISABETH.

L'an 1558, le 17 novembre, ELISABETH, née, le 7 septembre 1533, de Henri VIII et d'Anne de Boulen, passa du château de Wodwort, où elle était retenue comme prisonnière, sur le trône d'Angleterre, qui lui fut déféré à l'exclusion de Marie, reine d'Ecosse, petite-fille de Marguerite, sœur aînée de Henri VIII et de Françoise, duchesse de Suffolk, fille de Marie, sœur cadette du même roi. Le 15 janvier (N. S.) de l'année suivante, elle est couronnée par l'évêque de Carlisle, qui était de la communion romaine, et fait serment de maintenir la religion catholique, et de conserver l'église avec ses priviléges et ses libertés. Mais une semblable promesse, faite à Dieu aux yeux de tout un peuple, n'était qu'un jeu pour elle, comme la suite de sa conduite le fit voir. En recevant l'onction sainte, elle dit aux dames d'honneur qui l'accompagnaient : *Ne m'approchez pas, car la puanteur de cette mauvaise huile pourrait vous incommoder.* Ce fut par ce trait irreligieux qu'elle sortit de cette profonde dissimulation (1) dont elle avait usé sous le règne précédent par rapport à la religion. Bientôt elle leva entièrement le masque. Persuadée que Rome ne la maintiendrait pas sur le trône, elle se déclara hautement pour la religion prétendue ré-

(1) Elle avait toujours évité, sous le règne précédent, toute dispute sur les matières controversées de religion. Un jour qu'on la pressait de dire ce qu'elle pensait de ces mots de Jésus-Christ : *Ceci est mon corps*, et si elle croyait que ce fût le vrai corps du sauveur qui était dans le sacrement de l'autel ; après avoir réfléchi quelque tems, elle répondit, à ce qu'on prétend :

Ce fut le Verbe qui le dit ;
Il prit le pain et le rompit ;
Et ce que le Verbe alors fit,
Je le prends comme il l'établit.

Cette réponse, qui paraît superficielle, dit le traducteur de M. Hume, a cependant plus de subtilité qu'elle n'en montre au premier coup-d'œil. Elle lui servit du moins alors à se garantir du danger où elle se serait livrée en faisant une réponse positive à une question captieuse.

formée, la favorisa de tout son pouvoir, et ne cessa de persécuter les Catholiques. Le parlement, assemblé le 25 janvier 1559, entre dans ses vues, proscrit l'ancienne religion, et donne à une femme le titre ridicule de *Gouvernante suprême tant dans les choses ecclésiastiques que dans les temporelles.* La reine Marie avait à la vérité déjà pris le même titre au commencement de son règne; mais loin de s'en servir pour opprimer la religion catholique, elle n'avait employé qu'à son rétablissement l'autorité qu'il lui donnait. Pleinement convaincue de l'absurdité d'une pareille dénomination, elle l'avait quittée dès qu'elle ne l'avait plus jugée nécessaire à l'accomplissement des ses desseins. Mais ce fut dans des vues tout opposées que le parlement fit revivre ce titre en faveur d'Elisabeth; et cette princesse, dès qu'elle en fut revêtue, prétendit le faire valoir dans toute son étendue pour changer et bouleverser la religion à son gré. Il n'y eut de réclamation ouverte contre cet avilissement de l'autorité ecclésiastique que de la part de quatorze évêques et environ cent cinquante bénéficiers. Les prélats furent déposés et mis en prison, leurs adhérents privés de leurs bénéfices, et tout le clergé se soumit. Elisabeth, dès son avènement au trône, régla sa conduite sur deux maximes dont elle ne se départit jamais. La première fut de se concilier l'affection de ses sujets protestants; la seconde d'occuper ses ennemis dans leurs propres états. Les peuples avaient été presque accablés sous les règnes précédents; ils trouvèrent dans les économies de la reine, et dans les encouragements qu'elle fournit à l'industrie, au commerce et aux arts, le soulagement de leurs peines. La France, l'Espagne et l'Ecosse, malgré la paix que la première de ces trois puissances avait conclue, le 2 avril 1559, avec Elisabeth, cherchaient à lui enlever sa couronne: elle fit un traité, l'an 1560, avec les mécontents d'Ecosse; fomenta, l'an 1562, la révolte des Pays-Bas, et envoya la même année du secours aux Huguenots de France, qui lui livrèrent le Hâvre-de-Grâce par traité fait, le 20 septembre, à Londres. Mais les Anglais en furent chassés, le 28 juillet de l'année suivante, par l'armée du roi. La paix se fit, le 9 avril 1564, avec la France par un traité qui conservait aux deux couronnes leurs prétentions respectives sans en spécifier aucune. Entre celles de l'Angleterre, la principale était la restitution de Calais qui, par la paix de Cateau-Cambrésis, n'avait été cédé à la France que pour huit ans. Elisabeth, à l'échéance du terme, envoya, l'an 1567, des ambassadeurs à Paris pour redemander cette place: mais elle n'obtint rien.

De grands troubles cependant agitaient le royaume d'Ecosse. Les seigneurs révoltés en étaient venus au point d'emprisonner la reine Marie. Cette princesse s'étant échappée, l'an 1568, vint chercher une retraite en Angleterre. Elle ne pouvait choisir un plus funeste asile. Elisabeth, apprenant son arrivée, la fait arrêter prisonnière à Carlisle, après lui avoir signifié qu'elle ne la recevait dans ses états que sous la condition de se purger des accusations formées contre elle. Elle établit aussitôt à Yorck une commission pour examiner les démêlés de Marie avec ses sujets. La reine captive eut de nombreux et zélés partisans dans Londres. Le duc de Norfolk, dont les qualités personnelles répondaient à l'élévation de sa naissance et à l'immensité de sa fortune, se proposa de l'épouser. Des seigneurs puissants auxquels il s'ouvrit de ce dessein, l'approuvèrent, et promirent de le seconder; mais il fut trahi par le comte de Murrai, son confident, qui découvrit l'intrigue à la reine d'Angleterre. Fitz-Garret, envoyé à sa poursuite comme il se retirait dans ses terres, l'ayant rencontré à Saint-Albans, le conduisit à Burnham, d'où il fut transféré à la tour de Londres. Du fond de sa prison, il ne laissa pas néanmoins, tout disgracié qu'il était, de faire éclater son attachement à sa souveraine, autant que sa situation pouvait le permettre. Instruit que les comtes de Northumberland et de Westmorland, l'un et l'autre catholiques, avaient excité une révolte dans le Nord, il excita par lettres ses amis et ses partisans à prendre les armes pour cette princesse. Elisabeth fut si touchée de la conduite de Norfolk dans cette occasion, qu'elle le tira de la tour, et lui permit de vivre chez lui, à condition qu'il y garderait les arrêts. Mais deux ans après, excité par l'évêque de Ross, ambassadeur d'Ecosse, il renoua ses intrigues pour délivrer la reine Marie et l'épouser. Ce fut pour son malheur; le voile dont il les couvrit ne put les dérober à l'œil vigilant du secrétaire d'état, qui en suivait le fil et en découvrit tous les ressorts à la lumière des papiers de sa correspondance, qui furent saisis. Le duc le fut bientôt lui-même et livré à un tribunal de vingt-six pairs, qui, après un long examen, le condamnèrent unanimement à mort le 12 janvier 1572; mais l'exécution ne se fit que le 8 mai suivant, par la répugnance extrême que la reine avait à livrer à la mort une tête aussi précieuse (1). Le supplice de ce seigneur abattit le parti de la reine Marie en Ecosse. Tous

(1) Plusieurs modernes se trompent en disant, que ce duc était catholique. Son père et son aïeul l'étaient effectivement; mais il avait abandonné l'ancienne religion pour embrasser la nouvelle, qu'il eût peut-être abandonnée s'il eût réussi dans le dessein d'épouser la reine d'Ecosse; car il n'est guère vraisemblable que Marie lui eût donné sa main sans cette condition.

ceux qui s'étaient déclarés pour elle s'empressèrent de retourner sous l'obéissance du roi, son fils, et de Morton, nouvellement élu régent. La seule garnison du château d'Edimbourg, commandée par Kyrkaldi de la Grange, persista dans son attachement à la reine. Elisabeth chargea Williams Douri, gouverneur de Barwick, d'aller assiéger ce château. La garnison se rendit à discrétion, et Kirkaldi, livré à ses citoyens, fut condamné à périr sur un échafaud. L'Ecosse entièrement soumise au régent, cessa enfin de causer des inquiétudes à Elisabeth. Ayant d'ailleurs établi dans ses états une tranquillité profonde, elle donna ses soins pour y faire fleurir les arts et le commerce. Les Flamands, poursuivis pour cause de religion par le duc d'Albe, en venant s'y réfugier, y apportèrent leur industrie, et apprirent aux Anglais à manufacturer les laines qu'ils leur vendaient auparavant en nature. Mais la reine eut la prudence de refuser la souveraineté des Pays-Bas que les rebelles lui offrirent. Pour ne pas manquer néanmoins à la confiance qu'ils lui marquaient, elle conclut, le 7 janvier 1578, avec les provinces alors unies, un traité d'alliance après leur avoir fait remettre une somme d'environ vingt mille livres sterling pour le paiement de leurs troupes. Mais en même-tems elle interposa ses bons offices auprès de Philippe II, roi d'Espagne, pour l'engager à révoquer son frère, don Juan d'Autriche, gouverneur des Pays-Bas, dont la rigueur excessive irritait la révolte dans son département, loin de la réprimer. La mort fit ce qu'Elisabeth n'avait pu obtenir. Elle délivra les Flamands de ce fléau le 7 octobre 1578.

Les Anglais alors commençaient à prendre du goût pour les voyages maritimes de long cours. François Drack s'étant mis en mer, l'an 1577, avec cinq bâtiments, parcourut toute la circonférence du globe terrestre, entra dans la mer du Sud, ou l'Océan pacifique, par le détroit de Magellan, découvrit la nouvelle Angleterre, passa par les Moluques, et reprit par le cap de Bonne-Espérance la route de sa patrie, où il arriva, l'an 1580, après avoir remporté plusieurs avantages considérables sur les Espagnols, et leur avoir enlevé un grand nombre de navires richement chargés. La reine à son retour le fit chevalier; ce qui l'engagea à tenter dans la suite d'autres expéditions où il fut également heureux.

La main d'Elisabeth, après avoir été recherchée pendant huit ans par le duc d'Alençon, frère du roi Henri III, semblait lui être assurée, l'an 1581, après que les articles de leur mariage eurent été arrêtés. Le duc s'étant rendu, au mois de novembre à Londres, y fut reçu avec de grandes démonstrations par la reine qui n'épargna point les fêtes pour l'amuser. Il se croyait de jour en jour à la veille d'accomplir son mariage. Mais l'adroite princesse craignant de se donner un maître (1), retira tout-à-coup sa parole au mois de février de l'année suivante, et le duc s'en revint confus après avoir vu ses espérances évanouies. Il n'était pas le premier qu'Elisabeth eût joué de la sorte. Le duc d'Anjou, depuis roi de France, l'archiduc d'Autriche, et d'autres princes, avaient également été les dupes de l'accueil favorable qu'elle avait fait à la déclaration de leurs vœux. On remarque que ce fut pour l'ordinaire avec des princes catholiques qu'elle lia ces sortes de négociations, parce qu'elle était assurée de trouver dans la différence de religion des motifs pour les rompre quand elle le jugerait à propos.

Elisabeth avait trop d'intérêt à fomenter les troubles qui agitaient la France pour les regarder d'un œil indifférent. Les mouvements que se donnaient les Guise pour tirer de captivité la reine Marie, leur parente, étaient pour la reine d'Angleterre un motif puissant de fortifier contre eux le parti huguenot, afin de les tenir continuellement en haleine et de détourner les secours qu'ils se proposaient d'envoyer aux mécontents d'Ecosse. Le prince de Condé, chef de la faction opposée aux Guise, s'étant échappé, l'an 1585, du danger qu'il avait couru d'être enveloppé par l'armée du duc de Guise en voulant secourir le château d'Angers, vint chercher une retraite auprès d'Elisabeth. Une somme de cinquante mille écus qu'elle fournit à ce prince avec dix vaisseaux, le mirent en état de faire lever le siége de la Rochelle à son retour. (Barrow.) Le même intérêt engagea la reine d'Angleterre à prendre ouvertement la défense des Pays-Bas pour rompre les intelligences qu'entretenait le roi d'Espagne en Angleterre, dans la vue d'y causer une révolution. Mais le comte de Leycester, qu'elle envoya aux Hollandais, ne répondit point à sa confiance ni à l'empressement avec lequel il fut reçu. Tous les succès de Leycester se réduisirent à la prise de Doesbourg. Il avait en tête le prince de Parme qui fit échouer ses autres entreprises. Convaincu par expérience de la supériorité insurmontable de ce rival, il quitta le pays, et se rembarqua au mois de novembre 1586 pour l'Angleterre. Elisabeth envoya la même année Randolphe en Ecosse pour y proposer une ligue offensive et défensive entre les deux nations. Elle fut conclue à Barwick au mois de juillet, malgré l'ambassadeur de France qui mit tout en usage auprès du roi Jacques

(1) Elisabeth fut toujours frappée de ce que lui dit un jour l'ambassadeur d'Ecosse. « Etant mariée vous ne seriez que reine, au lieu qu'à » présent vous êtes roi et reine tout ensemble. »

pour rompre ce coup, prières, menaces, la honte d'abandonner sa mère.

On découvrit, peu de tems après, une conjuration formée contre Elisabeth par des catholiques imbus de la doctrine affreuse du tyrannicide. Walsingham, secrétaire d'état, ayant pénétré ce mystère odieux, fit arrêter les conjurés, qui furent punis de mort au nombre de quatorze. Il était prouvé, dans les informations, qu'ils avaient écrit à la reine d'Ecosse; mais il n'y avait pas de preuve qu'elle fût entrée dans leur complot. Elisabeth, qui depuis long-tems avait résolu d'immoler cette princesse à sa sûreté, prit occasion de là pour lui faire son procès; et afin d'être certaine de sa condamnation, elle nomma elle-même les juges au nombre de quarante, qui furent pris parmi ses conseillers et ses confidents, tous ennemis jurés de la reine d'Ecosse. S'étant transportés à Fotheringai, où la reine Marie était détenue, ils obtiennent d'elle, par un discours artificieux, qu'elle se soumette à leur tribunal. Elle reconnut bientôt sa faute; et dans son premier interrogatoire, elle réclama son indépendance, et protesta contre l'incompétence de ses juges. Elle ne laissa pas néanmoins de répondre à leurs questions, et le fit avec dignité. Mais sa perte était décidée. Le 25 octobre, les commissaires, d'un avis unanime, condamnèrent à perdre la tête une reine sur laquelle Elisabeth n'avait d'autre pouvoir que celui de la force. Marie, après un délai d'environ quatre mois, subit son jugement un mercredi 18 février 1587 (N. S.), et reçut la mort avec une grande constance, soutenue par un attachement inviolable à la religion. Sa beauté, ses talents, furent l'objet de la jalousie d'Elisabeth; son attachement à la religion catholique et ses droits sur l'Angleterre firent une partie de ses crimes aux yeux de cette rivale. Nous disons une partie de ses crimes; car on lui en imputa beaucoup d'autres que nous discuterons ailleurs, autant que les bornes étroites où nous sommes renfermés le permettront. A la nouvelle de l'exécution, la reine d'Angleterre parut consternée, hors d'elle-même, transportée de douleur et de rage. Nul de ses courtisans ni de ses ministres n'osait l'approcher; elle s'en prenait à tous de cet événement. Mais son hypocrisie ne trompa personne. On savait assez que la dissimulation ne lui coûtait rien. (Voy. *les rois d'Ecosse.*)

Elisabeth devait s'attendre que le roi d'Espagne ferait les plus grands efforts pour venger la mort de la reine d'Ecosse. Instruite qu'il préparait un armement formidable pour faire une descente en Angleterre, elle le prévint et fit partir le chevalier Drack avec une escadre vers les côtes d'Espagne, qu'il désola. S'étant même avancé jusqu'aux Açores, il en pilla quelques îles, et s'en revint avec un riche butin. Tous les chantiers des ports d'Espagne et une partie de ceux d'Italie étaient cependant occupés à construire la flotte de Philippe. Elle se trouva réunie et prête à mettre à la voile dans les premiers mois de l'an 1588. Jamais on n'avait vu sur l'Océan une flotte aussi considérable, soit par le nombre, soit par la grandeur des bâtiments; quoiqu'à dire vrai les plus grands de ces vaisseaux n'égalassent pas nos plus grosses frégates d'aujourd'hui. Mais étant entrée le 19 juillet dans la Manche, elle fut tellement harcelée par les petits vaisseaux anglais qui fondirent sur elle de tous les hâvres, qu'après avoir perdu une partie de ses bâtiments, les uns pris, les autres brûlés, il ne lui resta d'autre parti à prendre que de tourner autour de l'île pour rentrer dans les ports d'Espagne. On ne la poursuivit point à la vérité dans cette espèce de fuite; mais une violente tempête dont elle fut accueillie lorsqu'elle eut passé les Orkneys, la maltraita de manière qu'il n'y eut pas la moitié de cette flotte qui revînt en Espagne. Tel fut le sort de l'invincible *Armada*: c'est ainsi que les Espagnols l'avaient nommée avant son départ. Ce revers, ayant extrêmement affaibli la marine espagnole, inspira aux Anglais la hardiesse d'aller avec leurs flottes jusqu'en Amérique insulter les possessions d'Espagne. Ces expéditions, qu'ils répétèrent chaque année, ne furent pas néanmoins toutes également heureuses. Dans celle qu'ils entreprirent l'an 1595, sous la conduite du fameux Drack et de Jean Hawkins, ils échouèrent devant Ricco; et de là, Drack, après avoir perdu son collègue, ayant poursuivi sa course jusqu'à Panama, n'osa en tenter le siége, tant il trouva cette place bien défendue. Le chagrin de ce mauvais succès, joint à l'intempérie du climat, lui causa une maladie dont il mourut le 28 janvier 1596. Les Anglais tournèrent alors leurs forces contre les possessions des Espagnols en Europe. Cette même année, au commencement de juillet, après avoir mis en fuite la flotte d'Espagne, ils se rendirent maîtres de l'opulente ville de Cadix, qu'ils brûlèrent après y avoir fait un butin estimé quatre millions par les uns, et le double par les autres. (Ferréras.) Le comte d'Essex (Robert d'Evreux), l'un des chefs de cette expédition, avait amené quelque tems auparavant un corps de huit mille anglais au roi de France, Henri IV, contre la ligue. C'était le favori d'Elisabeth, dont il avait captivé le cœur par ses qualités brillantes et ses manières aimables. Mais la faveur lui fit oublier la distance qu'il y avait entre lui et sa souveraine. Un soufflet qu'il s'attira par la liberté qu'il prenait de la contredire, fut suivi d'une disgrâce qui, après avoir duré quelque tems, finit par une réconciliation inattendue. Elisabeth, ayant rendu ses bonnes grâces au comte, satisfit son ambition, en lui accordant, l'an 1599, la vice-royauté de l'Irlande, pays mal soumis, parce qu'on y exerçait toujours le droit de conquête, sans vouloir l'admettre au bénéfice des lois anglaises. La conduite qu'il tint dans ce poste ne répondit point aux vues de la reine, ni aux instructions qu'elle lui avait données. Informé des plaintes portées contre lui, il part sans congé et vient se présenter devant Elisabeth qui le relègue dans sa maison, qu'elle lui assigne pour prison. Des paroles indiscrètes (1) qu'il laissa échapper contre cette princesse, lui ayant été rapportées, aggravèrent son mécontentement. L'ennui saisit le comte dans sa retraite, et lui fit naître la pensée de s'en tirer par une révolte. S'étant rendu à Londres avec deux cents hommes, il assemble le peuple, dont il était aimé, pour le soulever. Vaine tentative : personne ne répond à ses exhortations. On le poursuit ; et, malgré sa valeur, il est obligé de se rendre à discrétion. Vingt-quatre pairs, nommés pour lui faire son procès, le condamnèrent, par sentence du 19 février 1601, à être écartelé après avoir eu la tête tranchée. La reine fit différer de huit jours son supplice, espérant qu'il lui demanderait le pardon qu'elle était résolue de lui accorder. Il le fit en effet ; mais, par une perfidie atroce, Elisabeth n'en fut pas instruite. (2)

(1) « Je vois bien, dit-il un jour, que cette vieille a l'esprit aussi » décrépit que le corps. » Elisabeth, qui s'efforçait de faire disparaître de son visage les ravages du tems, ne lui pardonna jamais cette injure faite à sa ridicule vanité.

(2) Le comte, en partant pour l'Irlande, avait dit à la reine : « L'ardeur de vous servir m'éloigne souvent de votre cour. Quand je » vais combattre vos ennemis je laisse les miens auprès de vous ; puis- » je espérer que votre cœur me défende toujours contre leurs artifices » et leurs calomnies ? Je ferai plus, dit Elisabeth, je veux vous dé- » fendre dans tous les cas possibles contre vos propres torts et contre » mes erreurs. » Elle lui donna une bague, et lui jura que dans quelque disgrâce qu'il pût tomber, méritée ou non, ce monument de sa tendresse, remis sous ses yeux, serait pour le comte un gage certain de clémence et d'amitié. Après la condamnation du comte, elle attendait impatiemment cette bague, et ne la voyant point arriver, elle crut que le comte poussait le mépris pour elle jusqu'à aimer mieux mourir que de lui devoir la vie. Cependant le comte avait confié la bague à la comtesse de Nottingham, et l'avait chargée de la remettre à la reine ; mais le comte de Nottingham, ennemi capital du comte d'Essex, avait exigé de sa femme qu'elle gardât la bague et laissât mourir Essex. Prête à mourir elle-même quelque tems après, la comtesse de Nottingham fit prier la reine de la venir voir, et après lui avoir demandé pardon de ce qu'elle allait lui dire, et l'avoir assurée

Cette princesse apprit sa mort avec une douleur qui l'accompagna jusqu'au tombeau. Elle y descendit le 3 avril (N. S.) de l'an 1603, âgée d'environ 70 ans, dans la 45e. année de son règne, après avoir déclaré, selon quelques écrivains, pour son successeur Jacques VI, roi d'Ecosse. L'archevêque de Cantorberi, qui l'assistait dans ses derniers moments, lui dit pour la consoler : *Madame, vous devez beaucoup espérer de la miséricorde de Dieu. Votre piété, votre zèle, et l'œuvre admirable de la réformation que vous avez si heureusement établie, sont pour vous de grands motifs de confiance. — Milord*, réprit la reine, *la couronne que j'ai portée long-tems m'a donné assez de vanité pendant que j'ai vécu ; je vous prie de ne la pas augmenter à cette heure que je suis si près de la mort.* Les Protestants ont prodigué à cette princesse les plus grands éloges. Elle en méritait une partie à la vérité par plusieurs grandes qualités qu'on ne peut s'empêcher de reconnaître en elle, comme saint Augustin en reconnaît dans Julien l'Apostat, avec lequel Elisabeth avait plusieurs traits de ressemblance ; mais elles ont été corrompues par l'hérésie, par la passion de dominer, par une duplicité sans exemple, par une politique affreuse qui lui a fait fouler aux pieds les droits du ciel et de l'humanité, enfin par une dissimulation si impénétrable, que la plupart des actions et des démarches de cette princesse sont des énigmes qu'on n'a pu encore expliquer. Il est vrai de dire qu'on ignorerait jusqu'où l'art de feindre et de dissimuler peut être porté, si Elisabeth ne l'eût montré. Entre les défauts de son sexe, elle avait la faiblesse de vouloir encore à 70 ans qu'on l'entretînt de sa beauté, avantage dont elle ne fut cependant douée que très-médiocrement, même dans sa première jeunesse. Sa sensibilité sur cet article donna naissance, en 1563, à la plus singulière ordonnance. « Il fut défendu à tout peintre et graveur de » continuer de peindre la reine ou de la graver jusqu'à ce que » quelqu'excellent artiste en eût pu faire un *portrait fidèle*, qui » devait servir de modèle pour toutes les copies qu'on ferait à » l'avenir, après que ce modèle aurait été *examiné et reconnu* » *aussi bon et aussi exact qu'il pourrait l'être.* Il était dit que le » désir naturel à tous les sujets de tout rang et de toute condi- » tion de posséder le portrait de S. M., ayant engagé un grand

qu'elle mourait de ses remords, elle lui avoua en pleurant cette horrible infidélité. *Dieu peut vous pardonner*, lui dit Elisabeth après l'avoir entendue, *pour moi je ne vous pardonnerai jamais.* (Gaillard, *Rivol. de la Fr.*, *Suppl.*, tome III.) La même anecdote, traitée de fable par quelques historiens, est donnée pour vraie par M. Hume.

» nombre de peintres, de graveurs et autres artistes à en multiplier les copies, il avait été reconnu qu'aucun jusqu'alors » *n'était parvenu à rendre dans leur exactitude les beautés et les* » *grâces de S. M.; ce qui excitait journellement les regrets et les* » *plaintes de ses sujets bien-aimés.* La loi portait enfin qu'il serait » nommé des experts pour juger de la fidélité des copies, et il » leur était enjoint de n'en tolérer aucune qui conservât quel- » ques défauts ou difformités, *dont, par la grâce de Dieu*, S. M. » était exempte. » (M. le Blond, *Descript. de pierres grav.*, tom. 2.)

Ce fut l'an 1588 que l'on commença à faire usage des carosses en Angleterre. Avant ce tems, Elisabeth paraissait dans les cérémonies publiques montée en croupe derrière son chambellan. Cette princesse reçut en présent, la troisième année de son règne, une paire de bas de soie noire tricotés, chose inconnue jusqu'alors en Angleterre; et depuis ce tems, elle ne porta plus de bas de laine. Hollinshed, qui vivait sous ce règne, voulant prouver combien la génération précédente était peu avancée dans les arts, s'exprime ainsi : « Il y avait très-peu de » cheminées dans les villes capitales. On faisait le feu au coin » d'un des murs, et la fumée sortait par le toit, par la porte ou » par la fenêtre. La charpente des maisons était enduite et » couverte de terre grasse; tous les meubles et ustensiles étaient » de bois. Les habitants dormaient sur des bottes de paille; un » rouleau de bois servait de coussin. L'usage des couteaux ne » fut introduit en Angleterre qu'en 1563. Il n'y avait presque » de vin que chez les apothicaires, où il était compté parmi » les drogues. » (Searches, *On the history of man.*)

JACQUES I, ROI D'ANGLETERRE ET D'ECOSSE.

L'an 1603, le 3 avril, JACQUES VI, roi d'Ecosse, fils de Henri Stuart et de Marie, reine d'Ecosse, né le 19 juin 1566, est proclamé roi d'Angleterre à Londres, dans une assemblée tumultuaire des grands, des gens du conseil et des officiers municipaux, quatre heures après la mort d'Elisabeth, qui l'avait nommé, dit-on, son successeur, comme son plus proche parent. Il réunit ainsi dans sa personne les deux royaumes d'Angleterre et d'Ecosse, et prend le titre de roi de la Grande-Bretagne. A son avènement, un écossais, entendant les acclamations extraordinaires du peuple, ne put s'empêcher de s'écrier : *hé, juste ciel! je crois que ces imbécilles gâteront notre bon roi.* L'événement fit voir qu'il avait raison. Le roi et la reine étant arrivés à Londres le 17 mai, sont couronnés, le 25 juillet, à Westminster. Les Catholiques, dans l'espérance d'être tolérés sous un roi qui avait paru favorable à leur religion, lui présentent une pétition pour obtenir cette grâce, et ils ont le chagrin d'être refusés. Les Puritains, ou Calvinistes rigides, lui demandent de leur côté non-seulement la tolérance, mais la réformation de certains articles de la doctrine et de la discipline de l'église anglicane, auxquels ils ne pouvaient se conformer. Le roi indique une conférence à Hampton-Court entre ces sectaires et le clergé anglican : elle se tient au commencement de 1604. Le roi lui-même entre en lice avec les chefs des Puritains, et le fruit de la conférence se réduit à quelques changements que l'on fait dans la liturgie.

Ce n'est pas toujours des mœurs les plus corrompues que naissent les plus grandes horreurs. Le fanatisme avec une vie réglée peut enfanter des monstres encore plus affreux. Catesbi, homme de mérite et d'une ancienne noblesse, voyant la religion catholique prête à succomber sous le nouveau règne, se concerte avec Thomas Pierci, et d'autres amis au nombre d'environ quatre-vingts, pour faire périr d'un seul coup le roi, sa famille et les représentants de la nation. Trente-six barils de poudre, placés dans une cave sous la salle du parlement, devaient produire cet effet par leur explosion subite au moment qu'il serait assemblé. Mais le secret est éventé au commencement de novembre 1605, par une lettre anonyme adressée à l'un des membres du parlement, pour l'empêcher de s'y trouver le jour de l'ouverture. Plusieurs des conjurés, parmi lesquels on comprit les jésuites Garnet et Oldecome (1), quoique non convaincus d'avoir eu part à cet horrible complot, furent pendus et écartelés. Le roi cependant eut l'équité de reconnaître

(1) M. de la Place (*Pièces intéressantes*, t. III, pag. 179) dit, que pendant tout le tems qu'il fut pensionnaire aux Jésuites anglais, à Saint-Omer, il y a vu solenniser annuellement la fête des martyrs *Oldecome*, *Garnet* et *Campian*, avec plus de pompe et plus d'éclat que celles des apôtres mêmes; avoir vu sur l'autel les bustes d'argent doré de ces trois *bienheureux*, enrichis de pierres précieuses, décorés de la palme du martyre, et de l'auréole d'or; avoir même baisé, ainsi que tous les assistants à leur office, les reliques de ces trois dignes nouveaux saints.

Il assure qu'*Oldecome* fut convaincu d'avoir été l'approbateur de la conspiration des poudres, et en conséquence condamné au supplice des traitres. Cette sentence fut exécutée publiquement en 1606: *Garnet*, son confrère, périt par le même supplice, ayant été accusé, mais non convaincu, par un des conjurés. *Edmond Campian* fut également exécuté à Londres, en 1581, pour un attentat contre la reine Elisabeth : ils ont été traités tous de martyrs par le père Souvenir, dans son Histoire des Jésuites.

que les principes qui avaient animé ces furieux, ne leur étaient point communs avec tous les Catholiques. Le même esprit de modération lui suggéra le moyen de faire cesser la persécution, et de réunir les citoyens de toute religion dans la fidélité qu'ils doivent au souverain. Ce fut de substituer au serment *de suprématie*, qu'un catholique ne peut prêter, celui d'*allégeance*, plus assorti à la doctrine orthodoxe. Dans le premier on reconnaissait le roi pour chef de l'église; dans le second, on se contentait de reconnaître que le pape n'a aucun droit sur la vie ni sur le temporel des rois, et qu'il ne peut dans aucun cas délier leur sujet du serment de fidélité. Les catholiques les plus raisonnables ne firent aucune difficulté de s'y soumettre; mais d'autres moins éclairés le refusèrent, ce qui causa une fâcheuse division. Le pape lui-même condamna ce serment, parce qu'il renversait les prétentions fausses et outrées que plusieurs papes avaient exercées, depuis Grégoire VII, sur des têtes couronnées. Bellarmin écrivit pour montrer qu'il était contraire à l'unité en ce qu'il taxait l'opinion contraire d'hérésie. D'un autre côté, des universités célèbres, consultées sur ce sujet, furent d'avis que le serment ne contenait rien d'opposé à la religion, et que les Catholiques pouvaient en sûreté de conscience le signer. Jacques fit l'honneur à Bellarmin de lui répondre comme Henri VIII l'avait fait à Luther. Ce prince se piquait d'exceller dans les matières théologiques, et de là le nom de *Maître Jacques* que lui donnait notre roi Henri IV. La guerre de controverse était la seule pour laquelle il avait de l'inclination. Une épée nue le faisait même trembler malgré lui, ce qu'on attribue à la frayeur qu'avait causée à sa mère, tandis qu'elle était enceinte de lui, le meurtre de Rizzio, son favori, commis à ses yeux. Les inclinations pacifiques de Jacques Ier. furent avantageuses à l'Angleterre qui, n'ayant plus d'ennemis à combattre, se tourna du côté des arts et du commerce, où elle fit de grands progrès. L'Irlande, depuis environ quatre siècles et demi qu'elle était sous la domination anglaise, n'avait encore pu se dépouiller de son ancienne barbarie. Jacques Ier. eut la gloire de la civiliser et de lui donner une nouvelle face en y établissant la législation, les mœurs et l'industrie de ses vainqueurs. On vit alors ses terres, auparavant incultes, quoique fertiles, se couvrir d'abondantes moissons, par l'application laborieuse de ses habitants à les mettre en valeur. Ses villes, que tantôt la tyrannie, tantôt l'anarchie avaient fait déserter, commencèrent à se repeupler dès qu'une exacte police y eut assuré la tranquillité. C'est ici la plus belle partie du règne de Jacques Ier., qui d'ailleurs offre très-peu d'événements dignes d'être transmis à la postérité.

L'an 1612, il perdit, le 13 novembre, Henri, prince de Galles, son fils, qu'une fièvre épidémique emporta dans la dix-neuvième année de son âge. Les grandes qualités de Henri, et sur-tout ses dispositions martiales, le firent extrêmement regretter du peuple, mais nullement de son père, dont il méprisait la pusillanimité et blâmait hautement la conduite. Le monarque, pour se venger de lui après sa mort, ne permit pas à sa cour d'en porter le deuil. (Il avait fait de même après la mort de la reine Elisabeth, par un juste ressentiment de celle de sa mère.) Frédéric V, électeur palatin, était alors en Angleterre, où il était arrivé dans le mois d'octobre précédent, pour demander la main de la princesse Elisabeth, fille du roi. Il l'obtint, et les noces furent célébrées, le 14 février 1613, avec la plus grande pompe. Les six semaines qui suivirent jusqu'au départ de l'électeur et de l'électrice, furent employées en fêtes et en divertissements.

L'économie n'était pas une des vertus du monarque anglais. Il la possédait si peu, qu'il s'appauvrissait tous les jours par des libéralités aussi indiscrètes que déplacées. Pour faire ressource, il s'avisa de créer des baronnets, dignité qui devait être héréditaire; il fit aussi des comtes, des vicomtes, des barons, en grand nombre, le tout à prix d'argent. Le produit de ces expédients n'étant point en proportion de ses prodigalités, il eut enfin recours au parlement pour demander un subside en considération du mariage de sa fille. Cette assemblée s'étant ouverte le 1er. avril 1614, fit des difficultés et des plaintes qui engagèrent le roi à la dissoudre, et à faire mettre quelques-uns de ses membres en prison. Le roi Jacques roula long-tems dans sa tête deux grands projets dont il ne put venir à bout, celui de réunir l'Ecosse à l'Angleterre pour n'en faire qu'un seul royaume, et celui d'établir en Ecosse la religion anglicane. Mais sur le premier article il reconnut, après différentes tentatives, que l'antipathie des deux nations était encore trop violente pour faire espérer de pouvoir les fondre ensemble, et, pour ainsi dire, les amalgamer. Il continua néanmoins de prendre le titre de roi de la Grande-Bretagne dans ses actes, et maintint la proclamation par laquelle, en 1607, il avait déclaré que tous ceux de ses sujets qui étaient nés depuis son avènement au trône d'Angleterre, seraient naturalisés dans les deux royaumes. S'étant transporté, l'an 1617, en Ecosse, pour obtenir le second article, il trouva tant d'opposition dans les Presbytériens et les Puritains qui composaient le clergé de ce royaume, qu'il fut obligé d'y renoncer.

Ce prince portait fort haut sa prérogative royale. Le parlement, qui s'ouvrit le 10 janvier 1617, entreprit de la mettre au creuset sur ce qu'il ne cessait de leur dire que leurs priviléges étant émanés de lui et de ses prédécesseurs, il était le maître de les abolir. Jacques ayant soutenu cette assertion dans une réponse à des remontrances de la chambre des communes, elle soutint au contraire dans une protestation qu'elle fit que ces priviléges étaient irrévocables. Le roi s'étant fait apporter le journal de la chambre, déchira de sa propre main la protestation, et peu de jours après déclara le parlement dissout. Une autre opération mémorable de ce parlement, fut le procès qu'il fit au chancelier François Bacon, qui, parvenu par des bassesses à cette charge éminente, se rendit coupable, en l'exerçant, de plusieurs malversations criantes. Arrêté pour ce sujet, il fut, par le jugement qui intervint, destitué, sans pouvoir être rétabli, et condamné à une amende de quarante mille livres. Jacques adoucit la rigueur de cette sentence, en remettant l'amende au coupable, et lui donna même des lettres d'abolition de tout ce qui avait été fait contre lui. Bacon, l'un des plus beaux génies qu'ait eus l'Angleterre, consacra le reste de ses jours, dans la retraite, à la composition de plusieurs ouvrages de physique, de morale et de politique, qui feront à jamais l'admiration de la postérité. Sa mort arriva l'an 1626.

L'électeur palatin, gendre du roi, se trouvait alors dans la situation la plus critique. S'étant fait couronner roi de Bohême en 1619, il attira sur lui par cette entreprise les armes de l'empereur qui, après l'avoir défait en plusieurs rencontres, le mit au ban de l'empire, et transporta son électorat au duc de Bavière. Un renfort de deux mille quatre cents anglais envoyés dans le Palatinat pour n'y rien faire, fut tout le secours effectif que Frédéric reçut de son beau-père. Mais Jacques intercéda beaucoup pour lui par ses ambassadeurs, qui ne purent rien obtenir. Cependant il rechercha l'alliance de la branche aînée de cette maison d'Autriche qui persécutait son gendre. Il demanda pour Charles, son fils, prince de Galles, la main de Marie, infante d'Espagne. Sur les espérances données après de longues négociations par Philippe IV, père de la princesse, Charles se rendit en Espagne, l'an 1623, accompagné de Georges de Villers, marquis, puis duc de Buckingham, favori du roi, son père, pour conclure son mariage. Les articles, d'après la dispense obtenue de Rome, furent signés et jurés. Mais Buckingham, irrité du mépris des Espagnols, qu'il s'était attiré, rompit cette alliance au grand regret du roi d'Angleterre, qui comptait sur deux millions que la dot de l'infante devait lui apporter.

Trompé du côté de l'Espagne, Jacques tourne ses vues sur la maison de France, et fait agréer à son parlement assemblé, l'an 1624, le dessein qu'il a de faire épouser à son fils la princesse Henriette, fille du roi Henri IV. Mais il n'eut pas la satisfaction de voir la conclusion de ce mariage, déjà fort avancé, lorsque la mort l'enleva, le 27 mars (V. S.) ou 6 avril (N. S.) 1625, à l'âge de cinquante-neuf ans, après en avoir régné vingt-deux ans en Angleterre. Ce prince, quoique né d'un père et d'une mère catholiques, eut le malheur d'être infecté de l'hérésie, et de mourir dans l'erreur et dans le schisme. De toutes les sectes qui partageaient ses états, l'anglicane fut celle qu'il préféra, parce qu'elle était la plus favorable à l'autorité absolue dont il était fort jaloux. Du reste, la faiblesse de son gouvernement fit regretter la vigueur de celui d'Elisabeth. On connaît le fameux distique latin (1), où il est dit que la nature se trompa doublement en donnant à celle-ci le sexe féminin, et à son successeur le sexe viril. Ce prince ne jouissait pas d'une plus grande estime chez l'étranger que dans ses états. Dépourvu des talents politiques et des vertus guerrières, n'ayant d'ailleurs aucune dignité dans la représentation, le savoir scholastique dont il se piquait ne le fit regarder dans toutes les cours que comme un pédant couronné. Il avait épousé, l'an 1589, ANNE, fille de Frédéric II, roi de Danemarck (morte le 2 mars 1619), dont il laissa un fils nommé Charles, qui lui succéda, et Elisabeth, mariée, l'an 1613, comme on l'a déjà dit, à Frédéric, électeur palatin.

Sous le règne de Jacques, les femmes étaient bannies de la cour, et c'est peut-être la cause du peu de changement que les modes éprouvèrent. Les portraits du tems nous apprennent que les enfants portaient de longues jaquettes jusqu'à l'âge de sept à huit ans. Le doyen Fell raconte que le célèbre docteur Hammond allait encore en jaquette lorsqu'il fut mis à la tête de l'école d'Eaton.

CHARLES Ier.

1625. CHARLES I, fils de Jacques, né en Écosse, le 19 novembre 1600, monte sur le trône de la Grande-Bretagne après la mort de son père. Il envoie le duc de Buckingham en France pour recevoir la princesse Henriette-Marie, que le duc de Chevreuse avait épousée en son nom, à Paris, le 11 mai. La princesse arrive en Angleterre, et le mariage est consommé à Cantorberi, le 22 juin; le 26 le roi et la reine font leur entrée solennelle à Londres.

Buckingham, par haine pour le duc d'Olivarès, ayant fait

---

(1) *Rex fuit Elisabeth, at nunc Regina Jacobus;*
Error naturæ sic in utroque fuit.

décider la guerre contre l'Espagne, une flotte, commandée par Edouard Cecil, part au mois d'octobre, et vient se présenter devant Cadix; mais après avoir emporté le fort du Puntal, les Anglais sont obligés de se rembarquer, et la flotte rentre au mois de novembre dans les ports d'Angleterre. Charles, au commencement de février suivant, est couronné par Guillaume Laud, évêque de Bath. Mais la reine ne le fut point, parce qu'elle refusa de participer aux cérémonies de l'église anglicane. Le roi dans le même mois assemble son parlement pour demander des subsides, dans la résolution où il était de continuer la guerre avec l'Espagne. On ne lui répondit que par des plaintes sur le mauvais état des finances, causé par l'administration vicieuse de Buckingham, dont on voulut instruire le procès. L'esprit de sédition anima tellement cette assemblée, que le roi prit le parti de la dissoudre le 15 juin suivant. Les édits pécuniaires et les emprunts forcés le dédommagèrent des subsides qu'il n'avait pu obtenir.

Dans le voyage que Buckingham avait fait en France, cet homme brillant et présomptueux avait osé déclarer sa passion à la reine Anne d'Autriche. Le roi Louis XIII, instruit de cette témérité par le cardinal de Richelieu, son ministre, en fait marquer son mécontentement au roi d'Angleterre. Le ministre anglais, pour se venger, écarte de la reine Henriette toutes les personnes catholiques de sa suite, et leur substitue des protestants. L'inimitié des deux ministres occasionne la rupture entre les deux couronnes. Les Rochelais ayant imploré le secours de l'Angleterre contre le roi de France, leur souverain, Buckingham part de Portsmouth, le 7 juillet, avec une armée navale de sept mille hommes, et va descendre à l'île de Rhé, d'où il est chassé, le 8 novembre, par le maréchal de Schomberg. Ce revers excite de grands murmures en Angleterre, et contre le roi et contre son ministre. Pour le réparer, le parlement, convoqué l'an 1628, consent enfin, après de vives contestations, d'accorder un subside au roi, sur la promesse qu'il fait de l'employer à fournir un nouveau secours aux Rochelais, assiégés par le cardinal de Richelieu avec toutes les forces de la France. L'armement promis étant prêt, Buckingham se rend à Portsmouth pour le conduire en France. Mais, prêt à s'embarquer, il est poignardé, le 23 août, par un lieutenant nommé Felton, irrité du refus qu'il lui avait fait d'une compagnie vacante. L'armement ne laissa point de partir; mais il s'en revint avec perte, sans avoir pu forcer la digue qui fermait le port de la Rochelle. Ce fut un nouveau sujet de murmures contre le roi qui, se trouvant hors d'état de continuer la guerre, conclut, le 24 avril 1629, un traité de paix avec la France.

Les trois années suivantes se passèrent en débats entre le roi et ses parlements touchant leur autorité respective. Charles s'étant rendu, l'an 1633, en Ecosse, se fait couronner, le 18 juin, à Edimbourg, et deux jours après il y tient un parlement dans lequel, à l'exemple de son père, il travaille à faire adopter en Ecosse le culte anglican. La proposition qu'il en fit essuya de grandes difficultés de la part des Presbytériens, ennemis de l'épiscopat, qui étaient en grand nombre dans ce parlement. Elle passa néanmoins sous quelques réserves. Guillaume Laud, évêque de Bath, avait accompagné le roi Charles dans ce voyage. Ce monarque, à son retour, le nomme à l'archevêché de Cantorberi, qui venait de vaquer.

L'an 1637, Charles, voulant achever ce qui restait encore à faire en Ecosse pour y établir une entière conformité sur la religion avec l'Angleterre, envoie la liturgie anglicane à Edimbourg. La lecture s'en fait le 23 juillet, et occasionne beaucoup de tumulte dans la ville. Le doyen d'Edimbourg, en surplis, commence le service suivant cette liturgie. Aussitôt on crie, *au papiste, qu'on le lapide!* L'évêque monte en chaire; on lui jette un banc à la tête, et peu s'en faut qu'on ne l'assomme; ces premiers mouvements sont bientôt suivis d'une sédition; ensuite viennent les proclamations de la part du roi, les protestations et les *covenans*, ou les ligues de la part du peuple, pour maintenir leur religion; enfin la rébellion et une guerre ouverte. L'an 1639, les deux armées étant près d'en venir aux mains, la paix se négocie, et on convient, le 17 juin, de sept articles, après quoi les rebelles licencient leur armée, mais de manière à pouvoir la rassembler au premier signal. On tient au mois d'août, en Ecosse, un parlement que le roi, sur les contestations qui s'y élevèrent, prorogea jusqu'au 2 juin de l'année suivante. Son grand objet était de rétablir l'épiscopat en ce royaume, et c'est à quoi il trouva les plus grandes oppositions.

L'an 1640, Charles se détermine à recommencer la guerre contre l'Ecosse, et convoque le parlement d'Angleterre après une interruption de neuf ans. Il le casse ensuite comme il avait cassé les trois qui avaient précédé, voyant que les Presbytériens et les Puritains y dominaient. Mais il laisse subsister la convocation ou assemblée du clergé, qui lui accorde un subside pour la guerre d'Ecosse. Les Ecossais marchent vers les frontières d'Angleterre, arrivent le 27 août sur les bords de la Tyne, forcent le passage, et s'avancent jusqu'à Newcastle, dont ils se rendent maîtres. Malgré ces avantages, les Ecossais demandent la paix. Le roi convoque, pour son malheur, le parlement qui devait lui faire perdre la vie, et assemble, le 24 septembre à Yorck, le grand-conseil des pairs. On nomme des commissaires pour rechercher la conduite de ceux qui avaient le plus de part à la confiance du roi.

L'an 1641, le comte de Strafford, ministre d'état, et lord-lieutenant d'Irlande, personnage recommandable à tous égards, accusé d'avoir conseillé au roi de faire venir l'armée d'Irlande en Angleterre pour dompter les rebelles, est condamné à perdre la tête par un bill du parlement, que Charles a la faiblesse de signer, ou plutôt de faire signer par quatre commissaires en son nom; car il ne put se résoudre à y apposer lui-même sa signature. Ce jugement inique est exécuté le 12 mai sur l'esplanade de la tour de Londres. Deux autres ministres eussent été enveloppés dans la même condamnation, s'ils n'eussent point pourvu à leur salut par la fuite. Guillaume Laud, archevêque de Cantorberi, fut arrêté dans le même tems que Strafford. Son attachement au roi et son zèle pour les droits de l'épiscopat faisaient tous ses crimes aux yeux des rebelles. On ne se hâta point d'instruire son procès, et on le laissa dans la tour jusqu'à ce qu'on put trouver de nouveaux chefs d'accusation contre lui.

Le 7 août suivant, le traité avec les Ecossais est signé, et le 10 du même mois, le roi part pour l'Ecosse. Mais le feu de la sédition commençait alors à s'allumer dans une autre partie de ses états. Les Catholiques d'Irlande, poussés à bout par leurs persécuteurs, forment le complot de faire main-basse sur les Anglais, et l'exécutent en partie le 13 octobre. Quelques auteurs font monter le nombre des Anglais qu'ils massacrèrent en ce jour à cent trente mille, d'autres à quarante mille.

L'an 1642, Charles quitte Londres le 10 janvier, ne se croyant pas en sûreté dans une ville où le parlement, assemblé dès le 5 novembre 1640, lui donnait tous les jours de nouveaux sujets de mortification, surtout les communes qui avaient pris le dessus, et semblaient faire gloire de rejeter avec hauteur toutes les propositions du roi. Les choses s'aigrissent au point que le roi et le parlement prennent les armes et se font la guerre. Le 23 octobre, les deux partis se livrent bataille à Kingston, mais sans aucun avantage décisif de part ni d'autre. L'an 1643, la guerre devient très-vive dans toutes les parties de l'Angleterre. La principale action fut celle de Newburi, où le prince Robert, frère de l'électeur palatin, et neveu du roi Charles, battit, le 26 septembre, le comte d'Essex, général des Parlementaires, qui, deux jours après, recommença le combat avec moins de désavantage.

Au parlement, que les rebelles tenaient à Westminster, Charles, chassé de sa capitale, en oppose un autre qu'il assemble pendant l'hiver à Oxford. Dans celui-ci, composé de membres du premier, déclarés pour les intérêts du roi, le nombre des pairs se trouva le double de ceux qui restaient à Westminster ; mais il n'y eut que cent quarante membres des communes, et la chambre basse de Westminster l'emportait de plus du double. Charles obtint de son parlement une somme d'argent : c'était l'unique ressource qu'il en pouvait espérer. La rigueur de la saison n'interrompit point le cours des hostilités dans plusieurs provinces. Au printems de l'an 1644, les Parlementaires entreprirent le siége de Newarck, dans la province de Nottingham. Le prince Robert vole au secours de la place, attaque les assiégeants le 21 avril, et remporte sur eux une victoire complète. Il marche ensuite à la délivrance d'Yorck, défendue par le marquis de Newcastle, contre le comte de Manchester et le lord Thomas Fairfax, qui en pressaiant vivement le siége. A son approche, les assiégeants se retirent, et il entre victorieux dans la place. Fier de cet avantage, il poursuit, contre l'avis de Newcastle, les deux généraux ennemis, et leur livre bataille, le 3 juillet, à Mastonmoor. Il est battu après avoir fait des prodiges de valeur. Les vainqueurs, animés par ce succès, retournent au siége d'Yorck, dont ils se rendent maîtres en peu de jours. Olivier Cromwel, qui devint si fameux dans la suite, eut part au gain de la bataille et à la prise d'Yorck.

L'archevêque de Cantorberi était toujours renfermé dans la tour. Ceux qui l'y avaient fait mettre étaient bien résolus de ne pas lui faire grâce. Le 11 novembre 1644, las de le laisser vivre, ils obtinrent des communes, malgré l'évidence des moyens qu'il employa pour sa défense, un bill d'*atteinder*, qui le déclara convaincu du crime de haute trahison. Cet acte ayant été signé le 4 janvier suivant par la chambre haute, il fut décapité le 10 du même mois, et souffrit la mort avec l'intrépidité du martyre. C'était le roi que les communes voulaient punir dans ce fidèle sujet. Pour exécuter le plan qu'elles avaient formé de le renverser du trône et de détruire le trône même, elles choisissent pour chef de leurs troupes le lord Thomas Fairfax. Cromwel prend sur ce général un si grand empire, qu'il le plie entièrement à ses volontés. Cromwel était chef des Indépendants, secte fanatique cachée jusqu'alors dans la foule des Presbytériens, mais qui se signala bientôt sur les débris de la monarchie. Le roi perd, le 14 juin, la bataille de Nasebi, qu'il avait témérairement engagée par le conseil du prince Robert. Elle fut décisive pour les rebelles. Toutes les villes devant lesquelles ils viennent ensuite se présenter, leur ouvrent leurs portes sans faire presque aucune résistance. Mais celle dont la perte fut la plus sensible au roi Charles, et trompa davantage l'attente générale, ce fut Bristol, que le prince Robert avait promis, à moins qu'il ne fût contraint à se rendre par quelque mutinerie, de défendre quatre mois entiers. Cependant à peine les troupes parlementaires eurent forcé les premières lignes, qu'il offrit de capituler, et livra cette grande place à Fairfax : alors Charles ne pensa plus qu'à composer avec ses ennemis. Mais, l'an 1646, apprenant que, loin d'écouter aucune proposition, ils avaient donné ordre de se saisir de sa personne, en cas qu'il approchât de Londres, il sort secrètement, le 7 mai, d'Oxford, et va se rendre au camp des Ecossais qui assiégeaient Newarck. Il espérait qu'étant né parmi eux, et leur ayant toujours marqué de la préférence, il en serait plus favorablement traité que des Anglais. Il se trompa. Les Ecossais, maîtres de la personne de leur souverain, le regardèrent comme une proie dont ils devaient tirer le parti le plus avantageux. Ils avaient à répéter sur les Anglais deux millions sterling d'arrérages. C'était la seule occasion qui pût s'offrir d'en obtenir le remboursement, en consentant de leur livrer à cette condition le prisonnier qu'ils réclamaient. Cette considération basse et mercantile étouffa en eux tout sentiment d'honneur et d'humanité. Tout le reste de l'année sa passa à disputer sur une modération du prix exigé. Enfin, après l'avoir réduit à quatre cent mille livres sterling, les Ecossais, le 30 janvier 1647, remettent le roi entre les mains des commissaires envoyés par le parlement d'Angleterre. Ce fut à Newcastle que ceux-ci le reçurent. Mais bientôt la mésintelligence se met entre le parlement et l'armée. Un officier, à la tête de cinq cents cavaliers, enlève le roi, par le conseil de Cromwel, à Homlbi, dans le comté de Northampton. Quelque tems après, Charles s'échappe du château d'Hampton-Court, où l'armée l'avait fait transporter, et se retire dans l'île de Wight, dont malheureusement pour lui, Hammond, créature de Cromwel, était gouverneur. Il est arrêté dans cette île, d'où il fut transféré, le 30 novembre 1648, au château de Hurst, vis-à-vis de cette île, dans le Hampshire, et de là à Windsor, où il resta jusqu'au 19 janvier 1649. Ce fut de ce château qu'il fut amené à Londres, où soixante-dix juges, dont Cromwel était le chef (1), par l'attentat le plus inoui, condamnèrent leur souverain à

---

(1) C'était Fairfax qui avait été nommé chef de la commission. A la première assemblée, lorsque l'huissier appela tous les commissaires, on s'étonna de ne pas voir ce lord. On entendit partir de la galerie une voix de femme qui cria très-haut : *Il est trop sensé pour se trouver ici.* Quand on lut l'accusation, et qu'on annonça qu'elle était faite au nom de tout le peuple d'Angleterre, la même voix s'écria : *Non, non, pas même de la vingtième partie.* Alors, par une férocité digne de ce tems et de cette cause, quoiqu'on entendît bien distinctement que cette voix était celle d'une femme, on donna ordre de faire feu sur le côté d'où la voie partait. L'ordre allait être exécuté si l'on n'eût reconnu à tems ladi Fairfax ; on se contenta de la faire retirer. (M. Gaillard.)

périr sur un échafaud (1). Pendant les trois jours qui s'écoulèrent entre la sentence et l'execution, Charles eut la liberté de voir le duc de Glocester, son troisième fils, âgé seulement de huit ans (ses deux aînés, Charles et Jacques, avaient pris la fuite ainsi que la reine, leur mère (2), et la princesse Henriette, leur sœur.) L'ayant pris sur ses genoux : « Mon fils, lui » dit-il, ils vont couper la tête à ton père. » Cet enfant, frappé d'une image si nouvelle, le regarda fixément. « Fais-y bien at» tention, mon fils, ils vont me couper la tête, et peut-être te » feront-ils roi. Mais prends garde à ce que j'ajoute : Tu ne dois » pas être roi aussi long-tems que tes frères, Charles et Jacques, » seront en vie. Ils couperont la tête à tes frères lorsqu'ils pour» ront mettre la main sur eux, et peut-être qu'à la fin ils te la » couperont aussi. Je te charge donc de ne point souffrir qu'ils » te fassent roi. » Le duc poussa un soupir et répondit : « Je » me laisserai plutôt mettre en pièces. » Enfin, le 9 février 1649, l'infortuné monarque a la tête tranchée devant son palais de Witheal, dans la quarante-neuvième année de son âge et la vingt-cinquième de son règne (3). « Si le ciel, dit » M. Hume, l'eût fait naître prince absolu, son humanité et » son bon sens auraient rendu son gouvernement heureux et » sa mémoire précieuse. S'il eût trouvé les bornes de la préro» gative royale fixes et bien établies, son intégrité lui aurait » fait respecter, comme sacrées, les limites de la constitution. » Malheureusement son sort le mit sur le trône dans un tems où » les exemples de plusieurs règnes favorisaient fortement le pou» voir arbitraire, et où le cours du génie de la nation tendait » fortement à la liberté. Exposé sans cesse aux assauts d'une » multitude de factions furieuses, jamais il ne lui avait été

(1) Croira-t-on que Cromwel, en signant ce terrible arrêt, fut si peu ému, qu'après l'avoir signé, il barbouilla d'encre le visage de son voisin, qui lui rendit la pareille? C'est néanmoins un fait trop bien attesté pour être révoqué en doute.

(2) La reine, assiégée dans Excester, l'an 1644, tandis qu'elle était en couches, en partit sur la fin de juin, peu de jours après son accouchement, à la vue d'une escadre anglaise, pour se réfugier en France. Le vice-amiral Batti poursuivit son vaisseau jusqu'auprès des côtes de Bretagne, et, n'ayant pu l'atteindre, il fit tirer sur elle, pour la submerger, tout le canon de son escadre.

(3) Ce fut sir Georges Stairs, bisaïeul de milord Stairs, que nous avons vu ambassadeur en France, qui fit, sous un masque, l'exécution, et cela pour venger sa tante, que Charles, dans sa jeunesse, avait déshonorée; sur quoi voyez le tome II des Pièces intéressantes de M. de la Place, pp. 187-204.

» permis de commettre la moindre méprise sans les plus fatales » conséquences ; trop rigoureuse condition pour le plus haut » degré de la capacité humaine. » Le corps de Charles fut inhumé à Windsor. De la reine Henriette-Marie, qui s'était retirée en France dès 1644, il laissa trois fils et trois filles, Charles II, qui lui succéda après douze années d'exil ; le duc d'Yorck, qui régna après son frère sous le nom de Jacques II, et le duc de Glocester, mort l'an 1660. Les trois princesses étaient Henriette-Marie, née en 1631, qui épousa Guillaume de Nassau, prince d'Orange ; Elisabeth (1), née en 1635, morte le 8 septembre 1650, et Henriette-Anne, née en 1644, qui fut mariée à Philippe, duc d'Orléans, et mourut à Saint-Cloud, le 30 juin 1670.

Du tems de Jacques I et de Charles I, on portait des petits hauts-de-chausses retroussés à l'espagnole. Les hommes du bon ton allaient en bottes à l'espagnole et en éperons. C'était alors la mode en France et en Angleterre d'aller au bal ainsi chaussé.

INTERREGNE.

1649. La chambre des communes, qui faisait proprement tout le parlement d'Angleterre, après avoir fait mourir son souverain sur l'échafaud, s'empare du gouvernement, et établit une espèce de démocratie, comme étant une forme d'administration plus conforme aux principes des *Indépendants* dont cette chambre était presque toute composée. Elle défend en même

---

(1) Cette princesse, dans un âge fort tendre, dit M. Hume (Hist. de la maison de Stuart, tome II, page 172), marquait un jugement très-avancé, et les infortunes de sa famille avaient fait une profonde impression sur elle. Le même auteur dit, page 181, que l'intention des communes était de mettre cette princesse en apprentissage chez un marchand boutonnier ; et le duc de Glocester devait être élevé aussi dans quelque autre profession mécanique. Mais la princesse mourut bientôt, et l'on suppose que ce fut de douleur, pour la mort tragique de son père.

Le récit du père d'Orléans, concernant la princesse Elisabeth, revient à peu près à celui de M. Hume, puisque le premier de ces deux auteurs dit, tome III, page 177 : « On n'eut pas l'inhumanité de verser » le sang du duc de Glocester, qui n'avait encore que neuf ans. On le » fit passer en Hollande. Mais la princesse Elisabeth ne fut pas si dou- » cement traitée. On délibéra si l'on ne lui ferait point apprendre un » métier, et on conclut à l'envoyer à Carisbroock, dans l'île de » Wigth, où le mauvais air et le peu de soin qu'on en prit la fit » bientôt mourir. »

tems de reconnaître pour roi le fils aîné de Charles I, ni aucun autre; elle abolit la chambre des seigneurs; enfin prétendant que le peuple était propriétaire de l'autorité souveraine, et se regardant comme représentant le peuple, elle passe un acte portant que la royauté sera abolie, et que l'état sera gouverné par les représentants du peuple dans la chambre des communes, sans roi, sans chambre des pairs, et sous la forme d'une république. Cette espèce de gouvernement républicain dura l'espace d'environ quatre ans. Cromwel, dans cet intervalle, fit de grands progrès en Irlande et en Ecosse (1) sur les Royalistes. L'an 1653, tandis qu'il est dans ce dernier royaume, il apprend que quelques membres du parlement veulent lui ôter le titre de *généralissime*, que les communes lui avaient conféré. Il vole à Londres, et s'étant rendu, le 30 avril, au parlement, accompagné de quelques officiers et de soldats, il déclare aux membres de l'assemblée, d'un ton de prophète et d'inspiré, qu'il vient, par l'ordre de Dieu, mettre fin à leur autorité, dont ils faisaient un si mauvais usage, et ordonne que, sans délibérer, ils aient à se retirer sur-le-champ (2). Tous les députés étant sortis (3), il ferme la salle, et fait poser cet écriteau sur la porte : *Maison à louer*. Après cette expédition, Cromwel publie une déclara-

(1) Le comte de Montrose, qui avait défendu le roi Charles avec une incroyable valeur, qui avait vaincu plusieurs fois Cromwel, et l'avait blessé de sa propre main, qui, se voyant abandonné de la fortune en Angleterre, était passé en Ecosse, où, avec une armée levée à ses propres frais, il avait pris, en 1644, Perth et Aberden, battu le comte d'Argyle, et réduit Edimbourg sous l'obéissance du roi, voyant à la fin les affaires de ce monarque désespérées, s'était retiré en France. Mais toujours fidèle à la famille royale, après la mort de Charles I, il fit, en faveur de Charles II, une nouvelle expédition, l'an 1649, en Ecosse. Le début en fut heureux. Il se rendit maître des Orcades, et descendit à terre avec quatre mille hommes. Ce fut le terme de ses succès. Le général Lesley l'ayant défait, il fut obligé de se cacher. Mais, trahi par un homme à qui il s'était découvert, il fut livré au vainqueur qui, sans égard pour les lauriers dont il était couvert, le fit pendre et écarteler au mois de mars 1650.

(2) Un d'entre eux ayant osé lui faire des représentations sur la violence de cette conduite, il frappe du pied, et la chambre se trouve à l'instant remplie de soldats. Alors il ne resta plus qu'à obéir promptement.

(3) A mesure qu'ils défilaient devant lui, il les apostrophait chacun par une épithète caractéristique, disant à l'un : *Tu es un ivrogne*, à l'autre, *tu es un traître*; à un troisième, *tu es un faussaire*; à un quatrième, *tu es un impudique*; au suivant, *tu es un adultère*; à un autre, *tu es un voleur*, etc.

tion signée de tous les colonels de l'armée et des officiers les plus distingués de la flotte, pour justifier la dissolution du parlement. Il choisit cent quarante-quatre personnes, gens sans naissance et sans mérite, pour administrer l'état, et leur défère, le 14 juillet, l'autorité souveraine par une patente signée de lui et des principaux officiers de l'armée. Le but de Cromwel était de se rendre maître lui-même du gouvernement dont il prévoyait bien que de tels gens seraient bientôt las. C'est ce qui arriva au mois de décembre suivant : le nouveau parlement remit, le 22 de ce mois, le pouvoir souverain aux officiers de l'armée; et ceux-ci, quelques jours après, déférèrent le gouvernement à Olivier Cromwel.

OLIVIER CROMWEL, PROTECTEUR.

1653. Olivier Cromwel, naquit à Huntington, ville capitale de la province de ce nom, le 3 avril (V. S.) 1603, d'une famille de gentilshommes originaires de cette province. Son aïeul, nommé Richard, fils d'une sœur du fameux Thomas Cromwel, premier ministre de Henri VIII, prit le nom de son oncle, dans la vue de trouver plus de considération à la cour. Malgré la disgrâce de ce favori, les descendants de Richard conservèrent le nom de Cromwel, plus illustre que celui de Williams qu'avaient porté leurs ancêtres. Quelques auteurs ont dit qu'Olivier était fils d'un brasseur de bierre; ils se sont trompés. Voici ce qui a donné lieu à cette erreur. La mère d'Olivier Cromwel, veuve avec plusieurs enfants et peu de biens, acheta une brasserie dont elle tirait un gros revenu, et qu'elle pouvait faire valoir sans déroger à la noblesse de son mari. Olivier se destina à l'état ecclésiastique, et prit le degré de maître-ès-arts en l'université de Cambridge, où il avait fait ses études. Williams, évêque de Lincoln, le reconnut pour son parent, lui promit sa protection, et l'encouragea à se rendre capable de posséder les dignités de l'église. Cromwel passa quelques années dans la retraite, et à la veille de recueillir le fruit de ses études, ses espérances tombèrent par la chute de son protecteur sacrifié à la jalousie de Laud et du comte de Strafford. Il fut élu député au parlement de 1640, et y fit d'abord petite figure; ayant obtenu de l'emploi dans l'armée, il se signala dès la première campagne, combattit à la bataille d'Yorck en qualité de lieutenant-général du comte de Manchester: et les généraux avouèrent que sa bravoure et sa présence d'esprit avaient arraché la victoire aux Royalistes. Il ne se fit pas moins d'honneur à la bataille de Dumbar, qu'il gagna en chef, le 13 septembre 1650, contre les Ecossais, et à celle de Worchester, où, le même jour, de l'année suivante, il défit Charles II. L'an 1653, le 26 décembre, ce même Cromwel devint souverain en Angleterre, sous le nom de PROTECTEUR, titre qu'il préféra à celui de roi, parce que les Anglais, disait-il, savaient jusqu'où s'étendaient les prérogatives d'un roi d'Angleterre, et ignoraient jusqu'où celles d'un protecteur pouvaient aller. On voit ici la vérité de ce qu'un moderne dit des Anglais : Cette nation si fière, qui combat plutôt pour la liberté qu'elle n'en jouit, croit être indépendante quand elle change de maître ; c'est ainsi qu'on l'a vue s'armer contre ses rois, et ramper sous les tyrans. Cromwel ne pouvait espérer par sa naissance de parvenir jamais au degré d'élévation où il arriva. Il avait un grand courage, et s'était distingué par des exploits brillants ; mais il joignait à ce courage l'ambition la plus démesurée, l'hypocrisie et la dissimulation la plus profonde, enfin la politique la plus sanguinaire. L'an 1654, Cromwel assemble un parlement au mois de septembre. Mais étant instruit qu'on y prenait des mesures pour le destituer, il entre dans la salle des communes, le 22 janvier suivant, et dit fièrement : *J'ai appris, messieurs, que vous avez résolu de m'ôter les lettres patentes de protecteur. Les voici*, dit-il, en les jetant sur la table ; *je serais bien aise de voir s'il se trouvera parmi vous quelqu'un assez hardi pour les prendre.* Quelques membres de l'assemblée lui ayant reproché son ingratitude, ce fourbe fanatique leur dit d'un ton d'enthousiaste : *Le Seigneur n'a plus besoin de vous ; il a choisi d'autres instruments pour accomplir son ouvrage.* Ensuite se tournant vers ses officiers et ses soldats : *Qu'on emporte*, leur dit-il, *la masse du parlement, et qu'on nous défasse de cette marotte.* Après ces paroles il fait sortir tous les membres, ferme la porte et emporte la clef. Le soin de maintenir son autorité dans la Grande-Bretagne n'était pas le seul qui l'occupât. Il avait également à cœur de rendre formidable au-dehors la nation qu'il faisait trembler, et d'en étendre la domination par de nouvelles conquêtes. L'an 1655, il envoie dans l'Amérique une flotte de dix-sept vaisseaux, sous les ordres du vice-amiral Pen et du général Venables, qui, après avoir fait une tentative infructueuse sur Saint-Domingue, au mois de mars, vont aborder, le 13 mai suivant, à la Jamaïque, dont ils trouvent la capitale abandonnée ; les côtes ne leur coûtent que la peine de les parcourir. Les Espagnols, à leur arrivée, s'étaient retirés dans l'intérieur de l'île. Les Anglais mettent leurs têtes à prix, et les boucaniers français, étant venus en foule, obligent bientôt ceux qui avaient échappé à leur fureur de composer avec les Anglais et de leur abandonner l'île. Cependant Cromwel ne laissa pas de faire emprisonner à leur retour les chefs de l'expédition pour avoir manqué Saint-Domingue. Il n'est pas aisé de dire, (c'est la remarque du P. d'Avrigni) pourquoi le protecteur attaqua les Espagnols; il paraît qu'il n'en avait aucun prétexte, car ils recherchaient alors son alliance avec beaucoup d'empressement; et ils dissimulèrent avec une égale patience l'injure qu'ils avaient reçue, tant qu'ils crurent pouvoir s'en faire un ami. Mais il préféra l'alliance de la France qui lui avait fait les mêmes avances que l'Espagne, et conclut avec elle, le 2 novembre 1655, une ligue offensive et défensive. Les deux fils aînés du roi Charles furent les victimes de ce traité, dont une des conditions portait qu'ils sortiraient de France, où Louis XIV leur avait ouvert un asile. Le cardinal Mazarin exécuta rigoureusement cette ignominieuse clause. Les deux princes anglais, chassés de France, se retirent à Bruxelles avec le duc de Glocester, leur troisième frère, que les Anglais avaient envoyé en Hollande après la mort de Charles I. L'Espagne alors déclare la guerre à l'Angleterre.

L'an 1656, l'amiral Blake qui, le premier, avait fait entrer l'année précédente une flotte anglaise dans la Méditerranée, où il avait battu plusieurs fois les corsaires d'Afrique, attaque, le 19 septembre, à la hauteur de Cadix, la flotte espagnole venant de l'Amérique, en coule à fond trois vaisseaux, et en prend deux autres avec leur charge estimée trois millions. Il força, le 30 avril de l'année suivante, les gallions de la même puissance dans la baie de Santa-Crux, aux Canaries; mais ne pouvant les emmener, il fut obligé de les brûler. La terreur du nom de Cromwel s'étendit jusqu'au fond de l'Italie, dont les principales puissances recherchèrent son amitié par des ambassades magnifiques.

Le parlement ne regardant que comme précaire le titre de protecteur, délibéra, l'an 1657, d'offrir la couronne à Cromwel. Mais se rappelant combien il l'avait rendue odieuse à l'armée, il la refusa (1). On n'insista point; et après avoir été confirmé

(1) La réponse que Cromwel fit à l'offre du parlement fut telle qu'en pareille occasion un paysan d'une capacité ordinaire, dit M. Hume, se serait beaucoup mieux expliqué. L'éloquence, qualité, à ce qu'il paraît, si nécessaire à un chef de république, manquait absolument, suivant le même historien, à Cromwel. « La sagacité de » ses actions, dit-il, et l'absurdité de ses discours, formaient le plus » prodigieux contraste dont il y ait jamais eu d'exemples. Le recueil » de ses harangues, ajoute-t-il, de ses lettres, de ses sermons, car il » composait aussi des sermons, était une des choses les plus curieuses » du monde; et avec très-peu d'exceptions, il pourrait passer pour » un des livres où le bon sens est le plus maltraité. » Tant la nature est bizarre dans la distribution de ses talents !

dans la dignité de protecteur, avec le pouvoir de nommer son successeur, Cromwel fut installé de nouveau dans le mois de juin suivant avec une pompe extraordinaire. Cromwel voulait avoir deux ports dans notre continent, Mardick et Dunkerque. Ces deux places ayant été conquises par M. de Turenne, la première le 3 septembre 1657, la seconde le 25 juin 1658, elles furent remises au protecteur par le cardinal Mazarin, suivant un traité fait entre eux, le 23 mars 1657. Le nom de Cromwel ôta à ce ministre, si fécond en défaites, tout moyen et presque toute idée d'éluder l'exécution de sa parole. Ce nom si redouté n'affranchit pas néanmoins le tyran qui le portait, des frayeurs inséparables des crimes affreux dont il se sentait coupable. Tourmenté par leur image toujours présente, menacé par des assassins dont quelques-uns avaient déjà manqué leur coup (1), détesté de sa propre famille (2), il ne goûtait la sécurité ni le jour ni la nuit, malgré les précautions (3) qu'il prenait pour se l'assurer. Ses continuelles agitations lui causèrent une fièvre dont il ne releva pas. Sentant le danger de son mal, il fait appeller Godwin, un de ses prédicateurs, et lui demande, *si la doctrine qui enseigne que la justice une fois acquise ne peut se perdre, et qu'un juste ne peut jamais tomber ou devenir sujet à la réprobation finale, est vraie? Rien de plus certain*, répond le ministre. *Je suis donc sans crainte*, dit Cromwel; *car je suis sûr d'avoir été autrefois en état de grâce.* Il meurt dans cette confiance, le 13 septembre 1658, à Witehall, âgé de cinquante-cinq ans, et non pas de cinquante-neuf, comme le marquent Moreri, M. Hume, et d'autres écrivains. (*Voyez* d'Avrigni.)

---

(1) A une entrée triomphante qu'il faisait dans Londres, une jeune fille nommée Gréenvill, dont il avait tué l'amant dans une bataille, lui tira, d'une fenêtre, un coup de pistolet : le coup alla blesser le cheval du second fils de Cromwel, nommé Henri, qui marchait à côté de lui. Cette fille parut ensuite sur le balcon, son pistolet à la main. *C'est moi*, dit-elle, *qui ai fait, ou plutôt qui ai manqué le coup. J'ai voulu tuer un tigre, et je n'ai blessé qu'un cheval.* (M. Gaillard.)

(2) Richard, son fils, s'étant jeté à ses genoux avant l'exécution de Charles I, l'avait supplié, les larmes aux yeux, de ne pas imprimer à son nom la tache du régicide, et de ne pas exposer sa famille aux terribles vengeances qu'un si grand attentat pouvait amener. Celle de ses filles qu'il aimait le plus, étant sur le point d'expirer, lui déclara qu'elle mourait de l'horreur d'avoir un père si coupable. Ses gendres n'étaient pas mieux disposés à son égard.

(3) Le jour, couvert d'une cuirasse et d'armes offensives, il ne marchait jamais sans une garde nombreuse. La chambre où il couchait (il en changeait toutes les nuits) était connue de lui seul, et barricadée avec tout le soin possible.

Ses obsèques furent des plus magnifiques, et son corps fut enterré dans la sépulture des rois, d'où il fut tiré, l'an 1660, traîné sur la claie, pendu et enterré. Il laissa deux fils, Richard et Henri, avec trois filles, mariées, l'une au général Fleetwood, une autre au lord Falcombridge, et la troisième au lord Rich.

RICHARD CROMWEL, PROTECTEUR.

1658. RICHARD CROMWEL est proclamé protecteur à Londres, le 14 septembre, lendemain de la mort de son père. L'an 1659, le 27 janvier, le parlement s'assemble et fait un acte pour reconnaître le nouveau *protecteur*. Le 22 avril, Richard dissout le parlement : depuis ce tems il perd tout crédit; le conseil des officiers se rend maître du gouvernement, et élit Fleetwood pour général. Les officiers rétablissent, le 8 mai, le parlement qu'Olivier Cromwel avait cassé le 30 avril 1653; et l'Angleterre, si jalouse de sa liberté, se voit encore soumise à la tyrannie d'un parlement qui avait trempé ses mains dans le sang de son souverain. Richard, d'un caractère aussi indolent que doux, se soumet au parlement qui lui ordonne de quitter Witehall, en lui accordant 2000 livres sterling. Ce parlement, surnommé *rump* par dérision, subsiste à peine un an. Un nouveau parlement, assemblé au mois d'avril 1660, par les soins et l'habileté du général Monck, qui commandait une armée en Ecosse, remet en Angleterre les choses dans l'ordre, et reconnaît, au mois de mai, Charles II pour roi.

CHARLES II, ROI D'ANGLETERRE.

1660. CHARLES II, fils de Charles I et de la reine Henriette, né le 29 mai 1630, était retiré à la Haye, lorsque son père fut exécuté. Dès qu'il eut appris ce funeste événement, il se porta pour roi d'Angleterre et en prit le titre. L'an 1650, Charles se rendit en Ecosse, où il avait été proclamé roi l'année précédente, à des conditions assez dures. Il fut couronné à Scone, le 1er. janvier 1651, se mit à la tête de l'armée, et marcha vers l'Angleterre. Le 13 septembre, il fut défait par Cromwel à Worcester, et se retira en France, où il arriva au mois de novembre, non sans avoir couru les plus grands dangers. Enfin, l'an 1660, après avoir passé près de douze ans en exil, tant en France que dans les Pays-Bas, et en Hollande, ce prince fut proclamé roi, à Londres, le 8 mai; il reçut, le 16 de ce mois, à la Haye, les députés du parlement, et s'embarqua, le 23, pour venir en Angleterre, où il fut reçu, le 29, avec les plus grands témoignages de joie. L'un de ses premiers soins fut de venger la mort du roi, son père, sur ceux qui en étaient les auteurs ou les complices. Dix des plus coupables furent punis du dernier supplice; et comme ils étaient tous enthousiastes, ils soutinrent leur sort avec le courage et la confiance qu'aurait pu inspirer la meilleure cause. La reine-mère arrive en Angleterre au mois de novembre, amenant avec elle la princesse Henriette, sa fille. La princesse d'Orange, sœur du roi, qui s'y était rendue au mois d'octobre, meurt sur la fin de décembre, laissant un fils, qui a été depuis roi d'Angleterre, sous le nom de Guillaume III. Les différentes parties du gouvernement, que la violence avait bouleversées, reprennent, dès qu'elle a cessé, leur situation naturelle, comme les éléments reviennent d'eux-mêmes à leur centre après un orage qui les en avait séparés. La grande et la petite noblesse sortent du chaos où elles étaient confondues, et se remettent chacune, sans effort, au rang que la constitution de l'état leur avait assigné. Les pairs rentrent dans la chambre haute du parlement; les évêques, rétablis dans leurs fonctions, viennent pareillement s'y asseoir, et le bon ordre, tel qu'on pouvait le desirer alors, succède rapidement à un long et affreux désordre.

Toutes choses se trouvant à peu près dans leur assiette naturelle, Charles, assuré de régner tranquillement, se fait couronner avec les solennités ordinaires, le 23 avril 1661. Ce monarque avait fort à cœur les intérêts de l'église anglicane, parce qu'il jugeait ses maximes et sa discipline les plus favorables à l'état monarchique. Pour y réunir les autres sectes, il chargea le parlement assemblé, l'an 1662, de revoir les livres liturgiques dont elles se servaient, et d'en corriger les endroits qui pouvaient les offenser. Cela fait, on dressa l'acte d'*uniformité*, que le roi signa le 19 mai. Cette opération n'eut pas tout le succès qu'il en avait espéré. Deux mille ministres presbytériens aimèrent mieux résigner leurs bénéfices que de souscrire un acte qui les soumettait au gouvernement épiscopal. Le 31 du même mois, Charles épousa l'infante CATHERINE, fille de Jean IV, roi de Portugal, dont la dot fut de 300 mille livres sterling, avec les forteresses de Tanger, en Afrique, et de Bombai, au royaume de Visapour. Dans le tems de ses disgrâces, il avait fait demander la main de l'une des nièces du cardinal Mazarin, qui la refusa. Ce ministre, lorsqu'il le vit élevé sur le trône, la lui offrit, et fut refusé à son tour. Le mariage ne fixa point les amours de Charles, et ne l'engaga point à congédier ses maîtresses ni à modérer les dépenses excessives qu'elles lui occasionnaient. Ses favoris étaient d'autres sangsues qui achevaient de l'épuiser. N'osant demander au parlement un supplément à son indigence, il prit le parti de vendre Dunkerque au roi de France, pour la somme de cinq millions. Cette vente, conclue le 27 novembre 1662, fut suivie, le 17 décembre, de celle de Mardick, (Daniel.) le tout au grand regret de la nation anglaise, qui par là se vit entièrement exclue de notre continent.

Les progrès que les Hollandais faisaient sur la côte de Guinée par leur commerce soutenu de leurs armes, piquèrent la jalousie des Anglais, et occasionnèrent une rupture entre ces deux puissances. Charles, déterminé par son conseil, déclara la guerre dans le mois de novembre 1664 aux états-généraux. Le duc d'Yorck, grand-amiral, chargé du commandement de la flotte anglaise, remporta sur celle de Hollande, le 13 juin 1665, à dix lieues de Suffolk, une des plus grandes victoires, dit le P. d'Avrigni, que les Anglais aient gagnées sur mer, car il ne perdit, ajoute-t-il, qu'un vaisseau, et la flotte ennemie perdit son amiral, qui sauta en l'air, neuf vaisseaux pris et sept brûlés. Le duc, à son retour, fut reçu à Londres avec de grands applaudissements. Mais la reine-mère prit peu de part à la joie publique. Mécontente du peu de crédit dont elle jouissait en Angleterre, elle quitta peu de tems après cette île pour retourner en France, où elle finit ses jours, le 10 septembre 1669. La France, jalouse à son tour des Anglais, prit le parti des Hollandais, mais plus en médiatrice qu'en alliée. Elle gagna néanmoins dans cette guerre l'île de Saint-Christophe, en Amérique, dont le duc de Beaufort se rendit maître le 29 juillet 1666. Environ six semaines auparavant il y avait eu sur mer une furieuse bataille entre les Anglais et les Hollandais: ceux-ci commandés par les amiraux Ruyter et Corneille Tromp, ceux-là par le duc d'Albemarle et le prince Robert. Elle commença le 11 juin, dura quatre jours, et l'avantage fut presque toujours du côté des Hollandais. Londres éprouva consécutivement cette année deux terribles fléaux, la peste qui emporta près de cent mille âmes, et un incendie qui commença le 13 septembre, et consuma, dans l'espace de trois jours, treize mille deux cents maisons de particuliers, quatre-vingt-neuf églises, et un nombre considérable d'autres édifices publics. Il n'y eut cependant que huit personnes qui périrent dans les flammes. Ce fut chez un boulanger que commença ce désastre; et comme la ville n'était alors bâtie qu'en bois, le feu se communiqua très-rapidement. Les habitants eurent sept ans pour reconstruire leurs maisons et les édifices publics; mais, par une espèce de prodige, cette ville fut renouvelée dans l'espace de trois ans, et avec bien plus de solidité et d'agrément qu'avant ce désastre affreux.

La perte fut énorme, puisqu'elle se monta, par un compte même modéré, à neuf millions de livres sterling. (M. l'abbé de Lubersac, *Monuments publics*, p. 95.) La paix de Bréda, signée le 2 janvier 1667 (Daniel.), termina la guerre entre la France, l'Angleterre et la Hollande. Ces deux dernières puissances, réconciliées ensemble, forment, le 28 janvier 1668, une triple alliance avec la Suède, pour contraindre la France à faire la paix avec l'Espagne. Cette ligue eut l'effet qu'elle s'était proposé, celui d'obliger Louis XIV à mettre un terme à ses conquêtes, et à conclure, le 2 mai de cette année, le traité de paix d'Aix-la-Chapelle.

On fut étonné, l'an 1672, de la double déclaration de guerre faite à la Hollande le même jour, 7 avril, par l'Angleterre et par la France. C'était la duchesse d'Orléans qui, dans un voyage qu'elle fit en Angleterre l'an 1670, avait déterminé le roi Charles, son frère, à joindre ses armes à celles de Louis XIV, pour détruire cette république dont l'agrandissement, toujours croissant, alarmait ses voisins. Charles d'ailleurs ne pardonna jamais aux états-généraux l'ordre, qu'intimidés par Cromwel, ils lui avaient signifié dans son exil, de sortir de la Haye, où il était venu chercher un asile auprès du prince d'Orange, son beau-frère. D'autres puissances entrèrent encore avec lui dans cette guerre. Ce qu'elle eut de plus remarquable du côté de l'Angleterre, ce fut le combat de Soultsbaye, donné, le 7 juin 1672, entre la flotte de France et d'Angleterre, sous les ordres du duc d'Yorck et du comte d'Estrées, et celle de Hollande commandée par Ruyter, le plus terrible qu'ait vu ce dernier, qui en en avait tant vu, mais où la perte fut à peu près égale des deux côtés; et trois autres batailles navales aussi peu décisives, livrées, les 7 et 14 juin, et 22 août 1673, aux amiraux Ruyter et Tromp, par le comte d'Estrées et le prince palatin Robert. Charles, n'ayant pu obtenir de son parlement, qui désapprouvait cette guerre, les subsides qu'elle exigeait, se vit réduit à faire banqueroute à son peuple; crime, dit M. Gaillard, au-dessus duquel il n'y a que l'assassinat.

Charles, le 25 mars 1672, avait rendu une déclaration pour établir la liberté de conscience en faveur des Catholiques. Mais l'année suivante, au commencement de mars, les Presbytériens, qui dominaient dans les communes, l'obligèrent de la révoquer, et peu de tems après les deux chambres du parlement passèrent le fameux acte du TEST, portant que toute personne possédant quelque emploi ou office, serait tenue de prêter les serments d'*allégeance et de suprématie*, de recevoir les sacrements dans son église paroissiale, et de renoncer, par écrit, à la croyance de la présence réelle dans l'eucharistie. C'est en conséquence de cette loi que le duc d'Yorck, qui avait fait abjuration de la religion protestante, ne commanda point aux trois batailles navales de 1673. Ce furent les dernières hostilités que les Anglais exercèrent envers les Hollandais. L'an 1674, le 28 février, la paix fut publiée entre ces deux puissances à leur satisfaction réciproque, car elles avaient un égal intérêt de bien vivre ensemble.

L'année 1678 est remarquable par une conspiration regardée universellement aujourd'hui comme une chimère (1), mais dont

---

(1) Cette fable infernale avait pour auteur un anglais nommé Titus Oates, qui, de ministre anapbatiste s'étant fait catholique, après avoir évité, par la fuite, les rigueurs de la justice qui le poursuivait pour ses crimes, était entré dans le séminaire des Jésuites de Saint-Omer, d'où ensuite il s'était fait chasser par sa mauvaise conduite. Le scélérat s'étant associé à deux hommes de sa trempe, répandit le bruit, que Londres saisit avidemment, d'une conspiration formée par les Jésuites de concert avec le médecin de la reine et le secrétaire du duc d'Yorck, contre la vie du roi. Cette accusation était sourdement appuyée par le chancelier Shaftsburi, l'homme de tous les partis sans paraître l'être d'aucun, dont Charles II disait que *c'était le plus faible et le plus méchant de tous les hommes*, et à qui un jour il dit, étant irrité contre lui (ce qui arrivait souvent) : *Shaftsbury, vous êtes le plus grand coquin du royaume.* Le but de cet indigne chef de la magistrature était de perdre le duc d'Yorck et de l'exclure à jamais du trône. Le caractère des accusateurs et l'invraisemblance de leurs accusations ne l'arrêtèrent point. Persuadé que les calomnies les plus grossières prennent faveur parmi une populace prévenue ; (et telle était toute l'Angleterre vis-à-vis des Catholiques, et surtout des Jésuites) il nomma des juges assortis à ses vues pour instruire le procès des accusés, et se chargea de le conduire à la fin qu'il se proposait. On eut soin de ne produire les témoins sur la scène que les uns après les autres, de manière que les derniers pussent adapter leurs dépositions à celles des premiers, qu'on prenait soin de leur communiquer, ou qui étaient déjà rendues publiques. Oates, l'inventeur de la fable, fit, par les mensonges impudents qu'il avança, tout ce qu'il fallait pour la décréditer. Il disait avoir eu des entretiens à Bruxelles avec don Juan d'Autriche, qu'il mettait de la partie dans la conjuration. On lui demanda de quelle figure était ce prince. C'est, répondit-il, un grand homme maigre. Don Juan était précisément le contraire, court et fort replet. Il ne savait où était situé le collége des Jésuites de Paris, qu'il disait avoir fréquenté Il se vantait d'avoir eu des liaisons intimes avec le secrétaire du duc d'Yorck, et placé devant lui, il ne le reconnut pas. Il accusa la reine en plein parlement d'avoir consenti à la mort du roi, son mari : sur quoi un des membres de l'assemblée fit observer que dans une des séances précédentes, après avoir nommé tous les prétendus complices de la conjuration, sans faire mention de la reine, il avait déclaré qu'il *n'avait plus rien à dire contre aucune personne consi-*

le parlement s'occupa alors comme d'une affaire très-réelle, sans faire attention aux qualités des délateurs, qui ne méritaient aucune considération. On la nomma la *conspiration papiste*. Elle coûta la vie à beaucoup de catholiques, du nombre desquels furent huit jésuites, dont le grand Arnaud, que leur société haïssait et persécutait, eut la générosité de venger l'innocence dans son *Apologie pour les Catholiques*. Mais la plus illustre victime de la calomnie, dans cette occasion, fut milord Strafford, vieillard respectable à tous égards, dont l'injuste punition est démontrée dans l'ouvrage dont on vient de parler. Le même parlement durait depuis dix-huit ans, et toujours dominé par le parti de l'opposition, s'obstinait à refuser les subsides que la cour demandait. Enfin le roi se détermina, le 24 janvier 1679, à le casser et à en convoquer un nouveau. Mais les élections des membres qui composèrent celui-ci, ne répondirent pas aux vues du monarque. Les chefs du parti populaire y formèrent un complot contre le duc d'Yorck, dont ils craignaient également le caractère et la religion. Le roi, pour dissiper les soupçons de Papisme formés contre lui, oblige son frère à se retirer du royaume; le duc passe à Bruxelles. Le bill *habeas corpus* fut arrêté par les communes dans le mois de mai. Par cette loi célèbre, regardée comme le rempart de la liberté des citoyens, un juge ne peut refuser, à quelque prisonnier que ce soit, l'ordre *habeas corpus*, qui oblige le geolier de le produire devant la cour que cet ordre désignera, et de vérifier la cause de son emprisonnement; le prisonnier doit être accusé et jugé au terme prescrit; si la cour le fait élargir, on ne peut le remettre en prison pour le même sujet. Les noms de *Torys* et de *Whig* commencèrent alors d'être donnés, le premier aux partisans de la cour, l'autre à ses adversaires. Une maladie qu'eut le roi, dans le mois d'août de cette année, détermina le rappel du duc d'Yorck, qui reparut à la cour le 2 septembre suivant, au grand étonnement du duc de Monmouth, fils naturel du monarque, et du lord Shaftsburi, ses ennemis déclarés. Mais les murmures de leur cabale obligèrent le roi de le

---

dérable. Ce misérable imposteur, si évidemment confondu, loin de subir la peine qu'il méritait, obtint une pension, et eût la cruelle satisfaction de voir périr les innocentes victimes de ses calomnies. Leur mémoire fut réhabilitée par le duc d'Yorck, devenu le roi Jacques II, qui fit justice en même tems d'Oatès en le faisant condamner à une prison perpétuelle, et fustiger quatre fois l'année par la main du bourreau. Mais le prince d'Orange, étant monté sur le trône, lui rendit sa liberté avec sa pension.

renvoyer à Bruxelles. Avant de partir, il eut néanmoins la satisfaction de faire exiler le duc de Monmouth en Hollande. Le duc d'Yorck ne tarda guère à revenir, et à son retour, il fut envoyé, avec titre de commissaire royal, en Ecosse, l'ancien patrimoine de sa maison. Dans le parlement qu'il y assembla, au mois de juillet 1681, il établit un nouveau *Test*, en faveur de la suprématie royale et de l'obéissance passive. Mais cet acte ayant été mal digéré, le comte d'Argyle refusa de le souscrire sans explication, ce qui lui attira l'indignation du duc. Arrêté pour ce sujet, il fut condamné à mort comme coupable de haute trahison : ce jugement n'eut point d'exécution par le bonheur qu'eut le comte de s'évader. Il en fut quitte pour la confiscation de ses biens. On sévit contre les autres réfractaires dont le nombre était grand; et comme c'étaient la plupart des fanatiques, on les vit braver les supplices avec une invincible opiniâtreté. Le duc d'Yorck étant retourné à Londres, au mois de mars 1682, prit un tel ascendant sur l'esprit du roi, qu'il était regardé, suivant quelques historiens, comme le gouverneur des trois royaumes.

La cour d'Angleterre fut encore troublée, l'an 1683, par la découverte d'une nouvelle conspiration qu'on a voulu faire passer pour la contre-partie de la précédente, mais dont la réalité est présentement démontrée. Celle-ci, où il n'entra que des protestants, fut nommée la *conspiration de Rye*, du nom de la maison où elle se forma. Tous les chefs de ce complot mal concerté n'avaient pas les mêmes vues, les mêmes motifs, ni le même objet. Mais le duc de Monmouth et lord Shaftsburi, qui étaient les deux principaux, s'accordaient à réunir leurs efforts pour faire exclure du trône le duc d'Yorck. L'un et l'autre évitèrent la punition qu'ils méritaient, le premier en se cachant, le second en passant la mer pour se retirer en Hollande, où, bientôt après, il finit ses jours dans l'obscurité. Mais le barbare Jeffreis, exécuteur des vengeances du duc d'Yorck, d'abord chef de justice, ensuite chancelier, ne fit grâce à aucun des conjurés qui tombèrent entre ses mains, quoiqu'ils ne fussent pas tous également coupables. Il ne fit aucune différence de ceux qui avaient eu le dessein d'intervertir l'ordre de la succession au trône, et de ceux qui avaient résolu d'exterminer la famille royale. Ces exécutions, qui n'étaient pas dans le caractère du roi Charles, se firent pour la plupart à son insu. Le public les mettait sur le compte du duc d'Yorck, dont le naturel s'éloignait autant de la douceur que celui de Charles y était porté. Il est certain que le monarque n'approuva pas toujours les mesures précipitées ou violentes qu'il voulait lui suggérer. Un jour que le duc lui en proposait de semblables, *Mon frère*, lui dit-il, *je suis trop vieux pour recommencer mes courses; vous le pouvez si c'est votre goût.* Charles méditait un nouveau plan de gouvernement plus conforme au génie de la nation, lorsqu'une apoplexie, qui dura quelques jours, le conduisit au tombeau le 16 février (N. S.) de l'an 1685, dans la cinquante-cinquième année de son âge, et la vingt-cinquième de son règne, depuis son rétablissement. Le bruit courut qu'il avait été empoisonné par une prise de tabac. Mais les médecins, en examinant le cadavre, ne purent jamais acquérir la preuve de ce crime. Il est remarquable que le soupçon de l'empoisonnement ne tomba jamais sur le duc d'Yorck, son frère, quoique la veille du premier accès de sa maladie il eût voulu l'exiler de l'Angleterre, pour se réconcilier avec le parlement, et que le duc, instruit de cette résolution, eût déjà fait emballer ses meubles les plus précieux. Les funérailles de ce monarque, dit M. Hume, furent très-médiocres; on n'exposa point le corps sur un lit de parade; on ne donna point d'habits de deuil, et la dépense fut au-dessous de celle qui se fait pour un seigneur ordinaire. Charles avait, épousé, comme on l'a dit, le 31 mai 1662, CATHERINE, infante de Portugal, princesse vertueuse qu'il estimait sans l'aimer, et dont il n'eut point d'enfants. Catherine mourut à Lisbonne, le 31 décembre 1705. Charles fut favorable aux Catholiques, et on croit même, avec beaucoup de fondement, qu'il eut l'avantage de mourir catholique. Ce prince était né avec les plus belles qualités pour régner avec gloire; mais l'indolence et l'amour du plaisir étouffèrent presque entièrement les dons qu'il avait reçus de la nature. On a prétendu qu'il n'avait jamais dit une folie ni fait une chose sage. Sous son règne, le libertinage de l'esprit et du cœur, dont il donna l'exemple, succéda au fanatisme. Le vice marcha tête levée, et brava effrontément la décence et l'honnêteté. Les profusions de ce prince envers ses favoris et ses maîtresses le ruinèrent et le mirent dans la honteuse nécessité de faire, comme on l'a déjà dit, banqueroute à la nation. Louis XIV, instruit de ses besoins et du refus que faisait le parlement d'y subvenir, profita de la conjoncture pour mettre ce prince dans ses intérêts, en lui faisant une pension qui fut exactement payée. Les Anglais, qui en eurent connaissance, disaient qu'il était le vice-roi de Louis XIV. Parmi ses enfants naturels, qui furent en grand nombre, les plus distingués sont Jacques, duc de Monmouth; Charles, duc de Cleveland; Henri, duc de Grafton; Charles Beauclerc, duc de Saint-Albans; et Charles Lenox, duc de Richmond.

Charles II n'accorda d'autre encouragement que son estime

aux gens de lettres et aux artistes ; mais il l'accorda en connaisseur qui sait apprécier les talents. La société royale de Londres, érigée en 1660, le reconnaît pour son fondateur. Le temple de Saint-Paul de Londres, qui ne le cède en grandeur et en magnificence qu'à Saint-Pierre de Rome, fut commencé sous son règne, en 1675, mais il ne fut achevé qu'en 1710, sous celui de la reine Anne.

Avant Charles II les femmes ne montaient point sur le théâtre, et les hommes étaient chargés de leurs rôles. Ce prince s'impatientant un jour de ce que le spectacle ne commençait pas, le directeur vint s'excuser en disant que la reine n'était pas encore rasée. Charles vit les perruques s'introduire en Angleterre, quoiqu'il y eût déjà long-tems qu'on s'en servait en France. Quelques gens qui se piquaient de piété, furent scandalisés de cette mode, qui leur parut aussi insupportable que celle des longs cheveux l'avait paru au douzième siècle. Elle était à leurs yeux beaucoup plus criminelle encore, puisqu'elle n'était pas dans la nature. Beaucoup de prédicateurs, surtout des Puritains, s'élevèrent hautement contre les perruques ; et pour marquer l'horreur qu'ils en avaient, ils affectèrent de porter leurs cheveux beaucoup plus courts qu'auparavant.

Ce fut sous le règne de Charles II que les barons mirent une couronne à leurs armes, ornée d'un cercle d'or, avec six perles placées au bord.

JACQUES II.

1685. **Jacques II**, duc d'Yorck, fils de Charles Ier. et de Henriette, fille de Henri IV, roi de France, né le 24 octobre 1633, est proclamé roi à Londres, le 16 février 1685, et couronné avec la reine **Marie-Béatrix-Eléonore d'Est**, sa deuxième femme, le 3 mai suivant. Ce prince avait abjuré le schisme et l'hérésie dès l'an 1671, peu de tems après avoir perdu sa première femme, **Anne Hyde**, qui eut elle-même le bonheur, avant sa mort, arrivée le 10 avril de la même année, de faire une semblable abjuration. Jacques fit profession ouverte de la religion catholique sur le trône ; et deux jours après y être monté, il alla publiquement à la messe avec tout l'appareil de la royauté. Au mois de février, le duc de Monmouth, son neveu, et le comte d'Argyle, tous deux réfugiés en Hollande, conspirent, à la sollicitation du prince d'Orange, pour le détrôner. L'un et l'autre échouent dans leur entreprise. Le comte ayant fait une descente en Écosse, est battu par le comte de Dumbarton, pris et décapité, le 11 juillet, à Edimbourg. Le duc, aussi malheureux dans l'invasion qu'il avait tentée en Angleterre, subit, quatorze jours après, le même sort à Londres (1). Ces exécutions furent suivies d'un grand nombre d'autres qui répandirent la terreur sans néanmoins captiver les esprits. On s'en aperçut bientôt après. Le roi, dans la vue de rétablir la religion catholique, demande, au parlement assemblé la même année dans le mois de novembre, l'abolition de la loi du *Test*; il demande en même tems des subsides pour augmenter le nombre des troupes. On accorde le second article, et on refuse le premier. Le roi s'attendait d'autant moins à ce refus, qu'il croyait avoir mérité la reconnaissance du parlement en ouvrant dans ses états un asile aux Protestants de France, que la révocation de l'édit de Nantes obligeait de s'expatrier.

Les contradictions qu'éprouvait le zèle du roi Jacques, ne servaient qu'à l'enflammer. L'an 1686, il fait sacrer dans sa chapelle quatre évêques catholiques qui sont envoyés par toute l'Angleterre, pour y exercer leurs fonctions, sous le titre de vicaires apostoliques. Il envoie le comte de Castelmaine à Rome, avec titre d'ambassadeur, pour rendre obédience au pape Innocent XI, et lui demander un nonce; ce qui lui est accordé, mais non sans l'avertir de régler par la prudence l'ardeur qui l'animait pour le rétablissement de la religion catholique (2).

---

(1) Monmouth ayant fait sa descente en Angleterre avec quatre-vingts aventuriers, publia un manifeste dans lequel il prétendait que la couronne lui appartenait, et cela sur le faux prétexte que le roi Charles, son père, avait réellement épousé la duchesse de Portsmouth, sa mère. Ayant amassé par-là un nombre d'environ trois mille hommes, il hasarda, le 5 juillet, la bataille de Sedgemoore, qu'il perdit contre le comte de Feversham qui le fit prisonnier. Sur la route, comme on le menait à Londres, il écrivit au roi pour demander d'être admis en sa présence, disant qu'il avait quelque chose à lui révéler qui lui procurerait un règne heureux. Ayant obtenu cette grâce, il se jeta aux genoux du roi, demandant pardon les larmes aux yeux; mais sur le refus qu'il fit de nommer ses complices, le monarque fut inexorable. On a dit, depuis, que sous main milord Sunderland, l'un de ces complices et favori du roi « lui avait donné des assurances de son pardon s'il persis- » tait à ne rien dire; et qu'après lui avoir ôté ainsi toute créance, en » l'engageant à se contredire, il eut soin de le faire expédier le plutôt » possible. » (Mém. de Barwick, tom. I, n. 1, p. 425.) Ceci est moins incroyable que le trait suivant. Le jour même que l'exécution de Monmouh devait se faire, le roi envoya demander à déjeûner à la duchesse, sa femme. C'était pour lui porter, non la grâce de son époux, comme elle semblait devoir s'y attendre, mais la remise des biens du coupable, qui, par la rigueur de la loi, étaient acquis à la couronne.

(2) Il est certain qu'Innocent XI, pontife judicieux, et ce qu'il y avait de plus sensé dans le sacré collége, n'approuvaient pas les entreprises inconsidérées où le zèle entraînait Jacques II, et qu'ils en auguraient

Le 3 juillet 1687, le nonce Ferdinand Dada, qui résidait secrètement auprès du roi, fait son entrée publique à Windsor en habits pontificaux, précédé de la croix, accompagné d'un grand nombre de religieux avec les habits de leur ordre: spectacle inutile et déplacé dont la nouveauté souleva les Anglais. Jacques donne peu de tems après une déclaration portant abolition du *Test* et des lois pénales, avec injonction aux évêques de la faire publier dans leurs diocèses. Sept évêques l'ayant refusé, sont envoyés à la tour. Elargis ensuite en donnant caution, ils sont jugés dans la salle de Westminster le 29 juin, et absouts. Toutes les sectes s'alarment également de la protection que le monarque accorde à la religion catholique. Le stathouder de Hollande, gendre du roi Jacques, entretient ces frayeurs par ses émissaires, et dispose les peuples à la révolte. Il se concerte avec les principales têtes de l'état, promet de venir à leur secours; et pour tenir sa parole, il prépare une flotte destinée en apparence contre la France. Louis XIV ne prit point le change; instruit par le comte d'Avaux, son ambassadeur en Hollande, que cet armement a pour objet une descente du stathouder en Angleterre, il avertit le roi du danger qui le menace, et lui offre des secours capables de préserver l'Angleterre de toute invasion. Jacques ne tient compte de l'avis qu'il regarde comme une fausse alarme, et rejette les offres avec la hauteur d'un prince qui se croit des forces plus que suffisantes pour faire face à tous ses ennemis. Louis plaint son aveuglement; et voulant le servir malgré lui, il fait déclarer à la Hollande qu'il prendra pour une infraction de la paix et pour une insulte faite à lui-même toute entreprise faite sur l'Angleterre. Cette déclaration loin d'arrêter le stathouder le rend plus actif pour hâter l'exécution de ses desseins. Enfin, l'an 1688, ce prince ayant mis à la voile au mois d'octobre avec cinquante vaisseaux de guerre et quatre cent de transport, portant une armée de quarante mille hommes, débarque le 15 novembre (N. S.) à Torbay, dans le Devonshire. Quelques jours se passent depuis la descente sans que nul des mécontents vienne le joindre. Si le roi dans cet intervalle eût rassemblé ses troupes, et les eût menées à l'ennemi sans leur donner le tems de la réflexion, il n'est guère douteux qu'il ne l'eût obligé à se rembarquer; mais la défiance où il était de la fidélité des officiers de son armée, le fit rester dans l'inaction. Enfin la noblesse court se rendre sous les drapeaux du stathouder.

---

plus de mal que de bien pour la religion. Quelques cardinaux disaient même en plaisantant qu'il fallait excommunier ce prince, comme un homme qui allait perdre le peu de catholicisme qui restait en Angleterre.

L'infortuné monarque se voyant attaqué par un de ses gendres, abandonné par l'autre, (le prince Georges de Danemarck) méconnu de ses filles, trahi par ses favoris (1), près de l'être par ses officiers-généraux, prend le parti de la fuite déguisé en ecclésiastique. Le peuple qui l'avait insulté dans ce travestissement, change de dispositions à son égard dès qu'il le reconnaît pour le roi. Les magistrats de Londres lui envoient une députation et des carrosses pour l'engager à revenir. Etant rentré dans la ville le 16 novembre, au milieu des acclamations, il fait prier le prince d'Orange, qui était à Windsor, de se rendre auprès de lui pour conférer ensemble sur l'état présent des affaires. Le prince répond qu'il n'est pas à propos qu'ils se rencontrent ensemble dans la capitale, et lui conseille, c'est-à-dire lui ordonne, de s'en éloigner. Jacques se retire, le 27 novembre, à Rochester, escorté par un régiment des gardes hollandaises; et le même jour le prince arrive à Londres, où le peuple le reçoit comme son libérateur. Jacques se voyant comme prisonnier à Rochester, et craignant le sort de son père, s'échappe la nuit du 23 décembre, et s'étant embarqué avec le duc de Barwick, il va chercher un asile en France, sur les traces de sa femme et de son fils, âgé pour lors de six à sept mois, qui l'y avaient dévancé. Il aborda, le 28 décembre, au port d'Ambleteuse en Picardie, et de là il se rendit, le 7 janvier suivant, à Saint-Germain-en-Laye, où Louis XIV lui forma une cour particulière, séparée de la sienne. « Ce monarque joignant la délica-» tesse de l'ami à la magnificence de protecteur, voulut que » Jacques, entouré comme lui des ressources de l'abondance, » fût aussi libre et aussi roi à Saint-Germain que Louis XIV » l'était à Versailles. Les ennemis de Louis XIV le combat-» tirent, mais ils l'admirèrent. » (M. Gaillard.)

(1) Celui de ses favoris dont la trahison lui causa le plus de surprise et lui devint le plus funeste, fut Jean Churchill, le confident et le ministre des amours de ce prince avec mademoiselle Churchill, sa sœur, depuis si fameux sous le nom de duc de Marlborough. Il avait appris le métier des armes en France sous M. de Turenne, qui jugea dès-lors qu'il serait un grand homme de guerre. Mais comme l'intérêt et l'ambition réglaient toutes ses démarches, il ne fut guère moins infidèle à l'usurpateur Guillaume qu'il l'avait été à son légitime souverain. Ce nouveau maître affermi sur le trône lui retira sa confiance, qu'il avait mérité de perdre. Son caractère ne se démentit point sous le règne suivant. La reine Anne, qui le combla de biens et d'honneurs, eut toujours en lui un ennemi secret qui ne cessa de cabaler contre elle, et l'obligea enfin, par son ingratitude, à le dépouiller de ses charges. Il y fut rétabli par le roi Georges, en 1714, et mourut en 1722, âgé de soixante-treize ans.

Jacques en quittant ses états pour se retirer en France, n'avait pas renoncé au droit ni à l'espérance d'y rentrer. Outre le grand nombre de sujets fidèles qu'il avait laissés en Angleterre et en Ecosse, le comte de Tyrconel lui assurait l'obéissance de presque toute l'Irlande, dont il était vice-roi, et l'invitait à s'y rendre. Louis XIV, entrant dans les mêmes vues, lui fournit cinq mille hommes commandés par M. de Rosen, avec lesquels il alla s'embarquer au mois de février (et non de mars) 1689, à Brest. Le débarquement se fait sans obstacle, le 17 mars, à Kinsale, en Irlande, dont les peuples, à l'arrivée de Jacques, montrèrent par-tout une joie extraordinaire, n'ayant jamais vu de roi depuis Henri II. Londonderi est la seule ville qui refuse de se soumettre à son légitime souverain. Il en fait le siége, et échoue devant cette bicoque, qui n'avait pas même de gouverneur. (Walker, ministre protestant, qui n'avait jamais porté les armes, lui en tenait lieu.) L'an 1690, le comte, depuis duc de Lauzun, débarque, le 22 mars, à Cork, avec huit mille français qu'il amenait au roi Jacques. Mais avec ce renfort Jacques se trouva trop faible contre Guillaume qui, étant descendu en Irlande avec quarante mille hommes, gagna sur lui, le 11 juillet, la bataille de la Boyne, après laquelle cet infortuné monarque jugea à propos de retourner en France. Arrivé à Brest, il y apprit la grande victoire remportée, le 10 juillet, par les Français sur les flottes combinées des Anglais et des Hollandais. Cette nouvelle fit qu'il s'applaudit beaucoup du parti qu'il avait pris, et lui redonna l'espérance de voir ses affaires se rétablir. « En effet, le passage en Angleterre étant alors sans » difficulté ni opposition, il y avait lieu de présumer que le » roi de France pourrait aisément se rendre maître de ce » royaume. Cela aurait aussi obligé le prince d'Orange à aban- » donner l'Irlande pour accourir au plus pressé. Mais M. de » Louvois, ministre de la guerre, qui, par opposition à M. de » Seignelai, ministre de la marine, était contraire en tout au » roi d'Angleterre, s'opposa si fortement à ce projet, que le » roi très-chrétien, persuadé par ses raisons, ne voulut point » y consentir. » (*Mém.* de Barwick, tom. I, p. 74.) Jacques ne sut la détermination de Louis XIV que dans la visite qu'il en reçut à son retour à Saint-Germain, et l'on peut juger combien elle le mortifia malgré les politesses et les assurances d'amitié persévérante dont ce monarque assaisonna son refus. On voulut tenter cette descente deux ans après: mais Jacques, qui s'était avancé dans ce dessein, avec le maréchal de Bellefonds, sur les côtes de Normandie, vit du rivage, le 29 mai 1692, la défaite de la flotte française à la Hogue, et par là son projet s'évanouir. Une conspiration formée en sa faveur et de son consentement, l'an 1696, par le comte d'Aylesburi et d'autres seigneurs anglais, ne produisit pas un meilleur effet. Il apprit qu'elle était dissipée en arrivant à Calais avec le marquis d'Harcourt, pour aller se mettre à la tête des conjurés. Depuis ce tems Jacques tournant vers le ciel toutes ses vues, ne s'occupa plus qu'à sanctifier ses disgrâces par une résignation parfaite aux ordres de la Providence (1). Il mourut à Saint-Germain-en-Laye, le 16 septembre 1701, à l'âge de soixante-huit ans (2), laissant de son premier mariage Marie, née le 10 mai 1662, mariée, l'an 1677, à Guillaume de Nassau, prince d'Orange; et Anne, née le 6 février 1664, alliée, le 17 août 1683 à Georges, prince de Danemarck. De MARIE D'EST, sa seconde femme, fille, comme on l'a dit, d'Alfonse IV, duc de Modène (morte le 7 mai 1718), il eut un fils nommé Jacques, né à Londres le 21 juin 1688. Quelques auteurs anglais, spécialement Burnet, dont la plume est toujours conduite par la passion, ont tâché de jeter des soupçons ridicules sur la naissance de ce prince; mais ils n'ont fait que la constater, et montrer à quels excès peuvent se porter des écrivains qui ne suivent que leur animosité. Jacques II eut encore du même lit une fille née à Saint-Germain-en-Laye en 1692, morte l'an 1712. On connaît aussi quatre enfants naturels qui lui naquirent de ses concubines; 1°. d'Arbella Churchill, sœur du fameux Marlborough, Jacques Fitz-James, duc de Barwick, tué au siége de Philisbourg, l'an 1734; Henri Fitz-James, grand-prieur de France, duc d'Albemarle, mort en France l'an 1702; et une

(1) On a remarqué que ce prince conserva toujours sa prédilection pour les Anglais, même depuis qu'ils l'avaient abandonné. « Il se rappelait toujours avec intérêt le tems où il avait commandé les flottes » anglaises et les avantages qu'elles avaient remportés sous lui. Il disait » souvent avec un regret tendre : *Mes braves Anglais!* lors même que » leur valeur l'accablait.... On assure qu'il montra de la joie de la » défaite de la Hogue, qui ruinait ses espérances, mais qui rendait la » supériorité à la marine anglaise, et qu'ayant vu dans cette occasion » les Anglais faire une manœuvre hardie, il s'écria : *Oh! il n'y a que* » *mes braves Anglais qui soient capables d'une action si courageuse.* » (M. Gaillard.)

(2) Pendant sa dernière maladie, il reçut de Louis XIV plusieurs visites, dans la dernière desquelles ce monarque lui dit : « Je viens, » monsieur, pour vous dire que lorsqu'il plaira à Dieu de vous retirer » de ce monde, je prendrai votre famille sous ma protection, et trai- » terai votre fils, le prince de Galles, de la même manière que je vous » ai traité, et le reconnaîtrai pour roi d'Angleterre, comme il le sera » alors. » Tous ceux qui étaient présents, français et anglais, fondirent en larmes à l'instant. (Mém. de Barwick, tom. I, pag. 479.)

fille nommée Henriette ; 2°. de Catherine Sedley, il a laissé Catherine d'Arnley. Jacques II fut un prince, de l'aveu même de ses ennemis les plus judicieux, doué d'excellentes qualités, ferme dans ses vues et ses résolutions, exact dans ses plans, brave dans ses entreprises, sincère, fidèle et plein d'honneur dans les affaires ; mais il manqua de prudence. Moins de précipitation dans son zèle, plus de ménagement pour les préjugés de la nation, plus d'égard pour les lois établies, eussent affermi la couronne sur sa tête, et préservé la religion catholique en Angleterre de la ruine où il l'entraîna par sa chûte.

INTERRÈGNE.

Après la retraite du roi Jacques, il y eut en Angleterre une espèce d'interrègne d'environ six semaines, pendant lesquelles les seigneurs et les communes tinrent plusieurs assemblées sous le nom de *convention* (le parlement ne pouvant être convoqué que par le roi), pour régler la forme du gouvernement. Enfin, après bien des débats, ils décident dans une assemblée, tenue au mois de février 1689, que le roi Jacques II, ayant abandonné le gouvernement, le trône était vacant (1) ; et sans égard pour le prince de Galles, fils du roi Jacques, ils choisissent le prince et la princesse d'Orange pour le remplir. Mais à ce règlement et à ce choix on joint une déclaration qui fixe les bornes de la prérogative royale. En voici le précis. Le roi ne pourra dispenser

(1) « Je ne prétends pas faire un long discours, dit le maréchal de » Barwick, pour prouver l'irrégularité de tout ce qui se faisait en » Angleterre. Je dirai seulement qu'il n'a jamais été défendu par aucune coutume ou loi à un prince de sortir d'un de ses royaumes » sans la permission de ses sujets, et qu'il est absurde d'avancer que » par-là il abdique : l'abdication étant une démission volontaire faite » ou de bouche ou par écrit, ou du moins par un silence non forcé » après qu'on a été pressé de s'expliquer. Le roi n'est tombé dans » aucun de ces cas; il était prisonnier, et pour se tirer des mains de » ses ennemis, il s'était sauvé où il avait pu. De plus, il ne lui était » pas possible d'aller joindre ses fidèles sujets en Ecosse ou en Irlande » que par la France ; car, toute l'Angleterre étant soulevée, il n'eût » pu traverser ce royaume qu'avec un grand péril : mais quand même » il aurait été vrai que le roi eût abdiqué, la couronne se trouvait, » selon les lois fondamentales du royaume, *ipso facto*, dévolue à » l'héritier immédiat, lequel n'étant encore qu'un enfant au berceau, » ne pouvait avoir commis aucun crime, ni abdiqué. Le prince de » Galles, son fils, avait été reconnu pour tel par toute l'Europe, par » toute la nation anglaise, et même par le prince d'Orange. » (Mém., tome I, page 42.)

des lois ni en suspendre l'exécution sans le consentement du parlement, ce pouvoir étant contraire aux lois et à la constitution de l'Angleterre. La couronne ne jouira plus du droit qu'elle s'était attribué de créer des commissions ou des cours de justice ; et dans les procès même de haute trahison, les jurés ne seront pris que parmi les membres de la communauté. Toute levée d'argent pour l'usage de la couronne, sous prétexte de quelque prérogative royale, et que le parlement n'aura pas accordée, est défendue, et le roi ne peut la faire que dans le tems et de la manière que le parlement l'aura ordonnée. Tout anglais est autorisé à présenter des *pétitions* au roi, et toute poursuite ou tout emprisonnement pour ce sujet déclaré contraire aux lois, de même que la levée et l'entretien d'une armée dans le royaume en tems de paix, sans le consentement de la nation. Les discours et les débats du parlement ne seront recherchés dans aucune cour et dans aucun autre lieu que dans le parlement même ; défenses d'exiger des cautionnements excessifs, d'imposer des amendes exorbitantes, et d'infliger des peines trop dures. Tels sont les réglements que l'Angleterre appelle sa constitution, sa loi fondamentale.

GUILLAUME III.

1689. GUILLAUME-HENRI DE NASSAU, fils posthume de Guillaume IX, prince d'Orange, et de Henriette-Marie, fille de Charles Ier., roi d'Angleterre, né le 14 octobre 1650, élu stathouder de Hollande en 1672, est proclamé roi d'Angleterre, le 12 février 1689, sous le nom de GUILLAUME III, avec la princesse MARIE, son épouse, fille de Jacques II. Marie envoye demander la bénédiction à l'archevêque de Cantorberi : *Quand elle aura obtenu celle de son père*, répondit-il, *je lui donnerai volontiers la mienne.* Le 11 avril suivant, les deux époux sont couronnés à Westminster par l'évêque de Londres, au refus de ce primat. Seize évêques refusèrent de prêter le serment de fidélité au gouvernement actuel. Leur exemple fut suivi par un très-grand nombre du second ordre, et d'une multitude de seigneurs laïques. On donna le nom de Jacobites aux partisans du roi détrôné. Guillaume déchargea sur eux son ressentiment en dépouillant les uns de leurs bénéfices et les autres de leurs charges. Ce fut alors que pour accorder l'intérêt avec la conscience on imagina la distinction de roi de fait et de roi de droit. On consentit de rendre obéissance à Guillaume comme au roi que les représentants de la nation avaient élu ; mais on refusa de le reconnaître pour roi légitime, parce que son élection était contraire aux lois fondamentales du royaume.

L'an 1690, Guillaume, après avoir pris les mesures qu'il jugea les plus convenables pour empêcher que rien ne remue en Angleterre pendant son absence, passe en Irlande avec quarante mille hommes pour en chasser le roi, son beau-père. Le débarquement se fit à Carikfergus le 14 juin, (V. S.) et le lendemain, qui était un dimanche, Guillaume assista au service divin. Le docteur Ross, qui prêcha devant lui, prit pour texte ces paroles de l'épître aux hébreux: *par la foi ils ont subjugué les royaumes. Mon chapelain,* dit le prince en sortant, *a bien ouvert la campagne.* Le 11 juillet suivant, il gagne la bataille de la Boyne sur le roi, son beau-père, qui n'y perdit néanmoins qu'environ mille hommes, parce qu'il n'y eut que les troupes de Barwick et d'Hamilton qui donnèrent. Le duc Fréderic de Schomberg, qui commandait sous Guillaume, fut tué dans l'action à l'âge de 82 ans. En montrant les Français de l'armée ennemie aux réfugiés de la sienne: *Voilà*, leur avait-il dit, *vos persécuteurs.* Guillaume, avant que la bataille commençât, eut les épaules effleurées et mises tout en sang d'un boulet de canon, ce qui l'empêcha de mettre ses troupes en bataille et de se trouver au combat (1). « Guillaume, après sa victoire, dit » un écrivain fameux, fit publier un pardon général; et le roi » Jacques, vaincu, en passant par une petite ville nommée » Galloway, fit pendre quelques citoyens qui avaient été d'avis » de lui fermer les portes. » Mais depuis on a fait voir, 1°. que le roi Jacques, dans sa retraite, ne passa ni par Galloway ni par aucune autre place qui lui opposât la moindre résistance, d'où il suit qu'il n'eut pas même l'occasion d'exercer aucun acte de rigueur; 2°. que le roi Guillaume excepta du pardon qu'il publiait, toute la noblesse, et qu'il se porta aux plus grandes violences (*Mém.* de Barwick, t. I, not. 2, p. 433.) Malgré l'avantage qu'il avait remporté à la Boyne, Guillaume est obligé, le 10 septembre suivant, de lever le siége de Limerick, défendue par M. Boisselot, capitaine aux Gardes-Françaises, après avoir perdu deux mille hommes dans un assaut donné le 6 du même mois. Ce prince, peu de jours après, s'embarque pour repasser en Angleterre. Le roi Jacques était déjà de retour en France.

L'an 1691, le général Ginkle, que Guillaume avait laissé en Irlande, défait, le 22 juillet, à Kilkonel, ou Aghrim, M. de Saint-Ruth, général des troupes françaises, qui périt dans la mêlée. Cette victoire fut suivie de la prise de Limerick, qui

(1) Le bruit courut en France que le prince d'Orange avait été tué, et l'on sait les réjouissances indécentes que le peuple de Paris fit à l'occasion de cette fausse nouvelle.

capitula le 1er. octobre, et de la conquête de toute l'Irlande. Quatorze ou quinze mille soldats irlandais n'ayant pas voulu renoncer au serment qu'ils avaient fait au roi Jacques, s'embarquent sur l'escadre du comte de Château-Renaud, et arrivent le 3 décembre à Brest. Guillaume, affermi sur le trône, ne jouit pas du bonheur qu'il s'était promis de son usurpation. Les Anglais cessèrent de l'aimer dès qu'il fut devenu leur maître. Sans cesse contrarié par le parlement, et également en butte aux deux factions des Wighs et des Torys, quoique très-divisées entre elles, il se repentit plus d'une fois d'avoir recherché une couronne exposée à tant de désagréments. Il ne se dédommageait des mortifications qu'il essuyait en Angleterre, que par les fréquents voyages qu'il faisait en Hollande, où ses volontés n'éprouvaient point de contradictions, et étaient reçues comme autant de lois; ce qui a fait dire qu'il était roi de Hollande, et stathouder d'Angleterre. Guillaume vint à bout néanmoins, dès son avènement au trône, d'engager le parlement à déclarer la guerre à la France. Il l'entreprit avec vigueur, et la continua de même jusqu'à la paix de Riswick, conclue le 20 septembre 1697. Ce fut alors qu'il fut reconnu roi d'Angleterre par la France.

L'an 1695, le 7 janvier, la reine Marie meurt à Kingston de la petite-vérole, à l'âge de trente-trois ans. A la nouvelle de cet événement, un prédicateur jacobite étant monté en chaire à Londres, fait à la princesse l'application terrible des paroles que Jéhu avait dites au sujet de Jézabel : *Ite et sepelite maledictam illam, quia filia regis est. Allez et donnez la sépulture à cette malheureuse, parce qu'elle est la fille du roi.* (*Reg.* l. 4, c. 9, v. 34.) N'avait-elle pas mérité cette application, fille dénaturée qui avait scandalisé tous les honnêtes gens par l'air triomphant avec lequel elle avait fait son entrée dans Londres après que son père avait été obligé d'en sortir ignominieusement, qui avait toujours insulté aux malheurs de ce prince, loin de lui donner aucun signe de tendresse ni de compassion? Depuis la paix de Riswick, la santé chancelante de Charles II, roi d'Espagne, semblait annoncer une mort prochaine. Ce prince n'ayant point d'enfants, sa succession, qui devait mettre un si grand poids dans la balance de l'Europe, fixait l'attention des puissances qui prétendaient y avoir droit, et de celles qui avaient lieu de redouter leur agrandissement. Guillaume, l'an 1698, s'avisa de partager d'avance la monarchie espagnole par un projet qui, ayant été agréé de la France et des états-généraux, fut signé, le 11 octobre, à la Haye. Mais la mort du prince électoral de Bavière, arrivée le 6 février 1699, dérangea ce projet dont il était un des principaux objets. On fit un autre projet qui fut anéanti par le testament que Charles fit le 2 octobre 1700, un mois avant sa mort, en faveur de Philippe, duc d'Anjou, petit fils de Louis XIV. Guillaume, l'année suivante, vers la fin d'avril, reconnaît Philippe pour roi d'Espagne, et approuve ainsi le testament de Charles.

La succession de Guillaume, privé de postérité comme Charles, faisait la même difficulté par rapport à l'Angleterre, mais avec cette différence qu'il ne lui était pas libre d'en disposer par testament. Le parlement, s'étant occupé de cet objet, signe, le 12 juin (V. S.) ou le 23 (N. S.) de l'an 1701, un bill, par lequel la princesse Sophie, duchesse-douairière d'Hanovre, dernière fille de Frédéric V, électeur palatin, et, par sa mère Elisabeth, petite-fille du roi Jacques I, âgée pour lors de soixante et onze ans, est déclarée la plus proche héritière du trône, dans la ligne protestante, après Guillaume, la princesse Anne, sa belle-sœur, et leurs descendants respectifs. Guillaume, après avoir approuvé l'élévation de Philippe de France sur le trône d'Espagne, ne tarda guère à se rétracter. Le 7 septembre de la même année, il conclut et fait signer à la Haye un traité d'alliance entre l'empereur, l'Angleterre et les états-généraux, pour faire obtenir, sur la succession de Charles II, une satisfaction convenable au premier, et une sûreté particulière aux derniers. L'Angleterre était celle des trois puissances qui avait le moins d'intérêt dans cette ligue. Guillaume, en l'y entraînant, montra d'autant plus d'habileté à manier les esprits, que depuis trois ans les parlements ne semblaient occupés qu'à le chagriner. Ils avaient réformé les troupes et cassé les régiments de réfugiés français, malgré ses représentations réitérées; ils l'avaient forcé de renvoyer sa garde hollandaise, chose qui, suivant le président Hénaut, lui causa le plus de peine; ils avaient demandé l'éloignement de ses favoris. « Pour éloigner une guerre intestine, il en fallait susciter une » étrangère, et il vint à bout de la faire agréer à ceux même » qui ne respiraient que la paix. Il en forma le plan; il négocia » les alliances, et mit toute l'Europe en mouvement. » (d'Avrigni.) Mais il n'eut pas la satisfaction de recueillir le fruit de ses intrigues, et de voir la France humiliée comme il le désirait. Une chute de cheval, qu'il fit à la chasse, le conduisit au tombeau le 19 mars (N. S.) de l'an 1702, à l'âge de cinquante-deux ans. Il ne laissa point d'enfants de la comtesse d'Orkney, sa maîtresse déclarée, non plus que de la reine Marie, sa femme. La jalousie ou la haine dont Guillaume était animé contre Louis XIV, donna l'essor à ses talents politiques et militaires. Durant le cours de sa vie, il ne cessa presque point de susciter des ennemis à ce monarque, et d'avoir les armes à la main contre lui. Les généraux que Louis XIV lui opposa eurent à la vérité toujours l'avantage. Guillaume leur livra plusieurs batailles et n'en gagna aucune. Mais, quoique toujours battu, jamais il ne fut défait, et il trouva toujours dans son génie des ressources pour réparer ses pertes. M. Smolett est, de tous les historiens, celui qui nous paraît avoir le mieux saisi le caractère de ce prince, et l'avoir rendu avec le plus de précision. « Guillaume, dit-il, fut fataliste en religion, » infatigable à la guerre, entreprenant dans la politique, totalement insensible à toutes les émotions douces et généreuses » du cœur humain, froid parent, mari indifférent, homme » désagréable, prince peu gracieux, impérieux souverain. » (*Voy.* Louis XIV et Guillaume-Henri, *prince d'Orange*, et les Stathouders.)

JACQUES III.

1701. JACQUES III, fils de Jacques II et de Marie d'Est, né le 21 juin 1688, succède, le 16 novembre, aux droits légitimes de son père sur la couronne d'Angleterre, et est reconnu en cette qualité par Louis XIV, par tous les alliés de sa maison, et par tous ses fidèles sujets.

L'an 1708, il s'embarque à Dunkerque, le 17 mars, avec le chevalier de Forbin, pour aller tenter une descente en Ecosse, où la réunion récente de ce royaume avait fait un grand nombre de mécontents. Il arrive dans le golfe d'Edimbourg; mais l'amiral Georges Bing, y étant survenu presque en même tems, lui donna la chasse et l'obligea de retourner à Dunkerque où il s'était embarqué. Il arriva le 7 avril, et de là il alla se joindre à l'armée française en Flandre. On le vit l'année suivante combattre avec elle à la bataille de Malplaquet, où il chargea jusqu'à douze fois à la tête de la maison du roi, et reçut un coup d'épée dans le bras.

L'an 1713, contraint de sortir de France en vertu de l'un des préliminaires de la paix d'Utrecht, Jacques se retire dans les états du duc de Lorraine, et arrive, le 21 février, à Bar-le-duc, sous le titre de chevalier de Saint-Georges.

L'an 1714, à l'occasion de la proclamation du roi Georges I, Jacques fait passer en Angleterre un manifeste pour soutenir ses droits. Dans cet écrit, il parlait des bonnes intentions que sa sœur, la reine Anne, avait eues pour lui, et dont sa mort fâcheuse avait empêché l'effet. Il observait que ses sujets, au lieu de lui rendre justice, et de se la rendre à eux-mêmes, avaient proclamé pour leur roi un prince étranger, contre la loi fondamentale du droit héréditaire. Ces papiers ayant été remis au secrétaire d'état, le roi refusa de donner audience au marquis de Lamberti, ministre du duc de Lorraine, sur la supposition que ce manifeste n'avait pu être dressé ni envoyé sans la participation de son maître. Le ministre ayant tenté vainement d'excuser le duc de Lorraine, prit le parti de sortir du royaume.

L'an 1715, au mois de septembre, le comte de Marr, à la tête de cinq mille écossais, se met en campagne, et invite la nation à se déclarer pour Jacques III. Au mois d'octobre, le comte de Derwantwater fait proclamer ce prince dans le nord de l'Angleterre. La ville et l'université d'Oxford autorisent cette entreprise par leurs suffrages. Le 23 novembre, le comte de Marr en vient aux mains, près de Dumblain, avec le comte d'Argyle, et défait son aile gauche, tandis que la sienne est battue par les royalistes.

L'an 1716, le prétendant arrive, le 2 janvier, à Péterhead, en Ecosse, après six semaines d'une navigation dangereuse. Un grand nombre de seigneurs viennent se ranger autour de lui; mais ce parti, trop faible pour tenir contre celui du roi Georges, bientôt se dissipe. Le prétendant, suivi par l'ennemi, se rembarque à Montross, dans le mois de février, fait voile vers la France, et retourne en Lorraine. La nuit du 13 au 14 mars, il quitte secrètement la Lorraine, et arrive, le 31, à Avignon, accompagné du duc d'Ormond et du comte de Marr.

L'an 1717, ce prince étant sorti d'Avignon, le 6 février, traverse l'Italie jusqu'à Rome, où il fait son entrée le 26 mai.

L'an 1719, le cardinal Alberoni, ministre d'Espagne, veut avoir la gloire de placer le prétendant sur le trône de ses ancêtres. L'Espagne était en guerre alors avec l'Angleterre. Il invite le prétendant à se rendre en Espagne. Jacques y étant arrivé vers la fin de mars, est reçu à la cour avec tous les honneurs possibles, et traité en roi de la Grande-Bretagne. Le cardinal fait partir une flotte sous les ordres du duc d'Ormond, pour aller faire une descente en Ecosse; mais elle eut le sort de celle de Philippe II. Les vents combattirent pour l'Angleterre. Deux frégates seulement prirent terre en Ecosse. Trois cents soldats qu'elles portaient furent joints par cent quarante gentilshommes, et cette petite troupe, s'étant accrue jusqu'au nombre de cinq mille hommes, fit quelques excursions; mais elle se dissipa bientôt à l'approche des royalistes. Le prétendant, voyant ses espérances évanouies du côté de l'Espagne, repasse en Italie, après avoir reçu de sa majesté catholique un présent de vingt-cinq mille pistoles d'or, et une pension de cinquante mille pistoles. Le 3 septembre de la même année 1719, il épouse, à Montefiascone, la princesse MARIE-CLÉMENTINE, fille de Jacques Sobieski, et petite-fille de Jean Sobieski, roi de Pologne. De là il s'achemine à Rome, pour fixer son séjour dans l'état ecclésiastique.

L'an 1745, Charles-Edouard, fils aîné de Jacques III, regardant la guerre qui existait entre la France et l'Angleterre, comme une conjoncture favorable pour recouvrer le sceptre de ses ancêtres, s'embarque à Nantes, le 12 juin, sur une frégate, avec sept officiers, les uns irlandais et les autres écossais, aborde, sur la fin d'août, au nord de l'Ecosse, débarque dans un petit canton appelé le Moidart, et publie un manifeste. Plusieurs lairds, ou seigneurs Ecossais, viennent se joindre à lui avec leurs clans ou tribus. Le prince leur fournit des armes qu'il avait apportées de France, traverse à leur tête quelques comtés, et s'empare, le 15 septembre, de l'importante ville de Perth; où il est solennellement proclamé *régent d'Angleterre, de France, d'Ecosse et d'Irlande*, pour Jacques, son père. Quatre jours après, renforcé par les troupes que le duc de Perth et d'autres seigneurs lui avaient amenées, il entre dans Edimbourg, où il est proclamé de nouveau. Cependant le général Cope marchait contre lui à la tête de quatre mille hommes. Le prince sort d'Edimbourg avec trois mille hommes pour aller à sa rencontre; lui livre bataille à Preston-Pans, le 2 octobre, défait totalement son armée, dont cinq cents sont tués, neuf cents blessés, quatorze cents faits prisonniers, et oblige le général à fuir lui quinzième. De retour à Edimbourg, il voit bientôt son armée s'augmenter jusqu'à près de six mille hommes. Il forme le projet de la conduire en Angleterre; il part, arrive dans le Northumberland, et se rend maître, le 26 novembre, de Carlisle et de son château. De là, il pénètre jusqu'à Derbi, à trente lieues de Londres, et répand l'alarme dans la capitale. Mais le duc de Cumberland, qui était venu prendre le commandement des troupes anglaises qu'on avait rassemblées de ce côté là, ne tarde pas à rassurer les habitants de Londres. S'étant mis en mouvement pour aller attaquer l'armée écossaise, tandis qu'en Ecosse le général Wade se disposait à la suivre en queue, il oblige le rival de sa maison à retourner à Carlisle.

L'an 1746, le prince Edouard part de Carlisle, le 2 janvier, pour rentrer en Ecosse, ne laissant dans la place que quatre cents hommes pour couvrir sa retraite. Le duc de Cumberland fait aussitôt investir la ville qui capitule le 10. Le prince, ayant reçu vers le même tems quelques troupes de France, commandées par le comte de Lalli, (le même qu'on a vu périr si tragiquement à Paris, le 9 mai 1766) s'empare de la ville de

Sterling, et en fait assiéger le château. Il apprend, quelques jours après, que le général Hawlei vient au secours de la place. Il va au-devant de lui avec huit mille hommes, attaque à Falkirck, le 28 janvier, l'armée anglaise, près de deux fois plus forte que la sienne, et demeure maître du champ de bataille. Le soir de la même journée, il livre un nouveau combat à l'ennemi dans son propre camp, et remporte une nouvelle victoire, dont le prix furent les tentes et le bagage que les vaincus abandonnèrent en fuyant. Il retourne ensuite devant le château de Sterling; mais la rigueur de la saison et le défaut de subsistances l'obligent à lever le siége. Il se dédommage de ce contre-tems par la prise d'Inverness, que le comte de Loudon évacue à son approche, par celle du Fort-Guillaume, et d'autres places, tandis que le duc de Perth est à la poursuite du comte de Loudon, sur lequel il remporte divers avantages. Des succès si rapides semblaient promettre le dénouement le plus heureux : mais un revers fit évanouir ces belles espérances. Le duc de Cumberland, ayant passé la Spée, se trouve, le 27 avril, en présence de l'ennemi à Culloden. Le combat s'engage presque aussitôt. L'armée écossaise, foudroyée par l'artillerie des Anglais, et mal servie par la sienne, est mise en déroute. Le prince Edouard est entraîné par les fuyards. Depuis ce funeste événement, n'ayant plus ni armée, ni place de retraite, il ne fit qu'errer dans les montagnes, dans les marais, dans les îles, souffrant tout ce que la misère a de plus affreux, exposé continuellement à tomber entre les mains des ennemis. Enfin il eut le bonheur d'échapper à leurs poursuites, et de sortir de l'Ecosse le 17 septembre, sur un vaisseau malouin, qui l'amena en France avec Shéridan et Sullivan, deux irlandais qui avaient partagé toutes ses peines. Il est à remarquer que, pendant l'expédition du prince Edouard, le roi de France, pour la favoriser par les préparatifs apparents d'une descente en Angleterre, tint dans la Manche une escadre commandée par M de Roquefeuil, tandis que le duc de Richelieu était à Calais à la tête de trois mille hommes, toujours prêts à s'embarquer, et même s'embarquant quelquefois. Ces feintes servaient à arrêter sur les côtes d'Angleterre des troupes qui auraient été en Ecosse accabler le prince Edouard.

L'an 1749, cet infortuné prince, si digne d'un meilleur sort par ses qualités héroïques, est obligé de sortir de France, conformément au quatorzième article du traité de paix d'Aix-la-Chapelle. Depuis ce tems, il a disparu aux yeux du public. L'entreprise de ce prince, dit M. Mabli, sera vraisemblablement la dernière tentative de la maison de Stuart pour remonter sur le trône de la Grande-Bretagne, où, dit-on, le parti des Jacobites diminue de jour en jour.

L'an 1766, le prétendant, Jacques III, meurt à Rome le 1er. janvier, à l'âge de soixante-dix-huit ans, laissant de Marie-Clémentine Sobieski, sa femme, (morte le 18 janvier 1735,) deux fils, Charles-Édouard, dont on vient de parler, né à Rome le 31 décembre 1720, et nommé prince de Galles à sa naissance, et Henri-Benoît, né pareillement à Rome le 6 mars 1725, appelé d'abord le duc d'Yorck, et créé cardinal par le pape Benoît XIV, le 3 juillet 1747.

LA REINE ANNE.

1702. ANNE, fille de Jacques II et d'Anne Hyde, sa première femme, née le 6 février 1664, mariée, le 17 août 1683, avec Georges, deuxième fils de Frédéric III, roi de Danemarck, est proclamée reine le jour même de la mort de Guillaume III, et couronnée le 4 (15) mai. Cette princesse avait vécu dans l'humiliation sous le règne précédent, rebutée de la reine, sa sœur, et négligée du roi, son beau-frère, qui la recevait toujours avec froideur, et ne l'entretenait jamais des affaires de l'état. Anne soutint ces mépris avec une tranquillité inaltérable. Parvenue à la royauté, elle n'y associa point le prince, son époux, qui resta son premier sujet, et donna toujours l'exemple de la plus parfaite soumission. Le premier acte que fit la nouvelle reine, fut de déclarer la guerre au roi de France, contre lequel elle était personnellement piquée (1), pour avoir reconnu son frère Jacques III, roi d'Angleterre. Ainsi, il n'y eut rien de changé dans les mesures que Guillaume avait concertées avec ses alliés. Anne donna le commandement de ses troupes au comte (depuis duc) de Marlborough. Les dix campagnes consécutives que ce général fit dans les Pays-Bas et en Bavière contre la France, furent marquées par les plus brillants succès, dont il fut toutefois moins redevable à ses talents, quoique très-grands, qu'à des causes que personne n'ignore. (*Voyez* Louis XIV.)

Les flottes anglaises eurent aussi dans cette guerre plusieurs avantages dont les plus signalés sont le combat naval donné,

(1) Anne, dès l'an 1691, avait fait sa paix avec le roi, son père, après lui avoir demandé pardon, et promis de le joindre dès qu'il paraîtrait en Angleterre. (Mém. de Barwick, tom. I, pag. 473.) Elle eut toujours de l'inclination pour le prince de Galles, son frère; ce qui donne lieu de croire que la politique eut plus de part que le cœur dans la conduite qu'elle tint à l'égard de ce prince.

le 22 octobre 1702, devant Vigo, en Espagne, où le comte de Château-Renaud fut battu par le duc d'Ormond; la descente de l'amiral Rook à Gibraltar dont il se rendit maître avec l'aide du prince de Hesse-Darmstadt, le 4 août 1704; la conquête de la Sardaigne, faite pour le compte de l'empereur au mois d'août 1708, par l'amiral Crack, et celle de Port-Mahon, faite le 29 septembre suivant par deux mille matelots anglais, sous la conduite du major-genéral Sthanhope.

L'antipathie des Anglais et des Ecossais était bien diminuée depuis la révolution, et la réunion des deux nations en un seul corps, vainement tentée par Jacques I et Charles II, semblait, sous le règne d'Anne, facile à effectuer. Cette princesse, qui avait à cœur cet objet, ayant fait sonder là-dessus les esprits, les trouva disposés, pour la plupart, à seconder ses vues. On nomma en conséquence soixante commissaires pris de part et d'autre, qui, s'étant assemblés, le 26 avril 1706, à Cockpit, près de Witehall, conclurent, après quarante-quatre conférences, par un traité signé a Londres dans le mois d'août suivant, l'union de l'Angleterre et de l'Ecosse en une seule monarchie et un seul parlement. Mais ce traité, vivement combattu par les Whigs d'Ecosse, n'y fut ratifié que le 27 janvier 1707, et ne commença d'avoir son exécution qu'au premier mai de cette année. *C'est là*, dit le continuateur de Thoiras, en parlant de la reine, *le plus bel endroit de sa vie.* Tous les Ecossais cependant n'applaudirent pas à cette réunion. Elle fit, parmi les seigneurs, des mécontents, dont quelques-uns étant venus trouver le prétendant en France, l'invitèrent à venir recevoir dans la capitale d'Ecosse, la couronne de ses ancêtres. Il partit de Dunkerque, le 17 mars 1708, avec une flotte de huit gros vaisseaux et soixante-dix bâtiments de transport, commandée par le chevalier de Forbin, et arriva le 23 devant Edimbourg. Mais personne n'ayant répondu aux signaux dont on était convenu, il comprit que la mèche était éventée, et que la reine, prévenue de l'invasion qu'il méditait, avait pris des mesures efficaces pour l'empêcher. Ce fut ce qui l'engagea de retourner à Dunkerque, où il apprit que la reine avait mis sa tête à prix. Elle épargna néanmoins le sang de ceux qui avaient eu part à cette entreprise. Le 8 novembre suivant, la reine perd le prince Georges de Danemarck, son mari, dont elle avait eu un fils mort jeune. *Ce prince*, dit Thoiras, *était d'une humeur pacifique, sans ambition, sans intrigue, tel qu'il fallait pour être le mari d'une reine d'Angleterre.* Le parlement, assemblé le 27 du même mois, rend un bill pour la naturalisation des protestants réfugiés en Angleterre, et ce bill acquiert force de loi, malgré la violente opposition des Torys.

L'an 1709, sur la fin de décembre, le docteur Sachwérel est déféré à la chambre des communes pour avoir prêché dans Saint-Paul de Londres l'obéissance passive envers les souverains dans tous les cas; ce qui était attaquer la dernière révolution. Cette affaire partage tous les esprits, et occasionne de grands débats. Le clergé et le peuple étaient pour le docteur; les Wighs demandaient au contraire qu'il fût jugé comme coupable de haute trahison. Enfin, après bien des contestations, il fut condamné, sur la fin de mars de l'année suivante, au silence pendant trois ans, et ses sermons furent brûlés par la main du bourreau.

L'an 1710, le crédit des Wighs, qui, depuis la mort de Guillaume III, dominaient à la cour et au parlement, commence à tomber. Les ministres de cette faction, dont Marlborough était le chef, sont destitués, et des Torys les remplacent. La duchesse de Marlborough, qui tyrannisait la reine par ses hauteurs et ses caprices, est disgraciée: une paire de gants qu'elle voulait avoir avant la reine, si l'on en croit un illustre auteur; une jatte d'eau, selon d'autres, qu'elle répandit, soit par maladresse, soit par malice, en présence de la reine, sur la robe d'une nouvelle favorite, décida ce revers. Le commandement des armées est néanmoins continué au duc, son époux. Mais le crédit de ce général commence à décheoir, ainsi que celui des Wighs dont il était le chef, et le parti des Torys reprend le dessus. De nouveaux ministres, pris d'entre ces derniers, persuadent à la reine que Marlborough a seul intérêt à la continuation d'une guerre qui augmente tous les jours sa gloire et sa puissance, mais qui ruine la nation, sans qu'elle en tire ou même puisse s'en promettre aucun avantage. Toutes les vues se tournent alors vers la paix.

L'an 1711, la reine, malgré les cris de l'empereur et des états-généraux, prend le parti d'entrer en négociation avec la France. Elle y envoie à cet effet Mathieu Prior, que Bolyngbrocke, secrétaire d'état et zélé torys, lui avait indiqué. M. Ménager arrive peu de tems après à Londres avec des pleins-pouvoirs de Louis XIV. Il donne ses réponses aux demandes de la reine: elles sont agréées le 8 octobre, et le même jour les plénipotentiaires conviennent des articles préliminaires.

Marlborough, cessant par-là d'être nécessaire, ses ennemis personnels redoublent leurs efforts pour achever sa ruine. L'an 1712, sur une accusation de péculat, portée contre lui au parlement, il est rappelé, privé de ses charges par la reine, et recherché par la chambre des communes, qui se contente de l'humilier, sans prononcer de sentence. Le duc d'Ormond lui succède dans le commandement des troupes. Ce nouveau général ayant reçu des ordres de la reine pour ne point agir offensivement, se sépare des alliés, et fait publier une suspension d'armes le 17 juillet. Ce furent les premières démarches qui conduisirent à la paix d'Utrecht. Elle fut conclue, le 11 avril 1713, entre la France et l'Angleterre; mais elle ne procura pas à la reine Anne la tranquillité qu'elle avait droit d'en espérer, et dont ses infirmités lui faisaient sentir l'extrême besoin. Les Wighs firent retentir partout leurs plaintes contre un traité qui, selon eux, avilissait la nation et la laissait chargée de la dette immense qu'une guerre de treize ans, dont elle avait porté le plus grand poids, l'avait obligée de contracter. Un impôt général que l'on mit l'année suivante sur la dresche, augmenta les murmures, surtout en Ecosse où l'on fut sur le point de faire casser l'union des deux royaumes. Dans ces entrefaites mourut l'héritière présomptive de la couronne, la princesse Sophie, duchesse-douairière d'Hanovre, le 8 juin 1714. Ce fut l'occasion de nouveaux troubles. Les Jacobites commençant à remuer, les Wighs s'élevèrent contre eux, et contraignirent la reine à publier une proclamation contre le prétendant, son frère. Les cabales qui se formèrent dans le même tems à la cour, mirent le comble aux chagrins de cette princesse, et hâtèrent sa mort, qui arriva le 12 août 1714, dans la cinquantième année de son âge et la treizième de son règne. Elle remplit le trône avec gloire, *et il n'a manqué à son bonheur*, dit un homme d'esprit, *que d'avoir des sujets plus unis entre eux, et plus capables de sentir la tendresse et la sincérité de son amour.* Elle avait eu de son époux plusieurs enfants qui moururent jeunes.

GEORGES I.

1714. GEORGES-LOUIS, fils et successeur d'Ernest-Auguste, dans l'électorat d'Hanovre, petit-fils, par Sophie, sa mère, de Frédéric V, électeur palatin, et d'Elisabeth, fille du roi Jacques Ier., né le 28 mai 1660, appelé à la couronne d'Angleterre, conformément aux voeux des Wighs, par un acte du parlement du mois de mars 1714, est proclamé roi d'Angleterre à Londres, en son absence, sous le nom de Georges Ier. On a remarqué qu'il y avait quarante-cinq personnes qui se trouvaient plus près que ce prince du trône d'Angleterre. Etant arrivé le 17 septembre à Londres, il est couronné, le 31 octobre suivant, à Westminster. Georges débuta sur le trône par un trait de partialité qui ne répondit ni à la réputation de sagesse qu'il s'était acquise, ni à la reconnaissance qu'il devait à la reine Anne. Au lieu de tenir la balance égale entre les Wighs et les

Torys, il se déclara hautement pour les premiers, et montra pour leurs adversaires un éloignement décidé. Le ministère en conséquence fut changé. On ne s'en tint pas à la seule destitution envers le vicomte de Bolyngbrocke, secrétaire d'état, le duc d'Ormond et le comte d'Oxford, grand-trésorier; on établit un comité secret, à la tête duquel fut mis le fameux Robert Walpole, pour rechercher leur administration. Les deux premiers aimèrent mieux quitter leur patrie que de courir les risques de l'événement; ils se retirèrent en France. Le comte d'Oxford fut conduit à la tour, quoique dangereusement malade de la gravelle. Une foule de peuple l'accompagna, chargeant d'imprécations les persécuteurs de ce ministre. L'an 1715, le duc d'Ormond et le vicomte de Bolyngbrocke n'ayant point comparu dans le tems prescrit, on rendit contre eux, au mois de septembre, un bill *d'atteinder*, ou de conviction; leurs noms furent rayés de la liste des pairs, et leurs biens confisqués. Ces procédés violents produisirent un nouveau degré de fermentation parmi les mécontents, dont ils augmentèrent le nombre. Le comte de Marr, dans le même mois, lève en Ecosse des troupes, et y fait proclamer Jacques III. Le nord de l'Angleterre prend part à ce soulèvement. Mais les rebelles ayant été défaits au mois de novembre suivant à Dumblain, le parti se dissipa. On espérait qu'au commencement de son règne Georges signalerait sa clémence envers les seigneurs qui avaient été faits prisonniers dans le combat. Mais ni les larmes des femmes de ces illustres malheureux ne furent capables de le fléchir, ni les prières de la chambre haute du parlement, ne purent l'engager même à suspendre l'exécution. Elle se fit dans les mois de mars et d'avril 1716, et remplit le royaume de terreur par le nombre et la qualité des victimes qui furent immolées à la vengeance du vainqueur. L'une des plus considérables était le comte de Derwentwater, qui fut décapité, le 6 mars, sur l'esplanade de la tour. C'était, suivant M. Smolett, un jeune homme doué des plus belles qualités. Sa funeste destinée, dit le même auteur, tira les larmes de tous les spectateurs, et fut très-préjudiciable au pays où il vivait, attendu qu'il fournissait du pain à une multitude de peuple qu'il employait dans ses terres, et que les pauvres, les veuves et les orphelins ressentaient les effets de son humanité. Il mourut comme il avait vécu, dans la communion de l'église romaine. Le comte de Nithsdale échappa au supplice par l'adresse de sa femme, qui, étant entrée dans la prison, échangea ses habits avec lui, et lui procura par-là le moyen de se sauver. Les parlements, suivant la règle ordinaire, jusqu'alors étaient triennaux. Un des membres de la chambre haute, gagné par la cour, proposa d'en étendre la durée jusqu'à sept ans. Son avis, après avoir été vivement combattu, prévalut à la fin, et délivra le roi de la crainte d'une révolution dont les actes de rigueur qu'il avait exercés semblaient le menacer.

Il s'était établi une cérémonie ridicule qui devait se renouveler tous les ans, le jour de l'anniversaire de l'avènement de Georges au trône. C'était de brûler en effigie le diable, le pape, le prétendant, le duc d'Ormond et le comte de Marr. Le roi, l'an 1717, sur les remontrances de l'université de Cambridge, abolit ce spectacle, plus digne d'une nation barbare que d'un peuple policé.

Le roi d'Angleterre, le régent de France, et l'empereur, avaient également à redouter la politique d'Alberoni, premier ministre d'Espagne. Pour se mettre en garde contre ses entreprises, ils conclurent à Londres, le 2 août 1718, le fameux traité de la quadruple alliance. Les états-généraux étaient la quatrième puissance qu'on espérait y faire accéder ; mais ils ne s'y joignirent que le 16 février 1719. Ce traité réglait les prétentions respectives de l'empereur et du roi d'Espagne. La cour de Madrid n'en fut pas plutôt informée qu'elle en témoigna son mécontentement. Le 11 du même mois, l'amiral Bing, sans qu'aucune déclaration de guerre eût précédé, attaque la flotte espagnole à la hauteur du cap Passaro, dans la Sicile, la met en déroute et lui enlève la plupart de ses vaisseaux. Ceux qui avaient échappé du combat sont pris ou brûlés sur la côte de Syracuse par le capitaine Walton. Bing en reçoit la nouvelle par cette lettre singulièrement laconique : *Monsieur, nous avons pris et détruit tous les vaisseaux espagnols qui étaient sur la côte, et dont le nombre est en marge. Je suis, etc. WALTON.* On blâma dans le parlement l'expédition de Bing, comme une violation manifeste du droit des gens; mais la cour n'en obtint pas moins le consentement des deux chambres pour une déclaration de guerre contre l'Epagne : elle fut publiée sur la fin de la même année.

L'illusion du système de Law, qui avait opéré la ruine de tant de fortunes en France, était à peine dissipée, qu'une semblable chimère produisit le même bouleversement en Angleterre. Ce fut le chevalier Blunt qui enfanta, l'an 1720, ce nouveau projet, dont la base fut le commerce très-peu florissant d'une compagnie de la mer du Sud. La manie de l'agiotage s'empara aussitôt de toutes les têtes chez les Anglais, comme elle avait fait parmi nous, et absorba toutes les idées. Les actions montèrent rapidement de cent jusqu'à mille livres. Chacun s'empressa d'échanger son argent contre des billets, dont la valeur idéale surpassait infiniment les fonds réels de la banque sur laquelle ils étaient assis. Mais le prestige ne fut pas de longue durée. Le roi Georges, étant revenu promptement d'Allemagne où il était alors, prit des mesures efficaces avec le parlement pour remédier au désordre, et vint à bout de rétablir le crédit public. On fut étonné de revoir Law, l'année suivante, à Londres, où il était venu étaler les dépouilles de la France, après avoir parcouru l'Italie et l'Allemagne. Sa présence et son luxe réveillèrent une affaire qu'il avait eue pour un homicide qui lui avait attiré une sentence de mort. On invectiva contre lui dans le parlement; mais le crédit de ses amis lui fit obtenir grâce au banc du roi.

Les ministres, au commencement de mai 1722, jetèrent l'alarme dans le royaume, en faisant répandre le bruit d'une nouvelle conspiration formée contre le roi et le gouvernement. C'était une fiction si mal imaginée, qu'elle se détruisait d'elle-même. On supposait que le régent, lié, comme on l'a vu, d'intérêt avec le roi Georges, l'avait excitée. Plusieurs personnes sont arrêtées à ce sujet, entr'autres milord Atterburi, évêque de Rochester, qui, le 21 mai 1723, fut déposé et condamné à un exil perpétuel. Il se retira en France, où son érudition et son goût le firent rechercher des gens de lettres. Il mourut à Paris en 1732. Le 25 juillet de la même année 1722, fut le terme de la vie du fameux duc de Marlborough, le héros de l'Angleterre. Il était revenu à la cour après la mort de la reine Anne, et y avait repris son premier crédit. L'affaiblissement de son esprit l'obligea de s'en retirer dans les dernières années de sa vie. Il laissa une succession immense qui servit à justifier l'accusation de péculat, autrefois intentée contre lui.

Bolyngbrocke, dégradé et proscrit, demeurait toujours sous l'anathème du parlement. L'an 1723, il obtint, au mois de mai, son pardon du roi; mais la possession de ses biens ne lui fut rendue que par un bill du parlement, donné le 21 mai 1725. Cette dernière époque est celle du rétablissement de l'ordre du Bain, qui était tombé dans l'oubli depuis l'introduction de la prétendue réforme. Georges, en le faisant revivre, réduisit le nombre des chevaliers à trente-huit, y compris le souverain. Le chancelier Macclesfied était alors entre les mains du parlement, qui s'occupait à instruire son procès pour des malversations énormes, dont la voix publique le chargeait. En vain, pour se mettre à couvert, il résigna volontairement les sceaux. On crut devoir employer la rigueur des lois contre lui, s'il était prouvé qu'il eût abusé de l'autorité des lois mêmes pour satisfaire son avarice et d'autres passions. La conviction étant acquise, il fut condamné à une amende de trente mille livres sterlings, et à demeurer en prison jusqu'au paiement. Une grande lumière s'éteignit en Angleterre l'an 1727, le 20 mars (N. S.), par la mort d'Isaac Newton, le père de la physique expérimentale. Il était dans sa quatre-vingt-cinquième année, étant né le 25 décembre 1642 (V. S.), ou 4 janvier 1643 (N. S.). Son épitaphe porte qu'il mourut en 1726, parce que l'année commençait alors le 25 mars en Angleterre, c'est-à-dire au 5 avril (N. S.). La mort du roi suivit de près celle du philosophe. Ce monarque étant en route pour son électorat, fut attaqué d'une maladie qui l'enleva de ce monde à Osnabruck le 11 (22 N. S.) du mois de juin 1727, dans la soixante-huitième année de son âge, et la treizième de son règne. Son corps fut porté à Hanovre, et inhumé au milieu de ses ancêtres. Il avait épousé, le 21 novembre 1682, SOPHIE DOROTHÉE, sa cousine, fille de Georges Guillaume, duc de Brunswick-Zell, et par sa mère, Eléonore Dexmier, dite aussi d'Ollebreuse, petite-fille d'Alexandre Dexmier, gentilhomme poitevin et de Jacqueline Poussard. Sophie-Dorothée était veuve pour lors de Frédéric de Wolffenbuttel, son cousin-germain, mort en 1676. Elle fut séparée de son second époux le 28 décembre 1694. La cause de cette séparation fut ses galanteries avec le comte de Konigsmark, qu'on surprit en robe de chambre dans son appartement, et dont on n'a plus ouï parler depuis cette aventure. La princesse fut reléguée au château d'Allen, où elle mourut à l'âge de soixante ans, le 14 novembre 1726, laissant de son second mariage, Georges-Auguste, qui suit, et Sophie-Dorothée, mariée, le 16 mars 1687, à Frédéric-Guillaume, électeur de Brandebourg et roi de Prusse. Georges I fut un grand politique et un négociateur habile; mais il ne put se faire aimer des Anglais, parce qu'il affecta trop de vouloir dominer dans le parlement et l'assujétir à ses volontés. Il ne fut pas mieux avec sa famille : on vient de voir le traitement bien mérité qu'il fit à sa femme. Ce fut vraisemblablement avec moins de raison qu'il témoigna une aversion constante pour le prince de Galles, son fils, et ne lui donna jamais aucune part au gouvernement. Il se réconcilia néanmoins avec lui quelque tems avant sa mort, par les soins de sir Cecil Carteret. Du reste, on doit le regarder comme un des meilleurs souverains que l'Angleterre ait eus. Jamais peut-être elle ne fut plus florissante que sous son règne. Ceux de ses sujets qui le regardaient comme un usurpateur, n'éprouvèrent point de sa part les rigueurs d'un tyran. On rapporte à ce sujet un trait qui fait l'éloge de sa générosité. Dans un bal masqué où il se trouvait, une dame, qu'il ne connaissait pas, l'engage à venir se rafraîchir au buffet. On leur sert à boire : *Masque, à la santé*, dit-elle, *du préten-*

dant. De tout mon cœur, répondit le monarque, *je bois volontiers à la santé des princes malheureux.*

GEORGES II.

1727. Georges-Auguste, né de Georges I et de Sophie-Dorothée, le 30 octobre (V. S.) 1683, marié le 2 septembre 1705, avec Guillelmine-Dorothée-Charlotte, fille de Jean-Frédéric, margrave de Brandebourg-Anspach, est proclamé roi de la Grande-Bretagne, sous le nom de Georges II, le 26 juin, et couronné, avec la reine, le 22 octobre (N. S.) Au mois de juillet précédent, le parlement, en considération de sa nombreuse famille, avait porté ses revenus de 700 mille livres à 800 mille.

L'Angleterre se plaignait de plusieurs hostilités que les Espagnols commettaient sur ses colonies en Amérique. La paix fut rétablie entre les deux puissances, par le traité de Séville, signé le 9 novembre 1729. Mais les conditions de ce traité furent vivement combattues au parlement qui s'ouvrit dans le mois de janvier de l'année suivante.

Depuis que l'usage de la langue française avait été banni du barreau d'Angleterre, les plaidoyers et toutes les écritures concernant les procès, s'y faisaient en latin. Le parlement, par un bill rendu en 1731, ordonna que désormais la langue des citoyens serait la seule admise dans les tribunaux de la nation. La discorde s'insinua, l'an 1737, dans la famille royale par un manquement du prince de Galles envers le roi, son père. La princesse Augustine de Saxe, qu'il avait épousée le 8 mai 1736, approchait de ses couches, sans qu'il eût donné avis de sa grossesse au roi. Piqué de cette omission affectée d'un devoir indispensable, Georges fit signifier à son fils un ordre de quitter le palais de Saint-James, et d'aller établir sa résidence ailleurs. Le prince fit solliciter en vain son pardon. Le roi fut inexorable, et ne lui permit pas même de venir recevoir la bénédiction de la reine, sa mère, qui était alors à l'extrémité. Elle mourut, en effet, sans l'avoir vu, le 1er décembre (N. S.) 1737, dans la cinquante-cinquième année de son âge.

Par les traités d'Utrecht et de Séville, les Anglais pouvaient envoyer, tous les ans, un vaisseau chargé de marchandises dans les possessions d'Espagne en Amérique. Mais ils abusèrent de cette permission, et ce vaisseau devint l'entrepôt d'un grand nombre d'autres qui le suivaient et où il venait prendre de nouvelles denrées; en sorte que la nation britannique absorbait tout le commerce. Ces fraudes occassionnèrent de vives querelles entre les deux nations. Le roi d'Angleterre, prenant parti pour la sienne, publie, le 3 novembre (N. S.) 1739, une déclaration de guerre contre l'Espagne, qui lui répondit sur le même ton, le 28 du même mois. Les hostilités ouvertes suivent de près. Le 1er décembre, l'amiral Vernon enlève aux Espagnols Porto-Bello, sur la côte de l'isthme de Panama. L'année suivante, au mois de mars, il va se présenter, avec une flotte de cent vingt-quatre vaisseaux, devant Carthagène dont il fait le siége; mais il échoue dans cette entreprise; et ce nouveau Drack, comme l'appelaient les Anglais par enthousiasme, est obligé de se rembarquer honteusement dans le mois de mai, pour retourner à la Jamaïque. L'amiral Ogletorpe n'est pas plus heureux dans l'Amérique septentrionale. Après avoir emporté le fort de Saint-Diègue, et deux autres petits forts dans les environs de la ville de Saint-Augustin, il est attaqué par les Espagnols, le 27 juillet, et se retire avec tant de précipitation, qu'il abandonne son artillerie et ses bagages. Au mois d'août de la même année, le roi d'Angleterre, quoique lié d'interêt avec la reine de Hongrie, conclut avec la France un traité de neutralité pour son électorat d'Hanovre.

Vernon, voulant réparer l'échec qu'il avait reçu devant Carthagène, revient attaquer cette place au mois d'avril 1741, et redouble ses efforts pour l'emporter. Mais, après un mois de travaux, il est encore forcé de se retirer avec perte de dix mille hommes. Les curieux conservent une médaille que les Anglais avaient fait frapper, avant cette expédition, pour apprendre à la postérité la prise de Carthagène, tant ils la regardaient comme immanquable!

Un mérite éminent et des services importants rendus à l'état, ne mettent pas un ministre à l'abri des cabales, surtout en Angleterre. L'an 1742, le 14 février, le chevalier Robert Walpole, cédant aux poursuites de ses ennemis, se démet du ministère qu'il avait exercé pendant vingt ans avec un pouvoir absolu, mais dont il usa toujours avec modération. Il connut mieux que personne le grand art des gouvernements modernes, l'art de diviser et de corrompre. Les bons patriotes anglais, dit un homme d'esprit, ne lui pardonneront pas d'avoir mis la corruption en système. On disait un jour devant lui que toutes les voix du parlement étaient vénales. « Je le sais bien, répondit-il, et j'en ai même le tarif. » *Sur mer.* L'amiral Vernon fait plusieurs tentatives sur la Havanne, dans l'île de Cuba, dont aucune ne lui réussit. En général, comme l'observe un habile homme, les événements de la guerre maritime que les Anglais faisaient aux Espagnols depuis 1739, n'ont pas tourné à l'avantage de l'Angleterre. Ils n'ont réussi dans aucune de leurs entreprises, excepté celle de Porto-Bello; et les Espagnols leur ont pris beaucoup plus de navires marchands qu'ils n'en ont perdu.

Nous étions alliés des Espagnols, et l'Angleterre l'étant de la reine de Hongrie, à qui nous faisions la guerre, entretenait au service de cette princesse une armée dans les Pays-Bas, commandée par le comte de Stair. L'an 1743, le roi Georges part de Londres au mois de mai pour aller se mettre à la tête de cette armée. Le 27 juin, il se trouve resserré à Ettingen par l'armée de France, et exposé au danger évident de périr avec toute la sienne; mais il s'en tire plus heureusement qu'il n'aurait dû l'espérer. (*Voy*. Louis XV.)

Le roi d'Angleterre, l'année suivante, déclare solennellement la guerre à la France par un manifeste du 29 mars. Louis XV l'avait prévenu, le 15 du même mois, par une semblable déclaration, dans laquelle il se plaignait de ce qu'il avait manqué au traité d'Hanovre, de ce qu'il ne lui avait point fait raison des courses et des prises faites par les vaisseaux anglais sur ceux de France, de ce que, l'année précédente, il lui avait fait la guerre en personne, etc.

L'an 1745, le duc de Cumberland, déclaré généralissime des troupes du roi, perd, le 11 mai, la bataille de Fontenoi, dont il balança long-tems le succès par son habileté secondée de la valeur de ses troupes. Le 27 juin, l'amiral Waren s'empare de Louisbourg, capitale de l'Ile-Royale, ou cap Breton, dans l'Amérique septentrionale. Le roi Georges, apprenant dans les Pays-Bas la descente et les succès du prince Edouard en Ecosse, revient en hâte, le 11 septembre, pour s'opposer aux progrès de la révolution. Le 14, il met à prix la tête de ce prince, qui, par une générosité digne de sa cause, publie quelque tems après une défense d'attenter à la vie de Georges et d'aucune personne de la maison d'Hanovre. Georges, après avoir fait revenir six mille hommes des troupes de Flandre, en demande encore six mille aux Hollandais, suivant les traités faits avec la république. Les états-généraux lui envoient précisément les mêmes troupes qui, par les traités de Tournai et de Dendermonde, conclus avec la France, ne devaient servir de dix-huit mois. Le duc de Cumberland, à la tête de ces troupes, se met à la poursuite du rival de sa maison. Enfin le succès de la bataille de Culloden, donnée le 27 avril 1746, délivre le roi Georges de ses frayeurs, et raffermit sur sa tête la couronne de la Grande-Bretagne. Ce monarque signale sa vengeance envers les partisans d'Edouard par des exécutions dont le récit fait horreur. Le 1er. octobre

1746, les Anglais ayant fait une descente sur les côtes de Bretagne, tentent inutilement de s'emparer de la ville de Lorient, et sont obligés de se rembarquer le 8 avec précipitation. Ils sont plus heureux sur les côtes de Provence ; et le 16 décembre, ils s'emparent du fort Sainte-Marguerite, dans l'île de ce nom. *Dans les Indes.* Le 6 juillet 1746, M. de la Bourdonnaie, gouverneur de l'île Bourbon, attaque l'escadre anglaise de l'amiral Barnet, la disperse, et se hâte d'aller mettre le siége devant Madras, dans la province d'Arcate. La ville se rend le 21 septembre, et le gouverneur convient avec le général français d'un rançonnement, montant à près de quatorze millions de France. Mais le gouverneur de Pondichéri, M. Dupleix, refuse de tenir la convention, et garde la place jusqu'à la paix.

Le duc de Cumberland signalait toujours sa valeur à la tête des alliés dans les Pays-Bas. L'an 1747, il perd, le 2 juillet, la bataille de Lawfelt, qui fut très-meurtrière de part et d'autre. Du nombre des prisonniers faits par les Français, fut le général Ligonier, né sujet du roi de France. Ayant été présenté à Louis XV, ce monarque lui dit ces paroles mémorables : *Ne vaudrait-il pas mieux songer sérieusement à la paix, que de faire périr tant de braves gens ?* Il fait ensuite l'honneur à ce réfugié français de l'admettre à sa table ; conduite bien différente de celle du roi d'Angleterre, qui avait fait périr sur l'échafaud des écossais, officiers au service de France, pour s'être trouvés dans l'armée du prince Edouard. *Sur mer.* Le 14 juin, combat près du cap Finistère, entre l'escadre française du comte de la Jonquière, composée seulement de quatre vaisseaux et de cinq frégates, et la flotte de l'amiral Anson, forte de seize vaisseaux de ligne, qui prit tous les vaisseaux français. Le 25 octobre, autre combat à la hauteur du même cap, entre la flotte de l'amiral Hawke, de vingt vaisseaux de la première force, et l'escadre de M. l'Etenduère, dont il ne se sauva que deux vaisseaux. Dans l'une et l'autre de ces affaires, les flottes marchandes, que les escades françaises escortaient, se sauvèrent pendant le combat, et arrivèrent à leurs destinations.

L'an 1748, les articles préliminaires de la paix entre la France, l'Angleterre et la Hollande, sont signés, le 30 avril, à Aix-la-Chapelle. Les hostilités cessent alors en Europe. L'armistice étant ignoré dans les Indes, les amiraux Boscawen et Griffin mettent le siége devant Pondichéri le 28 août, espérant enlever ce comptoir à la compagnie des Indes ; mais la belle défense de M. Dupleix, secondé par M. de Bussi, sauve la place, dont le siége est levé le 17 octobre. Le lendemain, le traité définitif de paix est signé à Aix-la-Chapelle.

L'an 1751, au mois de février, bill du parlement pour la réformation du calendrier. (*Voyez notre Dissertation sur l'Art de Vérifier les Dates.*) Le prince de Galles (Frédéric-Louis), meurt dans son château de Kew, le 31 mars, à l'âge de quarante-cinq ans, étant né le 31 janvier 1705. Il avait épousé, le 8 mars 1736, Auguste, fille de Frédéric II, duc de Saxe-Gotha, dont il a laissé cinq fils et trois filles; Georges, qui succéda sur le trône à son aïeul; Edouard-Auguste, né le 25 mars 1739, duc d'Yorck, (mort à Monaco le 17 septembre 1767); Guillaume-Henri, né le 25 novembre 1743, duc de Glocester; Henri-Frédéric, né le 7 novembre 1745, (devenu duc de Cumberland); Frédéric-Guillaume, né le 24 mai 1750, (mort le 27 décembre 1765); Auguste, née le 11 août 1737, mariée, le 16 janvier 1764, à Charles-Guillaume-Ferdinand, prince héréditaire de Brunswick; Elisabeth-Caroline, née le 10 janvier 1741, (morte le 4 septembre 1759); Caroline-Mathilde, née posthume le 22 juillet 1751, mariée, le 1er. octobre 1766, à Christiern VII, roi de Danemarck, morte le 10 mai 1775.

L'an 1754, au mois de janvier, le parlement, frappé des clameurs du peuple, casse et annule le bill de naturalisation accordé aux Juifs dans la précédente session. On remarqua que le banc des évêques qui avait acquiescé au bill sans aucune difficulté, acquiesça de même à la cassation. Commencement d'une nouvelle rupture entre la France et l'Angleterre, au sujet des limites de l'Acadie. Par les traités d'Utrecht et d'Aix-la-Chapelle, la France avait cédé à l'Angleterre cette péninsule, voisine du Canada, *suivant ses anciennes limites*, sans expliquer quelles étaient ces limites. Les Anglais voulaient les étendre; les Français voulaient les resserrer. On nomma de part et d'autre des commissaires pour discuter cette question; ils ne purent s'accorder, et la guerre fut décidée de la part de l'Angleterre, qui la souhaitait, et s'y préparait depuis quelque tems. On peut voir à l'article de Louis XV les détails de cette guerre, dont nous ne toucherons ici qu'un petit nombre d'événements, par manière de supplément.

L'an 1756, le 17 mai, déclaration de guerre de la Grande-Bretagne contre la France. Louis XV y oppose, le 9 (et non le 20) juin, sa contre-déclaration, où il se plaint des déprédations que les Anglais ont exercées depuis deux ans sur les vaisseaux et les colonies de France. *Sur mer.* L'amiral Bing, après avoir été battu à la hauteur de Port-Mahon, le 20 mai, par M. de la Galissonnière, se retire avec sa flotte dans la baie de Gibraltar. La cour, informée de cet échec, envoie sir Edouard Hawke et l'amiral Saunders pour le remplacer. Ils mettent à la voile à Spithead, le 16 juin; et, étant arrivés à Gibraltar, ils arrêtent l'amiral Bing, et le font transporter en Angleterre. Il aborde à Portsmouth, où un messager d'état se saisit de sa personne, et le constitue prisonnier. On établit une cour martiale pour lui faire son procès, dont l'instruction fut commencée le 28 décembre, à bord du vaisseau le Saint-Georges, dans le port de Portsmouth. Le 27 (et non le 29) janvier de l'année suivante, il est condamné à mort par ses juges, qui demandent en même tems sa grâce, déclarant qu'il n'a manqué ni de cœur, ni de fidélité, et qu'il n'est coupable que par incapacité : jugement qui fut exécuté le 14 mars, la grâce que demandaient les juges ayant été refusée. Le supplice du malheureux Bing fut d'être fusillé sur son bord. C'est ainsi qu'il appaisa les clameurs publiques excitées par les ministres, dont il s'était attiré la haine, par la liberté avec laquelle il avait relevé leurs fautes. *Dans l'Inde.* Les habitants du pays chassent les Anglais de Calcutta, et des autres établissements qu'ils avaient sur la côte de Bengale. L'Angleterre, suivant le journal de Louis XV, a perdu dans cette occasion plus de cinquante millions effectifs, outre les avantages qu'elle retirait du commerce immense qu'elle faisait dans cette partie de l'Inde.

Les succès des armes anglaises furent variés en 1757. Le colonel Clive, appuyé des amiraux Walton et Pocok, enlève, le 24 mars, aux Français, le comptoir de Chandernagor sur le Gange, dans la province de Bengale, à treize milles de Pondichéri. *En Amérique.* Au mois de juin suivant, les Espagnols se rendent maîtres des établissements que les Anglais avaient dans le golfe de Honduras, et y bâtissent des forts pour empêcher un commerce frauduleux.

L'an 1758, les Anglais font trois conquêtes importantes sur les Français; celle du cap Breton, en Canada, celle du Sénégal, sur les côtes d'Afrique, et celle de l'île de Gorée, à trente lieues du Sénégal. *Dans l'Inde.* Au mois de décembre, les Français, sous les ordres de M. de Lalli, mettent le siége devant Madras. Ils prennent la ville noire, où ils font un pillage immense, qui met l'abondance parmi les troupes; mais ce fut ce qui les empêcha de prendre la ville haute, où est le fort Saint-Georges. Livrées à l'ivrognerie par la prodigieuse quantité de liqueurs fortes qu'elles avaient trouvées dans la ville noire, elles négligèrent les travaux, et ne connurent plus de discipline; enfin on lève le siége le 18 février 1759, après avoir perdu une partie de l'armée. Les Anglais, dans le même mois, prennent Masulipatan. Le 30 septembre suivant, M. Geoghegan, capitaine de grenadiers au régiment de Lalli, avec onze cents français, bat dix-sept cents anglais et quatre mille noirs, à Vandavachi, dans la province d'Arcate, à trente lieues de Pondichéri. *En Amérique.* Le 16 janvier 1759, les Anglais, au nombre de huit mille hommes, font une descente dans la Martinique, en sont chassés par les habitants, et obligés de se rembarquer le lendemain avec perte de six à sept cents hommes. Ils se dédommagent le 2 mai suivant, par la prise de la Guadeloupe, dont ils se rendent maîtres sans coup férir. C'est une île petite, mais florissante, et où se fabrique le meilleur sucre. Le marquis de Montcalm, après avoir éludé les efforts de l'armée anglaise, fort supérieure à la sienne, et ceux de leur flotte encore plus formidable, se trouve engagé malgré lui, le 13 septembre 1759, dans un combat près de Québec. Il y reçoit, au premier choc et au premier rang, une profonde blessure, dont il meurt le lendemain, à quarante-huit ans, en héros chrétien. Un trou, qu'une bombe avait fait, lui servit de tombeau, sépulture digne d'un homme qui avait résolu de sauver le Canada, ou de s'ensevelir sous ses ruines. Quatre jours après sa mort, Québec tombe au pouvoir des Anglais.

L'an 1760, *dans l'Inde,* M. de Lalli, trahi et abandonné par les Marates, est battu, le 24 janvier, par les Anglais, qui font prisonniers plusieurs des principaux officiers; de ce nombre est M. de Bussi, maréchal-de-camp, l'homme le plus nécessaire dans l'Inde pour la guerre et pour les négociations. *En Amérique.* Les Chiroquois, peuple sauvage et nombreux, établi sur les confins de la Virginie et de la Caroline, font irruption sur les établissements des Anglais, et y commettent d'horribles ravages. Le colonel Montgommeri, envoyé contre eux, saccage plusieurs de leurs habitations, et ne peut néanmoins les réduire. Ils s'assemblent en grand nombre, et forment le blocus du fort Loudon, qu'ils forcent, après une assez longue résistance, à se rendre. Le 20 avril, les Français, sous les ordres de MM. de Vaudreuil et de Lévi, se mettent en marche pour aller reprendre Québec. M. de Murrai va au-devant d'eux, les attaque le 28, perd la bataille, et rentre dans la place, qui est aussitôt assiégée par terre et par eau; mais informés de l'arrivée prochaine d'une forte escadre anglaise, les Français lèvent le siége sur la fin de mai, et se retirent dans l'île de Montréal. Les Anglais, résolus de les chasser entièrement du Canada, attaquent le fort français de l'île Royale, dont ils se rendent maîtres par capitulation. Enhardis par ce succès, ils font voile pour Montréal, où ils débarquent le 6 septembre. La place est investie par trois corps d'armée, chacun plus formidable que l'armée entière des Français. Montréal était d'ailleurs dépourvu de munitions, et n'avait pour enceinte qu'un mur de six pieds de hauteur. Dans cette situation critique, M. de Vaudreuil prend le sage parti de capituler, et le fait aux conditions les plus honorables que la conjoncture pouvait lui permettre d'espérer. Cette conquête acheva celle du Canada. Si la valeur, la discipline, la supériorité des talents avaient pu le conserver, il serait certainement resté à la France ; mais le mal venait de plus loin. D'infâmes concussionnaires avaient tourné à leur profit la plus grande partie des sommes envoyées par le ministère de France pour réparer les fortifications du pays, et pourvoir les magasins de munitions de guerre et de bouche. *En Europe.* Le roi Georges II meurt d'apoplexie, le 25 octobre, à Kensington, à l'âge de soixante-dix-sept ans, après en avoir régné trente-trois. Il avait eu de Guillelmine-Dorothée, son épouse (morte, comme on l'a dit, le 1er. décembre 1737, à l'âge de cinquante-cinq ans), huit enfants ; savoir : Frédéric-Louis, prince de Galles, mort le 31 mars 1751 ; Georges-Guillaume, né en novembre 1717, mort en février 1718 ; Guillaume-Auguste, duc de Cumberland, né le 26 avril 1721, mort le 31 octobre 1765 ; Anne, née le 13 novembre 1709, mariée, le 25 mars 1734, à Guillaume-Charles-Henri, stathouder de Hollande (morte à la Haye, le 13 janvier 1759) ; Amélie-Sophie, née le 12 juillet 1711 ; Elisabeth-Caroline, née le 16 juin 1713 ; Marie, née le 5 mars 1723, mariée, le 28 juin 1740, à Frédéric, landgrave de Hesse-Cassel ; Louise, née le 29 décembre 1724, mariée, le 11 décembre 1743, à Frédéric V, roi de Danemarck. Le roi Georges II fut plus regretté en Angleterre après sa mort, qu'il n'y avait été aimé durant sa vie. La prédilection qu'il avait toujours marquée pour son électorat d'Hanovre, avait refroidi les cœurs des Anglais à son égard, mais il mourut dans le cours d'une guerre qu'il soutenait glorieusement depuis six années, et qu'on le croyait seul capable de terminer, par la paix la plus honorable et la plus avantageuse à la Grande-Bretagne. Cette conjoncture rendit sa perte aussi sensible aux Anglais, que s'ils eussent perdu le meilleur et le plus aimé de leurs rois. Ce prince avait prodigué la pairie pendant son règne. Cet abus a paru depuis si considérable, qu'il a été question, sous le règne suivant, de supprimer plusieurs titres accordés à des hommes qui avaient prostitué leurs talents à la faveur. On a consulté les jurisconsultes sur cette opération, et ils ont répondu, s'il faut en croire les papiers publics, qu'elle ne pouvait se faire sans porter atteinte à la prérogative royale et déranger la forme du gouvernement. Sur-le-champ les plaintes ont cessé, et on a vu sans scandale les pairs de Georges II revêtus de leur dignité. Ces jurisconsultes, dit M. de Condillac, devaient ajouter que donner à une réforme un effet rétroactif, c'est ébranler la confiance que le citoyen doit avoir au gouvernement, c'est rendre sa fortune et son état douteux, c'est lui donner des alarmes inutiles ou des espérances trompeuses. (*Voy.* Louis XV, *roi de France.*)

GEORGES III.

1760. GEORGES-GUILLAUME III, né à Londres, le 4 juin 1738, de Frédéric-Louis, prince de Galles, et d'Auguste de Saxe-Gotha, succède à Georges II, son aïeul paternel, dans le royaume d'Angleterre, ainsi que dans l'électorat d'Hanovre. L'an 1761, il épouse, le 8 septembre, la princesse CHARLOTTE-SOPHIE DE MECKLENBOURG-STRÉLITZ, née le 16 mai 1744, et le 22 du même mois, les deux époux sont couronnés. La guerre continue entre la France et l'Angleterre. Le 5 octobre, M. Pitt, secrétaire d'état, quitte le ministère pour n'avoir pu faire approuver au conseil son opinion, par rapport aux mesures à prendre contre l'Espagne. Il est remplacé par le comte de Bute, qui, peu de tems après, succède encore au duc de Newcastle dans la charge de grand-trésorier. *Dans les Indes orientales.* Le 15 janvier, la ville de Pondichéri, que les Anglais bloquaient par mer depuis neuf mois, et depuis deux par terre, se rend, faute de subsistances. L'infortuné comte de Lalli, gouverneur de la place, qu'il ne rendit qu'après la sommation que lui fit de capituler le conseil de Pondichéri, fut décapité à Paris, le 9 mai 1766. Le 10 février 1761, le major Hector Monro enlève aux Français le comptoir de Mahé, sur la côte de Malabar, à trente milles au nord de Tillichéri. *En Amérique.* Les Anglais prennent aux Français la Dominique, l'une des petites Antilles.

L'an 1762, le 4 janvier, déclaration de guerre du roi d'Angleterre contre l'Espagne. *En Amérique.* Le général Montchton enlève aux Français la Martinique. La conquête de cette colonie, la meilleure et la plus riche qu'eut la France, fut l'affaire de cinq semaines. Les Anglais y avaient débarqué le 8 janvier, et le 16 (non le 13) février; ils devinrent maîtres de toute l'île par la capitulation de la ville de Saint-Pierre. Après cette conquête, les Anglais n'eurent pas de peine à s'emparer des îles de la Grenade, de Saint-Vincent, de Sainte-Lucie et de Tabago. Le 13 juin, le comte d'Albemarle et l'amiral Pocok font une descente dans l'île de Cuba, appartenante aux Espagnols, assiégent par terre la Havane, capitale de l'île, et la forcent à se rendre le 12 août. Douze vaisseaux de guerre qui étaient dans le port, avec vingt-sept navires chargés de trésors, demeurent au pouvoir des vainqueurs. Toute l'île, la plus grande de l'Amérique, se soumet, à l'exemple de la capitale. Le 18 septembre, le colonel Amherst remet les Anglais en possession de la ville de Saint-Jean, dans l'île de Terre-Neuve, dont les Français s'étaient emparés au mois de janvier précédent. *Dans l'Inde.* Les conquérants de Cuba courent se rendre maîtres des Philippines : ils y réussissent après avoir emporté d'assaut, le 5 octobre, Manille, métropole de ces îles, dans le port de laquelle ils enlevèrent le Galion, venu depuis peu d'Acapulco avec une riche cargaison. *En Europe.* Tandis que les armes d'Angleterre triomphent dans les Indes, les puissances belligérantes entrent en négociation pour la paix. Les préliminaires en sont signés le 3 novembre à Fontainebleau, et approuvés, vers la fin du même mois, par les deux chambres du parlement d'Angleterre, malgré l'opposition du duc de Cumberland, et les vives réclamations du duc de Newcastle, de M. Pitt, et de leurs adhérents.

L'an 1763, le traité de paix définitif entre la France, l'Angleterre et l'Espagne, est conclu, le 10 février, à Paris. Par le quatrième article, la France cède à l'Angleterre le Canada avec l'île du cap Breton; par le cinquième, l'Angleterre accorde à la France la liberté de la pêche et de la sècherie sur les côtes de l'île de Terre-Neuve, et lui abandonne les deux petites îles de Saint-Pierre et de Miquelon, pour servir d'abri aux pêcheurs; par le huitième, la Grande-Bretagne restitue à la France les îles de la Guadeloupe, de Marie-Galante, de la Désirade, de la Martinique et de Belle-Isle; par le neuvième, les îles de la Grenade et les Grenadins sont cédés par la France à l'Angleterre, et le partage des îles appelées neutres, est fait entre ces deux puissances; de manière que celle de Saint-Vincent, la Dominique et Tabago, restèrent en toute propriété à la Grande-Bretagne; et que celle de Sainte-Lucie fut remise à la France : par le dixième, l'île de Gorée est rendue à la France, et le Sénégal reste à l'Angleterre; par le onzième, on se restitue réciproquement toutes les conquêtes qu'on avait faites les uns sur les autres dans les Indes orientales; par le douzième, l'île de Minorque retourne à la Grande-Bretagne; par le quatorzième et le quinzième, le roi de France restitue à l'électeur d'Hanovre, au landgrave de Hesse et au comte de la Lippe toutes les places occupées par ses troupes, et les deux puissances de France et d'Angleterre s'obligent à évacuer toutes les places, en Westphalie, sur le Haut-Rhin, et dans tout l'empire; par le dix-septième, les Anglais sont tenus de démolir les fortifications qu'ils peuvent avoir dans la baie de Honduras; mais ils pourront y prendre des bois de campêche; par le dix-neuvième, l'Espagne recouvre l'île de Cuba; et par le vingtième, elle abandonne la Floride à l'Angleterre avec le fort de Saint-Augustin et la baie de Pensacola, ainsi que tout ce que l'Espagne possède à l'est et au sud-est du fleuve de Mississipi.

En 1774, la ville de Boston, révoltée des taxes considérables que l'Angleterre veut imposer sur le thé, les cartes, le plomb et autres branches importantes de son commerce, proclame un manifeste, par lequel elle déclare qu'à compter du 30 août de l'année suivante, elle rompt tout commerce avec l'Angleterre. Tel fut le signal de cette fameuse insurrection qui devait avoir pour les Américains les plus glorieux résultats.

En 1775, premières hostilités en Amérique. Les Anglais y éprouvent un échec à Lexington, le 19 avril, et à Bunkers-Hill, près de Charles-Town, le 17 juillet. Les Américains pénètrent dans le Canada, où ils font des progrès; mais ils échouent devant Québec. Les troupes britanniques abandonnent Boston, le 17 mars 1776, et le congrès anglo-américain déclare formellement son indépendance le 4 juillet. Cependant, le général Howe bat les Américains à Bedfort, le 27 août, et s'empare de New-Yorck le 15 septembre; bataille des Plaines-Blanches le 28 octobre, où le général Washington essuie une déroute générale; mais il eut sa revanche, le 25 décembre, à Trenton, où il surprit un corps de quinze cents hessois; et, dans le mois de janvier 1777, battit les Anglais à Prince-Town, reprit la plus grande partie de Jersey, et s'avança jusquà Brunswick. Les succès se balancent entre les deux nations; mais la France fait un traité d'alliance avec l'Amérique, le 6 février 1778, et y envoie une escadre commandée par le comte d'Estaing. En *Europe*, combat naval d'Ouessant, entre les escadres anglaise et française, le 27 juillet, dont la victoire demeura indécise; Gibraltar, bloqué par les Espagnols, était sur le point de se rendre, faute de vivres; mais l'amiral Rodney, après avoir battu, le 16 janvier 1780, l'escadre de don Juan de Langara, parvient à ravitailler cette place; le 14 mars, les Espagnols s'emparèrent du fort de la Mobile, le seul qui restât aux Anglais sur les rives du Mississipi; le 12 mai, le général Clinton s'empare de Charles-Town par capitulation, et en laisse le commandement au lord Cornwallis. Cet amiral défait complètement les Anglo-Américains, le 16 août, à Cambden; mais ceux-ci se dédommagèrent, le 5 octobre, à King-Mountain, en Georgie, où ils surprirent un corps de douze cents anglais, qu'ils détruisirent ou firent prisonniers. Le 20 décembre, l'Angleterre déclare la guerre à la Hollande, qui favorisait ses ennemis; l'amiral Rodney s'empare des îles hollandaises de Saint-Eustache, de Saba et de Saint-Martin, le 13 février 1781; de Demerari et d'Essequibo, le 2 mars; bataille de Guilford, dans la Caroline septentrionale, le 15 mars, gagnée par le lord Cornwallis. Ce général fait des progrès en Amérique ; mais après s'être emparé des deux Carolines et d'une partie de la Virginie, il est enveloppé par les troupes franco-américaines dans Yorck-Town, et contraint de se rendre prisonnier de guerre avec toute son armée, au nombre de six mille hommes, le 18 octobre. Cette perte occasionne un changement dans le ministère anglais ; combat naval de la Dominique, le 12 avril 1782, où l'amiral Rodney bat l'escadre du comte de Grasse, qui est fait prisonnier avec les vaisseaux la *Ville de Paris*, le *Glorieux*, le *César*, l'*Ardent* et l'*Hector*. Le 24 septembre, la cour de Londres reconnaît l'indépendance de l'Amérique. Le 3 septembre 1783, la paix est signée à Versailles, entre l'Angleterre, la France, l'Espagne et les États-Unis d'Amérique ; et le 20 mai 1784, elle est signée à Paris, entre la Grande-Bretagne et la Hollande. En 1793, la guerre éclate entre la France et l'Angleterre. Le 1er. août 1798, l'amiral Nelson détruit la flotte française à Aboukir, en Égypte. L'amiral français Brueyx y est tué ; sur les côtes d'Irlande, l'amiral Warren bat une autre escadre française, et prend un vaisseau et cinq frégates. L'Angleterre était depuis long-tems en guerre avec Typoo-Saïb, souverain de Mysore. La conquête de ce royaume fut terminée par la prise de Séringapatnam, le 4 mai 1799, après une vigoureuse défense des Indiens, et la mort du sultan, qui périt les armes à la main sur les remparts de sa capitale. Le 2 juillet 1800, le roi Georges sanctionne l'union de l'Irlande avec l'Angleterre et l'Ecosse. Ces trois royaumes sont soumis à un seul et même parlement, et prennent le nom de *Royaume-Uni des îles britanniques*. L'île de Curaçao tombe au pouvoir des Anglais le 11 septembre. Sir Ralph Abercrombie, célèbre général anglais, remporte sur l'armée française une victoire sanglante, le 21 mars 1801, à Alexandrie, et meurt huit jours après des blessures qu'il y avait reçues. Le 28 mars, la guerre éclate entre le Danemarck et l'Angleterre ; l'amiral Nelson détruit la flotte danoise devant Copenhague, le 2 avril; traité d'Amiens le 27 mars 1802, qui fut rompu le 16 mai 1803. Cette rupture fut suivie de l'invasion de l'électorat d'Hanovre, par les armées françaises. La même année, les établissements hollandais de Surinam, Demerari et Essequibo, sont occupés par les Anglais les 19 et 20 septembre; le 23, le général Wellesley bat les Marates aux Grandes-Indes, et s'empare des villes d'Agra et de Delhi. Le 12 décembre 1804, la guerre se rallume entre l'Espagne et l'Angleterre. Coalition faite, le 3 octobre 1805, avec la Suède, qui s'engage à mettre sur pied douze mille hommes contre la France. Combat naval de Trafalgar, le 21, où périt l'amiral Nelson, vainqueur de la flotte combinée de France et d'Espagne. Les Anglais s'emparent du cap de Bonne-Espérance le 8 janvier 1806. Cette année est mémorable en Angleterre, par la mort du célèbre ministre d'état William Pitt, décédé le 23 du même mois. Le 11 juin, la guerre est déclarée à la Prusse; le 24, les Anglais débarquent des troupes dans l'Amérique méridionale, et s'emparent de Buenos-Ayres sur les Espagnols, place que ces derniers reprennent le 11 août. Le 7 septembre 1807, Copenhague et la flotte danoise se rendent à l'armée anglaise, qui depuis vingt et un jours avait débarqué dans la Zélande. Cette flotte fut emmenée en Angleterre. La plupart des îles danoises, aux Indes occidentales, se rendent à l'Angleterre; le 24 décembre, ils se rendent maîtres de Madère par capitulation.

Nous terminerons ici les événements de ce règne, l'un des plus longs et des plus glorieux de la Grande-Bretagne. Ceux qui se sont succédés depuis, exigeraient un développement qui nous entraînerait hors des bornes prescrites par le plan de cet ouvrage. Nous dirons seulement que c'est sous le règne de Georges III que la marine anglaise, aussi nombreuse que bien exercée, est parvenue au plus haut degré de splendeur, et que les armées de terre se sont montrées, dans ces derniers tems, dignes de rivaliser avec les nations les plus aguerries de l'Europe.

En 1787, le roi Georges III eut une première attaque de la maladie, qui depuis l'a privé de sa raison; il en éprouva une nouvelle en 1792; et le mal s'étant successivement accru, son fils aîné, le prince de Galles, fut nommé régent du royaume le 21 décembre 1811, époque depuis laquelle il gouverne au nom du roi son père. Ce monarque habite en ce moment à Windsor, qu'il ne quitte jamais.

Les enfants de Georges III sont :

1°. Georges-Frédéric-Auguste, prince de Galles, régent, né le 12 août 1762, marié, le 8 avril 1795, à Caroline-Amélie-Elisabeth de Brunswick-Wolffenbuttel, seconde fille du duc de Brunswick;

2°. Frédéric, né le 16 août 1763, duc d'Yorck en mai 1784, marié, le 29 septembre 1791, à Frédérique-Charlotte Ulrique-Catherine, princesse de Prusse, sœur du roi de Prusse;

3°. Guillaume-Henri, duc de Clarence, né le 21 août 1763;

4°. Edouard-Auguste, duc de Kent et de Strathern, comte de Dublin, né le 2 novembre 1767;

5°. Ernest-Auguste, duc de Cumberland et de Treviothale, comte d'Armagh; né le 5 juin 1771, marié, au mois d'août 1815, avec Frédérique-Caroline-Sophie de Mecklenbourg-Strélitz, veuve en premières noces du prince Louis de Prusse, frère du roi; et en secondes noces, de Frédéric-Guillaume, prince de Solms-Braunfels;

6°. Auguste-Frédéric, duc de Sussex, né le 27 janvier 1773;

7°. Adolphe-Frédéric, duc de Cambridge, né le 24 février 1774;

8°. Charlotte-Auguste-Mathilde, née le 29 septembre 1766, mariée, le 18 mai 1797, à Frédéric, roi de Wurtemberg (en 1806), mort le 30 octobre 1816;

9°. Auguste-Sophie, née le 8 novembre 1768;

10°. Elisabeth, née le 22 mai 1770;

11°. Marie, née le 25 avril 1776, mariée, le 22 juillet 1816, à Guillaume-Frédéric, duc de Glocester et d'Edimbourg en 1805, neveu du roi;

12°. Sophie, née le 3 novembre 1777;

13°. Amélie, née le 7 août 1783, décédée.

CHRONOLOGIE HISTORIQUE

DES

ROIS D'ÉCOSSE.

L'ÉCOSSE, ainsi appelée du nom des Scots ou Écossais, qui s'y établirent dans le cinquième siècle, était connue des Romains sous le nom de Calédonie. Le nom d'Ecosse ne fut donné au commencement, qu'au pays situé au nord de la Clyde et du Forth. Il s'étendit ensuite jusqu'à la partie septentrionale du Northumberland. Depuis Fergus I, regardé comme le fondateur de la monarchie écossaise, jusqu'à l'an 1603, qu'elle a été réunie de fait à celle d'Angleterre après la mort de la reine Elisabeth, on a une longue suite de rois, mais sans aucun événement remarquable. Nous nous bornons, dans cette chronologie, à donner la succession des rois d'Ecosse depuis Malcolm III. Elle est tirée en grande partie d'un ouvrage écrit avec beaucoup d'exactitude, d'élégance et d'équité, c'est-à-dire du *Trésor choisi des chartes et médailles*, de Jacques Anderson, imprimé à Edimbourg, en 1739, par les soins de Thomas Ruddiman, qui l'a enrichi d'une savante préface, de notes et de tables.

MALCOLM III.

L'an 1057, le 25 avril, MALCOLM, fils de Duncan I, monte sur le trône d'Écosse. Malcolm est, selon les historiens d'Ecosse, le quatre-vingt-sixième roi depuis Fergus I, le quarante-septième depuis Fergus II, qui en fut le restaurateur, le dix-huitième depuis Kenet II, qui détruisit entièrement les Pictes établis dans la partie orientale de l'Ecosse. Presqu'aussitôt qu'il est monté sur le trône, il en est renversé par l'usurpateur Macbeth. Edouard, roi d'Angleterre, auprès duquel il se réfugia, lui fournit une armée sous les ordres du brave Siward, qui le rétablit après une bataille où Macbeth périt. Siward perdit aussi son fils dans cette action. Mais ayant appris qu'il n'avait reçu des blessures que par devant, il se consola, disant qu'il avait toujours désiré pour lui, et pour soi-même, un pareil genre de mort. L'an 1068, Malcolm se joignit aux princes Morcar et Edwin, révoltés contre le roi Guillaume le Conquérant. Mais la célérité avec laquelle celui-ci prévint les desseins des rebelles, les ayant obligés de mettre bas les armes, le roi d'Ecosse, à leur exemple, fit sa paix avec Guillaume, et lui rendit hommage pour la province de Cumberland. L'an 1072, ayant aussi mal réussi que la première fois à se déclarer pour les Anglais soulevés, il fut contraint de faire à Guillaume de nouveaux actes de soumission, et de lui réitérer son hommage. Malcolm fit néanmoins, en 1078, quelques nouvelles tentatives pour secouer le joug des Anglais. Le roi Guillaume envoya contre lui son fils Robert, dont l'expédition se réduisit à fonder la ville de Newcastle, sur la Tyne, afin de contenir les Ecossais. Enfin Malcolm, après avoir régné avec éclat pendant près de 37 ans, fut tué, le 13 novembre 1093, dans une bataille donnée contre les troupes de Guillaume le Roux, près d'Alnewic, qu'il assiégeait dans le Northumberland. Orderic Vital et un anonyme du tems disent que Malcolm fut tué, ainsi qu'Abner, en trahison par Robert, comte de Mowbrai, comme il revenait de la cour du roi d'Angleterre, avec lequel il avait fait la paix. Mathieu Paris raconte de ce prince, un trait qui fait bien connaître sa grandeur d'âme. Instruit qu'un de ses courtisans voulait l'assassiner, il indique une partie de chasse, monte à cheval avec toute sa cour, suivi de sa meute et de ses piqueurs : arrivé à la forêt, il se sépare de la troupe, et ne retient que le traître avec lui. Alors, lui adressant la parole : *Nous voici seuls, vous et moi*, lui dit-il; *nous avons les mêmes armes, nos chevaux sont également bons; personne ne nous voit ni ne nous entend; personne ne peut venir au secours de l'un ni de l'autre. Si donc vous avez résolu de me tuer, exécutez maintenant votre dessein. Vous ne pouvez le faire plus secrètement, ni d'une manière plus digne d'un homme de cœur. Laissez aux femmes le poison: laissez les embûches aux assassins. Comportez-vous en brave chevalier; mesurons nous l'un contre l'autre, afin que si vous ne pouvez vous laver du crime de perfidie, vous évitiez du moins le reproche de lâcheté.* Ce discours, ajoute l'historien, fut comme un coup de foudre pour le traître. Il descend de son cheval, se jette aux pieds du roi les larmes aux yeux, et en tremblant : *Ne craignez rien*, lui dit le monarque ; *il ne vous sera fait aucun mal.* En même tems il le relève, et sur la promesse qu'il fait de lui être désormais fidèle, ils s'en reviennent ensemble joindre la compagnie, sans rien dire de ce qui s'était passé entre eux. Malcolm avait épousé, l'an 1070, MARGUERITE, arrière-petite fille d'Edmond Côte-de-Fer, roi d'Angleterre, princesse célèbre par sa sainteté, morte en 1093. Il eut d'elle plusieurs enfants : Edouard, qui périt avec lui ; Edgar, Alexandre et David, qui tous les trois portèrent la couronne ; Alain, qui partit, l'an 1096, pour la croisade ; Mathilde, femme de Henri Ier., roi d'Angleterre ; et Marie, femme d'Eustache III, comte de Boulogne. L'usage de créer des comtes et des barons fut introduit, par ce prince, en Ecosse. Parmi les officiers qui l'accompagnèrent dans sa dernière expédition, était le comte Walter ou Gautier, qu'il avait fait *steward* ou *stuart*, c'est-à-dire grand-maître de sa maison ; charge dont l'autorité, suivant dom Mabillon, égalait celle qu'avaient autrefois les maires du palais, en France. C'est là l'origine de la maison de Stuart, qui a régné en Ecosse et en Angleterre.

DONALD VI, SURNOMMÉ BANUS.

1093. DONALD VI, ou DUVENAL, frère de Malcolm, s'empare du trône d'Ecosse au préjudice des fils de Malcolm, sous prétexte de leur extrême jeunesse. Mais après six mois de règne, il est chassé d'Ecosse par Duncan, avec les secours que Guillaume II, roi d'Angleterre, lui fournit.

DUNCAN II.

1094. DUNCAN II, fils naturel de Malcolm, s'empare du trône d'Ecosse après avoir chassé Donald. Il avait été pris dans la bataille que son père perdit l'an 1072 contre Guillaume le Conquérant, et avait été transporté en Normandie, où il était resté prisonnier jusqu'à la mort de ce dernier. Ce fut le duc Robert qui lui rendit la liberté en 1087. (*Siméon Dunelm.*) Il ne porta la couronne qu'il avait usurpée qu'environ un an et demi, l'ayant perdue avec la vie par les intrigues de celui qu'il avait supplanté.

DONALD, RÉTABLI.

1095. DONALD revient en Ecosse après la mort de Duncan, remonte sur le trône qu'il avait déjà usurpé une fois, et jouit encore de son usurpation pendant environ trois ans. L'an 1098, la plupart des seigneurs, mécontents de son gouvernement, invitent Edgar, fils de Malcolm III, à venir le détrôner. Edgar, ayant obtenu des troupes de Guillaume II, roi d'Angleterre, entre en Ecosse, et, par sa seule présence, dissipe le parti de Donald, qui est arrêté et mis dans une prison, où la mort vient peu de tems après mettre fin à ses disgrâces.

EDGAR.

1098. EDGAR, fils de Malcolm III et de sainte Marguerite, son épouse, recouvre le royaume de son père, après avoir fait arrêter Donald. Il gouverne avec beaucoup de prudence et d'équité pendant neuf ans et trois mois, et meurt le 8 janvier 1107. Edgar fut le premier roi d'Ecosse qui se fit sacrer, et la cérémonie s'en fit l'an 1100, par l'évêque de Saint-André.

ALEXANDRE I.

1107. ALEXANDRE I succède à son frère Edgar, mort sans enfants. Son règne est célèbre par la rigueur avec laquelle il fit punir les malfaiteurs; ce qui l'a fait surnommer *le Sévère*. Alexandre mourut sans enfants, le 24 avril 1124, après avoir régné dix-sept ans, trois mois et seize jours, laissant le sceptre à son frère.

DAVID I.

1124. DAVID I monte sur le trône le 24 avril, après la mort d'Alexandre, son frère. Tous les historiens anciens et modernes s'accordent à faire un éloge parfait de David, et le représentent comme réunissant toutes les qualités qui font un grand prince. Par sa valeur dans la guerre, il égala tous ses prédécesseurs, et il les surpassa tous par son zèle pour la justice et la religion. Il créa six nouveaux évêchés en Ecosse, rétablit plusieurs monastères détruits du tems des guerres, et en fit construire de nouveaux; enfin il mérita plus qu'aucun des mortels, suivant le témoignage de Thomas Ruddiman, par son zèle pour le culte divin et par ses vertus, d'être mis au rang des saints. Après la mort de Henri I, roi d'Angleterre, il se mit au nombre des aspirants au trône, comme héritier légitime du chef de la race saxonne. Mais il renonça presque aussitôt à ses prétentions, en considération de l'impératrice Mathilde, dont il épousa les intérêts contre Etienne de Blois, rival de cette princesse. Il la fit proclamer reine d'Angleterre par toute l'Ecosse; et plusieurs seigneurs anglais, ennemis d'Etienne, étant venus le trouver, il mit sur pied une armée considérable avec laquelle il fit une irruption subite en Angleterre. Elle fut heureuse ; et David, s'étant emparé de Newcastle et de Carlisle, obligea toute la noblesse du Nord à lui donner des ôtages pour l'impératrice et son fils. Mais ce triomphe ne fut que passager. Etienne étant accouru avec une diligence incroyable, malgré la rigueur de la saison, étonna tellement le roi d'Ecosse, qu'il l'obligea d'en venir à un accommodement au moyen duquel toutes les places que celui-ci avait prises furent rendues, à l'exception de Carlisle, qu'on lui laissa comme faisant partie du Cumberland. Mais David aurait encore voulu garder le Northumberland comme une ancienne dépendance de son royaume. Résolu de le recouvrer, il y fit, l'an 1138, une nouvelle invasion qui fut très funeste au pays. Etienne ne la laissa pas impunie, et le comte d'Aumale, s'étant mis en marche par ses ordres, à la tête des Anglais, livra aux Ecossais dans la plaine de Colton-Moor la fameuse bataille de l'Etendard, où ils furent défaits avec une perte d'environ onze mille hommes. Le roi David se retira néanmoins en bon ordre vers Carlisle, où il fut joint trois jours après par Henri, son fils, qui s'était sauvé du combat au milieu de l'armée victorieuse, après avoir jeté toutes ses marques de distinction. David continua de servir l'impératrice, sa nièce, avec plus de zèle que de succès. Henri, fils de cette princesse, étant venu le trouver à Carlisle, en 1149, il l'arma chevalier en grande cérémonie. Ce monarque finit ses jours le 24 mai 1153, après avoir régné vingt-neuf ans et un mois. Il avait eu de la reine MATHILDE, morte dès la septième année de son règne, le prince Henri, dont on a parlé, fils unique, décédé l'an 1152, laissant un fils nommé Malcolm; un autre, nommé Guillaume, qui succéda à Malcolm ; et David, comte de Huntington, avec deux filles; Marguerite, femme de Conan, duc de Bretagne, et Adélaïde, femme de Florent III, comte de Hollande.

MALCOLM IV.

1153. MALCOLM IV, fils du prince Henri, succède à David, son aïeul, et imite sa piété. Au commencement de son règne, il fut inquiété par Henri II, roi d'Angleterre, qui voulut l'obliger à lui rendre hommage pour toutes les terres que la couronne d'Écosse possédait en Angleterre ; mais Malcolm le refusa constamment. Il ne put cependant se dispenser de suivre Henri dans la guerre qu'il porta en France l'an 1159. Geoffroi du Vigeois (c. 58) rapporte qu'étant à Périgueux, Henri l'arma chevalier, et qu'ensuite Malcolm fit le même honneur à trente jeunes seigneurs de son âge. Cette expédition ayant mal réussi, le roi d'Angleterre s'en prit à Malcolm, comme s'il l'eût fait manquer par sa faute, et en favorisant sous main le roi de France. D'un autre côte, les seigneurs écossais lui firent un crime d'y avoir pris part, et d'avoir attaqué sans sujet une puissance que l'intérêt de son royaume l'obligeait de ménager. En conséquence, l'an 1160, six comtes d'entre eux, Feretach à leur tête, vinrent l'assiéger dans Perth, lorsqu'il rentrait dans ses états. Mais ils échouèrent dans leur entreprise, et ne purent le faire prisonnier, comme ils en avaient dessein. (Hoveden.) Le roi d'Angleterre se vengea plus efficacement de lui, en faisant confisquer dans une assemblée des pairs les terres qu'il avait dans ce royaume. Malcolm prit les armes pour les recouvrer, et après une guerre assez vive, il fit un traité par lequel il céda le Northumberland, et recouvra le Cumberland avec le comté de Huntington. La cession du Northumberland fut encore le prétexte de deux nouvelles révoltes contre lui, l'une dans le comté de Gallowai, l'autre dans celui de Murrai. Gilcrist, comte d'Angus, son général, le rendit en peu de tems vainqueur de la première, dont le chef, homme puissant, se voyant poussé à bout, alla de honte se confiner dans un monastère. La seconde fut plus difficile à réprimer. Le général Gilcrist, après avoir été défait par les rebelles dans un premier combat, remporta à la fin sur eux, près de la Spée, une grande victoire, à la suite de laquelle il saccagea le pays de Murrai, ne faisant quartier à aucun des habitants qui tombèrent entre ses mains; ce qui dépeupla ce comté, et obligea d'y faire venir de nouveaux colons. Un autre rebelle reparut encore. C'était Than-Sumerled, qui, après avoir échoué dans une sédition qu'il avait excitée au commencement de ce règne, s'était réfugié en Irlande. Après avoir répandu l'effroi en Écosse par ses ravages, il fut pris, selon les uns, ou selon les autres, périt, l'an 1164, dans un combat. (Buchanan.) L'an 1165, Malcolm meurt le 9 décembre, dans la vingt-cinquième année de son âge, et dans la treizième de son règne, sans avoir été marié; ce qui lui a fait donner le surnom de Vierge. Tindal place mal à propos la mort de Malcolm en l'an 1171.

GUILLAUME, DIT LE LION.

1165. GUILLAUME, surnommé LE LION, à cause de la grandeur d'âme qu'il fit paraître dans la bonne et dans la mauvaise fortune, succéda, le 9 décembre 1165, à Malcolm IV, son frère, et fut inauguré solennellement le 24 du même mois. (*Annal. Mailros.*) L'an 1173, il déclare la guerre à Henri II, roi d'Angleterre, pour recouvrer le Northumberland; mais l'année suivante, il est fait prisonnier, le 13 juillet, à la bataille d'Alnwich, transporté en Normandie, et enfermé dans la tour de Falaise. Il y resta six mois, et ne recouvra sa liberté, le 11 décembre suivant, qu'après avoir fait, trois jours auparavant, un traité à Valogne, par lequel il assujettissait sa personne et son royaume au roi d'Angleterre. (*Radulf. de Diceto.*) Mais, l'an 1190, le roi Richard, fils et successeur de Henri II, prêt à partir pour la Terre-Sainte, voulut se concilier l'amitié de Guillaume. Pour la mériter, il se désista de l'hommage dont on vient de parler, avouant qu'il avait été extorqué par son père, et ne retint que l'hommage de tout tems rendu par les princes écossais pour les terres qu'ils avaient en Angleterre. L'Écosse, par cet acte de justice, rentra dans sa liberté primitive et dans son entière indépendance. Le roi Jean, l'an 1200, ayant fait sommer Guillaume de venir lui rendre hommage à Lincoln, ce prince s'y rendit en grand cortége, et s'acquitta de ce devoir le 22 novembre, un mercredi, fête de sainte Cécile, sur une montagne près de la ville, en présence d'un grand peuple (*Henric. Knyghton*); mais il eut soin d'insérer dans l'acte de cet hommage, un *saulf la dignité royale* (Hoveden), pour faire entendre qu'il ne relevait de l'Angleterre que pour les fiefs qu'il y possédait, ou sur lesquels il avait des prétentions. L'an 1214, Guillaume meurt à Sterling, le 4 décembre, après un règne de quarante-neuf ans, laissant un fils qui lui succède. Il fut enterré à l'abbaye cistercienne d'Arbroth, qu'il avait fondée en l'honneur de saint Thomas de Cantorberi. Sa piété, cultivée par une mère vertueuse, ne le céda point à celle de son frère. Il fit rebâtir la ville de Perth, qu'une inondation avait entièrement renversée.

ALEXANDRE II.

1214. ALEXANDRE II, fils de Guillaume, est couronné à l'âge de seize ans, le 5 décembre, à Scone. Ce prince, dit M. de Saint-Marc, porta sur le trône une prudence supérieure à son âge. Il favorisa les barons anglais dans les démêlés qu'ils eurent avec le roi Jean Sans-Terre : il se joignit de même au prince Louis de France, que les mécontents élurent pour roi, ce qui le fit excommunier par le pape. Mais après la mort de Jean, il se déclara pour Henri III, son fils, au secours duquel il conduisit lui-même des troupes lorsque la noblesse anglaise se révolta. Alexandre régna trente-cinq ans moins quelques mois, et mourut le 8 juillet 1249, âgé de cinquante-deux ans, laissant la couronne à son fils Alexandre, qu'il avait eu de JEANNE, sa première épouse, sœur de Henri III, roi d'Angleterre, ou selon d'autres, de MARIE de Couci, sa seconde femme, fille d'Enguerrand IV, sire de Couci (Du Chesne). Celle-ci survécut à son époux, et eut, suivant la coutume des reines d'Ecosse, pour son douaire, la troisième partie des revenus du royaume, qui montait à quatre mille marcs. (*Math. Paris ad ann.* 1251.) Ce prince introduisit le contre-scel à sa cour; mais ce fut un contre-scel d'une grandeur égale à celle du sceau.

ALEXANDRE III.

1249. ALEXANDRE III succède, le 8 juillet, à son père, étant à peine âgé de huit ans. Les Cummin, dont la famille était une des plus puissantes d'Ecosse, tinrent le jeune roi dans une espèce de servitude pendant les premières années de son règne; mais il s'en tira avec le secours de Henri III, roi d'Angleterre, dont il avait épousé la fille, nommée MARGUERITE. Son beau-père, attaqué par les barons d'Angleterre, en 1263, l'ayant à son tour invité à venir prendre sa défense, Alexandre lui envoya un corps de troupes, mais après s'être procuré une reconnaissance qui constatait que ce secours n'était accordé que par l'amitié, et non pas en vertu d'aucun droit réclamé par le monarque anglais. (Rymer, vol. 2, p. 844.) Alexandre, la même année, remporta un grande victoire sur Aquin, roi de Norwège, sous la conduite d'Alexandre Stuart, bisaïeul du premier roi d'Ecosse de cette famille. Le sujet de la guerre était les îles Hébrides, les îles Orcades et celles de Schetland qui, de tems immémorial, appartenaient à la Norwège par droit de conquête. L'an 1266, les deux rois firent un traité par lequel celui de Norwège cédait au roi d'Ecosse, moyennant une redevance annuelle, les Hébrides, avec l'île de Man, qui en faisait partie, et le droit de patronage sur l'évêché de cette île, qui devait néanmoins continuer à relever comme par le passé de l'archevêché de Drontheim. (Mallet.) L'an 1286, et non l'an 1282, comme le marque Tindal, Alexandre meurt à Kinghorn, âgé de quarante-cinq ans, après trente-sept ans de règne, le 19 mars, d'une chute de cheval qu'il fit en parcourant les provinces de son royaume, pour faire administrer la justice. Il ne laissa point d'enfants d'YOLANDE, fille de Robert IV, comte de Dreux, qu'il avait épousée l'an 1285. Cette princesse se remaria depuis, à Artus II, comte de Bretagne. Alexandre survécut aux deux princes David et Alexandre, ainsi qu'à la princesse Marguerite, qu'il avait eus de son premier mariage. La princese Marguerite, fille d'Alexandre III, qu'Eric, roi de Norwège, avait épousée, laissa de lui une princesse nommée aussi Margueritte, surnommée communément la *Vierge de Norwège*, qui devait succéder à son aïeul à la couronne d'Ecosse ; mais cette princesse étant morte, l'an 1291, dans son passage de Norwège en Ecosse, le royaume, qui depuis la mort d'Alexandre avait été paisiblement gouverné par cinq régents qu'il avait nommés en mourant, fut bientôt agité par de grands troubles, au sujet de la succession au trône. Plusieurs y prétendirent, jusqu'au nombre de douze, dont les deux principaux furent Jean Baillol et Robert Brus. Le premier descendait de Marguerite, fille aînée de David, comte de Huntington, frère du roi Guillaume, et le second d'Isabelle, deuxième fille du même David. Jean Baillol l'emporta, par la décision d'Edouard Ier., roi d'Angleterre qui, ayant été choisi pour arbitre de cette querelle, prononça en sa faveur. (Voyez *les rois d'Angleterre.*)

JEAN BAILLEUL OU BAILLOL.

1292. Le 17, ou, selon Thoiras, le 19 novembre 1292, JEAN BAILLOL est déclaré roi d'Ecosse par Edouard Ier., qui bientôt traite plutôt en esclave qu'en roi celui qu'il a placé sur le trône. La première chose qu'il exigea de lui fut l'hommage qu'il rendit en français, dans ces termes : *Monseigneur sire Edward, reys d'Engleterre è souereyn seigneur du réaume de Escoce ; je Johan de Bailleul, reys de Escoce avec les appartenances, è od kant ki apent, è quel ieo tenk è dey è dreyt è cleym pur moy è pur mes heyrs reys de Escoce, tenir héritablement de vus è de vos heyrs reys de Engleterre de vie è de membre è de terrien honnur countre tutes gens ki poent vivere ou mourir.* — *E le reys*, ajoute la notice d'où ceci est tiré, *le receit en la furme, sauve seon dreyt, le dreyt antri. C'est homage fut fet au Neuf-Chastel-sur-Tyne en Engleterre, le jour S. Estienne le an de grace* MCC *nonante è deus, è du règne le reys Edward* XXI. (Le Clerc, *Bibliot. Univ.*, tom. XXII, p. 89). Jean Bailleul, excédé par les mauvais traitements d'Edouard, se repent du serment de fidélité qu'il lui avait prêté, et après s'en être fait absoudre, ainsi que tous ses sujets, par le pape, il entreprend de secouer le joug. Après avoir obtenu de Rome cette absolution, il chasse de ses états tous les Anglais, sans excepter les ecclésiastiques, et déclare à Edouard, par une lettre dont le gardien des Cordeliers de Roxbourg fut porteur, qu'attendu les injures multipliées qu'il a reçues de lui, il renonce à l'hommage qu'il lui a rendu forcément, et n'entend plus vivre sous la dépendance de l'Angleterre. Baillol comptait sur le secours de la France, avec laquelle il s'était allié, pour soutenir cette levée de bouclier. Mais il fut trompé dans son attente. Battu devant la ville de Dumbar par le comte de Warenne, et poursuivi par Edouard, il est réduit à venir se présenter, le 2 juillet 1297, un bâton blanc à la main, devant son tyran qui le fait conduire prisonnier en Angleterre, après avoir fait dresser un acte authentique par lequel Baillol lui résignait sa couronne, sa dignité et ses biens propres. Le grand sceau d'Ecosse fut alors rompu comme ne devant plus être d'aucun usage, et l'on en fit un autre aux armes d'Angleterre, qui fut confié à Gautier d'Agmondesham. Baillol obtint, ensuite par le traité de paix qu'Edouard fit, l'an 1298, avec Philippe le Bel, la liberté de se retirer en France, où il passa dans la vie privée le reste de ses jours, nullement regretté des Ecossais dont il n'avait pas mérité l'estime par sa conduite. On ignore le tems de sa mort, et on dispute sur le lieu de sa retraite. L'opinion la plus commune est qu'il se fixa en Normandie, dans le pays de Caux, où il avait des terres, et d'où la famille des Bailleul, qui subsiste encore aujourd'hui dans cette province, est originaire. Mais il nous paraît certain qu'il retourna à Mons, en Vimeu, dont il était seigneur, et d'où Edouard l'avait fait venir pour le placer sur le trône d'Ecosse. Nous voyons en effet qu'en 1304 il vendit à la commune d'Abbeville, sous le vain titre de roi d'Ecosse, plusieurs biens qu'il avait sur la Somme, et qu'en 1311 il eut un différent pour la justice avec le comte de Ponthieu. Il n'est donc pas mort en 1306, comme le prétendent Smolett et M. Hume. La forteresse d'Helicourt fut confisquée sur Edouard, son fils, en 1335; ce qui prouve que le père n'existait plus alors. (*Hist. de Ponthieu.*) On voit encore aujourd'hui son épitaphe dans l'église de Saint-Waast de Bailleul-sur-Eaune, (soit que ce soit le lieu de sa première sépulture ou d'une seconde) par laquelle on apprend qu'il mourut un samedi dans le mois d'avril; le reste de la date est effacé. Après l'expulsion de Baillol, les Ecossais firent des efforts pour se délivrer de l'oppression des Anglais, et eurent même quelques avantages considérables sous la conduite de Guillaume Walleys: mais étant peu unis entre eux, ils n'en remportèrent pas de décisifs, pour terminer leur querelle, jusqu'en 1306. (*Voy.* Edouard I, *roi d'Angleterre.*)

ROBERT BRUS, PREMIER DU NOM.

1306. ROBERT BRUS, fils de celui qui avait disputé la couronne avec Jean Baillol, est reconnu roi d'Ecosse, le 25 mars 1306, par les grands de la nation. On a vu sous Edouard I comment Robert, étant à la cour de ce prince, s'y était ouvert à Cummin, son compatriote, du dessein où il était de délivrer sa patrie du joug des Anglais, la trahison que ce faux ami lui fit en révélant le secret au roi et la nécessité ou la crainte d'être arrêté mit Robert de fuir promptement en Ecosse. Cummin l'avait suivi par ordre du roi pour l'observer, sans se douter que son infidélité avait été découverte. Robert, à son arrivée, assemble ses amis dans l'église des Cordeliers à Dumfries, leur fait part de ses sentiments, et les exhorte à briser leurs fers. Cummin, qui était présent, se démasque alors en se montrant insensible à ses raisons. On se sépare, et Robert, au sortir de l'assemblée, couche Cummin sur le carreau. *Le traître est-il mort?* lui demanda le chevalier Kirk Patrick. *Je le crois*, répondit Brus. *Quoi!* dit le chevalier, *est-ce une chose à laisser dans l'incertitude?* Il court aussitôt poignarder Cummin. On loua cette action comme un trait de patriotisme, et la couronne ayant été déférée à Robert, on chassa les Anglais de l'Ecosse. Ce ne fut néanmoins qu'après de longues guerres qu'il vint à bout d'assurer la liberté de son pays. Au milieu du tumulte des armes, il gouverna ses sujets avec beaucoup de douceur et d'équité. L'Ecosse sous son règne devint très-puissante et très-florissante. Ce prince, après l'avoir gouvernée l'espace de vingt-trois ans, mourut, âgé de cinquante-cinq, le 7 juin 1329, laissant pour successeur un fils en bas âge et une fille qui porta le sceptre d'Ecosse dans la maison de Stuart. Robert, étant au lit de la mort, conjura Jacques Douglas de porter son cœur dans la Terre-Sainte. Ce brave chevalier partit pour Jérusalem, muni d'un passe-port d'Edouard III, qui se trouve dans Rymer, et fut tué l'an 1330. (*Voy.* Edouard II et Edouard III, *rois d'Angleterre.*)

DAVID II.

1329. DAVID II, fils de Robert, le restaurateur de la monarchie d'Ecosse, succède à son père sous la tutelle du comte de Murrai, n'étant âgé que de cinq ans. L'an 1331, ou 1332, David est détrôné, et obligé de se retirer en France. Il laissa un régent, et conserva toujours un parti jusqu'à son rétablissement en 1342.

EDOUARD BAILLOL.

1331. EDOUARD BAILLOL, fils de Jean, avait été retenu quelque tems prisonnier en Angleterre, après l'élargissement de son père; mais ayant aussi obtenu sa liberté, il passa en France, et vécut des biens de patrimoine qu'il y possédait, sans songer à faire revivre les prétentions de sa maison sur la couronne d'Ecosse. Ce fut le roi d'Angleterre, Edouard III, qui lui en fit naître la pensée, dans la vue d'exciter des troubles en Ecosse et d'en profiter pour envahir ce royaume. Mais comme il ne voulait pas se montrer ouvertement, il se servit, pour éveiller son ambition, du lord Beaumont, pair d'Angleterre, qui réclamait, du chef de sa femme, le comté de Buchan, en Ecosse. Ce lord, jugeant Baillol propre à servir ses vues, vient le trouver en France, où il était alors détenu dans les prisons, (tant il y était peu considéré) pour quelque faute commise contre les lois. Beaumont obtient la liberté du prisonnier, et après lui avoir peint la facilité qu'il y avait pour lui de monter sur le trône d'Ecosse, à raison des discordes qui régnaient dans ce pays, il l'emmène en Angleterre. Le roi le reçut avec joie, et lui fournit une flotte avec laquelle il alla faire une descente en Ecosse. Elle fut heureuse, malgré les efforts des Ecossais qui étaient accourus en foule pour s'y opposer. Baillol, après les avoir repoussés avec une grande perte des leurs, pénétra dans le cœur du pays, et gagna, le 11 août 1332, une grande bataille près de la rivière d'Erne, sur le comte de Marr, nouveau régent d'Ecosse depuis la mort du comte de Murrai, auquel il était fort inférieur en capacité. Ayant ensuite remporté plusieurs autres avantages considérables avec une rapidité surprenante, il alla se faire couronner à Scone, le 27 septembre 1332, selon Barnes. (*Voy.* Edouard III, *roi d'Angleterre.*) Le royaume alors se trouva dans la plus déplorable situation, les Ecossais étant armés les uns contre les autres, et leur pays ravagé par les Anglais. Edouard III, maître des principales places, y régnait sous le nom de Baillol, qui n'était qu'une ombre de souverain. Enfin par la bravoure de Robert Stuart, régent d'Ecosse et successeur de Marr, les Anglais ayant été chassés de Perth, de Sterling, d'Edimbourg, etc. le roi d'Angleterre accorde une trève au roi David, qui remonte sur le trône, d'où Baillol est obligé de descendre. Ce dernier céda, l'an 1356, le 20 janvier, ses droits sur l'Ecosse à Edouard III, qui lui fit une pension de deux mille livres sterlings pour sa subsistance.

DAVID, RÉTABLI.

1342. DAVID quitte la France, passe en Ecosse, rappelé par sa nation, et remonte sur le trône. L'an 1346, tandis que le roi d'Angleterre est occupé à faire la guerre en France, il entre dans le Northumberland à la tête de cinquante mille hommes, et porte la désolation jusque sous les murs de Durham. Mais la reine d'Angleterre, ayant assemblé promptement un corps de douze mille hommes, dont elle donna le commandement au lord Pierci, hasarda de joindre l'ennemi à la croix de Néville, près de cette ville, parcourut elle-même les rangs de l'armée, exhorta les soldats à faire leur devoir, et ne voulut quitter le champ de bataille qu'au moment où l'on allait en venir aux mains. Ses exhortations produisirent leur effet. Les Ecossais furent rompus et mis en fuite avec perte de quinze mille hommes au moins des leurs. Cette bataille est du 17 octobre 1346. David y fut fait prisonnier et conduit, par ordre de la reine, à la tour de Londres, où il resta l'espace de onze ans. Il y était encore lorsqu'en 1357 un nouveau prisonnier de son rang, mais plus puissant que lui, fut amené dans cette capitale. C'était le roi de France, Jean, que le prince de Galles avait pris à la bataille de Poitiers. Edouard, considérant alors que la conquête de l'Ecosse n'était pas plus avancée par la captivité de son souverain, et que Robert Stuart, héritier et neveu de ce prince, était encore en état de résister, consentit la même année, à rendre la liberté à David Brus pour cent mille marcs sterlings de rançon. David, pour la sûreté du paiement de cette somme, lui livra les fils des plus grands seigneurs d'Ecosse. Il vécut paisible depuis sa délivrance, et mourut sans enfants le 22 février 1371, âgé de quarante-sept ans, dans la quarante-deuxième année de son règne.

ROBERT, IIe. DU NOM, Ier. ROI DE LA FAMILLE DES STUART.

Robert II, fils de Walter (Gautier) Stuart, grand-sénéchal d'Ecosse, et de Marie ou Mariorie, fille de Robert I, succède au roi David, son oncle maternel. C'est le premier roi de la maison de Stuart qui, dans la suite, a réuni en une seule monarchie les royaumes d'Ecosse et d'Angleterre, et qui en est aujourd'hui dépouillée. Robert se fit respecter au dedans et au-dehors par la sagesse de son gouvernement. Il mourut le 9 avril 1390, âgé de soixante-quinze ans, après en avoir régné dix-neuf et environ deux mois, laissant plusieurs enfants; savoir : 1°. d'Elisabeth More, sa première femme, Jean-Robert et Alexandre; 2°. d'Euphémie, fille du comte de Ross, David et Walter, avec plusieurs filles. Il eut encore des enfants naturels, dont plusieurs familles d'Ecosse tirent leur origine. Nous avons une charte de Robert II, alors sénéchal d'Ecosse, datée de Perth, le 12 janvier 1364, que le respectable M. Innes, principal du collége des Ecossais à Paris, a publiée l'an 1695, après l'avoir fait examiner par les plus habiles antiquaires de Paris. Le célèbre abbé Renaudot, M. Baluze, le père Mabillon, don Ruinart, en ont reconnu l'authenticité par un acte signé le 26 mai 1694. Elle sert à réfuter plusieurs faussetés avancées par Buchanan dans son Histoire d'Ecosse. 1°. Cet écrivain avance que Robert et Elisabeth More ne furent mariés qu'en 1374; et Robert, dans la charte dont il s'agit, atteste qu'il avait épousé dès-lors Elisabeth avec dispense du saint siége, attendu qu'elle était sa proche parente, et fondé, pour remplir la condition de cette dispense, une chapelle dans l'église de Glascow. 2°. Buchanan donne pour un bâtard légitimé par son père, après son avènement au trône, le prince Jean, que Robert appelle son fils aîné : dénomination qui n'a jamais été donnée qu'à un fils né en légitime mariage. 3°. Dans cet acte, il est dit formellement qu'Elisabeth était déjà morte. Son mariage est donc bien antérieur à l'an 1374, et ce qui prouve qu'il l'est beaucoup même à l'an 1364, c'est une charte de ce même Jean, donnée l'an 1371, par où l'on voit qu'il devait être alors au moins dans l'âge de puberté. (Voy. *le Suppl. de la Diplôm.* de dom Mabillon, p. 105, et la préf. de Ruddiman *sur le Trésor d'Anderson*, p. 37, et suivant.)

ROBERT III.

1390. ROBERT III, appelé auparavant Jean, comte de Carrik, succède à Robert II, son père, le 19 avril, et, le 13 août suivant, est couronné à Scone. Comme ce prince était d'un esprit faible, il abandonna le soin du gouvernement à Robert, son frère, duc d'Albanie. Celui-ci ayant goûté le plaisir de commander, forme le dessein de se rendre maître de la couronne. Pour y parvenir, il fait mourir David, fils aîné du roi, qui, craignant un semblable traitement pour Jacques, son second fils, prend le parti de l'envoyer en France, l'an 1406. La tempête ayant jeté le jeune prince sur les côtes d'Angleterre, il y est arrêté prisonnier contre la foi d'un traité. Le roi ne put survivre à cette fâcheuse nouvelle ; il en conçut un si grand chagrin, que peu de tems après il en mourut le 6 avril 1406. Il y eut alors un interrègne en Ecosse, pendant lequel le duc d'Albanie gouverna le royaume jusqu'en 1420, époque de sa mort ; Murdac, son fils, le gouverna encore après lui pendant quatre ans, mais avec autant d'indolence que son père avait montré de courage et d'activité. L'an 1423, les ambassadeurs de Charles VII, roi de France, ratifient les anciennes alliances de ce royaume avec l'Ecosse, et obtiennent de la régence un secours de cinq mille hommes. Ces troupes, commandées par Archambaud, comte de Douglas, beau-père du connétable Stuart, abordèrent à la Rochelle sur la fin de cette année, et leur arrivée releva les espérances du monarque français. Le duc de Glocester, régent d'Angleterre, songea pour lors à rendre la liberté à son prisonnier Jacques, héritier du trône d'Ecosse, dans l'espérance de détacher les Ecossais de l'alliance du monarque français, et par là de le priver des secours qu'ils lui fournissaient. Les conditions dont il convint avec les commissaires d'Ecosse, envoyés à Londres pour l'élargissement de leur futur souverain, furent qu'il paierait quarante mille marcs d'argent pour sa rançon, qu'il conclurait une trêve avec le roi Henri, promettrait de ne donner aucun secours aux ennemis de l'Angleterre, et rappellerait les troupes écossaises nouvellement envoyées en France. Jacques signa tout, et partit au mois de mars suivant, après dix-huit ans de captivité, pour retourner en Ecosse.

JACQUES I.

1424. JACQUES I, fils de Robert III, trouva en arrivant en Ecosse tous les ordres disposés à le reconnaître pour leur souverain, et le régent lui-même tout prêt à lui remettre une autorité qui pesait à sa faiblesse. Ainsi Jacques I fut proclamé roi d'Ecosse sans contradiction. Le dessein du régent d'Angleterre, en le relâchant, était de le détacher des intérêts de Charles VII, roi de France. Mais, malgré les promesses qu'on lui avait extorquées, il ne rappela point les troupes qui étaient au service du monarque français, et n'empêcha point que d'autres s'y engageassent à leur exemple. D'énormes abus s'étaient introduits en Ecosse pendant sa captivité. Jacques s'appliqua tout entier à y remédier. L'an 1436, il irrite contre lui le ministère anglais, en donnant Marguerite, sa fille, au dauphin, depuis le roi Louis XI. On envoie d'Angleterre une armée contre l'Ecosse, sous la conduite du comte de Northumberland. Elle y fait du dégât; mais elle est battue à Popperden, par Guillaume de Douglas, comte d'Angus, et obligée de se retirer. L'an 1437, le 20 février, Jacques est massacré par son oncle Walter, comte d'Athol, escorté d'une troupe d'assassins. Ce prince était logé avec la reine, sa femme, dans le couvent des Dominicains à Perth. Ses domestiques ayant été gagnés, il ne fut défendu que par deux femmes. Une jeune dame de la maison de Douglas, attachée à la reine, entendit le bruit que faisaient les assassins, en voulant enfoncer la porte de l'appartement; elle courut à cette porte pour en fermer les verroux: mais les domestiques les avaient enlevés; elle opposa aux efforts des assassins la faible résistance de son bras: elle eut ce bras coupé. Le roi, plein de valeur comme de vertus, saisit son épée, et tua quelques uns des assassins; la reine, dont la tendresse animait le courage, s'élance au devant de leurs épées, et fait à son mari un rempart de son corps. Elle fut percée de plusieurs coups, qui firent craindre pour sa vie. Le roi en reçut vingt-huit, la plupart mortels, et tomba enfin accablé par le nombre. Dans la suite, tous les assassins périrent au milieu des supplices; celui du comte d'Athol fut horrible comme son crime. On commença par le promener nu au milieu d'Edimbourg; on lui donna ensuite l'estrapade, on lui mit sur la tête une couronne de fer ardent ; on lui déchira les entrailles, on les brûla, on le tenailla, enfin on lui arracha le cœur, et on le jeta au feu ; puis on décapita, on écartela son cadavre. Jacques avait régné trente et un ans depuis la mort de son père, et treize depuis son retour d'Angleterre. De JEANNE DE SOMMERSET, qu'il avait épousée peu après son élargissement, il laissa, outre la fille qu'on a ci-dessus nommée, un fils qui lui succéda, et Eléonore, mariée en 1448 à Sigismond, duc d'Autriche.

JACQUES II.

1437. JACQUES II succède, le 20 février, à Jacques I, son père, n'étant âgé que de six ans et quatre mois. Son bas âge donna lieu à bien des troubles excités par différents seigneurs qui voulaient être maîtres du gouvernement. Enfin le roi, devenu majeur, secoue le joug des ministres, et gouverne lui-même l'état avec beaucoup de sagesse. Il évita la guerre avec l'Angleterre par des trêves qui furent renouvelées lorsqu'elles approchaient du terme. Mais, l'an 1460, Marguerite, reine d'Angleterre, s'étant réfugiée en Ecosse avec son fils, après la perte de la bataille de Northampton, engagea ce monarque, en lui cédant Barwick, à lui fournir du secours contre le duc d'Yorck, rival de son époux. Jacques, s'étant mis lui-même à la tête de ses troupes, entre dans les provinces septentrionales de l'Angleterre, et après quelques petites expéditions, va mettre le siége devant le fort château de Roxborough. Mais, tandis qu'on fait devant lui l'essai d'une nouvelle bombarde, la pièce éclate et l'emporte le 3 août de la même année 1460. Il était âgé d'environ trente ans, et en avait régné vingt-trois et quelques mois. La reine MARIE, fille d'Arnoul, duc de Gueldre, qu'il avait épousée en 1449, continue le siége, et emporte la place. Jacques laissa d'elle trois fils, Jacques, Alexandre et Jean. Elle mourut en 1463.

JACQUES III.

1460. JACQUES III, âgé seulement de sept ans, est reconnu roi après la mort de son père. Les commencements de son règne furent d'abord assez tranquilles ; il fut ensuite agité par des troubles et des séditions. Ce fut la conduite de Jacques qui les occasionna. Séduit par des flatteurs, il voulut régler tout au gré de son caprice, et se comporta en vrai tyran. Il avait trois ministres ou favoris, gens de basse naissance, qui le gouvernaient absolument, et qui n'avaient d'autres vues que de le rendre indépendant des lois, afin de pouvoir commander eux-mêmes en son nom avec une autorité despotique. Ses deux frères, Alexandre, duc d'Albanie, et Jean, furent les premiers à blâmer son gouvernement. Le second s'étant expliqué là-dessus trop librement, le roi le fit mettre en prison, où peu de tems après on lui ôta la vie en lui ouvrant les veines. Alexandre, dans la crainte qu'il ne vengeât la mort de son frère, fut dans le même tems enfermé dans un château. Ceci arriva vers la fin de l'an 1479. Dans ces entrefaites, Louis XI, roi de France, craignant une guerre de la part d'Edouard IV, roi d'Angleterre, engage le roi d'Ecosse à rompre la trêve avec les Anglais. L'an 1481, au mois de juin, les Ecossais font irruption dans le Nord de l'Angleterre, d'où ils remportent quelque butin. C'est à quoi se termina leur expédition. Le duc d'Albanie, avant qu'elle commençât, s'étant échappé de sa prison, était venu trouver Edouard, et fit avec lui, le 10 juin, un traité d'alliance, dans lequel il prenait le titre de roi d'Ecosse. Le duc de Glocester ne tarda pas à marcher contre l'Ecosse avec une armée, par ordre d'Edouard. Après avoir pris Barwick, il va droit à Edimbourg. Pendant qu'il était en route, Jacques, ayant assemblé la noblesse à Lauther, veut se mettre en état de défense. Mais elle commence par faire pendre ses trois favoris; après quoi Jacques ayant pris la fuite, toute son armée se dissipe. Le duc d'Albanie, étant venu s'aboucher avec les seigneurs, il fut convenu, dans la conférence, qu'il serait reconnu régent du royaume, et qu'il reconnaîtrait son frère pour roi légitime. Jacques ratifia cet accord. Mais le duc, apprenant ensuite que le roi veut se défaire de lui, se sauve avec quelques amis à Dumbar, et de là il se retire en France, où il fut malheureusement tué dans un tournoi. Jacques continua d'aliéner la noblesse par sa conduite tyrannique. S'étant soulevée, l'an 1487, elle l'obligea de se réfugier dans le château d'Edimbourg, d'où il écrivit aux rois de France et d'Angleterre pour implorer leurs secours. N'en ayant reçu que de vaines paroles, il voulut passer d'Edimbourg à Sterling, dont le gouverneur lui ferma les portes. Obligé de revenir sur ses pas, il rencontra sur sa route l'armée des rebelles, avec laquelle il fut obligé d'en venir à une bataille, quoique avec des forces bien inférieures aux leurs. Il y périt, le 11 juin 1488, à l'âge de trente-cinq ans. Il avait épousé MARGUERITE, fille de Christiern I, roi de Danemarck, dont il laissa un fils qui suit. (Thoiras.)

JACQUES IV.

1488. JACQUES IV succède, le 11 juin, au roi son père, à

l'âge de quinze ans. Ce prince est un des plus grands rois qu'ait eus l'Ecosse : il égala ou surpassa tous ses prédécesseurs par sa valeur, sa grandeur d'âme, sa sagesse, sa piété, et toutes ses grandes qualités. Sous son règne, les meurtres, les brigandages, furent arrêtés par la sévérité des lois ; il fit fleurir la religion par son zèle et son exemple, et régner l'abondance par le commerce. L'an 1495, il reçut dans ses états le fameux Perkin, qui se donnait pour Richard, duc d'Yorck, fils du roi d'Angleterre, Edouard IV. Persuadé, par ses réponses aux questions qu'il lui fit, que ce n'était nullement un imposteur, il lui donna en mariage une de ses parentes, et lui fournit une armée avec laquelle il ravagea les frontières d'Angleterre. Mais Jacques, s'étant accommodé peu de temps après avec Henri VII, roi d'Angleterre, pria cet hôte de se retirer ailleurs. Louis XII, roi de France, étant attaqué par Henri VIII, roi d'Angleterre, Jacques fait, l'an 1513, une diversion en faveur du premier, par une irruption dans le Northumberland. Outre les traités qui liaient l'Ecosse à la France, il fut encore fortement excité à prendre ce parti par les invitations d'Anne, reine de France, dont il avait toujours été le chevalier dans tous les tournois. Elle somma ce monarque, selon les lois de la galanterie romanesque, alors à la mode, de s'armer pour sa défense, et de prouver qu'il était son loyal et courageux champion. Le succès ne couronna point sa valeur et sa fidélité. Il fut défait à la bataille de Floddenfield dans le Northumberland, et y perdit la vie le 9 septembre 1513, dans la quarante et unième de son âge, et la vingt-sixième de son règne, laissant de MARGUERITE, son épouse, sœur de Henri VIII, roi d'Angleterre, deux fils, dont l'aîné, à peine âgé de deux ans, lui succéda sous le nom de Jacques V. Le mariage de Jacques IV avec Marguerite, contracté l'an 1503, a depuis fait passer la couronne d'Angleterre dans la maison de Stuart. Il est remarquable que le corps de ce prince ayant été apporté du champ de bataille où il périt, dans un cercueil de plomb, à Londres, y fut gardé quelque tems sans qu'on osât lui accorder l'honneur de la sépulture, et cela parce qu'il était mort sous la sentence d'excommunication à cause de sa confédération avec la France et de son opposition au saint siége. Mais à la prière de Henri VIII, qui prétendit qu'il avait donné quelque signe de repentance, il obtint l'absolution, et son corps fut enterré. Sa veuve mourut en 1539. Quelques écrivains, racontent que la dévotion de Jacques l'avait porté à s'entourer le corps d'une chaîne de fer, à laquelle il ajoutait un anneau tous les ans. C'est à lui que l'on rapporte l'institution de la chevalerie de Saint-André ou du Chardon. L'ancienne marque de cet ordre était un collier d'or formé de fleurs de chardon et de feuilles de rue, avec cette devise : *Nemo me impune lacesset.*

JACQUES V.

1513. JACQUES V, fils de Jacques IV, lui succède, ayant à peine deux ans. Par le testament que le roi, son père, avait fait avant de se mettre en campagne, il était dit que la reine Marguerite, sa femme, aurait la régence pendant qu'elle demeurerait en viduité ; ce qui fut ratifié par les états tenus au mois de janvier 1514, quoiqu'il n'y eût pas d'exemple d'une reine régente en Ecosse. Mais au bout de quelques mois, Marguerite s'étant remariée avec Archibald de Douglas, comte d'Angus, Alexandre Hums, gouverneur de tout le pays situé au Nord du Frish, homme violent et brouillon, engagea les états à déférer la régence à Jean, duc d'Albanie, petit-fils du roi Jacques III, et retiré pour lors en France. Ce choix excita de grands troubles en Ecosse jusqu'à la majorité du roi. Dès qu'il fut parvenu à l'âge de dix-sept ans, il gouverna par lui-même, et remplit tous les devoirs d'un excellent prince ; mais il eut beaucoup à souffrir de la noblesse, qui commençait a être infectée des erreurs de Calvin, et s'opposa toujours aux louables desseins de son roi. Elle l'abandonna même en 1542, lorsqu'il allait livrer bataille aux Anglais ; ce qui lui causa un tel chagrin, qu'il en mourut quelques jours après, le 13 décembre, âgé de trente-un ans. Jacques V avait épousé en premières noces, à Paris, le 1 janvier 1536, MADELAINE, fille aînée de François Ier, qu'il avait secouru dans ses guerres contre Charles-Quint. Cette princesse étant morte la même année, il épousa en secondes noces, l'an 1538, MARIE de LORRAINE, fille de Claude, duc de Guise, veuve de Louis II d'Orléans, duc de Longueville, qu'elle avait épousé le 4 août 1534, et perdu trois ans après. Jacques eut de cette seconde alliance deux princes, morts avant lui, et une princesse qui lui succéda, âgée seulement de huit jours.

Ce prince, ami de la justice, de la paix et de la religion, défendit les autels contre les réformateurs qui voulaient les renverser. Henri VIII, roi d'Angleterre, lui avait envoyé son livre des *Sept Sacrements* contre Luther, dans lequel il s'appliquait à justifier son schisme. Jacques V refusa de lire ce livre, et le jeta au feu. J'aime mieux, disait ce bon roi, réduire en cendres ce livre, que de m'exposer, en le lisant, à brûler dans les flammes éternelles.

MARIE.

1542. MARIE, fille de Jacques V et de Marie de Lorraine, devient héritière de la couronne d'Ecosse, le 13 décembre 1542, huit jours après sa naissance. La reine douairière, sa mère, est établie régente avec un conseil que le roi défunt avait nommé. Henri VIII, roi d'Angleterre, se proposa d'abord de faire épouser Marie au prince Edouard, son fils, afin de réunir les deux royaumes : mais ce mariage n'eut pas lieu. La guerre, après la mort de Henri, s'étant renouvelée entre l'Angleterre et l'Ecosse, Marie fut envoyée, l'an 1548, à l'âge de six ans, pour la sûreté de sa personne, en France où l'on prit un grand soin de son éducation (1). Elle y épousa, l'an 1558, le 24 d'avril (et non de décembre, comme le marquent quelques-uns), le dauphin, qui devint roi de France le 10 juillet de l'année suivante, sous le nom de François II. L'an 1559, après le traité de Cateau-Cambresis, le dauphin et sa femme, par ordre de Henri II et à la sollicitation des Guise, prennent le titre de roi et de reine d'Ecosse, d'Angleterre et d'Irlande, et font graver les armes d'Angleterre sur leur sceau et leur vaisselle. La même année, la régente, pressée par l'évêque d'Amiens, Nicolas de Pellevé, depuis cardinal, et le seigneur de la Brosse, que le ministère de France lui avait envoyés avec quelques docteurs de Sorbonne, fait publier en Ecosse un édit rigoureux contre la religion protestante qui avait fait de grands progrès dans ce pays. Ce fut l'occasion, comme elle l'avait prévu, de plusieurs révoltes qui engagèrent cette princesse à faire venir des troupes de France à son secours. La reine

(1) A l'âge de treize à quatorze ans, elle récita publiquement dans une salle du Louvre, en présence du roi Henri II et de toute la cour, un discours latin de sa composition, où elle soutenait qu'il sied aux femmes d'être instruites, et que les belles connaissances sont pour elles une grâce de plus. Elle cultiva la poésie française, et ne le céda, en ce genre, ni à Marot, ni aux autres poëtes de son tems. Plusieurs d'entre eux célébrèrent sa beauté, ses talents, ses vertus. Les poëtes latins enchérirent encore sur eux, et rien n'est au-dessus des éloges que lui donnèrent le chancelier de l'Hôpital, Martin du Bellai et Buchanan, son sujet, qui l'a depuis si lâchement et si méchamment décriée dans son Histoire d'Ecosse, pour faire sa cour à la reine Elisabeth.

d'Angleterre ne manqua pas de son côté d'en envoyer aux rebelles. Tandis que les Anglais tiennent les troupes françaises assiégées dans Leith, la régente meurt, le 10 juin 1560, dans la quarante-cinquième année de son âge, au château d'Edimbourg. Son corps fut transporté en France et enterré à l'abbaye de Saint-Pierre de Reims. « Cette princesse, dit M. de Thou, » était ennemie des conseils violents, et avait toujours été d'a- » vis qu'il fallait retenir les Ecossais dans l'obéissance plutôt » par un gouvernement doux et modéré, que par les menaces » et la sévérité. Elle avait même écrit aux princes lorrains, » ses frères, que le seul moyen de conserver l'ancienne religion, » était de laisser au peuple une entière liberté de conscience.... » Elle avait le génie élevé et un grand amour de la justice. » Elle avait su, par son courage et sa prudence, contenir long- » tems dans le devoir ces peuples féroces, et jusqu'aux habi- » tants des petites îles de l'Ecosse. Ceux qui jugeaient sans passion » lui rendaient cette justice, que s'il eût dépendu d'elle de se » gouverner selon ses vues, elle n'aurait jamais eu la guerre » contre les Ecossais, mais qu'étant obligée de se conduire » par la volonté d'autrui (suivant les vues des princes lorrains, » ses frères), et n'ayant qu'une autorité empruntée de la cour » de France, dont elle recevait les ordres, il arrivait de là que » souvent elle ne pouvait tenir sa parole, et que sa conduite » paraissait se démentir. » Les hostilités cessèrent en Ecosse, le 30 du mois de juillet suivant, par le traité d'Edimbourg, dont les principales conditions furent que les Français évacueraient incessamment l'Ecosse; que le roi et la reine d'Ecosse renonceraient au titre et aux armes de souverains d'Angleterre; que personne, excepté les naturels du pays, ne posséderait des charges en Ecosse; que pendant l'absence de la reine, douze personnes, dont cinq seraient nommées par elle, et les sept autres par les états, administreraient le royaume d'Ecosse, de manière que Marie ne pourrait faire ni la paix ni la guerre sans leur consentement; et qu'enfin on convoquerait incessamment le parlement ou les états. Cette assemblée se tint effectivement dans le mois suivant, et les Protestants y étant les maîtres firent plusieurs actes pour bannir d'Ecosse la religion catholique et y établir celle des Presbytériens. Ces actes ayant été apportés en France, Marie refusa de les ratifier, attendu qu'ils émanaient d'un parlement qu'elle jugeait illégal, comme n'ayant point été assemblé par son autorité. Marie ayant perdu son époux, le 5 décembre 1560, se trouva dans la nécessité de retourner en Ecosse. Pour assurer son retour, elle demande un sauf-conduit à la reine d'Angleterre. Non-seulement Elisabeth le refuse, mais elle envoie une escadre pour enlever Marie sur la route. La reine d'Ecosse s'étant embarquée à Calais (1) évite l'ennemi à la faveur d'un brouillard, et aborde au port de Leith le 21 août 1561. Elle touchait alors à sa dix-neuvième année, et possédait supérieurement les grâces légères et séduisantes de la cour. Mais plus on la connaissait, plus on lui découvrait de qualités aimables et solides dans le caractère. Son arrivée répandit une allégresse universelle en Ecosse.

Les premières démarches de Marie confirmèrent l'opinion avantageuse qu'on avait déjà prise d'elle. Elle donna toute sa confiance aux chefs des protestants, qui seuls étaient en état de soutenir son gouvernement par l'ascendant qu'ils avaient pris sur le peuple. Elle confia le dépôt de son autorité, principalement au lord James, son frère naturel, qu'elle fit bientôt comte de Murrai, et au secrétaire d'état Ledington, homme d'une capacité reconnue. Il s'en fallait de beaucoup néanmoins qu'elle réunît en sa faveur les cœurs de tous ses sujets. Sa religion tenait dans la défiance tout ce qu'il y avait de protestants outrés, et le nombre en était grand en Ecosse. Les prédicants, dont le chef était le fougueux Jean Knox, disciple de Calvin, ne cessaient de la décrier en chaire comme une idolâtre. A peine lui permît-on de faire dire la messe en sa chapelle. Marie avait pour homme de confiance un musicien piémontais, nommé David Rizzo. Ce fut par son conseil, qu'après avoir éludé les poursuites de l'archiduc Charles d'Autriche, qui la recherchait en mariage, elle épousa, le 19 juillet 1565, Henri Stuart de Darnlei, son cousin, fils du comte de Lenox et petit-fils, par sa mère, du comte d'Angus et de Marguerite, veuve du roi Jacques IV. Henri Darnlei était d'une figure charmante, et plut tellement à la reine Marie, qu'elle l'associa au trône, et voulut que son nom fût joint au sien dans tous les actes. Du reste, c'était, suivant M. Smollett, un jeune homme faible, inconstant, débauché, vain et impétueux. Ce caractère contrastait trop avec celui de Marie pour ne pas occasionner du refroidissement entre

(1) Au moment où l'on sortait du port, elle vit périr un bâtiment. La plus grande partie de l'équipage fut noyée. *Ah! s'écria la reine, quel augure pour un voyage!* Pendant la navigation elle eut toujours les yeux fixés sur les côtes de France, tant qu'elle put les apercevoir. Lorsqu'elle les vit se confondre avec les nues, elle s'écria plusieurs fois : *Adieu, France, adieu, je ne te reverrai plus*, et versa un torrent de larmes. « Aimables mouvements, dit M. Gaillard, d'une âme jeune » et tendre, dont la sensibilité est encore dans toute sa fleur. »

les deux époux. Henri, au bout de quelques mois, s'étant aperçu du changement de la reine à son égard, en devint furieux, et se laissa persuader que Rizzo en était la cause. Dans cette prévention fomentée par les envieux de ce favori, il entre, le 9 mars 1566, dans l'appartement de la reine, accompagné de quelques seigneurs, fait enlever Rizzo qui soupait avec elle, et le fait poignarder de cinquante-six coups dans la chambre voisine. On peut juger de l'impression que fit cette scène tragique sur la reine, qui était alors dans son septième mois de grossesse. Jacques Hesburn, comte de Bothwel, succède à la faveur de Rizzo, que la reine, par une imprudence inconcevable, fit enterrer dans le tombeau des rois. Le roi, loin de travailler à sa réconciliation avec la reine, la quitte et se retire à Glascow. Il y tombe malade. La reine, apprenant son état, vole à Glascow, et le fait transporter en litière à Edimbourg, pour qu'il fut plus à portée des secours. Mais craignant pour lui l'air du palais, qui était assez mal sain, ainsi que pour son fils, né au mois de juin précédent, la contagion de la maladie, elle le loge dans une maison à l'extrémité de la ville. Elle lui rend des soins assidus, et passe plusieurs nuits dans un appartement au-dessous du sien. Voyant qu'il était en convalescence, elle retourne au palais pour prendre part aux réjouissances du mariage de l'une des filles de sa suite. Mais au milieu de la nuit suivante, 10 février 1567, une mine, qu'on fit jouer sous l'appartement du roi, le fit sauter en l'air, et son cadavre est trouvé à quelque distance de là, au pied d'un arbre. Le comte de Lenox, père du roi, accuse Bothwel de ce régicide; mais il est déchargé de cette accusation par le lord justicier d'Ecosse, dont la sentence fut confirmée par le parlement. Ce jugement toutefois ne le lava point aux yeux du public. Bothwel forme alors le dessein d'épouser la reine, et met dans ses intérêts le corps de la noblesse, qui, le 19 avril, sollicite Marie de contracter ce mariage, et de sacrifier la répugnance qu'elle y avait au bien de l'état. Remarquez, d'après Brantôme, que Bothwel, outre qu'il était fort laid et de très-mauvaise grâce, avait plus de soixante ans, et que Marie n'en avait que vingt-quatre. Bothwel, ne pouvant fixer les irrésolutions de la reine, a recours à la violence. Il l'enlève, comme elle retournait de Sterling, la conduit à Dumbar et de là au château d'Edimbourg, où il reçoit sa main le 15 mai 1567 : funeste alliance qui fut la source de tous les malheurs de cette princesse. Le comte de Murrai forme alors une conjuration, et prend les armes avec plusieurs seigneurs contre Bothwel et contre la reine, qu'il accuse l'un et l'autre de la mort du feu roi. Bothwel prend la fuite, se sauve dans les Orcades, et de là en Norwège, où il mourut fou au bout de dix ans. La reine est arrêtée et confinée dans le château de Lochevin, où on la force de résigner la couronne à son fils, âgé d'environ treize mois. Marie, l'an 1568, s'étant échappée de sa prison, passe en Angleterre pour aller se jeter entre les bras de la reine Elisabeth, sa cousine. Elisabeth refuse de la voir jusqu'à ce qu'elle se soit purgée des accusations intentées contre elle, et donne ordre de la retenir prisonnière à Carlisle, au mépris des lois naturelles, divines et humaines. Marie lui répond de sa prison, qu'elle est prête à lui prouver son innocence dans un entretien particulier avec elle, mais que sa dignité ne lui permet pas de se soumettre au jugement d'aucun tribunal. Cette réponse judicieuse ne satisfit point Elisabeth, qui ne cherchait qu'à trouver coupable la reine d'Ecosse, afin d'avoir un prétexte de prolonger sa captivité. Mais ce qui mit le plus grand obstacle à sa délivrance, ce fut le refus persévérant qu'elle opposa à la proposition qui lui fut faite de résigner la couronne à son fils. *Je suis née reine*, dit-elle toujours, *et je mourrai reine.* De Carlisle, Elisabeth la fit transférer à Boston, puis en d'autres lieux, et enfin à Fothéraingay. Ce fut là qu'après avoir été prisonnière pendant dix huit ans, et avoir changé dix-sept fois de prison, elle perdit la vie sur un échafaud, par ordre d'Elisabeth, le 18 février 1587. Ainsi termina ses jours, à l'âge de quarante-cinq ans, Marie Stuart, reine d'Ecosse, princesse qui, de l'aveu même de ses ennemis, était ornée des plus grandes qualités de corps et d'esprit. M. Smollett, protestant nullement équivoque, est de tous les historiens celui qui a traité l'histoire de cette princesse avec le plus d'exactitude et d'impartialité. Voyez aussi les *Recherches historiques et critiques sur les principales preuves de l'accusation intentée contre Marie Stuart, reine d'Ecosse*, ouvrage d'un autre protestant, traduit de l'anglais. Le corps de Marie fut inhumé dans la cathédrale de Peterborough; mais on le transporta depuis à Westminster, par ordre du roi, son fils, qui fit élever dans ce temple un monument à sa mémoire. L'acte de cette translation ne se trouve plus; on l'a cherché inutilement dans les archives de Westminster. (*Voyez* François II, *roi de France*, et Elisabeth, *reine d'Angleterre*).

JACQUES VI.

1567. JACQUES VI, né le 19 juin 1566, de la reine Marie Stuart et de Henri Stuart-Darnlei, son deuxième époux, est reconnu roi d'Ecosse après l'abdication forcée de sa mère, et couronné à Sterling, dans le mois de juillet, par l'évêque des

Orcades. Le comte de Murrai, son oncle naturel et le persécuteur de sa mère, se fait confirmer dans la régence qu'il avait extorquée de cette princesse. Ce régent ayant été tué, l'an 1570, par Jacques Hamilton, dont il avait injustement confisqué les biens, fut remplacé par le comte de Lenox. L'an 1578, le roi Jacques commence à gouverner par lui-même. Elevé dans le goût des lettres par Buchanan, écossais, et d'habiles étrangers, Jacques VI fonda, l'an 1580, l'université d'Edimbourg. Mais en dissipant les ténèbres de la barbarie, cette école y substitua celles de l'hérésie dont étaient infectés, comme lui, les maîtres à qui ce prince en confia la direction. Un autre objet sollicitait l'amour filial de Jacques VI : c'était l'affreuse situation de sa mère. Cependant, loin de songer à la tirer de la captivité où la reine Elisabeth la retenait, il fit avec cette princesse, l'an 1586, une ligue offensive et défensive pour leur sûreté mutuelle contre les puissances catholiques. Tout ce qu'il fit pour celle qui l'avait mis au monde, ce fut, lorsqu'il apprit, en 1587, la sentence de mort prononcée, le 25 octobre de cette année, contre elle, d'envoyer une ambassade à la reine d'Angleterre, pour l'engager à révoquer ce jugement, tout du moins à ne pas en précipiter l'exécution. Elisabeth lui donna satisfaction sur ce dernier point, en accordant un délai qui dura environ quatre mois. Mais enfin, décidée par les conseils de ceux qui l'environnaient et par ses propres dispositions, elle permit que l'exécution se fit le 18 février 1587. Ce fut elle-même, la cruelle, qui annonça cette affreuse catastrophe au roi, par une lettre pleine d'artifice, où elle témoignait la même surprise et la même affliction que si l'on eût en cela prévenu ses ordres et outrepassé ses intentions. Jacques, il est vrai, protesta dans ses premiers transports de venger la mort de sa mère. Mais il s'appaisa bientôt sur les remontrances des émissaires qu'Elisabeth avait auprès de lui. Ce prince n'était pas encore marié. L'an 1589, au mois de janvier, il passe à la cour de Danemarck, où il épouse la princesse ANNE, fille du roi Frédéric II. La nouvelle reine, amenée en Ecosse au commencement de mai, y fut couronnée dans l'église de Sainte-Croix.

De toute ancienneté, le droit de vengeance était établi parmi les nobles d'Ecosse. Telle était leur coutume : ils choisissaient un d'entre eux pour leur chef, auquel ils portaient autant d'honneur et de respect qu'au roi. Ce chef, lorsque quelque noble avait été injustement outragé, allait à la tête des parents de celui-ci attaquer la famille de l'agresseur; ce qui remplissait continuellement le royaume de petites guerres civiles. Jacques VI abolit cet usage, l'an 1602, par un édit qui ne permettait à la noblesse offensée de poursuivre la réparation des injures qu'elle avait reçues, que par les voies ordinaires de la justice. La reine Elisabeth, qui l'avait, dit-on, fait déclarer son héritier, étant morte l'année suivante, il est proclamé roi d'Angleterre, sous le nom de Jacques I. Depuis ce tems, les deux couronnes d'Angleterre et d'Écosse ont toujours été unies sur la même tête. L'Écosse néanmoins a continué d'être gouvernée comme un royaume particulier jusqu'en 1707, qu'elle a été réunie à l'Angleterre, pour ne faire qu'une seule et même monarchie, sous le titre de Grande-Bretagne.

CHRONOLOGIE

HISTORIQUE

DES EMPEREURS D'OCCIDENT

ET DES ROIS DE GERMANIE.

L'EMPIRE D'OCCIDENT ayant été renversé, l'an 476, par Odoacre, roi des Hérules, le titre en demeura éteint jusqu'à la fin du huitième siècle. L'Italie, durant cet intervalle, fut assujétie successivement, sous le titre de royaume, aux Hérules, aux Goths et aux Lombards. Charlemagne, après avoir détruit la domination de ces derniers, et conquis l'Allemagne, se vit à la tête de la plus vaste et de la plus florissante monarchie qui eût été depuis les Romains en Europe. Tous les peuples, que le droit de sa naissance ou la force de ses armes lui avaient soumis, obéissaient docilement à ses lois; la paix régnait universellement dans ses états. Telle était la situation de ce prince, l'an 800 de Jésus-Christ. Cette année est l'époque du rétablissement de l'empire d'Occident. Charlemagne, supérieur en puissance aux derniers empereurs d'Orient, fit revivre en Occident la dignité impériale, dont il fut le premier revêtu. Elle se maintint dans sa famille l'espace d'un siècle, ou environ, et passa ensuite aux princes allemands, qui l'ont conservée jusqu'à nos jours.

Dans la suite chronologique que nous allons donner des empereurs, on en verra plusieurs, dont les uns ne sont qualifiés que rois d'Italie, d'autres que rois de Germanie, par la plupart des historiens, accoutumés à ne donner le titre d'empereur qu'à ceux qui avaient reçu la couronne impériale de la main du pape.

CHARLEMAGNE, PREMIER EMPEREUR FRANÇAIS.

L'an 800, ou 801, en commençant l'année à Noël, comme faisaient alors les Français, CHARLES, dit CHARLEMAGNE, étant à Rome, se rend à la basilique de Saint-Pierre, le jour de Noël, revêtu de l'habit de patrice, c'est-à-dire d'une longue tunique avec un manteau traînant, dont un pan retroussé était rattaché sur l'épaule droite. Le pape Léon III, après avoir célébré la messe en sa présence, s'approche de lui, comme il s'inclinait devant l'autel pour partir, et lui met sur la tête une couronne très-précieuse. En même tems le clergé et le peuple s'écrient : *Vie et victoire à Charles, auguste, couronné de la main de Dieu, grand et pacifique empereur des Romains.* C'était l'acclamation usitée à la création des empereurs. Elle fut répétée trois fois en cette occasion. Léon le consacra ensuite avec l'huile sainte ainsi que Pépin, son fils, roi d'Italie, après quoi, celui-ci se prosterna devant son père, le reconnaissant pour son seigneur et son souverain. « C'est ainsi, dit Muratori, que » le bon roi Charles se vit établi empereur des Romains. » Que la chose eût été concertée entre le pape et les principaux de Rome, c'est ce qu'on ne peut révoquer en doute. Le concile de Rome, tenu au commencement du même mois de décembre, annonce que le projet en avait été formé dès-lors, et comme Charlemagne était l'âme de cette assemblée, il est également hors de doute qu'il y donna son consentement. (Voyez *les Conciles.*) Nous ne pouvons donc ajouter foi au témoignage d'Eginhard, quelque respectable que soit d'ailleurs l'autorité de cet historien, lorsqu'il dit que « Charles ayant reçu à Rome le » nom d'auguste et d'empereur, cela d'abord lui déplut si fort, » qu'il assura que bien que ce jour-là fût une très-grande fête, » il ne serait point entré dans l'église, s'il avait pu prévoir le » dessein du pape. » C'est ici un mensonge politique, qu'en qualité de secrétaire de Charles, Eginhard avait charge d'écrire, et qu'on eût soin de répandre, afin que ce prince parût garder quelques mesures avec les empereurs d'Orient, dont jusqu'alors il n'avait été que le vicaire à Rome, et dans toute l'Italie impériale. Ces empereurs en effet furent très-irrités de ce que les Romains avaient osé créer un empereur d'Occident. Charlemagne toutefois n'en fit pas moins valoir les droits de la nouvelle dignité dont les Romains l'avaient revêtu. Jusqu'alors les rois de France, ainsi que ceux de Bourgogne, d'Espagne, d'Italie, etc., avaient reconnu dans les empereurs d'Orient une espèce de supériorité, comme on le voit par les titres de *Père* et de *Seigneur* qu'ils leur donnaient en leur écrivant. Mais Charlemagne, depuis l'époque de son couronnement impérial, traita d'égal avec l'empereur grec, et ne l'appela plus que *frère*, suivant le témoignage d'Eginhard, dans les lettres qu'il lui adressa. Le 25 avril suivant, après avoir employé l'hiver à régler les affaires de Rome et de l'Italie, il reprend la route de France. Sur la fin de ses jours, Charles pensa à transmettre sa dignité à celui que la nature lui avait désigné pour héritier. Dans cette intention, au mois d'août 813, il tint, à Aix-la-Chapelle, une grande assemblée, à laquelle il proposa de donner le titre d'empereur à Louis, qui restait seul de ses fils; proposition qui fut reçue avec applaudissement, comme une inspiration divine. Le lendemain, Louis étant à l'église, prit de ses propres mains, par ordre de son père, la couronne sur l'autel, et se la mit sur la tête, pour montrer par-là qu'il ne prétendait la tenir que de Dieu, Charlemagne mourut l'année suivante, 814, le 28 janvier, à l'âge de soixante-douze ans, dans la quatorzième année de son règne, comme empereur. (*Voyez* Charlemagne, *parmi les rois de France.*) Les bornes de l'empire de Charlemagne étaient, au Nord, l'Océan et l'Eyder; à l'Ouest, l'Océan et l'Ebre en Espagne; au Sud, la Méditerranée; à l'Est, le Raab et les pays au-delà de l'Elbe; et au Nord-Est, les embouchures de l'Oder.

LOUIS, DIT LE DÉBONNAIRE.

814. LOUIS, dit LE DÉBONNAIRE, succéda, le 28 janvier 814, à Charlemagne, son père, et mourut le 20 juin 840. Ce prince rendit aux églises la liberté des élections, et conféra aux évêques, ainsi qu'à plusieurs abbés, les droits régaliens, comme celui de battre monnaie. Il eut pour les états une telle déférence, qu'il s'engagea de ne rien faire sans leur conseil; il leur céda même plusieurs domaines de la couronne, premiers fondements de la puissance des états. (*Voyez* Louis le Débonnaire, *parmi les rois de France.*)

LOTHAIRE I, EMPEREUR.

840. LOTHAIRE I, fils aîné de Louis le Débonnaire, associé à la dignité impériale le 31 juillet 817, mis en possession du royaume de Lombardie l'an 820, avant le mois de mars, selon Muratori, vers la fin de mai, suivant Pagi, couronné empereur par le pape Pascal I, le jour de Pâques, 5 avril de l'an 823,

succéda, le 20 juin 840, à son père, dans l'empire. Non content de son partage, il veut envahir celui de ses frères. L'an 841, le 25 juin, il perd contre eux la célèbre bataille de Fontenai, dans l'Auxerrois. (Cet événement sert d'époque à quelques chartes.) L'an 843, les trois frères s'étant réconciliés, font à Verdun, dans le mois d'août, un nouveau partage, en vertu duquel Lothaire eut l'empire, l'Italie et (en termes exprès) la ville de Rome, avec les provinces situées entre le Rhin, le Rhône, la Saône, la Meuse et l'Escaut. Ce traité est la grande époque qui fit de la Germanie et de la France deux états indépendants l'un de l'autre. L'an 849, suivant le P. Pagi, Lothaire déclare son collègue dans l'empire, Louis, son fils aîné, entre le 19 mai et le 30 octobre; et l'année suivante, il l'envoie à Rome, où il est couronné par Léon IV, le 2 décembre. L'an 855, le 28 ou le 29 septembre, Lothaire meurt après avoir régné quinze ans, trois mois et huit jours, depuis la mort de son père. Six jours avant que de mourir, il s'était retiré à l'abbaye de Prum, en Ardennes, où, renonçant au monde, il avait pris l'habit monastique. « Fils ingrat et rebelle, dit un éloquent » moderne, mauvais frère, monarque injuste, toujours occupé » de ruses, d'artifices, de complots, il chercha sans cesse à en» vahir et ne jouit jamais. En abusant de son pouvoir, il en » hâta la décadence, et assura la ruine de celui de ses succes» seurs. » D'HERMENGARDE, fille de Hugues, comte d'Alsace et non de Provence (Schoepflin), qu'il avait épousée au mois

---

Rois carlovingiens en Germanie, non empereurs.

LOUIS LE GERMANIQUE.

826. LOUIS, troisième fils de Louis le Débonnaire et d'Ermengarde, nommé roi de Bavière l'an 817, arrive en ce pays, l'an 826, avec son épouse. L'an 840, il s'attire les armes de son père, contre lequel il s'était révolté pour la troisième fois. Mais la mort de l'empereur, arrivée sur la route, sauve au fils rebelle le châtiment dont il était menacé. L'an 843, nouveau partage fait entre lui et ses frères, Lothaire et Charles, à Verdun, par lequel Louis devient propriétaire de toutes les provinces situées sur la rive droite du Rhin, et de quelques-unes sur la rive gauche. Ce traité, dit M. Pfeffel, est la première époque du droit public de l'Allemagne. Charles et Louis travaillent ensuite à se dépouiller mutuellement. L'an 870, ils se réunissent pour partager la succession de Lothaire, leur

d'octobre 821, il laissa trois fils : Louis, qui suit ; Lothaire, auquel il donna la portion de ses états qui fut appelée du nom de ce fils, la Lorraine ; et Charles, qui eut le royaume de Provence. Lothaire laissa aussi quatre filles, savoir : Beltrude, mariée à un comte nommé Bérenger ; Ermengarde, enlevée, l'an 846, par Giselbert, qu'on fait sans fondement duc d'Aquitaine ; Rotrude, dont nous ignorons le sort ; et Berthe, abbesse, à la prière de laquelle son père donna, l'an 855, à un clerc-médecin, vingt-quatre bonnières de terre. (*Deuxième cartulaire de Hainaut, fol.* 23.) (*Voy.* Lothaire, *roi de Lorraine*, et Charles, *roi de Provence, pour le détail de leur partage.*) L'abbaye de Saint-Hubert, dans les Ardennes, conserve le portrait de ce prince à la tête d'un psautier en lettres d'or, dont il fit présent à cette maison. Il est représenté assis sur un siége, dont un lion et une lionne forment les deux bras ; sa chaussure est composée de bandelettes qui se croisent. Son habit est une courte tunique, et par-dessus une clamyde agrafée sur l'épaule gauche. Il a la couronne en tête, tenant d'une main son épée dans le fourreau, et de l'autre un long bâton en forme de sceptre. Son visage a de la dignité, et sa taille paraît avantageuse. (*Voyez* cette figure gravée dans le deuxième voyage littéraire de D. Martenne, p. 136.)

On distingue quatre époques du règne de l'empereur Lothaire dans ses diplômes ; ce sont celles que nous venons de remarquer au commencement de son article. Depuis la mort de son père, il joignait ordinairement les deux dernières. Celle de son règne en Italie commence l'an 820, et celle de son règne dans une partie de la France, l'an 840 ; de sorte que les années du règne italien précèdent toujours de vingt ans celles

---

neveu, au préjudice de l'empereur Louis, son frère. Par le traité qu'ils firent à ce sujet, au mois d'août, sur la Meuse, entre Héristal et Mersen, Charles eut pour sa part les districts de Vienne, en Dauphiné, de Lyon, de Besançon, et tout ce qui est situé à la gauche du Mont-Jura, des Vosges, de la Moselle et de l'Ourte, petite rivière du Luxembourg qui se jette dans la Meuse, près de Liége ; et tout ce qui est à la droite de ces limites, échut à Louis le Germanique, nommément les villes de Metz, de Trèves, de Cologne, et les Pays-Bas. Mais il rendit le tout à l'empereur Louis, son neveu, suivant les annales de Saint-Bertin ; ce qui indisposa fort, disent-elles, les seigneurs lorrains qui, s'étant donnés à lui de bonne grâce, trouvaient fort mauvais qu'il eût disposé d'eux sans leur consentement. L'an 875, après la mort de l'empereur, son neveu,

du règne français. Muratori (*Ann. d'Ita.*, t. IV, p. 512.) remarque qu'à Rome on datait de l'an 817 la première année de l'empire de Lothaire, tandis que le reste de l'Italie ne la datait que de l'an 818. Le Blanc, dans son Traité des Monnaies (p. 102, *éd. de Hol.*), en produit plusieurs frappées sous Louis le Débonnaire, sur lesquelles on lit : LUDOVICUS IMPERATOR, dans le monogramme, ROMA, et sur le revers, SCS PETRUS. Il en produit aussi d'autres de Lothaire, qui, au revers, ont pareillement SCS PETRUS; ce qui prouve la souveraineté de ces deux princes à Rome.

LOUIS II, EMPEREUR.

855. LOUIS II, fils aîné de l'empereur Lothaire, né vers l'an 822, associé à l'empire et au royaume d'Italie l'an 849 (Murat.) et sacré, le 2 décembre 850, à Rome, par le pape Léon IV, succéda, l'an 855, à son père dans les dignités qu'il partageait avec lui. Il est à remarquer, d'après les annales de Saint-Bertin, qu'il prétendait que l'empire lui avait été substitué par Louis le Débonnaire, son aïeul, pour demeurer attaché à la personne des aînés de sa maison, même par droit de représentation. Borné par ses possessions aux états situés au-delà des Alpes, il établit sa cour à Pavie, au lieu d'aller résider à Rome, vraisemblablement parce qu'il ne se croyait pas assez opulent pour étaler dans la capitale du monde le faste convenable à son rang. Ce qui est certain, c'est qu'il se plaignit, mais en vain, à ses oncles, Louis le Germanique et Charles le Chauve, de n'avoir pas été, lui qui était empereur, mieux partagé que ses frères dans la succession paternelle. Lothaire, son frère, néanmoins ayant besoin de son secours contre Louis le Germanique,

---

décédé sans postérité mâle, il rentra dans la portion des états de Lothaire, qu'il lui avait abandonnée. La jouissance en fut courte. L'an 876, il termina sa carrière à Francfort, le 28 août, dans la soixante-dixième année de son âge, laissant de sa femme, nommée par quelques-uns EMMA, trois fils, Carloman, Louis et Charles, auxquels il avait partagé ses états de son vivant, et trois filles, Hildegarde et Berte, successivement abbesses de Zurich, abbaye que leur père avait fondée, et qui devint célèbre par son opulence et sa juridiction, et Irmengarde, abbesse de Chiemsée, en Bavière, mentionnée dans un diplôme de l'empereur Henri IV, de l'an 1077. (Eccard, *Comment. Rer. Franc. Orient.*, tome II, page 614.) Quelques-uns le font encore père d'Engelberge, femme de l'empereur Louis II. Mais

leur oncle, et pour appuyer d'autres desseins qu'il méditait, lui céda, vers la fin de l'an 858, plusieurs places au-delà du Mont-Jura, telles que Genève, Lausanne, Sion, en Valais, et quelques autres dépendances de sa couronne. Louis ne fut pas ingrat, et porta même la reconnaissance au-delà des bornes du devoir. Les archevêques, Gonthier de Cologne et Theutgaud de Trèves, déposés par le pape Nicolas I, pour avoir favorisé le divorce de Lothaire, étant venus le trouver, l'an 864, il s'engagea, pressé par l'impératrice, à les faire rétablir. Mais après avoir exercé, pour cet effet, à Rome, les violences les plus indignes d'un prince chrétien, sans pouvoir fléchir le pape, il fut obligé, par une maladie qu'il regarda comme une punition du ciel, d'abandonner la cause des deux prélats, de les renvoyer comme ils étaient venus, et de se réconcilier avec le pape qui avait pris la fuite.

Les Sarrasins ayant fait une invasion, l'an 866, dans la Calabre et les terres voisines, Louis, à la prière de Landolphe, évêque de Capoue, marche contre eux. Mais il est trahi par ce prélat qui fait manquer l'expédition. Pour se venger, l'empereur assiége cette ville, qui se rend, au bout de trois mois, à Lambert, fils de Gui, duc de Spolette. Ses habitants et leur territoire sont traités avec la dernière rigueur. Louis remporte quelques avantages sur les infidèles, l'année suivante, avec le secours de Lothaire, son frère. L'an 868, il vient mettre le siége devant Bari. La place résiste pendant trois ans; enfin elle est emportée le 3 février 871. Les perfidies étaient alors fréquentes entre les princes. Cette même année, le 28 août, Louis est fait prisonnier, en trahison, par le duc de Bénévent, qui ne le relâche que le 17 septembre suivant. Pendant son éloignement, Charles le Chauve et Louis le Germanique, ses

---

ce qui prouve qu'elle n'était pas sa fille selon la nature, c'est un diplôme où il se dit son parrain en l'appelant sa fille spirituelle : *Dilecta ac spiritualis filia nostra Engilperga.* (Murat., *Antiq. Ital. Diss. XI.*) Louis le Germanique fut enterré à l'abbaye de Lauresham. Ses fils, après sa mort, firent un nouveau partage à Saalfeld, en Thuringe.

Ce prince datait ses diplômes suivant diverses époques. La première est de la fin de 825; la seconde de l'an 833 ou 834; la troisième de l'an 838 ou 839; la quatrième de l'an 840, après la mort de son père. Il est surprenant qu'il n'ait employé dans ses diplômes ni l'époque de l'an 817, où il fut établi roi de Bavière par son père, ni celle de 821, où cette dignité lui fut confirmée au parlement de Nimègue.

oncles, avaient partagé entre eux le royaume de Lorraine, après la mort de Lothaire, arrivée le 8 août 869. En vain il s'était récrié contre cette usurpation, et avait employé l'autorité du pape Adrien II pour se faire rendre justice. Enfin, l'an 872, ayant obtenu de Louis le Germanique une conférence à Trente, il y envoie l'impératrice, sa femme, qui vient à bout d'engager ce prince à se désister de sa portion de la Lorraine. (*Anal. Bertin.*) L'impératrice fit ensuite demander à Charles le Chauve une entrevue à Saint-Maurice, mais elle ne put l'obtenir, ce monarque n'étant nullement disposé à se dessaisir de sa proie. (Murat.) L'empereur Louis étant venu la même année à Rome, y fut couronné roi de Lorraine, le jour de la Pentecôte, par le pape Adrien II. L'an 875, il meurt, le 2 août, dans le territoire de Brescia, d'où son corps fut transporté à Milan. Ce prince ne laissa d'INGELBERGE ou ANGILBERGE, son épouse, dont on ignore la naissance (mariée en 856, morte en 890, suivant le P. Affo), qu'une fille, nommée Ermengarde, qui épousa Boson I, roi d'Arles ou de Provence. « Les historiens d'Allemagne, dit M. de Saint-Marc, prétendent, sans » preuves, que l'empereur Louis II, soit par testament, soit » de quelque autre manière, avait disposé de ses états en faveur » de Carloman, fils aîné de Louis le Germanique. » On blâme cet empereur, qui avait d'ailleurs d'excellentes qualités, d'avoir laissé prendre à sa femme trop d'empire sur son esprit. Ce fut elle qui, après la mort de son époux, procura, par ses intrigues, le royaume d'Arles à Boson. L'empereur Charles le Gros, en 880, la tira d'un couvent d'Italie, où elle s'était retirée, et l'envoya prisonnière en Allemagne, où elle mourut après avoir vainement employé la recommandation du pape Jean VIII, pour être renvoyée à Rome.

Il faut distinguer exactement quatre époques du règne de l'empereur Louis II. La première est de l'an 844, lorsqu'il fut déclaré roi d'Italie, et envoyé à Rome au sujet de l'élection et de l'ordination du pape Sergius, faite sans la participation de l'empereur. Sergius alors le couronna roi des Lombards le 25 juin; la seconde époque est de l'an 849, lorsqu'il fut associé par son père à l'empire; la troisième est du 2 décembre 850, jour auquel il fut sacré empereur; enfin la quatrième est de l'an 855, lorsqu'il succéda à son père. On ne distingue pas assez ces époques, et l'on confond surtout la seconde avec la troisième.

CHARLES II, DIT LE CHAUVE, EMPEREUR.

875. CHARLES II, dit LE CHAUVE, roi de France, dernier fils de Louis le Débonnaire, ayant appris la mort de l'empereur

Louis, son neveu, marche en diligence vers l'Italie pour s'emparer de sa succession. Louis de Germanie envoie successivement ses deux fils, Charles et Carloman, pour empêcher cette usurpation. Charles le Chauve les amuse, et ils s'en retournent l'un et l'autre sans avoir rien fait. Ce prince arrive, le 17 décembre 875, à Rome, où il est reçu, avec de grands honneurs, par le pape Jean VIII, qui l'y avait invité. Le jour de Noël suivant, Jean le couronne empereur. Charles ayant quitté Rome, le 25 janvier 876, se rend à Pavie, où il est proclamé roi d'Italie dans une diète tenue au mois de février. Ce fut dans cette assemblée qu'il déclara Boson, frère de sa femme, duc de Lombardie, et lui donna la couronne ducale : *Bosone uxoris suæ fratre duce ipsius terræ constituto et* CORONA DUCALI *ornato.* (*Annal. Bertin.* ad an. 876.) C'est le premier duc couronné qu'on voit dans l'histoire. Charles de là repasse en France, d'où il revint l'année suivante en Italie. Mais il en est chassé par Carloman, son neveu, et va mourir au pied du Mont-Cenis, le 6 octobre 877, n'ayant régné, comme empereur, qu'un an et neuf mois. (*Voy.* la Chronolog. *des rois de France.*) L'empire vaqua trois ans depuis sa mort.)

CHARLES LE GROS, ROI DE SUABE, PUIS EMPEREUR.

876. CHARLES, dit LE GROS ou LE GRAS, troisième fils de Louis le Germanique, né vers l'an 833, eut pour sa part les

---

CARLOMAN, ROI DE BAVIÈRE.

876. CARLOMAN succéda à Louis le Germanique, son père, dans le royaume de Bavière, auquel il joignit la Pannonie, la Carinthie, avec les royaumes des Sclaves, des Bohémiens et des Moraves. Avant que de parvenir au trône, il avait donné bien de l'exercice à son père, par ses révoltes. Les remords qu'elles lui causèrent ensuite furent si vifs, que de tems en tems il en perdait la raison. L'enfer s'ouvrait pour le recevoir ; il voyait les démons prêts à l'enlever et

LOUIS, *dit* le GERMANIQUE, ROI DE SAXE.

876. LOUIS, second fils de Louis le Germanique, lui succéda dans les états de Saxe, de Thuringe, de la France teutonique, de Frise et de la moitié de la Lorraine, par le traité de partage conclu avec ses frères à Sualefeld, au diocèse d'Eichstradt. Charles le Chauve étant entré dans cette dernière province pour s'en emparer, Louis vint à sa rencontre, lui livra bataille près d'Andernac, le 8 octobre 876, le battit et le mit en fuite. Louis se montra

états de Suabe et d'Alsace, avec quelques villes en Lorraine. L'an 879, au mois de septembre, il est associé au royaume d'Italie par Carloman, son frère. S'étant rendu sur les lieux, il en fut proclamé roi, dans une diète tenue entre le 6 octobre et le 11 novembre de la même année, et couronné à Milan, le 6 janvier suivant. De là, il va trouver en France les deux rois, Louis et Carloman, fils de Louis le Bègue, pour concerter avec eux les moyens de détruire Boson, roi d'Arles, dont il veut réunir les états aux siens. Il retourne aussitôt en Italie, laissant aux deux princes le soin de faire la guerre à cet ennemi commun. Il arrive à Rome, où le pape Jean VIII lui offre enfin la couronne impériale, qu'il ne pouvait plus lui refuser. Charles l'avait sollicitée jusqu'alors inutilement, parce que le pape voulait la faire tomber, avec celle de l'Italie, sur la tête de Boson. L'empire était vacant depuis la mort de Charles le Chauve.

En 881, Charles le Gros est couronné empereur à Rome,

---

les flammes où il allait être dévoré. Jamais sa tête ne se remit bien de cette violente commotion. L'an 877, il passe en Lombardie pour faire valoir ses droits sur ce royaume, dont Charles le Chauve s'était emparé. Charles prend la fuite à son arrivée, et le laisse maître du pays, où il est proclamé roi sans contradiction. Voulant ensuite se faire couronner empereur, après la mort de Charles, il en écrit au pape Jean VIII, promettant de favoriser l'église romaine plus que n'avait fait aucun de ses prédécesseurs. Le pape lui rend promesses pour promesses, et ne cherche qu'à le tromper. Carloman obligea néanmoins ce pontife de le reconnaître roi d'Italie, seigneur de Rome et avoué du saint siége. L'an 878, de retour en Bavière, il est attaqué d'une maladie de langueur, qui dégénéra, l'année plus équitable envers ses frères. Loin de vouloir faire des entreprises sur eux, il leur fit part, l'an 877, de la Lorraine par portions égales. Carloman rendit la sienne à Louis, qui la partagea, l'an 878, avec Charles le Gros. Ainsi la Lorraine teutonique se trouva alors entre les mains de ces deux frères. Louis ne marqua pas la même générosité, l'an 879, envers les deux fils de Louis le Bègue, roi de France, Louis et Carloman, parce qu'il regardait leur naissance comme illégitime. Tandis que ces deux princes étaient occupés à se défendre contre les Normands, il envahit la Lorraine française, qu'ils lui cédèrent ensuite par le traité de Verdun. Il n'en demeura point là; excité par sa femme et invité par un parti qu'il avait en France, il entre à main armée, l'an 880, dans ce royaume, par le pape Jean VIII, suivant les annales de Saint-Bertin, à Noël de l'an 880, c'est-à-dire 879, selon notre manière de compter, l'année commençant alors à Noël. Mais d'autres autorités plus fortes, produites par Muratori, (*Antiq. Ital. Dissert.* 8 *et* 41), prouvent que ce couronnement doit être renvoyé à l'un des deux premiers mois de l'an 881. A l'égard de ceux d'entre les modernes qui le retardent jusqu'à Noël de cette année, ils sont démentis par une lettre de Jean VIII à Charles, en date du IV des calendes d'avril (29 mars), indiction XIV (881), lettre où l'on voit que dès-lors ce pontife reconnaissait Charles pour empereur, et lui avait imposé la couronne impériale. Une nouvelle fortune survient à Charles au mois de janvier 882; il succède, par mort, aux états de Louis, son frère, roi de Saxe. Dans le printems suivant, il marche contre les Normands qui dévastaient le royaume de Lorraine. Etant venu à bout de bloquer les deux rois de ces barbares, Godefroi et Sigefroi, dans leurs retranchements, il fait avec eux une paix dont ils dictent eux-mêmes les conditions, comme s'il eussent été vainqueurs. Charles, par ce traité, s'oblige à leur payer deux mille quatre-vingt livres pesant d'argent, et cède,

---

suivante, en paralysie, et le conduisit enfin au tombeau le 22 mars 880. Il laissa de Liutswinde, sa concubine, fille d'une bonne maison de Carinthie, un fils nommé Arnoul, qui fut comte de Carinthie, et parvint ensuite à l'empire.

à dessein de l'unir au sien. Mais cette expédition ne tourna qu'à son déshonneur. Repoussé vigoureusement par ceux qu'il voulait dépouiller, il reprit la route de Saxe en désordre. Bientôt néanmoins il fut dédommagé de cet échec par l'acquisition de la Bavière, que la mort de Carloman, son frère, arrivée l'an 880, lui procura. Alors il laisse l'Italie à Charles, son autre frère, et donne la Carinthie à son neveu Arnoul, bâtard de Carloman. Il remporta, au Carême de la même année, une victoire complète sur les Normands, près de Thin ou Tinnin, dans la forêt Carbonnière; mais quelque tems après, il fut défait à son tour par ces mêmes barbares, à Ebsdorff, dans le pays de Lunébourg. L'action fut terrible. Brunon, son beau-frère, deux évêques, douze comtes, et dix-huit officiers du palais y périrent. Louis mourut du chagrin que lui causa ce revers, le 20 janvier 882, et fut inhumé à l'abbaye de Lorsch ou de Laurescham, au diocèse de Mayence. Ses panégyristes le représentent sous les traits les plus aimables, et le peignent comme un prince qui réunissait les plus belles qualités, sans presque aucun mélange

à titre de duché, la Frise occidentale à Godefroi, qui, de son côté, s'engage à défendre contre ses compatriotes les embouchures du Rhin, de la Meuse et de l'Escaut. Godefroi, s'étant fait baptiser, épouse Gisèle, fille de Lothaire, roi de Lorraine, et de Valdrade. D'un ennemi dangereux, il devient un fidèle allié; mais on use de perfidie envers lui. L'an 885, Charles le fait assassiner dans l'île de Betau, où il lui avait indiqué une conférence pour répondre à la demande qu'il lui faisait de quelques vignobles près de l'embouchure de la Moselle et du Rhin. Vers le même tems, par une semblable trahison, il fait crever les yeux, dans Gondreville, à Hugues, fils de Lothaire et de Valdrade, qui demandait le royaume de Lorraine. Hugues, après cela, fut mené à l'abbaye de Prum, dans les Ardennes. « C'est moi-même, dit l'historien Réginon, qui lui coupai les cheveux, étant alors abbé de ce monastère, et il y mourut peu de tems après. » Charles, appelé à la couronne de France, au mois de décembre 884, après la mort du roi Carloman, réunit par-là dans sa main toute la succession de Charlemagne. Mais le fardeau était au-dessus de ses forces, et le poids de sa propre domination l'accabla. L'an 887, dans un parlement qu'il tient à Tribur ou Tewer, au pays de Darmstadt, il donne des marques de folie qui déterminent les seigneurs d'Allemagne, déjà indignés de sa lâcheté, à l'abandonner. Ils le déposent, dans la même assemblée, le 11 novembre, et mettent à sa place Arnoul, duc de Carinthie, fils naturel du roi Carloman. Charles se trouve réduit à n'avoir pas de quoi vivre,

---

de vices ni de faiblesse. On conserve de lui une lettre très-affectueuse à Louis le Bègue, roi de France, qu'il qualifie son très-cher frère et intime ami, rejetant la dissension qui avait régné entre leurs pères sur la mauvaise volonté des seigneurs français. Il accompagna cette lettre du présent d'un beau cheval et d'un riche pavillon. Ce prince avait épousé, l'an 865, sans le consentement de son père, la fille du comte Adelard, dont il fut obligé de se séparer. Devenu roi, il épousa LUITGARDE, fille de Ludolfe, duc de Saxe, dont il eut un fils qui mourut d'une chute à Ratisbonne, peu de tems avant lui. Louis eut encore un fils naturel, nommé Hugues, qui fut tué, l'an 880, à la première bataille contre les Normands. Il avait, de sa première femme, une fille nommé Hildegarde, qui se signala par la part qu'elle eut à la déposition de Charles le Gros. M. le comte du Buat (*Orig. Boicœ*, *part. II*, *p.* 11), lui donne encore une autre fille, mariée, selon lui, en premières noces, à Liutpold, duc de Bavière.

et à demander sa subsistance à son successeur, qui lui donna par compassion quelques terres en Allemagne. L'Italie n'ayant point pris de part à la déposition de Charles, continua de le regarder comme empereur et comme roi. Charles mourut, suivant tous les auteurs contemporains, le 12 ou le 13 janvier de l'an 888, étranglé, disent quelques-uns, par ses propres domestiques. Cependant M. le Moine, dans sa *Diplom. Prat.*, rapporte un diplôme de ce prince, daté de l'an 890. Mais cet acte est apparemment une copie où les dates auront été altérées. Le corps de Charles fut inhumé à l'abbaye Mereraw, autrement dite, *Augia-Major*, qu'il faut bien distinguer d'*Augia-Dives*, ou Richenau, en Suabe. Marianus Scotus dit que ce prince avait les jambes tordues. Il avait eu deux femmes dont il ne laissa point d'enfants. La première, dont on ignore le nom, était fille du comte Erkanger; la seconde s'appelait RICHARDE, princesse d'Ecosse, à ce qu'on prétend, qu'il répudia sur quelques soupçons d'infidélité, après dix ans de mariage, protestant publiquement qu'il ne l'avait jamais touchée. Ce prince ne laissa qu'un fils naturel nommé Bernard, qu'il avait voulu faire son successeur à l'empire, et qui mourut dans l'état de simple et pauvre particulier. (*Voyez* Charles le Gros, *roi de France.*)

Charles est le premier qui ait ordinairement daté ses diplômes des années de l'Incarnation. Avant lui l'usage de cette date était rare dans les lettres-royaux. Il employa successivement diverses époques, dont la première commence au partage qui fut fait des états de Louis le Germanique, au mois d'août 876; la seconde se prend de l'an 879, quand Charles fut proclamé roi de Lombardie; la troisième commence vers la fin de février 881: on a rendu raison ci-dessus de cette époque; la quatrième est du 20 janvier 882, date de la mort de Louis, son frère; la cinquième est de l'an 884, auquel Carloman, roi de France, mourut. Remarquez encore que pendant les années 882 et 883, on data quelquefois en France les actes par celles de son règne, soit à cause de sa qualité de premier prince de la famille royale, soit qu'on le regardât comme tuteur du jeune roi Carloman.

Après la mort de Charles le Gros, différents princes s'emparèrent des royaumes qu'il avait possédés, ce qui causa une grande division, et fit répandre beaucoup de sang.

BÉRENGER, EMPEREUR.

888. BÉRENGER, fils d'Eberhard, duc de Frioul, et petit-fils de Louis le Debonnaire par sa mère Gisèle, reconnu roi d'Italie

par une partie de la noblesse du pays, vers la fin de février 888, se fait couronner, dans le mois suivant, par Anselme, archevêque de Milan. Ce fut alors, suivant Muratori, que l'on commença à faire usage de cette couronne de fer qui servit depuis au couronnement des rois de Lombardie. Arnoul, roi de Germanie, instruit de cet événement, se met en marche pour détrôner Bérenger. Celui-ci va le trouver à Trente, lui fait hommage de ses états, et l'engage à lui en confirmer la possession. A peine a-t-il conjuré cet orage, qu'il est accueilli d'un autre. Gui de Spolette s'avance contre lui à la tête d'une armée; mais il est battu sous les murs de Brescia. L'an 889, défait à son tour par Gui, sur les bords de la Trebia, dans le Plaisantin, Bérenger va se cantonner dans le Véronais, et abandonne le reste du pays à la discrétion de son rival. L'an 895, étant venu trouver le roi de Germanie à Lucques, il est arrêté par ce prince, et dépouillé de ses états. Sa détention fut courte; il retourna presque aussitôt dans le Véronais. Dans le cours de la même année, ses armes lui regagnent une partie de ce qu'il avait perdu. L'an 896, il fait à Pavie une espèce de partage avec l'empereur Lambert. L'an 899, première descente des Hongrois en Italie dans le mois d'août. Bérenger va au-devant d'eux. Son armée est taillée en pièces, par ces barbares, le 24 septembre de la même année, et non de la suivante, comme le marque Réginon. L'an 900, un autre rival se présente pour lui disputer la couronne d'Italie. C'est Louis, roi de Provence, que quelques seigneurs mécontents, du nombre desquels était Adalbert, marquis d'Ivrée, et gendre de Bérenger, avaient appelé. Il triomphe, et se fait couronner à Rome. Mais, l'an 905, Bérenger ayant surpris ce rival dans Vérone, lui fait crever les yeux et le renvoie en Provence. L'an 906, nouvelle irruption des Hongrois en Italie. Trop faible pour leur résister, Bérenger achète d'eux la paix, qu'il entretient par la suite au moyen d'une espèce de tribut. L'an 915, aux fêtes de Noël, et non l'an 916 à Pâques, Bérenger se fait couronner empereur à Rome par le pape Jean X. C'est de cette année 915 qu'il faut compter celles de son empire, qui fut de huit ans, deux mois et demi. Mais il ne jouit pas tranquillement de cette dignité. L'an 921, un nouveau parti formé par Lambert, archevêque de Milan, et le marquis d'Ivrée, offre la couronne d'Italie à Rodolphe, roi de la Bourgogne transjurane. Il arrive; les villes à l'envi se donnent à lui; il est couronné à Pavie, dans les derniers mois de la même année; mais il est battu quelques mois après par son rival. Les seigneurs qui avaient appelé Rodolphe, lui relèvent le courage par leurs discours et par les secours qu'ils lui fournissent. Bérenger, le 29 juillet

923, livre une nouvelle bataille à Rodolphe, et la perd, sans même trouver le moyen de s'enfuir. Alors il quitte ses habits, et se couche ventre à terre parmi les morts, couvert de son bouclier de la tête jusqu'aux cuisses. Un soldat ennemi passe, lui pique la jambe de sa lance, et voyant qu'il ne remuait pas, le croit mort et le laisse. La nuit arrivée, Bérenger se relève, et gagne la ville de Vérone, la seule qui lui reste fidèle. L'an 924, pour dernière ressource, il fait venir les Hongrois à son secours. L'arrivée de ces barbares lui aliène les cœurs des Véronais. Il est assassiné au commencement de mars de la même année, comme il sortait de sa maison pour aller, suivant sa coutume, à l'office de la nuit. (Muratori, *Ann. d'Ital.*, t. V.) Après la mort de Bérenger, l'empire d'Occident fut vacant jusqu'à l'an 962, qu'Otton Ier. fut couronné empereur. Bérenger avait de grandes qualités, et surtout une grandeur d'âme admirable. Il ne s'éleva jamais dans la prospérité, et jamais il ne se laissa abattre dans l'adversité. Il avait épousé, en premières noces, BERTILE, fille, à ce qu'on croit, de Suppon, duc de Spolette, femme débauchée, qui fut empoisonnée, l'an 910 au plutôt, pour ses infidélités. Elle donna deux filles à ce prince, Gisèle, femme d'Adalbert, marquis d'Ivrée, et Berthe, qui devint abbesse de Sainte-Julie de Brescia. Bérenger eut pour seconde femme, ANNE, dont on ignore l'origine. Les Hongrois, que Bérenger avait fait venir à son secours, firent de grands ravages en Italie immédiatement après sa mort. Ils brûlèrent quarante-trois églises dans Pavie, avec l'évêque de la ville et celui de Verceil, et passèrent au fil de l'épée tous les habitants, à l'exception de deux cents; ce qui arriva le 12 mars 924.

Bérenger, dans ses diplômes, suit quelquefois le calcul pisan. On continua de dater des années de son empire en plusieurs endroits d'Italie, dans le tems même que le roi Rodolphe était maître du pays.

RODOLPHE, ROI D'ITALIE.

922. RODOLPHE, roi de la Bourgogne transjurane, couronné roi d'Italie sur la fin de l'an 922, garda ce dernier royaume trois ans et quelques mois. L'an 926, voyant qu'il se formait une conjuration contre lui dans l'Italie, il la quitta et revint dans ses états de Bourgogne. (*Voy.* Rodolphe II, *roi de Bourgogne.*)

HUGUES, ROI D'ITALIE.

926. HUGUES, roi de Provence, fils de Thibaut, comte d'Arles, et de Berthe, fille de Lothaire, roi de Lorraine, et de

Valdrade, appelé à la couronne d'Italie par la noblesse du pays, lasse de la domination de Rodolphe, arrive par mer à Pise au printems de l'an 926 ; de là il se rend à Pavie, où il est proclamé roi de Lombardie dans une diète générale, d'un consentement unanime. Conduit ensuite à Milan, il y est couronné, le 21 juillet, par l'archevêque Lambert. On le voit quelque tems après à Mantoue, où le pape Jean X vint au devant de lui. Hugues avait trouvé le champ libre à son arrivée, par la retraite de Rodolphe dans ses états de Bourgogne. L'an 927, il députe à Romain Lecapène, empereur d'Orient, le père de l'historien Liutprand, pour faire alliance avec lui. Entre les présents que l'ambassadeur était chargé de lui remettre, se trouvaient deux dogues de la plus belle espèce. Romain, le jour qu'il lui donna audience, parut avec une espèce de pelisse qui le couvrait de manière qu'à peine apercevait-on son visage. (C'était par conséquent en hiver.) Les chiens le prenant pour une bête fauve, se jettent sur lui, et l'eussent mis en pièces si les assistants ne les en eussent arrachés, non sans beaucoup de peine. (Liutprand, l. 3, c. 5.) Le royaume d'Italie ne remplissait pas l'ambition de Hugues. L'an 931, après s'être fait donner, au mois de mai, son fils Lothaire pour collègue, il part pour Rome dans le dessein de se faire couronner empereur. Pour y réussir, il épouse, l'an 932, la fameuse MAROZIE, veuve en secondes noces de Gui, duc de Toscane, son frère utérin, femme toute puissante dans Rome ; mais la brutalité de Hugues fait échouer les projets de son ambition. Albéric, fils de Marozie, outré d'un soufflet qu'il avait reçu du roi, son beau-père, soulève contre lui toute la ville. Hugues est assiégé dans le mole Adrien, aujourd'hui le château Saint-Ange, d'où, s'étant échappé durant la nuit, il retourna, couvert de honte, en Lombardie. L'an 933, il revient avec une armée devant Rome pour tirer vengeance de l'affront qu'il y avait reçu. Les Romains lui ferment leurs portes ; il est obligé de se retirer après avoir fait le dégât autour de la ville. A son retour il apprend que les Lombards, dégoûtés de son gouvernement, se disposent à rappeler Rodolphe. Il les prévient par un accommodement qu'il fait avec ce prince : il lui en coûte une partie de ses états de Provence, c'est-à-dire la Bourgogne cisjurane, qu'il cède à son rival ; en échange de quoi Rodolphe lui transporte tous ses droits sur le royaume d'Italie, qu'il abdique en sa faveur. L'an 934, les Italiens lui opposent un nouveau concurrent dans la personne d'Arnould le Mauvais, duc de Bavière. Hugues lui fait repasser les monts après un premier combat. L'an 936, il vient une seconde fois assiéger Rome ; ne pouvant s'en rendre maître, il fait avec Albéric une paix simulée, pour sûreté de laquelle il lui donne en mariage Alda ou Adar, sa fille d'un premier lit. Albéric, malgré cette faveur, ne lui permet pas l'entrée de Rome. En revenant, Hugues s'arrête dans la Toscane, dont il s'empare sur le duc Boson, son frère. L'an 944, les Hongrois se présentent sur les frontières de Lombardie. Hugues les éloigne à force d'argent. C'était les inviter à revenir ; ce qu'ils firent la même année. Une partie de la Lombardie fut en proie aux ravages de ces barbares. A peine se sont-ils retirés, qu'un nouvel ennemi se présente à Hugues. C'était Bérenger, marquis d'Ivrée, qui, retiré depuis cinq ans en Allemagne, pour se soustraire à la haine de Hugues, arriva subitement, l'an 945, à la tête d'une armée à Vérone. Toute l'Italie se déclare en sa faveur. Il passe à Milan où les seigneurs viennent lui rendre hommage. Hugues, se voyant abandonné, consent d'abdiquer la couronne d'Italie, pourvu qu'on la conserve à son fils. Sa demande lui est accordée. L'an 946, il repasse en Provence, au mois de mai, avec tous ses trésors. Il y forme de nouveaux projets sur l'Italie, dont il se prétendait toujours souverain, malgré son abdication; mais la mort l'empêcha de les exécuter. Elle le surprit le 22 ou le 24 avril 947, après vingt ans, neuf mois et trois jours de règne. Liutprand, tout enclin qu'il est à la satire, ne lui reproche que son incontinence qui était extrême, le représentant d'ailleurs comme un bon politique, un grand capitaine, et un protecteur zélé de la religion et des lettres. « Pour moi, dit » Muratori, je le regarde comme un petit Tibère ; un » fourbe insigne, *una solennissina volpe*, et un franc hypo- » crite. »

» J'ai trouvé, dit le même critique, des contradictions dans » les diplômes de ce prince (sur les dates de son règne) soit » par la faute des copistes, soit parce que quelques uns de ces » monuments paraissent originaux dans les archives au premier » coup-d'œil, quoiqu'ils ne le soient pas en effet, et que » quelques uns soient l'ouvrage des faussaires. A cela se joint la » confusion occasionnée par trois différentes ères de l'Incarna- » tion, savoir, l'ère vulgaire commençant à Noël, ou au pre- » mier janvier, l'ère de Pise et celle de Florence. » Ajoutez encore l'embarras des indictions qu'on changeait dans un endroit en septembre, et dans un autre en janvier.

LOTHAIRE, ROI D'ITALIE.

945. **Lothaire**, fils du roi Hugues et d'Ada, associé, dès la fin de mai 931, au trône d'Italie, fut élu de nouveau pour le remplir seul, l'an 945, après l'abdication de son père; mais il n'eut que le titre et les honneurs de la royauté. Toute l'autorité

demeura entre les mains de Bérenger, marquis d'Ivrée. Lothaire passa de la sorte environ cinq ans et demi, au bout desquels il mourut, le 22 novembre 950, du poison, suivant le bruit public, que Bérenger lui avait fait donner. Son corps fut inhumé à Milan. Il avait épousé, l'an 947, Adélaïde, fille de Rodolphe II, roi de Bourgogne, âgée pour lors de 17 ans, et fiancée avec lui dix ans auparavant. Quelques modernes rapportent ce mariage à l'an 938, en quoi ils semblent l'avoir confondu avec les fiançailles. Quoi qu'il en soit, il est certain, par saint Odilon, dans la Vie d'Adélaïde, que cette princesse ne vécut que trois ans avec Lothaire. Il n'eut d'elle qu'une fille nommée Emme, qui épousa, l'an 966, Lothaire, roi de France.

On voit des diplômes donnés conjointement par les rois Hugues et Lothaire, en 941 et 942, sur les sceaux desquels ces deux princes sont représentés avec des couronnes ornées de fleurs de lys. (*N. Tr. de Dipl.*, tom. IV, pag. 189).

BERENGER II ET ADALBERT, ROIS D'ITALIE.

950. Bérenger II, fils d'Adalbert, marquis d'Ivrée, et petit-fils de l'empereur Bérenger par Gisèle, sa mère, fut élu roi d'Italie, conjointement avec Adalbert, son fils, le 15 décembre 950. Ayant demandé, l'année suivante, pour ce fils, la main d'Adélaïde, veuve du roi Lothaire, il essuie un refus, dont il veut triompher par la violence. Après avoir fait à la reine plusieurs traitements indignes sans pouvoir vaincre sa répugnance, il la fait enfermer, le 20 avril 951, dans le château de la Garde. Délivrée, le 20 août suivant, par l'adresse d'un prêtre, elle se réfugie au château de Canosse, dans le territoire de Reggio, dont Albert Azzon, marquis d'Est, était seigneur. De là, elle implore le secours d'Otton I, roi de Germanie, qui accourt pour la défendre. Bérenger à son arrivée, prend la fuite. Otton s'étant rendu maître du pays, revient en Saxe. Bérenger vient l'y trouver en 952, conduit et présenté par Conrad, gendre d'Otton, qui l'avait laissé en Italie à son départ. Le roi dépouillé redemande humblement ses états, et n'obtient d'abord rien; mais bientôt après, ils lui sont rendus dans la diète d'Ausbourg, à condition de les tenir en fief de la couronne de Germanie, et d'en faire hommage. A peine y est-il rentré, qu'il marche contre Albert Azzon, marquis d'Est, et l'assiège dans Canosse, pour se venger de la retraite qu'il y avait donnée à la reine Adélaïde. Le marquis s'y défend l'espace de trois ans. Otton, instruit de sa détresse, envoie pour l'en tirer, l'an 956, son fils Ludolphe. Bérenger lève le siège aux approches de ce

prince, et va s'enfermer dans la forteresse de Saint-Jules. Adalbert, son fils, plus brave, livre une bataille à Ludolphe, qui le fait prisonnier, et ensuite le renvoie généreusement. Bérenger, qui lui est amené peu de jours après par ses gens qui le haïssaient, éprouva le même traitement. La perte de ses états fut néanmoins le pris de sa liberté. Mais il les recouvra l'année suivante, après la mort de Ludolphe, arrivée le 6 septembre 957, à Piombi, dans le Novarois. Ses disgrâces ne l'avaient point corrigé. Il continua de tyranniser ses sujets, qui portèrent contre lui de nouvelles plaintes au roi de Germanie. L'an 961, il est déposé vers le mois d'octobre avec son fils, dans la diète de Pavie, en présence d'Otton. Il reparaît après le départ d'Otton, et va se renfermer avec sa femme et ses filles dans le château de la Roche-Saint-Léon, où il se fortifie. Il y est pris avec sa famille, l'an 964, après un long siége. Otton les envoie à Bamberg, où Bérenger mourut l'an 966. Sa femme, nommée WILLE, fille de Boson, marquis de Toscane, princesse aussi méchante que son époux, se fit religieuse après sa mort. Elle lui avait donné trois fils, Adalbert, Gui et Conon. Le premier, après la dernière déroute de son père, erra pendant trois ans sur les mers, et vint ensuite mourir à Autun, suivant Bonizon; le second périt, l'an 965, dans une bataille contre Otton; le dernier, après avoir suivi constamment son aîné dans ses courses maritimes, passa, l'an 968, à la cour de Constantinople, où il mourut. Adalbert laissa de GERBERGE, son épouse, fille de Lambert, comte de Châlons, un fils en bas âge, nommé Otte-Guillaume, qui fut adopté par Henri le Grand, duc de Bourgogne, et devint comte de Nevers et de Bourgogne; et une fille nommée Gerberge, comme sa mère, qu'Aledran, marquis de Montferrat, épousa.

GUI, EMPEREUR.

889. GUI, fils, non de Lambert, mais d'un autre Gui, duc de Spolette, suivant Erkempert, auteur du téms, et, à ce qu'on croit, d'Adélaïde, fille de Pepin, roi d'Italie, fut proclamé roi l'an 889, dans une grande diète qu'il assembla à Pavie après la bataille de la Trebia. Son ambition ne se borne point là. L'an 891, étant venu à Rome à main armée, il s'y fit couronner empereur, et même roi de France, par le pape Etienne V, le 21 février, comme le marque Sigonius. L'an 894, Gui meurt d'un vomissement de sang au mois de décembre. Il avait épousé AGILTRUDE, fille d'Adelgise, prince de Bénévent, dont il eut un fils qui suit. (Sigonius, *de Regno Ital.* Muratori, *Ann. d'Ital.*, t. IV.)

Ce prince suivait, du moins quelquefois, dans ses diplômes

le calcul pisan. On en voit un dans le deuxième tome des Historiens d'Italie (p. 416) daté de l'an 892, premier de son empire, indiction IX. Suivant cette manière de compter, l'indiction marquée appartient à l'an 891 de l'ère vulgaire.

LAMBERT, EMPEREUR.

894. LAMBERT, fils de Gui et d'Agiltrude, associé, par son père, à l'empire, l'an 891, dans un âge tendre, et couronné au mois de février 892, lui succède vers la fin de 894, sous la conduite de sa mère. Cette princesse soutint en héroïne, l'an 896, le siége de Rome contre Arnoul, roi de Germanie, pour la défense des droits de son fils. Voyant la ville près de se rendre, elle se retira secrètement à Spolette, d'où elle passa ensuite à Fermo. On prétend qu'Arnoul étant venu l'assiéger dans cette dernière place, elle trouva moyen de corrompre, par argent, un des domestiques de ce prince pour lui faire donner un breuvage empoisonné, dont il eut la tête dérangée, et qui lui causa enfin la mort. Mais ce sont là vraisemblablement, dit Muratori, de ces fables qui prennent aisément faveur parmi le peuple, trop enclin à regarder comme des effets de la malice humaine les maux qui arrivent aux princes. Quoi qu'il en soit, Lambert conserva ses partisans, qui reprirent le dessus dès qu'Arnoul eut quitté l'Italie pour retourner en Allemagne. L'an 898, il bat, près de San-Donino, Adalbert II, marquis de Toscane, qui voulait lui disputer l'empire, le prend et l'envoie prisonnier à Pavie. La même année, au mois d'octobre, Lambert meurt à la chasse, d'une chute de cheval, dans la forêt de Marengo. Ce prince était doué, suivant Liutprand, des plus belles qualités, et donnait les plus grandes espérances, s'il eût régné plus long-tems.

On a de Lambert un diplôme en faveur des chanoines de Parme, daté de l'an 899 de l'Incarnation, VI de son empire, indiction I; ce qui ne peut se concilier que dans le calcul pisan, et en rapportant cet acte à l'an 898. (Murat. *Antiq. Ital. Diss.* 34)

LOUIS III, EMPEREUR.

900. LOUIS III, dit l'AVEUGLE, fils de Boson, roi d'Arles ou de Provence, était passé en Italie, l'an 899, pour s'emparer de ce royaume. La présence de Bérenger, qui vint à sa rencontre, l'effraya. Il fit sa paix avec lui, et s'engagea par serment à ne plus revenir. Mais apprenant à son retour la victoire complète que les Hongrois avaient remportée sur Bérenger, il oublia sa promesse, et fit de nouveaux préparatifs

pour rentrer en Italie. Il y reparut sur la fin de l'an 900, mit en fuite Bérenger, et s'avança jusqu'à Rome, où il se fit couronner, le 12 février 901, par le pape Benoît IV. Il était encore en cette ville le 2 mars. Le sort des armes lui fut si favorable, que, durant le cours de l'année 901, il força Bérenger à se réfugier en Bavière, auprès du jeune roi Louis, fils d'Arnoul. L'an 902, il repasse en Provence après le 12 février. Bérenger profite de son éloignement pour rentrer en Italie, où il recouvre en peu de tems ses états particuliers avec toute la Lombardie. Il était maître de Pavie avant la mi-juillet. Depuis ce tems, dit M. de Saint-Marc, jusqu'en 905, on ne trouve point d'acte qui fasse voir que, durant cet intervalle, on reconnût dans le royaume d'Italie l'autorité de l'empereur Louis. L'an 905, Louis, rappelé par Adalbert, marquis de Toscane, et d'autres seigneurs italiens jaloux de la puissance de Bérenger, rentre en Italie avec des forces considérables, et soumet de nouveau la Lombardie presque sans coup férir. Il s'arrête à Vérone, que le gouverneur lui avait livrée en l'absence de Bérenger, qu'une maladie avait obligé d'en sortir. Trompé par un faux bruit de la mort de son rival, que celui-ci avait lui-même fait courir, il licencie une partie de son armée, et en distribue l'autre dans la campagne. Mais Bérenger, dit Muratori, ne tarda pas à lui donner des signes de vie. Informé de l'état des choses par l'évêque de Vérone, il s'achemine pendant la nuit avec un corps de troupes vers les murs de la place, où il est introduit par le prélat à la pointe du jour. La garnison surprise fait une faible résistance. Louis est pris dans une église où il avait été se cacher, et amené à Bérenger qui, après lui avoir reproché sa mauvaise foi, lui fait crever les yeux, après quoi il le laisse aller en liberté. Nous suivons ici la Chronologie de M. de Saint-Marc, préférablement à celle de Sigonius, qui met en 902 l'aveuglement de Louis, et à celle de D. Vaissète, qui le rapporte à l'année suivante. Muratori avoue que ce point est fort embrouillé; mais sans déterminer l'année précise où Louis fut privé de la vue, il pense qu'il faut mettre un grand espace de tems entre le retour de Bérenger en Italie et cet événement. (*Annali d'Ital.*, tom. V, pag. 248.) Louis, mis hors d'état de nuire désormais à son rival, est ramené en Provence, où il continua de se parer du vain titre d'empereur jusqu'à sa mort, arrivée au plutôt en 929. (*Voyez* Louis, *roi d'Arles ou de Provence.*)

ARNOUL, EMPEREUR.

887. Arnoul, fils naturel de Carloman, et neveu de Charles

le Gros, élu roi de Germanie, comme on l'a dit, à la diète de Tribur, se rend, au mois de décembre, à Ratisbonne, où les seigneurs de Bavière, de Saxe et de la France teutonique, lui prêtèrent serment de fidélité. Paisible possesseur de la Germanie transrhénane, il forme le dessein de se faire déclarer successeur de Charles le Gros pour l'Italie et pour la France. L'an 891, il taille en pièces, le 1er. septembre, sur la Dyle, à l'endroit où est aujourd'hui Louvain, une armée de normands, qui, peu de tems auparavant, avaient battu ses troupes sur le torrent de la Gheule, non loin de Maëstricht. L'an 894, étant passé, au mois de janvier, en Lombardie, il emporte d'assaut la forte ville de Bergame, dont il fait pendre le gouverneur Ambroise, et par cet exemple de sévérité, il fait rentrer dans le devoir les autres villes rebelles du pays; après quoi il revient en Allemagne, par la Bourgogne transjurane, qu'il désole. L'année suivante, au mois de septembre, par le conseil de ses évêques, Arnoul repasse les Alpes, à la sollicitation du pape Formose. Il prend Rome d'assaut l'an 896, par un hasard très-singulier. Ses troupes, campées devant cette ville, étaient excédées de fatigues. Leurs chefs insistaient pour leur faire prendre quelques jours de repos. Elles demandaient, au contraire, qu'on les menât à l'assaut pour terminer au plutôt leurs travaux et en recevoir le prix. Dans ce débat, un lièvre sort du milieu du camp, les soldats le poursuivent à grands cris du côté de la ville. Les Romains s'imaginant qu'on vient à l'assaut, la terreur les saisit, ils abandonnent la garde des portes et des murailles, et les Germains, profitant de leur désordre, montent à l'escalade, entrent dans Rome, et s'y établissent sans coup férir. Maître de la ville, Arnoul s'y fait couronner empereur par Formose, avant le 27 février. (Murat., *Ann. d'Ital.*, tome V, page 217.) De Rome, il s'achemina vers Spolette, dans le dessein de terminer la guerre par la captivité d'Agiltrude et de Lambert. Mais dans le cours de cette expédition ayant été attaqué d'une maladie qui le réduisit à l'inaction, il ne songea plus qu'à rentrer dans ses états d'Allemagne. S'étant arrêté à Ratisbonne, il y traîna une vie languissante pendant près de trois ans, au bout desquels il mourut le 8 décembre de l'an 899 (1), et fut inhumé à l'abbaye de Saint-Emmeram. Ce prince avait régné trois ans et environ trois mois comme empereur. Il eut d'ODA ou UTADE, son épouse, fille de Theudon, comte en Bavière, un fils, qui lui succéda, et deux filles, Hedwige, qui

---

(1) Selon une inscription trouvée dans son tombeau, et Herman le Contract. (Eccard, *Comment. Rer. Franc. Orient.* tom. II, p. 286.)

fut mariée à Otton le Grand, duc de Saxe; et Glismonde, femme de Conrad de Fritzlar, comte de Franconie et de Vétéravie. Ellinrath, sa concubine, lui donna deux autres fils, Zuentibolde, qui fut roi de Lorraine, et Ratholde, avec une fille, Berthe, femme de Luthard, que l'on fait comte de Clèves.

Arnoul datait ses diplômes de trois manières; 1°. des années de son règne en Germanie; 2°. de son premier passage en Lombardie, ajoutant les années de ce nouveau règne à celui de son règne germanique; 3°. des années de son empire.

LOUIS IV, ROI DE GERMANIE.

899. LOUIS IV, né l'an 893, suivant les Annales de Fulde, à Oetingen, fils d'Arnoul, lui succède, à l'âge de sept ans, sans opposition. L'an 900, Louis est reconnu solennellement roi de Germanie, à Forcheim, au commencement de l'année. Peu de tems après il est proclamé roi de Lorraine, à Thionville, par quelques seigneurs mécontents du gouvernement de Zuentibolde, son frère naturel, qui fut surpris, le 13 d'août, sur la Meuse, et périt avec les deux tiers de son armée. Le règne de Louis fut très-agité par les divisions des seigneurs et des ecclésiastiques; ce qui contribua beaucoup à sa mort, arrivée l'an 911. Louis est le dernier prince de la race masculine de Charlemagne, en Germanie. Il n'avait point été marié. Le trône, qu'il laissait vacant, ayant toujours été jusqu'alors héréditaire en même tems qu'électif, devait revenir à Charles le Simple, l'unique descendant mâle de Charlemagne. Mais le mépris où il était tombé parmi les Français, qu'il ne pouvait ni défendre ni contenir, fit méconnaître ses droits, et détermina les seigneurs allemands à prendre un roi dans leur nation. Pour ne paraître pas avoir entièrement négligé le sang de Charlemagne, ils s'accordèrent à élire l'un d'entre ceux qui remontaient par les femmes à ce monarque. D'après cette délibération leur choix tomba sur

CONRAD Ier., ROI DE GERMANIE.

911. CONRAD Ier., fils de Conrad de Fritzlar, comte de Franconie et de Vétéravie, et de Glismonde, fille de l'empereur Arnoul, fut élu roi de Germanie avant le 29 octobre 911 (1), au refus et par l'avis d'Otton, duc de Saxe, descendant

---

(1) Comme le prouve M. Eccard (*Comment. Rer. Franc. Orient.*, tome II, p. 830.) par un diplôme de la cathédrale de Wurtzbourg, daté de ce jour et an.

comme lui de Charlemagne, par les femmes. La générosité d'Otton fut d'autant plus remarquable en cette occasion, qu'il était l'ennemi personnel de Conrad. Le règne de ce prince fut traversé par des révoltes dont les principaux chefs furent Henri, duc de Saxe, fils d'Otton, et Arnoul, duc de Bavière. Ce dernier fut réduit à se sauver chez les Hongrois. Conrad, dans un combat qu'il leur livra, reçut, dit-on, une blessure dont il mourut à Quedlimbourg, le 23 décembre 918, sans laisser d'enfants de CUNÉGONDE, sa femme, veuve de Liutpold, duc de Bavière. Les uns mettent sa sépulture à Limbourg sur la Lohn, les autres à Fulde. Conrad, avant que de mourir, imita la générosité d'Otton à son égard, en désignant, pour son successeur, ce même Henri de Saxe, qui s'était révolté contre lui. Le moine Witikind fait en peu de mots un bel éloge du roi Conrad. *Erat*, dit-il, *vir fortis et potens, domi militiæque optimus, largitate serenus, et omnium virtutum insigniis clarus.*

Le règne de Conrad Ier. fait une époque mémorable dans l'histoire et le droit public d'Allemagne. « Les duchés et les comtés » que leurs titulaires avaient administrés jusqu'alors par simple » commission passagère, changeant de nature, devinrent des » fiefs héréditaires. Peu à peu la noblesse et les états des duchés, » qui, dans les premiers tems, ne reconnaissaient que la sou- » veraineté immédiate du seul roi, furent réduits sous la dé- » pendance de leurs ducs, et contraints à recevoir d'eux, en » arrière-fiefs, les terres qui mouvaient auparavant en droi- » ture de la couronne. Enfin, pour consommer la catastrophe « de l'empire germanique, ces mêmes officiers s'emparèrent » insensiblement des domaines que les rois s'étaient réservés » dans chaque province, et y détruisirent totalement leur juri- » diction. » (M. Pfeffel.)

L'Italie ne connut point le roi Conrad; aussi dans ses diplômes il ne se dit ni empereur, ni roi d'Italie : il compte seulement les années de son règne sous plusieurs formules différentes, à la vérité, mais qui se rapportent au même sens. Il a soin d'y marquer toujours les années de l'Incarnation et de l'indiction.

HENRI Ier., DIT L'OISELEUR,

ROI DE GERMANIE.

918. HENRI Ier., duc de Saxe, né l'an 876, surnommé l'OISELEUR, était à la chasse à l'oiseau lorsqu'Eberhard, frère du roi Conrad, lui apporta les ornements royaux. Le choix que Conrad avait fait de sa personne, fut confirmé, l'an 919, par les grands et le peuple, à Fritzlar. Henri fut un des plus grands et des plus heureux rois de Germanie. Il réduisit quelques sei-

gneurs qui s'étaient soulevés, dompta plusieurs peuples, les Hongrois, les Danois, les Sclaves, les Bohémiens, fit de très-belles ordonnances, rétablit la discipline parmi les troupes, bâtit et fortifia plusieurs villes; et pour tenir en bride les barbares, il établit des margraves ou marquis dans les provinces de Brandebourg, de Misnie, de Lusace et de Sleswick. L'an 925, il profita des troubles qui régnaient en France, pour envahir la Lorraine et l'ajouter à ses états (Frodoard.) Henri méditait, en 936, une expédition en Italie, pour délivrer ce pays des tyrans qui l'opprimaient; mais la mort l'enleva le 2 juillet de cette année à Memleben, en Thuringe. Il était âgé pour lors de soixante ans, et en avait régné dix-sept. Peu de tems avant sa mort il réussit à faire agréer aux princes la nomination qu'il avait faite de son fils Otton pour lui succéder. Il avait été marié deux fois, 1° avec HATBURGE, fille d'Ervin, seigneur d'Altlat, veuve d'un premier mari, après la mort duquel elle s'était renfermée dans un monastère d'où Henri l'avait tirée. L'évêque d'Halberstadt, scandalisé de cette alliance, avait fulminé contre Henri, l'an 909, une excommunication à laquelle Henri se soumit en renvoyant Hatburge dans son couvent. L'an 911, il épousa en secondes noces MATHILDE, fille de Thierri, comte de Ringelheim, arrière-petit-fils du fameux duc Witikind, morte le 14 mai 968. Du premier lit il eut un fils, Tancmar, dont il sera parlé sous le règne suivant, et une fille mariée à ce même Sigefroi dont on vient de parler. Du second lit sortirent Otton, qui suit; Henri, duc de Bavière; Brunon, archevêque de Cologne, et deux filles, Gerberge, mariée à Giselbert, duc de Lorraine, l'an 929, puis à Louis d'Outremer, roi de France, en 939, et Hatwin, ou Hatwide, femme de Hugues le Grand, duc de France, et mère de Hugues Capet.

Quoique plusieurs auteurs donnent à Henri le titre d'empereur, il ne l'a jamais pris dans ses diplômes, ni même celui de roi de Germanie. Schannat en a publié un, tiré de l'abbaye de Fulde, dans lequel il se dit *advocatus Romanorum*. On en trouve un autre où il est qualifié *Franciæ Orientalis rex*. Henri joignit à ses états une partie de la Lorraine en 923, et le reste en 925; ce qui fait deux époques nouvelles de son règne. Nous remarquerons encore que dans ses diplômes, quelquefois l'année courante de son règne, et celle où il a commencé de régner, n'entrent point en ligne de compte, c'est-à-dire qu'on n'y fait état que des années complètes; mais quelquefois aussi les années complètes et incomplètes y sont également admises.

Henri I doit être regardé comme le grand fondateur des villes en Allemagne. L'empire était alors désolé, comme on l'a vu, par les Hongrois et d'autres peuples barbares. Henri, dans le dessein d'arrêter leurs ravages, engagea ses sujets à s'établir dans les villes qu'il multiplia et fortifia par des murailles et des tours. Il ordonna et persuada à une partie des nobles d'y transporter leur domicile, et rendit ainsi la condition des citoyens plus honorable qu'elle ne l'avait été auparavant. Depuis cette époque le nombre des villes ne fit que s'accroître; elles devinrent plus peuplées et plus riches, mais elles n'acquirent pas toutefois sitôt la liberté et la juridiction municipales. (Robertson.)

Henri est le premier qui ait fondé des chapitres pour les filles nobles. Les guerres des Hongrois ayant emporté un nombre prodigieux de pères de famille, il rassembla toutes les orphelines dans plusieurs maisons qu'il soumit à la règle de saint Augustin. Ces religieuses ou chanoinesses ne furent point liées par des vœux perpétuels. Henri leur laissa la liberté de sortir et de se marier quand elles voudraient.

Quelques auteurs rapportent à Henri l'Oiseleur l'institution des tournois, et prétendent qu'il les établit à Gottingen, l'an 934, après une célèbre victoire qu'il remporta cette année à Mersbourg sur les Hongrois. M. Pfeffel le nie, et soutient que Geoffroi de Preuilli, qui vivait en France dans le onzième siècle, fut l'instituteur de ces jeux. Mais il y a bien de l'apparence que les tournois sont plus anciens que Geoffroi, qui peut être ne passe pour les avoir inventés, que parce qu'il dressa les règles qu'on y observa depuis.

OTTON, DIT LE GRAND, EMPEREUR.

936. OTTON, fils de Henri I et de Mathilde, né le 22 novembre 912, élu roi de Germanie à Aix-la-Chapelle, au mois de juillet 936, fut couronné dans le même lieu le jour ou le lendemain de son élection par l'archevêque de Mayence. Il débuta sur le trône par des actes de sévérité qui imposèrent aux grands, et leur apprirent à respecter son autorité. Eberhart, duc de la France rhénane, ayant fait le dégât en Saxe, il le condamne, dans une diète tenue l'an 937, à une amende de cent talents, et à l'exil. Ses complices subissent diverses peines, suivant la diversité de leurs états. Le *harnescar* fut la punition de la haute noblesse: c'était de porter un chien sur les épaules, jusqu'à une ou deux lieues; la petite noblesse fut condamnée à porter une selle de cheval, le clergé un gros missel, et la bourgeoisie une charrue, à pareille distance. Otton ne fut point prodigue envers ses proches. Tancmar, son frère consanguin, lui demande le comté de Mersebourg, sur lequel il prétendait avoir des droits du chef de sa mère. Otton ne trouvant pas ses prétentions fon-

dées, se refuse à sa demande. Tancmar, irrité de ce refus, se révolte, et entraîne dans son parti le duc Eberhart, qui avait sa propre injure à venger. Ils se rendent maîtres de la forteresse d'Ersbourg; mais les troupes d'Otton la reprennent ensuite par assaut. Tancmar poursuivi se sauve dans une église, où il est tué. Plusieurs de ses complices sont condamnés au dernier supplice et exécutés. Les autres obtiennent leur pardon. L'an 943, il s'élève une grande dispute en Allemagne sur cette question, savoir si la représentation doit avoir lieu entre les oncles et les petits-fils. Otton convoque une assemblée à Stella en Westphalie, pour décider ce point; les états n'ayant pu s'accorder sur les principes, Otton ordonne un duel judiciaire, dont l'événement fut favorable à la représentation. Alors il fut statué par un décret perpétuel, dit Witikind, moine de Corvei, qu'elle aurait lieu dans toute l'Allemagne. Otton faisait la guerre alors à la Bohême, depuis l'an 938. Ayant achevé de la subjuguer l'an 950, il la rend tributaire et chrétienne. Cette expédition finie, il passe en Lombardie à la prière de la reine Adélaïde, veuve de Lothaire, que le roi Bérenger II persécutait. Dès qu'il paraît, il se rend maître du pays sans tirer l'épée, est proclamé roi dans Pavie au commencement d'octobre, comme on le voit par ses diplômes, épouse, aux fêtes de Noël, la princesse qui l'avait appelé, et l'emmène en Saxe au mois de février suivant. Une guerre domestique s'allume, l'an 954, en Allemagne, entre Ludolphe, fils d'Otton, appuyé de Conrad, son beau-frère, et Henri, duc de Bavière, frère d'Otton, qui prend le parti du dernier. L'archiduc Brunon se rend médiateur entre les parties belligérantes, et vient à bout, l'an 955, après avoir terminé leurs querelles, de faire rentrer en grâce Ludolphe et Conrad avec le roi, son frère. (*Voyez* Conrad le Roux, *duc de la France rhénane.*) Le roi Bérenger II ayant fait sa paix avec Otton, était rentré en Lombardie, et continuait d'en opprimer les peuples. Otton, sollicité par le pape Jean XII et par les seigneurs du pays, passe les monts en 961, et met en fuite, comme la première fois, par sa seule présence, le tyran qu'il dépose dans une diète. Il est ensuite couronné de nouveau roi d'Italie à Milan, vers le mois de novembre. De là, il retourne à Pavie, d'où il était venu à Milan. Après y avoir passé les fêtes de Noël, il s'achemine avec la reine Adélaïde vers Rome, où ils reçoivent la couronne impériale des mains du pape Jean XII, le 2 février 962. C'est ainsi que l'empire d'Occident passa aux princes allemands, qui l'ont toujours possédé depuis. Otton quitte Rome pour revenir à Pavie, après s'être fait prêter serment de fidélité par le pape, sur le corps de saint Pierre. Mais à peine est-il sorti, que Jean XII travaille à faire revenir Bérenger pour le couronner empereur.

Otton retourne, l'an 963, à Rome, d'où le pape s'était sauvé avec ses complices. Les Romains lui prêtent un nouveau serment de fidélité, par lequel ils s'engagent en même-tems à ne plus élire de pape, et à ne plus en permettre la consécration sans son consentement. Otton assemble un concile, où il fait déposer Jean XII, et mettre Léon VIII à sa place. (Voyez *les Conciles.*) Jean se fait recevoir dans Rome après le départ de l'empereur, et y meurt le 14 mai 964. Les Romains, après sa mort, pleins de l'esprit de révolte qu'il leur avait inspiré, chassent Léon VIII, et font un autre pape sous le nom de Benoît V. Otton reparaît avec son armée devant Rome, qui lui ferme ses portes. Il est obligé d'en faire le siége. La ville, pressée par la famine, implore sa clémence. Il y rentre le 23 juin 964, rétablit Léon, et emmène Benoît en Allemagne. (Voyez *la Chronologie des Papes.*) L'an 967, nouveau voyage d'Otton à Rome. Les mauvais traitements que les Romains avaient faits au pape Jean XIII, en étaient le motif. Otton punit les coupables d'une manière terrible à la vérité, mais nécessaire, quoiqu'en dise Muratori, pour contenir une ville que les actes réitérés de clémence n'avaient rendue que plus disposée à la révolte. (Voy. *le pape Jean XIII.*) Otton, voulant marier son fils de même nom que lui, demande pour ce prince à l'empereur d'Orient, Nicéphore Phocas, Théophanie, fille de Romain II. La princesse étant accordée, on l'embarque avec un nombreux cortège pour l'Italie. Mais à la descente, les Grecs, par une insigne perfidie, font main-basse sur la noblesse et la milice qu'Otton avait envoyées au devant d'elle pour la recevoir. Cette atrocité ne resta pas impunie. Otton, l'an 969, passe en Calabre pour en tirer vengeance, et ravage ce pays. Zimisquès, pour l'appaiser, lui fait remettre, l'an 972, Théophanie. L'an 973, dans la dernière édition de cet ouvrage et sur la foi de quelques auteurs très-graves, on avait fixé la mort d'Otton au 7 mai 973; mais elle est contredite par deux diplômes qui se conservent en original, et qui le montrent encore vivant au mois d'août 973. (Zapf. *Monum. Anecd.*, t. I, p. 458.) Son corps fut inhumé dans l'église de Magdebourg, qu'il avait érigée en métropole. Otton mérita le surnom de Grand par sa valeur, sa fermeté, son amour pour la justice, et sa piété. Il eut la gloire de rétablir l'empire de Charlemagne; mais il ne l'assit pas sur des fondements aussi solides que ce prince avait fait. Les conjonctures n'étaient plus les mêmes. Ce fut beaucoup que ne pouvant détruire le gouvernement féodal et l'administration ducale, il parvint à corriger les principaux vices du premier, et les inconvénients les plus nuisibles de l'autre. Il eut même le bonheur de réunir tous les duchés dans sa maison. Mais loin de dissimuler les écarts de ceux auxquels il les dispensa, il punit sévèrement les abus qu'ils firent de l'autorité, ainsi que les soulèvements dont ils se rendirent coupables, et rétablit, pour les contenir par une autorité collatérale, l'ancien office des *Mis* royaux, sous le nom de comtes palatins provinciaux. Ce prince combla le clergé d'honneurs et de richesses; mais il manqua de politique en lui donnant les grands fiefs avec la même autorité que les seigneurs laïques y pouvaient exercer. Il est vrai que pour contenir les prélats dans la subordination, il leur joignit des avoués, espèces d'administrateurs temporels, dont il se réserva la nomination. Mais le clergé ne tarda guère à secouer ce frein. Otton protégea les lettres quoiqu'il ne sut pas même lire. L'archiduc Brunon, son frère, établit à sa cour une académie où ce monarque assistait, et apprit même un peu de latin. Otton jurait, dit-on, par sa barbe qu'il faisait croître suivant la mode du tems, et qui lui descendait jusqu'à la ceinture. Il avait épousé, 1°, l'an 930, EDITHE, fille d'Edouard, roi d'Angleterre, morte le 26 janvier 947; 2°, l'an 951, ADÉLAÏDE, fille de Rodolphe II, roi de Bourgogne, et veuve de Lothaire, roi d'Italie, morte le 16 décembre 999. Ce fut la première impératrice qui reçut les honneurs du couronnement. Du premier lit vinrent Ludolphe, né l'an 934, désigné successeur de son père l'an 947, duc de Suabe en 950, mort l'an 957; et Luitgarde, mariée à Conrad le Sage, duc de la France rhénane et de Lorraine. Trois fils et deux filles sortirent du deuxième lit; Otton qui suit; Henri et Brunon, morts jeunes; Adélaïde et Mathilde, abbesses. Guillaume, archevêque de Mayence, fut le fils naturel de l'empereur Otton.

Dans les diplômes d'Otton I, les années de son règne se prennent tantôt de la mort de son père, tantôt du commencement de l'an 936. Avant l'an 951, il datait seulement des années de son règne de Germanie; mais depuis 951, il joignit à cette date celle de son règne d'Italie, et depuis 962, celle de son empire; souvent même il n'employa que la dernière. L'abbé de Gotwic observe de plus qu'Otton se contenta quelquefois de marquer les années complètes de son empire, sans faire attention aux mois et jours de surplus. « C'est ainsi, dit-il, qu'on voit un diplôme » de ce prince daté du 23 décembre 966, la quatrième année de » son empire, quoique la cinquième fut déjà bien avancée. » Le même auteur (t. I, p. 189,) cite un diplôme d'Otton où la férie IV est marquée parmi les notes chronologiques; ce qu'il observe comme une singularité pour ce tems là. Muratori (*Ant. It.* diss. 34,) rapporte un autre diplôme d'Otton daté XI *kal. feb. an. dom. Incar.* D. CCCC. LXIX, *imperii verò Ottonis* VIII, *ind.* XIII. « Ici l'an 969, dit-il, doit s'entendre suivant le calcul de » Florence, où l'on commençait l'année au 25 mars ».

M. de Hontheim (*Hist. Diplom. Trevir*, t. I, p. 275,) en produit un autre de l'an 936, qui est daté de la deuxième année du règne d'Otton, ce qu'il explique en disant d'après Witikind que quoique Otton n'ait été élu roi de Germanie qu'en 936 après la mort de Henri, son père, celui-ci néanmoins l'avait désigné roi dès l'an 935, et que dès lors il en porta le titre.

Plusieurs villes d'Allemagne obtinrent d'Otton un gouvernement libre, et plusieurs personnes distinguées les titres de comte, de marquis, sous la dépendance de l'empire.

OTTON II.

973. Otton II, dit le Roux, fils d'Otton Ier. et d'Adélaïde, né l'an 955, désigné roi de Germanie, et couronné roi de Lorraine, le 26 mai 961, à Aix-la-Chapelle, élu roi d'Italie vers la fin de 962, couronné empereur à Rome par le pape Jean XIII, le 22 décembre 967, succéda, après le mois d'août 973, à son père. Sa mère, Adélaïde, prit en main les rênes de l'empire, que sa jeunesse et son inexpérience ne lui permettaient guère de manier heureusement dans les circonstances critiques où l'on se trouvait. Mais bientôt il se lassa de la dépendance où elle le tenait, et l'obligea d'abandonner la cour d'Allemagne. A peine a-t-elle disparu, que la guerre civile s'allume. Henri, duc de Bavière et cousin d'Otton, soulève contre lui le tiers de l'Allemagne, et se fait couronner à Ratisbonne, si l'on en croit les historiens bavarois modernes, par l'évêque de Frisingue. Le Danemarck, la Pologne, la Bohême et les Sclaves, entrent dans son parti. Otton bat successivement ces différents ennemis, les oblige à demander la paix, dépouille Henri de son duché, l'an 976, et l'envoie en exil.

L'an 977, Lothaire, roi de France, redemande la Lorraine à l'empire, comme une usurpation faite sur la France. Otton, pour l'appaiser, donne la Basse-Lorraine à Charles, frère de Lothaire. Celui-ci n'est point satisfait de cette cession. Il veut les deux Lorraines. Guerre à ce sujet entre l'empereur et le roi de France. (*Voyez* Lothaire *parmi les rois de France.*) Elle finit en 980, par un traité qui assure la Lorraine à l'empire. Otton, après cet accommodement, passe en Italie vers la fin de septembre de la même année. Etant à Pavie, il se réconcilie, par l'entremise de saint Mayeul, abbé de Cluni, avec l'impératrice sa mère, et la fait revenir à sa cour. Cette princesse s'était retirée, deux ans auparavant, à Vienne, dans les Gaules, auprès du roi Conrad, son frère. L'an 981, Otton arrive, dans le mois de janvier, à Rome, où il passe le reste de l'hiver et le printems, jusqu'au mois de mai suivant. Pendant ce séjour, il fait préparer au Vatican un grand repas, où il invite les seigneurs les plus suspects d'infidélité, avec les magistrats et les députés des villes d'Italie qui étaient à sa cour. Mais à peine se fut-on mis à table, qu'une troupe de gens armés entre brusquement dans la salle du festin, et se jette sur ceux dont les noms étaient marqués dans une liste qu'on lut à haute voix. Ils sont traînés hors de la salle, et tués à coups de poignards. On apprit avec horreur la nouvelle de ce massacre, et on donna publiquement à Otton l'odieux surnom de *Sanguinaire*, qui lui est resté. De Rome il conduit son armée en Calabre. Otton revendiquait cette province, dit M. Pfeffel, moins aux droits de sa femme qui n'y en avait aucun, que par droit de convenance, et pour mettre l'Italie à couvert des incursions des Sarrasins, que les Grecs de la Pouille fomentaient. Après plusieurs combats heureux, Otton, le 13 juillet 982, tombe dans une embuscade des infidèles et des Grecs réunis, qui taillent en pièces la plus grande partie de son armée. Il n'échappe lui-même qu'avec peine; il fut même pris, suivant plusieurs historiens; mais n'étant point reconnu, il se racheta. On prétend que, malgré la surprise, il eût été vainqueur dans cette occasion sans la trahison des Italiens qui étaient dans ses troupes, ceux-ci l'ayant abandonné pour se venger du massacre de Rome. L'an 983, comme il se disposait à réparer cet échec, il tombe malade à Rome, et y meurt le 7 décembre, après avoir régné dix ans et quelques mois, depuis la mort de son père. Son corps fut inhumé, le 8 du même mois, dans l'église de Saint-Pierre. Il avait épousé, comme on l'a dit, l'an 972, THÉOPHANIE, fille de Romain le Jeune, empereur grec, laquelle mourut à Nimègue, le 15 juin 991, et fut inhumée à Cologne. Il laissa de cette princesse, Otton, qui suit, Mathilde, femme d'Ezon, comte palatin du Rhin; Sophie et Adélaïde, abbesses; la première de Gandersheim, la seconde de Quedlimbourg.

Les diplômes d'Otton II s'accordent avec les historiens contemporains, sur le commencement de son règne et celui de son empire. Il s'en trouve où les années de l'un et de l'autre sont tellement jointes ensemble, qu'elles forment une seule chronologie respective. On en voit deux cités par Muratori (*Annali d'Ital.*, tom. V, p. 469), où l'on fait concourir la vingt-sixième année du règne d'Otton, et la seizième de son empire avec l'an 983 de Jésus-Christ, ce qui fait commencer son règne en 957. Le docte critique avoue qu'il n'a pu découvrir le fondement de cette époque.

OTTON III.

983. OTTON III, fils d'Otton II et de Théophanie, né l'an 980, désigné roi par son père dans la diète de Vérone, en 983, fut couronné le jour de Noël de la même année à Aix-la-Chapelle, par l'archevêque de Ravenne, légat du pape, assisté de Villigise, archevêque de Mayence, au défaut de celui de Cologne. L'an 984, Henri le Querelleur, duc de Bavière, se saisit du jeune prince, sous prétexte de lui servir de tuteur, et l'emmène à Magdebourg; mais les seigneurs allemands l'arrachent de ses mains. Otton est rendu à sa mère et à son aïeule, que l'on charge, l'une et l'autre, de la régence. Le soin de son éducation fut confié à saint Bernouard, depuis évêque d'Hildesheim, et au célèbre Gerbert, que la reconnaissance de son élève porta depuis sur le saint siége. L'impératrice Adélaïde passe quelque tems après en Lombardie, et établit à Pavie sa résidence pour contenir par sa présence la noblesse du pays, disposée à se soulever. Mais elle ne pouvait étendre de là sa vigilance jusqu'à Rome, où l'amour de l'indépendance et l'oisiveté entretenaient les esprits dans une continuelle fermentation. L'an 989, l'impératrice Théophanie apprenant que cette ville est menacée d'une révolte prochaine, y arrive aux approches de Noël, qu'elle y célébra. Il est remarquable qu'en Italie, cette année et la suivante, on ne datait point encore des années du règne d'Otton III. Au lieu de cette date, on employait celle des années du règne de Théophanie, prises, non de la mort d'Otton II, son époux, comme le pensait D. Mabillon, mais de son mariage, contracté l'an 972, avec ce prince, ainsi que le prouve Muratori, d'après l'abbé de Gotwic. On voit aussi que pendant le séjour que Théophanie fit en Italie, d'où elle ne partit qu'après le milieu de l'an 990, elle tint des plaids et fit d'autres actes d'autorité souveraine dans l'exarchat de Ravenne, sans qu'on sache comment il était sorti des mains du pape; et ce qui n'est pas moins certain, c'est qu'Otton, devenu grand, fit bâtir à Ravenne un palais pour lui et ses successeurs. L'an 996, Otton se rend à Rome, où le pape Grégoire V, son parent, qu'il venait de faire élire, le couronne empereur, le 21 mai, jour de l'Ascension. Il y tint ensuite un plaid dans lequel il condamna au bannissement le consul Crescentius ou Cincio, pour les excès qu'il avait commis envers le pape Jean XV. Mais Grégoire obtint qu'il lui fît grâce. En revenant, il reçoit, vers la fin de l'automne, à Milan, la couronne de Lombardie, qu'il avait déjà reçue l'année précédente à Monza, comme l'atteste Bonincontro Morigia. Les Sclaves, pendant

son enfance, s'étaient emparés du margraviat de Brandebourg. L'an 997, il le reprend sur eux après les avoir battus. Sur la fin de la même année, il repasse en Italie, célèbre à Pavie les fêtes de Noël avec le pape Grégoire V, chassé de Rome par Crescentius; ramène ensuite le pontife à Rome, le rétablit sur son siége au mois de février 998, assiége Crescentius, après Pâques, dans le mole d'Adrien, où il s'était renfermé, l'engage à se rendre, en lui promettant la vie sauve; et malgré cette promesse, il lui fait trancher la tête, le 29 avril, et à douze de ses gens. Rome se réjouit de la mort de ce tyran. Aussi ennemi de la religion que de l'état, il ne tendait à rien moins qu'à renverser le trône et l'autel. Ses partisans, répandus dans toute l'Italie, excitaient les peuples à secouer le joug des rois de Germanie pour se donner à lui. Mais ses cruautés inouies n'étaient guère propres à prévenir les esprits en faveur de sa domination. Il fit asseoir sur la chaire de saint Pierre des hommes perdus d'honneur et sacriléges comme lui. L'an 1000, Otton entreprend un pélerinage au tombeau de saint Adalbert, évêque de Prague, son ami, martyrisé l'an 997, et fonde à Gnesne un archevêché en faveur du frère de ce martyr. La même année, dans une diète tenue à Aix-la-Chapelle, il fait ouvrir le tombeau de Charlemagne, d'où il tire la croix qui lui pendait au cou, sa couronne, son sceptre, son cimeterre, et une partie de ses vêtements. Otton revient en Italie au mois de janvier de l'an 1001, pour s'opposer aux Sarrasins. Au retour de cette expédition, qui fut courte et heureuse, il s'arrête à Ravenne, où on le voit depuis le commencement du Carême jusqu'au mois de novembre suivant. Ce fut pendant ce séjour qu'il vit saint Romuald, entre les mains duquel il fit la confession de ses péchés. Par le conseil du saint, il entreprit nu-pieds le pélerinage du mont Gargan. Otton va passer les fêtes de Noël à Todi avec le pape Silvestre II, et de là se rend à Paterno dans la Campanie, où il meurt le 23 janvier 1002, à l'âge de vingt-deux ans, dans la dix-neuvième année de son règne en Germanie, et la sixième de son règne en Lombardie et de son empire. « Otton fut regretté, dit le P. Barre; ses vertus » et ses grandes qualités le firent surnommer *la merveille du* » *monde*. » Il ne laissa point d'enfants, et n'avait pas même été marié, suivant Pagi et Muratori, qui traitent de fable son prétendu mariage avec Marie d'Aragon. Ce prince s'était fait faire un habit d'un goût fort singulier. On y voyait toute l'Apocalypse en broderie. (Barre.) Dans une charte, expédiée en 1001 au château de Paterno, il prend le titre de *Serviteur des Apôtres*.

Les historiens allemands font commencer le règne d'Otton III en Germanie, à Noël 984, parce qu'alors l'année commençait ce jour-là en Allemagne. Muratori (*Annal. d'Ital.*, tom. V, p. 510) cite un diplôme de ce prince, du 1er. mai 996, daté de la deuxième année de son règne en Italie, ce qui donne lieu de croire qu'il avait été couronné roi d'Italie pour la première fois au mois d'avril 995.

HENRI II, DIT LE SAINT ET LE BOITEUX.

1002. HENRI, duc de Bavière, fils du duc Henri le Jeune, et arrière-petit fils de Henri l'Oiseleur, né le 6 mai 972, élevé par saint Volfgang, évêque de Ratisbonne, est élu roi de Germanie, le 6 juin 1002, dans la diète de Mayence, couronné le lendemain par Willigise, archevêque de cette ville, et peu de jours après, une deuxième fois, à Aix-la-Chapelle, par Héribert, archevêque de Cologne. Herman, duc de Suabe, son compétiteur, lève des troupes pour lui enlever la couronne. Henri le bat, et l'oblige à faire la paix. Cependant les Italiens, pour se soustraire à la domination des étrangers, avaient élu roi d'Italie Ardouin, marquis d'Ivrée, nommé Harwig par Dithmar, et par Arnoul, historien du Milanais, qualifié marquis *d'Hippo-regio*, fils, suivant d'anciens titres, de Dodon ou d'Otton, et l'avaient fait couronner à Pavie le 15 février 1002. L'an 1004 (Muratori), Henri passe les monts pour aller combattre ce rival. Ardouin prend la fuite à son arrivée. Les seigneurs lombards viennent au-devant de Henri, et le conduisent en triomphe à Pavie, où il est proclamé roi de Lombardie le 14 mai, puis couronné le lendemain. Ardouin reparaît après son départ; plusieurs villes le reconnaissent pour souverain; ce qui ne se fit pas en vain, puisqu'il y conserva le titre et l'exercice de la royauté pendant environ neuf ans. (Muratori.)

Le comté de Bamberg, ou plutôt les possessions d'une branche des comtes de Bamberg, ayant été confisquées après la mort du comte Adalbert, la ville, avec d'autres fonds, avait été donnée par Otton II au duc Henri, père de l'empereur Henri II; ce dernier en fit le douaire à son épouse Cunégonde, et, de concert avec elle, il employa ces domaines à fonder l'évêché de Bamberg. (*Bolland. ad diem* 14 *jul.*, p. 756, n. 11.) Mais l'évêque de Wurtzbourg s'oppose à cette fondation qui restreignait l'étendue de son diocèse. Pour le dédommager, Henri lui accorde cent-cinquante manses ou familles de serfs. Telle était alors en Germanie et dans le Nord la manière d'estimer les terres. On spécifiait la valeur du terroir, non par son étendue, mais par la quantité des paysans qui y étaient attachés. Le pape Jean XVIII ne montra pas plus de désintéressement en cette occasion que l'évêque de Wurtzbourg. Pour confirmer la fondation, il exigea une redevance annuelle de cent marcs d'argent avec un beau cheval équipé en guerre. Ce tribut fut racheté, l'an 1052, par la cession que fit Henri III de la ville de Bénévent au saint siége. Henri II n'était pas disposé à laisser Ardouin en paisible jouissance du royaume de Lombardie. L'an 1013, il passe de nouveau les Alpes, et met en fuite cet usurpateur qui offre en vain de lui remettre la couronne moyennant un simple comté auquel il se restreint. Henri, après avoir célébré les fêtes de Noël à Pavie, s'achemine vers Rome, où il est couronné empereur avec sa femme, un dimanche, 14 février 1014, par Benoît VIII, qu'il avait rétabli sur son siége. On prétend, dit M. Pfeffel, que le globe impérial, qui fait partie du trésor de l'empire, a servi pour la première fois à ce sacre. Pendant son séjour à Rome, Henri s'aperçoit qu'on ne chante point le symbole à la messe, et en demande la raison aux prêtres. On lui répond que l'église de Rome n'ayant jamais été infectée d'aucune hérésie, elle n'a pas besoin de déclarer sa foi par le symbole. L'empereur, néanmoins, peu satisfait de cette réponse, persuade au pape de le faire chanter. C'est Bernon, abbé de Richenau, qui rapporte ce fait, comme témoin oculaire. Il est cependant vrai que dans les plus anciens ordres romains, publiés par D. Mabillon, le *Credo* se trouve marqué pour être chanté après l'Evangile, ce qui est confirmé par les témoignages des papes Léon III et Jean VIII, et des célèbres liturgistes, Amalaire et Walafride Strabon. Mais il paraît qu'au dixième siècle et au commencement du suivant, le célébrant se contentait de réciter avec ses ministres le symbole sans que le chœur le chantât. De Rome l'empereur s'en retourne en Allemagne, et prend sa route par la France. Etant à l'abbaye de Saint-Vanne de Verdun, il veut y embrasser la vie monastique. L'abbé Richard feint d'y consentir, puis il lui ordonne, en vertu de l'obéissance que les moines doivent à l'abbé, de continuer à gouverner l'empire. Ardouin cependant recommençait la guerre en Lombardie depuis le départ de l'empereur. Mais réduit bientôt à l'inaction par une maladie de langueur, il se retire à l'abbaye de Frutare, en Piémont, où il meurt le 29 octobre 1015.

L'an 1021, nouvelle expédition de l'empereur en Italie. Les Grecs faisaient des conquêtes dans ce pays, et menaçaient de venir jusqu'à Rome. Henri met le siége devant Troja, dans la Pouille, qu'il force à se rendre au bout de trois mois. Toutes les autres places, enlevées par les Grecs, reviennent d'elles-mêmes à son obéissance Il subsistait toujours un levain de dissension entre l'empire et la France. L'an 1023, Henri, dans une entrevue qu'il a sur le Chiers, près du Luxembourg, avec le roi Robert, termine, par une paix solide, toutes les difficultés qui divisaient leurs états respectifs. La même année, l'empereur dispense par un diplôme l'abbé de Saint-Maximin de Trèves d'assister aux diètes de l'empire, et commet le palatin pour voter en sa place. C'est peut-être, dit M. Pfeffel, le plus ancien vestige d'un suffrage par commission. Au reste, la fréquentation des diètes était une véritable charge dans ce siècle, où les empereurs parcouraient l'Allemagne, et appelaient souvent les états d'une frontière à l'autre. L'an 1024, Henri meurt de la pierre à Grone, en Saxe, la nuit du 13 au 14 juillet, à l'âge de cinquante-deux ans, après avoir régné vingt-deux ans un mois huit jours comme roi de Germanie, vingt ans deux mois comme roi d'Italie, dix ans cinq mois un jour comme empereur. Il n'eut point d'enfants de CUNÉGONDE, fille de Sigefroi, comte de Luxembourg, qu'il avait épousée en 1003. On prétend qu'il avait fait vœu de continence; et les Bollandistes appuient d'assez bonnes preuves cette assertion. Henri fut inhumé à Bamberg. Sa piété, qui ne se démentit jamais, l'a fait mettre au rang des saints par le pape Eugène III, dans le siècle suivant. Ses vertus politiques et militaires lui méritent un rang parmi les héros. En lui finit la branche des empereurs de la maison de Saxe. Sa veuve s'étant retirée à l'abbaye de Kaffungen, qu'elle avait fondée près de Cassel, y mourut saintement le 3 mars 1033, suivant Lambert d'Aschaffembourg. (*Voyez* Robert, roi de France, et Boleslas Chrobri, duc de Pologne.)

Henri, après avoir été couronné à Pavie, s'appelait roi des Français et des Lombards. Parvenu à l'empire, il prit le titre d'empereur des Romains. Avant et depuis son couronnement, il se qualifia souvent roi des Romains; titre inconnu avant lui, et que ses successeurs ont substitué à celui de roi d'Italie. L'abbé de Gotwic remarque que dans ses diplômes il se dit Henri II, *empereur*, quoique le premier Henri n'ait pas été couronné à Rome; preuve, selon cet auteur, que ce prince ne faisait pas dépendre de cette cérémonie la dignité impériale. Dom Mabillon dit avoir vu des diplômes de Henri II, où la date du jour n'est point marquée. Dans le Bullaire du Mont-Cassin (tom. II, pag. 68,) on voit une charte datée du 8 janvier 1009, *imperante nemine*. C'est qu'alors Ardouin et Henri se disputaient l'empire, et qu'en plusieurs endroits on ne reconnaissait ni l'un ni l'autre. Ce fut Henri qui introduisit l'usage du grand sceau de l'empire, appelé le sceau de majesté, *sigillum majestatis*. L'autorité des états prit un tel accroissement sous son règne, qu'on ne put dans la suite traiter aucune affaire publique et la définir sans leur intervention.

CONRAD II, SURNOMMÉ LE SALIQUE.

1024. CONRAD II, dit le SALIQUE à cause de sa haute naissance, fils de Henri, duc de Franconie, et d'Adélaïde d'Egisheim, fille d'Eberhart, comte d'Alsace, fut élu roi de Germanie par les états tenus entre Worms et Mayence, et couronné, le 8 septembre 1024, à Mayence. A peine est-il sur le trône, qu'il se forme une conjuration dans le sein de sa propre famille, pour l'en faire descendre. C'était un autre Conrad, son cousin, qui avait concouru avec lui dans l'élection, qu'on voulait lui substituer. (*Voy.* Gothelon I, *duc de la Basse-Lorraine.*) D'un autre côté, les Italiens, las de la domination allemande, offrent (l'an 1025) la couronne impériale à Robert, roi de France, pour son fils Hugues, et sur son refus, à Guillaume V, duc d'Aquitaine, qui d'abord l'accepte; ensuite instruit par l'évêque de Verceil qu'on le trahissait, la refuse pareillement. Conrad le Salique ayant assemblé la diète d'Ingelheim, y fait mettre au ban de l'empire Ernest II, duc de Suabe, son beau-fils, qui était à la tête de la ligue teutonique. C'est ici l'un des premiers exemples de cette proscription qui devint fréquente dans la suite, et fut un des moyens dont les empereurs se servaient pour augmenter leur domaine et affermir leur autorité. Un moderne, qui n'a pour guide en histoire comme en poésie que son imagination, nous dit que la formule en était conçue en ces termes : *Nous déclarons ta femme veuve, tes enfants orphelins, et nous t'envoyons, au nom du diable, aux quatre coins du monde.* On demanderait vainement à l'auteur dans quels monuments il a puisé cette anecdote. Elle est purement de son invention. Les Italiens, quoique rejetés des princes auxquels ils s'étaient offerts, cherchaient toujours les moyens de se soustraire à la domination des Allemands. Conrad le Salique ne leur donna pas le loisir d'exécuter leurs projets de révolte. L'an 1026, après avoir pacifié les troubles de l'Allemagne, il passe les Alpes au printems, arrive à Milan, où il se fait couronner roi d'Italie, va réitérer la même cérémonie à Monza, pour renouveler, disait-il, l'usage introduit par Charlemagne; de là il s'avance vers Ravenne, force, en passant, le château de la Motta, où les rebelles s'étaient renfermés ; revient de Ravenne en Lombardie, célèbre la fête de Noël à Ivrée, puis se met en route pour Rome, où il est couronné empereur avec la reine, sa femme, par le pape Jean XIX, le jour de Pâques (26 mars) 1027, en présence de Canut, roi d'Angleterre, et de Rodolphe, roi de Bourgogne. De-là étant passé dans la Pouille, il permet aux Normands de s'y établir. L'an 1033, devenu héritier de Rodolphe, dont il était neveu par sa femme, il est couronné roi de Bourgogne le 2 février à Payerne. Eudes, comte de Champagne, lui dispute, les armes à la main, cette succession pendant l'espace de cinq ans. Ce rival ayant été tué l'an 1037, dans une bataille donnée contre le duc Gothelon, sa mort assura la jouissance paisible de la Bourgogne à Conrad. Ce dernier était alors en Italie, où les nouveaux troubles, qui régnaient dans ce pays, l'avaient rappelé. Après y avoir employé environ dix-huit mois, avec assez peu de succès, à faire rentrer dans le devoir les villes rebelles, et sur-tout Milan, soulevée par Héribert, son archevêque, la peste l'obligea, vers le milieu de l'an 1038, à ramener en Allemagne les débris de son armée qu'elle avait presque entièrement détruite. Dans la même année, il tint à Soleure une diète où il se démit du royaume de Bourgogne en faveur de son fils, qu'il fit sacrer et couronner en sa présence. Il parcourut ensuite une partie de l'Allemagne, et de là se rendit à Utrecht, où il mourut d'une attaque de goute le 4 juin 1039, après avoir régné, comme roi de Germanie, quatorze ans, huit mois et vingt-six jours; comme roi d'Italie, environ treize ans, et comme empereur douze ans, deux mois et demi. Son corps fut inhumé à Spire. GISÈLE, fille d'Herman II, duc de Suabe, et de Gerberge, fille de Conrad, roi de Bourgogne, et veuve d'Ernest I, duc de Suabe, qu'il avait épousée l'an 1016 (décédée le 14 février 1043), lui donna un fils, qui suit, avec deux filles, Béatrix, dont on ne sait que le nom, et Mathilde, décédée l'an 1034, lorsqu'elle devait épouser Henri I, roi de France, à qui elle était fiancée. Les lois et les ordonnances que Conrad fit dans l'empire, l'ont fait regarder comme l'auteur du droit féodal écrit. Il est le premier empereur, suivant la remarque de l'abbé de Gotwic, qui ait cité des témoins à la fin de ses diplômes. Il est aussi le premier empereur qui ait donné des lettres d'investiture; du moins on n'en trouve point avant lui. (M. Pfeffel.) Ce prince, son fils et son petit-fils, firent leur résidence principale à Goslar.

HENRI III, SURNOMMÉ LE NOIR.

1039. HENRI III, dit le NOIR, de la couleur de sa barbe, fils de l'empereur Conrad et de Gisèle, né le 28 octobre 1017, élu roi de Germanie en 1026, et couronné le jour de Pâques 1028, à Aix-la-Chapelle, par l'archevêque de Cologne, succéda, l'an 1039, à son père. Conrad, en quittant l'Italie, avait chargé les comtes et les marquis du pays de réduire l'archevêque Héribert qui avait soulevé, comme on l'a dit, les

Milanais. En exécution de cet ordre, plusieurs d'entre eux se réunirent pour faire la guerre au prélat, et ne mirent bas les armes que lorsqu'ils apprirent la mort de Conrad. Ce fut dans le cours de cette guerre qu'Héribert inventa le *carrocio* qui, dans les siècles suivants, fut si fort en usage et si célèbre en Lombardie. C'était un char qui, traîné par des bœufs, portait un mât droit, terminé par une pomme dorée, dans laquelle étaient plantés deux étendards blancs avec une croix au milieu. Un détachement des gens les plus braves était chargé de la garde de ce char qui, placé dans le milieu de l'armée, augmentait par sa vue le courage des combattants. L'an 1040, Héribert étant venu trouver Henri au château d'Ingelheim, lui fait ses soumissions et se réconcilie avec lui. Henri, l'an 1046, se met en route pour l'Italie. Ce voyage des empereurs allemands était toujours annoncé un an et six semaines avant d'être entrepris, et tel en était l'objet ordinaire : tous les feudataires de la couronne étaient obligés de se rendre dans la plaine de Roncaille, près de Plaisance, pour y être passés en revue. Les seigneurs conduisaient avec eux leurs arrière-vassaux. Les vassaux de la couronne, qui ne comparaissaient pas, perdaient leurs fiefs aussi bien que les arrière-vassaux qui ne suivaient pas leurs seigneurs. Henri, après avoir fait quelque séjour en Lombardie, s'achemine vers Rome. Il se trouvait alors dans cette capitale du monde chrétien trois papes à la fois, Benoît IX, Silvestre III et Grégoire VI, qui se maintenaient les uns contre les autres. Henri les fait déposer tous les trois dans le concile de Sutri, comme simoniaques, et mettre à leur place Clément II, qui, le jour de Noël de la même année (1046), le couronne empereur avec la reine Agnès, sa femme, dans l'église de Saint-Pierre. Le sénat et le peuple romain lui avaient déféré, avant la cérémonie, le titre de *patrice*. Les historiens remarquent, dit M. Pfeffel, que Henri porta depuis avec une sorte de complaisance le manteau vert, le diadême d'or et l'anneau d'or, qui étaient la marque de cette dignité. (*Voyez* dans la chronologie des conciles, celui de Sutri, tenu en 1046, et dans celle des papes, Benoît IX, Grégoire VI et Clément II.) Le pape Léon IX s'étant rendu, l'an 1050, à Toul pour y faire la translation du corps de saint Gérard, l'un de ses prédécesseurs, dans cette église, vint delà trouver l'empereur avec lequel il célébra la fête de la Purification, l'année suivante, à Ausbourg. C'était vraisemblablement pour lui demander du secours contre les princes normands, dont les progrès en Italie lui causaient de vives alarmes. Quoi qu'il en soit, il était de retour à Rome au mois de mars suivant. L'empereur passa lui-même en Italie l'an 1055, dans la vue de prévenir les suites fâcheuses que lui faisait appréhender le mariage de Godefroi le Barbu, duc de Lorraine, son ennemi, avec Béatrix, marquise de Toscane. Ce qu'il y eut de plus mémorable dans ce voyage, ce fut la diète générale des princes d'Italie, qu'il tint le 5 mai dans la plaine de Roncaille. En s'en revenant, il fiança, aux fêtes de Noël, à Zurich, dans la Suisse, Henri, son fils, encore enfant, avec Berthe, fille d'Otton, marquis de Suze. L'entrevue qu'il eut l'année suivante à Yvoi, dans le Luxembourg, avec Henri Ier., roi de France, ne fut rien moins que pacifique. Le monarque français y fit, au chef de l'empire, de sanglants reproches de ce qu'il retenait depuis long-tems une partie considérable du royaume de France (la Lorraine) que ses ancêtres avaient usurpée par surprise. L'empereur offre de vider le différent par le duel. Le roi de France ne juge pas à propos d'accepter le défi, et la nuit suivante il se retire avec précipitation, si l'on en croit Lambert d'Aschaffembourg. La même année, au commencement de septembre, l'empereur Henri reçoit à Goslar le pape Victor II. Sa santé dépérissait alors et menaçait une ruine prochaine. Il meurt entre les bras de ce pontife, le 5 octobre suivant, à Botfeld, sur les confins de la Saxe et de la Thuringe. Son corps fut inhumé à Spire. C'est lui qui, le premier en Allemagne, s'empara de la collation des bénéfices, prétendant qu'elle lui appartenait, en vertu du droit d'investiture que ses prédécesseurs lui avaient transmis. Il eut de longues guerres avec différents princes, avec Bretislas, duc de Bohême, avec Aba, roi de Hongrie, avec Godefroi le Barbu, à l'occasion du duché de Lorraine dont il l'avait privé, et avec Baudouin V, comte de Flandre, grand partisan de Godefroi. (Voy. *les ducs de Bohême*, *les rois de Hongrie*, *les ducs de Lorraine et les comtes de Flandre.*) Les soulèvements des Sclaves lui donnèrent aussi beaucoup d'exercice dans les dernières années de son règne. Les efforts qu'il fit pour les réprimer ne furent pas toujours heureux. Il perdit ses meilleures troupes et ses généraux les plus habiles, en combattant contre ces rebelles ; ce qui, joint aux fléaux qui désolaient alors l'Allemagne, tels que la famine et la peste, lui causa une profonde mélancolie dont on regarda comme une suite la maladie qui le mit au tombeau. Il avait épousé, 1°. l'an 1036, CHUNELINDE, fille de Canut le Grand, roi d'Angleterre et de Danemarck, morte le 18 juillet 1038 ; 2°. le 1er. novembre 1043, à Besançon, AGNÈS, fille de Guillaume V, duc d'Aquitaine. Du premier lit vint Béatrix, abbesse de Gandersheim ; du second, Henri, qui suit ; Conrad, duc de Bavière ; Mathilde, femme de Rodolphe, duc de Suabe, élu anti-césar ; Sophie ou Judith, mariée, 1°. à Salomon, roi de Hongrie; 2°. à Ladislas, roi de Pologne, et deux autres filles. Herman le Contract rapporte qu'aux noces de Henri III et d'Agnès, il accourut une foule d'histrions et de jongleurs à Ingelheim, où elles se célébraient, dans l'espérance d'y être bien accueillis, et de recevoir de grandes marques de la libéralité du prince; mais ils furent tous, dit-il, congédiés honteusement, *le ventre et les mains vides*, les sommes et les vivres qu'ils espéraient ayant été distribués aux pauvres. Henri III fut un des plus grands princes qui remplirent le trône impérial. A la valeur il joignit la prudence, l'humanité, le zèle pour la religion et l'amour des lettres. Agnès, sa veuve, se remaria à Geoffroi Martel, comte d'Anjou.

Henri, dans ses diplômes, joint aux années de son règne et de son empire celles de son ordination; de manière que la formule constante de sa chronologie est de nommer d'abord l'année de son ordination, puis celle de son règne, ensuite celle de son empire. Par son ordination, il entend son premier couronnement, et par son règne, son gouvernement actuel; sur quoi Malinkrot observe que Henri changea, à cet égard, la coutume de ses prédécesseurs qui comptaient les années de leur règne, non du commencement de leur administration, mais du tems où ils avaient été associés à la royauté.

HENRI IV.

1056. Henri IV, fils de Henri III et d'Agnès, né le 11 novembre 1050 (Pagi), baptisé par Herman, archevêque de Cologne, élu roi de Germanie en 1053 et couronné l'an 1054, le 17 juillet, succéda, le 5 octobre 1056, à son père, sous la tutelle de sa mère. La jalousie de plusieurs princes d'Allemagne, surtout des Saxons qui souffraient impatiemment que le sceptre eût passé de leur maison dans celle de Franconie, et les troubles d'Italie, occupèrent les premières années de son règne. L'an 1061, les Romains, suivant Benzon, lui envoyèrent, par une députation solennelle, les ornements du patriciat; savoir, la clamyde, la mitre, l'anneau et le cercle patricial. Les seigneurs allemands souffraient impatiemment d'être gouvernés par une femme. L'an 1062, Annon, archevêque de Cologne, enlève Henri à l'impératrice, sa mère, et se rend maître du gouvernement avec Adalbert, archevêque de Brême. L'impératrice reçut cette disgrâce avec beaucoup de constance et de résignation. Elle quitta l'Allemagne pour se retirer à Rome, où elle vécut saintement, sous la direction de Pierre de Damien, jusqu'à sa mort arrivée le 14 décembre 1077. Des flatteurs s'étant insinués dans l'esprit du jeune prince, lui corrompent le cœur et l'entraînent dans le désordre. L'archevêque Adalbert, l'un de ceux qui favorisaient ses mauvais penchants, soulève contre lui tous les seigneurs distingués par leur mérite, et se voit obligé d'abandonner la cour. Henri, comme nous l'avons vu, avait été fiancé, l'an 1055, par son père, à **Berthe**, fille d'Otton, marquis de Suze. Annon lui fit épouser cette princesse en 1066. Mais Berthe, dont la main n'était pas de son choix, ne put réussir à lui plaire. Il entretint plusieurs concubines à la fois, attenta à l'honneur des femmes dont la beauté frappa ses yeux, et pour en jouir librement fit périr secrètement leurs maris. Ses revenus n'étant pas suffisants pour fournir à ses débauches, il mit à prix d'argent les investitures des bénéfices, dont il faisait un commerce public. Il éloigna la reine sa femme, dont la présence lui devenait de jour en jour plus insupportable, et convoqua, l'an 1069, un concile à Mayence pour faire casser son mariage. Mais le légat Pierre de Damien, qui se trouvait à cette assemblée, lui défendit, de la part du pape Alexandre II, d'exécuter son dessein. Berthe fut rappelée de Lauresham où il l'avait reléguée; mais il continua de la mépriser et de la maltraiter. Toute l'Allemagne murmura contre la conduite de Henri, l'injustice de ses ministres et la licence de ses troupes. L'an 1073, commencèrent les longues et fameuses guerres des Saxons et autres mécontents contre Henri. Vers le même tems s'éleva la querelle, non moins fameuse, entre ce prince et le pape Grégoire VII, touchant les investitures des bénéfices. (Voyez *dans la Chronologie des Papes*, Grégoire VII, *et dans celle des Conciles, ceux qui se sont tenus à cette occasion, depuis celui de Worms, du* 23 *janvier* 1076, *jusqu'à celui d'Autun, du* 16 *octobre* 1094.) L'an 1075, Henri gagne une grande bataille sur les Saxons, le 8 juin, près de l'Unstrut; mais cette victoire n'atterra point les rebelles. (*Marian. Scot.*) Sans consulter le pape, ils tiennent à Forcheim, le 15 mars 1077, une diète où ils élisent roi de Germanie, à la place de Henri, qu'ils avaient déposé deux jours auparavant, Rodolphe, duc de Suabe, son beau-frère, qui fut couronné le 26 du même mois. Les deux princes rivaux se livrèrent deux batailles en 1078. Henri, battu dans la première, eut sa revanche dans la seconde, donnée le 7 août. Semblable alternative en 1080. Rodolphe, le 27 janvier, attaqué par Henri, remporte la victoire à Fladenheim, en Saxe. La nouvelle de cet événement étant venue à Rome, Grégoire confirma l'élection de Rodolphe, sur laquelle il avait hésité jusqu'alors, et lui envoya, en signe d'investiture, une couronne d'or, autour de laquelle était écrit ce vers : *Petra dedit Petro, Petrus diadema Rodulpho.* Mais, le 15 octobre suivant, Henri fut vainqueur à son tour, et d'une manière plus décisive, à la bataille donnée à Wolksheim, près de Géra, dans la Thuringe. Rodolphe y fut blessé mortellement, par Godefroi de Bouillon, d'un coup de lance porté dans le bas ventre, et par un soldat, d'un coup de sabre qui lui emporta la main droite. Dans cet état, il se fait porter à Mersbourg, où il mourut dans de grands sentiments de repentir. Le même jour qu'il expira, les troupes de Henri battirent encore celles de la comtesse Mathilde. C'est ainsi que le ciel démentait les malédictions que Grégoire donnait aux armes de ce prince. Henri, l'an 1081, passe les monts au commencement de mars, et va se présenter, vers la Pentecôte, devant Rome dont il trouve les portes fermées. N'osant entreprendre de les enfoncer, il se retire, et laisse l'antipape Guibert, qu'il avait fait élire le 25 juin de l'année précédente, avec des troupes qui ravagent le pays. Les rebelles d'Allemagne, malgré la dernière victoire remportée sur eux, persistaient toujours dans leur révolte. Le 9 août de la même année (1081) et non pas de la suivante, comme le marque Pagi d'après Marianus Scotus et la chronique d'Hildesheim, s'étant assemblés en diète à Goslar, ils procèdent à l'élection d'un nouveau roi. Les suffrages tombent sur Herman de Luxembourg, comte de Salm, qui fut couronné le 26 décembre 1082, par l'archevêque de Mayence. Henri avait toujours à cœur la prise de Rome, dans le dessein de se rendre maître de la personne du pape et d'imposer par là à ses ennemis. Etant revenu, l'an 1083, devant cette ville, il en forme le siége qui traîne en longueur. Enfin l'an 1084, il entre par intelligence dans Rome, le 21 mars, un jeudi, avec l'antipape, qu'il fait introniser le dimanche suivant, sous le nom de Clément III, reçoit de ses mains la couronne impériale le jour de Pâques, 31 mars, assiége ensuite Grégoire VII, dans le château Saint-Ange, où il s'était renfermé. Robert Guiscard, duc de la Pouille, interrompt ses conquêtes sur les Grecs pour venir au secours du pape. Henri, à son approche, quitte Rome, se retire en Lombardie pour faire la guerre à la comtesse Mathilde, sa cousine, déclarée pour Grégoire VII, et de là repasse en Allemagne. Les affaires de l'anticésar Herman ne prospéraient pas mieux que celles de l'antipape Guibert. L'an 1088, se voyant méprisé des Saxons, il fait sa paix avec Henri, et retourne dans son comté de Salm. Il y est tué peu de tems après en faisant, par manière de divertissement, le siége d'un château, pour exercer ses troupes, et éprouver leur courage. (Helmolde et Albert de Stade disent qu'il fut écrasé par un des battants de la porte qui se détacha de ses gonds.) Sa retraite ne rendit point à Henri la supériorité sur ses ennemis. Vers la fin de la même année, il est entièrement défait par les rebelles, et n'échappe qu'avec peine du combat. Malgré ce revers, le désir de se venger de la comtesse Mathilde, lui fait entreprendre, l'an 1090, une nouvelle expédition au-delà des monts. Il investit, au mois de juillet, la ville de Mantoue, appartenante à la comtesse, et s'en rend maître, après un siége ou blocus de neuf mois, le 11 avril, jour du vendredi-saint de l'année suivante. Les affaires d'Allemagne le rappelant, en 1092, il laisse en Italie Conrad, son fils aîné, pour continuer la guerre : l'événement lui prouva qu'il ne pouvait être plus mal remplacé. Ce jeune prince, séduit par Mathilde, arbore l'étendard de la révolte, et se fait couronner roi des Romains, en 1093, à Monza, puis à Milan. Le prétexte dont il couvrait l'atrocité de cette conduite, était les outrages que l'empereur faisait à l'impératrice Praxède, sa seconde femme, qu'il tenait en prison, et maltraitait au point, disait-on, de permettre à ses favoris de l'insulter et de lui faire violence. Pour s'affermir sur le trône, Conrad épouse Mathilde, fille de Roger I, comte de Sicile. Il a ensuite une entrevue à Crémone avec le pape Urbain II, qui lui promet de le couronner empereur à condition qu'il renoncera aux investitures ecclésiastiques. Vers la fin de l'an 1098, l'empereur, son père, étant à la diète d'Aix-la-Chapelle, le fait mettre au ban de l'empire, et déclare son successeur Henri, son deuxième fils, après lui avoir fait jurer qu'il ne s'ingérerait, du vivant de son père, dans le gouvernement que par ses ordres. La suite fera voir comment il tint parole. Conrad meurt, l'an 1101, à Florence au mois de juillet, méprisé de la comtesse Mathilde, sa tante, qui l'avait porté à se révolter. Le bruit se répandit qu'il avait été empoisonné, et un zèle outré fit publier qu'il s'était opéré des miracles à ses funérailles, sans doute pour faire accroire au peuple ignorant que le ciel avait autorisé la révolte de ce fils dénaturé. L'empereur Henri trouva depuis un nouvel ennemi dans celui qui lui restait. L'an 1104, Henri, ce dernier fils, étant avec lui à Fritzlar pour aller combattre les Saxons, s'échappe de nuit le 11 décembre, et passe en Bavière, où la noblesse révoltée du pays le reçoit avec empressement. De Ratisbonne il députe, quelques jours après, au pape Pascal pour le consulter sur le serment qu'il avait fait à son père de ne jamais prendre la couronne sans son aveu. Le pape l'absout de cet engagement, et le confirme dans l'abominable dessein où il est de détrôner l'auteur de ses jours. L'année suivante, il se met à la tête des rebelles, et prend le titre de roi des Romains. L'empereur, après l'avoir fait inutilement solliciter de rentrer dans son devoir, après avoir temporisé autant que la prudence le permettait, marche enfin contre lui pour le réduire par la force. Les deux armées se trouvent en présence au mois d'août, séparées par la rivière de Régen, près de Ratisbonne. Le jeune Henri vient à bout de corrompre les chefs dé l'armée de son père. Sur le point de livrer bataille, ils déclarent qu'ils ne veulent point en venir aux mains avec leurs frères. Le 13 décembre suivant, entrevue du père et du fils à Coblentz. Ils conviennent de tenir une conférence à Mayence le jour de Noël, pour aviser aux moyens d'appaiser Rome, et de mettre fin aux troubles de l'empire. L'empereur, croyant alors n'avoir plus besoin de son armée, la congédie : s'étant rendu ensuite à Binghen, en s'acheminant vers Mayence, son fils vient encore l'y trouver un vendredi, 22 décembre, pour lui dire qu'excommunié comme il est, l'évêque de Mayence ne le souffrira point dans sa ville pendant la solennité prochaine; sous ce prétexte, il l'emmène dans un château voisin où il le laisse renfermé avec trois personnes seulement de sa suite. Un prince de l'empire, nommé Wigbert, vient le lendemain de la part de ce fils perfide lui redemander les ornements impériaux sur peine de la vie. Il les rend parce qu'il n'est pas en force pour les refuser. La diète s'assemble après les fêtes de Noël à Ingelheim. On y fait venir l'empereur, et aussitôt qu'il paraît, on le somme avec de grandes menaces de renoncer à l'empire. « Si je le fais, dit-il, » aurai-je au moins la vie sauve? » Le légat du pape, qui était présent, lui répond qu'il n'y a point de sûreté pour lui à espérer, à moins qu'il ne reconnaisse avoir injustement persécuté Grégoire VII et mis à sa place l'antipape Guibert. Il promet de s'en rapporter là-dessus au jugement des princes de l'empire, assemblés en lieu et jour indiqués, après qu'ils auront ouï ses moyens de défense. Le légat refuse de lui assigner une autre assemblée que celle où il se trouve, pour satisfaire le saint siége. « Hé bien, dit-il, si je confesse dès à pré- » sent tous mes torts prétendus, m'accorderez-vous l'absolution? » — Je n'en ai point le pouvoir, réplique le légat ; c'est à » Rome qu'il faut que vous alliez pour vous faire absoudre par » le saint père. » Là-dessus, la diète se sépare, et le fils en partant prie son père de l'attendre dans ce même lieu où il doit venir le rejoindre sous quelques jours. Mais des amis de l'empereur viennent l'avertir que s'il reste là, le parti est pris de l'y retenir en prison le reste de ses jours, ou même de lui trancher la tête. Le malheureux père, ayant trouvé le moyen de s'évader, va chercher un asile à Cologne, puis à Liége, d'où il écrit au roi de France, son fidèle allié, une longue lettre pour lui faire le récit de ses malheurs. (C'est de là que nous avons tiré les dernières circonstances que nous venons de rapporter.) L'hypocrisie manifeste du fils, et son inflexible dureté, rendirent quelques partisans au père. La guerre recommence ; mais après avoir remporté quelques avantages, l'empereur, battu sans ressource, voit son parti entièrement dissipé. Réduit à l'excès de la misère, il demande, si l'on en croit Helmolde, à l'évêque de Spire une prébende qui lui est refusée. Enfin, il meurt à Liége, le 7 août 1106, âgé de cinquante-six ans, après un règne de près de cinquante ans. Peu de jours avant sa mort parut une comète terrible, qui, au jugement de nos astronomes modernes, était la même qui avait paru l'an 531 ou 532, du tems de l'empereur Justinien, qui précédemment avait encore été observée immédiatement après la mort de Jules César, et qui reparut enfin l'an 1681, de manière qu'on voit toujours le même espace de cinq cent soixante-quinze ans et demi entre ces différentes apparitions. Mais du tems de Henri IV, une comète ne passait pas dans l'esprit des peuples pour un phénomène naturel, et l'apparition de celle-ci fut regardée comme l'annonce de sa mort. La haine de ses ennemis le poursuivit au-delà du trépas. L'évêque de Liége l'ayant inhumé dans sa cathédrale avec pompe, fut obligé de l'exhumer et de le transporter dans une chapelle non consacrée du Mont-Corneille, près de cette ville, où il resta sans sépulture, à cause de son excommunication, jusqu'au mois de septembre suivant; après quoi, il fut porté à Spire, où il demeura encore près de deux ans avant d'y être déposé dans le caveau de ses ancêtres. (*Chron. Hildesheim.*)

Ce prince, à de grands défauts et des vices qu'on ne peut excuser, réunissait d'éminentes qualités, dont la principale était une valeur singulière. Il avait toujours commandé ses armées, et s'était trouvé à soixante-six batailles, d'où il sortit victorieux toutes les fois qu'il ne fut pas trahi. La source de ses malheurs fut l'abus intolérable qu'il faisait du pouvoir usurpé de conférer les bénéfices, en les vendant sans pudeur, et cela pour fournir à ses débauches qui étaient excessives. Il alluma par là le zèle des papes qui, voulant couper le mal par la racine, entreprirent de lui ôter, et la collation des bénéfices, et l'investiture des bénéficiers. BERTHE, sa première femme, étant morte en 1087, il avait épousé en secondes noces, l'an 1089, PRAXÈDE ou ADÉLAÏDE, fille d'Usevolod, prince en Russie, veuve de Henri le Long, margrave de Stade, qu'il fit enfermer l'an 1093, comme on l'a dit, et qui, s'étant échappée de sa prison l'an 1097, retourna en Russie, où elle mourut dans un monastère en 1109. Il eut de la première les deux fils nommés ci-dessus, et deux filles, Agnès, femme 1°. de Frédéric, duc de Suabe; 2°. de Léopold III, dit le Pieux, margrave d'Autriche; et Adélaïde, femme de Boleslas III, roi de Pologne.

Dès l'an 1059, Henri prenait le titre de roi des Romains;

quoiqu'il n'ait été créé patrice de Rome, et n'ait reçu la couronne patriciale qu'en 1061. Il se nomme dans ses diplômes, tantôt Henri III, tantôt Henri IV, roi des Romains. Il suivait la méthode de son père, qui était, comme on l'a dit, de compter diversement les années de son ordination, celles de son règne et celles de son empire. La première de ces époques est du 17 juillet 1054, la seconde est du 5 octobre 1056, la troisième du 31 mars 1084. On voit néanmoins des actes où l'on compte les années de son empire, dès le tems de son ordination. (Voyez *Mémoire sur l'Origine de la maison d'Autriche, par M. le baron de Zurlauben*, pag. 8). Quelquefois il ne compte dans ses diplômes que les années complètes, et supprime l'année courante.

HENRI V.

1106. HENRI V, dit aussi CHARLES-HENRI, fils de Henri IV et de Berthe, né le 11 août 1081, associé, par son père, vers la fin de 1098, à la royauté, et couronné, en qualité de collègue, le 6 janvier suivant, déclaré roi de Germanie à Noël, 1102, couronné le 6 janvier 1106, après avoir détrôné son père, lui succéda le 7 août de la même année. L'espèce d'anarchie où l'empire s'était trouvé dans les dernières années de Henri IV, avait donné lieu aux seigneurs des grands fiefs, de s'affermir dans le droit de souveraineté. Henri V, à son avènement, les trouvant peu disposés à recevoir la loi de lui, fut obligé de les ménager. L'an 1107, il reprit la guerre que le comté d'Alost avait occasionnée entre l'empereur, son père, et Robert comte de Flandre. La campagne ayant fini par un accommodement, il tourna ses armes contre la Hongrie, qui s'était soustraite à la souveraineté que les empereurs prétendaient avoir sur ce royaume. Il échoua dans cette expédition. Il ne fut pas plus heureux contre la Pologne. L'an 1109, étant entré dans la Silésie à dessein de l'enlever aux Polonais, il est battu par Boleslas III, près de Breslaw. Henri ne s'était pas encore fait voir en Italie. L'an 1110, au mois d'août, il passe les monts à la tête d'une puissante armée. Arrivé dans la plaine, il fait camper son armée, et ordonne à chaque chambrée de soldats d'avoir de la lumière devant sa tente pendant la nuit, spectacle, dit Otton de Frisingue, qui ne contribua pas peu à répandre la terreur dans le pays. Toutes les villes de Lombardie, suivant Donizon, lui envoient de riches présents, à l'exception de Milan, qui ne veut pas le reconnaître pour seigneur, ni lui payer aucune contribution. Il n'est donc pas vrai, comme Sigonius et d'autres modernes le prétendent, qu'il se fît couronner roi des Romains en cette ville. Henri célèbre les fêtes de Noël à Florence. Arrivé, le 5 février 1111, à Aquapendente, il y rencontre les députés du pape Pascal II, qu'il avait prévenu, par ses ambassadeurs, du dessein où il était d'aller recevoir la couronne impériale à Rome. On lui propose pour préalable de renoncer aux investitures, dont Pascal avait lui-même renouvelé la condamnation aux conciles de Guastalle en 1106, et de Troyes en 1107. Henri le refuse, disant qu'il n'est pas de moindre condition que ses prédécesseurs qui lui ont transmis ce droit. On insiste de part et d'autre; enfin, on convient que le prince abandonnera les investitures et reprendra les régales, c'est-à-dire les fiefs, les comtés, les châteaux, les vassaux, les péages, les avoueries des villes impériales, et généralement parlant tous les droits régaliens que le clergé avait obtenus des empereurs depuis Charlemagne. Le 9 février, Henri signe le traité à Sutri, et le scelle de son serment. Arrivé le 12 à Rome, il est reçu dans la basilique du Vatican, où le pape avait assemblé une espèce de concile pour ratifier leurs conventions. Mais d'un côté les évêques réclament les régales qu'on veut leur enlever, et le pape de l'autre presse le monarque d'exécuter sa promesse, comme si elle eût été sans conditions. Sur ces entrefaites, il s'élève dans la ville un tumulte, qui trouble l'assemblée et la rompt. Les Romains font main-basse sur les Allemands qui les avaient attaqués les premiers. Henri, après avoir couru risque de la vie, se retire avec précipitation, emmenant le pape, qu'il fit dépouiller de ses ornements, lier avec des cordes, et traîner après lui avec un grand nombre de romains captifs. Le 8 avril suivant, il relâche le pape, après en avoir obtenu une bulle, qui lui accorde les investitures. Il revient à Rome, où Pascal, le 13 du même mois, le couronne empereur. Le pape ayant révoqué, l'année suivante, dans le concile de Latran, le privilége que Henri lui avait extorqué, les brouilleries recommencent entre le sacerdoce de l'empire. Un grand nombre de prélats et de seigneurs allemands, l'archevêque de Mayence et celui de Cologne à leur tête, mécontents de la hauteur et de la dureté de l'empereur, forment une ligue contre lui, et menacent de lui faire subir le sort de son père. Le cardinal Thierri, légat du saint siége, qui se trouvait pour lors à Cologne, excitait les esprits, et n'oubliait pas le prétexte de la religion pour les armer contre leur souverain légitime. Pendant trois ans que dura cette guerre, Henri ne cessa de faire le dégât sur les terres des confédérés, qui lui rendirent la pareille avec usure. L'an 1115, la mort de la comtesse Mathilde, arrivée le 24 juillet, donne ouverture à une nouvelle querelle entre le pape et l'empereur. Ce monarque, sans égard pour la donation que la comtesse avait faite de tous ses biens au saint siége, prétend lui succéder comme chef de l'empire dans tous ses fiefs, et comme plus proche héritier dans tous ses alleus. Il passe, l'an 1116, en Italie, pour effectuer ses prétentions. Tandis qu'il est occupé à réduire quelques villes qui lui refusaient l'obéissance, il députe au pape l'abbé de Cluni, pour lui faire des propositions de paix. Pascal ne les ayant pas acceptées, il s'achemine vers Rome pour se saisir une seconde fois de sa personne. Le pape, à son approche, s'enfuit au Mont-Cassin. Henri, maître de Rome, veut s'y faire couronner une seconde fois, alléguant que son premier couronnement ne pouvait être censé plus valide que la bulle des investitures, que Pascal avait révoquée. Les consuls, le sénat et les grands de Rome, qu'il avait gagnés par ses présents et ses promesses, applaudirent à cette résolution, et lui donnèrent des assurances de leur fidélité. Au défaut du pape, Henri se fait couronner le jour de Pâques par Maurice Bourdin, archevêque de Brague. C'était un prélat qu'il avait débauché à Pascal, qui l'avait envoyé pour négocier avec lui. Avant de quitter Rome, il donne par reconnaissance à Ptolomée Ottavio, fils du consul de même nom, Berthe, sa fille naturelle, en mariage, et lui laisse, en partant pour la Toscane, un corps de troupes allemandes pour repousser les Normands que le pape avait appelés à son secours. Pascal, étant mort au mois de janvier 1118, fut remplacé par Gelase II. Henri, apprenant que le nouveau pontife est aussi mal disposé que son prédécesseur, touchant les investitures, revient à Rome, y fait élire antipape, le 9 mars de la même année, Maurice Bourdin, sous le nom de Grégoire VIII, et reçoit encore une fois de ses mains la couronne impériale le jour de la Pentecôte. Enfin, l'an 1122, la concorde est rétablie entre le sacerdoce et l'empire, par l'accord que l'empereur fit avec les députés du pape Calliste II, le 8 septembre, dans l'assemblée de Worms, et que le pontife ratifia, le 23 du même mois, à Rome. Par ce traité, l'empereur renonce à l'usage que ses prédécesseurs lui avaient transmis, de donner les investitures par la crosse et l'anneau, et le pape lui permet de les conférer, par le sceptre ou une simple verge, comme faisaient les rois de France et d'Angleterre ; c'est-à-dire, qu'au lieu d'un bâton recourbé, il lui permet d'user d'un bâton droit pour cette cérémonie. Voilà donc où aboutit cette longue et fameuse querelle qui causa tant de ravages, fit répandre tant de sang, enfanta tant de crimes, et flétrit également la sainteté du siége apostolique et la majesté du trône impérial. Dans ce dénouement singulier, si toute la gloire fut pour Calliste, à qui son amour pour la paix le suggéra, l'avantage fut tout entier pour l'empereur, qui ne perdit rien du fond de ses prétentions, et demeura aussi maître des élections qu'il l'était auparavant. Ce prince meurt, l'an 1125, d'un ulcère au bras, à Utrecht, le 23 mai, dans la quarante-quatrième année de son âge, la dix-neuvième de son règne depuis la mort de son père, et la quinzième de son empire. Son corps fut porté à Spire. En lui finit la branche des empereurs de la maison de Franconie, qui était montée sur le trône en 1024. Aux vices que nous avons déjà fait remarquer dans ce prince, il faut ajouter une extrême négligence à rendre la justice, un mépris impudent de l'estime publique, et une insatiable avarice qui lui fit accumuler par toutes sortes de voies des richesses, sans lui permettre d'en faire usage. Il avait épousé, le 7 janvier 1114, MATHILDE, fille de Henri I, roi d'Angleterre, âgée seulement pour lors de dix ans, et fiancée dès l'an 1110, dont il n'eut point d'enfants. Cette princesse se remaria, l'an 1129, à Geoffroi Plantagenet, comte d'Anjou. (*Voyez* Louis le Gros, *roi de France*).

Henri V, dans ses diplômes, se nomme tantôt empereur des Romains, tantôt empereur des Allemands. Il y a trois époques dans ses diplômes, celle de son ordination, celle de son règne et celle de son empire. La première est du 6 janvier 1099; la seconde, du 6 janvier 1106; la troisième, du 13 avril 1111. Depuis qu'il eut détrôné son père jusqu'à son couronnement impérial, il prit le titre de roi des Romains, qu'il introduisit dans sa chancellerie. Cet exemple fut suivi par tous ses successeurs jusqu'à Maximilien I. Henri V avait tant à cœur le traité qu'il avait fait avec Pascal II, au sujet des investitures, qu'il en faisait mention dans ses dates.

LOTHAIRE II.

1125. LOTHAIRE II, duc de Saxe, fils de Gebhart, comte de Querfurt et de Supplembourg, et de Hadwige, fille de Frédéric, comte de Formbach, en Bavière, petit-fils d'Otton, comte palatin du Rhin, né l'an 1075, fut élu roi de Germanie, dans la diète de Mayence, composée de soixante mille hommes, le 30 août 1125, en présence des légats du pape. Il eut pour concurrents, dans cette élection, Conrad, duc de Franconie, et Frédéric, duc de Suabe, neveux de l'empereur Henri V, par sa sœur Agnès; Léopold, margrave d'Autriche, qui avait épousé la sœur de Henri V. Les deux premiers, pour se venger de la préférence qu'on avait accordée sur eux à Lothaire, causèrent dans la suite, beaucoup de troubles dans l'empire. Lothaire, fut couronné roi de Germanie, le 13 septembre suivant, à Aix-la-Chapelle, par l'archevêque de Cologne, qui couronna ensuite Richilde, femme de Lothaire, dans sa ville métropolitaine. Le nouveau roi de Germanie envoie une ambassade au pape Honorius II, pour lui notifier son élection. C'était un acte de déférence et de pure honnêteté. La cour de Rome le regarda comme un acte d'obéissance, et s'en fit un titre pour exiger des successeurs de Lothaire, la même notification, comme un devoir indispensable. L'an 1128, Conrad, de son côté, se fait couronner roi des Romains, à Monza, le jour de Saint-Pierre, et ensuite à Milan. Le pape déclare nul ce sacre, et excommunie Conrad. Lothaire, l'an 1132, passe les monts vers le mois de septembre, et met en fuite Conrad ; mais il n'est pas vrai qu'il se soit fait alors couronner à son tour, roi des Romains, le 29 mars, par l'archevêque de Milan. (Muratori.) Enfin, l'an 1133, le pape Innocent II, qu'il avait ramené à Rome, le couronna empereur, avec la reine Richilde, le 4 juin, dans l'église de Latran, et non dans celle de Saint-Pierre, dont l'anti-pape Anaclet était maître pour lors. Lothaire jura auparavant, de défendre l'église, et de conserver les biens du saint siége. La cour de Rome se prévalut dans la suite, de ce serment, pour prétendre que l'empire était un fief relevant du saint siége ; témoin ces deux vers qu'on voyait au bas du tableau, où elle avait fait représenter la cérémonie du couronnement de Lothaire :

Rex venit ante fores jurans prius urbis honores,
Post homo fit papæ sumit quo dante coronam.

Le parti d'Anaclet ne tarda pas à se relever après le départ de Lothaire. L'an 1136, après avoir tenu, le 15 août, une diète à Wurtzbourg, ce prince, à la prière d'Innocent, se remet en marche pour l'Italie, afin d'éteindre en ce pays, jusqu'aux dernières étincelles du schisme, et de réduire en même tems les villes rebelles à l'empire. Il traverse en conquérant toute la Lombardie, la Romagne, la Marche d'Ancône, et le duché de Spolette ; de là, il passe dans la Pouille, dont il enlève toutes les places au duc Roger, ramène ensuite le pape à Rome, dans le mois de septembre 1137, après quoi, s'étant acheminé pour retourner en Allemagne, il tombe malade à Vérone, et meurt au village de Bretten, près de Trente, la nuit du 3 au 4 décembre 1137, ayant régné douze ans, trois mois et quelques jours comme roi, depuis son élection, et quatre ans et demi comme empereur. Son corps fut porté au monastère de Liutern, en Suabe. Henri le Superbe, duc de Bavière, son gendre, qui l'avait accompagné dans l'expédition d'Italie, reporta les ornements impériaux en Allemagne. Gertrude, mariée à ce prince, fut le seul fruit du mariage de Lothaire, avec RICHENSE, ou RICHILDE, fille unique de Henri le Gras, duc de Saxe, sur le Weser, et comte de Northeim, qu'il avait épousée en 1113, morte le 24 novembre 1141, suivant la Chronique manuscrite de Rolduc. Richense apporta de grands biens à son époux, Henri, son père, qui périt, l'an 1103, de la main de ses sujets, ayant hérité de toutes les terres de la maison des Otton. (*Voyez* Lothaire, duc de Saxe.)

Lothaire se dit souvent dans ses diplômes, *Lotharius tertius Romanorum rex*, apparemment à cause de Lothaire, fils de Hugues, roi de Provence. Les Italiens souvent aussi le nomment de même. Dans la chronologie de ses diplômes, tantôt il ne fait état que des années complètes de ses règnes, tantôt il met en ligne de compte l'année courante. On prétend que ce fut sous le règne de Lothaire que les Pandectes furent découvertes à Amalfi. *Voyez* sur ce sujet l'article de Roger I, *roi de Sicile*.

CONRAD III.

1138. CONRAD III, duc de Franconie et de la France rhénane, fils de Frédéric de Hohenstauffen et d'Agnès, fille de l'empereur Henri IV, né l'an 1093, ou 1094, fut élu empereur à la mi-Carême (et non à la mi-février) 1138, dans une diète tenue à Coblentz, en présence et par les intrigues de Théodouin, légat du saint siége, qui le couronna, le 13 mars, à Aix-la-Chapelle. Henri le Superbe, duc de Bavière et de Saxe, et gendre de Lothaire, voulut s'opposer à cette élection, attendu que ni les états de Saxe ni ceux de Bavière n'y avaient assisté; il refusa en conséquence de rendre les ornements impériaux qu'il avait apportés d'Italie après la mort de Lothaire, et prétendit lui-même à l'empire, disant que l'empereur défunt l'avait désigné pour lui succéder. Conrad le fit mettre au ban de l'empire, et le dépouilla ensuite de ses états. Telle fut, dit Muratori, la récompense des services que Henri avait rendus en Italie au siége apostolique. Depuis long-tems, ajoute le même auteur, il régnait entre la maison de ce prince et celle de Conrad une émulation d'où prirent naissance les factions si fameuses des Guelfes et des Gibelins, qui dans la suite déchirèrent si long-tems et si cruellement la malheureuse Italie. Les premiers étaient attachés à la maison de Henri, et les seconds à celle de Conrad. (*Voy.* Léopold, *duc de Bavière.*) Mais depuis la réconciliation de ces deux maisons, on nomma Gibelins les partisans de l'empereur, et Guelfes ceux qui lui étaient opposés. L'an 1142, Conrad rétablit le roi Wladislas dans la Bohême, dont ses sujets l'avaient chassé. Conrad donna des preuves de son humanité, l'an 1146, à l'occasion suivante. Un moine nommé Rodolfe, s'étant avisé de prêcher sans mission la croisade publiée par ordre du pape Eugène III, exhortait les peuples d'Allemagne à faire main-basse sur les Juifs comme les plus grands ennemis de la croix. Il ne fut que trop obéi; mais plusieurs de ces malheureux trouvèrent un asile à Nuremberg, et dans les autres villes qui appartenaient en propre à l'empereur (*Otto Frising. de Gest. Frider.*, l. 2.) Cette même année, Conrad tient à Spire, dans les fêtes de Noël, une diète à laquelle saint Bernard s'étant trouvé, le détermina à se croiser pour la Terre-Sainte. Il part l'année suivante, le 28 mai, jour de l'Ascension, à la tête de soixante-dix mille cavaliers et d'une infanterie innombrable, après avoir fait élire et couronner roi des Romains Henri, son fils aîné. Conrad perdit en Asie la meilleure partie de ses troupes par la perfidie des guides que lui avait donnés l'empereur Manuel, beau-frère de sa femme, et par le fer des Sarrasins. Il arriva, l'an 1148, en Palestine, d'où il revint, l'an 1149, avec les débris de son armée, sans aucun fruit de cette expédition. Ce prince mourut, le 15 février de l'an 1152, à Bamberg, dans la cinquante-neuvième année de son âge et la quatorzième de son règne. On prétend qu'il fut empoisonné par les artifices de Roger, roi de Sicile, auquel il se disposait à faire la guerre. Il fut inhumé dans la cathédrale de Bamberg. Sa femme GERTRUDE, fille de Bérenger, comte de Sultzbach, morte en 1166, lui donna Henri, fait roi des Romains en 1147, mort en 1150; Frédéric, enfant à la mort de son père, créé duc de Suabe, et mort en 1167; et Judith, mariée en 1150, à Louis II, landgrave de Thuringe.

Conrad n'ayant point reçu le sacre impérial, se faisait un scrupule de prendre absolument le titre d'empereur dans ses chartes. Il ne s'y nomme que roi simplement, ou roi des Romains, excepté dans ses lettres aux empereurs de Constantinople, où il se dit empereur, pour traiter de pair avec eux. Il s'appelle tantôt Conrad II, tantôt Conrad III. M. Robertson prétend que ce fut sous Conrad III que s'établit en Allemagne l'hérédité des fiefs. Mais il y a des preuves, et M. Pfeffel les fournit, qu'elle avait lieu dès le tems de l'empereur Henri IV.

FRÉDÉRIC I, SURNOMMÉ BARBE-ROUSSE.

1152. FRÉDÉRIC I, né, l'an 1121, de Frédéric, duc de Suabe, neveu de l'empereur Conrad, et de Judith, fille de Henri le Noir, duc de Bavière, avait été désigné empereur par Conrad lui-même, au préjudice de Frédéric, son propre fils, trop jeune alors pour être en état de gouverner. En conséquence de cette disposition, il fut élu, par les seigneurs, à

Francfort, le 4 mars 1152, puis couronné le 9 du même mois (dimanche *Lætare*) à Aix-la-Chapelle. Les chartes s'accordent avec cette époque, et servent à corriger quelques auteurs, dont les uns mettent le couronnement de Frédéric en 1151, d'autres en 1153 et 1154. Frédéric porta sur le trône impérial une ambition démesurée avec des préjugés assortis à cette passion. Sa chimère était de se croire le successeur des Césars, et de vouloir, à leur exemple, traiter tous les princes de la terre comme ses lieutenants ou ses vassaux. Il désirait surtout de subjuguer l'Italie, qu'il regardait comme le patrimoine des empereurs, et qui dans sa décadence était encore la plus riche portion de son empire. Plein de ses vues, il passe les Alpes au mois d'octobre 1154, à la tête d'une puissante armée, accompagné de Henri le Lion, son cousin, duc de Bavière et de Saxe. Après un séjour en Lombardie, qui devint funeste à plusieurs villes rebelles, il se rend à Rome, dont les habitants ne consentent de lui ouvrir leurs portes qu'à deux conditions : la première, de reconnaître leur état républicain; la seconde de leur faire don de cinq mille marcs d'argent pour prix de son admission dans leurs murs, et pour récompense du consentement qu'ils accorderont à son couronnement. Frédéric indigné rejette avec hauteur ces honteuses conditions, force les faibles obstacles qu'on lui oppose, et se fait couronner, le 18 juin 1155, par le pape Adrien IV, après avoir rempli toutefois une formalité qu'exigea le pontife, et qui dut coûter à sa fierté; ce fut de lui tenir l'étrier lorqu'il monta sur sa mule pour aller faire cette cérémonie. Les députés du peuple romain, mandés par ce prince pour lui prêter serment, osent lui dire : « Nous » vous avons fait notre citoyen et notre prince d'étranger que » vous étiez. Vous devez donc de votre côté nous promettre la » confirmation de nos privilèges. » Frédéric alors prenant le ton de maître, « Rome, leur dit-il, n'est plus ce qu'elle a été. » Sa puissance a passé premièrement aux Grecs, puis aux » Français. Il n'est pas vrai que vous m'ayez appelé, ni fait » votre prince et votre citoyen. Charlemagne et Otton vous ont » conquis par les armes, etc. Sachez que ce n'est pas aux sujets » à faire la loi au souverain. »

L'empereur, de retour d'Italie, tient une diète à Worms, où il condamne à la peine du harnescar le palatin Herman et dix autres comtes. Mais le premier en fut dispensé à raison de ses infirmités. Mécontent de la cour de Rome, Frédéric, l'an 1157, défend à tous les ecclésiastiques de ses états de s'y adresser, soit pour la collation des bénéfices, soit pour tout autre sujet. Deux légats envoyés par Adrien pour se plaindre de cette défense, viennent trouver l'empereur à Besançon. Dans la lettre qu'ils lui remettent, le pape semblait dire qu'il lui avait conféré l'empire à titre de bénéfice. Un des légats a l'imprudence d'appuyer cette interprétation, et la témérité de la défendre ; sur quoi le comte palatin de Witelsbach tire son épée pour le tuer. L'empereur arrête le comte et renvoie les légats au pape. Dans ce même séjour l'empereur tient une diète où il se fait prêter serment de fidélité par les seigneurs du royaume d'Arles, qu'il avait distrait l'année précédente de celui de la haute Bourgogne, les soumet à un tribut annuel, et exige d'eux la promesse de le suivre à la guerre ; au moyen de quoi il leur abandonne les investitures ordinaires, ne se réservant que les droits régaliens, il nomme ensuite l'archevêque de Vienne archichancelier du royaume d'Arles, et en donne la lieutenance générale, sous le titre d'exarchat, à l'archevêque de Lyon.

L'an 1158 (et non pas 1157, comme le marque M. Schoepflin), nouvelle expédition de Frédéric en Lombardie. Plusieurs villes de ce pays, à l'instigation des Milanais, avaient formé entre elles une confédération pour maintenir leur liberté aux dépens de l'empire. Frédéric assiége Brescia dont il se rend maître au mois de juillet. Il marche ensuite contre Milan où il entre victorieux, le 8 septembre, après un mois de siége, et dont il change le gouvernement. À la Saint-Martin suivante, il préside à une célèbre diète assemblée dans la plaine de Roncaille. Il s'y montre avec l'appareil le plus imposant, et dépouille des droits régaliens les villes et les seigneurs, clercs et laïques qui les possédaient sans titres valables. Le pape s'oppose vainement à ces actes de souveraineté. Frédéric, informé des complots qu'il trame contre lui avec les Milanais, abroge, pour se venger, l'ancien formulaire des lettres que la chancellerie impériale expédiait aux souverains pontifes, avec ordre de ne leur parler qu'à la seconde personne du singulier, et de ne les nommer dans la suscription qu'après l'empereur : (Pfeffel.) vengeance basse et peu digne d'un grand prince.

Le gouvernement municipal de Milan déplaisait surtout à Frédéric. L'an 1159, il envoie son chancelier Renaud, le même qui fut depuis archevêque de Cologne, avec Otton, palatin de Bavière, pour y abolir les consuls et leur substituer un podestat. Les Milanais, irrités de cette innovation formellement contraire à la dernière capitulation, veulent mettre en pièces les commissaires et leur laissent à peine la ressource de la fuite. Dans le même tems Frédéric fait sommer les Crémasques, alliés des Milanais, d'abattre leurs murs. Il n'est pas mieux obéi. Le pape, à ce qu'on croit, les excitait sous main. Il y avait intérêt, parce que l'intention de Frédéric était d'exercer l'autorité souveraine sur le patrimoine de saint Pierre, et d'y percevoir les mêmes droits que sur les terres de l'empire. Le pape et l'empereur étaient sur le point d'en venir à une rupture ouverte, lorsqu'Adrien mourut le 1er septembre 1159. Frédéric prit alors des mesures pour avoir un pape à sa dévotion. N'y ayant point réussi, il fit élire trois antipapes consécutifs, et n'oublia rien pour les faire reconnaître dans l'empire. Ses armes cependant prospéraient contre les villes rebelles. L'an 1160, le 27 janvier, il se rend maître de Crème, qu'il tenait assiégée depuis le 7 août précédent. Ce siége, entrepris à la sollicitation et avec les secours des Crémonais et des Lodigians, est un des plus mémorables du douzième siècle. Otton Moréna, qui en a fait la relation, parle d'une tour de bois haute de cent pieds, que les assiégeants élevèrent avec un pont levis pour descendre sur les murs. « Mais les as- » siégés, dit-il, lancèrent avec leurs mangonneaux, sur cette » machine, de grosses pierres qui la mirent en danger de se » briser. Alors, poursuit-il, Frédéric eut la cruauté de faire » placer sur sa tour les ôtages des Crémasques avec quelques » prisonniers milanais, afin que, touchés de compassion pour » leurs enfants et leurs parents, les assiégés missent fin à cette » horrible tempête en se rendant. Mais ceux-ci, surmontant » les mouvements de la tendresse, continuèrent le même » genre de défense, en sorte qu'il y eut neuf des nobles cré- » masques et beaucoup d'autres de leurs gens écrasés sur la » tour. » Frédéric, revenu à des sentiments plus humains, fit retirer ceux qui avaient échappé au désespoir de leurs compatriotes. Il n'appaisa point par-là les assiégés. Furieux de la perte de leurs proches, ils égorgent sur leurs murs, à la vue de l'armée ennemie, plusieurs des prisonniers allemands, crémonais et lodigians qu'ils avaient faits. L'empereur, usant de représailles, fit pendre les crémasques et milanais qui étaient entre ses mains, et les assiégés lui rendirent encore la pareille. Ces scènes affreuses cessèrent enfin par la désertion du principal ingénieur des assiégés. Cet officier, s'étant sauvé dans le camp ennemi, les laissa dans l'impuissance de faire une plus longue résistance. Ce fut pour lors une nécessité pour eux de recourir à la clémence de l'empereur qu'ils avaient si cruellement outragé. Le patriarche d'Aquilée se rendit médiateur. Mais tout ce qu'il put obtenir fut que les assiégés auraient la liberté de sortir avec tout ce qu'ils pourraient emporter sur le dos. Le 11 février de la même année 1160, Frédéric tient un concile à Pavie, où il fait reconnaître l'antipape Victor. L'un et l'autre sont excommuniés par Alexandre III (vrai pape) le 24 mars, jour du jeudi saint. L'an 1162, Frédéric fait de nouveau la conquête de Milan, après un siége ou blocus de sept mois, par la soumission volontaire des habitants. Ils étaient venus le trouver au nouveau Lodi le 1er mars, ayant des sabres nus pendus à leur cou, s'avouant coupables envers lui du crime de lèse-majesté, et abandonnant pleinement et sans réserve leurs personnes, leurs biens et leur ville, à sa discrétion. Frédéric, faisant difficulté de s'appaiser, ils revinrent le 3 du même mois avec toute leur milice, leurs étendards, toutes leurs armes, et toutes leurs machines de guerre, qu'ils lui remirent ainsi que les clefs de la ville et les ornements de la magistrature, avec offre de quatre cents personnes des plus distinguées de la ville pour ôtages. L'empereur commença pour lors à se laisser fléchir. Deux jours après, troisième voyage des Milanais à Lodi. Ils amenaient cette fois leur grand caroccio, sur lequel était planté l'étendard de Saint-Ambroise, ouvrage d'une beauté, d'une richesse et d'une grandeur merveilleuses. Chacun d'eux tenait une croix à la main, implorant la miséricorde du prince. Frédéric leur fit grâce de la vie, leur remit leurs biens allodiaux, et consentit au rappel des exilés. Mais, le 26 du même mois, étant arrivé à Milan, il en fait démolir les portes, les tours, une partie des murs, tous les édifices publics (à l'exception de quelques églises), et presque toutes les maisons des particuliers. C'est ce qu'il mande au comte de Soissons dans une lettre publiée par dom Luc d'Acheri. (*Spicil.*, t. V, p. 569.) Ptolomée de Lucques ajoute (ce qui n'est pas vraisemblable) qu'on passa la charrue sur la ville et qu'on y sema du sel. Toutes les autres villes, effrayées par cet exemple de sévérité, viennent se soumettre, et toutes sont condamnées à détruire leurs fortifications.

Après le départ de l'empereur, les gouverneurs allemands qu'il avait laissés en Lombardie, soulevèrent de nouveau les villes par leurs traitements inhumains. Frédéric passe les monts, en 1164, pour la troisième fois. Il trouve en Lombardie une nouvelle ligue, formée pour réprimer son pouvoir, ou plutôt les rapines de ses commissaires, et plus difficile à dompter que les précédentes révoltes. Il prend et détruit quelques places dans le Véronais. Mais l'armée des confédérés s'étant mise en marche pour venir à lui, il ne juge pas à propos de l'attendre, et se retire à Pavie. Ce qui le rendit timide en cette rencontre, ce fut la défiance où il était des Italiens qui faisaient une partie de son armée, sachant qu'ils étaient plus affectionnés à leurs compatriotes qu'aux Allemands.

L'an 1166, troisième expédition de Frédéric en Italie. Il arrive avec l'impératrice, et une florissante armée, au mois de novembre, dans le Bressan, où il se comporte comme dans un pays ennemi. De là il passe à Lodi ; puis à Pavie, où il célèbre la fête de Noël. De retour à Lodi, il part, le 11 janvier 1167, pour s'acheminer vers Rome. Il prend sa route par le Bolonnais, qu'il dévaste jusqu'aux portes de la capitale, et cela pour venger la mort de son ministre Boson, que le peuple, dans une sédition, y avait fait périr. Non content de ces dégâts, il exige des Bolonnais une somme considérable avec cent ôtages qu'il envoie sous bonne escorte à Parme. Il traverse ensuite la Romagne, mettant toutes les villes où il passe à contribution. Sa marche fut aussi lente que funeste. Il n'arriva qu'au commencement de juillet devant Ancône, ville appartenante aux Grecs, dont il entreprit le siége, qu'il leva trois semaines après au moyen d'une somme que les habitants lui offrirent. Pressé par l'antipape Pascal, il paraît enfin, le 24 juillet, aux portes de Rome, prend la ville Léonine par capitulation, après sept jours de siége, et se fait couronner une seconde fois, le 1er. août, dans l'église de Saint-Pierre, avec Béatrix, sa femme, par ce faux pontife. Obligé de se retirer par une maladie épidémique qui emporta une grande partie de son armée, il retourne en Lombardie, où il trouva une nouvelle ligue formée contre lui. Les Milanais, auparavant en butte à la haine de leurs voisins, étaient à la tête des confédérés. L'intérêt de la cause commune avait dissipé les antipathies, et tous s'étaient réunis, dès le 27 avril de cette année, pour relever les murs de de Milan. Frédéric étant arrivé vers la mi-septembre à Pavie, met au ban de l'empire, le 21 de ce mois, toutes les villes qui composaient la ligue, et jette en l'air son gant en signe de défi. Cette bravade, mal assortie à la faiblesse de son armée, ne servit qu'à le rendre ridicule aux yeux de ses ennemis. Après avoir fait contre eux diverses tentatives infructueuses, il part pour l'Allemagne au printems de l'an 1168, et prend sa route par la Savoie. Les villes confédérées fondent cependant une nouvelle ville dans le Milanais, qu'ils nomment Alexandrie, en l'honneur du pape Alexandre III. Les Allemands la nommèrent par dérision Alexandrie *de la paille.* Elle mit néanmoins quinze mille hommes sur pied l'année suivante ; et Frédéric, de retour pour la cinquième fois, l'ayant assiégée, le 29 octobre 1174, fut contraint, par la longue et courageuse résistance des habitants, de se retirer le 13 avril 1175, après avoir perdu devant cette place une grande partie de ses troupes par la désertion et la mortalité. Ses armes dans la même contrée n'eurent pas un meilleur succès en 1176. Le 29 mai de cette année, il est totalement défait près de Côme par les Milanais, qui consacrent ce jour à une fête perpétuelle. (Murat.) Ce revers causa la ruine de la puissance des empereurs en Italie, et obligea Frédéric à penser sérieusement à la paix. On tient à ce sujet des conférences à Bologne entre les ambassadeurs de Frédéric, le pape, et les députés des villes de Lombardie. Alexandre de là s'étant rendu à Venise, l'empereur vient l'y trouver, reconnaît solennellement son obédience, le 1er. août 1177, devant l'église de Saint-Marc, et, le 1er. août suivant, ratifie les articles de paix arrêtés à Bologne.

Les prédécesseurs de Frédéric avaient pour la plupart négligé leur couronnement en qualité de roi d'Arles. Cette cérémonie étant propre à en imposer aux peuples, il se rend, l'an 1178, dans la capitale de ce royaume, et, le 30 juillet, il s'y fait couronner par l'archevêque Raimond.

Son autorité au-delà des monts était toujours chancelante, malgré le traité de pacification qu'il avait fait avec les villes confédérées d'Italie. Pour la raffermir, il en conclut avec elles un nouveau, le 25 juin 1163, dans la diète de Constance. Par celui-ci, tous les priviléges et toutes les immunités accordés aux principales villes d'Italie par les empereurs précédents, sont renouvelés et confirmés. On regarda depuis ce traité comme un article si important de la jurisprudence du moyen âge, qu'on avait coutume de le joindre au livre des fiefs à la fin du corps du droit civil. Mais, ce qui est étonnant, quoiqu'il assurât à l'empire un degré considérable de puissance et de juridiction, il ne tourna par le fait qu'à l'avantage des communautés. Elles persévérèrent avec tant de vigueur dans les efforts qu'elles firent pour étendre leurs priviléges, et les conjonctures leur furent si favorables, que la plupart des grandes villes d'Italie, avant la fin du treizième siècle, avaient secoué toute espèce de subordination, et s'étaient érigées en républiques souveraines et indépendantes.

Frédéric voulut avoir aussi part aux expéditions des Chrétiens contre les Musulmans. L'an 1188, dans une diète tenue le 27 mars à Mayence, il se croise pour la Terre-Sainte avec Frédéric, son fils, duc de Suabe, et soixante-huit seigneurs, tant clercs que laïques. Il part l'année suivante, le 23 avril, fête de saint Georges. L'empereur grec et le sultan d'Iconium se concertent pour le traverser sur la route. Il est souvent obligé de s'ouvrir le passage l'épée à la main. Il bat deux fois le sultan, et l'assiége dans sa capitale, qu'il emporte d'assaut. Arrivé en Cilicie, il se baigne dans la rivière de Salef et s'y noye, le 10 juin 1190, à l'âge de soixante-neuf ans, dans la trenteneuvième année de son règne, et la trente-septième de son empire. D'autres disent qu'il y fut saisi d'un refroidissement, dont il mourut quelques moments après avoir été retiré de l'eau. Ses chairs furent inhumées à Tarse et ses os à Tyr. Frédéric, duc de Suabe, son fils, prit le commandement de l'armée après sa mort, et mourut lui-même au bout de sept mois devant Acre, le 20 janvier 1191. L'empereur Frédéric avait épousé, 1°., l'an 1149, ADÉLAÏDE, fille de Thibaut, margrave de Vohbourg, qu'il répudia, l'an 1153, pour cause de parenté, dans la diète de Constance, du consentement des états; 2°. l'an 1156, BÉATRIX, fille et héritière de Renaud, comte de Bourgogne, qu'il fit couronner reine de Bourgogne, le 8 septembre 1178, à Vienne, en Dauphiné, suivant Raoul *de Diceto* (*Imag. Hist.*), morte le 15 novembre 1185. Il eut de celle-ci Henri, son successeur; Frédéric, duc de Suabe, mort, comme on l'a dit, en 1191; Conrad, duc de Franconie et de Suabe, mort en 1196; Otton, comte de Bourgogne, mort en 1200; Philippe, qui devint empereur; et Sophie, mariée à Guillaume III, marquis de Montferrat. Frédéric gouverna despotiquement l'Allemagne, en feignant de se conformer en tout aux délibérations des diètes qu'il assemblait fréquemment, et dont il disposait toujours à son gré. Il n'usa pas de la même politique en Italie, et n'y fut, après bien des guerres sanglantes, qu'un chef de république. Les historiens de ce prince font l'éloge de son zèle pour l'administration de la justice, et du soin qu'il eut de choisir, pour la rendre, des personnes recommandables par leur science et leur probité. Il prit à ce sujet une précaution très-sage qui s'observe encore de nos jours en Italie, ce fut de ne placer jamais un juge dans le lieu de sa naissance. (*Voyez* Henri le Lion, duc de Bavière.)

Ce prince est le premier dont les diplômes aient le sceau pendant. Dans plusieurs de ces diplômes, il ne fait mention ni des années de son règne ni de celles de son empire. Il en est où il date de la destruction de Milan, d'autres où il fait mention de son règne de Bourgogne, dont il fut couronné roi, comme on l'a dit, le 30 juillet 1178. C'est en cette année que l'archevêque de Mayence commença à prendre le titre d'archichancelier de l'Allemagne. L'archevêque de Cologne avait pris celui d'archichancelier de l'Italie dès l'an 1156. C'est sous le règne de ce prince, suivant M. Pfeffel, que les grandes charges de la couronne sont devenues héréditaires. L'empereur, auparavant, les faisait, dit-il, exercer selon son bon plaisir.

HENRI VI.

1190. HENRI VI, fils de Frédéric Ier. et de Béatrix, né l'an 1165, fut élu roi des Romains dans les premiers jours de juin 1169, par la diète de Bamberg, et couronné à Aix-la-Chapelle, suivant Godefroi de Saint-Pantaléon, le 8 du même mois, jour de la Pentecôte, par l'archevêque de Mayence, en présence des légats de l'antipape Calliste. Il succéda, l'an 1190, à son père, dont il apprit la mort presque en même tems que celle de Guillaume II, roi de Sicile, neveu de CONSTANCE, son épouse. Par-là il se trouvait à la fois maître de l'empire et héritier de la Sicile. Au mois de novembre de la même année, après quelques expéditions en Allemagne, il passe en Italie à la tête d'une puissante armée. Il arrive à Rome dans la semaine sainte de l'année suivante, et s'y fait couronner empereur, avec sa femme, le lendemain de Pâques, 15 avril, par le pape Célestin III. Après cette cérémonie, il livre au pape, suivant une des conventions préliminaires, l'ancienne ville de Tusculum. Le pape la remet aux Romains, qui exercent leur fureur sur ses malheureux habitants, depuis long-tems leurs ennemis, et la détruisent ensuite de fond en comble. De Rome, l'empereur marche contre Tancrède, qui s'était emparé du royaume de Sicile. Il lui enlève plusieurs villes; mais il échoue devant Naples, et retourne en Allemagne. Henri, quelques années après, se déshonora par un trait d'avarice dont on n'aurait pas cru capable un prince chrétien. Léopold, duc d'Autriche, avait arrêté sur ses terres, vers la fin de l'an 1192, Richard, roi d'Angleterre, son ennemi, comme il revenait de la Terre-Sainte. Henri, voulant avoir part à la proie, le contraint, au bout de trois mois, de lui remettre cet illustre prisonnier pour une modique somme, dont il comptait bien se faire rembourser avec usure. Son espérance ne fut point trompée. Après avoir retenu dans les fers près d'un an le monarque anglais, il lui vendit sa liberté aussi chèrement qu'aurait pu faire un musulman. La rançon que l'empereur tira de Richard lui servit pour aller faire la conquête de la Sicile. Cette expédition fut prompte et heureuse. La minorité de Guillaume, fils et successeur du roi Tancrède, en facilita le succès. Henri, l'ayant dépouillé, se fit couronner roi de Sicile à Palerme, le 23 octobre 1194. Au commencement de l'année suivante, il reprit la route d'Allemagne, chargé de la haine des Siciliens, qu'il s'était attirée par ses cruautés. La révolte de ce peuple le rappela sur les lieux en 1196. Après avoir fait mourir un grand nombre de rebelles, il mourut lui-même à Messine, le 28 septembre 1197, dans la trente-deuxième année de son âge, la neuvième de son règne en Allemagne, la huitième de son empire, la troisième de son règne en Sicile. Il n'est pas vrai qu'il soit mort formellement excommunié, comme plusieurs le prétendent. Il avait encouru à la vérité l'excommunication, suivant les priviléges des croisés, pour l'emprisonnement et la rançon du roi Richard; mais on ne voit nulle part que cette peine ait été prononcée contre lui. CONSTANCE, fille de Roger, roi de Sicile, qu'il avait épousée en 1186, quoiqu'âgée pour lors de près de quarante ans (morte le 27 novembre 1198), lui donna Frédéric, qui lui succéda. (*Voyez après* Philippe de Suabe *et* Otton IV.) Henri avait eu le dessein de rendre la couronne impériale héréditaire dans sa maison; et pour y faire consentir les seigneurs qui avaient droit aux élections, il avait offert d'incorporer le royaume de Sicile à l'empire germanique, d'ériger en seigneuries héréditaires et purément allodiales tous les fiefs mouvants de sa couronne, et de renoncer à la dépouille des clercs. Plus de cinquante princes s'étaient laissé gagner par ces offres, et le pape lui-même avait paru s'y prêter avec empressement. Mais rien ne put vaincre les oppositions du duc de Saxe et du margrave de Brandebourg. Le pape profita de cet incident pour retirer le consentement qu'il avait donné à un projet qui aurait privé le saint siége du droit qu'il s'était attribué de confirmer les élections des empereurs. (Pfeffel.) (*Voyez* Henri, roi de Sicile.)

PHILIPPE DE SUABE.

1198. PHILIPPE, cinquième fils de l'empereur Frédéric Ier., créé marquis de Toscane en 1195, et duc de Suabe en 1196, était en route pour aller joindre l'empereur Henri VI, son frère, en Sicile, lorsqu'il apprit sa mort à Montefiascone, près de Viterbe. A cette nouvelle, il rebroussa chemin pour retourner en Allemagne. Mais sur sa route les Italiens se vengèrent des mauvais traitements qu'ils avaient reçus de son frère, par divers outrages qu'ils lui firent, jusque-là qu'il courut plus d'une fois risque de la vie, et perdit quelques-uns de ses gens qu'ils massacrèrent. Arrivé en-deçà des monts, il tint à Jestershausen, en Thuringe, une assemblée de seigneurs, dans laquelle il se fit décerner la régence de l'empire et la tutèle de son neveu le jeune Frédéric, âgé seulement de quatre ans, et élu roi des Romains du vivant de son père. Ayant obtenu ce point, il travaille à se faire élire lui-même roi des Romains, sous prétexte de donner à sa régence plus d'autorité. Il convoque, pour ce sujet, une nouvelle assemblée à Mulhausen, en Thuringe. Elle fut plus nombreuse que la première. On y vit les archevêques de Trèves et de Magdebourg avec plusieurs autres prélats, les ducs de Saxe et de Bavière, beaucoup de comtes et d'autres seigneurs, qui tous s'accordèrent, le vendredi 6 mars 1198, à lui déférer la royauté. Il s'agissait après cela de le couronner. L'archevêque de Cologne, que cette fonction regardait, ennemi de Philippe, refuse son ministère alléguant l'excommunication dont ce prince avait été frappé par Célestin III, pour des usurpations qu'il avait faites en Italie, sur les terres du saint siége. Celui de Trèves ayant fait de même, et celui de Mayence étant à la Terre-Sainte, Philippe gagne l'archevêque de Tarantaise, légat du pape en Allemagne, qui, l'ayant absout, le couronne à Mayence dans l'octave de Pâques. C'est l'époque du règne de ce prince dans tous ses diplômes. Il s'y nomme Philippe II, comptant pour le premier, Philippe, empereur romain, successeur de Gordien. Le pape Innocent III fut très-offensé de cette promotion et de ce couronnement. Il ne voulait ni de l'oncle ni du neveu pour empereur. Le premier lui était odieux par la hauteur de son caractère, qu'il avait déjà manifesté en Italie. Il rejetait le second, parce qu'il ne convenait pas aux intérêts du saint siége que la couronne de Sicile, dont Frédéric était héritier, et la couronne impériale fussent réunies sur la même tête. Il ordonna, en conséquence, une nouvelle élection, qui tomba, par le choix des ennemis de la maison de Suabe, sur Otton de Brunswick. Philippe ne fut point déconcerté par cet événement. Il poussa vivement la guerre contre son compétiteur, et remporta sur lui divers avantages. L'an 1205, il se fait élire de nouveau et couronner, avec son épouse, à Aix-la-Chapelle, le 6 janvier, par l'archevêque de Cologne, avec lequel il s'était réconcilié. Le pape Innocent excommunie le prélat pour ce fait, le dépose et oblige le chapitre de Cologne à lui donner un successeur. Philippe continue de faire des progrès. L'an 1206, il remporte une grande victoire sur Otton, et l'année suivante, il fait sa paix avec le pape, en lui promettant, suivant l'abbé d'Usperg, de donner une de ses filles au neveu de sa sainteté. Il se croyait alors au comble de ses vœux; mais il touchait, sans qu'il s'en doutât, au terme de ses jours. L'an 1208, ce prince, âgé de trente ans, est assassiné, le 23 juin, à Bamberg, par Otton de Witelsbach, pour le refus qu'il faisait de lui donner en mariage sa fille, qu'il lui avait fiancée. Philippe avait épousé, l'an 1196, IRENE, fille de l'empereur grec Isaac l'Ange, et veuve de Roger, fils de Tancrède, roi de Sicile. Cette princesse, morte l'an 1208, lui donna quatre filles; Cunégonde, fiancée à Otton de Witelsbach, puis mariée à Wenceslas, roi de Bohême; Marie, femme de Henri, duc de Brabant; Ethisa, mariée à Ferdinand III, roi de Castille; Béatrix, mariée à l'empereur Otton IV.

« On a, dit M. de Saint-Marc, deux diplômes du roi Philippe (de Suabe), datés d'Aix-la-Chapelle, la sixième année » de son règne, le 2 des ides (le 12) de janvier 1204, c'est-» à-dire 1205, parce que dans le royaume de Lorraine, dont » Aix-la-Chapelle est la capitale, on comptait les années » comme l'église gallicane, qui commençait l'année à Pâques.

» Ces deux diplômes furent accordés à l'occasion de ce que » Philippe fut alors sacré par Adolphe d'Altena, archevêque » de Cologne. » (*Abr. chron. de l'Hist. d'Ital.*, t. VI, p. 71, col. 2.) M. de Saint-Marc se trompe ; la sixième année du règne de Philippe courait encore au mois de janvier 1204, selon notre manière de compter. Ainsi, l'année commençait alors, en Lorraine, à Noël, comme dans l'Allemagne.

OTTON IV.

1198. OTTON, comte de Poitou, troisième fils de Henri le Lion, duc de Brunswick, et de Mathilde, né vers 1175, est élu roi des Romains, à Cologne, par quelques princes, au refus de Berthold de Zeringhen, sur lequel ils avaient d'abord jeté les yeux, et couronné à Aix-la-Chapelle, le 4 juillet 1198, par Adolphe, archevêque de Cologne. Cette élection se fit en conséquence des plaintes d'Innocent III, contre celle de Philippe, et des ordres qu'il donna pour en faire une nouvelle. Les princes, alors, se partagèrent entre les deux élus, et causèrent, par leurs divisions, la ruine de l'Allemagne. L'an 1199, le pape se déclara ouvertement pour Otton, et trouva fort étrange que son élection souffrît des contradictions. Rien n'y manquait, à l'entendre, ayant été faite par la plupart de ceux à qui compétait essentiellement le droit d'élire le roi des Romains, l'élu ayant été couronné par l'archevêque de Cologne, qui seul avait ce droit par la dignité de son siége, et ayant été reconnu par le pape, à qui l'élection des empereurs appartenait dans son origine et dans son accroissement, puisque c'étaient les papes qui avaient transféré l'empire des Grecs aux Latins, et qui donnaient au roi des Romains la couronne impériale. Tels étaient les préjugés d'Innocent et le sujet de ses plaintes. On y eut peu d'égard. Il fallut décider la querelle des contendants par la voie des armes. L'an 1206, Otton, entièrement défait par Philippe, et contraint de prendre la fuite, se retire, lui quatrième, en Angleterre, auprès du roi Jean, son oncle. Il y attend le retour de la fortune, et son espérance ne fut point vaine. L'an 1208, après la mort de Philippe, il est reconnu roi des Romains, à Francfort, dans une nombreuse diète, tenue à la Saint-Martin. Pour imprimer le dernier sceau à cette élection, Innocent, l'an 1209 (le 27 septembre, suivant les uns, le 4 octobre, selon les autres), couronne empereur Otton, à Rome, après lui avoir fait promettre de rendre au saint siége le fameux héritage de la comtesse Mathilde. La joie de cette cérémonie fut troublée par un combat des Romains et des Allemands, dans lequel ces derniers furent très-maltraités. L'empire ne remplit pas les vues ambitieuses d'Otton. L'an 1210, vers le commencement de novembre, il entre, à la tête d'une puissante armée, dans la Pouille, à dessein d'enlever à Frédéric le royaume de Sicile. Le pape désapprouve cette expédition comme un attentat contre les droits du saint siége, de qui relevait ce royaume. Indisposé, d'ailleurs, contre Otton pour les terres allodiales de Mathilde, qu'il refusait, malgré son serment, de restituer, il prend le parti, la même année, de l'excommunier. Otton, l'an 1211, au mois de novembre, quitte la Pouille, où il avait fait de grands progrès, pour aller appaiser les troubles que son excommunication, publiée par l'archevêque de Mayence, avait excités en Allemagne. Il n'y réussit pas; il avait contre lui le clergé, dont il ne cessait de violer les immunités, et ce corps, si puissant alors, avait entraîné la plupart des états. En vain ce prince, dans la diète de Nuremberg, entreprend de se justifier contre les reproches du pape, en vain soumet-il sa cause au jugement des états, et dépose entre leurs mains toute l'autorité du gouvernement. Cette démarche généreuse ne sert qu'à enhardir les mécontents. L'imprudence d'Otton lui suscite encore un nouvel ennemi. L'an 1213, il se ligue avec le roi d'Angleterre, son oncle, et le comte de Flandre, contre le roi de France. Il est battu l'année suivante et mis en fuite par ce dernier, le 27 juillet, à la bataille de Bouvines, près de Cisoin. Cet échec ruina ses affaires, et ne lui permit plus de songer à celles de l'empire. Abandonné de tout le monde, il se retira dans ses terres de Brunswick. Il meurt, l'an 1218, sans enfants, le 19 mai, au château de Hartzbourg, dans la quarante-troisième année de son âge, la vingtième depuis sa première élection, la dixième depuis la deuxième, la neuvième depuis son couronnement impérial. Il avait épousé, 1°., l'an 1212, **Béatrix**, fille de Philippe, son rival, morte quatre jours après ses noces; 2°., l'an 1214, **Marie**, fille de Henri IV, duc de Brabant, qui lui survécut.

Marie, dont on vient de parler, est la première impératrice qui ait eu un sceau particulier et affecté à son usage. Les femmes des empereurs précédents se servaient de celui de leurs maris. (Heumann.) Otton IV ne commença à se servir du sceau royal que lorsque l'évêque de Spire, chancelier d'Allemagne, lui eut apporté les ornements impériaux, après l'assassinat de son rival. Auparavant, les diplômes qu'il faisait expédier comme chef de l'empire, n'étaient munis que d'une empreinte de la croix.

FRÉDÉRIC II.

1198. **Frédéric II**, surnommé Roger, fils de Henri VI et de

Constance, né le 26 décembre 1194, (et non pas 1193) à *Jessi*, dans la marche d'Ancône, élu roi des Romains vers le milieu de 1196, avant son baptême, (Murat.) fut proclamé de nouveau, peu de tems après la mort de son père, dans la campagne d'Erfort, par le plus grand nombre des princes d'Allemagne. Il était déjà roi de Sicile; mais il ne commença de régner en Germanie qu'après la révolution occasionnée par l'excommunication d'Otton IV. Alors les princes d'Allemagne, assemblés à Bamberg, proposèrent de mettre à sa place Frédéric, qui fut effectivement élu, pour la troisième fois, roi des Romains dans une diète tenue, l'an 1211, à Coblentz. L'an 1212, Frédéric part de Sicile, vient à Rome pour s'aboucher avec le pape Innocent III, le promoteur de son élection; de là, se rend en Allemagne, où il est couronné, le 6 décembre, dans la diète de Mayence. Le 19 du mois précédent, étant à Toul, il avait fait, avec Philippe Auguste, roi de France, un traité d'alliance, par lequel il s'engageait à ne faire ni trêve ni paix, sans son consentement, avec Otton ni avec le roi d'Angleterre. (Etiennot, *Fragm. Aquitan.*, tome III, page 327.) Frédéric, porté sur le trône de Germanie par la faveur d'Innocent, avait contracté envers lui les mêmes obligations qu'Otton s'était imposées en recevant la couronne impériale, c'est-à-dire, de remettre le saint siége dans la possession tranquille des allodiaux de la comtesse Mathilde, d'abolir le droit de dépouille, et de rétablir les appels en cour de Rome, que l'empereur Henri VI avait prohibés. Frédéric satisfit à ses promesses par sa fameuse constitution d'Egra. L'an 1215, il renouvela son couronnement le 25 juillet, à Aix-la-Chapelle. Le désastre des affaires d'Otton avança les siennes. Délivré de ce rival, l'an 1218, il donna ses soins pour rétablir la paix et la police en Allemagne. L'an 1220, il arrive à Rome, où le pape Honorius III le couronne empereur, avec son épouse, le 22 novembre, après lui avoir fait renouveler le vœu qu'il avait fait deux ans auparavant, d'aller à la Terre-Sainte. L'an 1224 (et non 1220) il publie, le 22 février, une constitution contre différents hérétiques qu'il soumet à la peine de mort. (C'est la première fois, dit-on, que cette peine a été décernée en matière d'hérésie. Mais sans parler des édits sanglants du tyran Maxime contre les Priscillianistes, et des empereurs d'Orient contre les Manichéens, Robert, roi de France, avait condamné au feu, plus de deux cents ans avant Frédéric, des hérétiques découverts à Orléans.) Pour montrer que sa constitution doit avoir lieu en tout tems, Frédéric la date *anno imperii nostri præterito, præsenti et futuro*. L'amour de l'indépendance animait toujours les villes d'Italie. L'an 1226, les principales d'entre elles s'étant confédérées, signent, le 2 mars, une ligue contre l'empereur, et se donnent elles-mêmes le nom de *Societas Lombardorum*. Frédéric étant au mois de juin à Borgo-San-Donino, les met au ban de l'empire : il fait ensuite fulminer contre elles, par l'évêque d'Hildesheim, une excommunication, dont elles se moquèrent. L'empereur sollicite le pape Honorius III d'appuyer cet anathème des foudres du Vatican. Le pontife, plus modéré, prend le parti de la négociation, et réussit à réconcilier les villes révoltées avec l'empereur, par un traité signé le 1er. février 1227. Honorius étant mort le 18 mars suivant, eut pour successeur Grégoire IX, dont un des premiers soins fut de presser l'empereur d'acquitter son vœu de la croisade. Frédéric, ne pouvant plus reculer, va s'embarquer, le 8 septembre (et non le 11 août) 1227, au port de Brindes. (Murat.) Mais lorsqu'il est en mer, la navigation l'incommode au point qu'il est obligé d'aller relâcher à Otrante. Grégoire, prenant cette indisposition pour une feinte, déclare l'empereur excommunié par une bulle du 29 du même mois. Il renouvelle cette excommunication à la Saint-Martin suivante, et la confirme encore le jeudi saint de l'an 1228, par une nouvelle bulle datée de Pérouse, où les Romains, soulevés contre lui, l'avaient contraint de se retirer. Frédéric, enfin, se rembarque au mois d'août suivant, sans s'être fait relever des censures; il arrive en Chypre, et de là va descendre, le 7 septembre, au port d'Acre. Grégoire envoie deux frères mineurs après lui, pour défendre aux chrétiens du Levant de lui obéir. Il fait en même tems publier une croisade, pour lui enlever la Pouille, et met à la tête de cette expédition Jean de Brienne, beau-père de Frédéric. Tandis que ce prince fait la guerre aux ennemis de Jésus-Christ, il apprend que le chef de la religion envahit ses terres. A cette nouvelle, il se presse de conclure, avec le soudan d'Egypte, un traité qui fut signé le 18 février 1229. Maître de Jérusalem par cet accord, il y entre le 17 mars, et le lendemain étant allé à l'église du Saint-Sépulcre, il y prend lui-même la couronne sur l'autel, aucun évêque ne s'étant présenté pour la lui donner. Frédéric se remet en mer le 1er. mai suivant pour retourner en Europe. L'an 1230, le 9 juillet, il fait sa paix avec le pape, et obtient, le 28 août, l'absolution des censures. Frédéric, l'an 1234, reçoit un nouveau sujet de chagrin dans le sein de sa famille. Henri, son fils, qu'il avait fait élire roi des Romains en 1220, à l'âge de sept ans, et couronner en 1222, se révolte pour la seconde fois en Allemagne, pendant le séjour de son père en Italie. De retour en Allemagne l'année suivante, après Pâques, Frédéric le fait dégrader dans la diète de Mayence, tenue au mois d'août, et le relègue dans un château de la Pouille, où il mourut au mois de février 1242, suivant la Chronique de Richard de Saint-Germain, et non 1236, comme le marque celle du moine de Padoue. Ce jeune prince avait épousé, l'an 1225, MARGUERITE, fille de Léopold, duc d'Autriche, dont il eut deux fils jumeaux qui moururent sans alliance. Sa déposition ne fut pas la seule opération de la diète de Mayence. Cette assemblée, l'une des plus brillantes, dit M. Pfeffel, qu'il y eût eues depuis long-tems, se rendit fameuse par nombre d'excellentes lois qu'elle porta relativement au maintien de la paix publique; elles furent publiées pour la première fois en langue allemande. Les jugements palatins ayant cessé depuis long-tems, chaque particulier s'était arrogé le droit de se faire justice par la voie des armes. Pour remédier à ce désordre, Frédéric créa un juge de cour, nommé *hofrichter* et *frymann*, dont les fonctions étaient de juger chaque jour de la semaine et de juger toutes les causes qu'on portait à sa connaissance; il n'y avait d'exception que pour celles qui concernaient la personne, la vie, la dignité et les fiefs des princes, dont l'empereur se réserva la décision. La charge de frymann se soutint jusqu'au règne de Maximilien Ier. Ses fonctions, alors, furent confondues avec celles de la chambre impériale et du conseil aulique.

Les villes de Lombardie n'obéissaient cependant qu'à regret, pour la plupart, aux officiers que l'empereur y avait établis. Le pape lui-même, si l'on en croit la plupart des historiens, les excitait sourdement à s'affranchir de la domination teutonique. Ce fut alors qu'on vit éclater l'animosité la plus grande entre les Guelfes et les Gibelins, dont les premiers tenaient pour les papes, et les seconds pour l'empereur. Frédéric, instruit de ces mouvements, se rend sur les lieux en 1236, réduit plusieurs villes rebelles, échoue contre d'autres, et s'en retourne la même année, laissant son armée au fameux Eccelin, tyran de Padoue, qui feignait de tenir cette ville au nom de l'empereur, et y exerçait, ainsi qu'aux environs, les plus grandes cruautés. (Muratori.)

L'amour paternel et le désir de conserver le trône impérial dans sa maison, porta Frédéric à faire encore élire roi des Romains, l'an 1237, dans la diète de Spire, Conrad, son deuxième fils, âgé de neuf ans. Il est remarquable que ce furent les seuls princes, qu'on nomma depuis électeurs, qui choisirent Conrad, et que les autres princes ne firent que donner leur consentement à ce qu'avaient arrêté ces *pères et ces luminaires de l'empire*; c'est ainsi que les appelle la bulle d'élection, en les comparant aux sept chandeliers mystérieux de l'Apocalypse; ce qui semble insinuer qu'ils étaient fixés dès-lors au nombre de sept. (Pfeffel.) Frédéric veut aussi pourvoir à l'établissement d'Entius, son fils naturel. Après l'avoir marié avec Adélaïde, fille de l'un des juges ou princes de Sardaigne, il le crée, l'an 1228, roi de cette île. (Murat.) Le pape réclame contre cette disposition, prétendant que la Sardaigne appartient au saint siége. Frédéric maintient ce qu'il a fait. En conséquence, Grégoire l'excommunie de nouveau le 24 mars 1239. Il fait ensuite offrir la couronne impériale à saint Louis, roi de France, pour le comte Robert, son frère. L'offre est refusée, de l'avis des barons de France. L'empereur cependant continue la guerre en Italie. Il passe tout l'hiver dans la Toscane, dont toutes les villes, à l'exception de Florence, se soumettent volontairement à lui. Son fils Entius faisait les mêmes progrès dans la marche d'Ancône. L'an 1240, L'empereur entre, au mois de février, dans le duché de Spolette, et de là s'avance vers Rome sans rencontrer d'obstacle. Les Romains, dont les principaux étaient d'intelligence avec lui, sont disposés à se rendre plutôt que de soutenir un siége. Le pape, dans cette détresse, indique une procession générale où il fait porter les corps des saints apôtres, et publie en même tems une croisade contre Frédéric. Cette pieuse cérémonie attendrit les cœurs et ranime le courage des Romains. Ils prennent tous la croix à l'envi, tant laïques qu'ecclésiastiques, résolus tous de sacrifier leur vie pour la défense du pape et de Rome. L'empereur, qui ne s'attendait pas à cette résolution, passe dans la Pouille, pour faire des hommes et de l'argent. Après avoir fait le dégât dans le territoire de Bénévent et ordonné le siége de la ville, une contre-marche le conduit dans la Romagne. Il prend Ravenne le 22 août, et assiége ensuite Faënza, qui fait une longue et vigoureuse résistance. L'argent lui manquant durant l'hiver devant cette place, il fait frapper de la monnaie de cuir, dont il s'engage de rendre la valeur qu'il y met. Il tint parole : son trésorier changea cette monnaie pour des *agostares* d'or, valant chacun un florin d'or et un quart. Faënza capitule enfin le 14 ou le 15 avril 1241. Bénévent se rend, dans le même mois, à l'armée que Frédéric avait laissée l'année précédente, pour en continuer le siége. Le 3 mai suivant, sa flotte, commandée par son fils Entius, bat celle des Génois, et fait prisonniers la plupart des cardinaux et des évêques, qui s'étaient embarqués pour venir au concile indiqué par le pape contre lui. Frédéric ne les relâcha que l'an 1243, après la mort de Grégoire, pour faciliter l'élection de son successeur, qui fut Innocent IV. L'an 1244, traité signé à Rome, le 31 mars, entre Innocent et Frédéric, qui bientôt s'en repent et refuse de l'exécuter. Pour se venger, l'an 1245, Innocent prononce, le 17 juillet, une sentence d'anathème et de déposition contre Frédéric, en présence, mais non avec l'approbation du concile général de Lyon. (Voy. *les Conciles.*) L'empereur apprenant ce jugement à Turin, où il s'était rendu pour s'approcher du concile, se fait apporter la cassette où se conservaient les ornements impériaux; il en tire sa couronne. *La voilà donc*, dit-il en la regardant, *cette couronne qu'Innocent veut me ravir*, alors, l'enfonçant sur sa tête; *il ne me l'a point encore ravie*, ajoute-t-il, *et il ne l'aura pas qu'il n'en coûte bien du sang.* Rendu à lui-même, il envoie promptement son fils Conrad en Allemagne avec des lettres aux princes de l'empire, pour les mettre dans ses intérêts. *Que ne devez-vous pas craindre*, leur disait-il, *d'un tel pape, chacun en particulier, puisqu'il ose entreprendre de me déposer, moi qui suis couronné empereur de la part de Dieu?.... Vous en êtes vous-mêmes la cause en vous soumettant à ces hypocrites dont l'ambition n'a point de bornes.* Il se déchaînait ensuite contre les vices de la cour de Rome. Frédéric écrivit aussi à saint Louis, roi de France, pour remettre entre ses mains la décision de son différent avec le pape. Le monarque français n'approuvait pas la déposition de l'empereur. Il fit ce qui dépendait de lui pour le réconcilier avec le saint siége. Il alla trouver le pape à Cluni, avec la reine, sa mère, ses trois frères et plusieurs seigneurs, et tint, pendant sept jours, des conférences avec lui sur ce sujet. Mais l'inflexibilité d'Innocent rendit ses soins inutiles, et excita son indignation. Le pontife cependant travaillait avec toute l'ardeur que lui inspirait sa haine pour Frédéric, à lui faire donner un successeur. Enfin par ses intrigues, l'an 1246, Henri Raspon, landgrave de Thuringe, est élu roi des Romains, dans la diète de Hocheim, près de Wurtzbourg, par les archevêques de Mayence, de Cologne et de Trèves. On l'appela *le roi des prêtres.* Ce prince étant mort au Carême de l'année suivante, Guillaume, comte de Hol-

---

GUILLAUME.

1247. GUILLAUME, comte de Hollande, élu roi des Romains par les trois électeurs ecclésiastiques et d'autres magnats; mais sans le concours des quatre électeurs laïques, à Wéringhen (Vie de ce prince, par M. Méerman, part. I, pp. 174, 234), près de Cologne, le 29 septembre 1247, s'empara, l'année suivante, d'Aix-la-Chapelle, où il fut couronné, le premier novembre, par l'archevêque de Cologne, en présence du cardinal légat Pierre Capoccio et de plusieurs ducs, comtes et nobles du pays. A cette cérémonie, Louis, comte palatin,

lande, fut élu pour lui succéder. Vers cetems, ou peut-être plus tard, Frédéric fait arrêter Pierre des Vignes, son chancelier et son homme de confiance; et après lui avoir fait crever les yeux, il le livre aux Pisans, ennemis déclarés de ce ministre, pour en disposer à leur gré. Les historiens sont fort partagés sur la cause de cette disgrace. Quoi qu'il en soit, les Pisans, ravis de posséder l'objet de leur aversion, enferment Pierre des Vignes dans une étroite prison, où, quelque tems après, soit d'ennui, soit par la crainte d'un plus grand supplice, il se cassa la tête contre une colonne à laquelle il était attaché. La guerre s'allume entre les deux rivaux de l'empire. L'an 1248, Frédéric, s'obstinant au siége de Parme, est battu sur la fin de février, et obligé de se retirer après avoir perdu sa caisse militaire et ses trésors. Thadée de Sessa, qui avait été son avocat au concile de Lyon, périt en cette journée. Nouvel échec pour l'empereur, l'année suivante, en Lombardie. Son armée, commandée par Entius, son fils, est taillée en pièces, le 26 mai, par les Bolonnais, et le général fait prisonnier, avec Buofo, chef des Crémonais, alliés de Frédéric. Conduit dans les prisons de Bologne, Entius y resta jusqu'à sa mort arrivée le 14 mars 1272. Les affaires de Frédéric n'allaient pas mieux en Allemagne, où Conrad, son fils, était vivement pressé par le roi Guillaume. Enfin se voyant sans ressource, Frédéric se retira dans la Pouille, et mourut à Fiorenzuola, entre les bras de l'archevêque de Salerne, le 13 décembre 1250, dans la cinquante-sixième année de son âge. Les Guelfes et les Gibelins ont fait, chacun à leur manière, le portrait de Frédéric II. Les premiers ont employé, pour le peindre, les couleurs les plus noires. Les seconds lui ont prêté tous les traits d'un héros accompli. Le pinceau de ceux-ci nous paraît s'éloigner le moins de la vérité. Ce prince, en effet, était doué des plus

---

présenta au nouvel empereur la pomme d'or, avec ces paroles remarquables, rapportées par Trithême : *Accipe globum sphœricum ut omnes terrœ nationes Romano Imperio subjicias et Augustus gloriosus valeas appellari.* L'an 1250, après la mort de Frédéric, le pape Inocent lui confirma ce titre, dont il se montra digne par plusieurs avantages qu'il remporta sur Conrad, son nouveau compétiteur. En 1252, il avait déjà réuni tout le nord de l'Allemagne sous son obéissance. Ces succès, qu'il devait moins à la force de ses armes qu'aux intrigues de la cour de Rome et de ses émissaires, l'enhardirent à convoquer une diète à Francfort, dans laquelle il fit condamner à la perte de leurs

rares qualités du corps, de l'esprit et du cœur. Une taille avantageuse, un port majestueux, une physionomie noble et spirituelle, annonçaient en lui le premier souverain de l'Europe. Les talents répondaient à la figure. Il possédait, outre le grec et le latin, la plupart des langues vivantes. Il était versé dans les arts, protégeait les savants, et composa lui-même un Traité de la Fauconnerie, qu'il mit à la mode parmi les seigneurs allemands. Les universités de Vienne et de Naples le reconnaissent pour leur fondateur. Il fit traduire en latin, sur des manuscrits grecs et arabes, les œuvres d'Aristote. A l'égard de son caractère, il avait le courage et la grandeur d'âme en partage. Fidèle à ses amis, il ne maltraita que des sujets rebelles qui ne l'auraient pas épargné s'il fût tombé entre leurs mains. Ferme dans les contre-tems et inépuisable en ressources, il sut toujours maintenir son autorité, malgré dix excommunications dont il fut frappé. L'incontinence est le seul vice qu'on puisse, avec fondement, lui reprocher. Car pour l'imputation d'impiété, dont les papes le chargèrent, elle est si absurde, qu'elle se détruit d'elle-même, et ne sert qu'à manifester l'excès de la haine qu'ils lui portaient. Frédéric reçut avant sa mort l'absolution de l'archevêque de Palerme, et fut enterré à Montréal. Ce prince avait régné cinquante-trois ans comme roi de Sicile, trente-cinq ans, cinq mois moins douze jours comme roi des Romains, à compter du 25 juillet 1215, trente ans vingt-trois jours comme empereur, à compter du 22 novembre 1220, époque de son couronnement, enfin vingt et un ans neuf mois moins cinq jours comme roi de Jérusalem, à compter du jour qu'il se couronna lui-même. Il faut bien distinguer pour entendre ses chartes, les quatre époques de ses règnes. Frédéric avait épousé, 1°. à Palerme, l'an 1209, CONSTANCE, fille d'Alfonse II, roi d'Aragon, et veuve d'Emeric, roi de

---

fiefs et dignités les vassaux de la couronne germanique, qui ne s'étaient point encore présentés à l'investiture. La mort de Conrad, arrivée l'an 1254, le mit entièrement à l'aise; car il ne se trouva plus personne qui lui disputât l'empire. Ce fut alors qu'il commença de régner, et que son droit au trône impérial cessa d'éprouver des contradictions. Son premier soin fut d'assembler une diète à Francfort. Il y porta des lois très-sages pour le rétablissement de la paix en Allemagne, où régnait l'anarchie avec tous les désordres qu'elle enfante, depuis la naissance des querelles du sacerdoce et de l'empire. Mais les seigneurs, armés les uns contre les autres à la faveur du schisme,

Hongrie, morte le 23 juin 1212; 2°., l'an 1225, YOLANDE, fille de Jean de Brienne, roi de Jérusalem, morte en 1228; 3°., le 20 juillet 1235, ISABELLE, fille de Jean, roi d'Angleterre, morte le 10 décembre 1241. Il eut du premier lit, Henri, dont on a parlé; du second, Conrad qui suit; du troisième, Henri, roi titulaire de Jérusalem, mort en 1254; et Marguerite, femme d'Albert, margrave de Thuringe et de Misnie. Entius, mort à Bologne, l'an 1272, dans la prison où les Bolonnais l'avaient mis après sa défaite du 26 mai 1249, et Mainfroi, roi de Sicile, furent ses deux fils naturels. Anne, aussi fille naturelle de Frédéric, épousa, l'an 1244, Jean Vatace, empereur grec. On voit dans l'église des Dominicaines de Montargis le tombeau de dame Blanchefleur, qualifiée fille de l'empereur Frédéric II, et morte le 20 juin 1279.

On remarque dans les diplômes de Frédéric II quatre époques; savoir, l'année de son règne en Sicile, qui commence à l'an 1198; celle de son règne en Germanie, dont l'année 1212 est la première; celle de son empire, qui se prend de son couronnement fait à Rome au mois de novembre 1220; et celle de son règne à Jérusalem, dont l'abbé de Gotwic fixe le commencement à l'an 1226. On a de ce prince quelques diplômes datés suivant l'ère pisane. Ce sont ceux qu'il fit expédier en Italie.

Depuis un tems immémorial, les empereurs étaient en possession de soumettre les états de l'empire à des princes puissants, soit à titre d'hypothèque, soit par une cession simple et perpétuelle. Mais la diète de 1216 restreignit cette liberté, sans toucher néanmoins aux villes, lesquelles n'étaient pas encore regardées comme états de l'empire.

C'est sous Frédéric II qu'on trouve le premier vestige d'un

étaient trop animés du désir de s'entre-détruire pour se prêter aux vues du nouveau souverain. Il ne désespérait pas néanmoins d'y faire entrer les plus raisonnables par la persuasion, et les autres par la force. Mais il voulait auparavant réduire les Frisons, peuple excessivement jaloux de sa liberté, dont il ne pouvait obtenir l'hommage, ni en qualité de comte de Hollande, ni comme chef de l'empire. Ayant rassemblé une petite armée de hollandais, il pénétra dans leur pays en hiver, avec plus de valeur que de prudence. Pour aller plus droit à eux, il voulut traverser un marais glacé; mais la glace rompit sous les pieds de son cheval, qui s'enfonça. Tandis que Guillaume faisait des efforts pour se dégager, des ennemis, qui étaient en embuscade, l'assommèrent. Ainsi périt ce prince, digne d'un meil-

droit singulier que les empereurs exercèrent de tems en tems dans les villes impériales. Il consistait, ce droit, à marier à leur fantaisie les enfants des principaux citoyens. Un héraut allait crier dans tous les carrefours que l'empereur avait fiancé la fille d'un tel à un tel ; dès-lors tout était arrêté, et le mariage s'accomplissait l'année suivante à pareil jour. L'empereur Henri VII renonça à ce droit en faveur des citoyens de Francfort par ses lettres-patentes de l'an 1332. (Pfeffel.)

Ce fut aussi sous le règne de Frédéric II que prit naissance, l'an 1241, la ligue hanséatique, ou hanse teutonique, qui, dans son origine, n'était qu'une confédération de la ville de Lubeck avec quelques villes voisines pour donner la chasse à des pirates qui infestaient la mer Baltique. Le succès de cette alliance y fit entrer de proche en proche toutes les villes commerçantes depuis le Rhin jusqu'à la Vistule. Des lois mercantiles, politiques et militaires, cimentèrent leur union ; et par leur fidélité à les observer, elles attirèrent en Allemagne toutes les richesses du Nord, dont elles échangèrent le superflu contre celles des autres contrées de l'Europe. Leur marine, en même tems commerçante et militaire, les mit en état de faire la loi plus d'une fois aux rois de Danemarck et de Suède. La découverte des Indes qui ouvrit une nouvelle route de commerce, fit tomber celui de la hanse après une prospérité toujours soutenue durant l'espace d'environ trois siècles. Cette décadence entraîna celle de la confédération dont les liens formés par l'intérêt se relâchèrent à mesure qu'il diminua. Depuis long-tems il n'existe plus qu'une ombre de la hanse dans les privilèges dont jouissent les villes de Lubeck, Brême et Hambourg, qui seules ont conservé le nom de villes hanséatiques. Enfin plusieurs rapportent au commencement du règne de Frédéric II la publication du *Speculum*

---

leur sort, le 28 janvier 1256, à l'âge de 29 ans. (*Voy.* Guillaume, *comte de Hollande.*)

La mort du roi Guillaume laissa l'Allemagne plongée dans une espèce d'anarchie qui avait commencé dès les dernières années de Frédéric II. A la faveur des troubles excités par la cour de Rome, les princes et les états germaniques avaient secoué le joug de la dépendance et s'étaient érigés en souverains, ne regardant l'empereur ou le roi des Romains que comme le chef d'une république. Ainsi déprimée, la couronne d'Allemagne était devenue un fardeau qu'aucun prince de la nation n'ambitionnait, parce qu'elle exigeait, pour la porter avec splendeur, des dépenses auxquelles nul d'entre eux n'aurait pu

Juris Saxonici, qui est le plus ancien original du droit d'Allemagne.

CONRAD IV.

1250. CONRAD IV, fils de Frédéric II et d'Yolande de Brienne, né l'an 1228, au mois d'avril, couronné roi des Romains au mois de janvier 1237, prit le titre d'empereur aussitôt qu'il eut appris la mort de son père. L'an 1251, il passe les monts pour se mettre en possession de ses états d'Italie. Mais pendant qu'il triomphe des troupes que le pape Innocent IV avait envoyées contre lui dans le royaume de Naples, l'anticésar Guillaume fait de grands progrès en Allemagne. Conrad, l'an 1254, comme il se préparait à retourner en Allemagne, meurt empoisonné, dit-on, par Mainfroi, son frère naturel, avec son autre frère, Henri, roi de Jérusalem, et Henri, son neveu, le 21 mai, dans la Pouille, à l'âge de vingt-six ans. Son corps fut inhumé à Foggia. Ce prince avait épousé, en 1246, ELISABETH, fille d'Otton, duc de Bavière et comte palatin du Rhin, qui le fit père de Conradin. Elle se remaria, l'an 1259, à Mainard, comte de Tyrol, et mourut en 1270. (*Voy.* Conrad et Conradin *parmi les rois de Sicile, et parmi les ducs de Suabe et de Franconie.*)

---

suffire. Il faut néanmoins excepter le jeune Conradin, héritier des vastes domaines de sa maison. Mais outre qu'il n'avait encore que deux ans, le pape Alexandre IV lui avait donné l'exclusion d'une manière formelle et irrévocable. Ce qui augmentait encore la confusion, c'était la captivité de l'électeur de Mayence, que le duc de Brunswick retenait dans ses prisons. Dans ces conjonctures, l'électeur de Cologne, sur qui roulaient les préliminaires de l'élection du nouveau roi des Romains, en l'absence de l'électeur de Mayence, s'avisa, de concert avec ses collègues, de vendre à un étranger cette même couronne, que nul prince allemand n'était en état ni en disposition d'accepter. S'étant adressé, pour cet effet, à Richard, comte de Cornouailles, frère de Henri III, roi d'Angleterre et beau-frère de Frédéric II, il traite avec lui du prix des suffrages qui devaient l'élever sur le trône des Césars. Mais comme il ne les taxa pas tous également, les électeurs, qui avaient à se plaindre de cette inégalité, se séparèrent de Richard, et offrirent leurs voix à un autre prince.

RICHARD D'ANGLETERRE.

1257. RICHARD, deuxième fils de Jean, roi d'Angleterre, et d'Isabelle d'Angoulême, comte de Cornouailles, né le 5 janvier 1209, fut élu solennellement roi des Romains le 13 janvier 1257, à Francfort, par l'archevêque de Cologne, votant en son nom et en celui de l'archevêque de Mayence, détenu prisonnier à Brunswick, et par leurs adhérents. Ce fut le premier qui le couronna, le jour de l'Ascension de la même année, avec SANCIE, sa femme, à Aix-la-Chapelle. Il avait apporté des sommes immenses, avec lesquelles il récompensa ses partisans et en acquit de nouveaux. Après les avoir épuisées, il retourne en Angleterre pour faire de nouveaux fonds. Le pape Alexandre IV, l'an 1259, le reconnaît pour légitime roi des Romains, l'invite à venir recevoir à Rome la couronne impériale, et promet de l'aider à réduire les états d'Italie. Les conjonctures ne permirent point à Richard de répondre à l'invitation du pontife. L'an 1264, en combattant pour le roi d'Angleterre, Henri III, son frère, contre ses sujets rebelles, il fut fait prisonnier avec lui, par Simon de Montfort, comte de Leicester, à la bataille de Lewes, donnée le 14 mai. Richard, l'an 1269, délivré depuis quatre ans de sa captivité, revient en Allemagne et s'occupe à y rétablir le bon

ALFONSE DE CASTILLE.

1257. ALFONSE, roi de Castille, X^e^. du nom, petit-fils, par Béatrix, sa mère, de l'empereur Philippe, fut élu roi des Romains le jour des Rameaux, dans la ville de Francfort, par l'électeur de Trèves, le roi de Bohême, le duc de Saxe, le margrave de Brandebourg, et le duc de Bavière, en même-tems comte palatin du Rhin. Mais la guerre, qu'il avait avec les Maures, ne lui permit pas de sortir d'Espagne pour venir prendre possession de cette couronne. C'est ce qu'allèguent les écrivains espagnols, pour l'excuser de n'avoir jamais paru en Allemagne. Il ne laissa pas d'écrire, après son élection, à Richard, pour le sommer de déposer la couronne germanique; mais il en reçut une réponse encore plus fière que la sommation. Le pape Alexandre IV, qui avait intérêt de ménager les deux rivaux, lui fit insinuer qu'avant toute chose, il devait se mettre en état de recevoir la couronne germanique, qui était, selon lui, l'arrhe de l'empire, *arrha imperii*. Alfonse, l'an 1263, fait de nouvelles instances auprès du pape Urbain IV, pour obtenir la couronne impériale. Le pontife cite à son tribunal les deux contendants par un bref daté d'Orviète, le 27 août. Mais il mourut l'année suivante, avant l'expiration du terme fixé par la citation. Après la mort de Richard, Alfonse fit quel-

ordre. Il convoque une diète à Worms, où les états s'engagent, par serment, de courre-sus à tous ceux qui oseraient exiger des péages illégitimes, troubler la sûreté du commerce et des grands chemins, ou violer la paix publique. Richard étant retourné en Angleterre, mourut, le 2 avril 1271, à Berkhamstead, de la douleur que lui causa la mort de Henri, son fils aîné, qui fut assassiné à Viterbe, par Gui de Montfort, fils de Simon, comte de Leicester. Ce prince fut inhumé à l'abbaye d'Hoyle. Il avait épousé, 1°. l'an 1231, ISABELLE, fille de Guillaume, comte de Pembroke, et veuve de Gilbert Clare, comte de Glocester, morte en 1240; 2°. l'an 1243, SANCIE, fille de Raimond-Bérenger, comte de Provence, décédée le 9 novembre 1261; 3°. le 16 juin 1269, BÉATRIX DE FALKENSTEIN, cousine de l'archevêque de Cologne, morte en 1277. Il laissa, du deuxième lit, Edmond, comte de Cornouailles, régent d'Angleterre en 1272, mort en 1308, et Richard, tué, en 1296, au siége de Barwick.

ques efforts pour s'assurer le trône de Germanie. Mais se voyant abandonné, il oublia l'Allemagne pour se livrer entièrement au soin de son royaume de Castille.

RODOLPHE DE HABSBOURG.

1273. RODOLPHE Ier. du nom, dit le CLÉMENT, landgrave d'Alsace, fils d'Albert le Sage, comte de Habsbourg, et de Hedwige de Kibourg, né le 1er. mai 1218, fut élu empereur le 1er. octobre 1273, dans une diète à Francfort, par Louis le Sévère, comte palatin, duc de Bavière, à qui les autres électeurs s'en étaient rapportés sur ce choix, faute de pouvoir s'accorder. Reconnu ensuite par ces mêmes électeurs, à l'exception du roi de Bohême, il fut couronné le 28 octobre suivant, un mardi, par l'archevêque de Cologne, à Aix-la-Chapelle. Rodolphe, du côté paternel, descendait de Gontran le Riche, comte en Argow, en Alsace et en Brisgaw dans le dixième siècle, et par lui d'Etichon, duc d'Alsace au septième siècle, souche commune de la maison de Habsbourg-Autriche et de celle de Lorraine. Le pape Grégoire X confirma, l'an 1274, l'élection de Rodolphe, après que ce prince lui eut confirmé, à lui-même, la possession de l'exarchat de Ravenne, de la marche d'Ancône et du duché de Spolette. La même année il est reconnu roi d'Italie par les Milanais dans une ambassade solennelle qu'ils lui envoyent. Pour tranquilliser Grégoire X sur les engagements que Rodolphe avait pris avec lui, il était à propos qu'ils se vissent et conférassent ensemble. L'an 1275, ils eurent, le 18 octobre, à Lausanne, l'entrevue que le pape désirait. Rodolphe y confirma de nouveau la cession qu'il avait faite au saint siége de toutes les terres mentionnées ci-dessus, prit la croix des mains du pape, et promit d'aller recevoir à Rome la couronne impériale à la Toussaint de l'année suivante. Mais il n'observa ni la deuxième, ni la troisième de ces conventions, et n'alla jamais, ni à la Terre-Sainte pour combattre les infidèles, ni à Rome pour se faire couronner. (Rodolphe pensait que le couronnement fait par le pape avait toujours été funeste à ses prédécesseurs, dont les uns n'étaient point revenus en Allemagne, les autres avaient cédé par force à la cour de Rome leurs droits les plus légitimes. Il comparait le pape au lion de la fable, lequel, feignant d'être malade, dévora tous les animaux qui étaient venus lui rendre visite.) Il ne tint guère plus de compte des cessions qu'il avait faites au saint siége, et continua d'exercer son autorité dans la Romagne. Mais enfin, sur les instances et les menaces du pape Nicolas III, il envoya, l'an 1278, un officier en Italie, qui mit, le 4 mai, le saint siége en possession de la Romagne. Rodolphe était alors en guerre avec Ottocare, roi de Bohême, qui lui refusait l'hommage. La même année, il gagna, le 26 août, une grande bataille sur ce prince qui périt dans l'action. Le fruit de cette victoire fut la conquête de l'Autriche avec ses dépendances, dont Rodolphe investit, l'an 1282, Albert, son fils, par lettres-patentes du 27 décembre, dans la diète d'Ausbourg. De là les comtes de Habsbourg ont pris le nom de ce duché, et fondé la deuxième maison d'Autriche. Rodolphe ne réussit pas également à faire élire ce même Albert, roi des Romains. L'ayant proposé, l'an 1290, à la diète de Francfort, il ne put obtenir son consentement. Rodolphe termina ses jours l'année suivante, le 15 juillet, selon M. Pfeffel, le 30 septembre, suivant M. de Zurlauben, à Germersheim, sur le Rhin, dans la soixante-quatorzième année de son âge et la dix-huitième de son empire. Son corps est enterré à Spire dans la sépulture impériale. Rodolphe, suivant un ancien historien, avait sept pieds de hauteur, la taille mince, la tête petite et presque chauve, le visage pâle, le nez aquilin. (Urstit. *Rerum Germ.*, *par.* 2, p. 37.) Reste à savoir, pour bien juger de sa hauteur, quel rapport avait alors le pied d'Allemagne avec notre pied de roi. Ce prince réunissait aux vertus sociales, qui font l'honnête homme, les qualités qui font l'homme d'état et le héros. En montant sur le trône, il avait trouvé l'Allemagne plongée dans la plus affreuse anarchie. La licence y avait pris la place des lois; tout était permis à la force, parce que nulle autorité n'était capable de la réprimer. Rodolphe, par sa prudence et sa valeur, vint à bout de rétablir le bon ordre et la tranquillité. Habile à manier les esprits, il sut contenir les grands par leur propre intérêt dans le devoir, et resserrer l'union près de s'anéantir entre le chef et les membres. Il fonda la grandeur de sa maison par une politique adroite qui, quelquefois à la vérité, côtoya la justice, mais en observant toujours exactement les formes. Il avait épousé, 1°., en 1245, GERTRUDE, (nommée ensuite ANNE) de HOHENBERG, morte, le 16 février 1281, après lui avoir donné onze enfants, sept garçons, dont Albert fut le seul qui survécut à son père, et plusieurs filles, qui sont Mathilde, femme de Louis le Sévère, comte Palatin du Rhin et duc de Bavière; Agnès, femme d'Albert II, duc de Saxe, et Hedwige, mariée à Otton IV, Margrave de Brandebourg; Judith, fiancée en 1278 (1) et mariée en 1289 à Wenceslas IV, roi de Bohême; Clémence mariée à Charles Martel, roi de Hongrie, et Catherine mariée en 1276 à Otton, duc de la Basse-Bavière, élu roi de Hongrie en 1305, et mort en 1312, après avoir été forcé de renoncer à son élection. Rodolphe épousa, 2°., l'an 1284, ELISABETH, aussi dite AGNÈS, fille de Hugues IV, duc de Bourgogne (et non pas Agnès, fille de Robert II, fils et successeur de Hugues, comme le prouve dom Plancher contre M. Schoepflin). Elisabeth n'avait que vingt et un ans à la mort de Rodolphe, et cette perte l'affecta au point qu'elle passa dans le veuvage le reste de ses jours, qui finirent en 1313. (V. Rodolphe landgrave de la Haute Alsace.)

Jusqu'à Rodolphe, les fils aînés des princes en Allemagne, succédaient seuls à leur père, et les cadets ne recevaient que de modiques apanages. Mais depuis ce règne, aveuglés par une tendresse paternelle bien déplacée, ces princes commencèrent à démembrer leurs états pour en faire des parts à chacun de leurs fils. Il arriva de-là que l'Allemagne se vit accablée sous une foule de petits souverains. Les princes reconnaissent aujourd'hui les inconvénients de ces partages multipliés à l'infini, et il y a peu de maisons présentement en Allemagne, où l'ancien droit d'aînesse n'ait été rétabli, soit par des dispositions testamentaires, soit par des pactes de famille, confirmés par les empereurs.

Rodolphe exerça le droit de premières prières. Ce droit consiste en ce que chaque empereur nomme un chanoine ou un

---

(1) L'ancienne édition fait Judith et Clémence filles du second lit de Rodolphe; mais comme il ne s'est marié avec Elisabeth de Bourgogne qu'en 1284, la discordance de ces dates prouve assez qu'elles sont du premier lit, ainsi que la troisième, Catherine, que les Bénédictins ne mentionnent pas. (*Note de l'Editeur.*)

religieux dans tous les chapitres séculiers ou réguliers, immédiats de l'Allemagne, à moins qu'ils ne soient exceptés de cette charge par un privilége particulier. Il paraît par les termes du premier brevet que Rodolphe fit expédier à ce sujet, l'an 1273, que ce droit était connu long-tems avant son règne, puisqu'il le fonde sur une ancienne coutume. Mais il n'en subsiste aucun vestige antérieur à Rodolphe, et ses successeurs ont continué de l'exercer, mais non pas toujours sans contradiction.

On prétend que Rodolphe ordonna, du consentement des états, qu'on n'emploierait plus que la langue allemande dans les actes publics, afin que tout le monde fût en état de les entendre. Mais c'est une erreur réfutée par le docte Spener, qui montre que ce prince n'a fait aucun acte en allemand, et que depuis lui, plusieurs diplômes impériaux sont écrits en latin. (*Tom.* III, pag. 446 et 447.) C'est avec aussi peu de fondement qu'on avance que sur la fin de son règne, Rodolphe vendit la liberté aux villes d'Italie qui voulurent bien l'acheter. « Florence, dit-on, donna quarante mille ducats d'or. Lucques, » douze mille; Gênes et Bologne, six mille. » Un moderne fameux, auquel on ne saurait toujours se fier, est le premier garant de cette assertion.

ADOLPHE DE NASSAU.

1292. **Adolphe de Nassau**, fils de Waléran, comte de Nassau, et d'Adélaïde de Hatzen-Elnbogen, fut élu roi des Romains, le 1er. mai 1292, à la diète de Francfort, par les intrigues de Gérard, archevêque de Mayence, son parent, et couronné à Aix-la-Chapelle, non le 25 juin suivant, comme le marquent les modernes, mais le 1er. juillet, selon un diplôme de ce prince, donné ce jour-là *in die coronationis nostræ*. (Voyez *la nouvelle Histoire d'Aix-la-Chapelle.*) Adolphe s'attira le mépris des grands de l'empire, en recevant de l'argent du roi d'Angleterre, pour faire la guerre à la France. Il acquit de cet argent, l'an 1293, la Thuringe, dont les états refusèrent de le recevoir. Tandis qu'Adolphe était occupé à subjuguer ce pays, on tint une diète à Mayence, dans laquelle il fut déposé, le 23 juin 1298, par les menées de ce même archevêque de Mayence, son parent, qui avait procuré son élection. On élut, à sa place, Albert d'Autriche. Bataille entre les deux compétiteurs, le 2 juillet suivant, à Goelheim, près de Worms (et non de Spire.) Adolphe y perdit la vie par les mains d'Albert. Il avait épousé, l'an 1285, **Imagine**, fille de Gerlac, seigneur de Limbourg, en Vétéravie, dont il laissa Gerlac, comte de Nassau, de qui descendent les princes de Nassau-Usingen, de

Saarbruck et de Weilbourg, et Mathilde, femme de Rodolphe, électeur palatin. (*Voyez* Philippe le Bel, roi de France.)

ALBERT Ier. D'AUTRICHE.

1298. ALBERT Ier. D'AUTRICHE, fils de l'empereur Rodolphe, et d'Anne de Hohenberg, né vers 1248, élu empereur, le 23 juin 1298, par une partie des princes mécontents d'Adolphe, se fit élire une seconde fois, après la mort de son rival, par tous les électeurs, le 9 août suivant, et fut couronné, le 24 du même mois, à Aix-la-Chapelle. Le pape Boniface VIII, se déclara d'abord contre Albert, dont il désapprouva l'élection, alléguant, pour motifs de son opposition, qu'il avait assassiné son souverain légitime, qu'il était borgne et laid de visage, et qu'il avait épousé une femme de sang de vipère, *sanguine viperali*, la fille de la veuve de Conrad IV. En conséquence, il prit la qualité de vicaire-général de l'empire, et donna aux ambassadeurs d'Albert, leur audience de congé, assis sur un trône, ceint d'une épée, et la couronne de Constantin le Grand sur la tête, en leur disant : « C'est moi, c'est moi, qui suis » césar, c'est moi qui suis l'empereur. » *Io, io son cesare, io l'imperadore;* après quoi il ordonna aux électeurs de Mayence et palatin, de procéder incessamment à une nouvelle élection. (Benevenuto da Imola.) Mais Albert ayant depuis trouvé moyen de le gagner, il le reconnut pour légitime roi des Romains, par une bulle du 30 avril 1303, dans la vue de l'engager à prendre son parti contre Philippe le Bel, roi de France. Quatre ans auparavant (l'an 1299), Albert avait eu avec ce monarque, une conférence à Vaucouleurs, dans laquelle ils étaient convenus de faire mettre des bornes d'airain dans la rivière de Meuse, et des bornes de pierre sur ses bords, pour marquer la séparation de l'empire et du royaume de France. La borne monstrueuse, dit un moderne, que l'on voit à Milli, devant Dun, et dont on ne connaît pas l'origine, pourrait bien être l'une de celles que l'on planta alors pour cet objet.

Ce fut sous le règne d'Albert, que commença, l'an 1307, le soulèvement des Suisses, contre les gouverneurs autrichiens, qui les traitaient avec inhumanité. Le 17 octobre de cette année, les trois cantons de Schwitz, d'Uri et d'Underwald, ayant pour chefs Werner Stauffacher, Walter Furst, et Arnoul de Melchthal, projettent une ligue dans la plaine de Greutti, au canton de Schwitz, pour défendre leur liberté. Ils mettent à mort Gesler et Landeberg, deux de leurs tyrans, chassent les autres, et détruisent les forteresses bâties pour les tenir en bride. Albert, instruit de cette révolte, marche, avec une grosse armée, pour la réprimer. Il est tué, le 1er. mai 1308, par Jean d'Autriche, prince de Suabe, son neveu, en passant sur un bac la rivière de Russ, près de Windisch, en Argow (l'ancienne *Vindonissa* des Romains.) Le motif qui porta Jean d'Autriche à cet assassinat, était l'injustice que lui faisait Albert, en retenant une partie des biens qui devaient lui revenir de la succession de son père. Le corps de cet empereur, déposé d'abord à l'abbaye de Wettingen, en Argow, fut transporté, l'année suivante, dans la sépulture impériale de la cathédrale de Spire, et inhumé auprès de celui d'Adolphe, son compétiteur. ELISABETH, fille de Mainard, duc de Carinthie, qu'il épousa vers l'an 1282, et qui mourut à Vienne, le 28 octobre 1313, lui donna onze enfants, dont les principaux sont : Frédéric Ier., duc d'Autriche et landgrave d'Alsace, qui disputa l'empire à Louis de Bavière; Rodolphe, élu roi de Bohême, en 1307, et mort le 4 juillet de la même année, sans enfants, de son mariage avec Blanche, sœur de Philippe le Bel, roi de France; Léopold, célèbre par son courage et par ses exploits; (celui-ci épousa, par contrat passé à Zurich le 20 avril 1310, Catherine, seconde fille d'Amédée V, comte de Savoie, et mourut le 28 février 1326, laissant de ce mariage, deux filles, Catherine, mariée depuis, à Enguerrand VI, sire de Couci, et Agnès, femme de Boleslas, duc de Schweidnitz, en Silésie); Albert II, dit le Sage, souche de la maison d'Autriche; Isabelle, femme de Ferri IV, duc de Lorraine; et Agnès, mariée à André III, roi de Hongrie. Dans l'endroit où l'empereur Albert expira, son épouse fonda le monastère de Kœnigsfelden pour des Claristes, où elle eut sa sépulture. (*Voyez* les ducs d'Autriche.)

HENRI VII, DE LUXEMBOURG.

1308. HENRI VII, fils aîné de Henri III, comte de Luxembourg, et de Béatrix de Hainaut, fut élu, préférablement à plusieurs concurrents, roi des Romains, 1°. à Rentz, le 15 novembre 1308; 2°. d'une manière plus solennelle, à Francfort, le 27 du même mois. Son couronnement se fit à Aix-la-Chapelle, le 6 janvier 1309. Cette même année, on tint une diète, à Spire, où il est fait mention, pour la première fois, des trois colléges des électeurs, des princes et des villes. L'année suivante, Henri passe en Italie, avec une armée considérable. Il y trouve ce pays déchiré par les factions des Guelfes et des Gibelins. Il fait, le 23 décembre, son entrée à Milan, et y reçoit la couronne d'Italie, le 6 janvier 1311. Les habitants de Monza réclamèrent contre le passe-droit qui leur était fait par ce couronnement qui aurait dû se faire, disaient-ils, dans leur ville, quoiqu'il y eût déjà plus d'un exemple du contraire. Henri leur donna satisfaction par un diplôme où il reconnaissait leur droit. Après avoir soumis les villes rebelles de Lombardie, il arrive, le 7 mai de l'an 1312, à Rome, où il eut à combattre les troupes de Robert, roi de Naples, qui s'étaient emparées de la cité Léonine et du Vatican. N'ayant pu les en déloger, il se fit couronner empereur, le 29 juin, dans l'église de Latran, par les trois cardinaux que Clément V avait envoyés d'Avignon, pour cette fonction. De là, il se rend à Pise, pour faire la guerre aux Florentins, sourdement excités par le pape. Il y convoque les princes d'Italie, et fait citer nommément Robert, roi de Naples, comme feudataire de l'empire. Sur son refus de comparaître, il le met au ban de l'empire, le 25 avril 1313; il part, le 9 août suivant, à la tête de son armée, pour aller faire exécuter son jugement sur les lieux. Mais il tombe malade à Buonconvento, en Toscane, et y meurt le 24 août 1313, à l'âge de cinquante et un an, dans la cinquième année de son règne, et la deuxième de son empire. Son corps fut enterré dans la cathédrale de Pise, où on lui fit de magnifiques obsèques. Le bruit se répandit que son confesseur dominicain l'avait empoisonné, en lui administrant la communion sous l'espèce du vin. Mais cinq auteurs comtemporains, cités par Muratori (*ann. d'Ital.* t. VIII, pag. 72.) attestent qu'il mourut d'une fièvre pestilentielle. Jean, roi de Bohême, fils de l'empereur Henri, déchargea pareillement les Dominicains, par une déclaration authentique, du crime qu'on leur imputait, sans parler d'une bulle qu'ils obtinrent aussi d'Innocent VI au même effet. Henri fit admirer en sa personne l'alliance qu'il avait su faire des vertus chrétiennes avec la prudence des plus habiles politiques, l'autorité des maîtres les plus absolus et la valeur des plus redoutables conquérants. Ses sujets l'aimaient comme un père, le respectaient comme un grand homme, et le craignaient comme le soutien des lois et de la justice. Il avait épousé, l'an 1292, MARGUERITE, fille de Jean I, duc de Brabant, morte à Gênes le 11 décembre 1311, dont il eut Jean, qui devint roi de Bohême en 1310; Béatrix, alliée à Charles, roi de Hongrie, et Marie, femme de Charles le Bel, roi de France.

Après la mort des Henri VII, la division se mit parmi les électeurs pour le choix de son successeur, ce qui occasionna un interrègne de quatorze mois, et produisit ensuite une double élection.

FRÉDÉRIC III, D'AUTRICHE.

1314. FRÉDÉRIC III, duc d'Autriche et landgrave d'Alsace, surnommé LE BEL, fils de l'empereur Albert, fut élu à Saxenhausen, près de Francfort, le 19 octobre, un jour avant l'élection de Louis de Bavière, son cousin germain, par l'archevêque de Cologne, le comte palatin, frère de Louis de Bavière, et deux autres princes de race électorale. Son couronnement se fit le 25 novembre suivant. Mais la guerre s'éleva bientôt entre les deux rivaux. L'an 1322, Frédéric perd, le 28 septembre, près de Muldorff, une grande bataille contre Louis, qui le fait prisonnier, et l'envoie au château de Traunsnitz, près de Ratisbonne, pour y être renfermé. L'an 1325, il recouvre sa liberté en renonçant à l'empire. Fidèle à sa parole jusqu'à sa mort, il refusa la couronne que le pape Jean XXII lui offrit pendant les démêlés de ce pontife avec Louis de Bavière. C'est ainsi que presque tous les historiens anciens et modernes racontent la délivrance de Frédéric, ses conditions et ses suites. Mais la reine de Hongrie, Marie-Thérèse d'Autriche, dans sa réponse à la *déduction* de la maison de Bavière (tom. 2, p. 448), a produit un traité, passé à Ulm le jour de la Nativité de la Vierge (8 septembre) de l'an 1325, entre Louis de Bavière et Frédéric d'Autriche, par lequel ils s'unissent et *s'engagent à perpétuité à posséder, régir et gouverner conjointement et également, comme une seule et même personne, l'empire romain.... Nous prendrons tous deux*, y est-il dit, *le titre de roi des Romains, toujours Auguste... Si l'un faisait quelque affaire en l'absence de l'autre, il devra, telle qu'elle soit, la faire au nom de tous les deux, mettant le titre de l'absent à la tête, afin que l'on ne croie pas que l'affaire regarde plus celui qui l'aura faite que l'autre, rien ne se devant faire que conjointement par nous, et non séparément.* Cet acte est fait en présence de douze témoins qualifiés, du nombre desquels sont les deux confesseurs des deux princes. La Chronique de Konigshoven, écrite du vivant de Frédéric d'Autriche, confirme ce qui est contenu dans ce traité. Elle rapporte (ch. 15) que Louis de Bavière, ayant inutilement assiégé, l'an 1325, la ville de Burgaw, songea à délivrer Frédéric de sa prison; que dans cette vue il arriva inopinément le jour de Saint-Georges au château de Traunsnitz, où Frédéric était renfermé; qu'ils firent entre eux un traité secret, au moyen duquel Frédéric, qui était détenu depuis trois ans, sortit de prison. « Ces » deux princes, ajoute-t-elle, s'appellent tous les deux rois, » mangent, boivent et couchent ensemble, et sont en si » parfaite intelligence, qu'ils ont résolu de marier ensemble » leurs enfants, ce qui paraît étonnant aux peuples; chacun » d'eux s'écrit et s'appelle roi des Romains jusqu'à présent. » On a des preuves d'ailleurs que Frédéric fit usage de l'autorité royale depuis qu'il eut recouvré la liberté. Cuspinien rapporte deux diplômes, l'un dressé à Munich, en 1325, l'autre à Ulm, en 1326, qui prouvent que les deux rois ont régné ensemble sous les mêmes auspices, tant que Frédéric a vécu. M. Schoepflin (*Alsat. Illus.*, tom. II, p. 502) dit aussi que Frédéric, ayant été pris l'an 1322, fut rétabli, l'an 1325, par le traité d'Ulm; à quoi il ajoute qu'il mourut le 13 janvier 1330, et fut enterré dans la Chartreuse de Maurbach, en Autriche. « On doit, dit-il, » l'appeler parmi les rois de Germanie Frédéric III, parce » que les diplômes et priviléges par lui accordés aux villes » d'Alsace, tant avant qu'après sa captivité, prouvent claire- » ment sa qualité de roi des Romains. » Frédéric avait épousé, l'an 1315, ISABELLE, fille de Jacques I, roi d'Aragon (morte le 20 juillet 1330), dont il eut deux fils morts en bas âge, et deux filles. (Voy. *les ducs d'Autriche.*)

LOUIS V, DE BAVIÈRE.

1314. LOUIS V, fils de Louis le Sévère, comte palatin et duc de Bavière, et de Mathilde, fille de l'empereur Rodolphe I, né l'an 1287, fut élu à Francfort, le 20 octobre 1314, par cinq électeurs, et couronné le 26 novembre suivant, à Aix-la-Chapelle, par l'archevêque de Mayence. Il avait un compétiteur dans Frédéric d'Autriche, qu'il mit hors d'état de lui nuire en le faisant prisonnier à la suite d'une bataille gagnée sur lui. L'an 1323, le pape Jean XXII, qui jusqu'alors avait gardé le silence sur les deux élections, les casse par sa bulle du 9 octobre, avec ordre à Louis de Bavière de se désister, dans trois mois, de l'administration de l'empire. Louis et les états d'Allemagne protestent contre cette bulle. Jean XXII ne savait pas reculer. Par une autre bulle du 11 juillet 1324, il déclara Louis contumace, le priva de tout le droit qu'il pouvait prétendre à l'empire en vertu de son élection, et le cita à comparaître devant lui dans le premier octobre suivant. La diète de Ratisbonne déclara cette citation nulle, avec défense d'y avoir égard. Les facultés de Bologne et de Paris, les plus célèbres jurisconsultes, et les Frères Mineurs, défendirent à l'envi la cause de l'empereur. Ces derniers, que Jean XXII avait mortellement offensés en condamnant l'opinion outrée où ils étaient touchant l'étendue de leur vœu de pauvreté, furent peut-être les plus utiles à Louis par le crédit qu'ils avaient sur l'esprit du peuple. L'an 1327, Louis se fit couronner, le 31 mai, à Milan. Le pape l'excommunia le 23 octobre suivant, et délia ses sujets du serment de fidélité. Louis brava cet anathème, et l'an 1328, étant arrivé le 7 janvier à Rome, où le parti des Gibelins dominait alors, il y fut reçu avec acclamation, et couronné le 17 par les évêques de Venise et d'Aléria. (Murat.) Il tint, le 18 avril suivant, dans la place de Saint-Pierre, un grand parlement, où il déclara Jacques de Cahors (Jean XXII) déchu de la papauté. Après cette opération, il fit élire antipape, le 12 mai, Pierre de Corbière, qu'il couronna lui-même le 22, et par la main duquel il fut couronné à son tour le même jour. Le parti des Guelfes ayant tout-à-coup repris le dessus à Rome, Louis en sortit le 4 août, n'y étant plus en sûreté. Ses affaires allant toujours depuis en décadence, il fit diverses démarches pour se réconcilier avec la cour d'Avignon ; mais ce fut en pure perte. Elle voulait absolument ou sa déposition ou son abdication volontaire. Enfin, l'an 1333, il prend le parti de la satisfaire, et jette les yeux sur Henri, son cousin, duc de la basse Bavière, pour le faire élire en sa place. Henri se tenait si assuré du suffrage des électeurs, qu'il fit d'avance, le 7 décembre 1333, un traité avec Philippe de Valois, roi de France, par lequel il lui cédait tous les droits de l'empire sur l'ancien royaume de Bourgogne, sur celui d'Arles et de Provence, sur l'évêché de Cambrai, pour la somme de trois cent mille marcs d'argent ; et cela, dit-il, de l'avis et du consentement de la plus grande partie des princes d'Allemagne, à qui appartient le droit d'élire le roi des Romains. *Habito super hoc tractatu consilio et consensu majoris partis principum Alemanniæ, ad quos jus electionis regis Romanorum dignoscitur pertinere* ; à quoi il ajoute que le motif de cette aliénation est de se procurer des fonds pour une expédition qu'il médite à la Terre-Sainte. (*Miss. du Roi*, n°. 467.) Mais les états s'opposèrent à la résolution désespérée de l'empereur Louis, et la lui firent abandonner. Jean XXII, étant mort sur la fin de l'an 1334, Louis envoie, l'an 1335, des ambassadeurs à Benoît XII, son successeur, pour négocier de nouveau sa paix. Benoît fait paraître de bonnes intentions. Les mêmes ambassadeurs reviennent l'année suivante. Mais la négociation échoue par les intrigues des cardinaux, attachés aux rois de France et de Bohême, ennemis de l'empereur. Les princes de l'empire désapprouvaient cependant l'autorité que le pape s'attribuait sur leur chef. S'étant assemblés, l'an 1338, à Rens, près de Coblentz, ils déclarent, par un acte du 15 juillet, l'empire indépendant du pape ; déclaration que la diète de Francfort confirma, le 8 août suivant, par sa pragmatique sanction. L'an 1343, Clément VI, nouveau pape, recommence les procédures contre l'empereur. Ce prince lui offre, par ses ambassadeurs, de se soumettre à toutes les conditions qu'il voudra lui imposer. Clément en exige de si dures et de si injurieuses à la dignité impériale, qu'elles sont unanimement rejetées par les diètes de Francfort et de Rens.

L'an 1346, le 13 avril, il fulmine une nouvelle bulle de déposition contre Louis, dans laquelle il charge ce prince et sa famille des plus affreuses malédictions. Il mande en même-tems aux électeurs de procéder à l'élection d'un nouveau chef de l'empire. En conséquence de cet ordre, cinq de ces princes, gagnés par argent, s'assemblent à Rents, élisent roi des Romains, le 19 de juillet, Charles de Luxembourg, et le font couronner à Bonn, le 25 novembre suivant, par l'archevêque de Cologne. On ne peut guère acquérir une couronne par des voies plus honteuses que celles qu'avait employées Charles pour parvenir à l'empire. Le pape Clément VI, qui avait noué l'intrigue de son élection, exigea de lui pour conditions les promesses suivantes; 1°. qu'il abolirait tous les actes de Louis de Bavière; 2°. qu'il abandonnerait à jamais et sans retour au saint siége la ville de Rome, le duché de Ferrare, l'état ecclésiastique et ses prétentions sur les royaumes de Naples, de Sicile, de Sardaigne et de Corse; 3°. qu'il n'exercerait aucun acte de souveraineté dans la Lombardie ni dans la Toscane sans l'agrément du pape; 4°. qu'il ne mettrait les pieds dans Rome que pour son couronnement impérial; 5°. qu'il accorderait sans difficulté les investitures accoutumées aux prélats munis des provisions apostoliques de la cour d'Avignon. Charles n'avait pas rougi de dégrader la majesté de l'empire en acceptant ces ignominieuses conditions. Une bassesse aussi marquée donnait sur lui de grands avantages à Louis. Celui-ci remporta de grands avantages sur son rival; mais un accident termina leur querelle. Louis tombe de cheval en poursuivant un ours à la chasse, et meurt de sa chute le 21 octobre 1347. Il était dans la soixantième année de son âge et la trente-troisième de son règne. Son corps fut enterré à Munich. (Voy. Louis, *duc de Bavière.*)

Louis de Bavière s'intitulait dans ses diplômes Louis IV, ne comptant point apparemment Louis, fils d'Arnoul, au nombre des empereurs. Il datait ses diplômes des années de son règne et de celles de son empire, dont il faisait concourir la première avec la quatorzième de l'autre. Quelquefois il désignait l'année de l'Incarnation par ces mots : *Anno Christianæ libertatis.* Ce prince fut le premier empereur qui fit sa résidence dans ses états. Avant lui, les rois et empereurs germaniques ne paraissent pas même avoir eu de résidence fixe et de préférence. Il est aussi le premier et le seul empereur qui ait employé deux aigles dans ses sceaux..

Louis V s'était mis sur le pied de dispenser des empêchements dirimants du mariage. Il accorda une de ces dispenses entr'autres au marquis de Brandebourg, Louis Ier., son fils, pour épouser Marguerite de Carinthie, qui était sa parente dans un degré prohibé. Cependant les parties contractantes, pour plus grande sûreté, firent confirmer la dispense par l'évêque de Frisingue. Eusèbe Amort tâche de justifier cette conduite de l'empereur en disant que les princes qui avaient établi des empêchements de mariage, en dispensaient avant que l'église en eût autrement disposé par des lois générales, et que les décrétales des papes eussent passé en droit public.

CHARLES IV.

1347. Charles IV, fils de Jean, roi de bohême, comte de Luxembourg, marquis de Moravie, et petit-fils de l'empereur Henri VII, né à Prague le 16 mai 1316, élu roi des Romains dans la diète de Rentz, le 19 juillet 1346, du vivant de Louis V, couronné à Bonn dans le mois de novembre suivant, fut rejeté, après la mort de ce prince, par les électeurs qui n'avaient pas approuvé son élection. Ces princes lui opposèrent successivement quatre compétiteurs, Édouard III, roi d'Angleterre, qui refusa l'empire, comme plus onéreux qu'utile; Frédéric, margrave de Misnie et landgrave de Thuringe, Charles Gonthier de Schwartzbourg, lequel étant devenu impotent du poison qu'on lui avait donné, vendit son droit à Charles de Luxembourg, et mourut peu de tems après; enfin Louis, margrave de Brandebourg, fils du dernier empereur, qui, n'étant point assez fort pour vendre ses prétentions, les céda pour rien. Tandis que ces choses se passent en-deçà des Alpes, Nicolas Rienzi, fils d'un meûnier, mais homme à talents, s'érige en souverain à Rome, où il s'était fait élire tribun du peuple, et ose citer à son tribunal les contendants à l'empire, pour y recevoir la loi. Louis de Bavière; Louis, roi de Hongrie, et Jeanne, reine de Naples, lui envoient des ambassadeurs. Il forme une ligue, qu'il nomme du *bon état*, dans laquelle il fait entrer plusieurs princes et plusieurs villes d'Italie. Avec les troupes que ses confédérés lui fournissent, il purge Rome et l'Italie de brigands. Mais bientôt son ambition le trahit, et montre à découvert un tyran dans ce prétendu libérateur du peuple romain. Il est chassé au commencement de l'an 1348. Ce ne fut pas le terme de ses aventnres, mais ce fut celui de sa gloire. Etant revenu, l'an 1354, à Rome, il fut assiégé dans le Capitole par le peuple, le 8 septembre, pour quelques violences qu'il avait commises; et, obligé de prendre la fuite, il fut poignardé par ceux qui l'atteignirent. (Murat.)

Charles de Luxembourg n'ayant plus de rival parmi les princes d'Allemagne, se fait sacrer de nouveau, l'an 1349, à Aix-la-Chapelle, par l'archevêque de Cologne. L'un des premiers actes d'autorité que Charles exerça fut d'accorder, dans la diète de Prague, la qualité de prince de l'empire à la maison de Meckelbourg. Le 13 mai 1354, étant à Metz, il érigea en duché le comté de Luxembourg en faveur de Wenceslas, son frère. Au mois d'octobre suivant, il passa les Alpes, et fut couronné roi de Lombardie, le 6 janvier 1355, à Milan; de là il se rendit à Rome, où il reçut la couronne impériale le jour de Pâques, 5 avril, des mains du cardinal-évêque d'Ostie, nommé pour cette fonction, par le pape Innocent VI. Après la cérémonie, s'étant promené par les rues avec tout l'appareil de la majesté impériale, il crée sur le pont du Tibre quinze cents chevaliers, puis s'en retourne le même jour coucher à San-Lorenzo, malgré les instantes prières que lui firent les Romains de prolonger son séjour dans leur ville et de la revendiquer au nom de l'empire. Loin de se rendre à leurs désirs, il remit au légat, en partant, un acte par lequel il renonçait à toutes les prétentions qu'il pouvait former sur Rome, l'état ecclésiastique, le duché de Ferrare, et les royaumes de Naples, de Sicile, de Sardaigne et de Corse, avec promesse de ne plus revenir en Italie sans l'agrément du pape. Ayant ainsi consommé sa honte et l'avilissement de l'empire, il reprend la route d'Allemagne, maltraitant sur son passage les Gibelins, comblant de caresses les Guelfes, et se faisant également mépriser de l'un et de l'autre partis. Il traversa ainsi l'Italie au milieu des insultes qu'on lui prodiguait, mais dont il se consolait au moyen des sommes immenses qu'il avait amassées en trafiquant des droits de la couronne impériale. Charles ayant repassé les Alpes, trouva toute l'Allemagne fort agitée. L'ambition d'une multitude de princes, dont les uns voulaient dominer, les autres ne voulaient pas céder, était une source intarissable de désordres. La force réglait tous les droits. On ne savait pas même auxquels des princes appartenait exclusivement celui de concourir à l'élection du roi des Romains. Charles, pour remédier à cette confusion, publia, le 10 janvier 1356, dans la diète de Nuremberg, la première partie de la fameuse *bulle d'or*, et la deuxième partie de cette pièce au 25 décembre suivant dans la diète de Metz, production attribuée mal à-propos au jurisconsulte Bartole. C'est proprement la première loi fondamentale du corps germanique : c'est l'époque à laquelle il faut remonter si l'on veut suivre les progrès du gouvernement d'Allemagne jusqu'à nos jours. On y fixe au nombre de sept celui des électeurs, en l'honneur, y est-il dit, des sept chandeliers de l'Apocalypse. On y règle leurs fonctions, leurs droits et leurs priviléges, la manière dont se doit faire l'élection du roi des Romains, et en général tout ce qui parut nécessaire pour mettre quelque ordre dans le gouvernement de l'empire.

L'autorité impériale était presque anéantie dans le royaume d'Arles. Charles voulant la faire revivre, se rend, l'an 1365, à la cour d'Avignon, pour en conférer avec le pape Urbain V, et de son avis il va se faire couronner roi d'Arles, le mercredi après la Pentecôte, dans la cathédrale de cette capitale, par l'archevêque Guillaume de la Garde, en présence du duc de Bourbon et du comte de Savoie. Charles voulut faire jouir aussi sa femme des honneurs du couronnement impérial. L'an 1368, les deux époux étant venus trouver, le 17 octobre, Urbain V à Viterbe, l'emmenent à Rome, où l'impératrice fut couronnée le jour de la Toussaint par l'évêque d'Ostie. L'empereur, dans ce voyage, fit un commerce infâme des droits de l'empire, en vendant la souveraineté des villes d'Italie à ceux qui les gouvernaient, et des immunités aux petites républiques qui s'étaient formées des débris du domaine impérial. Il fit à-peu-près de même en Allemagne. Uniquement occupé des intérêts de sa maison, il trafiqua des villes de l'empire avec les princes, pour agrandir ses états héréditaires. Celles de Suabe ne souffrirent pas qu'on les vendît impunément, et annulèrent le marché par leur résistance.

La dévotion fut le motif, si l'on en croit Charles IV, qui l'engagea à faire un voyage en France. Il arriva, le 4 janvier 1378, à Paris, dans la vue, disait-il, d'acquitter un vœu qu'il avait fait à Saint-Maur. Etant allé à Saint-Denis, il demanda sur-tout à voir les tombeaux de Charles le Bel et de Philippe de Valois, en disant à l'abbé et aux religieux : *J'ai été nourri dans mon jeune âge ez hotels de ces bons rois, qui moult de biens m'ont fait ; je vous requiers affectueusement de bien prier Dieu pour eux.* (*Voy.* Charles V, *roi de France.*) L'empereur Charles mourut à son retour, le 29 novembre de la même année, à l'âge de soixante-deux ans et demi, dans la trente-unième année de son règne, depuis la mort de Louis de Bavière, et dans la vingt-quatrième de son empire. Ce prince était savant ; il possédait cinq langues, et a laissé de bons mémoires de sa vie. L'université de Prague est son ouvrage ; il la fonda sur le modèle de celle de Paris, et la divisa, comme celle-ci, en quatre nations. Charles aimait extrêmement la pompe et les représentations ; et néanmoins il digérait très-facilement les outrages faits à sa personne et à sa dignité. Son ambition effrénée et prodigue acheva de dissiper les faibles restes des revenus impériaux. Voulant, en 1376, engager les électeurs à choisir Wenceslas, son fils, pour roi des Romains, il leur promit à chacun cent mille couronnes ; mais comme il n'était pas en état de payer une si grosse somme, il aliéna en faveur des trois électeurs ecclésiastiques et du comte palatin, les pays que la couronne impériale possédait encore sur les bords du Rhin, avec les droits et les terres dont les empereurs jouissaient dans ces districts. Depuis cette époque, les débris des anciens revenus de l'empereur devinrent un objet si peu considérable, qu'ils ne suffisaient pas pour payer les frais des postes établies dans l'empire. (Robertson.) On a dit de Charles IV, qu'il avait ruiné sa maison pour acquérir l'empire, et ruiné l'empire pour élever sa maison. (*Voy.* Charles I, *roi de Bohême.*)

Charles datait ses diplômes des années de son royaume de Bohême, commencé à la fin d'août 1346, et de celles de son empire, dont il fixait l'époque à son couronnement fait le 5 avril 1355. Ce prince, dans son sceau, réduisit à un aigle à deux têtes les deux aigles employés par Louis de Bavière dans le sien, et son exemple a été suivi par tous ses successeurs.

WENCESLAS.

1378. WENCESLAS, fils de l'empereur Charles IV, et d'Anne de Schweidnitz, né le 26 février 1361, roi de Bohême en 1363, élu roi des Romains à Francfort, le 10 juin 1376, couronné à Aix-la-Chapelle le 21 juillet suivant, succéda, l'an 1378, à son père. Sa vie fut un tissu de débauches, de cruautés et de bassesses. S'étant ruiné de bonne heure par son luxe et ses profusions, il continua, sur le modèle de son père, d'aliéner, pour faire ressource, les droits et les villes de l'empire. Celles de Suabe et du Rhin firent une ligue, pour défendre leur liberté contre les seigneurs qui les acquéraient. Le feu des discordes civiles se communiqua de proche en proche, et embrasa presque toute l'Allemagne. Wenceslas, pour régner, selon la maxime des tyrans, en divisant, prit soin de l'entretenir, loin de s'occuper à l'éteindre. Mais l'énormité de ses vices lui fit manquer le but de sa perfide politique. L'an 1393, les seigneurs de Bohême voyant croître les excès de ce prince en tout genre, l'enferment le 7 mai dans une prison comme une bête féroce. Il s'échappe au bout de 4 mois, et reprend le gouvernement. L'an 1395, il crée duc de Milan Jean Galéas, son beau-frère, moyennant une somme de cent mille florins d'or, et l'année suivante, il lui abandonne pour une autre somme, la souveraineté de presque toutes les villes de Lombardie qui relevaient de l'empire. Les trois électeurs ecclésiastiques et le comte palatin du Rhin, voyant l'empire se précipiter vers sa ruine, s'assemblent, le 26 mai 1400 à Francfort, pour traiter de la déposition de Wenceslas. Néanmoins, quoiqu'ils ne l'eussent pas consommée, ils ne laissèrent pas de désigner un nouveau chef de l'empire, dans la personne de Frédéric, duc de Brunswick. Mais, le 5 juin suivant, veille de la Pentecôte, celui-ci fut tué près de Fritzlar, par le comte de Waldeck. (Il n'est point compté parmi les empereurs, parce que son élection ne fut point publiée.) Le 24 août de la même année, nouvelle assemblée des mêmes électeurs, auxquels se joint celui de Bavière avec plusieurs princes, à Laenstein, où l'on confirme la déposition de Wenceslas. Le lendemain on élit pour empereur, à Rens, Robert, comte palatin du Rhin. Wenceslas protesta contre sa déposition, et conserva jusqu'à sa mort le titre d'empereur, avec un assez grand nombre de partisans; il n'eût même tenu qu'à lui de les augmenter, s'il eût voulu mettre plus de règle et de vigueur dans sa conduite. Mais sa nonchalance le retint en Bohême, où il continua de régner jusqu'à sa mort, arrivée le 16 août 1419, à l'âge de cinquante-huit ans, après un règne de vingt-deux ans comme empereur, et de cinquante-cinq ans comme roi de Bohême. Il fut enterré à Prague, auprès de son père. (*Voy.* Wenceslas, *roi de Bohême*, et Conrad II, archevêque de Mayence.)

ROBERT.

1400. Robert, comte palatin du Rhin, fils aîné de Robert le Tenace, et de Béatrix de Sicile, né l'an 1352, élu empereur, après la déposition de Wenceslas, le 21 août 1400, vint aussitôt se présenter devant les murs de Francfort, où il campa l'espace de six semaines, défiant chaque jour son rival. Ayant fait ensuite son entrée solennelle dans la ville, il s'achemina de là vers Aix-la-Chapelle, dont les habitants exigèrent, pour l'admettre dans leurs murs, les mêmes formalités qu'il avait observées devant Francfort. N'ayant pas voulu s'y soumettre, il se rendit à Cologne, où il fut couronné le 6 janvier 1401. La même année, excité par le pape Boniface IX, les Florentins et les Lucquois, il passe les Alpes pour retirer le Milanais des mains de Jean Galéas Visconti. Bataille près du lac de Garde, le 17 octobre, où Facino Cane, général de Galéas, défait l'armée de Robert. Ce prince, abandonné de ses alliés, se retire à Venise, d'où il retourna, vers le mois de mai 1402, en Allemagne. (*Voy.* Jean Galéas, *duc de Milan.*) Les Vénitiens et les Florentins, après sa retraite, s'emparent de plusieurs villes de Lombardie. Wenceslas cependant travaillait à regagner une partie de ceux qui l'avaient déposé, et il y réussit. L'an 1404, les électeurs de Mayence et de Saxe, le duc de Bavière et le margrave de Misnie, se liguent avec les rois de France et de Pologne pour le rétablir sur le trône de l'empire. Cette ligue, quoique fortifiée depuis par l'accession d'autres princes et des villes de Suabe, demeura sans effet. Robert, l'an 1409, gagné par Grégoire XII, se déclare le protecteur de ce pape et du concile qu'il avait convoqué à Ciudad d'Austria, pour l'opposer à celui de Pise, qui travaillait à sa déposition. Ce prince fait défense en même tems, par ses ambassadeurs, au concile de Pise, de rien faire au préjudice de Grégoire. Mais cette assemblée qui reconnaissait Wenceslas pour empereur, n'en dépose pas moins Grégoire et Benoît son rival. L'an 1410, nouvelle confédération des princes d'Allemagne contre Robert. Il meurt, avant que leurs desseins éclatent, à Oppenheim, le 18 mai 1410, après un règne de dix ans; il fut enterré à Heidelberg. (*Voy.* Robert III, *comte palatin*, et Galéas Visconti.) Robert, avec des talents, du savoir, de la franchise, des mœurs et de l'application, ne put jamais réussir à se faire aimer ni respecter. L'outrage qu'il avait fait à son prédécesseur en le supplantant, retomba sur lui-même. L'autorité impériale qu'il avait foulée aux pieds pour s'en emparer, perdit en sa personne ce qu'elle avait d'imposant. La médiocrité de son patrimoine et l'épuisement où il trouva les finances de l'empire achevèrent de ternir l'éclat de sa dignité. Empereur pauvre et regardé comme intrus, comment pouvait-il, dans un tems où l'esprit de division régnait par-tout, éviter la haine et le mépris? Ce fut sous Robert que le droit féodal des Lombards s'introduisit dans les tribunaux d'Allemagne.

SIGISMOND.

1410. SIGISMOND, fils de l'empereur Charles IV et d'Elisabeth, né le 28 juin 1368, margrave de Brandebourg en 1373, roi de Hongrie depuis le 10 juin 1386, fut élu empereur, le 20 septembre 1410, par une partie des électeurs, à Francfort. Mais dix jours après (le 1er octobre), l'autre parti élut dans la même ville, Josse de Luxembourg, marquis de Moravie, âgé pour lors de soixante ans. Il y eut donc alors trois empereurs (car Wenceslas se portait toujours pour tel, et avait toujours son parti) comme il y avait trois papes; et ce qu'il y a de plus remarquable, ces trois empereurs étaient de la même maison. Sigismond, informé de l'élection de Josse, lui écrivit pour savoir s'il acceptait l'empire. Josse lui répondit: « je pars pour Francfort »; à quoi Sigismond répliqua: « et moi, je vais en Moravie. » Mais la mort de Josse, arrivée le 8 janvier 1411, et l'acquiescement de Wenceslas à l'élection de son frère, terminèrent promptement le schisme impérial. Tous les électeurs s'étant réunis, élurent de nouveau Sigismond le 21 juillet 1411. Il reçut, l'an 1414, la couronne d'argent le 8 novembre à Aix-la-Chapelle; de là il se rendit au concile de Constance, où il arriva la veille de Noël. Il s'y rendit le maître en mettant des soldats autour de la ville pour la sureté des portes. L'hérésiarque Jean Hus était venu au concile sous la foi d'un sauf-conduit que l'empereur lui avait donné. Cette garantie ne le sauva pas. Ayant refusé de condamner ses erreurs, il fut livré, par Sigismond, à l'électeur palatin qui le fit brûler vif le 6 juil-1415. Jérôme de Prague, son disciple, subit le même supplice le 1er juin de l'année suivante. Sigismond, étant parti de Constance le 21 juillet 1415, alla trouver Benoît XIII à Perpignan, pour l'engager à déposer la tiare, à l'imitation de Jean XXIII. Mais il ne put rien gagner sur cet esprit opiniâtre. Il fut plus heureux dans la conférence qu'il eut à Perpignan avec Ferdinand, roi d'Aragon, et les ambassadeurs des rois de Castille, de Portugal et de Navarre. Tous ces princes consentirent à se détacher du parti de Benoît, à reconnaître le concile de Constance, et à permettre aux prélats de leurs royaumes de s'y rendre. Sigismond, après avoir heureusement terminé sa négociation auprès des princes espagnols, se rend par Avignon et Vienne à Lyon, d'où il passe à Chambéri pour ériger en duché le comté de Savoie. De là il prend la route de Paris, où il est reçu avec de grands honneurs. Le roi Charles VI l'ayant prié de ménager sa paix avec le roi d'Angleterre, il passe en cette île, où, par une insigne perfidie, il se ligue secrètement avec le roi Henri V contre la France. Il sacrifia en cette occasion l'honneur à l'intérêt, les malheurs où il avait trouvé ce royaume plongé, lui faisant espérer qu'en s'alliant avec l'Angleterre, il pourrait facilement recouvrer les provinces du royaume d'Arles. Mais ses vastes projets n'eurent point de suite; et il ne lui en resta que la honte d'avoir trahi la confiance d'un roi malheureux. Il revint à Constance le 17 janvier 1417, et fit travailler au procès du pape Benoît XIII. L'an 1419, il succéda, par la mort de son frère Wenceslas, à la couronne de Bohême. (*Voy.* à l'article de Bohême *les guerres qu'il eut avec les Hussites.*) L'an 1431, le 25 novembre, il reçut la couronne de fer (1) à Milan, et l'an 1433, le 31 mai, celle d'or à Rome, des mains du pape Eugène IV. Sigismond termina ses jours, le 9 décembre 1437, à Znaïm, en Moravie, à l'âge de soixante-dix ans, après en avoir régné vingt-sept comme empereur, dix-huit comme roi de Bohême et cinquante et un comme roi de Hongrie. Ce prince fut presque toujours malheureux à la guerre; mais il avait d'ailleurs d'excel-

(1) Cette couronne n'est appelée de fer que parce qu'elle a un cercle intérieur de ce métal, Elle est d'argent pour le surplus.

lentes qualités de corps et d'esprit. (*Voy.* Sigismond *parmi les rois de Bohême et les rois de Hongrie.*)

Sigismond datait de trois et quelquefois de quatre époques, outre celle de l'Incarnation ; savoir, de son règne en Hongrie, de son règne en Bohême, de son élection à la dignité de roi des Romains, et de son couronnement à Rome.

ALBERT II, DIT LE GRAVE ET LE MAGNANIME.

1438. ALBERT II, duc d'Autriche, fils d'Albert IV, et de Jeanne de Bavière, fille d'Albert, duc de Bavière et comte de Hollande, né l'an 1394, reçut, après la mort de l'empereur Sigismond, son beau-père, trois couronnes, dans le cours de l'an 1438 ; celle de Hongrie, le 1er. janvier ; celle de l'empire, le 30 mai, après une élection unanime faite, le 18 mars précédent, à Francfort ; et celle de Bohême, le 29 juin suivant. C'est-là proprement l'époque de la grandeur de la maison d'Autriche. Albert, après ses couronnements, indiqua, au 25 juillet, une diète à Nuremberg, où l'on fit plusieurs réglements utiles. L'Allemagne y fut partagée en quatre cercles, chacun sous un directeur, chargé de maintenir la paix et la sûreté dans son département ; on permit, dans les querelles des princes entre eux, ou avec leurs vassaux, ou avec les villes libres, de choisir des *Austrègues*, ou juges arbitraires pour les terminer ; enfin, l'on y réforma la procédure de la cour westphalique ou véhémique dont on a parlé ci-devant, à l'article de Charlemagne, parmi les rois de France, sous l'an 780. C'était, comme on l'a dit, un conseil secret qui, sur de simples rapports, condamnait à mort, sans instruire l'accusé du crime dont on le chargeait, sinon au moment de l'exécution. On tint à quelque tems de-là, au même lieu, une seconde diète, où l'Allemagne fut distribuée en six cercles. Après avoir de la sorte affermi la tranquillité publique, Albert se mit en marche pour aller au secours du despote de Bulgarie contre le sultan Amurat II. Mais une violente dyssenterie, causée par une indigestion de melons, l'enleva de ce monde dans le cours de cette expédition, le 27 octobre 1439, à Langendorff, entre Vienne et Gran, à l'âge de quarante-cinq ans. Il fut inhumé à Weissembourg, en Hongrie. Ce qu'il fit dans le peu de tems qu'il régna, donnait de grandes espérances, et lui mérita de justes regrets. ELISABETH, sa femme, lui survécut trois ans, et mourut le 20 décembre 1442. (Voyez *les rois de Bohême et les rois de Hongrie*).

FREDERIC III OU IV.

1440. FRÉDÉRIC, né, le 23 décembre 1415, d'Ernest, duc

d'Autriche, et de Cimburge de Mazovie, fut élu roi des Romains, le 2 février 1440, à Francfort. Albert II, et après sa mort, le collége électoral pendant l'interrègne dont elle fut suivie, avaient adopté le système de la neutralité dans la querelle d'Eugène IV, et du concile de Bâle. Frédéric, au lieu de suivre ce parti, se hâta d'envoyer une ambassade au pape, pour lui notifier son élection et le prier de suppléer à ce qu'elle pourrait avoir de défectueux, par la plénitude de sa puissance apostolique. Ayant obtenu d'Eugène ce qu'il désirait, il alla se faire couronner à Aix-la-Chapelle, le 17 juin 1442. Son exemple n'entraîna pas tout-à-coup la nation germanique dans le parti d'Eugène. Ce ne fut qu'en 1446, qu'elle consentit à le reconnaître pour légitime pape.

Il manquait encore deux couronnes à Frédéric, celle de Lombardie et celle de l'empire. N'osant aller demander la première à Milan, parce que François Sforce y dominait, il se met en route au commencement de 1452, pour recevoir l'une et l'autre à Rome. Des voleurs l'attaquent en chemin, pillent son bagage; et peu s'en faut qu'ils n'attentent à sa vie. Arrivé dans la capitale du monde chrétien, il y est couronné, le 15 mars, roi de Lombardie, et trois jours après empereur, par le pape Nicolas V. Eléonore de Portugal, qu'il n'avait encore que fiancée en passant à Sienne, fut couronnée impératrice avec lui. (Frédéric III est le dernier empereur qui ait été couronné à Rome.) Dans le même tems, il ratifia le célèbre concordat germanique, qu'il avait dressé, l'an 1447, avec le cardinal Carvajal, légat du pape, puis fait approuver, le 19 mars 1448, par Nicolas V, et accepter la même année par la diète d'Aschaffembourg. (Ce concordat porte en substance, 1°. que l'élection canonique sera rétablie dans tous les chapitres; 2°. que le saint siége n'accordera plus de provisions ni d'expectatives; 3°. que le pape nommera aux bénéfices d'Allemagne, quand ils vaqueront par la déposition et la translation des possesseurs, faite par autorité apostolique, ou quand l'élection ou la postulation des bénéficiers aura été annulée ou cassée par le saint siége; 4°. que le pape nommera aux canonicats, pendant six mois, à l'alternative avec les chapitres, à commencer en janvier; 5°. aux annates, qui furent abolies, on substitua une taxe payable en deux ans par les nouveaux bénéficiers.) Tel est ce fameux concordat qui s'est observé jusqu'à nos jours en Allemagne. De Rome, Frédéric se rend à Naples avec l'impératrice, pour voir le roi Alfonse, oncle de cette princesse. Ses courtisans trouvant mauvais qu'un empereur fît une visite à un roi, *Vous avez raison*, leur dit-il, *un empereur ne doit pas aller voir un roi, mais Frédéric doit aller voir Alfonse.* En s'en retournant, il crée à Ferrare, duc de Modène le marquis Borso d'Est, le 18 mai, jour de l'Ascension. Frédéric, en créant de nouveaux ducs, ajoutait les égaux en dignité aux aînés de sa maison. Pour assurer la prééminence à ceux-ci, il érigea, par lettres-patentes du 6 janvier 1453, l'Autriche en archiduché. Mais, afin que ce ne fût pas un vain titre, il y joignit tant de prérogatives, qu'un archiduc ne le cédait qu'à l'empereur. Cependant la nonchalance de Frédéric laissait un libre cours aux abus et aux désordres. Les électeurs, après avoir fait d'inutiles représentations, s'assemblèrent successivement, l'an 1457, à Nuremberg et à Francfort, et le menacèrent d'élire un roi des Romains qu'ils chargeraient du gouvernement de l'empire, s'il ne donnait pas plus de soin aux affaires de l'état. Ils se plaignaient surtout de son asservissement à la cour de Rome, et de la facilité avec laquelle il lui permettait de déroger sans cesse aux *concordats germaniques*. On conserve encore aujourd'hui le cahier des griefs qu'ils lui présentèrent au nom de la nation. Mais tout cela ne put le tirer de son engourdissement. Frédéric ne fut pas également indifférent sur ses intérêts personnels. L'an 1458, après la mort de Ladislas le Posthume, roi de Hongrie et de Bohême, il entreprend de lui succéder dans ces deux royaumes électifs. Mais les Bohémiens donnent la préférence à Podiebrad, et les Hongrois à Mathias Corvin. Frédéric était dépositaire de la couronne de saint Etienne, dont il s'était emparé pendant la minorité de Ladislas; et sachant la valeur que les Hongrois attachaient à ce dépôt, il refusa de s'en dessaisir. Mathias lui déclara la guerre à cette occasion. Enfin, l'an 1464, il renvoie ce *palladium* à son rival, moyennant la somme de soixante mille florins qu'il reçoit; et, le 19 juillet, il fait avec Mathias le traité remarquable d'une succession éventuelle pour le royaume de Hongrie.

Ce fut dans la diète de Nuremberg, tenue l'an 1467, dit M. Pfeffel, que les états de l'empire furent distribués pour la première fois en trois colléges, des électeurs, des princes et des villes. Cependant on a une consultation particulière du collége des électeurs à la diète de Neustadt, tenue en 1454. (*Corp. Juris. Publ.*, tom. XXIII, pag. 834.) Frédéric, l'an 1477, augmenta la grandeur de sa maison et la rendit la plus riche et la plus puissante de l'Allemagne, par le mariage de Maximilien, son fils, avec Marie, héritière de Bourgogne et des Pays-Bas. La guerre recommença, l'an 1482, entre l'empereur et le roi de Hongrie: elle ne produisit que des événements honteux pour Frédéric. Mathias se rendit maître de Vienne le 1er. juin 1485, s'empara de tous les pays autrichiens les années suivantes, et réduisit l'empereur à mener une vie errante, avec une suite de quatre-vingts personnes, sans avoir de domicile qui lui fût propre. Dans cette détresse, il répétait sans cesse ces paroles qui doivent être dans le cœur d'un philosophe, mais non dans celui d'un monarque : *Rerum irrecuperabilium summa felicitas oblivio.* Frédéric rentra dans Vienne l'an 1490, après la mort de Mathias, et mourut à Lintz, le 19 août 1493, à l'âge de soixante-dix-huit ans. Son corps fut enterré à Vienne. Ce prince déshonora le trône impérial par son indolence, son avarice et sa lâcheté. Il avait épousé, l'an 1452, après son retour d'Italie, ELÉONORE, fille d'Edouard, roi de Portugal, morte le 1er. septembre de l'an 1467, après lui avoir donné Maximilien, qui suit, et Cunégonde, femme d'Albert le Sage, duc de Bavière.

Frédéric III datait ses diplômes de son élection à la dignité de roi des Romains, de son couronnement impérial, et de son règne en Hongrie.

Ce prince, soit par tempérament, soit par aversion pour le vin, ne buvait que de l'eau. Il avait pris pour devise les cinq voyelles A. E. I. O. U., qu'il expliquait ainsi : *Austriæ est imperare orbi universo.* Assurément jamais prince de cette maison ne mérita moins une devise aussi fastueuse.

MAXIMILIEN Ier.

1493. MAXIMILIEN Ier, né à Gran, le 22 mars 1459, de l'empereur Frédéric IV et d'Eléonore de Portugal, élu roi des Romains le 16 février 1486, et couronné, le 9 avril suivant, à Aix-la-Chapelle, succéda, l'an 1493, à son père. Il avait épousé à Gand, le 20 août 1477, MARIE, héritière de Bourgogne. Ce mariage occasionna la guerre entre ce prince et Louis XI, roi de France, dont il défit les troupes à Guinégate, au mois d'août 1479. La mort lui ayant enlevé Marie, sa femme, le 27 mars 1482, il épousa, par procureur, en 1489, Anne, héritière de Bretagne; mais Charles VIII, roi de France, le supplanta, et eut la princesse en mariage. Ce coup de politique fut d'autant plus sensible à Maximilien, que, ne s'y attendant point, il avait refusé la main de Béatrix, douairière de Hongrie, qui lui eût en même tems assuré ce royaume. Ladislas, roi de Bohême, l'ayant obtenue, Maximilien, pour ne pas tout perdre, fit, en 1491, avec lui un traité de succession éventuelle pour la Hongrie. Un intérêt sordide lui fit contracter, en 1494, un mariage bien différent de celui qu'il avait manqué, et commettre en même tems une injustice des plus criantes. A l'appétit de cinq cent mille ducats que Louis Marie Sforce lui offrit, il l'investit du duché de Milan, au préjudice de Jean-Galéas Sforce, le véritable héritier, et consentit d'épouser Blanche, nièce du premier. Tous les princes d'Allemagne furent blessés de voir leur chef s'allier à la petite-fille d'un soldat de fortune et d'une bâtarde. Leurs noces toutefois furent célébrées avec la plus grande magnificence. (*Voyez* les ducs de Milan.) Les progrès des armes françaises en Italie engagèrent Maximilien, en 1495, à convoquer une diète à Worms, à l'effet d'en obtenir du secours pour les réprimer. Ce fut dans cette assemblée que l'on dressa la célèbre constitution pour la conservation de la paix publique. Elle fut publiée le jour de Saint-Jacques, 1er. mai, avec une grande solennité. Mais voici une anecdote qui prouve qui si l'esprit national était changé pour les guerres privées, l'esprit particulier ne quittait qu'à regret les anciens préjugés à cet égard. Tandis que l'assemblée délibérait sur l'abolition du droit de défi, on vit arriver à Worms un gentilhomme français, nommé Claude de Battré, qui venait défier lui seul tous les Allemands. Maximilien crut que l'honneur de punir son audace était réservé au chef de l'empire. Il entra avec lui en champ clos, et, à la face de toute la nation, il engagea un combat singulier dont il sortit vainqueur. Sa victoire fut célébrée comme un fait d'armes éclatant. On ne sait, dit un homme d'esprit, ce qui doit le plus étonner, d'un législateur qui dans les circonstances où Maximilien se trouvait, s'abaissait à devenir un champion, ou d'un peuple de princes et d'hommes libres, qui pouvait voir ce spectacle, et y applaudir. Dans la même diète, on établit à Francfort sur le Mein une chambre impériale, pour décider souverainement toutes les questions civiles qui s'éleveraient parmi les états de l'empire, et juger toutes les causes criminelles qu'on peut regarder comme liées au maintien de la paix publique. Cette chambre fut depuis transférée à Spire, et ensuite à Wetzlar, où elle a subsisté jusqu'en 1806.

Maximilien mit le comble à la fortune de sa maison en faisant épouser à Philippe, son fils, le 21 octobre 1496, Jeanne, fille de Ferdinand, roi d'Aragon, et d'Isabelle, reine de Castille; mariage qui porta les royaumes d'Espagne dans la maison d'Autriche. Ce prince n'avait pas renoncé à ses prétentions sur le duché de Bourgogne. L'an 1498, il y entre, avec une armée composée d'allemands et de suisses. Ceux-ci l'ayant abandonné au milieu de la campagne, il leur déclare la guerre l'année suivante. Malheureux dans huit combats que ses troupes leur livrèrent, il fit la paix avec eux, la même année, à Bâle, par la médiation du duc de Milan. L'an 1500, diète d'Ausbourg où l'on augmente le nombre des cercles, afin d'y maintenir plus sûrement la tranquillité publique, et d'y faciliter l'exécution des arrêts de la chambre impériale. Au directeur chargé de la conduite des affaires concernant la paix du cercle, on joignit un duc pour les expéditions militaires et pour veiller à l'entretien des châteaux fortifiés. Sur l'exemple de la chambre impériale, Maximilien, l'an 1501, établit en sa cour un conseil permanent pour ses états héréditaires, et lui confia l'exercice de ses réservats impériaux. C'est la première origine du conseil aulique de l'empereur et de l'empire. Ce tribunal juge concurremment avec la chambre impériale ; mais au lieu que l'autorité de cette chambre est renfermée dans l'Allemagne, celle du conseil aulique s'étend en Italie. Les prédécesseurs de Maximilien avaient laissé tomber l'autorité impériale au-delà des monts. Dans la vue de la relever, il se met en marche au commencement de l'an 1508, pour aller se faire couronner à Rome. Arrivé à Trente, au mois de février, il fait demander aux Vénitiens le passage sur leurs terres. Ils l'accordent, pourvu qu'il ne se fasse pas suivre par son armée. Cette condition équivalent à un refus, Maximilien met le doge et la république au ban de l'empire. Ayant entrepris ensuite de forcer le passage, il pénètre jusqu'à Vicence. Mais il est repoussé par l'Alviane, général vénitien, et Trivulce, gouverneur de Milan, pour la France, qui le défont entièrement dans le territoire de Padoue. Cette victoire est suivie de la conquête de l'Istrie et du Frioul que les Vénitiens enlèvent à la maison d'Autriche. Maximilien alors, pour toute ressource, enjoint, par une lettre circulaire à tous les états de l'empire, de lui donner le titre *d'empereur romain élu*, titre que ses successeurs ont toujours pris depuis à leur avénement. L'usage auparavant n'accordait le nom d'empereur qu'à ceux qui avaient été couronnés à Rome. Le pape Jules II approuva lui-même le parti que Maximilien avait pris dans sa lettre. Ce pontife avait besoin de lui pour le mettre à la tête de la grande confédération qu'il préparait contre les Vénitiens. Il n'eut pas de peine à le faire entrer dans ses vues, irrité comme il l'était de l'affront et des pertes que ces républicains venaient de lui faire essuyer. Le 10 décembre 1508, Maximilien, représenté par Marguerite, sa fille, gouvernante des Pays-Bas, munie de ses pleins pouvoirs, conclut avec les ambassadeurs du pape, de Louis XII, roi de France, et de Ferdinand, roi d'Aragon, la fameuse ligue de Cambrai contre les Vénitiens. Mais l'empereur ne fut pas d'un grand secours à ses alliés. Il se détacha même de la ligue en 1513, et en forma une autre avec le pape, l'Espagne et l'Angleterre contre la France. Cette même année, il vient au siége de Terrouenne se joindre aux Anglais. On vit alors le chef du corps germanique servir, en qualité de soldat volontaire, dans l'armée du roi d'Angleterre, et recevoir, en cette qualité, cent écus par jour pour sa solde. L'an 1516, l'empereur fait une descente dans le

Milanais pour l'enlever aux Français. Les Suisses, qui étaient dans son armée, se soulèvent faute de paiement. Maximilien s'enfuit de peur qu'ils ne le livrent à ses ennemis.

L'hérésie de Luther commençait alors à mettre l'Allemagne en combustion. Pour éteindre cet incendie naissant, Maximilien assemble, l'an 1518, une diète à Ausbourg. L'hérésiarque, sur la citation qui lui fut faite, y comparaît, défend sa doctrine en présence du légat Cajetan; puis craignant d'être arrêté, il s'évade pendant la nuit, après avoir fait afficher un placard où il appelle au pape, appel qui fut suivi d'un autre au concile. Maximilien, au retour de cette assemblée, tombe malade, et meurt l'année suivante à Wels, le 12 janvier, à l'âge de soixante ans, après un règne de vingt-cinq ans et cinq mois. Son corps fut inhumé à Neustadt, d'où il fut ensuite transporté à Inspruck, dans l'église des Cordeliers, où l'empereur Ferdinand Ier., lui fit ériger un superbe mausolée. Ce prince avait eu l'envie d'être pape, et cette envie n'avait pas été un mouvement passager. Il avait demandé sérieusement à Jules II d'être nommé son coadjuteur, et sur son refus, il s'était lié avec Louis XII, pour la convocation du concile de Pise, dans la vue d'y faire déposer Jules, et de se faire élire en sa place. A l'ambition du pontificat il joignit celle de la canonisation. On le voit par une de ses lettres à Marguerite, sa fille, où il lui prédit qu'il va devenir prêtre, pape, saint, et qu'après sa mort elle se verra dans l'heureuse nécessité de lui rendre un culte, chose dont il sera bien glorieux. S'il fût effectivement parvenu à l'honneur de la canonisation, on l'eût mis à côté de saint Christophe; car on dit qu'il avait près de huit pieds de hauteur. On eût aussi pu le surnommer le Silentiaire, ayant été jusqu'à l'âge de dix ans sans parler, et tout le reste de sa vie fort taciturne. « Quelques historiens, dit M. l'abbé de Mabli, ne font pas assez d'attention à Maximilien. Ils se lassent de suivre un prince dont le trésor est toujours épuisé, et qui semble échouer toutes les fois qu'il voulut lever des armées. Maximilien ne cherchait pas l'éclat. Profond dans ses vues, habile dans l'art de manier ses intérêts, il avait le génie et les ressources d'un grand homme. Il agissait toujours, et sa politique inquiète et ennemie du repos divisait ceux qu'il ne pouvait vaincre, et n'était pas moins redoutable que les armes d'un autre prince ». Il était d'ailleurs versé dans les lettres, chose très rare et presque unique parmi les princes de son tems. On conserve à la bibliothèque impériale divers écrits de sa façon, et surtout des commentaires allemands de sa vie et de celle de son père. (Lambecius, *Bibl. Cœsar*, t. II, p. 967 et seqq.) De son mariage avec MARIE DE BOURGOGNE, il eut Philippe, roi d'Espagne, François, mort enfant, et Marguerite, femme de Jean, fils de Ferdinand le Catholique, puis de Philibert, duc de Savoie. BLANCHE-MARIE, fille de Galéas-Marie Sforce, duc de Milan, qu'il épousa le 16 mars de l'an 1494, ne lui donna point d'enfants. Cette princesse mourut le 31 décembre 1510. Les historiens contemporains allemands qui mettent sa mort en 1511, commençaient l'année à Noël.

Ce prince, dans ses diplômes, prenait le titre de *Pontifex Maximus*, à l'imitation des empereurs païens. Il introduisit aussi dans la chancellerie impériale celui de roi de Germanie. Les postes furent établies en Allemagne sous son règne, par les soins de François de la Tour-Taxis.

Le titre de roi des Romains, depuis Maximilien, ne fut plus affecté qu'aux successeurs éventuels du trône impérial, élus du vivant des empereurs.

CHARLES V, DIT CHARLES-QUINT.

1519. CHARLES, né à Gand, le 24 février 1500, de Philippe, fils de Maximilien, et de Jeanne, infante d'Espagne, fut élu empereur, le 28 juin 1519, à Francfort, sur le refus de Frédéric, électeur de Saxe, et par préférence à François I, roi de France. Charles était alors en Espagne, où il régnait depuis l'an 1516. Le 23 octobre 1520, il fut couronné par l'archevêque de Cologne à Aix-la-Chapelle. La rivalité de Charles V et de François I, qui avait commencé à la diète de Francfort, continua durant toute la suite de leurs règnes. Elle alluma la guerre en 1521, entre la France et l'empire; l'Italie en fut principalement le théâtre. L'an 1522, Lautrec, général français, après avoir laissé prendre Milan, perd la bataille de la Bicoque, ce qui entraîne la perte du Milanais. Charles, l'année suivante, forme une ligue avec l'Angleterre et les républiques de Venise, de Florence et de Lucques, contre la France. Le connétable de Bourbon, traître par dépit envers son roi et sa patrie, passe, dans la même année, au service de l'empereur. Il gagne avec les généraux de Charles, le 24 février 1525, la célèbre bataille de Pavie contre François I, qui, ayant été fait prisonnier, fut conduit en Espagne. L'empereur, qui était à Madrid, apprend l'excès de son bonheur, et dissimule celui de sa joie. Il pousse la feinte jusqu'à défendre les marques de l'allégresse publique. *Les chrétiens*, dit-il, *ne doivent se réjouir que des victoires qu'ils remportent sur les infidèles.* Mais Charles ne sait point profiter du succès de ses armes. Il reste à Madrid, au lieu d'aller se mettre à la tête de ses armées pour achever la conquête de l'Italie, et envahir la France, consternée de l'emprisonnement de son roi. Délivré l'année suivante, François I forme une ligue contre Charles, à la tête de laquelle était le pape Clément VII. Mais le pontife, voyant les forces de l'empereur prêtes à l'écraser, conclut, le 15 mars 1527, avec Lannoi, son général, une trêve pour huit ans; elle n'eut point lieu parce que le connétable de Bourbon ne voulut pas y entendre. La guerre lui était nécessaire pour maintenir son crédit. Cependant il manquait d'argent, et les soldats, faute de paie, étaient prêts à l'abandonner. Pour les retenir, il leur propose le pillage de Rome. Comme ils étaient la plupart luthériens, l'offre est acceptée avec des transports de joie. Il marche, pille en chemin quelques villes, et arrive devant Rome qu'il se met en devoir aussitôt de prendre par escalade. Mais il périt dans cette entreprise, après avoir essuyé une grêle de mousquetades de la part de ses soldats mêmes, gagnés, à ce qu'on prétend, par les généraux espagnols. Le prince d'Orange le remplace. Rome est prise le 6 mai, pillée et saccagée avec plus de barbarie qu'elle ne le fut autrefois par les Goths et les Vandales. Le pape se retire dans le château Saint-Ange, où il est assiégé. L'empereur, à la nouvelle de cette expédition, joue encore la comédie. Tandis que ses gens tiennent le pape comme prisonnier, il fait faire en Espagne des processions pour sa délivrance. Mais il n'envoya pas d'ordres pour arrêter la licence des vainqueurs, et faire cesser la profanation des choses saintes. Le sac de Rome dura neuf mois, et le pillage fut estimé au-delà de 17 millions d'écus. Les Allemands s'y enrichirent; mais presque tous y périrent de débauche.

Deux motifs engagèrent l'empereur à convoquer, l'an 1529, une diète à Spire: le besoin de secours contre les Ottomans qui dévastaient la Hongrie, et la nécessité de prendre un parti définitif touchant les affaires de religion. L'assemblée se tint au mois d'avril; on y donna à l'empereur sur le premier objet la satisfaction qu'il désirait. Sur le second, on statua, le 13 avril, la peine de mort contre les Anabaptistes, ennemis déclarés du gouvernement. Mais on y accorda la liberté de conscience jusqu'à la tenue du concile général, à la réserve des dogmes de Luther sur la Cène, qu'on défendit de recevoir, et d'enseigner. Les chefs du parti luthérien protestèrent, le 19 du même mois, contre cette exception; de-là vient le nom de *protestant*, qui ne commença néanmoins d'être donné aux religionnaires qu'en 1541. Ce nom a été dans la suite adopté par les Calvinistes, et cela pour être traités plus honorablement qu'ils ne l'étaient par d'autres titres qui ne leur plaisaient pas. Il est cependant vrai que les vrais Protestants ne sont guère moins leurs ennemis que les Catholiques mêmes.

Il manquait à Charles une double cérémonie pour remplir

toutes les formalités que ses titres exigeaient. Il y satisfit, l'an 1530, en se faisant couronner par le pape Clément VII à Bologne, le 22 février, roi de Lombardie, et le 24 du même mois empereur. (Muratori.) Il s'était réconcilié, le 29 juin de l'année précédente, avec ce pontife, par un traité de paix et d'amitié signé à Barcelonne. Charles, de retour en Allemagne, après un séjour d'environ dix-huit mois en Italie, ouvrit, le 13 juin 1530, la fameuse diète d'Ausbourg. Ce fut là que les Protestants dressèrent, avec la plume de Mélancthon, leur corps de doctrine, qu'ils présentèrent, le 25 du même mois, à la diète, et qu'on appela depuis *la confession d'Ausbourg*. L'empereur, l'ayant réprouvée de concert avec les princes catholiques, par un décret du 22 septembre suivant, les princes qui l'avaient adoptée se déterminèrent à la défendre par la voie des armes. Ils s'assemblent à cet effet dans la ville de Smalkalde, au comté de Henneberg, et signent, le dernier jour de cette année, une ligue qu'on doit regarder comme la mère de toutes les guerres de religion.

On a parlé à l'article des *rois d'Espagne* de l'expédition que Charles fit, l'an 1535, en Afrique, et de la liberté qu'il rendit à vingt-deux mille esclaves chrétiens, après être entré victorieux dans Tunis. S'il fit preuve alors de sa valeur et de sa religion, il ne montra pas de même, l'année suivante, sa modération envers le roi François I, son rival. Etant arrivé, le 5 avril, à Rome, il se rendit au consistoire, et y déclama avec autant d'indécence que de chaleur, contre ce prince. Les plus sensés de cette assemblée ne durent pas applaudir à un discours où la passion faisait oublier à l'empereur ce qu'il se devait à lui-même et à celui qui en était l'objet. Ayant concerté ensuite avec le pape Paul III la convocation d'un concile général à Mantoue, il part de Rome, non le 8, mais le 18 avril de la même année. De là il porte la guerre en Provence, d'où il retourne, avec les pitoyables restes d'une armée entièrement défaite, sans avoir pu combattre. Parmi ses pertes, il regretta beaucoup son général Antoine de Leyva ou de Lève, qui mourut devant Marseille dont il faisait le siége, de chagrin du mauvais succès de cette guerre.

Les querelles étaient fréquentes, mais les haines n'étaient pas irréconciliables, entre Charles et François Ier. On le vit bien, l'an 1539, à la magnifique réception que le second fit au premier, lorsqu'il traversa la France pour aller châtier la révolte des Gantais. (*Voyez* François Ier.)

L'an 1546 fut l'époque de la mort de Luther, décédé le 18 février, et de la guerre de l'empereur contre la ligue de Smalkalde. Le 24 avril 1547, il gagna sur elle la bataille de Mulberg, où il fit prisonnier l'électeur de Saxe, qui ne recouvra sa liberté qu'en perdant son électorat. Charles publie, le 15 mai 1548, dans la diète d'Ausbourg, le fameux *Interim*; c'est un formulaire de foi et de discipline qu'il prescrit, en attendant la décision du concile. Mais il ne peut le faire adopter ni aux Catholiques, ni aux Protestants. On le compara de part et d'autre à l'Hénotique de Zénon et à l'Ecthèse d'Héraclius. Ceux d'entre les luthériens qui s'y soumirent, furent appelés par les autres *Adiaphoristes*, c'est-à-dire indifférents. Charles, dans la même diète, fait incorporer les Pays-Bas au corps germanique sous le nom de Cercle de Bourgogne. Après la mort de François I, Charles trouva dans Henri II, son successeur, un nouveau rival qui ne fut pas moins ardent à réprimer son ambition. Henri étant entré, l'an 1551, par traité du 5 octobre, dans la ligue des prince d'Allemagne, lui déclara la guerre au mois de janvier de l'année suivante. La conquête rapide qu'il fit des trois évêchés de Metz, Toul et Verdun, détermina l'empereur à s'accommoder avec les princes alliés de la France, afin d'être en état de pousser la guerre avec vigueur contre cette puissance. On conclut d'abord une trêve à Lintz, puis, le 15 août 1552, une transaction à Passau, par laquelle Charles abolit l'*Interim*, laissa une entière liberté de conscience jusqu'à la prochaine diète, et consentit que les assesseurs de la chambre impériale de Spire fussent tirés des deux communions. On dit en proverbe encore aujourd'hui : *C'est la transaction de Passau; chacun garde ce qu'il a*. L'empereur, ainsi rassuré du côté de l'Allemagne, se met incontinent en marche, et, le 31 octobre, il met le siége devant Metz avec toutes ses forces. Mais, le 20 janvier suivant, il est contraint par le duc de Guise, renfermé dans la place, de se retirer, après avoir perdu trente mille hommes à ce siége. Les satyriques changèrent alors en *plus citra* le *plus ultra*, qui était la devise de l'empereur (1). Charles se dédommage de cet échec au printems, sur Terrouenne, qu'il prend, et fait raser de fond en comble, exploit plus digne d'un prince ottoman que d'un empereur chrétien.

Pour donner quelque satisfaction aux Protestants, Charles assemble, l'an 1555, une diète à Ausbourg, où l'on assure la

(1) Tout le monde sait que la devise de Charles-Quint, devise imaginée par Louis Marliano, milanais, qu'il fit évêque pour sa récompense, était les colonnes d'Hercule avec cette épigraphe, *plus ultrà*. Par-là il voulait exprimer le projet qu'il avait conçu d'une monarchie universelle, et dont il poursuivit l'exécution avec une ardeur constante, jusqu'à ce que les revers l'eussent convaincu qu'il courait après une brillante chimère.

liberté de conscience à tous ceux qui professent le Luthéranisme, et non à d'autres sectaires. Mais le roi des Romains, en son absence, a le crédit d'y stipuler, au grand regret des Protestants, le fameux *réservat ecclésiastique;* c'est une clause en vertu de laquelle tout bénéficier catholique, qui embrasse la nouvelle religion, perd son bénéfice, qui retourne à la disposition du collateur. Le recès de cette diète fut signé le 25 de septembre. Charles, le 25 du mois suivant, dans une grande assemblée tenue à Bruxelles, cède les Pays-Bas à Philippe, son fils. En faisant sa démission, il lui dit, entr'autres choses, ces paroles remarquables : *Je vous laisse un pesant fardeau; car depuis que je l'ai mis sur mes épaules, je n'ai pas été une heure entière exempt de soucis et d'inquiétudes.* L'an 1556, il conclut à Vaucelles, le 5 février, par la médiation du cardinal Polus, une trêve de cinq ans avec Henri II, roi de France. L'acte porte l'an 1555, parce qu'il est daté, dit Muratori, suivant le calcul florentin. On peut dire également qu'il l'est suivant le style de France, puisque nous commençions alors l'année à Pâques. Le lendemain, 6 février (*idem*), il se démet publiquement, ou plutôt il rend publique la démission qu'il avait faite, le 16 janvier, de tous ses royaumes en faveur de Philippe; et, le 7 septembre suivant, il envoie, de Sudbourg, en Zélande, le sceptre et la couronne impériale à Ferdinand, son frère, avec l'acte de sa renonciation à l'empire. Il s'embarque à Flessingues, le 17 du même mois, pour l'Espagne, et aborde, le 28, au port de Larédo. Le 24 février 1557, Charles se retire au monastère de Saint-Just dans l'Estramadure. Il mourut dans cette retraite, le 21 septembre 1558, âgé de cinquante-huit ans six mois et vingt-sept jours, après avoir régné comme empereur trente-sept ans deux mois et vingt-trois jours, et comme roi d'Espagne quarante-quatre ans.

Il est remarquable que tous les actes dans l'empire furent promulgués au nom de Charles-Quint jusqu'à l'année de sa mort. La raison qu'en donnent les historiens allemands, c'est qu'encore qu'il eût déclaré aux états de l'empire, le 2 septembre 1556, la résolution qu'il avait prise d'abdiquer la dignité impériale, l'ambassade solennelle qui devait notifier cette abdication au collége des électeurs, ne le fit que le 24 février 1558 à Francfort. (*Voyez, pour ses femmes et ses enfants*, Charles I, roi d'Espagne. *Voyez aussi* François I, roi de France, et Soliman II, empereur ottoman.)

Charles V datait ses diplômes des années de ses règnes et de celles de son empire. La différence de ces deux époques était de quatre années commencées. Néanmoins on trouve dans Goldast (tom. II, p. 552), une constitution de ce prince, donnée le 22 août 1548, laquelle porte : *Anno imperii nostri 27, et regnorum nostrorum 37.*

FERDINAND I.

1558. Ferdinand I, né à Alcala de Henarès, en Castille, le 10 mars 1503, de Philippe d'Autriche et de Jeanne de Castille, roi de Bohême, le 24 février 1527, et de Hongrie le 28 octobre suivant, élu roi des Romains le 5 janvier 1531, couronné à Aix-la-Chapelle le 13 du même mois, prit, vers la fin de septembre 1556, le titre d'empereur, après que Charles-Quint, son frère, y eut renoncé ; mais il ne fut reconnu par les électeurs, en cette qualité, que le 12 mars 1558, à Francfort, où la renonciation de Charles-Quint avait été admise le 24 du mois précédent. Le pape Paul IV refusa de reconnaître Ferdinand pour chef de l'empire, et lui défendit même de prendre le titre d'empereur, sur ce que le consentement du saint siége n'était pas intervenu à son élection ni à la démission de Charles-Quint. Ferdinand protesta contre cette prétention; et depuis ce tems les empereurs ont cessé de demander la confirmation du pape. Charles-Quint se repentit lui-même d'avoir cédé le trône impérial à son frère, et tenta vainement d'obtenir de lui un acte d'abdication. Il ne fit par là qu'affaiblir le lien qui devait unir les deux branches de sa maison. Dès-lors elles commencèrent à se regarder d'un œil jaloux, ou du moins à ne plus confondre leurs intérêts. La puissance de Charles-Quint étant divisée, l'Allemagne respire sous un joug plus léger. Ferdinand, par caractère, ou du moins par nécessité, gouverna l'empire et ses royaumes avec beaucoup de modération et d'équité. Dans les conférences tenues, l'an 1559, pour la paix entre la France et l'Espagne, à Cateau-Cambresis, les plénipotentiaires de Philippe II avaient insisté, au nom de l'empereur, sur la restitution des villes de Toul, Metz et Verdun, et la décision de ce différent avait été renvoyée à la diète prochaine de l'empire. Elle s'ouvrit, le 25 février 1560, à Ausbourg, et les ambassadeurs de France y furent introduits. Mais, au lieu de prononcer sur l'objet qui les y avait appelés, on se contenta de leur dire que la bonne intelligence subsisterait difficilement entre l'empire et la France, tant que celle-ci retiendrait ces trois villes. Le concile de Trente était alors suspendu. Pie IV, successeur de Paul IV, voulant en reprendre les sessions, envoya, l'an 1561, ses nonces aux princes protestants assemblés à Naumbourg, en Misnie, avec des lettres pour chacun d'eux. L'adresse portait : *A notre très-cher fils, le duc ou le comte de, etc.* Mais ces princes ne voulant point s'avouer enfants du pape, les rendirent aussitôt toutes cachetées. L'empereur envoya au commencement de l'année suivante ses ambassadeurs au concile. Les demandes qu'ils y firent sur la réformation de plusieurs points de discipline, furent renvoyés au pape. Ferdinand pourvut dans la même année à la tranquillité de l'Allemagne et de la Hongrie, par un trêve de huit ans qu'il conclut avec le Turc. Il travaillait aussi à concilier les Protestants avec les Catholiques, lorsqu'une hydropisie l'enleva de ce monde à Vienne, le 25 juillet 1564, après environ huit ans de règne depuis la retraite de son frère, à l'âge de soixante et un ans. Ce prince avait épousé, le 5 mai 1521, ANNE, fille de Ladislas, roi de Hongrie et de Bohême, morte le 27 janvier 1547, après lui avoir donné quinze enfants, dont les principaux sont Maximilien, qui suit; Ferdinand, comte de Tyrol, l'archiduc Charles, souche de la branche de Carinthie, de Styrie, etc., père de l'empereur Ferdinand II; Elisabeth, mariée, le 21 avril 1543, avec Sigismond-Auguste II, roi de Pologne; elle mourut en 1545; Anne, mariée, le 4 juillet 1546, à Albert le Magnanime, duc de Bavière; Marie, mariée, le 18 juillet 1546, à Guillaume, dit le Riche, duc de Clèves et de Juliers; Catherine, mariée, 1°. en 1549, à François, duc de Mantoue; 2°. en 1553, à Sigismond-Auguste, roi de Pologne; Eléonore, femme de Guillaume III, duc de Mantoue; Barbe, femme d'Alfonse, duc de Ferrare; Jeanne, mariée, en 1565; à François, grand-duc de Toscane. (*V.* Ferdinand, parmi les rois de Bohême et ceux de Hongrie.)

MAXIMILIEN II.

1564. MAXIMILIEN II, fils de Ferdinand et d'Anne de Hongrie, né à Vienne, le 1er. août 1527, élu roi des Romains le 24 novembre 1562, fut couronné, contre l'usage, à Francfort, le 30 du même mois. A cette cérémonie, on n'omit aucune des formalités prescrites par la bulle-d'or de Charles IV. L'électeur de Brandebourg, comme grand-échanson, étant monté à cheval, alla prendre, à une table posée au milieu de la grande place, un bassin d'or et une serviette, revint dans la salle du festin, et présenta à laver à l'empereur et au roi des Romains. Le bassin, la serviette et le cheval, furent remis au comte de Zollern, à qui ils appartiennent par un ancien droit. L'électeur de Saxe, comme grand-maréchal, monte aussi à cheval, et court à un tas d'avoine dont il remplit un boisseau d'argent. Le boisseau et le cheval furent remis à Frédéric de Pappenheim, vicaire du grand-maréchal. L'électeur palatin, comme grand-maître d'hôtel, vint à cheval à la cuisine, prit deux plats, revint à la salle du festin, descendit de cheval, servit les plats sur la table de l'empereur, et l'électeur de Saxe porta devant lui un grand bâton. Le cheval et les plats d'argent furent donnés au vicaire du palatin. Les trois électeurs ecclésiastiques parurent ensuite, et comme archichanceliers de l'empire, ils présentèrent leurs sceaux, que le roi des Romains leur passa au cou. Pour ne rien laisser échapper de l'ancien usage, on fit rôtir dans la place, à une broche de bois, un bœuf farci de plusieurs autres animaux. On en servit un morceau sur la table du roi des Romains, et le reste fut abandonné au peuple. Maximilien succéda, le 25 juillet 1564, à tous les états de son père, aussi bien qu'à ses bonnes qualités. Ce prince fut occupé, pendant tout son règne, à prévenir toutes les divisions qui pouvaient s'élever en Allemagne. Il accorda aux Protestants d'Autriche la liberté de conscience, et ne voulut prendre aucune part aux guerres de religion qui troublaient la France et les Pays-Bas. Il avait en horreur la persécution. *Ce n'est point*, disait-il, *en rougissant du sang hérétique les autels, qu'on honore le père commun des hommes.* Maximilien mourut à Ratisbonne le 12 octobre 1576, à l'âge de cinquante ans, après un règne de douze ans deux mois et dix-sept jours. Ce prince avait appris six langues, et il s'en servit utilement pour entretenir des correspondances avec tous les princes chrétiens de l'Europe. Humain, politique, connaissant les affaires et les hommes, pour être un grand empereur, il ne lui manqua que du bonheur et de l'activité. Il avait épousé, le 18 septembre 1548, MARIE, fille de l'empereur Charles V, morte à Madrid, le 24 février 1603, dont il eut quinze enfants. Les principaux sont Rodolphe, qui suit; Mathias, aussi empereur; Maximilien, grand-maître de l'ordre Teutonique; Ernest, gouverneur des Pays-Bas; Albert, gouverneur aussi des Pays-Bas; Wenceslas, grand-prieur de Castille; Anne, mariée, en 1570, à Philippe II, roi d'Espagne; Elisabeth, femme de Charles IX, roi de France. Maximilien laissa de plus une fille naturelle nommée Hélène, qu'il avait eue de la fille d'un comte d'Oostfrise. Deux amants, un cavalier espagnol, recommandable par sa naissance, sa force, sa taille et sa valeur, et le baron de Talberg qui ne lui cédait en rien, recherchèrent Hélène avec la même ardeur. Maximilien, pour les accorder, la promit à celui des deux qui aurait l'adresse de mettre son rival dans un sac. L'allemand y mit l'espagnol, et devint en conséquence gendre de l'empereur. (Valvasor, *Carniolæ Ducatûs gloria.*) De là peut-être est venu le proverbe, *mettre un homme au sac.* Le droit de primogéniture paraît avoir été établi sous Maximilien II dans la maison d'Autriche, ses fils cadets n'ayant point eu de part à sa succession.

(Pfeffel.) *Voyez* Maximilien parmi les rois de Hongrie, et parmi les rois de Bohême.)

RODOLPHE II.

1576. RODOLPHE II, fils de l'empereur Maximilien II, né à Vienne le 18 juillet 1552, roi de Hongrie en 1572, de Bohême en 1575, élu roi des Romains à Ratisbonne, le 27 octobre 1575, couronné dans la même ville le 1er novembre suivant, succéda, l'an 1576, à son père. Ce prince mena sur le trône une vie privée, et s'occupa plus de mécanique, de chimie et d'astronomie que des affaires de l'état. Indifférent pour les intérêts même de sa maison, il laissa partir, sans s'y opposer, l'an 1578, Mathias, son frère, pour aller prendre le gouvernement des mécontents des Pays-Bas, c'est-à-dire, pour aller commander à des sujets révoltés contre Philippe II, roi d'Espagne, son oncle. Mathias, éclipsé par le prince d'Orange, n'acquit aucune considération dans ce poste, et fut obligé, l'an 1581, de s'en revenir. Rodolphe, son frère, n'était guère plus respecté dans l'empire. Les princes, sous son règne, eurent des guerres entre eux, auxquelles il ne prit point de part. Celle des Turcs avait recommencé dès l'an 1579 en Hongrie; elle fut soutenue avec avantage par la noblesse du pays l'espace d'environ treize ans, pendant lesquels on fit des traités de paix qui furent violés par les infidèles, dès que l'occasion favorable s'en présenta. Rodolphe, l'an 1592, voyant la Hongrie près de succomber sous les efforts redoublés des Tursc, envoie Mathias, son frère, avec d'habiles généraux et des troupes pour défendre ce royaume. L'an 1594, diète de Ratisbonne, et non d'Ausbourg, commencée au mois de juin, où l'empereur obtient des secours contre les Turcs. Un moderne dit, *qu'il y fut ordonné que dans les provinces, les villes, les bourgs et les villages d'Allemagne, on mettrait un tronc à la porte des églises, et que les curés et les prédicateurs exciteraient le zèle des peuples à contribuer aux frais de la guerre contre les infidèles.* C'est une méprise. Dans le recès ou résultat de la diète, il n'est parlé de tronc qu'au § 18; et voici ce qu'il porte : *Nous voulons et ordonnons que dans tous les pays et lieux de la nation allemande, il soit mis à la porte des églises paroissiales un tronc ou coffre, et que le peuple soit exhorté par les curés ou les prédicateurs, d'accorder ses secours ou aumônes, pour procurer dans les hôpitaux un meilleur entretien aux blessés et malades qui ont servi pour le bien commun de la chrétienté dans les assauts, dans les camps et dans les batailles.* Le même ordre est répété au § 44 du recès de la diète de 1598. Il n'est donc pas vrai que ces diètes aient ordonné des troncs pour subvenir aux frais de la guerre contre les Turcs. L'an 1606, traité de paix conclu pour vingt ans à Situatoroc, le 9 novembre entre Rodolphe et Achmet I. L'archiduc Mathias, qui avait pris sur lui jusqu'alors tous les soins de la guerre, veut en recueillir le fruit. Il engage, l'an 1607, les seigneurs hongrois à l'élire pour leur roi; et l'empereur, tout indigné qu'il est de cette élection, la ratifie, le 27 juin 1608, à Débritz, près de Prague. Mathias, l'an 1611, l'oblige encore à lui céder la Bohême. Rodolphe, consumé de peines et de chagrins, meurt à Prague, le 20 janvier 1612, dans la soixantième année de son âge, et la trente-septième de son empire, sans avoir été marié. Ce fut sous ses yeux que Ticho-Brahé et Kepler, son disciple, célèbres astronomes l'un et l'autre, dressèrent leurs tables, qui, pour cette raison, furent appelées *Rudolphines*. Le premier, qui se mêlait aussi d'astrologie, lui ayant recommandé de se défier de ses proches, il suivit ce conseil, et alla même au-delà; car il ne permit ni à ses parents, ni à aucun étranger d'approcher de sa personne. (*Voyez* Rodolphe *parmi les rois de Bohême et parmi les rois de Hongrie.*)

MATHIAS.

1612. MATHIAS, fils de Maximilien II, né le 24 février 1557, couronné roi de Hongrie le 19 novembre 1608, roi de Bohême le 23 mai 1611, fut élu empereur à Francfort le 13 juin 1612, et couronné le 24 du même mois. L'an 1615, il érigea la charge de directeur-général des postes en fief de l'empire, et en investit Lamoral, baron de Taxis: source de plusieurs différents; les états de Saxe, de Brandebourg et de Hesse ont substitué dans leurs terres des postes particulières aux postes impériales. Mathias, l'an 1616, se voyant sans enfants, ainsi que ses frères Maximilien et Albert, adopte son cousin Ferdinand, et se démet, en sa faveur, du royaume de Bohême en 1617. Les troubles qui s'élevèrent dans ce pays l'année suivante, donnèrent naissance à une guerre cruelle qui désola toute l'Allemagne pendant le cours de trente ans. Ce furent les Protestants de Bohême qui l'excitèrent pour la défense de leur religion. Parmi ces troubles, Ferdinand, qui prenait sur Mathias le même empire que celui-ci avait pris sur Rodolphe, l'oblige à lui faire encore cession de la couronne de Hongrie. Ce n'était pas l'avis du cardinal Klesel, évêque de Vienne et premier ministre de l'empereur, qu'il se laissât ainsi dépouiller. Ferdinand, pour se venger, fit enlever ce prélat au milieu de Vienne, et le fit conduire secrètement dans une forteresse du Tyrol, d'où il ne sortit qu'en 1623, sur les instances menaçantes du pape. Cette violence de Ferdinand mit le comble aux chagrins de Mathias. Il en mourut accablé, le 20 mars 1619, à l'âge de soixante-deux ans, après six ans, neuf mois et sept jours de règne. Il avait épousé, en décembre de l'an 1611, ANNE D'AUTRICHE, fille de Ferdinand, comte de Tyrol, morte sans enfants le 14 décembre 1618. (*Voy.* Mathias, *parmi les rois de Hongrie et de Bohême.*)

FERDINAND II.

1619. FERDINAND II, fils de Charles, archiduc de Gratz, duc de Carinthie, de Carniole, de Styrie, etc., et de Marie-Anne de Bavière, né le 9 juillet 1578, roi de Bohême le 29 juin 1617, roi de Hongrie le 1er juillet 1618, fut élu empereur, le 28 août 1619, à Francfort, et couronné le 9 septembre suivant. Les états de Bohême s'opposèrent à son élection, révoquèrent celle qu'ils avaient faite de lui pour leur roi, et en firent une autre en faveur de Frédéric V, électeur palatin. Ce fut un nouvel aliment pour la guerre déjà commencée. L'an 1620, les Impériaux, commandés par Maximilien, duc de Bavière, défirent entièrement, près de Prague, le 8 novembre, l'armée des Bohémiens. Pendant les trois années suivantes, Tilli, général des troupes impériales et bavaroises, remporta de si grands avantages sur Frédéric et les princes de son parti, que le premier fut obligé de sortir de l'Allemagne. Son électorat fut donné, l'an 1623, au duc de Bavière, dont la maison date de cette époque le commencement de sa grandeur. L'an 1626, le comte de Wallenstein, autre général de l'empereur, gagna une grande bataille, le 25 avril, contre le célèbre comte de Mansfeldt. Tilli, le 27 août suivant, mit en déroute Christiern, roi de Danemarck, à Lutter, et le poursuivit jusque dans le Jutland. La victoire avait toujours accompagné les armes de Ferdinand jusqu'en 1629. Le 6 mars de cette année, il donne un édit pour la restitution des biens de l'église, usurpés par les Protestants depuis l'an 1555. Quelques villes obéissent; les électeurs de Brandebourg et de Saxe, d'autres princes et plusieurs villes refusent de s'y soumettre. Abandonnés du roi de Danemarck, qui fit sa paix avec l'empereur dans le même tems, ils appellent Gustave Adolphe, roi de Suède, à leur secours. Ce prince étant entré dans l'Allemagne en 1630, y fit de rapides progrès. Le 7 (et non le 17) septembre 1631, il gagna la bataille de Leipsick, où Tilli fut blessé, pris par un colonel suédois, et délivré ensuite par Rodolphe, duc de Saxe-Lawenbourg. Cette victoire mit l'empereur aux abois. Gustave poursuit ses conquêtes, pénètre jusqu'à Mayence, parcourt en conquérant l'Alsace et la Suabe, et gagne une seconde bataille, le 5 avril 1632, sur les bords du Lech, contre Tilli; ce général ayant reçu dans sa fuite un coup de canon au-dessous du genou, va mourir de sa blessure trois jours après à Ingolstadt. Gustave, après cette victoire, entre en Bavière, dont il soumet les principales villes, et enfin périt, le 16 novembre 1632, à la bataille de Lutzen, au commencement de l'action. Sa mort n'empêcha pas les Suédois de remporter la victoire. Ils continuèrent leurs progrès en Allemagne, sous la conduite du duc de Saxe-Weimar. L'empereur se plaint au comte de Wallenstein, son général, de n'avoir pas de quoi payer ses armées. *Je ne vois qu'un remède à cela*, dit Wallenstein, *c'est de les doubler. — Eh! comment pourrais-je entretenir cent mille hommes*, dit l'empereur, *puisque je suis hors d'état d'en entretenir cinquante mille? — Cinquante mille hommes*, répliqua Wallenstein, *tirent leur subsistance du pays ami : cent mille la tireront du pays ennemi.* L'an 1634, ce même Wallenstein, violemment soupçonné d'avoir voulu se faire roi de Bohême, est assassiné, le 25 février, dans Egra, par la trahison de Gordon, sa créature. Le 6 septembre suivant, le jeune Ferdinand, roi de Hongrie, bat les Suédois, commandés par le général Horn, à Nordlingue, et par-là rétablit les affaires de son père. L'an 1635, l'empereur, voyant la France déclarée contre lui, fait la paix, le 30 mai, avec l'électeur de Saxe. Mais Bannier, général suédois, met en déroute, le 4 octobre 1636, près de Wistock, les Impériaux et les Saxons. L'année suivante, l'empereur Ferdinand meurt à Vienne, le 15 février, à l'âge cinquante-neuf ans, dans la dix-neuvième année de son règne. Son corps fut inhumé dans le cimetière de l'église de Saint-Gille de Gratz, auprès de celui de MARIE-ANNE DE BAVIÈRE, sa première femme, morte le 7 mars 1616, et repose sous un mausolée remarquable par son architecture et ses ornements. Ferdinand fit la guerre de son cabinet, et la fit en habile politique. Les revers qu'il éprouva servirent à faire voir l'élévation de son génie. Toujours grand, toujours fécond en ressources, il fut supérieur aux événements, et trouva, dans ses pertes mêmes, les moyens de parvenir à ses fins. (*Voyez, pour ses femmes et ses enfants*, Ferdinand II, roi de Bohême. *Voyez aussi les rois de Hongrie.*)

FERDINAND III.

1637. FERDINAND III, né le 20 (et non le 13) juillet 1608, de Ferdinand II et de Marie-Anne de Bavière, roi de Hongrie le 8 décembre 1625, proclamé roi de Bohême le 25 novembre 1627, élu roi des Romains le 22 décembre 1636, succéda, l'an 1637, à son père. La bataille de Nordlingue, qu'il avait gagnée en 1634, lui avait acquis une grande réputation. Elevé sur le trône impérial, il continua la guerre avec différents succès contre la Suède, la France et les Protestants. Le duc de

Saxe-Weimar, après avoir battu ses généraux, s'empara de Brisach le 19 décembre 1638. Bannier et Torstenson eurent presque toujours l'avantage sur les Impériaux et les Saxons. Picolomini, général de l'empereur, gagna le 7 juin 1639, la bataille de Thionville sur le marquis de Feuquières, général français, qui assiégeait cette place. Feuquières, en cette occasion, eut lieu d'être mécontent d'une grande partie de son armée; mais il ne voulut jamais accuser personne. Quand on lui demanda de la part du roi les noms des plus coupables, il répondit : *J'ai toujours combattu à la tête des troupes; je ne puis rendre compte de ce qui s'est passé derrière moi.* L'an 1644, bataille de Fribourg, gagnée par le duc d'Enghien, ayant sous lui les maréchaux de Turenne et de Guiche, contre les Bavarois, commandés par le général Merci. Il s'agissait de les forcer dans leurs lignes. On n'en vient à bout qu'après trois combats très-savants et très-meurtriers, donnés les 3, 5 et 9 août. Au dernier, le général français ayant jetté son bâton de commandement dans les retranchements, les soldats à l'envi font les plus grands efforts pour empêcher que ce bâton ne tombe entre les mains des Allemands, et ils réussissent à le retirer. Peut-être sans cet héroïque stratagème, le prince aurait-il échoué dans cette entreprise aussi difficile qu'importante. Merci a sa revanche l'année suivante; il surprend, le 5 mai, l'armée du maréchal de Turenne aux environs de Mariendal, et enlève les quartiers les plus éloignés. Mais le duc d'Enghien, secondé de Turenne, bat les Allemands, commandés par le même, le 3 août suivant, près de Nordlingue. Merci, l'un des plus grands capitaines de son siècle, est tué dans l'action. On l'enterre dans le champ de bataille avec cette épitaphe gravée sur sa tombe : STA, VIATOR, HEROEM CALCAS. Turenne et Wrangel, le 7 mai (et non le 17 avril, comme porte l'édition des Bénédictins) 1648, remportent sur les Impériaux à Sommershausen, près d'Ausbourg, une autre victoire, qui oblige le duc de Bavière à se retirer à Saltzbourg. Enfin, le 24 octobre de la même année, la paix, à laquelle on travaillait depuis sept ans, fut conclue à Munster entre toutes les puissances belligérantes. La France y gagna la souveraineté de l'Alsace avec ses dépendances, dont elle était déjà en possession, sans parler des trois évêchés enclavés dans la Lorraine. La Suède, et plusieurs princes protestants de l'empire, y obtinrent des domaines considérables en Allemagne, la plupart aux dépens de l'église à qui on enleva des évêchés et des abbayes qui furent sécularisés. Ce fut alors qu'on accorda aux villes impériales un suffrage décisif à la diète. Enfin on y admit les trois religions dans l'empire, la catholique, la luthérienne et la calviniste, avec l'égalité de droit entre elles. Ce traité si célèbre, appelé *la Paix de Westphalie*, a servi de base à tous les traités faits depuis. L'Espagne fut la seule des puissances belligérantes qui refusa d'y accéder. La diète de Ratisbonne, tenue l'an 1654, mit le dernier sceau à la pacification de Westphalie. L'an 1657, le 2 avril, Ferdinand meurt à Vienne, âgé de quarante-neuf ans, après un règne de vingt ans un mois et quelques jours. M. de Zurlauben met sa mort au 23 mars en suivant le vieux style. Ce prince avait beaucoup de générosité, de tendresse pour ses peuples, de bonté d'âme de douceur et de religion. Il fut le protecteur et le rémunérateur des talents et du mérite dans tous les genres. Mais il manqua de discernement dans le choix de ses conseillers et de ses favoris. De-là tant de fausses mesures prises dans son conseil, qui furent cause en partie de ses plus grands revers. Son corps, avec celui de sa deuxième femme, fut inhumé à Gratz, capitale de Styrie, dans l'église de Saint-Gilles, sous un mausolée remarquable par son architecture et ses ornements. (*Voyez, pour ses femmes et ses enfants*, Ferdinand III, roi de Bohême.)

LÉOPOLD.

1658. LÉOPOLD, né le 9 juin 1640, de Ferdinand III, et de Marie-Anne d'Espagne, couronné roi de Hongrie, le 27 juin 1655, et roi de Bohême, le 14 septembre 1656, fut élu empereur, le 18 juillet 1658, à Francfort, et couronné le 1er. août suivant. Ce prince continua l'alliance faite par son père avec la Pologne, le Danemarck et le Brandebourg, contre Charles-Gustave, roi de Suède. Celui-ci étant mort le 23 février 1660, son fils, Charles XI, conclut, le 23 mai suivant, la paix avec l'empereur et la Pologne, à l'abbaye d'Oliva, près de Dantzick. L'an 1663 donna commencement à la diète perpétuelle de Ratisbonne. Les princes qui composaient auparavant ces assemblées, n'y assistent plus que par députés, de même qu'au sacre de l'empereur. Léopold s'y étant rendu, l'an 1664, obtint des secours avec lesquels les Impériaux remportèrent, le 1er août de l'an 1664, une victoire éclatante sur les Turcs, à Saint-Gothard, en Hongrie. Les Hollandais, près de voir leur république anéantie par les armes victorieuses de la France, ayant imploré le secours de Léopold, ce prince, par traité signé le 25 juillet 1672, s'engage à leur fournir des secours contre cette puissance. Par-là il attira sur le Rhin une guerre qui fut très-vive et très-glorieuse à la France, jusqu'à la mort de Turenne, arrivée le 27 juillet 1675. Mais nos armes n'eurent pas les mêmes succès depuis cet événement. Les alliés battirent, à Consarbruck, le 11 août suivant, le maréchal de Créqui, qui fut fait prisonnier dans Trèves, le 6 septembre de la même année.

Enfin, la paix de Nimègue, en 1678, rendit la tranquillité à toute l'Europe; elle ne fut signée avec l'empire que le 5 février 1679. Vienne se vit sur le point de tomber, en 1683, au pouvoir des Turcs, qui l'assiégeaint avec toutes les forces de leur empire. Deux héros, Jean Sobieski, roi de Pologne, et Charles, duc de Lorraine, se sont immortalisés en la délivrant, le 12 septembre de la même année. L'empereur avait voulu partager avec eux les dangers et l'honneur de cette journée; mais Sintzendorff, le plus accrédité de ses ministres, l'en détourna. Arrivé le lendemain à la vue de sa capitale, Léopold entend un grand bruit d'artillerie sur les remparts, et on lui dit que ce sont des réjouissances pour la victoire de Sobieski. Alors se tournant vers Sintzendorff : *La faiblesse des conseils que vous m'avez donnés*, lui dit-il en colère, *est cause de la honte que je reçois aujourd'hui* : paroles qui donnèrent un tel saisissement au malheureux ministre, qu'il en mourut le lendemain.

La guerre continuait toujours entre la France et la maison d'Autriche. Le pape Innocent XI et les princes d'Allemagne engagèrent l'empereur à la terminer pour être en état de reunir toutes ses forces contre le Turc. L'Espagne entra dans les mêmes dispositions; et la France n'en étant pas éloignée, les plénipotentiaires des trois puissances conclurent à Ratisbonne une trêve de vingt ans, qui fut signée le 16 août 1684. Mais les intrigues du prince d'Orange, stathouder de Hollande, ennemi irréconciliable de Louis XIV, ne permirent point qu'elle eût cette durée. Ce fut lui qui suscita contre la France, et fit signer, le 9 juillet de l'an 1686, la fameuse ligue d'Ausbourg, composée de l'empereur, du roi d'Espagne, du roi de Suède, et d'autres princes, auxquels se joignirent bientôt les Etats-Généraux. Les hostilités, néanmoins, ne recommencèrent qu'en 1688, mais ce ne fut pas à l'avantage des alliés. Les armes de la France furent presque toujours victorieuses, surtout dans les Pays-Bas et en Italie, où le fort de la guerre fut porté. Elle ne procura, cette guerre, d'autre avantage à l'empereur, que celui d'avoir renversé Jacques II, du trône d'Angleterre, pour y placer le stathouder de Hollande, révolution qui entraîna la ruine de la religion catholique dans ce royaume. Les hostilités cessèrent enfin, l'an 1697, par la paix de Riswick, dont le traité fut signé, le 20 septembre, par les alliés, et le 30 octobre, par l'empereur. Cette paix fut plus avantageuse à Léopold qu'il n'eût semblé devoir l'espérer. Celle qu'il conclut à Carlowitz, le 26 janvier 1699, avec le Turc, le fut encore plus. Elle lui assura toute la Hongrie, en-deçà de la Save, la Transylvanie et l'Esclavonie. La mort de Charles II, roi d'Espagne, arrivée le 1er. novembre 1700, ralluma la guerre en Europe. Charles, par son testament, avait appelé Philippe, duc d'Anjou, petit-fils de Louis XIV, à la couronne d'Espagne. Léopold y prétendait comme le plus proche agnat et en vertu des pactes de famille. Il envoya, l'an 1701, le prince Eugène en Italie. Ce général y gagna les combats de Carpi et de Chiari. Le 15 août 1702, il perdit la bataille de Luzara contre les Français, qui, le lendemain, s'emparèrent du château de ce nom. Le 28 ou le 30 septembre suivant, Léopold engage la diète de Ratisbonne à déclarer la guerre à la France. L'électeur de Bavière, gouverneur des Pays-Bas espagnols, et son frère, l'électeur de Cologne, n'eurent aucune part à cette délibération. Le premier était hautement déclaré pour la France, dont il avait reçu les garnisons dans les places de son gouvernement. Le second protesta qu'il garderait la neutralité. Léopold, fortifié de l'alliance de l'Angleterre et de la Hollande, donne, le 12 septembre 1703, à l'archiduc Charles, son deuxième fils, le titre de roi d'Espagne. Ce jeune prince étant parti sur une flotte anglaise et hollandaise, arrive le 9 mars 1704, à Lisbonne. L'Espagne devint alors l'un des théâtres de la guerre qui se faisait en même tems dans les Pays-Bas, en Allemagne, et au-delà des monts. Au milieu de cet embrâsement d'une grande partie de l'Europe, Léopold meurt à Vienne le 6 mai de l'an 1705, à l'âge de soixante-cinq ans, dans la quarante-septième année de son règne. Ce prince, destiné dès son enfance à l'état ecclésiastique, avait reçu une éducation conforme à cette vocation prématurée. Il porta sur le trône une piété sincère qui ne se démentit pas dans tout le cours de sa vie, et des connaissances littéraires qui le rendirent capable de figurer parmi les savants, mais peu de lumières sur l'art de régner. Delà vint la nécessité où il se trouva de s'en rapporter, pour les affaires du gouvernement, à ses ministres, dont il fit presque toujours un bon choix. En suivant leur direction, il vint à bout, malgré les fautes qu'ils lui firent commettre, de se rendre le maître dans l'Allemagne, et d'obtenir, par des voies simples et douces, ce que Charles-Quint n'avait pu emporter par sa politique tortueuse et la terreur de ses armes. Mais il ne tint pas une conduite aussi modérée en Italie ni en Hongrie. Dans la guerre qui se termina par la paix de Riswick, il mit à contribution tout ce qui, au-delà des monts, n'était pas soumis à l'Espagne, Gênes, Venise, la Toscane, et même les états du pape. Il proscrivit le duc de Mantoue, et donna au duc de Savoie, son allié, le Montferrat Mantouan. La dureté de son gouvernement, en Hongrie, y excita des révoltes que la sévérité des châtiments n'étouffa point. Léopold avait épousé, 1°., le 12 décembre 1666, Mar-

GUERITE-THÉRÈSE, fille de Philippe IV, roi d'Espagne, morte le 12 mars 1673, après lui avoir donné Marie-Antoinette, électrice de Bavière: 2°., le 15 octobre 1673, CLAUDE-FÉLICITÉ, fille de Ferdinand, archiduc d'Inspruck, morte sans enfants, le 8 avril 1676; 3°., le 14 décembre 1676, ELEONORE-MADELAINE, fille de Philipppe-Guillaume, comte palatin de Neubourg, morte le 19 janvier 1720. De ce mariage naquirent les empereurs Joseph et Charles VI; Marie-Elisabeth, gouvernante des Pays-Bas, en 1725, morte en 1741; Marie-Anne, femme de Jean V, roi de Portugal, etc. Par une convention faite, l'an 1703, avec ses deux fils, il avait réglé que les filles de Joseph, l'aîné, précéderaient toujours, et en toute occasion, celles de Charles, suivant l'ordre de la primogéniture. L'electeur de Saxe, gendre de l'empereur Joseph, s'est prévalu depuis de cette convention contre la reine de Hongrie, fille de Charles. (*Voy.* Léopold, *roi de Bohême et de Hongrie.* Voy. *aussi* Louis XIV.)

JOSEPH I.

1705. JOSEPH, fils aîné de Léopold et d'Eléonore-Madelaine, princesse palatine, né à Vienne le 26 juillet 1678, couronné roi de Hongrie, le 9 décembre 1687, élu roi des Romains dans la diète électorale d'Ausbourg, le 24 janvier 1690, et couronné le 26, succéda, le 6 mai 1705, dans l'empire, à son père. Etant roi des Romains, il se signala aux deux siéges de Landau, qu'il prit en 1702 et 1704. Ce prince soutint le système que son père avait embrassé. L'esprit du fils, dit M. Pfeffel, était plus vif et plus entreprenant, plus éloigné des finesses et de la politique italienne, plus propre à brusquer les événements qu'à les attendre; consultant ses ministres, et agissant par lui-même. Son règne fut glorieux, par les victoires que les alliés remportèrent sur les Français en Italie et dans les Pays-Bas. Les électeurs de Cologne et de Bavière s'étant déclarés pour la France, Joseph les mit au ban de l'empire, le 29 avril 1706, les dépouilla de leur électorat dont il donna les fiefs à ses parents et à ses créatures, et retint les enfants du Bavarois, auxquels il ôta jusqu'à leur nom; tout cela en vertu d'un simple décret du conseil aulique. Plusieurs princes de l'empire protestèrent contre cette violence, et ne furent point écoutés.

Depuis la honteuse levée du siége de Turin, les affaires des Français allaient toujours en dépérissant au-delà des monts. Obligés, l'an 1707, d'évacuer la Lombardie par capitulation du 13 mars, ils laissèrent à l'empereur, par leur retraite, la liberté de suivre ses projets sur le royaume de Naples.

Le 12 mai suivant, le comte de Daun part du Piémont avec un détachement de l'armée impériale, et le 7 juillet il arrive devant Naples, qu'il trouve sans défense, le duc d'Escalonne, qui en était viceroi, s'étant, à son approche, retiré à Gaëte. Il y entre sans coup férir, et le peuple le reçoit avec une telle allégresse, que dans les transports de sa joie, il met en pièces la statue équestre de bronze, de Philippe V, qui était au milieu de la grande place, et la jette dans la mer. Les autres places du royaume suivirent l'exemple de la capitale, à l'exception de Gaëte qui soutint un siége et fut emportée d'assaut le 30 septembre de la même année. La flotte des alliés fit, au mois d'août de l'année suivante, la conquête de la Sardaigne, avec la même facilité. L'empereur entreprend alors de faire revivre les droits de l'empire sur les grands fiefs d'Italie, qui en avaient autrefois relevé. Les républiques et les princes ne combattent ses prétentions que par des écrits, et sont provisionnellement contraints de payer les taxes qu'il leur impose, comme aussi de recevoir les troupes qu'il envoie chez eux en quartier d'hiver. Le pape Clément XI, osa lui opposer une armée commandée par le comte de Marsigli. Mais voyant d'un côté sa ville de Ferrare investie par les Impériaux, et de l'autre les côtes de l'état ecclésiastique menacées par les flottes anglaise et hollandaise, il commence à sentir sa faiblesse et à demander la paix. Le marquis de Saint-Prié, plénipotentiaire de l'empereur, s'étant transporté à Rome, oblige le saint père à licencier son armée, à nourrir les troupes impériales, à leur abandonner Commacchio, et à reconnaître l'archiduc Charles, roi d'Espagne. Amis ou ennemis, tout ressentit le pouvoir de Joseph. Il eut porté la gloire de l'empire aussi loin qu'Otton I, s'il eût aussi long-tems régné. Mais la petite vérole l'enleva au monde, l'an 1711, le 17 avril (et non le 27, comme le marque d'Avrigni), dans la trente-troisième année de son âge, et la sixième de son règne. Il avait épousé, le 24 février 1699, GUILLELMINE-AMELIE, fille de Jean-Fréderic, duc d'Hanovre, morte le 10 avril 1742, et laissa d'elle Marie-Josephe, mariée à Frédéric-Auguste III, roi de Pologne; et Marie-Amélie, femme de Charles-Albert, électeur de Bavière et empereur. Sans égard pour les droits de ces deux princesses, Joseph, par son testament, institua l'archiduc Charles, son frère, héritier de tous les états appartenants à la maison d'Autriche.

CHARLES VI.

1711. CHARLES VI, deuxième fils de l'empereur Léopold et d'Eléonore-Madelaine, né le 1er. octobre 1685, reconnu roi d'Espagne par les alliés, apprit à Barcelonne la nouvelle de la mort de l'empereur Joseph, son frère. Cet événement fit changer de système aux alliés, qui ne voulaient pas voir réunies sur une même tête les couronnes d'Espagne et de l'empire. Charles part de Barcelonne, le 27 septembre, pour aller recevoir la dernière. Il est élu empereur à Francfort, le 12 octobre 1711, et couronné au même lieu, le 22 décembre suivant. Deux jours après, les électeurs lui font signer une capitulation très-étendue, dont un des articles porte que tous les princes dépouillés de leurs états, par force ou autrement, seront rétablis dans leurs droits; par où l'on voit qu'ils n'approuvaient pas le ban fulminé par Léopold, contre les électeurs de Bavière et de Cologne. L'an 1712, Charles reçut la couronne de Hongrie, le 21 avril, à Presbourg. Ce prince continua la guerre dans les Pays-Bas. Mais les Anglais ayant retiré leurs troupes, le combat de Denain fit prendre une autre face aux affaires. Les alliés firent leur paix, le 11 avril 1713, à Utrecht. Charles refusa d'accepter les articles stipulés pour lui. Mais après la perte de Landau et de Fribourg, il fit son traité avec la France à Rastadt, le 6 mars 1714. Charles y gagna les Pays-Bas espagnols, les royaumes de Naples et de Sardaigne, le Milanez et les côtes maritimes de Toscane, qui lui furent cédés. Ensuite, après treize mois et demi de négociations, l'empereur conclut, avec les Etats-Généraux, le 15 novembre 1715, par ses ministres à Anvers, le traité qu'on nomma des Barrières. Il est compris en vingt-neuf articles, par l'un desquels, l'empereur consent que les Hollandais mettent garnison de leurs troupes dans certaines villes des Pays-Bas autrichiens.

La déclaration de guerre, que le sultan Achmet III fit, l'an 1715, aux Vénitiens, fut un motif pour l'empereur de lui en faire une semblable à lui-même, le 5 juin de l'année suivante. Cette entreprise fût glorieuse. Mais au milieu des victoires que le prince Eugène remportait sur les infidèles, les Espagnols font une descente, le 1er. juillet 1718, en Sicile, après s'être emparés de la Sardaigne. Cet acte imprévu d'hostilité oblige l'empereur d'interrompre le cours de ses progrès contre les Turcs et de faire la paix avec eux, le 21 juillet, à Passarovitz, paix qui donna à la maison impériale le bannat de Temeswar, Belgrade et la Servie. L'empereur, après cela, fait passer une partie de ses troupes en Italie, pour être à portée de Naples et de Sicile. Le 2 août suivant, on conclut à Londres la quadruple alliance, entre l'empereur, la France, l'Angleterre et la Hollande. Cette dernière puissance n'y accéda, néanmoins, que le 16 février de l'année suivante. L'objet de cette alliance était de maintenir les traités d'Utrecht et de

Bade, et d'accommoder les affaires d'Italie. La disgrâce du cardinal Alberoni, ministre d'Espagne, arrivée le 5 décembre 1719, fut un grand acheminement à la paix. Le roi Philippe V, délivré de ce conseiller dangereux, entra lui-même dans la quadruple alliance le 25 janvier 1720. Le duc de Savoie, par un article de ce traité, fut dépouillé de la Sicile en faveur de l'empereur, et eut, en échange, la Sardaigne. Le 25 octobre de la même année, les états de Silésie reçurent la pragmatique-sanction que l'empereur avait faite l'année précédente: c'était un réglement par lequel Charles appelait à sa succession, au défaut d'enfants mâles, sa fille aînée, ensuite ses autres filles, puis ses nièces, etc. (La pragmatique fut adoptée par les états des Pays-Bas autrichiens, le 7 avril 1723; l'Angleterre et la Hollande en promirent la garantie le 16 mars 1731; l'Espagne le 22 juillet suivant; l'électeur de Saxe le..... 1733; la France le 3 octobre 1735. Les maisons de Bavière et Palatine furent les seules qui protestèrent contre ce réglement.)

L'empereur ayant rétabli la paix dans ses états héréditaires, donna ses soins pour y faire régner l'abondance. L'an 1728, il visite en personne les côtes de l'Istrie autrichienne, et après avoir reconnu que cette province est très-bien située pour le commerce, il établit à Vienne une compagnie du Levant; fait faire en Istrie plusieurs grandes routes, pour faciliter le transport des marchandises à Vienne et à Carlstadt, en Hongrie; fait construire des vaisseaux à Porto-Rè des bois du pays très-propres à la marine; rend le port d'Istrie franc; établit des manufactures dans tous les états autrichiens, et par tous ces moyens, rend le commerce de l'Istrie très-florissant. Les mesures qu'il prit pour étendre le commerce des Pays-Bas jusqu'aux Indes, n'eurent pas le même succès. La compagnie, qui avait été établie par Léopold, à Ostende, dès 1718, avait excité la jalousie des puissances maritimes. Charles, pour déférer à leurs plaintes réitérées, promit, en 1731, de suspendre les octrois qu'il avait accordés à cet établissement.

Le trône de Pologne étant venu à vaquer par la mort du roi Frédéric-Auguste Ier., la cour de Vienne, réunie à celle de Russie, emploie l'intrigue et la force pour y placer le fils du roi défunt, au préjudice du roi Stanislas, que la France voulait y rétablir. Mais l'empereur, en réussissant dans son projet, occasionne entre lui et la France, une guerre sanglante, qu'il termina, dans le mois d'octobre 1735, par un traité de paix, dont il n'eut pas lieu de s'applaudir. Il y perdit une partie du Milanez, qui fut adjugée au roi de Sardaigne, allié de la France, avec les royaumes de Naples et de Sicile, qui furent cédés à don Carlos. Par le même traité, le duc François, gendre de l'empereur, se vit contraint d'abandonner ses duchés de Lorraine et de Bar au roi Stanislas, moyennant la succession éventuelle qu'on lui assura du grand duché de Toscane. (*Voy.* Louis XV.) Délivré de cette guerre, l'empereur se voit entraîné, l'an 1737, par ses engagements avec la Russie, dans une autre contre les Turcs. Il n'avait plus alors, pour être mis à la tête de ses armées, l'illustre prince Eugène de Savoie, la terreur de l'empire ottoman, décédé le 20 avril 1736 (et non pas le 27 avril 1737, comme M. D. le marque.) Les généraux qui remplacèrent ce héros, ne soutinrent point en Hongrie la réputation des armes impériales. Après trois campagnes malheureuses, Charles fit une paix désavantageuse avec les Turcs, le 22 septembre 1739. (Journ. de Louis XV.) Mais au moment où ce prince allait mettre la dernière main à la pragmatique-sanction, en faisant élire roi des Romains son gendre, le grand duc de Toscane, il meurt le 20 octobre 1740, à Vienne, dans la cinquante-sixième année de son âge, et la vingt-neuvième de son règne, sans laisser d'enfants mâles. Avec lui s'éteignit la maison d'Autriche, dont il fut le dernier empereur. Elle avait gouverné l'Allemagne pendant plus de trois cents ans. Charles avait épousé, le 1er. août 1708, ELISABETH-CHRISTINE DE BRUNSWICK WOLFFENBUTTEL, morte le 21 décembre 1750, dont il laissa Marie-Thérèse, son héritière, née le 13 mai 1717, mariée à François, duc de Lorraine, depuis empereur, et Marie-Anne, gouvernante des Pays-Bas, femme de Charles de Lorraine, morte en 1744. (*Voy.* Charles, *roi de Bohême et roi de Hongrie.*)

CHARLES VII.

1742. CHARLES VII, né le 6 août 1697, de Maximilien-Emmanuel, électeur de Bavière, et de Cunégonde Sobieski, successeur de son père dans l'électorat, fut un des principaux prétendants à la succession autrichienne, après la mort de Charles VI, et fit valoir ses prétentions par les armes. S'étant rendu maître de Prague, avec le secours de la France, il y fut proclamé roi de Bohême, le 7 décembre 1741. Il se rendit à Francfort, accompagné du maréchal de Belle-Isle, qui prit le titre d'ambassadeur de France, et il y fut élu empereur le 24 janvier 1742, et couronné le 12 (et non le 22) février suivant. Son règne ne dura que trois ans, pendant une guerre continuelle, dont il ne vit pas la fin, étant mort le 20 janvier 1745, à Munich, dans la quarante-huitième année de son âge. (*Voy.* Charles-Albert, *électeur de Bavière.*)

FRANÇOIS.

1745. FRANÇOIS DE LORRAINE, né le 8 décembre 1708,

de Léopold, duc de Lorraine, et de Charlotte d'Orléans, duc de Lorraine, le 27 mars 1729, marié, le 12 février 1736, avec MARIE-THÉRÈSE, fille de l'empereur Charles VI; grand-duc de Toscane, le 9 juillet 1737, déclaré co-régent de tous les états autrichiens, en 1741, fut élu empereur à Francfort, le 13 septembre 1745, malgré l'opposition de l'électeur palatin et du roi de Prusse, qui disputaient à la reine, son épouse, l'exercice du suffrage électoral du royaume de Bohême. Cette princesse, s'étant rendue à Francfort, y fut témoin de l'entrée triomphante de son époux en cette ville. Elle avait près d'Heidelberg, un camp de soixante mille hommes, dont elle alla ensuite faire la revue. Le nouvel empereur fut couronné le 4 octobre suivant. La tranquillité ayant été rendue à l'Europe, l'an 1748, par le traité de paix conclu le 18 octobre, à Aix-la-Chapelle, l'empereur François donna ses soins pour rétablir l'harmonie parmi les membres du corps germanique et réparer les maux que la guerre avait causés dans l'empire. Mais, l'an 1756, une nouvelle guerre, qui s'éleva dans l'Allemagne, renversa l'ouvrage qu'il avait commencé. Elle finit par la paix d'Hubertsbourg, conclue, le 15 février 1763, entre l'impératrice-Reine, le roi de Pologne, et le roi de Prusse. (*Voy.* Marie-Thérèse, *reine de Hongrie*, Frédéric-Auguste II, *électeur de Saxe*, *et* Frédéric II, *roi de Prusse.*) Une mort inopinée enleva, le 18 août 1765, l'empereur François au milieu des fêtes qu'il donnait à Inspruck, pour le mariage de l'archiduc Pierre-Léopold, son second fils, avec l'infante Marie-Louise d'Espagne. L'impératrice-reine et toute son auguste famille furent témoins de ce terrible événement, qui les plongea dans un deuil qu'il serait difficile d'exprimer. Ce prince avait hérité des grandes qualités du duc Charles V, son aïeul et du duc Léopold, son père, dont la mémoire vivra éternellement dans le cœur des Lorrains. Affable, bienfaisant, magnanime, comme eux, il doit être mis au nombre des meilleurs princes qui aient gouverné l'empire. Marie-Thérèse, sa veuve, pour attester d'une manière chrétienne ses regrets à la postérité, fonda, pour le repos de son âme, dans la ville d'Inspruck, un chapitre noble de douze chanoinesses. Elle mourut à Vienne, le 29 octobre 1780. Ce prince laissa de son mariage quatre archiducs, 1°. Joseph, qui suit; 2°. Pierre-Léopold, grand-duc de Toscane, puis empereur; 3°. Ferdinand, gouverneur de la Lombardie, mort le 24 décembre 1806. Il avait épousé, le 15 octobre 1771, Marie-Beatrix-d'Est, dont il a eu : *a.* François-Joseph, archiduc d'Autriche, né le 7 octobre 1779, duc de Modène; *b.* Ferdinand, archiduc d'Autriche, né le 25 avril 1781, général de cavalerie; *c.* Maximilien, archiduc d'Autriche, né le 14 juillet 1782; *d.* Charles-Ambroise, né le 2 novembre 1785, mort à Comorn, en 1809;

e. Marie-Thérèse, née le 1er. novembre 1773, mariée, le 25 avril 1789, à Victor-Emmanuel de Savoie, roi de Sardaigne; *f.* Marie-Anne-Léopoldine, née le 10 décembre 1776, veuve, depuis le 16 février 1799, de Charles-Théodore, électeur palatin de Bavière; *g.* Marie-Louise-Antoinette-Béatrix, née le 14 décembre 1787, mariée, en 1808, à François Ier., empereur d'Autriche, morte le 7 avril 1816; 4°. Maximilien, grand-maître de l'ordre Teutonique, coadjuteur-électeur-archevêque de Cologne et évêque de Munster; (Voyez *les archevêques de Cologne.*) avec huit archiduchesses, qui sont: Marie-Anne, née l'an 1738, abbesse du noble chapitre de Prague; Marie-Christine, mariée, le 8 avril 1766, avec Albert-Casimir, prince de Saxe-Teschen, gouverneur des Pays-Bas; Marie-Elisabeth, née le 13 août 1743, abbesse d'Inspruck en 1781, morte en 1808; Marie-Amélie, morte en 1805, femme de don Ferdinand, duc de Parme, de Plaisance et de Guastalla, mort en 1802; Jeanne-Gabrielle-Josephine, née le 4 février 1750, morte le 23 décembre 1762; Marie-Josephe-Gabrielle, née le 19 mars 1751, morte le 15 octobre 1767; Caroline-Marie-Louise-Josèphe, morte le 8 septembre 1814, femme de Ferdinand IV, roi des Deux-Siciles; Charlotte-Louise-Marie-Antoinette, reine de France, morte en 1793. (*Voy.* Louis XVI, *roi de France.*)

JOSEPH II.

1765. JOSEPH II, né le 13 mars 1741, de François de Lorraine, empereur, et de Marie-Thérèse d'Autriche, élu roi des Romains le 27 mars 1764, couronné le 3 avril suivant; parvint à l'empire le 18 août 1765, après la mort de son père. La même année, il fut déclaré, par sa mère, co-régent des états héréditaires de sa maison. A la mort de Mamilien-Joseph, électeur de Bavière, décédé, sans postérité en 1777, la guerre se déclare avec le duc de Deux-Ponts, électeur palatin et le roi de Prusse, touchant la succession de la Bavière, à laquelle l'empereur prétendait à l'exclusion des deux premiers On fit marcher des troupes de part et d'autre, mais on se contenta de s'observer réciproquement, et la campagne se termina par le traité de Teschen, le 13 mai 1779. En 1789, le général Laudon donne l'assaut à Belgrade, et l'emporte sur les Turcs, le 8 octobre. Joseph II ne vit pas la fin de cette guerre, étant mort de langueur, à Vienne, le 20 février 1790. Il avait épousé, 1°., le 6 octobre 1760, MARIE-ELISABETH, fille de don Philippe, duc de Parme, et de Louise-Elisabeth de France, morte de la petite vérole, le 27 novembre 1763, dont il a eu une fille, morte le 24 janvier, 1770, dans sa huitième année; 2°., le 23 janvier 1765, JOSÉPHINE-ANTOINETTE DE BAVIÈRE: fille de l'empereur Charles VII, et de Marie-Amélie d'Autriche, décédée le 28 mai 1767.

LEOPOLD II.

1790. Léopold II, frère de l'empereur Joseph II, né le 5 mai 1747, succéda à l'empire en 1790. Les premiers soins de son administration se dirigèrent vers les affaires du Brabant et la guerre contre les Turcs. Mais la Prusse et l'Angleterre, s'étant prononcées en faveur de ces derniers, l'empereur, par leur médiation forcée, conclut avec la Porte le traité de Reichenbach, en mars 1791, qui garantit à Léopold la soumission des Belges. Cependant l'insurrection ne fut dissoute qu'après divers combats, dont les résultats forcèrent les insurgés à mettre bas les armes. La révolution française prenant un cours qui devait faire craindre pour le repos des autres états d'Europe, l'empereur se ligue avec le roi de Prusse, par traité signé à Pilnitz, le 27 août 1791. Léopold mourut presque subitement dans la force de l'âge et de l'expérience, le 1er. mars 1792. (Voyez *les grands ducs de Toscane.*) Il avait épousé, le 16 février 1765, Marie-Louise, infante d'Espagne. Il en eut douze archiducs et quatre archiduchesses, savoir :

1°. François II, empereur des Romains, aujourd'hui François Ier., empereur héréditaire d'Autriche, dont l'article suit ;

2°. Ferdinand ; (Voyez *les grands ducs de Toscane.*)

3°. Charles-Louis-Jean-Joseph-Laurent, connu militairement sous le nom de l'*archiduc Charles*, l'un des plus grands capitaines de son siècle, né le 5 septembre 1771, chevalier de la Toison d'Or, grand-croix de l'ordre militaire de Marie-Thérèse, gouverneur et capitaine général du royaume de Bohême, maréchal des armées impériales. Il a épousé, le 17 septembre 1815, Henriette-Alexandrine-Frédérique-Wilhelmine, princesse de Nassau-Weilbourg, née le 30 octobre 1797, dont il a eu un archiduc et une archiduchesse :

   a. Albert-Dominique-Frédéric-Rodolphe, né le 5 août 1817 ;

   b. Marie-Thérèse-Isabelle, née le 3 juillet 1816 ;

4°. Léopold-Jean-Joseph, palatin de Hongrie, né le 14 août 1772, mort des suites d'une explosion de poudre, le 22 juillet 1795 ;

5°. Albert-Jean-Joseph, né le 19 décembre 1773, mort le 22 juillet 1774 ;

6°. Maximilien-Jean-Joseph, né le 23 décembre 1774, mort le 9 mars 1778;

7°. Joseph-Antoine-Jean, chevalier de la Toison d'Or, grand-croix de l'ordre de Saint-Etienne, palatin, gouverneur et capitaine général du royaume de Hongrie, maréchal des armées impériales, colonel propriétaire des régiments de hussards, numéros 2 et 12, né le 9 mars 1776, marié, 1°. le 30 octobre 1799, avec Alexandrine-Paulowna, grande duchesse de Russie, née le 9 août 1783, fille de Paul Ier., empereur de Russie, morte le 16 mars 1801, dont il a eu Alexandrine-Paulowna, née et morte le 8 mars 1801; 2°. le 30 août 1815, avec Herminie, princesse d'Anhalt-Bernbourg-Schaumbourg, morte en couches, le 14 septembre 1817, dont il a eu un archiduc et une archiduchesse, savoir :

a. Charles-François-Victor, } nés le 14 septembre
b. Herminie-Amélie-Marie, } 1817;

8°. Antoine-Victor-Joseph-Jean-Raimond, né le 31 août 1779, élu grand-maître de l'ordre Teutonique, le 20 juin 1804;

9°. Jean-Baptiste-Joseph-Fabien-Sébastien, grand-croix de l'ordre militaire de Marie-Thérèse et de l'ordre impérial de Léopold, général de cavalerie, directeur général du corps des ingénieurs, colonel propriétaire d'un régiment de dragons, né le 20 janvier 1782;

10°. Reinier-Joseph-Jean-Michel-François-Jérôme, chevalier de la Toison d'Or, grand-croix de l'ordre impérial de Léopold, général d'infanterie, vice-roi du royaume Lombard vénitien, né le 30 septembre 1783;

11°. Louis-Joseph-Antoine, chevalier de la Toison d'Or, lieutenant général des armées impériales, colonel propriétaire du régiment d'infanterie numéro 8, né le 3 décembre 1784;

12°. Rodolphe-Jean-Joseph-Reinier, chevalier de la Toison d'Or, général-major des armées impériales, colonel propriétaire du régiment d'infanterie numéro 14, né le 8 janvier 1788;

13°. Marie-Thérèse-Josephe-Charlotte-Jeanne, née le 14 janvier 1767, mariée, le 8 septembre 1787, à Antoine-Clément, frère du roi de Saxe régnant;

14°. Marie-Anne-Ferdinande-Josephe-Charlotte-Jeanne, née le 21 avril 1770, morte abbesse à Prague, le 1er. octobre 1809;

15°. Marie-Clémentine-Josephe-Jeanne-Fidèle, née le 24

avril 1777, mariée, le 25 juin 1797, à François-Janvier-Joseph, prince héréditaire des Deux-Siciles, morte le 15 novembre 1801;

16°. Marie-Amélie-Josephe-Jeanne-Catherine-Thérese, née le 15 octobre 1780, décédée le 25 décembre 1798.

FRANÇOIS II.

1792. FRANÇOIS II (Joseph-Charles), né à Florence le 12 février 1768, fils de l'empereur Léopold II, et de Marie-Louise, infante d'Espagne; élu empereur des Romains le 5 juin, et couronné à Francfort le 14 juillet 1792; renonça à la dignité impériale d'Allemagne, le 6 août 1806. Nous allons coutinuer son article comme empereur d'Autriche.

EMPIRE D'AUTRICHE.

FRANÇOIS Ier.

1804. FRANÇOIS Ier. (Joseph-Charles), ayant succédé, le 1er. mars 1792, dans les différents états formant la monarchie d'Autriche, à l'empereur Léopold II, son père, il fut inauguré à Vienne, le 25 avril 1792, couronné à Bude, le 6 juin comme roi de Hongrie, et le 9 août, même année, comme roi de Bohême, à Prague. Le 11 août 1804, il fut proclamé empereur héréditaire d'Autriche. Nous laissons à la postérité le soin de tracer les événements de ce règne, l'un des plus glorieux et des plus actifs qu'ait eus l'empire germanique; et de porter un jugement équitable sur ce prince qui la gouverne avec sagesse, justice et humanité. François Ier. a épousé, 1°. ELISABETH-WILHELMINE-LOUISE DE WURTEMBERG, née le 21 avril 1767, mariée le 6 janvier 1788, morte le 18 février 1790; 2°. MARIE-THÉRÈSE-CAROLINE-JOSEPHE, fille de Ferdinand IV, roi des Deux-Siciles, née le 6 juin 1772, mariée par procuration, à Naples, le 15 août, et à Vienne, le 19 septembre 1790, morte le 13 avril 1807; 3°. MARIE-LOUISE-BEATRIX-ANTOINETTE-JOSEPHE-JEANNE, archiduchesse d'Autriche, de la branche de *Modène-Brisgaw*, née le 14 décembre 1787, mariée à Vienne, le 6 janvier 1808, morte à Vérone, le 7 avril 1816; 4°. CHARLOTTE-AUGUSTE, princesse de Bavière, née le 8 février 1792, mariée le 10 novembre 1816.

Enfant du premier lit.

Louise-Elisabeth-Françoise, née le 17 février 1790, morte le 26 juin 1791.

Enfants du second lit.

1°. Ferdinand-Charles-Léopold-Joseph-François-Marcellin, archiduc et prince héréditaire d'Autriche, né le 19 avril 1793;

2°. Joseph-François-Léopold, archiduc d'Autriche, né le 9 avril 1799, mort le 29 juin 1807;

3°. François-Charles-Joseph, archiduc d'Autriche, né le 7 décembre 1802, colonel-propriétaire du régiment hongrois n°. 52;

4°. Jean-Népomucène-Charles-François-Joseph-Félix, né le 29 août 1805, mort le 19 février 1809;

5°. Marie-Louise-Léopoldine-Françoise-Thérèse-Josephe-Lucie, archiduchesse d'Autriche, née le 12 décembre 1791, déclarée duchesse de Parme par la paix de Paris, le 30 mai 1814; (Voyez *le duché de Parme.*)

6°. Caroline-Léopoldine-Françoise, née le 8 juin 1794, morte le 16 mars 1797;

7°. Caroline-Louise-Léopoldine, née le 4 décembre 1795, morte le 30 juin 1799;

8°. Léopoldine-Caroline-Josephe, archiduchesse d'Autriche, née le 22 janvier 1797, mariée, le 13 mai 1817, à don Pierre d'Alcantara, prince royal du Portugal, du Brésil et des Algarves;

9°. Marie-Clémentine-Françoise-Josephe, archiduchesse d'Autriche, née le 1er. mars 1798, mariée, le 28 juillet 1816, à Léopold-Joseph-Michel, prince de Salerne, fils du roi des Deux-Siciles;

10°. Caroline-Ferdinande-Thérèse-Joséphine-Démétrie, archiduchesse d'Autriche, née le 8 avril 1801;

11°. Marie-Anne-Françoise-Thérèse-Josephe-Médarde, archiduchesse d'Autriche, née le 8 juin 1804;

12°. Amélie-Thérèse-Françoise-Josephe-Christine, née le 6 et morte le 9 avril 1807.

CHRONOLOGIE HISTORIQUE

DES

ROIS DE HONGRIE.

La Hongrie s'étend sur une partie de l'ancienne Pannonie, de la Dacie et du pays des Jazyges. Les Huns, l'ayant conquise sur les Romains après le milieu du quatrième siècle, furent obligés de la céder aux Goths, appelés Gépides, après la mort d'Attila. Ces derniers en furent chassés à leur tour par les Lombards, qui peu après l'abandonnèrent aux Abares ou Avares, pour passer en Italie. Ceux-ci furent subjugués, l'an 799, par Charlemagne, après une guerre cruelle de huit ans, où périrent tous leurs chefs, avec une grande partie de la nation. Ce pays demeura sous la domination des princes carlovingiens, jusqu'à la mort de Charles le Gros. Sur la fin du neuvième siècle, il devint la proie d'un nouveau peuple sorti, comme les Huns et les Avares, de la Scythie asiatique ou Tartarie, et composé d'Onigours et de Madgiares. Les Pannoniens leur donnèrent le nom de Hongrois, qui n'est qu'une corruption de celui d'Onigour. Telle est l'opinion de M. de Guignes. M. Jean Eberhard Fischer, professeur en histoire à l'académie de Pétersbourg, dans un petit ouvrage in-12, imprimé à Gottingen, l'an 1770, sous ce titre : *Quæstiones petropolitanæ*, donne une origine un peu différente aux Hongrois. Ce peuple, selon lui, fut d'abord connu sous le nom de Jugre (*Jugri*) dont par corruption on a fait Hugres, Hungres et Hungares. Leur première habitation, dit-il, fut dans les pays situés autour de la ville de Turfan, à l'occident de la Chine, d'où, après de longs circuits, ils vinrent s'établir en Baskirie. Chassés de là ensuite par les Petscheneges ou Patzinaces, après un long intervalle de tems, ils se réfugièrent sur les terres des Romains, et fixèrent leur demeure en Pannonie. Du reste cette nation était entièrement différente des Huns, pour les mœurs, la figure, la manière de se vêtir, et par le langage. Leur idiôme, selon le même écrivain, était composé en grande partie du tartare et du Scythe, et sur-tout du dialecte des Tartares Vogules. Le chef de la conquête qu'ils firent en Pannonie, fut Almus ou Almon, nommé par les Orientaux Salmuts, qui se prétendait issu d'Attila. Il eut un fils nommé Harpad, qui, lui ayant succédé, transmit ses états, l'an 907, à son fils Zulta ou Zoltan. Les armées de celui-ci se répandirent dans l'Europe, et ravagèrent l'Allemagne, l'Italie et la France orientale. Zulta céda ses états à son fils Toxun, dont le gouvernement fut le contraste de celui de son père. La paix, que ce prince établit dans ses états, en ouvrit l'entrée aux étrangers. Ce fut par leur ministère que Géisa, son fils et son successeur, connut et embrassa la religion chrétienne. Ce dernier eut de Sarolth, son épouse, nommée Jécha par Albéric, l'an 969, ou selon d'autres, l'an 979, un fils nommé Etienne, par où commence la chronologie des rois de Hongrie, et trois filles, N., mariée à Otton Orséolo, doge de Venise; Sama, femme d'Aba, qui viendra ci-après; et Sarolth, mariée, en 984, à Boleslas, duc de Pologne, qui la répudia. (*Palma, notitia rerum Hungar.*, tom. I, p. 38.)

ETIENNE I.

L'an 997, ETIENNE I, fils du duc Géisa, baptisé avec lui le jour de Saint-Etienne de l'année précédente, par saint Adalbert, évêque de Prague, suivant l'auteur de sa Vie, ou par saint Brunon, apôtre de la Prusse, selon Adhémar de Chabannais, fut reconnu waivode, ou duc de Hongrie, après la mort de son père. Héritier de ses vertus, il obligea les Hongrois à recevoir le baptême. Son zèle occasionna des révoltes dont sa valeur triompha. L'an 1000, les Hongrois lui déférèrent le titre de roi, dont il demanda au pape Silvestre II la confirmation. Le pape y ajouta celui d'apôtre de la Hongrie, avec le pouvoir de régler et disposer les affaires ecclésiastiques de Hongrie, présentes et à venir, et de nommer aux grands et petits bénéfices du royaume comme tenant la place du pontife romain : c'était lui donner l'équivalent du titre de légat perpétuel du saint siége. La bulle, qui contient ces priviléges, fut confirmée long-tems après au concile de Constance, à la demande de l'empereur Sigismond, roi de Hongrie. L'empereur Henri II scella de son approbation, l'an 1008, la royauté d'Etienne, en lui donnant sa sœur GISELE en mariage. Etienne établit dans ses états dix évêchés, dont Gran ou Strigonie fut la métropole. La religion d'Etienne fut un motif pour Giula, son oncle, duc de Transylvanie, et idolâtre fanatique, de lui déclarer la guerre. Etienne, plein de confiance dans le secours du ciel, marche contre lui, le vainquit, et ajouta à la monarchie hongroise, dit Thwrocz, ses vastes et riches états : *Universum regnum ejus latissimum et opulentissimum monarchiæ Hungariæ adjunxit*. Etienne, dit le même auteur, tourna ensuite ses armes contre Kean, duc des Bulgares et des Sclaves, qu'il tua de sa main dans une bataille, non sans avoir éprouvé bien des difficultés pour pénétrer dans son pays, défendu, comme il était, par de hautes montagnes. Le vainqueur donna ce duché à Zulta, son bisaïeul, qui vivait encore, et après la mort duquel, il le réunit à ses états. Etienne, ajoute Thwrocz, remporta de son expédition de grandes richesses, qui lui servirent à doter les églises qu'il avait fondées. Conrad le Salique, roi de Germanie, et depuis empereur, ayant donné, l'an 1027, la Bavière à son fils Henri, le roi de Hongrie lui envoya, l'année suivante, une ambassade pour réclamer ce duché au nom de Gisèle, sa femme, et d'Eméric, son fils unique, duc de la Russie-Rouge. La demande d'Etienne était fondée, Eméric étant le plus proche héritier de l'empereur Henri II, son oncle, dont la Bavière était le patrimoine. Sur le refus que fait Conrad de lui rendre justice, Etienne se prépare à la guerre. L'an 1030, il entre dans la Bavière, où il fait de grands dégâts. Mais Eméric étant venu à mourir l'année suivante, il conclut la paix avec le fils de l'empereur, en renonçant à ses prétentions. Ce prince, après avoir policé la Hongrie par des lois où sa piété, pour ne rien dissimuler, brille quelquefois plus que son discernement, mourut à Bude, le 15 août 1038, à l'âge de soixante ans. Son corps fut inhumé dans le magnifique temple qu'il avait fait bâtir à Albe-Royale. L'église l'a placé au nombre des saints, ainsi que son fils Eméric. Sa fête se célébrait autrefois le 20 août; Innocent XI l'a mise au 2 septembre. La mémoire de saint Etienne est tellement en vénération chez les Hongrois, qu'ils se servent de sa couronne pour le sacre de leurs rois, et la regardent comme essentielle à cette cérémonie.

Le gouvernement féodal était établi avant saint Etienne en Hongrie, et ce prince l'y maintint. Les comtes et les barons qui en possédaient les grands domaines, avaient deux sortes de vassaux nobles, les chevaliers terriens, *Milites prædiales*, qui tenaient des fiefs dans leur mouvance, et des chevaliers servants, *Milites servientes*, qu'ils soudoyaient pour les suivre à la guerre.

PIERRE, SURNOMMÉ L'ALLEMAND.

1038. PIERRE, dit L'ALLEMAND, à cause de son attachement à la nation allemande, fils d'Otton Orséolo, doge de Venise, fut élu pour succéder au roi saint Etienne, par les intrigues de la reine Gisèle, sœur du roi saint Etienne. La nation bientôt eut à se repentir de ce choix. Pierre donna la préférence aux Allemands et aux Italiens pour les places, accabla les Hongrois d'exactions, et persécuta ceux qui réclamaient l'autorité des lois. Une conduite si tyrannique excita un soulèvement général. Les états s'assemblent l'an 1041 ou 1042, et déposent Pierre. La reine Gisèle, par les conseils de laquelle il s'était conduit, éprouva d'une manière encore plus sévère le ressentiment des Hongrois, s'il est vrai, comme le dit Albéric de Trois-Fontaines, qu'ils la mirent à mort, en punition des maux qu'elle leur avait causés.

ABA, OU OWON.

1041 ou 1042. ABA ou OWON, mari de SAMA, sœur de saint Etienne, fut substitué au roi Pierre qui l'avait exilé. Ce choix ne répondit pas encore aux espérances des Hongrois. Aba, lorsqu'il se crut affermi sur le trône, fit éclater les mêmes vices qui avaient occasionné la ruine de son prédécesseur. Les Hongrois irrités appellent l'empereur Henri III à leur secours. Ce prince, après trois descentes faites dans trois années consécutives en Hongrie, défait près de Javarin les troupes d'Aba, le 5 juillet de l'an 1044, suivant Herman le Contract et Lambert d'Aschaffembourg, ou 1045, suivant Marianus Scotus. Les uns disent qu'Aba fut tué dans la mêlée; les autres, qu'ayant pris la fuite, il fut arrêté dans un village, et amené au roi Pierre, qui lui fit trancher la tête.

PIERRE, *rétabli.*

1044 ou 1045. PIERRE étant remonté sur le trône, ne fut occupé qu'à tirer vengeance de ceux qui l'en avaient fait descendre. Une nouvelle conjuration ne tarda pas à se former contre lui. André, Béla, et Léventha, fils de Ladislas le Chauve, de la famille de saint Etienne, viennent de la Pologne, où ils s'étaient retirés, pour se joindre aux mécontents. L'an 1047, Piere, après s'être défendu pendant trois jours comme un lion dans le village de Zamur, y est pris et amené devant André, qui lui fait crever les yeux, suivant Lambert d'Aschaffembourg;

mais Herman le Contract soutient, au contraire, qu'André punit sévèrement les auteurs de ce crime. Ayant été jeté ensuite dans une prison, il y meurt la même année. Sa femme, dont on ignore le nom, était sœur, suivant Otton de Frisingue, d'Albert (dit le Victorieux), marquis d'Autriche. Deux choses avaient principalement soulevé les Hongrois contre le roi Pierre depuis son rétablissement : l'hommage qu'il avait rendu à l'empereur avec la cession des districts situés en-deçà de la rivière de Leitha, et la protection qu'il accordait aux ecclésiastiques. On fondit sur ceux-ci, et on fit des martyrs, du nombre desquels fut un évêque qui fut précipité dans le Danube.

ANDRÉ Ier.

1047. ANDRÉ Ier., parent de Pierre, lui fut donné pour successeur. Il avait promis aux seigneurs hongrois de rétablir l'idolâtrie. Il fit le contraire, et protégea hautement la religion chrétienne et ses ministres. Le premier acte par lequel il montra sur le trône, sa persévérance dans le Christianisme, fut celui-ci. Quatre évêques, à la tête desquels était Gérard, évêque de Chonad, instruits de la promesse sacrilége qu'il avait faite, s'étaient mis en route pour le détourner de l'exécuter. Arrivés près d'Albe-Royale, une troupe de soldats, commandés par le duc Vatha, les investit, et massacre Gérard avec deux de ses compagnons; mais le nouveau monarque étant survenu, dissipa cette troupe, et sauva le quatrième évêque. Béla, son frère, qu'il avait fait duc de Hongrie, en lui cédant le tiers du royaume, comptait lui succéder, suivant la convention faite entre eux. André, pour le désabuser, fit couronner Salomon, son fils, à l'âge de cinq ans. La guerre fut déclarée, l'an 1059, entre les deux frères. Elle ne fut pas longue. Se voyant renforcé par des troupes qu'il avait reçues de l'empereur et du duc de Bohême, André livre bataille, l'an 1061, suivant Lambert d'Aschaffembourg, à Béla, sur les bords de la Teisse; mais les Hongrois de son parti ayant lâché le pied, il fut pris dans le combat. Les gardes qu'on lui donna lui facilitant par leur négligence le moyen de s'échapper, il le saisit, mais il n'améliora pas son sort par son évasion. Car, s'étant sauvé dans la forêt de Bokon, il y mourut de chagrin la même année. Son corps, ayant été trouvé, fut porté à l'église de Saint-Agnan de Tihon, qu'il avait bâtie sur les bords du lac Balaton, et y fut inhumé. (Thwrocz, Bonfinius). D'ANASTASIE, son épouse, fille du grand duc de Moscovie (Dlugosz), il eut, outre Salomon, David et Adelaïde, femme d'Uratislas, duc de Bohême.

BÉLA I.

1061. Béla I, vainqueur d'André, son frère, se fit couronner à sa place. La conduite qu'il tint sur le trône couvrit le vice de son usurpation. Il fut attentif aux besoins de ses sujets, procura l'abondance, et pourvut à la sûreté publique par de sages réglements. Il rappela les partisans de Salomon, son neveu, et les rétablit dans leurs biens. Voulant se rendre populaire, il convoqua, près d'Albe-Royale, une assemblée générale du peuple, au nombre de deux députés par chaque village, pour aviser avec eux à la réformation de l'état. Ils y vinrent en bien plus grand nombre, et se croyant assez forts pour donner la loi, ils osèrent demander la permission *de retourner au Paganisme, de lapider les évêques, d'exterminer les prêtres, d'étrangler les clercs, de pendre les décimateurs, de détruire les églises, et de briser les cloches*. Le roi les voyant près d'en venir à une sédition, demanda trois jours pour délibérer. Il employa cet intervalle à rassembler des troupes, à la tête desquelles ayant reparu le troisième jour, il fit subir divers supplices aux chefs de ces insolents, et par-là fit rentrer le reste du peuple dans le devoir. Le règne de ce prince ne fut que de trois ans. Etant à son palais de Démès, la chute d'un plancher le froissa tellement, qu'ayant été porté de là demi-mort à Canisé, il y expira l'an 1064. Son inhumation se fit au monastère de Saint-Sauveur, qu'il avait bâti dans un lieu dit *Zewkzard*, qu'il appela ainsi, dit Thwrocz, par allusion à sa tête chauve et à son teint basané. Ce prince laissa de N., son épouse, fille de Micislas II, duc de Pologne, trois fils, Géisa, Ladislas et Lambert, avec deux filles au moins; Sophie, mariée, 1°, suivant l'Annaliste Saxon et Lambert d'Aschaffembourg, à Guillaume de Wimmar, marquis de Misnie; 2°. à Udalric I, marquis (mais non duc) de Carinthie et d'Istrie, mort en 1070; 3°. à Magnus, duc de Saxe; et N., femme de Zuonimir, roi de Croatie et de Dalmatie, lequel étant mort sans postérité, laissa son royaume à sa veuve. Béla eut encore un fils nommé Johas, mort avant lui, qui procura le mariage de Sophie, sa sœur, avec le marquis de Misnie, suivant les deux auteurs cités.

SALOMON.

1063. Salomon, fils du roi André, fut ramené de la cour impériale où il s'était retiré, par l'empereur Henri IV, son beau-frère, en Hongrie, après la mort de Béla. Henri le fit couronner en sa présence une deuxième fois dans Albe-Royale; mais il exigea pour prix de ce service qu'il lui rendit hommage de la Hongrie, comme d'un fief de l'empire. A leur arrivée, Géisa, fils du roi défunt, avait pris la fuite. Il revint lorsque l'empereur fut parti, fit la guerre à Salomon, et la termina, l'année suivante, par un accommodement qui assura le trône à son rival, et à lui-même la deuxième place dans l'état, c'est-à-dire celle de duc. Cette paix, conclue le jour de Saint-Fabien et de Saint-Sébastien, suivant Thwrocz, fut l'ouvrage des évêques. Elle fut si sincère de la part de Géisa, que, se trouvant avec Salomon le jour de Pâques suivant, dans la ville des Cinq-Eglises, il lui mit lui-même la couronne sur la tête, au milieu d'une grande assemblée, et le conduisit ensuite à l'église des Saints-Apôtres pour y entendre la messe. Géisa et Ladislas, son frère, furent d'un grand secours à Salomon dans les guerres qu'il eut à soutenir contre les étrangers. Ce fut par leur valeur qu'il repoussa les Bohémiens et les Valaques, qui firent successivement des irruptions dans la Hongrie. Les Bulgares, commandés par des officiers grecs (car ils étaient alors soumis aux empereurs d'Orient), parurent ensuite sur une flotte qu'ils avaient fait construire à Belgrade, et avec laquelle ils remontaient la Save. Avant leur débarquement, ils rencontrèrent celle de Salomon, qui triompha d'eux, sous les ordres de Géisa et de Ladislas, malgré le feu grégeois qu'ils avaient employé pour la réduire en cendres. Salomon, après cette victoire, vint mettre le siége devant Belgrade. Ce fut un des plus meurtriers par la vigoureuse défense des assiégés, et les fréquentes sorties qu'ils firent sur les Hongrois. Il durait depuis près de trois mois, lorsqu'une jeune hongroise, captive dans la ville, s'avisa de mettre le feu à son quartier, d'où l'incendie se propagea dans toute la place; cet accident en facilita la prise aux assiégeants par la consternation où il jeta les habitants et la garnison. Les Hongrois poursuivirent les Bulgares fugitifs et reprirent sur eux le butin qu'ils avaient fait dans leurs excursions. Mais ces dépouilles furent une pomme de discorde entre le roi et le duc Géisa. Salomon, par le conseil du comte de Vid, accusa le duc de s'en être approprié la plus grande partie, et voulut le contraindre à faire un nouveau partage. On s'échauffa de part et d'autre, et on se sépara avec des projets réciproques de vengeance. La guerre est bientôt déclarée entre ces deux princes. Salomon vainqueur par une perfidie dans un premier combat, est vaincu à son tour dans un second avec une perte si considérable que, désespérant de la réparer, il s'enfuit à Presbourg, abandonnant le reste du royaume à son rival. Sa femme, SOPHIE, fille de l'empereur Henri III, qu'il avait épousée en 1063, le suivit dans sa retraite. C'est à ce prince que Grégoire VII, ce pontife qui voulait soumettre toutes les couronnes à sa tiare, écrivit, le 28 octobre 1074 : *Vous avez dû apprendre de vos ancêtres que la Hongrie est un domaine de l'église de Rome. Sachez que vous éprouverez son indignation, si vous ne reconnaissez que vous tenez votre autorité du saint siége.* L'hommage que Salomon avait rendu à l'empereur était le motif qui avait engagé Grégoire à lui écrire sur ce ton.

GÉISA I.

1075. GÉISA I, devenu maître de la Hongrie par la retraite de Salomon, se fit couronner, l'an 1075, dans Albe-Royale. Sa prudence et sa valeur rendirent inutiles les efforts que Salomon fit pour remonter sur le trône. Le règne de Géisa ne fut que d'environ trois ans; ce prince étant mort le 25 avril 1077. (Thwrocz, Pagi.) Il avait épousé Gisèle, fille de Berthold de Carinthie, dont il laissa deux fils en bas âge, Coloman et Almus, dont le premier devint roi de Hongrie, avec une fille, Pyrisca, mariée à l'empereur grec, Jean Comnène. (Martin Gerbert, *Hist. Sylvæ nigræ*, tom. I, pag. 234).

LADISLAS I.

1077. LADISLAS I, fils de Béla I, fut élu à l'âge de quarante-six ans, malgré lui, pour succéder à Géisa, son frère. Il ne prit que le titre d'administrateur, et protesta qu'il ne se ferait jamais couronner tant que Salomon vivrait. Il rappela ce prince, et le combla d'honneurs et de bienfaits; mais Salomon ne paya que d'ingratitude une si grande générosité. Ladislas s'étant aperçu qu'il cherchait à le perdre, prévint ses desseins, l'an 1081, en le faisant enfermer à Vicegrad. Sa captivité fut de courte durée; Ladislas, au bout de quelques mois, lui rendit la liberté, persuadé qu'il avait changé de dispositions à son égard. Il se trompait : Salomon ayant formé des liaisons avec le chef des Valaques et les Grecs, assemble une armée, et déclare la guerre à Ladislas. Mais, vaincu dans une première bataille, il va se jeter avec ses alliés sur la Bulgarie, où les généraux grecs qui commandaient en cette province, lui font essuyer une nouvelle déroute; ayant alors perdu toute espérance, il se retira dans une solitude, où il finit ses jours, sous le règne de Coloman, dans les œuvres de la pénitence, suivant les historiens hongrois : Thwrocz, le plus ancien d'entre eux, ajoute qu'il fut inhumé à Pole, dans l'Istrie; mais Berthold de Constance dit au contraire, sur l'an 1087, que Salomon ayant fait une expédition contre les Grecs (c'est apparemment celle dont on vient de parler), périt dans une bataille qu'il leur livra, après avoir tué une multitude incroyable de soldats, *post incredibilem hostium stragem et ipse viriliter occubuit.* Les Valaques étant revenus dans la Hongrie, sous la conduite d'un nouveau chef, nommé Kopulch, furent de nouveau défaits dans une bataille, où ils perdirent leur général avec un grand nombre des leurs. Ladislas eut ensuite affaire aux Russes, aux Polonais, aux Bohémiens, et à d'autres peuples, qui, étant venus successivement l'attaquer, furent tous repoussés, et ne remportèrent que de la honte de leurs expéditions. Ces victoires rendirent Ladislas respectable à tous ses voisins. Les Hongrois avaient une telle vénération pour sa vertu, qu'ils ne l'appelaient que le saint roi. Il avait épousé : 1°. Gisèle, fille, selon M. Schoepflin, de Berthold de Carinthe ; 2°. avant l'an 1077, Adélaïde, fille de l'anti-césar Rodolphe, morte au mois de mai 1098, dont il laissa un fils qui suit ; ce qui dement les historiens, qui prétendent qu'il avait fait vœu de continance. (*Voyez* sur ce mariage l'Histoire latine de la Forêt-Noire, par dom Martin Gerbert, abbé-prieur de Saint-Blaise, liv. VI, pag. 234). Ce fut à Ladislas, selon quelques historiens, qu'on déféra le commandement de la première croisade. Mais sa mort, arrivée le 29 juillet (un dimanche) de l'an 1095, obligea, disent-ils, de choisir un autre chef de cette expédition. Quoi qu'il en soit, il fut universellement regretté des Hongrois. Les historiens nationaux disent qu'il augmenta ses états des royaumes de Croatie et de Dalmatie, qui lui furent cédés par sa sœur, veuve du roi Zuonimir, mort sans lignée, au plutôt l'an 1087. Mais Jean Lucius (*Hist regn. Dalm. et Croat.* liv. III, chap. 1), soutient que Ladislas ne posséda que la Croatie, et que les Vénitiens s'emparèrent de la Dalmatie. Ce qui est constant, selon du Cange (*Famil. Byzant.*, pag. 299), c'est que Vital Falieri, ou Faledro, qui parvint au dogat de Venise en 1084, et mourut en 1096, est le premier doge qui se soit qualifié duc de Dalmatie. Ladislas, en 1078, suivant Albéric de Trois-Fontaines, avait fondé, en Hongrie, l'abbaye de Sentigis, où l'on ne devait recevoir que des Français, preuve de l'estime qu'il faisait de cette nation. Il fut enterré à Waradin, où son corps se garde encore aujourd'hui. Ses miracles déterminèrent le pape Célestin III à le canoniser en 1192. Il est honoré le 27 juin par les Hongrois, sous le nom de saint Lalo, et par les Français sous celui de saint Lancelot.

COLOMAN.

1095. COLOMAN, fils de Ladislas suivant dom Gerbert, et non de Géisa, succéda à son père l'an 1095. Plusieurs modernes prétendent qu'il était alors évêque de Waradin ; mais ce trait n'est avancé qu'en doutant par quelques anciens, et Bonfinius le regarde comme très-suspect. Quoi qu'il en soit, les Hongrois, en lui décernant la couronne, firent un très-mauvais choix. Coloman fut un prince mal fait de corps et d'esprit. L'an 1096, il vit arriver, sur ses terres, la première bande des croisés, conduite par Gautier, gentilhomme français, dit *Sans-avoir*, parce qu'il n'avait d'autre bien que son épée. Il leur accorda le libre passage, et leur permit le commerce des vivres. Mais ses sujets n'en usèrent pas tous de même envers ces pélerins. Seize d'entre ceux-ci s'étant arrêtés en-deçà de la Save, à l'insu de leur chef, pour acheter des armes, les gens du pays, qui les trouvent éloignés de leur armée, se jettent sur eux, les volent, les dépouillent et les renvoient absolument nus. Bientôt après le départ de Gautier et de sa division, paraît en Hongrie Pierre l'Ermite, l'apôtre de la croisade, à la tête d'une nouvelle bande composée de quarante mille hommes armés. Ayant traversé paisiblement ce royaume avec ses gens jusqu'à Malleville (1) à l'embouchure de la Save, ils voient suspendues aux murs de la ville, comme un trophée, les dépouilles des seize hommes dont on vient de parler. Ce spectacle met en fureur l'armée ainsi que son chef. Pour tirer vengeance de cet outrage, on marche à la ville enseignes déployées. Elle ferme en vain ses portes; on la prend par escalade; on poursuit les habitants qui s'étaient sauvés, au nombre de sept mille, sur une montagne voisine au-delà du fleuve; ils sont forcés dans ce retranchement, et quatre mille sont égorgés; après quoi les croisés étant revenus à Malleville, la pillent pendant cinq jours. Pierre, averti que la nation hongroise s'assemblait pour tomber sur lui, passe la Save avec son butin, et perd au passage un bon nombre de ses gens qui furent tués par les Hongrois et les Patzinaces, postés en embuscade. La Hongrie n'en fut pas quitte pour la visite de ces deux bandes de croisés. Une troisième survint la même année, ayant pour chef un prêtre du Palatinat, nommé Godescalc, qui l'avait formée en Allemagne, au nombre de quinze mille hommes. Son insolence la fit écharper par les Hongrois, et le prêtre se trouva trop heureux de pouvoir regagner son pays, avec quelques fuyards. Cet exemple ne rendit pas plus sage une quatrième division de deux cent mille hommes français, anglais, flamands, lorrains, auxquels s'était joint, avec douze mille hommes, Emilcon, comte, dans le voisinage du Rhin. Coloman leur

(1) C'est le nom que donnèrent les croisés à cette ville qu'on ne rencontre sous cette dénomination dans aucun géographe.

ayant refusé le passage, ils veulent l'obtenir de force, et subissent le sort de ceux qui les avaient immédiatement précédés. Enfin, le 20 septembre, parut sur les frontières de l'Autriche et de la Hongrie la belle armée de Godefroi de Bouillon, dans laquelle étaient renfermées toutes les forces de la première Croisade. Coloman s'aboucha avec les chefs, et leur ouvrit la route par ses états, après s'être justifié des hostilités exercées contre les troupes qui les avaient devancés, sur la nécessité où elles l'avaient mis de réprimer leurs brigandages. L'histoire rapporte qu'il les escorta jusqu'aux bords de la Save, où il prit congé d'eux, parfaitement satisfait de leur conduite. De retour dans sa capitale, il ne tarda pas à se brouiller avec son frère Almus, sur de faux rapports qu'on lui avait faits contre ce duc. Les deux frères en vinrent à une guerre civile. Mais comme ils étaient près de se livrer bataille, les grands, de part et d'autre, en refusant de combattre, les contraignirent de faire la paix. Almus, craignant toutefois le ressentiment de son frère, prit le parti de se retirer en Allemagne. Coloman, ennemi du repos, chercha ensuite à troubler celui de ses voisins. Ayant levé une armée, il la conduisit sur les terres des Russes, avec lesquels il n'avait rien à démêler. La duchesse de Russie, que Thwrocz nomme Lanca, surprise de cette irruption vint au-devant de lui, et s'étant jetée à ses pieds, le suppliait, avec larmes, d'épargner un peuple qui ne lui avait donné aucun sujet de plainte. Mais le féroce monarque eut la barbarie, suivant le même historien, de la repousser avec le pied, en disant *que la majesté du trône ne devait point être souillée par les larmes d'une femme*. Lanca s'étant retirée le dépit dans le cœur, implore le secours des Valaques, qui, toujours prêts à marcher contre la Hongrie, viennent se ranger en foule autour d'elle, sous la conduite de leur chef nommé Mircode. Les Hongrois dans une bataille sont défaits, taillés en pièces, et ce qui en resta fut réduit à une telle extrémité, que, manquant absolument de vivres, ils se virent obligés de manger le cuir de leurs souliers. Coloman se trouva trop heureux de pouvoir regagner la Hongrie avec les tristes débris de son armée. Un revers si terrible lui fit perdre pour un tems le goût des conquêtes; mais ce fut aux dépens de ses sujets, auxquels il fit sentir tout le poids de sa puissance, par l'usage tyrannique qu'il en fit. L'an 1106, le duc Almus ayant ménagé sa paix avec lui, revint en Hongrie, et quelque tems après partit pour la Terre-Sainte. Nouvelles brouilleries, l'an 1112, entre les deux frères. Almus, étant retourné en Allemagne, engage l'empereur Henri V à venir l'année suivante en Hongrie, pour contraindre son frère à lui accorder la paix. Coloman feint de déférer aux désirs de l'empereur. Mais à peine ce prince est-il parti, qu'ayant fait arrêter Almus et Béla, son fils, il leur fait crever les yeux, puis les relègue au monastère de Demès, qu'Almus avait fondé. Peu de tems après, étant tombé dangereusement malade, il envoya un officier pour égorger Almus, dans la crainte qu'il ne lui succédât. Les moines défendirent leur fondateur, et empêchèrent l'exécution de l'ordre sanguinaire et barbare de son frère. Ce fut le dernier crime de Coloman. C'est ce qu'avancent les chroniqueurs hongrois qui ont parlé de Coloman dans le treizième siècle et les suivants. Mais M. Palma, dans sa Notice de la Hongrie, t. I, p. 438, lave Coloman des accusations de cruauté dont on le charge, et dit : *Opinio illa quæ posteriori ævo de Colomanni regis crudelitate apud chronicorum nostrorum scriptores invaluerat, ex atrocibus dissidiis cum Almo duce sat diu exercitis ortum duxit. Verùm hæc ipsa dissidia nullatenus Colomanni severitati, sed foedæ ac multiplici Almi Ducis inconstantiæ tribuenda sunt.* Coloman finit ses jours le 3 février de l'an 1114, et fut inhumé dans Albe-Royale. Il avait épousé, 1°. l'an 1095, N..., fille de Roger Ier., comte de Sicile; 2°. une autre femme dont on ignore également le nom et de plus la naissance. Du premier lit il laissa Etienne, qui suit, et Adélaïde, femme de Sobieslas Ier., roi de Bohême. Sa deuxième femme ayant mis au monde un fils nommé Borich, il ne voulut point le reconnaître, prétendant qu'il n'était point de lui; c'est ce Borich que nous verrons figurer sous les règnes suivants. Miechovitz donne encore au roi Coloman un fils de même nom que lui, qu'il prétend avoir épousé la fille de Boleslas III, roi de Pologne, qui le fit, dit-il, duc d'Halitz, en considération de ce mariage. Mais on ne trouve ce Coloman fils, soit légitime, soit naturel du roi Coloman, ni dans Dlugosz, antérieur à Miechovitz, ni dans aucun historien hongrois.

ETIENNE II, SURNOMMÉ LE FOUDRE.

1114. ETIENNE II fut élu à l'âge de treize ans pour remplir le trône de Hongrie, après la mort du roi Coloman, son père. L'atrocité de sa conduite envers ses sujets et envers ses voisins lui fit donner le surnom de FOUDRE. Il paraît que ses tuteurs favorisèrent ses penchants, puisqu'on ne voit point qu'ils aient fait usage de l'autorité que leur donnait leur emploi, pour les réprimer. L'an 1120, il fait une irruption subite dans l'Autriche, d'où il emporte un grand butin. Mais le marquis Léopold étant tombé à son tour sur les frontières de la Hongrie, les ravagea par le fer et par le feu. (*Otto Frising.*) Etienne, l'an 1122, déclara la guerre au duc de Bohême, et fit presque aussitôt la paix avec lui. Il porta ensuite ses armes en Russie, en Pologne, en Bulgarie, en Grèce, et laissa partout des traces de sa férocité. Ses débauches ne le rendirent pas moins odieux. Il parut néanmoins se repentir sur la fin de ses jours. Etant tombé malade dans la ville d'Agria, il remit le sceptre à Béla, que Coloman avait fait aveugler, se fit revêtir de l'habit monastique, et mourut, l'an 1131, la dix-huitième année de son règne et la vingt-sixième de son âge. Thwrocz et Ranzan lui donnent pour femme la fille de Robert Guiscard, duc de la Pouille, et Pastorius JUDITH, fille de Boleslas III, duc de Pologne. Il peut avoir épousé successivement l'une et l'autre. Il fut père de Géisa, qui viendra ci-après, et de N...., femme d'Albert le Dévot, margrave d'Autriche.

BÉLA II.

1131. BÉLA II, fils d'Almus, ce prince que Coloman avait traité si cruellement pour l'exclure du trône, y fut élevé après la mort d'Etienne, par les soins de son épouse. Tout aveugle qu'il était, il gouverna sagement ses états. Il fit tête à Borich, fils de Coloman, qui entreprit de lui enlever le sceptre. L'an 1135, les comtes de la marche orientale de Bavière (l'Autriche) prennent la ville de Presbourg par surprise et sans déclaration de guerre. Béla, sur cette nouvelle, accourt à la tête d'une armée nombreuse, pour reprendre la place. Pendant le siége, quelques-uns de ses officiers s'étant abouchés avec les assiégés, leur demandèrent la raison de cette invasion, à quoi ils répondirent que c'était pour les intérêts de Borich, qui s'était réfugié en Bavière. Mais ceux-ci n'espérant point de secours, rendirent la place. Béla, piqué contre Henri le Superbe, duc de Bavière, entre dans ses états, lui livre bataille et le met en fuite. C'est ce que nous apprend Vite d'Arnepeck dans sa Chronique de Bavière (*Apud Bernard Pez.*, tome III, *Anecd.*, col. 201, 202.) Béla fit, l'an 1138, la conquête de la partie de la Servie, arrosée par la rivière de Rama, qui se jette dans celle de Naro, dont l'embouchure est dans le golfe de Venise. Alors, aux titres de roi de Hongrie, de Croatie, de Dalmatie, il ajouta celui de roi de Rama. (Lucius, *de Regno. Dalmat.*, pag. 203.) Nous ne dissimulerons pas un vice auquel était sujet Béla, c'était l'ivrognerie. Elle fut cause de la mort de deux seigneurs, qu'il ordonna, dans les fumées du vin, au milieu d'un repas somptueux, à la sollicitation de leurs ennemis. Ce prince eut de son épouse HÉLÈNE, fille d'un seigneur grec, quatre fils, Géisa, Ladislas, Etienne et Almus, avec deux filles, Gertrude, femme de Micislas III, roi de Pologne, et N.... femme de

Conrad II, duc de Bohême. Son règne fut de dix ans. Il mourut un jeudi, 13 février de l'an 1141, et fut enterré dans l'église d'Albe-Royale.

GÉISA II.

1141. GÉISA II, fils de Béla II, né l'an 1130, fut couronné roi de Hongrie le 16 février, premier dimanche de Carême, trois jours après la mort de son père. Prince brave et vertueux, il maintint le bon ordre dans ses états, et repoussa vigoureusement les attaques de Borich, qui voulait faire revivre ses prétentions sur le trône de la Hongrie. Géisa, l'an 1147, reçoit l'empereur Conrad au passage de ce prince et de son armée pour la Terre-Sainte. Borich saisit cette occasion pour mettre l'empereur et les seigneurs allemands dans ses intérêts. Conrad, qui avait eu quelques différents avec Géisa, y était assez porté, ainsi que plusieurs des grands de sa suite. Mais les présents que leur fit le monarque hongrois, empêchèrent l'effet des sollicitations de son rival, qui n'avait que des promesses à donner. Après le départ des Allemands, arriva l'armée française, ayant à sa tête le roi Louis le Jeune. Borich était connu de ce prince par une députation qu'il avait envoyée au parlement d'Etampes, pour engager le roi et les seigneurs qui se croiseraient à venir à son secours. Quand il vit notre armée sur les terres de Hongrie, il se glissa secrètement parmi les soldats français, pour épier le moment favorable de parler au roi. Cependant Géisa vint au-devant de Louis, avec des présents considérables en chevaux, en ustensiles et en habits. Les deux monarques, après une entrevue des plus affectueuses de part et d'autre, se séparent en se jurant une éternelle amitié. Peu de tems après, Géisa, instruit que Borich est caché dans l'armée française, écrit au roi de France, pour demander qu'il soit livré aux ambassadeurs chargés de sa lettre. Borich était couché pour lors; car la lettre arriva pendant la nuit. Eveillé par le bruit qu'on fit en le cherchant, il se sauve en chemise; et ayant rencontré hors du camp un écuyer fort bien monté, il l'attaque pour s'emparer de son cheval. Aux cris de celui-ci, les gardes avancées étant accourues, saisissent Borich comme un voleur, et l'amènent à la tente du roi. Borich s'étant fait reconnaître non sans peine (car il ne savait pas notre langue, et le roi n'avait point alors d'interprête), Louis commande qu'on lui donne des habits, et qu'on le garde jusqu'au jour. La nouvelle de cette capture parvient bientôt aux oreilles de Géisa, qui n'était pas éloigné. Il envoie sur-le-champ demander le prisonnier. Mais Louis, jugeant indigne de son rang de le livrer à une mort certaine, prend le parti, après avoir fait des excuses au roi de Hongrie, de l'emmener hors du pays.

Tel est le récit d'Odon de Deuil, témoin oculaire. On peut le comparer, pour en sentir la différence, avec celui des historiens modernes. Borich, échappé de ce danger, se retira à la cour de Manuel, empereur de Constantinople, qui lui donna de l'emploi dans ses armées, et lui fit épouser une de ses parentes. Les Serviens, attaqués, l'an 1150, par Manuel, demandent du secours à Géisa, qui leur envoie un corps de troupes considérable sous la conduite d'un général nommé Bacchin. Manuel ayant atteint l'armée ennemie sur les bords du Drin, qui sépare la Servie de la Bosnie, fond sur elle avec l'impétuosité qui lui était ordinaire dans les combats, va droit au général hongrois, abattant tout ce qui se rencontre sur son passage, et le fait prisonnier après en avoir reçu un coup de sabre, qui lui emporta la visière de son casque. Géisa cependant faisait la guerre aux Russes. Manuel profite de son absence, l'an 1151, pour mener son armée en Hongrie. Ayant passé la Save, il laisse une partie de ses troupes à Théodore Vatace, son beau-frère, pour faire le siége de Zeugmine, et s'avance entre la Save et le Danube, portant partout le ravage. Une armée de hongrois marchait pour couvrir le pays. Dès qu'elle fut en présence, se voyant inférieure en nombre, elle prit la fuite. Manuel, après avoir fait prisonnière une partie de son arrière-garde, revient devant Zeugmine, qu'il oblige de se rendre à discrétion. Le roi de Hongrie retournait de Russie chargé de dépouilles, lorsqu'il apprit ces revers. Impatient de les réparer, il partage son armée en deux corps, donne le commandement du premier à Belosis, son oncle, avec ordre de le précéder, et se met à la tête du second. L'empereur épargne à Belosis une partie du chemin. Mais ce dernier, à la vue de l'ennemi, passe le Danube en diligence, et va camper dans un lieu avantageux où il était difficile de l'attaquer. Borich était dans l'armée impériale. Manuel le détache avec ordre de passer le Termès, et de faire le dégât dans toute la contrée. Borich s'acquitte avec zèle et intelligence de sa commission. Géisa, qui se trouvait de ce côté-là avec ses troupes, se met à sa poursuite. Mais il lui échappe à la faveur des ténèbres, et revient au camp avec un grand butin. Le roi de Hongrie évitant d'en venir aux mains avec l'empereur, repasse le Danube, et souffre qu'il prenne et pille plusieurs villes sans leur porter du secours. Ces pertes et les approches d'une bataille que Manuel se préparait à lui livrer, le déterminent à députer à ce monarque pour lui demander la paix; mais il ne peut obtenir qu'une trêve pour le reste de l'année. L'empereur après cela reprend le chemin de Constantinople, où il rentre avec un riche butin et une infinité de prisonniers. L'an 1152, Géisa, d'intelligence avec Andronic, cousin de l'empereur grec, rompt la trêve, et vient assiéger Branisoba, place voisine du Danube, dont il n'est pas d'ailleurs aisé de fixer la position. Il taille en pièces les troupes de Basile Zinziluc, qui était venu l'attaquer, et continue le siége. Mais, l'année suivante, effrayé du grand armement que l'empereur préparait pour pénétrer jusqu'au centre de la Hongrie, il lui envoie demander la paix, et l'obtint en restituant ce qu'il avait pris sur les Grecs, en hommes et en butin. Ces derniers événements, rapportés par Cinname, liv. 3, chap. 10, 12, 13, et par Nicétas, liv. 2, chap. 7, ont échappé aux nouveaux historiens de Hongrie. Le roi Géisa mourut dans la vingt et unième année de son règne, un mercredi 31 mai de l'an 1161, et fut enterré dans Albe-Royale. Il avait épousé, suivant Bonfinius, Euphrosine, fille de Miroslaf, duc en Russie, dont il eut entr'autres enfants, Etienne et Béla, qui suivent; Emeric, Elisabeth, femme de Frederic, duc de Bohême, et Hélène, femme de Léopold IV, duc d'Autriche. Une espèce de chronique, dit M. d'Anville, inscrite sur le mur de l'église de Brassou, ou Cronstadt, en Transylvanie, porte, sous l'an 1143, que ce fut Géisa II, père du roi Etienne, qui fit entrer les Saxons dans le pays. Cette remarque, ajoute-t-il, est de quelque conséquence. Elle fait voir que c'est mal à propos que dans quelques cartes on a compris la Transylvanie dans les limites de l'empire de Charlemagne.

ETIENNE III.

1161. Etienne, fils aîné du roi Géisa, et non, comme le dit un moderne, de Béla II, monta sur le trône par le choix de la nation, et fut couronné dans Albe-Royale. S'étant ligué, l'an 1171, avec l'empereur Manuel, il entra dans la Dalmatie dont il enleva aux Vénitiens quatre places importantes, Spalatro, Sebenico, Zara et Trau. Mais Zara fut recouvrée peu de tems après par le doge Vital Michel. Deux oncles d'Etienne, tous deux fils de Béla, entreprirent cette même année de renverser leur neveu du trône pour s'y placer eux-mêmes, et y réussirent. Le premier fut Ladislas, qui mourut le 1er. février 1172, après avoir joui six mois de son usurpation. Etienne, le deuxième, s'étant fait couronner le 20 du même mois, fut défait le 19 juin suivant, puis chassé du royaume, et mourut au château de Zemlen sur le Rodrog, à trois lieues de Cassovie, le 13 avril 1173. Le roi Etienne III, son neveu, l'avait précédé au tombeau de quarante jours, étant décédé le 4 mars de la même année. Son corps fut inhumé à Gran ou Strigonie. Voilà en substance ce que les historiens hongrois nous apprennent du règne d'Etienne III. Le récit des Grecs est bien différent. Selon Cinname et Nicetas Choniat, auteurs contemporains, les deux oncles qu'on vient de nommer, prétendant que, suivant la loi du pays, ils devaient être préférés pour le trône à leur neveu, allèrent trouver l'empereur Manuel pour le mettre dans leurs intérêts. Ravi de trouver l'occasion de porter la guerre en Hongrie, dans l'espérance d'y faire des conquêtes, Manuel entre dans leurs vues; et, pour se les attacher par des liens plus étroits, il veut les marier dans sa famille. Ladislas se refuse à cette offre dans la crainte de déplaire aux Hongrois. Etienne accepte la main de Marie, nièce de l'empereur, qui députe aussitôt aux Hongrois pour leur représenter le droit des deux oncles. Lui-même se transporte à Sardique afin d'appuyer sa recommandation. Mais bientôt convaincu, par la réponse des Hongrois, qu'il n'obtiendrait rien que par la force, il donne ordre à son neveu Alexis Contostephane et aux deux prétendants qui l'accompagnaient, d'assiéger le château de Chram, qui ne fit pas grande résistance. La prise de cette place et l'argent que des émissaires secrets répandirent parmi les seigneurs hongrois, servit à former un puissant parti qui obligea le roi Etienne à céder le trône à Ladislas, son oncle, dont le frère fut en même-tems déclaré *Wrum*, c'est-à dire héritier de la couronne. Elle ne tarda pas à passer sur sa tête, Ladislas étant mort au bout de six mois, le 14 janvier 1162. Le nouveau roi se comporta si mal, que les Hongrois, irrités de ses vexations, le chassèrent dans la même année, et replacèrent son neveu sur le trône. Contostephane ramène l'oncle fugitif, et le rétablit. Mais à peine les Grecs sont-ils partis, qu'il est chassé de nouveau. L'empereur s'apercevant enfin qu'il ne pourrait jamais vaincre l'aversion des Hongrois pour son protégé, l'abandonna et tourna ses vues sur Béla, frère puîné du jeune Etienne. Comme il n'avait point de fils, son dessein était de lui donner en mariage sa fille Marie, afin de réunir sur sa tête et de rendre, par la suite, indivisibles, et l'empire et le royaume de Hongrie. Les Hongrois, pour éviter la guerre, consentirent à cet arrangement qui fut cimenté par les fiançailles de Béla et de Marie, en attendant qu'ils fussent parvenus à l'âge nubile. Le vieux Etienne, retiré à Anchiale sur le Pont-Euxin, n'avait pas cependant renoncé à ses prétentions. Etienne, son neveu, lui donna occasion de les faire revivre et de regagner la protection de l'empereur en s'emparant de l'apanage que le roi Géisa avait assigné à Béla. Il reparaît en Hongrie, et bientôt après l'empereur y arrive lui-même à la tête de son armée. Le jeune Etienne ne fut point pris au dépourvu. Il avait appelé à son secours divers princes d'Allemagne. Le plus sage d'entre ces alliés était Vladislas, roi de Bohême. Voyant que pour engager Manuel à se retirer, il ne s'agissait que de restituer à Béla son apanage, il détermine Etienne le jeune à cet acte de justice, et va trouver ensuite l'empereur pour lui en porter la nouvelle. L'accommodement entre Manuel et le roi de Hongrie ne souffrit plus alors de difficulté. L'empereur quitte la Hongrie, laissant au vieux Etienne, qu'il essaya vainement d'emmener avec lui, quelques troupes, pour ne paraître pas l'avoir entièrement abandonné. Celui-ci aima mieux se retirer à Sirmium, d'où il serait plus à portée de pratiquer des intelligences en Hongrie. Poursuivi dans cette retraite, il passe à Zeugmine, que le roi, son neveu, vient assiéger. Il y est fait prisonnier, et quelque tems après il meurt (le 11 avril 1163) des suites d'une saignée qu'on lui avait faite, dans une légère maladie, avec une lancette empoisonnée. Manuel, irrité de ce noir forfait et non moins de la perte de Zeugmine, reprend la guerre contre le roi de Hongrie. Ayant assemblé son armée, l'an 1166, sous les murs de Sardique, il la mène devant Zeugmine qu'il fait rentrer sous ses lois après un siége long, et meurtrier. Etienne se dédommage de ce revers par une victoire que Denis, son général, remporta, l'an 1167, sur ceux de l'empereur grec. Léon Vatace et Jean Ducas, autres généraux de Manuel, font perdre à Etienne le fruit de cet avantage, en désolant la Hongrie septentrionale. L'an 1168, bataille de Zeugmine, gagnée par Andronic Contostephane, général grec, sur les Hongrois commandés par Denis. Presque toute l'armée de ces derniers y périt. Cette victoire termina la guerre de Hongrie qui, depuis dix-huit ans, n'était interrompue que par de courts intervalles. L'an 1171, Manuel depuis deux ans devenu père d'un fils nommé Alexis, lui transporte le titre d'héritier présomptif de l'empire, qu'il avait accordé à Béla, et retire en même-tems à celui-ci sa fille, qu'il lui avait fiancée. La rupture de cette alliance fut sensible à Béla. Pour le consoler, l'impératrice Marie d'Antioche lui fit épouser sa sœur utérine, fille de Renaud de Châtillon et de Constance. Tel est le précis des événements du règne d'Etienne III d'après les historiens grecs. Il avait, comme on l'a dit, épousé, l'an 1166, AGNÈS, fille de Henri, premier duc d'Autriche, qui mourut en 1182, sans lui avoir donné d'enfants.

BÉLA III.

1174. BÉLA, frère d'Etienne III, était à la cour de Constantinople lorsque celui-ci mourut. A la nouvelle de cet événement, Manuel le fit partir avec un cortége magnifique, après lui avoir fait jurer qu'il ne se départirait jamais du service de l'empereur et de l'empire. A son arrivée en Hongrie, la couronne lui fut déférée d'un consentement unanime. Son couronnement se fit, selon Thwrocz, un dimanche 13 janvier 1174. Les troubles du dernier règne ayant rempli le royaume de brigands, Béla donna ses soins pour en purger la Hongrie. Eméric, son frère, lui donna aussi de l'exercice par son ambition. Ce prince, battu par Béla, se retira en Bohême. Mais le duc Sobieslas le livra au roi, son frère, qui le fit enfermer. Sous le règne de Béla, l'an 1181, la ville de Zara, en Dalmatie, s'étant soustraite à la domination des Vénitiens, se donna pour la quatrième fois à la Hongrie. Béla sût conserver cette place importante, malgré les efforts que fit la république pour la recouvrer. On attribue à Béla III la distribution de la Hongrie en comtés; mais on le blâme d'avoir accordé trop d'autorité aux comtes. Ils en abusèrent sous les règnes suivants, et ce ne fut pas sans peine qu'on vint à bout de les réprimer. Il y avait au-dessus d'eux, et avant leur institution, un comte palatin de Hongrie, dont les fonctions embrassaient le militaire et le civil.

L'an 1182, Volodimir, duc de Halicz, dans la Russie-Rouge, chassé par son frère Micislas, appuyé du roi de Pologne, vient chercher une retraite en Hongrie. Trois ans après (l'an 1185) les boyards de Halicz ayant empoisonné Micislas, députent en Hongrie pour rappeler Volodimir. Le roi Béla retient le prince russe, et envoie sur les lieux son second fils André, sous prétexte de lui préparer les voies et de soutenir son parti contre Romain, autre frère de Micislas, que le roi de Pologne avait nommé au duché d'Halicz. André s'étant rendu maître d'Halicz, mit une garnison hongroise dans le château, se fit prêter serment de fidélité par les habitants, et prit le gouvernement en son nom : *Jurare omnes in verba sua coegit*, dit Cromer (p. 114, col. 2.) Informé de ce succès, le roi Béla fait enfermer Volodimir dans une prison. Mais celui-ci ayant trouvé moyen de s'évader en 1187, alla se jeter dans les bras du duc de Pologne, qui lui donna une armée avec laquelle il chassa le prince hongrois, et se remit en possession du duché d'Halicz. Tel est le récit des historiens polonais, dont nous ne trouvons, il faut l'avouer, nulle trace dans ceux de Hongrie, à l'exception de Pierre de Rewa, écrivain moderne. Le roi Béla III mourut le jeudi-saint, 18 avril, de l'an 1196, suivant Albéric de Trois-Fontaines. Son corps fut inhumé dans l'église d'Albe-Royale. Il avait épousé, 1°. AGNÈS, fille, comme on l'a dit, de Renaud de Châtillon, et de Constance, princesse d'Antioche; 2°., l'an 1185, MARGUERITE DE FRANCE, fille du roi Louis le Jeune, et veuve de Henri au Court-Mantel, fils de Henri II, roi d'Angleterre. La reine Marguerite, suivant Bernard le trésorier, après la mort de son deuxième époux, vendit son douaire qui était considérable, et passa en la Terre-Sainte, menant avec elle un grand nombre de chevaliers et de sergents : mais elle mourut à Acre huit jours après son arrivée. Béla laissa de sa première femme deux fils, Eméric et André, qui régnèrent après lui, et deux filles, Marguerite, femme de l'empereur grec Isaac l'Ange ; puis, en 1204, de Boniface, marquis de Montferrat ; et Constance, mariée, en 1199, à Prémislas, roi de Bohême.

ÉMÉRIC.

1196. Éméric, ou Henri, fils de Béla III, monta sur le trône par le vœu unanime de la nation, après la mort de son père. André, son frère, entreprit plusieurs fois, mais toujours en vain, de l'en faire descendre pour s'y placer lui-même. Eméric ne fut pas également heureux contre les Vénitiens qui lui enlevèrent, à l'aide des croisés, la ville de Zara, le 24 novembre 1202, après quatorze jours de siége. Il ne survécut pas long-tems à cette perte, étant mort des suites d'une longue maladie qui l'avait empêché de venir en personne au secours de la place. On ne peut assurer si ce fut à la fin de l'an 1203 ou au commencement de l'année suivante. On voit une lettre d'Innocent III, datée du 5 novembre de la sixième année de son pontificat, c'est-à-dire l'an 1203, par laquelle il confirme la réconciliation d'Eméric et de son frère André, procurée par les soins de G. légat du saint siége, ce qui suffit pour réfuter les historiens hongrois, qui placent la mort d'Eméric en l'an 1200. Ce prince laissa de Constance, son épouse, fille d'Alfonse II, roi d'Aragon, un fils en bas âge, nommé Ladislas, qui lui succéda. La veuve d'Eméric se remaria, l'an 1208, avec Frédéric, roi de Sicile, puis empereur, IIe. du nom. (Voy. *le troisième tome de la Collection des Historiens de Hongrie*, pag. 246 et 252.)

LADISLAS II ou III.

1204. Ladislas, que son père Éméric avait fait couronner de son vivant, monta sur le trône, l'an 1204, sous la tutelle d'André, son oncle. Il régna six mois, et mourut le 7 mai 1205, comme le prouve M. Palma.

ANDRÉ II, surnommé le Jérosolymitain.

1205. André II, deuxième fils de Béla III, devint le successeur de Ladislas, son neveu, dans le royaume de Hongrie. L'an 1212, suivant Thwrocz, ou 1213, suivant Albéric de Trois-Fontaines, la reine Gertrude, femme d'André, fut égorgée dans son palais par Bancus, palatin de Hongrie, pour avoir soi-disant facilité la violence que le frère de cette princesse avait faite à la femme de ce seigneur, dont il était devenu éperdument amoureux. Albéric dit que Jean, archevêque de Strigonie, consulté sur cet assassinat, fit une réponse amphibologique, qui le mit à l'abri de l'excommunication du pape. On ignore de quelle manière André vengea la mort de la reine; et M. Palma prouve qu'elle était innocente du crime qu'on lui imputait. Les boyards de Galicie ou Halicie ayant chassé leur duc Micislas-Micislavicz, demandèrent au roi de Hongrie, l'an 1214, un de ses fils pour les gouverner. André leur accorda Coloman, son second fils, auquel il ordonna, en le faisant partir, de se faire couronner roi de Galicie, titre qu'il prenait déjà lui-même. Il écrivit au pape Innocent III, pour le prier de permettre à l'archevêque de Strigonie de faire la cérémonie de ce couronnement, ce qu'il obtint. A la tête de sa lettre il se qualifie *Andreas Hungariæ, Dalmatiæ, Croatiæ, Rasciæ, Serviæ, Galiciæ Ludomeriæque Rex.* (Raynaldi, *ad an.* 1214, n°. 8.) Mais la royauté de Coloman alarma les Russes de Galicie, et son sacre, administré par un évêque latin, leur fit craindre pour leur vie. Les boyards rappelèrent Micislas, ce qui occasionna une guerre entre les deux rivaux. Coloman, forcé dans le château d'Halicz, est fait prisonnier avec sa femme Salomé, fille de Lesko le Blanc, roi de Pologne, et enfermé dans le château de Torezsko. Dlugosz dit que le roi de Hongrie obtint la liberté de Coloman au bout d'environ deux ans de prison, en promettant que son troisième fils André épouserait Marie, fille du duc Miceslas-Micislavicz; lequel s'engagea de son côté, ajoute-t-il, à donner en dot le duché d'Halicie à sa fille. Le pape Honorius III, dans une lettre au roi André, datée de la sixième année de son pontificat, parle en effet de ces conditions apposées à la délivrance de Coloman. (Raynaldi, *ad an* 1222, n°. 42.) Mais le mariage n'eut point lieu. Le roi André, l'an 1217, se mit à la tête des croisés et se rendit en Palestine, non par terre, comme l'assure Bonfinius, mais sur des galères que lui fournirent Venise et les autres villes situées sur le golfe Adriatique. (Voy. *la Collection des Historiens de Hongrie*, tom. III, pag. 268.) C'était pour accomplir un vœu de son père qu'il entreprenait ce voyage, sur les menaces de censures que le pape Honorius III lui avait faites, s'il différait plus long-tems. Bonfinius et Blondus disent qu'il n'en revint qu'au bout de trois ans. Mais Jacques de Vitri, témoin oculaire, atteste (*Histoire Orient.*, l. 3,) qu'il reprit la route de Hongrie au commencement de l'année suivante; retour qui mortifia extrêmement les rois de Jérusalem et de Chypre, les ducs de Bavière et d'Autriche, et les autres chefs de la croisade;

qui employèrent inutilement les remontrances et les prières pour l'engager à les accompagner au siege de Damiette, qu'ils méditaient alors. L'excommunication dont le frappa ensuite le patriarche de Jérusalem ne fit pas plus d'effet. Il paraît que la nouvelle de quelques mouvements excités dans son royaume, avait hâté son retour. Ce fut dans ce voyage, qu'André fit épouser à son fils aîné, Béla, une fille de Théodore Lascaris, empereur grec, résidant à Nicée, et qu'il fiança à son cadet, André, la fille de Livon, roi d'Arménie, dans l'espérance que le prince hongrois succéderait à son beau-père. Ce traité des deux rois, juré par eux, fut confirmé par le pape Honorius III, qui ne voulut jamais dans la suite accorder au roi de Hongrie la dispense qu'il lui demanda de son serment. Coloman, l'an 1220 ou environ, rentra de nouveau dans Halicz par l'expulsion de Micislas qui mourut peu de tems après. Mais il en fut chassé à son tour par Daniel Romanovicz, et ne reparut plus dans la Galicie. Pour s'attacher plus étroitement la noblesse et le clergé, le roi André, l'an 1222, confirma et augmenta les priviléges que le roi saint Etienne leur avait accordés. Un des articles du diplôme où ils sont énoncés, porte que le roi ni aucun de ses successeurs ne pourra se saisir de la personne d'un gentilhomme s'il n'a préalablement été cité et juridiquement convaincu. Par un autre article il promet de n'imposer aucune taxe sur les nobles et les clercs sans leur consentement; et pour empêcher ses successeurs de donner atteinte à la présente constitution, André consent que si lui ou les rois qui viendront après lui veulent s'opposer à l'exécution de ces priviléges, il soit permis de lui résister et de se défendre à force ouverte, sans pouvoir être taxé de rébellion. C'est ce que les Hongrois appellent la BULLE D'OR, parce que cet acte fut scellé d'un sceau de ce métal. On en fit sept exemplaires, dont un fut remis au pape, un envoyé au palatin. Ce prince mourut le 7 mars de l'an 1235. Il avait épousé, 1°. GERTRUDE, dont on vient de parler, fille de Berthold V, duc de Méranie, et non pas duc de Carinthie et de Moravie, comme le dit un moderne; 2°. YOLANDE, fille de Pierre de Courtenai, empereur de Constantinople; 3°. le 14 mai 1234, BÉATRIX, fille d'Aldrovandin, marquis d'Est. M. de Saint-Marc dit qu'il l'épousa en revenant de la Terre-Sainte. Il y aurait donc fait un second voyage inconnu aux historiens de Hongrie. Quoi qu'il en soit, il eut du premier lit Béla, qui suit; Coloman, duc d'Halicz, comme il a été dit ci-dessus, qualifié roi des Russes dans une lettre d'Honorius III à Berthold, patriarche d'Aquilée (Ughelli, *Ital. Sac.* tom. V, pag. 89); et André, dont on vient de parler; avec deux filles; Marie, femme d'Assane, roi de Bulgarie; Elisabeth, mariée à Louis, landgrave de Thuringe et de Hesse, et morte en odeur de sainteté le 19 novembre 1221. Du deuxième lit sortirent Yolande, femme de Jacques, roi d'Aragon ; du troisième lit, vint Etienne, dit le Posthume.

BÉLA IV.

1235. Béla IV, fils aîné d'André II, fut couronné la deuxième fois dans Albe-Royale, le 14 octobre 1235. Mais il faut qu'il ait été associé au roi, son père, près de dix ans auparavant, puisque dans la lettre du pape Honorius, ci-dessus citée et datée de la treizième année de son pontificat, il est qualifié roi de Hongrie. Sous son règne, l'an 1241, les Tartares, commandés par Batou, petit-fils de Genghizkan, entrèrent dans la Hongrie, obligèrent le roi de se retirer en Dalmatie, et ravagèrent le pays durant trois ans, dans le premier desquels il perdit Coloman, son frère, qui périt dans un combat qu'il leur livra. La peste et la famine qu'ils avaient causées par leurs massacres et leurs brigandages, les ayant obligés d'abandonner le pays, Béla y revint, et au lieu d'un royaume florissant qu'il avait quitté, il ne retrouva qu'un affreux désert, où, si l'on en croit une ancienne chronique, dans un espace de quinze journées, à peine rencontrait-on un homme. Il y a vraisemblablement de l'exagération dans ce récit ; car dès la même année (1243) Béla se trouva assez en force pour déclarer la guerre à Frédéric le Belliqueux, duc d'Autriche. Différents auteurs modernes ont donné différentes causes de cette levée de boucliers. La véritable est le divorce que Frédéric avait fait avec Agnès, sa deuxième femme, cousine de Béla. (*Fasti Campilienses*, tom. II, pag. 900.) L'an 1246, bataille près de Neustadt entre ces deux princes. Frédéric la gagne, mais il périt au sein de la victoire. Béla veut s'emparer l'an 1252, de l'Autriche ; mais il est battu par Ottocare Ier., roi de Bohême, et obligé d'accepter la paix. L'an 1259, le pape Alexandre IV, par son bref du 26 mai, adressé à l'archevêque de Strigonie, fait sommer ce prince de comparaître à Rome, par procureur, pour s'excuser de son retardement à payer une rente annuelle de mille marcs d'argent, à laquelle son père s'était obligé envers l'ordre de la chevalerie de Saint-Jean de Jérusalem. (Sebastiano Paoli, *Cod. Diplom.*, tom. I, pag. 277.) On ignore l'effet que produisit cette sommation. Béla ayant recommencé la guerre en 1260, perd une nouvelle bataille, le 13 juillet, contre Ottocare II. Ce revers lui fit perdre le goût des conquêtes ; alors il se livra tout entier au bien de son royaume, et vint à bout d'y rétablir l'abondance et la sûreté qui en étaient bannies depuis long-tems. Béla, suivant

Thwrocz et Ranzan, mourut le 7 mai 1275; mais Sponde prouve que sa mort arriva l'an 1270. Il avait épousé MARIE, fille de l'empereur grec Théodore Lascaris Ier. et non de Mislaf, duc de Russie, comme le dit un moderne. Marie lui donna deux fils, Etienne qui lui succéda, et Béla, mort avant lui : avec cinq filles : Marguerite, religieuse dominicaine, décédée en odeur de sainteté, l'an 1261, à l'âge de vingt-huit ans; Anne, femme de Radislas, duc de Galicie; Cunégonde, femme de Boleslas le Chaste, duc de Pologne. Constance, mariée à Premislas II, roi de Bohême, et Elisabeth, femme de Henri, duc de la Basse-Bavière.

ETIENNE IV OU V.

1270. ETIENNE IV ou V monta sur le trône après la mort de Béla IV, son père. Il eut guerre avec les Bohémiens, les Autrichiens et les Bulgares, et obligea ces derniers à lui payer tribut. Depuis ce tems les souverains de Hongrie joignirent à leurs titres celui de roi de Bulgarie. Ce prince méditait de nouveaux exploits, lorsque la mort le surprit, l'an 1272, vers le 1er. août, dans la troisième année commencée de son règne. D'Elisabeth, sa femme, issue du sang royal des Cumains, il laissa un fils, qui lui succéda, et deux filles, Anne, mariée à Andronic Paléologue II, empereur de Constantinople, et Marie, femme de Charles II, roi de Sicile.

LADISLAS III OU IV SURNOMMÉ LE CUMAIN.

1272. LADISLAS III fut élu pour succéder au roi Etienne, son père. Il continua la guerre contre les Bohémiens avec avantage, suivant les historiens hongrois. Mais il n'est pas vrai qu'il tua de sa main dans une bataille, comme le dit Thwrocz, Ottocare, leur roi. Il eut ensuite affaire aux Cumains. Ceux-ci, après trois ans de guerre, le battirent en 1285, et ravagèrent la Hongrie jusqu'à Pesth. Après cet échec, Ladislas se réconcilia avec les Cumains, de manière qu'il adopta leurs coutumes, donna sa confiance aux principaux d'entre eux, et prit pour concubines trois femmes cumaines, toutes païennes qu'elles étaient, au mépris de la religion et de son épouse légitime. Il paya cher son attachement pour cette nation. Ces mêmes Cumains ayant conspiré contre lui pour quelques sujets de mécontement qu'il leur avait donnés, l'assassinèrent dans son château de Kereczeg, le 19 juillet de l'an 1290. Ce prince ne laissa point de postérité de MARIE, sa femme, fille de Charles Ier., roi de Sicile.

CONCURRENTS.

1290. La nouvelle de la mort du roi Ladislas étant arrivée à Naples, Marie, sœur de ce prince et épouse de Charles II, roi de Naples, fit valoir les droits de son fils aîné, CHARLES MARTEL, sur la couronne de Hongrie. Le pape Nicolas IV entra dans les intérêts de ce jeune prince, âgé pour lors de 18 ans, et le fit couronner, selon Villani, le 8 septembre de l'an 1290, à Naples, par ses légats; cérémonie que le pape Célestin V renouvela, selon Madius, l'an 1294. D'un autre côté, l'empereur Rodolphe mit sur les rangs son fils Albert d'Autriche pour la même couronne. Mais bientôt (l'an 1291) Rodolphe et Marie s'accommodèrent par le mariage de Clémence, fille du premier, avec Charles Martel; au moyen de quoi s'évanouirent les prétentions d'Albert. Malgré cela. Charles Martel ne fut qu'un roi titulaire, n'étant jamais sorti d'Italie pour aller prendre possession de ses états. Il mourut à Naples, l'an 1295, à l'âge de 23 ans (d'Egli), laissant de son épouse un fils en bas âge, nommé Charles-Robert, ou par abréviation Charobert, avec deux filles; Clémence, qui épousa, l'an 1315, Louis Hutin, roi de France, et Béatrix, femme de Jean II, dauphin de Viennois.

ANDRÉ III, SURNOMMÉ LE VÉNITIEN.

1290. ANDRÉ III, proclamé roi par le plus grand nombre des seigneurs hongrois, fut couronné le 4 août, seize jours après la mort de Ladislas. Il était né à Venise, du mariage d'Etienne, fils posthume du roi André II, et de Thomassine Morosini. Les avantures de son père sont singulières. Né dans la ville d'Est, en Italie, où Béatrix, sa mère, s'était retirée après la mort de son époux, Etienne était à peine sorti de l'enfance qu'il entreprit de détrôner le roi Béla IV, son oncle. Mais n'ayant pu réussir dans ce projet ambitieux, il alla cacher sa honte en Espagne. Quelque tems après il revint en Italie, où la ville de Ravenne l'élut pour préteur. L'imprudence de sa conduite ayant soulevé les habitants contre lui, il se retira à Venise, où il fit le mariage dont André fut le fruit. Cet enfant, amené par sa mère en Hongrie, plut au roi Ladislas, qui le reconnut pour son héritier et le nomma en conséquence duc de Hongrie, titre qui donnait le même droit à ce royaume que celui de césar à l'empire. Il était absent lorsque Ladislas mourut. Passant par les états d'Albert, duc d'Autriche, pour aller prendre possession du trône auquel il était appelé, il fut arrêté, contre le droit des gens, par les ordres de ce prince, et ne put recouvrer sa liberté qu'en lui promettant d'épouser Agnès, sa fille. De retour en Hongrie, non-seulement il refusa de tenir la parole qu'on lui avait extorquée, mais il se disposa à tirer vengeance de l'affront qu'il avait reçu. L'empereur Rodolphe, instruit de son dessein, lui suscita, pour l'occuper, un concurrent, dans la personne d'Albert lui-même, son fils. Il en avait déjà un autre dans Charles Martel, fils de Charles II, roi de Naples. André, après avoir pris les mesures nécessaires pour arrêter ces deux antagonistes, porta ses armes dans l'Autriche, où, pendant cinq années consécutives, il répandit la désolation par les ravages et les conquêtes qu'il y fit. Mais, l'an 1296, rappelé dans ses états par les troubles qui s'y élevèrent, il se hâta de faire la paix avec le duc Albert, et la cimenta par son mariage avec la princesse Agnès, sa fille, dont le mérite reconnu avait surmonté les répugnances qu'il avait d'abord fait paraître à l'épouser. Il n'eut pas la satisfaction de rétablir le calme dans la Hongrie. Peut-être ne lui manqua-t-il que de plus longs jours pour y réussir. Mais son règne ne fut que de onze ans. Il mourut à Bude, le 14 janvier 1302, suivant le nécrologe de Koënigsfelden, et fut enterré dans l'église des Frères Mineurs de la même ville. Il fut le dernier roi de la famille de saint Etienne, n'ayant laissé de son mariage qu'une fille, nommée Elisabeth, qui, s'étant consacrée à Dieu dans le couvent des Dominicaines de Toess, en Suisse, y mourut en odeur de sainteté. La reine Agnès, de son côté, s'étant retirée après la mort de son époux, à l'abbaye de Koënigsfelden, dont elle est regardée comme la seconde fondatrice, y finit ses jours le 13 juin 1364, à l'âge de quatre-vingt-quatre ans.

CONCURRENTS.

L'an 1301, au mois de juillet, les seigneurs du parti d'André, craignant de perdre leur liberté, disaient-ils, en recevant un roi de la main de l'église, défèrent la couronne à Wenceslas IV, roi de Bohême, petit-fils, par Constance, sa mère, du roi Béla IV. Ce prince cède ses droits à son fils Wenceslas, âgé de douze ans, qui est couronné dans Albe-Royale, où l'on change son nom en celui de Ladislas. Mais comme on ne lui laissait que le titre de la

CHAROBERT.

Sur la fin de 1300, du vivant du roi André, Charobert, fils de Charles Martel, et arrière-petit-fils d'Etienne IV, par Marie, son aïeule, femme de Charles II, roi de Sicile, âgé de huit ans, arrive en Hongrie, où il est reconnu roi par quelques seigneurs (*Collect. Histo. Hung.*, tom. III, p. 303.) Le pape Boniface VIII, qui jusque là s'était vainement déclaré pour lui, reprend alors ses intérêts avec hauteur. L'an 1303, il fait citer à son tribunal Charobert

royauté, sans pouvoir ni domaines, et que le pape d'ailleurs s'opposait à son élection, son père prend le parti de le rappeler en Bohême, l'an 1304.

Nouveau roi l'an 1305; c'est OTTON DE BAVIÈRE, élu par un petit nombre de seigneurs, et couronné la même année dans l'église d'Albe-Royale. Ce prince était fils d'Elisabeth, sœur d'Etienne IV, et fille de Béla IV. Il était riche et magnifique. L'an 1307, l'envie d'étaler son faste dans toutes les provinces de son royaume, l'ayant conduit en Transylvanie, il y fut arrêté par le vaivode Ladislas, qui le resserra dans une étroite prison, d'où il ne sortit qu'en renonçant à la royauté. Il avait épousé, l'an 1305, AGNÈS, fille de Henri VII, duc de Glogaw.

et son compétiteur Wenceslas, pour y plaider leur cause, décide en faveur du premier, et, par une bulle datée d'Anagni, le 30 mai de la même année, lui adjuge le sceptre, en vertu de son titre de premier prince du sang royal, déclarant le trône de Hongrie héréditaire et non électif. Ce procédé ne servit qu'à aigrir de plus en plus les esprits. Charobert demeure en hongrie avec des prétentions qu'il ne peut réaliser. L'an 1307, le pape Clément V donne une nouvelle bulle, datée de Poitiers, le 10 août, en faveur de ce prince. Il envoie l'année suivante, 1308, le cardinal Gentil de Monteflore, en Hongrie, pour la faire exécuter. Ce légat, avec de la patience, de l'adresse et de la fermeté, réussit peu-à-peu dans sa négociation. Enfin les états s'étant assemblés l'an 1310, près de la ville de Pesth, s'accordent unanimement à reconnaître Charobert pour leur roi. La même année, il est couronné dans l'église d'Albe-Royale, un jeudi 27 août. Le règne de ce prince fut très-florissant. La douceur et la sagesse de son gouvernement lui concilièrent l'amour et la vénération de ses sujets. Sa valeur recula les limites de la Hongrie, et le fit respecter de ses voisins. Il ne fut pas cependant exempt de revers. L'an 1326, un seigneur hongrois, nommé Félicien Zachaz, forma, l'on ne sait par quel motif, l'affreux dessein d'exterminer la famille royale. Etant entré dans le château de Vicegrad, où elle résidait, il la trouve rassemblée dans la chambre du roi, qu'il frappe le premier, dès qu'il l'aperçoit, d'un coup de sabre à l'épaule; mais la blessure fut légère. Il court ensuite à la reine, sur laquelle il décharge un coup qui lui emporte quatre doitgs, ces doigts, dit Bonfinius, qui n'étaient occupés qu'à travailler pour l'ornement des églises et l'habillement des pauvres. La croyant morte, il veut se jeter sur les enfants; mais leurs gouverneurs s'étant mis devant eux, leur font une barrière de leurs corps, et leur facilitent le moyen de s'évader. Enfin, un officier de la reine étant accouru au secours de ses maîtres, les venge de ce monstre qu'il met en pièces. Le roi devenu, par cet accident, soupçonneux et défiant, prête facilement l'oreille aux délations. Des ennemis de Barazat, vaivode de Valachie, persuadent à Charobert qu'il trame un complot contre lui. Aussitôt il lève une armée, avec laquelle il fait une irruption en Valachie. Le vaivode, surpris de cette attaque imprévue, en demande en vain la cause; on ne lui répond que par des saccagements : mais il a bientôt sa revanche. Etant tombé sur les Hongrois, engagés dans les gorges de ses montagnes, il en fit une telle boucherie, qu'à peine le roi put s'échapper avec un petit nombre de cavaliers. Un prince habile trouve, dans son génie, de quoi réparer ses pertes. Celle que fit Charobert, en cette occasion, ne l'empêcha pas de se rendre tributaires, par la suite, les souverains de Servie, de Transylvanie, de Bulgarie, de Bosnie, de Moldavie, et même celui de Valachie. Mais il dut moins ces succès à la force de ses armes, qu'à la dextérité de sa politique. La durée de son règne fut d'environ quarante ans, ce prince étant mort, à Vicegrad, l'an 1342, un mardi 16 juillet, dans la cinquantième année de son âge. Son corps fut inhumé dans le tombeau des rois de Hongrie, à Albe-Royale. Il avait épousé, 1°, l'an 1306, MARIE DE POLOGNE, fille de Casimir II, duc de Teschen, en Silésie, morte à Temeswar, le 13 décembre de l'an 1315, sans enfants; 2°, l'an 1318, BÉATRIX DE LUXEMBOURG, fille de l'empereur Henri VII, morte la même année; 3°, l'an 1320, ELISABETH, fille d'Uladislas Loketek, roi de Pologne, mère de quatre fils, dont les deux qui survécurent à leur père sont : Louis, qui suit, et André, qui fut roi de Naples.

LOUIS, SURNOMMÉ LE GRAND.

1342. LOUIS Ier., né, le 5 mars 1326, du roi Charobert et d'Elisabeth, fut élu, l'an 1342, pour succéder à son père. La Transylvanie ayant pris occasion de sa grande jeunesse pour se révolter, il y porta la guerre, et la força de reprendre le joug. Alexandre, vaivode de Valachie, qui s'était soustrait à l'obéissance de Charobert, frappé des vertus héroïques de Louis, vient de lui-même lui rendre hommage. L'an 1344, Louis envoie des troupes en Pologne, pour secourir le roi Casimir, contre Jean, roi de Bohême; fait lever à ce dernier le siége de Cracovie, et le contraint de retourner en ses états. Peu de tems après cette expédition, il bat les Tartares qui étaient entrés en Transylvanie, et les chasse du pays. Il tourne ensuite ses armes, l'an 1345, contre les Croates, subjugués par son père, et soulevés par deux seigneurs auxquels ils s'étaient soumis. Ces rebelles, domptés par André, son général, il vole au secours de la ville de Zara, qui s'étant donnée pour la septième fois à la Hongrie, était assiégée par les Vénitiens. Mais après avoir fait tous ses efforts pour dégager la place, il est obligé de se retirer. Zara retomba au pouvoir des Vénitiens, le 13 décembre 1347, après deux ans et demi de siége. La même année, le 3 novembre, Louis part de Hongrie, pour aller venger la mort tragique d'André, son frère, roi de Naples, étranglé le 18 septembre de l'an 1345. Il arrive à Bénévent, le 11 janvier 1348. Quatre jours après, la reine Jeanne, veuve d'André, soupçonnée d'avoir trempé dans le meurtre de son époux, s'enfuit de Naples en Provence. Louis entre, le 24 du même mois, dans Averse, se fait conduire dans la galerie où l'on avait étranglé son frère, et y fait massacrer à ses yeux Charles de Duras, convaincu d'avoir fait exécuter cet assassinat. Maître de presque tout le pays, il demande au pape Clément VI, la condamnation de la reine Jeanne, et la couronne de Naples. Mais la peste oblige Louis de reprendre la route de Hongrie, sur la fin d'avril 1348. Il revient dans le royaume de Naples, l'an 1350, s'en rend le maître comme la première fois, et l'abandonne presque aussitôt, après avoir fait une trêve avec Jeanne. En s'en retournant, il dirige sa marche vers Rome, à l'occasion du jubilé. Le tribun du peuple vient au devant de lui à quatre milles de la ville, avec cent des premiers de Rome, tous vêtus uniformément de pourpre, et une musique composée de divers instruments. Il trouve, en traversant la ville, toutes les rues tapissées sur son passage. (*Script. Rerum Hungar.* tom. I, pag. 185.) L'an 1356, il recommence la guerre contre les Vénitiens, s'empare, le 17 septembre 1357, de Zara, et réunit ensuite toute la Dalmatie à son domaine. Il marche, l'an 1362, contre Strascimir II, roi des Bulgares, qui refusait de lui payer le tribut qu'il avait imposé au roi Alexandre, son père, le fait prisonnier dans une bataille, et le renvoie au bout de douze jours. (Voy. *les Rois Bulgares.*) L'an 1370, il succède à son oncle Casimir, roi de Pologne. Louis meurt à Tyrnau, dans le comté de Néitra, le 11 ou le 12 septembre 1382, dans la cinquante-septième année de son âge. Il fut inhumé au milieu des regrets et des gémissements de ses sujets, dans l'église d'Albe-Royale. Ce prince avait épousé, 1°., MARGUERITE, fille de Charles de Luxembourg, marquis de Moravie, morte sans enfants; 2°., l'an 1363, ELISABETH, fille d'Etienne, ban de Bosnie, et non pas de Bogislas, duc de Poméranie, comme l'avancent plusieurs modernes. Ce fut à Cracovie que ce mariage se célébra le jour de carnaval, aux dépens de Casimir, roi de Pologne, en présence de l'empereur Charles IV, qui avait noué cette alliance, de Waldemar III, roi de Danemarck, et de Pierre, roi de Chypre, et d'un grand nombre de seigneurs. De ce mariage sortirent trois filles, Catherine, morte l'an 1376; Marie, femme de Sigismond, marquis de Brandebourg, puis empereur; et Hedwige, mariée à Jagellon, duc de Lithuanie, puis roi de Pologne. Le roi Louis aimait les gens de lettres; il les entretenait familièrement, et se plaisait surtout à chercher avec eux la source des erreurs politiques, et les moyens d'y remédier. Le même désir de s'instruire, le portait souvent à se déguiser en homme de commerce. Dans cet état, confondu parmi le peuple, il apprenait des vérités qui, pour le malheur des rois, ne parviennent jamais jusqu'au trône. Il en tirait cet avantage, de connaître ce qu'on jugeait de répréhensible dans sa conduite, et de pouvoir soulager les besoins de cette classe de citoyens, qu'un aveugle et funeste préjugé fait regarder comme indigne de l'attention du gouvernement. Ce prince fut si regretté, que les Hongrois, selon Cromer, portèrent le deuil de sa mort pendant trois ans, s'abstenant de tout jeu et de tout divertissement. (*Voy.* Louis, *roi de Pologne.*)

MARIE, SURNOMMÉE LE ROI-MARIE.

1382. MARIE, fille de Louis le Grand, fut couronnée dans Albe-Royale, l'an 1382, sous le nom de ROI-MARIE. Comme elle était trop jeune pour gouverner par elle-même, la régence du royaume fut décernée à la reine Elisabeth, sa mère. Nicolas de Gara s'empara de l'esprit des deux princesses, et gouverna tyranniquement sous leur nom; ce qui excita les murmures des Hongrois. L'an 1385, Charles le Petit, roi de Naples, attiré par les mécontents, arrive à Bude, se saisit du gouvernement et se fait couronner roi de Hongrie dans Albe-Royale, le 31 décembre de la même année. Le 6 février suivant, il est assassiné à Bude par ordre et en présence d'Elisabeth. Le 1er. mai, et non le 25 juillet (Sponde) de l'an 1386, Jean Horwath, ban de Croatie, zélé partisan de Charles, surprend dans un voyage les deux reines avec Nicolas de Gara, massacre celui-ci tandis qu'il est occupé à les défendre, fait noyer Elisabeth la nuit suivante, et emmène Marie prisonnière en Croatie. Sigismond, marquis de Brandebourg, vole à cette nouvelle pour délivrer Marie à laquelle il était fiancé; il la joint à Albe-Royale où elle avait été ramenée par Horwath lui-même, l'épouse dans cette ville, et s'y fait couronner roi de Hongrie, le 10 juin, jour de la Pentecôte, à l'âge de dix-huit ans. La même année, le ban de Croatie, arrêté par ses ordres, expie ses forfaits dans des tourments affreux. Ce fut Marie elle-même qui détermina le genre de son supplice, malgré la promesse d'impunité qu'elle lui avait faite pour recouvrer sa liberté. Sigismond étendit sa vengeance sur tous ceux qui avaient aidé ce gouverneur de leurs armes ou de leurs conseils. Une mort infâme fut la peine de tous ceux qui tombèrent entre ses mains. La sévérité de ce prince n'effraya pas Etienne, vaivode de Valachie, qui avait secoué le joug de la Hongrie avant le couronnement de Sigismond, jugeant indigne de sa nation qui avait succédé aux Daces et aux Gètes, d'obéir à une femme. Sigismond, l'an 1387, entre dans la Valachie avec une puissante armée, force tous les obstacles que la nature du terrein et l'art des Valaques lui opposaient, chasse ces rebelles de poste en poste, et réduit Etienne à venir lui demander grâce. Mais la suite fit voir que cette soumission n'était que l'effet de la nécessité. L'an 1392, les Valaques, excités et secondés par Bajazet I, sultan des Turcs, reprennent les armes. Sigismond, à cette nouvelle, se met en marche, vole à la rencontre des armées ennemies; et les ayant mises en déroute au premier choc, fait un grand carnage des Turcs et des Valaques. Il va mettre ensuite le siége devant la petite Nicopoli, séparée de la grande par le Danube, et s'en rend maître après une assez vigoureuse résistance. Mais tandis qu'il s'en retourne triomphant en Hongrie, il apprend que la reine, sa femme, vient d'expirer à Bude. Elle fut inhumée à Waradin. (*Bonfinius.*)

SIGISMOND.

1392. SIGISMOND eut un concurrent pour la Hongrie après la mort de son épouse. Ce fut Uladislas V, roi de Pologne, qui entreprit alors de faire valoir les droits de son épouse Hedwige sur cette couronne. L'archevêque de Strigonie mène sur la frontière une armée dont la présence fait évanouir ses projets. Sigismond, devenu sombre, inquiet et soupçonneux, fait faire des recherches de tous ceux qui avaient eu part aux séditions élevées sous le règne d'Elisabeth et de Marie. Les plus coupables erraient dans les montagnes et les forêts, et avaient pour chef Etienne Conthus, personnage distingué par sa naissance et ses richesses. Il fut pris avec trente-deux autres gentilshommes, et tous eurent la tête tranchée publiquement sous les yeux de Sigismond, sans qu'aucun d'eux témoignât le moindre repentir. Ce spectacle excita l'admiration et les larmes des assistants. L'écuyer de Conthus éclata sur tous par ses cris lamentables. Le roi, touché de cet attachement, l'invite à passer à son service. Il rejette cette offre avec outrage, et pour sa récompense il est condamné à partager le supplice de son maître. L'an 1393, nouveau soulèvement des Valaques qui se donnent aux Turcs. Sigismond étant rentré sur leurs terres, dévaste les villes et les campagnes; mais les Turcs, comme il s'en retournait, tombent sur son armée et la taillent en pièce. (Herman. Connerus.) Alarmé des progrès des infidèles, Sigismond implore le secours des princes chrétiens. La France et l'Angleterre lui envoient des troupes. Bataille de Nicopoli la Grande, donnée le 28 septembre, un jeudi veille de Saint-Michel, 1396, entre Sigismond, et Bajazet, empereur des Turcs. Les Hongrois sont mis en déroute par la témérité des Français qui étaient venus à leurs secours. Sigismond, à peine échappé du combat, est obligé d'errer pendant dix-huit mois hors de ses états. A son retour en Hongrie, il est fait prisonnier dans la citadelle de Sokles ou Ziklos par les seigneurs mécontents, le jour de Saint-Vital, 28 avril 1401. La couronne de Hongrie est offerte ensuite à Ladislas, roi de Naples, fils de l'infortuné Charles le Petit. Ce prince l'accepte par les conseils du pape Boniface IX. Le 5 août de l'an 1403, il est couronné roi de Hongrie à Raab ou Javarin, par le cardinal Acciaioli. Peu de jours après, Sigismond délivré de sa prison par les petits-fils du palatin Nicolas de Gara, sous la garde desquels il avait été mis, comme étant ses plus grands ennemis, passe en Bohême, d'où il amène des troupes avec lesquelles il met en fuite son compétiteur, et le contraint de retourner à Naples. Sigismond, l'an 1411, est élevé à l'empire. L'an 1412, il est battu par les Turcs près de Sémendria. Il meurt le 8 ou le 9 décembre de l'an 1437, à Znaïm, en Moravie, à l'âge de soixante-dix ans, laissant une fille unique, Elisabeth, mariée, l'an 1422, à Albert d'Autriche qui lui succéda. (*Voy.* Sigismond, *empereur et roi de Bohême*, et Bajazet II.)

ALBERT.

1437. ALBERT, élu roi de Hongrie le 19 décembre 1437, est couronné solennellement avec Elisabeth, son épouse, le 1er. janvier 1438, dans Albe-Royale. Ce prince obtient deux autres couronnes dans le cours de la même année, celle de Bohême le 6 mai, celle de l'empire le 26 ou le 27 juin. Vanité des grandeurs humaines! La dyssenterie enlève ce triple monarque, le 27 octobre de l'année suivante 1439, à Niesmel, près de Gran ou Strigonie, comme il allait s'opposer aux incursions d'Amurath II, empereur des Turcs. Les Allemands établis en ce pays avant son arrivée, et ceux qu'il y avait amenés, essuyèrent sous son règne une terrible catastrophe qu'ils s'étaient attirée par une perfidie insigne. Un seigneur hongrois des plus accrédités, nommé Enthus, s'opposait avec force aux nouveautés qu'ils voulaient introduire. L'ayant surpris secrètement, ils l'enfermèrent dans une étroite prison, d'où, après lui avoir fait souffrir des tortures inouies, ils le tirèrent et le jetèrent de nuit dans le Danube, enfermé dans un sac, une pierre au cou. Le cadavre, retrouvé huit jours après, excita dans Bude un soulèvement universel des Hongrois. Le peuple court aux armes, fait main-basse sur tous les étrangers, allemands, italiens, bohémiens, sans distinction d'âge, de sexe ni de condition. Le carnage fut horrible, et ne cessa que lorsque les Hongrois furent rassasiés du sang de leurs ennemis, et que leurs bras lassés de frapper ne purent plus servir leur aveugle fureur. Albert, dans l'impuissance de punir cette sédition, eut la prudence de la pardonner. Cet acte de modération lui gagna les cœurs des Hongrois, et les nouveaux priviléges qu'il leur accorda rendirent sa mémoire chère à cette nation. (*Voy.* Albert, *roi de Bohême et empereur.*)

ULADISLAS, ROI DE POLOGNE, *dit en hongrois*, LADISLAS IV OU V.

1440. Albert ayant laissé la reine Elisabeth enceinte, les seigneurs, dans le doute si elle mettrait au monde un fils, offrirent la couronne à Uladislas, roi de Pologne, qui l'accepta. Cependant la veuve d'Albert accoucha, le 22 février 1440, d'un fils qui fut nommé LADISLAS. Le quatrième mois de sa naissance l'ayant fait porter à Albe-Royal, elle le place dans son berceau sur une espèce de trône; et, sans diète, sans convocation, elle le fait couronner par le cardinal Zéech, puis l'emmène en Autriche, et le met sous la protection de l'empereur Frédéric III. Le roi de Pologne arrive sur ces entrefaites, et se fait couronner roi de Hongrie à son tour. Comme Elisabeth avait emporté avec elle la couronne de saint Etienne, on prend pour cette cérémonie celle qui était sur la tête de la statue du saint. Guerre entre les deux partis. Le sultan Amurath II profite de ces conjonctures pour attaquer la Hongrie. Il met le siége devant Belgrade, défendue par Jean, prieur d'Aurane; mais après sept mois de tranchée, il est obligé de se retirer. (Bonfinius.) Ce fut à ce siége que les Turcs firent usage pour la première fois de la poudre à canon. (Alex. Ducas et Bonfin.) Amurath passe en Bulgarie. Il est battu devant Sofia, au mois de septembre 1442, par le célèbre Jean Corvin Huniade, vaivode de Transylvanie. D'autres avantages considérables que ce héros, dans les deux années suivantes, remporte sur les Turcs, déterminent Amurath à demander une trêve. Elle est accordée pour dix ans, et signée avec des serments réciproques du sultan sur l'Alcoran et de Ladislas sur l'Evangile, à Segedin, vers la mi-juin 1444. Mais elle est violée incontinent par le roi de Hongrie, sur les instances de l'empereur grec et des états d'Italie, et sur les pressantes représentations du cardinal Julien Césarini, légat d'Eugène IV, au nom duquel il donne au roi l'absolution de son serment. Le pape, de concert avec les Vénitiens et les Génois, arme une flotte de soixante-dix voiles, dont il donne le commandement à son neveu le cardinal Condolmieri. Le sultan, malgré cette flotte qui devait lui fermer l'entrée de l'Europe, trouve moyen de pénétrer en Thrace avec son armée. Bataille donnée le 10 novembre 1444, près de Varne, en Basse-Mésie, entre Ladislas, à la tête de dix-huit mille hommes, et Amurath qui en avait plus de soixante mille. La victoire, long-tems disputée, se déclare enfin pour les infidèles. Ladislas, après avoir fait des prodiges de valeur, périt en cette journée à l'âge de vingt ans, avec le cardinal Julien dont on raconte la mort diversement : « Toute l'Europe, « dit un moderne, pleura la mort du premier, et la Hongrie » plaint encore le malheur de ce prince, qui causa sa ruine et » celle de l'empire grec. » Pierre de Réva nous a conservé l'épitaphe de Ladislas, qui mérite d'être rapportée.

Romulidæ Cannas, ego Varnam clade notavi ;
Discite, mortales, non temerare fidem.
Me nisi Pontifices jussissent rumpere fœdus,
Non ferret Scythicum Pannonis ora jugum.

(*Voy.* Uladislas VI, *roi de Pologne.*)

INTERRÈGNE.

Après la mort de Ladislas IV, les états de Hongrie députent à l'empereur Frédéric III, pour leur renvoyer Ladislas, et la couronne de saint Etienne, sans laquelle on croyait en Hongrie qu'un roi ne pouvait être légitimement couronné. N'ayant obtenu ni l'un ni l'autre, ils nomment, le 16 mai 1445, Jean Huniade régent du royaume. L'une de ses premières opérations fut de tirer vengeance de la perfidie de Dracula, vaivode de Valachie, lequel, après la malheureuse journée de Varne, était tombé sur l'armée hongroise, et l'avait harcelée dans sa retraite. S'étant rendu maître de sa personne, ainsi que de celle de ses enfants, après avoir dévasté son pays, il lui fit trancher la tête, traita de même son fils aîné, et fit crever les yeux au second. Huniade, l'an 1446, entre à main armée sur les terres de l'empereur pour le contraindre à rendre le jeune Ladislas. Frédéric voit ses pays désolés et demeure inflexible. L'an 1448, tandis que le sultan Amurath fait la guerre en Albanie aux fameux Scanderberg, Huniade renouvelle la guerre contre la Turquie. Le sultan revient en diligence, et ayant atteint l'armée hongroise dans la plaine de Cassovie ou Caschave, il lui livre, dans la semaine sainte, un combat furieux, dont le succès incertain l'oblige à recommencer le lendemain. Les Hongrois, à cette seconde action, sont mis en déroute, après avoir fait des prodiges de valeur. Huniade, emporté par son cheval, erre pendant trois jours sans boire ni manger. Le quatrième jour n'ayant alors ni armes, ni monture, il est arrêté par deux voleurs. Mais pendant qu'ils se disputent une croix d'or qu'ils lui avaient prise, s'étant saisi du sabre de l'un il le tue et met l'autre en fuite. Un berger qu'il rencontre ensuite, le conduit, après lui avoir donné à manger, au despote de Rascie, qui, l'ayant reconnu, le retient prisonnier, et ne lui rend la liberté qu'après lui avoir fait promettre de marier son fils Mathias à sa fille. De retour en Hongrie, Huniade rassemble une nouvelle armée qu'il mène en Rascie, pour se venger de la perfidie qu'il y avait éprouvée. Les ravages qu'il y commet obligent le despote à demander la paix, en lui renvoyant son deuxième fils Ladislas, qu'il l'avait contraint de lui donner en ôtage. La guerre continue entre Huniade et les Turcs. Tantôt victorieux, tantôt battu, ses défaites même causent aux ennemis de si grandes pertes, qu'Amurath déclare à la fin qu'il serait fâché d'obtenir de nouvelles victoires à si haut prix. L'an 1452, le fils d'Albert est enfin renvoyé dans ses états.

LADISLAS V OU VI, DIT LE POSTHUME.

1453. LADISLAS, âgé de treize ans, arrive à Bude, le 13 février 1453, accompagné d'Ulric, comte de Cillei, son grand-oncle, et d'un grand nombre de seigneurs hongrois qui étaient venus au devant de lui. Le comte s'empare des affaires et fait tomber le crédit d'Huniade dans l'esprit du roi. La disgrâce de ce grand homme ne sert qu'à faire éclater sa générosité. L'an 1456, le sultan Mahomet II, ayant assiégé Belgrade avec une armée de cent cinquante mille hommes, Huniade se met à la tête des Hongrois, défait l'ennemi, le 14 de juillet, entre dans la ville, et oblige Mahomet à lever le siége le 22 du même mois, jour de la Madelaine, suivant saint Antonin et Nauclère, après lui avoir fait perdre quarante mille hommes. Quelques-uns mettent cette action au 6 août, à cause de la fête de la

Transfiguration, que le pape Calliste III institua ce jour-là, en mémoire d'un si heureux événement. La belle défense de Belgrade fit appliquer à Jean Huniade ces paroles de l'Evangile : *Fuit homo missus à Deo, cui nomen erat Joannes.* Ce héros meurt le 10 septembre suivant, dans le bourg de Zemplin, assisté de Jean Capistran, cordelier, envoyé par le pape en Hongrie pour y prêcher la croisade. Ladislas, fils aîné de Jean Huniade, instruit des mauvais desseins que le comte de Cillei formait contre lui, se détermine, pour les prévenir, à l'assassiner. Cette résolution s'exécute, le 11 novembre 1456, dans le palais d'Albe-Royale, tandis que le roi entend la messe dans l'église de Saint-Martin. Le monarque, tout jeune qu'il est, sait dissimuler la douleur que lui cause la mort de son grand-oncle. Il comble de caresses Ladislas et Mathias, son frère; fait avec eux un pacte de fraternité, et jure sur la sainte Eucharistie qu'il ne vengera jamais ce meurtre. Pleins de confiance en sa parole, les deux frères l'accompagnent à Bude; mais à peine y sont-ils arrivés qu'on les arrête par son ordre avec un grand nombre de leurs amis. Ils sont enfermés séparément, et trois jours après, le 8 mars, Ladislas est décapité dans la place publique. On rapporte qu'il reçut jusqu'à cinq coups, et qu'au troisième n'étant pas encore blessé mortellement, il se releva en invoquant les lois qui ne permettent pas de donner plus de trois coups; mais que le roi qui était à une fenêtre, inspiré par les ennemis du patient, envoya dire au bourreau de l'achever. Toute la Hongrie fut indignée d'un traitement aussi barbare fait au fils de son libérateur, et ne regarda plus le roi que comme un tyran. Menacé d'une conspiration, il sort du royaume pour se rendre en Bohême, sous prétexte de son mariage avec Madelaine, fille de Charles VII, roi de France. Mais à son arrivée à Prague, il y meurt subitement, le 23 novembre 1457, à l'âge de dix-huit ans, non sans soupçon d'avoir été empoisonné. Thwrocz et Bonfinius se trompent, comme le prouve Odéric Rainaldi, en rapportant sa mort à l'an 1458. (*Voy.* Uladislas, *roi de Bohême.*)

MATHIAS I, DIT CORVIN.

1458. MATHIAS I, deuxième fils de Jean Huniade, fut proclamé roi de Hongrie, le 24 janvier 1458, par les états assemblés dans la plaine de Rakos, près de Pesth, à l'âge de seize ans, par les soins de son oncle Zilagi. Arrêté avec son frère aîné pour raison de l'assassinat du comte de Cillei, il était alors prisonnier à Prague, sous la garde de Georges Podiébrad, qui l'avait tiré de Vienne, où il avait été d'abord envoyé. A la nouvelle de son élection, Podiébrad lui rend la liberté, moyennant une somme d'argent, et à condition d'épouser sa fille. Mathias arrive à Gran sur la fin d'avril; mais il ne peut se faire couronner, l'empereur Frédéric retenant toujours la couronne de saint Etienne, et refusant de la rendre. Ses premiers soins furent de rétablir la paix dans ses états. Il en vint à bout, assisté des conseils d'Elisabeth, sa mère, et de Zilagi, son oncle. L'empereur, qui regardait la Hongrie comme un fief de l'empire, ayant déclaré la guerre, l'an 1462, à Mathias qu'il qualifiait d'intrus, celui-ci tombe sur l'Autriche qu'il subjugua toute entière en très-peu de tems, à l'exception de Vienne. La rapidité de cette conquêté oblige l'empereur à lui demander la paix. La restitution de la couronne de saint Etienne fut promise moyennant la somme de soixante mille écus d'or. (Un orfèvre n'en eût pas donné le quart.) Les Turcs ayant recommencé la guerre, Mathias arrête leurs progrès, et reprend sur eux, le 16 décembre 1463, la ville de Jaycsa, capitale de la Bosnie. Vingt-sept villes au bruit de cette conquête ouvrirent leurs portes aux Hongrois. Furieux de ces pertes, Mahomet arrive, au mois de janvier suivant, avec trente mille hommes devant Jaycsa, et fait des efforts incroyables pour y rentrer. Dans un assaut qu'il livre, les habitants s'étant joints à la garnison, soutiennent sur la brèche un combat opiniâtre, et parviennent à déloger les Turcs. On remarque surtout l'action d'un soldat chrétien qui, voyant un turc arborer son étendard sur une des tours, s'élança sur lui, et l'ayant embrassé par le milieu du corps, se précipita du haut en bas avec l'homme et le funeste drapeau. Mathias survient et sa présence met en fuite les Musulmans. Ayant enfin retiré des mains de l'empereur la couronne de saint Etienne en payant le prix dont ils étaient convenus, il s'en fait couronner le 29 mars 1464, dans Albe-Royale. La même année, avec le secours d'une croisade que le pape fait publier, il entreprend vers l'automne, le siége de Zoynich, ville de Rascie, fameuse par ses mines d'argent. Mais après deux mois de travaux non interrompus devant cette place, il décampe et se retire honteusement sur la fausse nouvelle que Mahomet vient à lui avec une armée de quarante mille hommes. (Bonfinius.) Il marche, l'an 1467, contre Etienne, vaivode de Moldavie et de Valachie, qui s'était soumis au Turc, ravage son pays, et l'oblige à rentrer sous la domination hongroise. L'an 1468, à la sollicitation du pape et de l'empereur, il déclara la guerre à Georges Podiébrad, et parvient à se faire proclamer roi de Bohême en 1469. De retour en Hongrie l'an 1471, il en chasse Casimir, deuxième fils du roi de Pologne, que les mécontents, pendant son absence, avaient appelé pour le faire roi. L'an 1475, il reprend la guerre contre les infidèles, et mène son armée devant Savatz, dont la Save baigne les murs; c'était une place qui passait pour imprenable. Mathias, pendant la nuit, s'étant mis dans une barque, sous l'habit d'un goujat avec un ramoneur et un falot, fait le tour de la place pour en observer les fortifications. Il est reconnu par une sentinelle qui devine son dessein. Sur l'avis qu'elle en donne, un coup de canon part des murailles, frise la barque et éteint le falot. Mathias continue ses observations, et quelques jours après il se rend maître de la place. S'étant de nouveau brouillé, l'an 1477, avec l'empereur Frédéric, sur le refus qu'il fit de lui donner en mariage Cunégonde, sa fille, il entre à main armée dans l'Autriche, et pénètre jusqu'en Bavière, saccageant tout ce qui se rencontre sur sa route. Frédéric, n'ayant point d'armée à lui opposer, se voit réduit à lui demander la paix. Mathias l'accorde à deux conditions; 1°. qu'on lui remboursera les frais de la guerre, qu'il fait monter à cent vingt mille ducats; 2°. que l'empereur lui donnera l'investiture de la Bohême, comme il l'avait accordée à Uladislas, son compétiteur, pour cette couronne. Cependant les Turcs menaçaient la Hongrie. Mathias demande au pape et aux Vénitiens le secours qu'ils avaient coutume de lui fournir. Ces deux puissances le refusent. Mathias, en habile politique, trouve moyen de détourner sur la république de Venise les coups que les infidèles destinaient à ses états. L'an 1479, les Turcs, vainqueurs des Vénitiens, dirigent leur marche vers la Transylvanie. Le vaivode, Etienne Batthori, sans attendre Mathias, leur livre une sanglante bataille, où ils sont entièrement défaits. Les généraux de Mathias remportèrent les quatre années suivantes des avantages considérables sur les infidèles. Mathias, dans ces conjonctures critiques, loin d'être secouru par l'empereur, était occupé à veiller sur ses démarches, et à réprimer les incursions que les Allemands faisaient de tems en tems sur ses frontières. Délivré de la guerre des Turcs, il tourne ses armes, l'an 1485, contre l'Autriche, et vient se présenter devant Vienne dont il se rend maître, le 1er. juin de cette année, sans beaucoup d'efforts. Il s'empare, les années suivantes, de tous les pays autrichiens, et réduit l'empereur à mener une vie errante jusqu'à sa mort. L'an 1487, Jean Corvin, fils naturel de Mathias, chasse de la Croatie, dont il était souverain, Yacoub, général ottoman, après avoir taillé en pièces l'armée avec laquelle il y était entré. Mais Yacoub étant venu au printems de l'année suivante, défait à son tour les Croates, dont quinze mille restèrent sur le champ de bataille. Le vainqueur, pour attester au sultan le carnage qu'il avait fait, lui envoya les nez qu'il avait fait couper à tous ces morts. L'an 1490, Mathias, frappé d'apoplexie le dimanche des Rameaux 4 avril, meurt le mardi suivant à Vienne, d'où son corps fut transporté à Albe-Royale. Il avait épousé, 1°. l'an 1452, CATHERINE, fille de Podiébrad, morte en 1464; 2°. l'an 1476, BÉATRIX, fille de Ferdinand Ier., roi de Naples. Il ne laissa point d'enfants de ces deux femmes, et n'eut que le fils naturel dont ont vient de parler, qu'il fit héritier de ses biens, et qui le fut aussi de ses vertus. Mathias réunissait toutes les qualités qui font les grands rois; brave, généreux, politique, zélé pour la religion, ami des arts et des lettres, homme lettré lui-même, et d'un esprit fécond en saillies et en réparties vives. Il employa les meilleurs peintres d'Italie, et attira plusieurs savants de différentes contrées de l'Europe à sa cour. Il fonda une magnifique bibliothéque à Bude, et la meubla des meilleurs livres grecs et latins. (*Voy.* Podiébrad et Uladislas, *rois de Bohême.*)

LADISLAS VI OU VII.

1490. LADISLAS VI, roi de Bohême, fils de Casimir IV, roi de Pologne, est proclamé roi de Hongrie, le 15 juillet 1490, par préférence à quatre concurrents redoutables, son frère, Jean Albert, depuis roi de Pologne; Maximilien, fils de l'empereur Frédéric; Ferdinand, roi de Naples; et Jean Corvin, fils naturel du roi Mathias. Ce fut la reine douairière qui décida cette élection. Les Hongrois ne pouvant s'accorder sur le choix d'un souverain, s'en étaient reposés sur elle, et lui avaient juré qu'ils reconnaîtraient pour roi le prince qu'elle choisirait pour époux. Elle offrit sa main à Maximilien, qui la refusa, parce qu'il avait pris des engagements avec l'héritière de Bretagne. Elle l'offrit ensuite à Ladislas roi de Bohême, qui feignit de l'accepter, et fut aussitôt reconnu roi par les états de Hongrie. Son couronnement se fit dans Albe-Royale, le 21 septembre de la même année 1490. Jean Albert, son frère, et Maximilien, lui déclarèrent la guerre tour à tour. Après divers combats, il abandonna, l'an 1491, la Silésie à son frère, et sa portion de l'Autriche à Maximilien l'année suivante, avec substitution du royaume de Hongrie, en faveur de la maison d'Autriche, au défaut de la postérité de Ladislas. Mais tandis qu'il était encore occupé à se défendre contre l'archiduc, Jean Albert, sur la fausse nouvelle qui courut de sa mort, était rentré à main armée dans la Hongrie. Jean Zapolski, vaivode de Transylvanie, envoyé contre lui, le fait prisonnier après l'avoir battu. Casimir, père de Ladislas et de Jean-Albert, étant mort, l'an 1492, le roi de Hongrie rend la liberté à son frère, fait alliance avec lui, et consent qu'il monte sur le trône de Pologne. L'an 1493, Emeric Dreucène, autre général de Ladislas, occasionne une nouvelle rupture entre la Hongrie et la Porte. Ali-Bek, gouverneur de Sindérovie, revenant d'une expédition qu'il avait faite en Croatie par ordre du sultan Bajazet, traversait pacifiquement la Hongrie pour s'en retourner. Dreucène vient à sa rencontre pour l'arrêter, et le force, malgré ses remontrances, d'en venir à une bataille qui se donna le 9 septembre. Le général hongrois la perd avec la liberté. Amené au vainqueur les mains liées derrière le dos, il en est accueilli honnêtement. Mais tandis qu'il est à table avec lui, on apporte au bacha les têtes sanglantes du fils et du neveu de Dreucène, tués dans le combat. Ce spectacle le met en fureur. Il desire la mort, et provoque le bacha à la lui donner. Ali-Bek a la modération de se contenir, et l'envoie au sultan, lequel, après l'avoir retenu quelque tems en prison, le relègue dans une île où il mourut au bout de trois mois. Ladislas eut sa revanche l'année suivante. Kinis, son général, prend et pille dans la Servie, sur la fin de 1494, deux citadelles des Turcs, où était le dépôt des richesses enlevées aux Chrétiens. Ayant fait alliance avec les Vénitiens contre les infidèles, il repousse, l'an 1501, les troupes que Bajazet II avait envoyées contre lui, et porte la désolation dans la Bosnie. L'an 1514, à la persuasion du cardinal Thomas Erdod, archevêque de Strigonie, il consent à la publication d'une croisade contre les Turcs. L'événement ne répondit pas aux espérances dont on l'avait flatté. Les paysans, armés pour cette expédition, se révoltent contre leurs seigneurs, dont plusieurs perdent la vie dans cette sédition. Jean Zapolski marche contre ces brigands et les taille en pièces, près de Témeswar. Leurs chefs, Georges Sekel (ou le Sicule), et Grégoire, son frère, tombent entre les mains des vainqueurs, et périssent dans les plus affreux tourments. Mais cette exécution ne sert qu'à irriter la fureur des croisés. Toute l'habileté des généraux de Ladislas, suffit à peine pour l'étouffer. L'an 1516, le 4 ou plutôt le 13 mars, ce prince meurt à Bude dans sa soixante-unième année. Ce fut par ses ordres que les lois et les coutumes de Hongrie furent recueillies et rédigées en un corps, sous le titre de *Jus consuetudinarium Hungariæ.* Le jurisconsulte Verbeuzi en fut le rédacteur. Ladislas avait promis, comme on l'a dit, à Béatrix, veuve de Mathias, de l'épouser pour prix du trône qu'elle lui avait procuré. La raison d'état rompit cet engagement. Ladislas, au mépris de sa parole, donna sa main, l'an 1502, à ANNE, fille de Guillaume, comte de Candale, et petite-fille, par Catherine sa mère, de

Gaston, comte de Foix, et de Madelaine, fille de Charles VII, roi de France. Anne le fit père d'une fille de même nom qu'elle, mariée à Ferdinand Ier. d'Autriche, qui viendra ci-après, et d'un fils qui suit, qu'elle mit au monde, l'an 1506, en mourant. La reine Béatrix, sa rivale, lui survécut deux ans, et finit ses jours, l'an 1508, dans l'île d'Ischia, au royaume de Naples, où elle s'était retirée, après avoir fait retentir la Hongrie de ses plaintes contre la perfidie de Ladislas (*Voyez* Uladislas II, *roi de Bohême*; Bajazet II, et Sélim Ier, *empereurs ottomans.*)

LOUIS II.

1516. Louis II, né le 1er. mai de l'an 1506, n'avait que dix ans lorsqu'il succéda au roi Ladislas, son père, qui l'avait fait couronner de son vivant, le 4 juin 1507. Incapable de gouverner par lui-même, il devint le jouet des grands du royaume, qui ne lui laissèrent que le titre de roi. Les factions naquirent de cette espèce d'anarchie. Soliman II, empereur des Turcs, profite des troubles de la Hongrie, pour y faire des conquêtes. Ce n'était peut-être pas son intention; mais le trait suivant l'y détermina. Sélim, son prédécesseur, avait conclu une trêve avec le roi Ladislas. Soliman envoya une ambassade à Louis pour lui offrir la prorogation de ce traité, à certaines conditions onéreuses. Louis, ou plutôt ses ministres, non-seulement reçurent avec mépris les ambassadeurs, mais ne craignirent pas, dit-on, de violer, en leurs personnes, le droit des gens, en leur faisant couper le nez et les oreilles. Le sultan, furieux de cette atrocité, rassembla toutes ses forces pour en tirer vengeance. L'an 1521, il met le siége devant Belgrade, et la prend le 9 août, selon les historiens turcs, ou le 20. du même mois, suivant les chrétiens, après six semaines de tranchée. Cette prise est suivie de celle de Salankemen, de Peter-Waradin, et de plusieurs autres places tant de la Hongrie que de la Croatie. L'an 1526, le 29 août, bataille entre Louis et Soliman, dans la plaine de Mohatz, près de Cinq-Eglises. Louis la perd avec la vie à l'âge de vingt ans. On donna des larmes à la mort de ce jeune prince, dont mille belles qualités naissantes faisaient concevoir les plus grandes espérances, et dont l'âge excusait la témérité. Mais on ne plaignit pas également les sept évêques qui périrent dans cette journée, où ils commandaient autant de corps, et dont les têtes furent portées à Soliman. On regretta encore moins Paul Tomori, évêque de Colocza, qui, depuis longtems, exercé dans les combats, faisait, dans celui-ci, qu'il avait engagé, les fonctions de général, avec une confiance qui précipita avec lui son maître et son armée. Cette victoire des Ottomans leur ouvrit les portes de Bude, où ils entrèrent le 10 septembre, et firent un butin immense. C'est dans ce déplorable sac que fut brulée la fameuse bibliothèque que Mathias avait amassée avec tant de soins et à si grands frais. Le corps du roi Louis ne fut trouvé que deux mois après la bataille, dans un marais où son cheval s'était englouti avec lui. Il avait épousé, l'an 1521, MARIE, sœur de Charles-Quint, dont il n'eut point d'enfants. (*Voyez* Louis, *roi de Bohême*, et Soliman II).

JEAN ZAPOLSKI, CONCURRENT.

1526. JEAN, fils d'Etienne Zapolski, ou de Zapol, vaivode de Transylvanie, est élu roi de Hongrie, le 11 novembre, par les états assemblés à l'ordinaire dans la plaine de Rakos, près de Pesth. Obligé, l'an 1528, par son concurrent, Ferdinand d'Autriche, de prendre la fuite, il se retire vers le roi de Pologne, son beau-frère. De là il implore, par le moyen de Jérôme de Laszki, palatin de Siradie, le secours du sultan Soliman, et l'obtient en promettant de se rendre son vassal et de lui payer tribut. Soliman arrive en Hongrie, la traverse en conquérant, et va droit à Vienne, qu'il assiége le 26 septembre 1529. Il échoue devant cette place, et lève le siége le 14 octobre suivant. En retournant, il s'arrête à Bude, dont il remet en possession le roi Jean. La guerre continue entre ce dernier prince et Ferdinand avec des succès divers. Elle finit, en 1536, par un accord qui assure à l'un et à l'autre la pos-

FERDINAND Ier. D'AUTRICHE.

1527. Louis étant mort sans postérité, FERDINAND Ier, archiduc d'Autriche, beau-frère de Louis, par Anne, sa femme, revendique le royaume de Hongrie, en vertu du traité fait entre l'empereur Maximilien et le roi Ladislas. Etienne Bathori, palatin de Hongrie, s'étant déclaré pour Ferdinand, assemble, à Presbourg, une diète où il le fait proclamer roi. Cet événement est du commencement de l'an 1527. Ferdinand, à la nouvelle de son élection, entre en Hongrie, et débute par se rendre maître de Bude, le 20 août, sans coup férir. Après y avoir fait un séjour de deux mois, il s'achemine vers Albe-Royale, où il est couronné par l'archevêque de Strigonie, Paul Vardan, le même qui avait couronné Jean Zapolski, son rival. Obligé de retourner à Vienne, il donne ordre, en partant, à ses généraux de poursuivre ce dernier qui s'était retiré à Tockai, sur la Teisse, avec François Bodon, qui com-

session de ce que les armes leur avaient acquis, mais à condition que toute la Hongrie reviendra à Ferdinand après la mort de son rival. Le roi Jean meurt le 21 juillet de l'an 1540, âgé de cinquante-trois ans, à Hermanstadt, en Transylvanie. Peu de jours avant sa mort, **Elisabeth**, sa femme, fille de Sigismond, roi de Pologne, qu'il avait épousée en 1539, accoucha d'un fils, nommé par les historiens Jean-Sigismond, quoiqu'il eût reçu au baptême le nom d'Etienne. Cette princesse, après la mort de son époux, était disposée à céder la Hongrie à Ferdinand, conformément au traité fait entre lui et le feu roi. Mais le prélat Martinusius, régent du royaume, s'y oppose au nom du jeune prince, et implore la protection de Soliman. C'était appeler le loup au secours de l'agneau. Soliman, à son arrivée dans ce royaume, fit bien voir qu'il ne travaillait que pour son compte. Ses généraux venaient de s'emparer de Bude sur les Autrichiens, l'an 1541, après un siége des plus meurtriers, qui fut couronné par le massacre des prisonniers. Cela fait, il leva entièrement le masque, en ordonnant à la reine de se retirer en Transylvanie avec son fils, et confirmant Martinusius dans sa qualité de régent, pour ce pays seulement.

mandait ses troupes. L'armée de Ferdinand s'étant présentée devant la place, Bodon en sort pour lui livrer bataille. Il la perd après avoir long-tems disputé la victoire. La Transylvanie ayant fourni à Zapolski de nouvelles troupes, il revient attaquer les Autrichiens, tandis qu'ils sont occupés à battre la forteresse de Tockai. Nouvelle défaite qu'il éprouve par la lâcheté de sa cavalerie, et qui l'oblige à fuir hors du royaume. Le brave Bodon, pris dans l'action, est conduit à Ferdinand, qui le fit périr sur le refus qu'il fit de le reconnaître. (Isthuanf.) L'an 1536, par un traité fait à Weitzen, Ferdinand abandonne à Zapolski, son concurrent, la partie du royaume que celui-ci possédait, à condition qu'elle lui reviendrait après sa mort. Les Hongrois murmurèrent de cet arrangement comme donnant atteinte à leur liberté. Zapolski étant mort, l'an 1540, les seigneurs de son parti font couronner Jean-Sigismond, son fils, sur les fonts de baptême. Soliman, sous le prétexte d'appuyer cette élection, passe en Hongrie à la tête d'une armée. Son grand-visir, l'an 1541, bat les troupes de Ferdinand devant Bude, que les Hongrois avaient reprise et que ce dernier assiégeait. On fait état de plus de vingt mille chrétiens qui demeurèrent sur la place; le reste prit la fuite, abandonnant canons, tentes et bagage. Soliman entre dans cette ville, le 30 juillet, et ordonne à la reine Elisabeth de se retirer en Transylvanie avec son fils, jusqu'à sa majorité.

Mais il laissa bientôt apercevoir que son dessein était de s'approprier ce royaume. Par son ordre, les églises de Bude furent converties en mosquées, les officiers et les magistrats changés. Tout prit une nouvelle forme. Après ces dispositions faites à Bude, il entreprit la conquête de toute la Basse-Hongrie, d'où il envoya des troupes, l'an 1544, ravager l'Autriche, la Silésie et la Moravie. L'an 1545, il prit Strigonie, Cinq-Eglises, Albe-Royale, et poussa ses conquêtes fort avant dans la Haute-Hongrie. Les Turcs, l'an 1551, après avoir inutilement assiégé Témeswar, se rendent maîtres de Lippa, qui est reprise la même année par les Allemands. Nouvelle irruption des Turcs, l'année suivante en Hongrie, où ils prennent enfin Témeswar et d'autres villes; mais ils échouent devant Agria. L'an 1563, Ferdinand cède la Hongrie à son fils Maximilien. Ce prince, dès l'an 1543, avait fait un testament auquel il ne dérogea point par ses dernières volontés, et qui jeta de loin, dit un homme d'esprit, la semence de la guerre qui a troublé l'Europe durant deux cents ans. Ce testament appelait ses filles à la succession des royaumes de Hongrie et de Bohême, au défaut des héritiers de ses fils. C'est d'après cette disposition qu'en 1740, la maison électorale de Bavière a formé ses prétentions sur ces deux royaumes, l'archiduchesse Anne, fille de Ferdinand, ayant épousé Albert V, duc de Bavière. (*Voy.* Ferdinand, Ier, *empereur*, et Soliman II.)

MAXIMILIEN.

1563. MAXIMILIEN, fils de l'empereur Ferdinand et d'Anne, sœur du roi Louis II, est couronné roi de Hongrie, le 8 septembre 1563, à Presbourg. Les Hongrois réclament toujours la liberté d'élection, et toujours la maison d'Autriche se prévaut du pacte fait avec le roi Ladislas VI. Les Turcs font de nouveaux progrès en Hongrie sous le règne de Maximilien. (*Voy.* Soliman II, empereur ottoman.) L'an 1572, il abdique la couronne de Hongrie en faveur de Rodolphe, son fils. (*Voyez* Maximilien II, empereur.)

RODOLPHE.

1572. RODOLPHE, fils de Maximilien, élu le 2 février pour la forme, est couronné roi de Hongrie, le 25 septembre, selon Isthuanfius, le 1er. octobre, suivant Struvius, à Presbourg, comme le furent ses successeurs. L'an 1583, il conclut une trêve de neuf ans avec le sultan Amurat III. Mais elle fut très-mal observée par les Musulmans. Saswan, leur général, ayant recommencé les hostilités, Rodolphe lui opposa le comte de Sérin, qui remporta sur lui, l'an 1587, une victoire éclatante. Le général vaincu, s'étant sauvé à Constantinople, y prévint, en s'empoisonnant, le fatal cordon qui lui était préparé. Peu de tems après les Hongrois gagnent contre les mêmes ennemis, près de Putnock, une nouvelle bataille, dont ils durent principalement le succès à Sigismond Batthori, que nous verrons prince de Transylvanie. Mais, l'an 1592, le pacha de Bosnie se rend maître de Wichts ou Bihacz, ville forte de Croatie. Le 9 juin de l'année suivante, il ouvre la tranchée devant Sisseck, ville située au confluent du Kulp et de la Save, et regardée comme le boulevard de la même province. L'archiduc Ernest vole au secours de la place avec Montécuculli, nom dès-lors fameux dans l'empire. Le pacha vient au-devant d'eux. Le combat s'engage près d'un pont sur le Kulp. Les Turcs sont taillés en pièces ou précipités dans le fleuve. Le pacha fut du nombre de ces derniers. Le sultan Amurath, à la nouvelle de cette défaite, déclare la guerre à l'empereur, et commence par faire mettre aux fers son ambassadeur. Sisseck, le théâtre de la gloire des Hongrois, devient celui de leur honte. Elle ouvre ses portes, le 24 août 1593, au beglierbei de Grèce. Les Hongrois effacent cette tache par une grande victoire qu'ils remportent sur les Turcs, le 24 octobre, près d'Albe-Royale, et par la prise de Filleck, qui la suivit de près. L'an 1596, le sultan Mahomet arrive en Hongrie à la tête d'une armée formidable. Il met le siége devant Agria, dont il se rend maître par composition, le 13 octobre, après avoir éprouvé la résistance la plus opiniâtre. L'archiduc Maximilien, frère de Rodolphe, répare cette perte par la prise d'Hatwan. Une victoire qu'il remporte ensuite sur les Turcs, près du village de Kerestes, non loin d'Agria, fut suivie, le 26 octobre, de la déroute de son armée, que l'avidité du butin avait mise aux prises avec elle-même, et livrée aux Turcs qui observaient ses mouvements. Les Français volent au secours de la Hongrie. Javarin, dont les Turcs s'étaient emparés, est repris, le 29 mars 1598, par le baron de Schwartzemberg, secondé du génie de Vaubecourt, gentilhomme français. Siége de Canise, formé par les troupes de Mahomet III, le 6 septembre de l'an 1600. La place est emportée le 22 octobre suivant, malgré les efforts du duc de Mercœur, à la tête de vingt-cinq mille hommes pour la délivrer. Enfin, le 23 juin de l'an 1606, l'empereur, pour calmer les mécontentements des Hongrois, dont s'autorisaient les Turcs, fit avec les premiers le fameux traité connu sous le nom de *Pacification de Vienne*. Les étrangers y sont exclus des emplois dans le royaume, les priviléges des villes rétablis, et les droits de la nation confirmés. Le 9 novembre suivant, trêve conclue pour vingt ans entre le sultan Achmet et Rodolphe. Ce fut alors que les Turcs s'engagèrent à donner le titre d'empereur à Rodolphe et à ses successeurs, au lieu de celui de *Rè di Bet*, roi de Vienne, qu'ils lui avaient donné jusqu'alors, ainsi qu'à ceux qui l'avaient précédé. L'an 1608, Rodolphe céda, le 27 juin, le sceptre de Hongrie à son frère, l'archiduc Mathias, que les états avaient élu pour leur roi le 14 octobre 1607. (*Voy.* Rodolphe II, empereur, et les Ottomans.)

MATHIAS II.

1608. MATHIAS II, deuxième fils de Maximilien, est couronné roi de Hongrie, à Presbourg, le 19 novembre (et non janvier, comme le marque un moderne) de l'an 1608. Mais avant cette cérémonie, les Hongrois l'obligèrent d'ajouter aux précédentes capitulations plusieurs articles, dont les principaux sont l'exclusion des étrangers pour les charges du royaume, l'élection d'un palatin pour gouverner en l'absence du roi, le libre exercice de la religion prétendue réformée, et l'expulsion des Jésuites. Mathias, l'an 1615, renouvelle avec le sultan Achmet la trêve assez mal observée jusqu'alors. Les conjonctures fâcheuses où se trouvait alors le sultan, occupé à étouffer des révoltes qui s'étaient élevées en Arabie, en Géorgie, et ailleurs, l'avaient déterminé à s'accommoder avec la cour de Vienne, qui dicta elle-même les conditions du traité. Elles ne pouvaient être plus avantageuses pour elle. Presque toutes les conquêtes que les Turcs avaient faites en Hongrie lui furent restituées, et spécialement Canise, Albe-Royale, Pesth, Bude, outre la démolition qu'elle obtint de plusieurs châteaux, et la restitution aux propriétaires des domaines dont ils avaient été dépouillés. L'an 1618, Mathias se démet, le 26 juin, du royaume de Hongrie, en faveur de son cousin, Ferdinand d'Autriche. (*Voyez* Mathias, empereur.)

FERDINAND II.

1618. FERDINAND II, fils de Charles, duc de Styrie, est couronné roi de Hongrie, le 1er. juillet 1618, à Presbourg. Les occupations que ce prince eut en Bohême, donnèrent occasion à Betlem Gabor, prince de Transylvanie, d'entrer en Hongrie, d'y faire des conquêtes, et d'y exercer de grandes inhumanités contre les Catholiques, par zèle pour le Calvinisme, dont il faisait profession. Il fit la paix, le 8 mai 1624, avec Ferdinand, et se retira. L'an 1625, Ferdinand, après avoir confirmé la trêve avec le sultan Amurath IV, transmet le sceptre à son fils Ferdinand, âgé de dix-sept ans. Il avait épousé, le 23 avril 1600, Marie-Anne, fille de Guillaume V, duc de Bavière, née le 18 décembre 1574, morte le 7 mars 1616, après lui avoir donné six enfants, dont les principaux sont Ferdinand, depuis empereur; Léopold-Guillaume, évêque de Strasbourg; Marie-Anne, femme de Maximilien, électeur de Bavière, son oncle; et Cécile, mariée à Uladislas VII, roi de Pologne. (*Voy.* Ferdinand II, empereur.)

FERDINAND III.

1625. Ferdinand III, fils de Ferdinand II, est couronné roi de Hongrie le 8 décembre 1625 (et non 1627, comme le marque un moderne), dans la diète d'Oedenbourg. Les Protestants de Hongrie se soulèvent, l'an 1637, pour la défense de leurs priviléges et de leur religion. Georges Racoczi, prince de Transylvanie, se met à leur tête en 1644, et fait plusieurs conquêtes en Hongrie. Ferdinand, après huit ans de guerre, donne quelque satisfaction aux mécontents, et fait une paix désavantageuse avec leur chef. L'an 1647, il cède la couronne de Hongrie à Ferdinand, son fils aîné. Mais pour obtenir le consentement des états du royaume, il est contraint de confirmer les priviléges des Protestants, qui faisaient un parti considérable en Hongrie, et de leur rendre le libre exercice de leur religion. (*Voy.* Ferdinand III, empereur.)

FERDINAND IV.

1647. Ferdinand IV, fils de Ferdinand III, est couronné, à l'âge de treize ans, roi de Hongrie, le 16 juin 1647, à Presbourg. Après la cérémonie il monte à cheval, traverse à pas lents le faubourg de la ville, et lorsqu'il est arrivé à la colline qui domine le Danube, il la monte au galop, tire son sabre sur le sommet de cette espèce de montagne, et forme quatre croix en l'air, en se tournant vers les quatre parties du monde. En tout cela Ferdinand ne fit que se conformer à un ancien usage dont les Hongrois ne dispensent jamais leurs rois à leur couronnement. Sous son règne, la Hongrie jouit de quelque tranquillité, malgré les murmures des Protestants, qui se plaignaient, mais en vain, de l'inexécution des promesses qui leur avaient été faites à l'avénement de ce prince au trône. Avant de parvenir à celui-ci, Ferdinand avait été couronné roi de Bohême l'an 1646. Il fut élu roi des Romains l'an 1653. Ce prince mourut de la petite vérole le 9 juillet 1654.

LÉOPOLD.

1655. LÉOPOLD-IGNACE, deuxième fils de Ferdinand III, élu roi de Hongrie le 22 juin 1655, et couronné le 27 du même mois, devint empereur en 1658. L'an 1660, le 27 août, Waradin est pris par les Turcs, après quarante-sept jours de siége. La garnison hongroise, animée par un ministre protestant, avait refusé de recevoir un secours d'allemands, que le comte de Souches voulait jeter dans la place. Kémeni Janos, prince de Transylvanie, fit trancher la tête à ce prédicant. L'empereur, à la nouvelle affligeante de cette prise, fait appeler son ministre Portia. Celui-ci s'étant fait apporter une carte, l'examine, et dit froidement à Léopold : « La perte n'est pas grande ; ce n'é- » tait qu'une étable à porcs ». Léopold n'est pas le seul prince mal instruit à qui un ministre ait osé en imposer de la sorte. L'an 1663, nouveaux progrès des Turcs en Hongrie, sous le commandement de Mahomet Kioprili. Ce général se rend maître de Neuhausel, le 27 septembre, après trente-six jours de siége, et la perte de 15,000 hommes que cette conquête coûta aux Turcs. La place était défendue par le comte Adam de Fortgatz, qui ne la rendit que lorsque le magasin à poudre eut sauté. L'an 1664, le 1er. août, Montécuculli, général des Impériaux, à l'aide des Français, commandés par les comtes de la Feuillade et Coligni, bat Mahomet Kioprili sur les bords du Raab, près du village de Saint-Gothard; mais il ne tire pas de sa victoire l'avantage qu'elle semblait lui promettre. Trêve conclue pour vingt ans le 17 septembre suivant à Témeswar, entre Léopold et Mahomet IV, à des conditions que ce dernier n'avait pas lieu d'espérer. Le comte Nicolas de Sérin blâma hautement cette trêve, et fit un écrit pour montrer que la Hongrie était en état de se défendre par elle-même ; mais il mourut le 23 novembre de la même année. (D'Avrigni.) L'historien de Tékéli met ce traité dix jours, et M. Pfeffel huit jours seulement après la bataille de Saint-Gothard. L'an 1668, le 5 avril, l'empereur étant en Hongrie court risque d'être empoisonné dans un festin que le comte Nadasti lui avait préparé. La comtesse Nadasti, qui sauva la vie de ce monarque, périt de la main de son époux par le même genre de mort. (*Mém.* du comte Betlem Niklos.) Les Hongrois nient ce fait et d'autres semblables imputés à Nadasti. L'an 1670, sédition des Protestants de Hongrie, ayant à leur tête François Racoczi ; elle s'apaise la même année par la soumission du chef. L'empereur ayant découvert, l'an 1671, une conjuration formée par les comtes Nadasti, dont on vient de parler, Pierre Szerini ou Sérin, François-Christophe Frangipani et Tattembach, pour soulever la Hongrie, les fait arrêter, et nomme une commission pour instruire leur procès. Les trois premiers sont condamnés, le 24 avril, à perdre la tête sur un échafaud. Nadasti fut exécuté à Vienne, le 30 du même mois, Sérin et Frangipani à Neustadt. Tattembach ne fut jugé et mis à mort que le 1 décembre suivant. Après ces exécutions, l'empereur regardant la Hongrie, dont il tenait toutes les places fortes, comme un pays de conquête, supprima la charge de palatin, et lui substitua celle de vice-roi, dont il revêtit Jean Gaspard d'Ampringen, grand-maître de l'ordre Teutonique. Les Hongrois voyant leur liberté anéantie, résolurent de faire les derniers efforts pour la recouvrer. La cour de Vienne, informée de cette résolution, met à prix les têtes de ceux dont elle pouvait craindre les entreprises. Ce cruel expédient ne sert qu'à faire éclater plutôt le soulèvement. Le comte Eméric Tékéli, dont le père était mort l'an 1673, en défendant contre les Impériaux son château de Kus, se rend en Transylvanie auprès du prince françois Racoczi, gendre du feu comte de Sérin, qui avait armé treize comtés de la haute Hongrie pour procurer la délivrance, et ensuite pour venger la mort de son beau-père. Plusieurs seigneurs viennent l'y joindre. Ils eurent bientôt une armée capable de faire tête aux Impériaux. Mais leurs exploits se réduisirent pendant quelques années à des courses dont les succès étaient contrebalancés par des pertes. La défection de François Racoczi qui se donna à l'empereur, ne les déconcerta pas. Pour se remettre en forces, ils appelèrent de Pologne à leur secours, l'an 1677, le comte de Bohun, qui leur amena six mille polonais que le roi Jean Sobieski avait licenciés après la paix de Zurawno. Le général Smith ayant attaqué ce corps à Nialap, près de Tibisk, fut défait, et laissa sur le champ de bataille plus de mille impériaux, outre huit cents qui se noyèrent, et environ autant qui furent faits prisonniers. Les mécontents ayant joint le vainqueur, leur armée se trouva forte de dix-huit mille hommes. Mais la division s'étant mise, pour le commandement, entre Vesselchi et Tékéli, retarde leurs progrès. Tékéli à la fin triompha de son rival et l'envoya prisonnier à Clausembourg. La cour de Vienne le voyant alors pleinement libre, l'amuse par des trêves qu'elle n'observe pas. Pour la contraindre à s'exécuter, il a recours à la Porte Ottomane, dont il obtient une promesse d'être secouru. L'empereur alors consent de tenir une diète pour discuter les griefs des mécontents. Elle s'assembla, l'an 1682, à Oedembourg, au mois d'avril, et voici quel en fut le résultat. On y créa d'abord un palatin qui fut le comte Paul Esterhazi. Le gouvernement légitime, conforme aux lois et aux serments des rois, qui avait duré huit cents ans, fut rétabli, après une interruption de dix ans, le prétendu droit des armes aboli pour jamais, et toutes les injustices passées solennellement rétractées. Tékéli n'assista point à cette assemblée. Engagé trop avant avec la Porte pour reculer, il continua ses hostilités, muni des secours qu'elle lui fit passer. Le 14 août, il prend la ville de Cassovie, dont un lieutenant, avec qui il entretenait des intelligences, lui avait livré le château. Leubschet et le fort de Sipt se rendent le 18; Eperies et Tockai tombent pareillement, la première entre ses mains, l'autre dans celles des Turcs. Il était déjà maître de la forteresse importante de Mongatz, ou Munkatz, dans le comté de Pereczas, par son mariage avec Hélène d'Esdrin, fille du feu comte Sérin, et veuve de François Racoczi. Le 16 septembre, le bacha de Waradin oblige Fillek à se rendre après trois jours de tranchée et divers assauts. La place fut rasée à l'occasion de la dispute qui s'éleva entre lui et les mécontents, à qui y mettrait garnison (d'Avrigni). Tékéli faisait cependant la conquête des villes de la montagne. Comme sa hautesse l'avait déclaré prince de Hongrie, il y fit battre de la monnaie, dont l'empreinte portait d'un côté ces paroles : *Hemericus, comes Tekeli, princeps Hungariæ*, et sur le revers : *Pro Deo, pro patriâ, pro libertate.* (*Idem*). La trêve entre la cour de Vienne et la Porte étant expirée l'an 1683, celle-ci refuse de la prolonger, et déclare ouvertement la guerre à l'empereur. Ce monarque vient à bout, non sans peine, de conclure une ligue offensive et défensive avec Jean Sobieski, roi de Pologne. Ce fut le salut de l'empire. Le grand-visir, Kara Mustapha, ayant traversé la Hongrie à la tête de deux cent mille hommes, vient se présenter devant Vienne. Tandis qu'il fait le siége de cette ville, le duc de Lorraine s'empare de Presbourg qui s'était mis sous la protection de Tékéli. Le 7 octobre, après la levée du siége de Vienne, le roi de Pologne livre bataille aux Turcs à la vue de Barkan, près de Strigonie, et la perd, avec risque de la vie, par trop de précipitation. Deux jours après, il prend sa revanche au même endroit; secondé du duc de Lorraine, il taille en pièces l'armée ottomane. La guerre continue, les années suivantes, avec de nouveaux succès pour les Chrétiens. L'an 1684, le duc de Lorraine défait quinze mille turcs, le 27 juin, près de Weitzen. Tékéli cependant, après avoir vainement tenté un accommodement, continuait à se défendre avec une partie des mécontents, qui lui était restée fidèle. Le 18 septembre, à la pointe du jour, il est surpris par le général Schultz, et se sauve en chemise jusqu'à Cassovie. Schultz crut qu'Eperies tiendrait peu après cet avantage. Le froid néanmoins et la disette l'obligèrent d'en lever le siége. Mais l'ayant repris l'année suivante, il se rendit maître de la place le 11 août, après vingt-deux jours de tranchée ouverte. Le 19 du même mois, le duc de Lorraine emporta d'assaut Neuhausel. Au mois d'octobre suivant, le seraskier Heitam, bacha de Waradin, fait arrêter Tékéli sur des soupçons que Caraffe, général des Impériaux, lui avait inspirés. A la nouvelle de sa détention, ses troupes indignées vont se rendre pour la plupart à l'armée impériale. Cassovie, et d'autres places qui tenaient pour lui, ouvrent leurs portes aux Allemands. Tékéli est relâché par ordre du sultan, qui le reçoit avec des marques d'une distinction particulière. Mais sa liberté, dit le père d'Avrigni, ne fit pas, à beaucoup près, autant de bien que sa détention avait fait de mal. L'an 1686, le 2 septembre, le prince de Lorraine force Bude. On y trouva renfermée, dans une cage de fer, la tête du grand-visir Kara Mustapha, que le grand-seigneur avait fait étrangler trois ans auparavant, et on la porta à Vienne au cardinal Colonits, dont le visir avait lui-même promis d'apporter la tête à son maître. L'armée turque, qui était venue au secours de la place, s'enfuit aussitôt qu'elle fut prise. Le prince ne la poursuivit pas pour deux raisons; 1°. parce qu'il est très-difficile d'atteindre les turcs quand ils se retirent; 2°. parce que pour peu qu'on dérange ses rangs en les poursuivant, ils reviennent avec une telle précipitation et une telle furie, que les meilleures troupes courent risque d'être culbutées. (*Mémoire de Berwick*). L'an 1687, le 12 août, les ducs de Lorraine et de Bavière mettent en déroute, dans la plaine de Mohatz, une armée de quatre-vingt mille turcs, commandée par le grand-visir. Le fruit de cette victoire fut la réduction de l'Esclavonie sous les lois de Léopold. Le duc de Bavière eut beaucoup de part à presque tous ces exploits. Fier de tant de prospérités, Léopold assemble les états à Presbourg, y fait déclarer, le 31 octobre 1687, la couronne de Hongrie héréditaire dans sa maison, et cède en même tems cette couronne à son fils aîné, l'archiduc Joseph. Les états, si jaloux auparavant de leur liberté, ne savent alors qu'obéir. Un échafaud dressé depuis le 5 mars dans la ville d'Eperies, et teint du sang des mécontents, avait préparé les esprits, par la terreur, à cette soumission. (*Voyez* Léopold, *empereur*, *et les Ottomans.*)

JOSEPH, ARCHIDUC.

1687. JOSEPH, archiduc d'Autriche, âgé de neuf ans, est couronné roi de Hongrie, le 9 décembre 1687, à Presbourg. L'an 1688, la princesse Tékéli capitule, le 17 janvier, dans Montgatz, après plusieurs années de blocus. Par le traité, il fut stipulé qu'il y aurait amnistie pour la garnison et les habitants, que la princesse et les enfants qu'elle avait de Racoczi, son premier mari, seraient conduits à Vienne, et qu'on leur rendrait leurs biens, meubles et immeubles. En conséquence, la mère et la fille furent menées à Vienne, où elles furent renfermées dans un couvent, et le fils, François-Léopold, envoyé chez les Jésuites à Prague. Le comte Caraffe prend, le 19 mai, Albe-Royale, après une longue défense. Le 6 septembre suivant, l'électeur de Bavière emporte, l'épée à la main, Belgrade, assiégée depuis le 21 août. Cette ville est reprise par les Turcs, le 8 octobre 1690, à la faveur de l'incendie d'un magasin de poudre. L'an 1691, bataille de Salenkemen, donnée, le 19 août, par le prince de Bade, contre les Turcs. Le carnage fut grand de part et d'autre, et le succès douteux. Le grand-visir Kioprili périt dans l'action avec l'aga des janissaires. L'an 1697, le 11 septembre, victoire du prince Eugène sur les Turcs à Zenta. Vingt mille de ces infidèles, avec le grand-visir, et dix-sept pachas, restèrent sur la place, outre dix mille qui se noyèrent, et plus de trois mille qu'on fit prisonniers. Le butin fut immense. Mais la gloire dont Eugène se couvrit à cette journée, ne le mit pas à l'abri des traits de l'envie. L'empereur lui avait fait défendre d'engager une affaire générale. Ceux qui avaient sollicité cette défense obtinrent qu'à son retour à Vienne il fût mis aux arrêts. Lorsqu'on lui demanda son épée, *La voilà*, dit ce héros, *puisque l'empereur la demande ; elle est encore fumante du sang de ses ennemis. Je consens à ne plus la reprendre, si je ne puis l'employer pour son service.* Léopold fut si touché de cette générosité, qu'il donna au prince un écrit qui l'autorisait à se conduire à la guerre comme il le jugerait à propos, sans qu'il pût jamais être recherché. L'an 1699, traité de paix signé à Carlowitz, les 25 et 26 janvier, entre l'empereur et les Turcs. Par ce traité, l'empereur rentra en possession de la Transylvanie, de l'Esclavonie et de toute la Hongrie en-deçà de la Save; et les Turcs conservèrent Témeswar avec la Hongrie au-delà de la Save. Le prince François-Léopold Racoczi, fils de François Racoczi, et petits-fils de Georges II Racoczi, s'échappe, le 9 novembre 1701, de la prison de Neustadt, où l'empereur l'avait mis, et va former un nouveau parti en Hongrie. La France lui envoie du secours en 1705. Diète d'Onod, tenue au mois de juin 1707, dans laquelle Racoczi fait déclarer le trône de Hongrie vacant. Il est battu, l'an 1708, le 3 août, par le général Heister, à la vue de Trenskin. L'an 1711, il est obligé d'abandonner la Hongrie. Le 17 avril de la même année, mort de l'empereur Joseph. Le 29 du même mois, l'impératrice, sa veuve, conclut, avec les mécontents, un traité de paix, par lequel on leur rend les anciens priviléges conservés en 1690 au corps de la nation. Racoczi, et quelques autres, protestent contre ce traité; mais l'acceptation des plus sages lui assura son effet pour le moment, qui était critique.

CHARLES.

1712. CHARLES D'AUTRICHE, empereur, est couronné roi de Hongrie à Presbourg, le 21 avril 1712. A l'occasion de ce couronnement, les Hongrois lui firent présent d'un gobelet de vermeil, haut, dit-on, d'une aune et demie, et d'une bourse remplie de cent mille ducats. L'an 1716, il se ligue avec les Vénitiens contre les Turcs. Ses généraux, le prince Eugène à la tête, battent ces derniers entre Peter-Waradin et Salenkemen, le 5 août, et emportent, le 13 octobre suivant, Témeswar, la dernière place que ceux-ci possédaient en Hongrie. L'an 1717, bataille de Belgrade, où les Turcs sont défaits le 16 août. La ville se rend aux Impériaux le 18 du même mois. Paix signée à Passarowitz, le 21 juillet 1718, entre l'empereur et la Porte. L'empereur y gagne les villes et bannats de Témeswar et de Belgrade, avec une partie de la Servie. La guerre recommence, l'an 1737, en Hongrie, contre les Turcs. Nissa, pris le 28 juillet par les Impériaux, est repris par les Turcs le 21 octobre suivant. Orsova est forcé par ces derniers, le 9 août 1738. Défaite des Impériaux à Krotzka, le 22 juillet 1739. La fureur des Turcs, à cette journée, fut telle qu'on les vit combler de leurs morts les fossés d'une redoute pour s'en emparer. Siége de Belgrade formé par le grand-visir. Tandis qu'il est devant cette place, M. de Villeneuve, ambassadeur de France à la Porte, chargé de la médiation du roi son maître, entre en négociation avec lui. Il vient à bout de le déterminer à renoncer à la continuation de ses conquêtes, et même à celle de Belgrade. « Mais la précipi-
» tation du ministre de l'empereur rend cette bonne disposi-
» tion inutile. Il consent imprudemment à la reddition et ces-
» sion de Belgrade. Les préliminaires de la paix sont signés
» avec cette condition, dans le camp des Turcs, par le grand-
» visir et le comte de Neuperg. On livre aux Turcs une des
» portes de Belgrade, sans attendre la ratification de l'empe-
» reur, et les hostilités cessent. La négociation se suit : le mé-
» diateur continue ses bons offices, et pour réparer la faute du
» ministre allemand, il réussit au moins à obtenir que la cita-
» delle et les fortifications de Belgrade seront démolies. Enfin,
» le 22 septembre, le traité est conclu et signé. Les Impériaux
» y cèdent Belgrade, toute la Servie et la Valachie, et les Turcs
» se désistent de toutes leurs prétentions sur la Hongrie, aban-
» donnent le bannat de Témeswar, consentent que le Danube
» et la Save servent à l'avenir de bornes aux deux empires. »

(*Journal de Louis XV.*) L'empereur, par une lettre circulaire à ses ministres dans les différentes cours, se plaint amèrement de la conduite des comtes de Wallis et de Neuperg dans cette affaire. Mais il n'en témoigne pas moins de disposition a maintenir le traité de paix, et en effet l'échange des ratifications de ce traité se fit, le 5 novembre suivant à Constantinople, dans le palais de l'ambassadeur de France. (*Journal de Verdun.*) Charles fait arrêter ces deux généraux, et établit une commission pour instruire leur procès. Mais pendant le cours de la procédure, il meurt le 20 octobre 1740. (*Voyez* Charles VI, empereur.)

MARIE-THÉRÈSE D'AUTRICHE.

1741. Marie-Thérèse-Walpurge-Amélie-Christine, fille de l'empereur Charles VI, née le 13 mai 1717, mariée, le 12 février 1736, à François, duc de Lorraine ; puis empereur, fut couronnée reine de Hongrie, le 25 juin 1741, à Presbourg, dans le tems qu'une grande partie de l'Allemagne, appuyée de la France, travaillait à la dépouiller. Ayant assemblé les quatre ordres de l'état, elle parut au milieu d'eux, tenant entre ses bras son fils aîné encore au berceau, et leur parlant en latin, elle leur dit avec cette grâce, cet air de grandeur et de majesté qui ont toujours accompagné cette princesse : *Abandonnée de mes amis, persécutée par mes ennemis, attaquée par mes plus proches parents, je n'ai de ressource que dans votre fidélité, dans votre courage et dans ma constance. Je remets entre vos mains la fille et le fils de vos rois, qui attendent de vous leur salut.* Tous les palatins attendris tirent leurs sabres, en s'écriant avec transport : *Moriamur pro rege nostro Theresia.* Marie était enceinte alors, et il n'y avait pas long-tems qu'elle avait écrit à la duchesse de Lorraine, sa belle-mère : *J'ignore encore s'il me restera une ville pour faire mes couches.* Dans cet état, elle excitait le zèle de ses Hongrois, elle ranimait en sa faveur l'Angleterre et la Hollande, elle négociait avec le roi de Sardaigne, et ses provinces lui fournissaient des soldats. La Hongrie, dit un auteur que nous copions, qui n'avait été pour ses ancêtres qu'un théâtre éternel de guerres civiles, de résistance et de punition, devint dès ce moment pour elle un royaume uni, peuplé de ses défenseurs. Trois mille gentilshommes hongrois, qui avaient servi en Silésie sous le comte de Neuperg, montent à cheval. Leur exemple entraîne tout le reste de la noblesse. Les états de Croatie fournissent douze mille hommes, et promettent de lever de nouveaux régiments. La reine, accordant la liberté à tous les serfs qui prendront les armes pour sa défense, un nombre infini accourt de tous côtés se ranger sous ses drapeaux. Le clergé lui fournit généreusement des sommes considérables. Son nom, déjà célèbre, dit un autre écrivain, et l'histoire de ses malheurs portée jusqu'au fond de l'Esclavonie, et sur les bords de la Drave, enflamment les habitants de ces tristes contrées de l'enthousiasme martial qui anime tous ses sujets. Il sort de ces pays sauvages des armées de troupes légères, si connues depuis sous le nom de Pandours et de Tolpalsches, dont la bravoure étonnante, l'habillement singulier et l'air affreux, jetaient partout l'épouvante, et gravèrent pour long-tems dans la mémoire des ennemis de leur reine le souvenir de leur figure et de leurs actions. On vit même jusque chez l'étranger des preuves non équivoques du vif intérêt que des particuliers prenaient à la situation de Marie-Thérèse. Les principales dames anglaises, assemblées par la duchesse de Marlborough, se cotisèrent pour lui offrir une somme de cent mille livres sterlings, en forme de don gratuit. Elle eut la générosité de la refuser, ne voulant d'autres subsides que ceux qu'elle attendait de la nation assemblée en parlement. Son courage la secourut autant que ses propres sujets et ses alliés. Enfin, après une guerre de huit ans, elle parvint à faire une paix avantageuse, qui lui assura la possession de l'immense héritage que ses ancêtres lui avaient transmis. Cette illustre princesse, la gloire de son sexe, le modèle des reines, des épouses et des mères, par sa piété sincère et éclairée, par sa grandeur d'âme, par la sagesse de son gouvernement, par son amour conjugal, par sa tendresse maternelle, par sa bonté compatissante pour les malheureux, succomba, le 29 novembre 1780, malgré tous les efforts de l'art, à un catarrhe qui l'enleva à sa famille et à ses peuples dont elle était adorée, dans la soixante-quatrième année de son âge et la quarantième de son règne. Son corps fut inhumé dans le tombeau de ses ancêtres aux Capucins de Vienne, son cœur aux Augustins Déchaussés de la même ville, et ses entrailles dans l'église métropolitaine. (*Voyez* Marie-Thérèse, reine de Bohême, et Louis XV, roi de France.)

Pour la suite des rois de Hongrie, *voyez* les empereurs d'Occident et d'Allemagne.

CHRONOLOGIE HISTORIQUE

DES

PRINCES DE TRANSYLVANIE.

La Transylvanie est une grande et riche province, bornée au Nord par la Pologne, à l'Orient par la Moldavie et la Valachie, au Midi par la Valachie, et à l'Occident par la haute et la basse Hongrie. Le blé qu'elle produit en abondance passe pour le meilleur de l'Europe. Ses vins ont à peu près la même réputation. Trois nations différentes habitent cette province, les Sicules, qui descendent des Huns qu'Attila conduisit en Pannonie; les Saxons, qui s'y établirent du tems des croisades; et les Hongrois, sous le nom desquels on comprend aussi les Moldaves, les Valaques et les Arméniens établis dans ce pays. Hermenstadt en est la capitale, et Albe-Julie le siége de l'évêque unique de Transylvanie.

JEAN-SIGISMOND ZAPOLSKI.

Par le traité conclu, l'an 1536, entre Jean Zapolski et Ferdinand, il était dit que dans le cas où le premier aurait un fils, la Transylvanie serait démembrée de la Hongrie, pour faire à ce fils une principauté. Le cas étant arrivé, l'an 1540, par la naissance de Jean-Sigismond, cet enfant est reconnu, presqu'en venant au monde, prince de Transylvanie. Son père, en mourant, le laissa sous la tutelle de sa mère, et la régence de Georges Martinusius, évêque de Waradin. Ce prélat, plus connu sous le nom de Moine, dans les histoires de Hongrie, parce qu'il avait été tiré d'un couvent des ermites de Saint-Paul, près de Bude, joignait aux qualités qui font les grands ministres, la hauteur et la fierté qui caractérisent les despotes. Il eut de fréquentes altercations avec la reine Elisabeth, qui implora contre lui le secours, tantôt du roi Ferdinand, tantôt de Soliman. Martinusius, par son adresse et sa fermeté, para tous les coups qu'elle lui porta, et se maintint dans le poste que le feu roi lui avait confié. Cette princesse, l'an 1551, se voyant près de succomber ou sous la puissance de la maison d'Autriche, ou sous celle du Turc, lasse d'ailleurs de se voir maîtriser par le régent, se détermine à céder, au nom de son fils, à Ferdinand, la Transylvanie, pour les principautés de Ratibor et d'Oppelen, en Silésie, que celui-ci donna en échange, au jeune prince. Le marquis Castaldo, général de Ferdinand, fut le négociateur de ce traité, dans lequel Martinusius eut soin que ses intérêts ne fussent pas oubliés. Il fut convenu que Ferdinand lui confirmerait le gouvernement de la province, avec le titre de vaivode, et quinze mille ducats d'appointements, outre le tiers des salines de Torda, qui faisaient le plus liquide des revenus de la Hongrie. En attendant la ratification de ce traité, Castaldo engagea la reine à se retirer avec son fils à Cassovie. Soliman, apprenant ce qui venait de se passer, entre en fureur, et fait passer une armée considérable en Hongrie, sous la conduite du beglierbei de Grèce. Le marquis et le prélat réunissent leurs forces pour faire tête à l'ennemi. La conquête la plus considérable des Turcs fut celle de Lippe, qui fut ensuite reprise sur eux. Pendant le cours de cette guerre, Ferdinand obtient du pape, le 12 octobre 1551, le chapeau de cardinal pour Martinusius, et presque dans le même tems lui procure l'archevêché de Strigonie. Castaldo et le prélat entrent en défiance l'un de l'autre. Le premier se croyant assuré que Martinusius entretient des correspondances avec la Porte, en donne avis à son maître, et reçoit un ordre de se défaire de lui. Sforce Pallavicini, Marc-Antoine Ferraro, Campeggio Monino, Piacentino et Scaramoncia, tous italiens, se chargent de l'exécution. Ils vont trouver le cardinal au château de Winitz, près de Sassebes, lui présentent des papiers à lire, et tandis qu'il commence à les parcourir, Ferraro le frappe à la gorge d'un coup de poignard. Le cardinal a la force de le repousser; Sforce accourt, et d'un coup de cimeterre le renverse sur le carreau; quatre arquebusiers l'achèvent. Ainsi périt, le 19 décembre 1551, à l'âge de soixante-dix ans, cet homme, que ses talents illustrèrent beaucoup plus que ses vertus. Son corps resta soixante-dix jours sans sépulture, pendant que les assassins étaient occupés à piller ses trésors. Il est à remarquer qu'ils finirent tous par une mort tragique. Les Turcs ayant pris Pallavicini, le firent expirer dans des tourments cruels. Campeggio Monino perdit la tête à Saint-Germain, en Piémont; Ferraro, fut pendu à Alexandrie, Scaramoncia fut écartelé en Provence; Piacentino, après avoir perdu, dans un combat singulier, la main dont il avait frappé le cardinal, fut tué par un sanglier, sous les yeux mêmes de Ferdinand. Ce prince ne recueillit pas le fruit qu'il avait espéré de la mort du cardinal. Soliman se mit en devoir de la venger. Méhemet, beglierbei de Romélie, vint, par son ordre, avec une nouvelle armée en Hongrie, assiégea Témeswar, dont il se rendit maître, s'empara ensuite de Zolnock, et échoua devant Agria. Les Autrichiens, en défendant ce pays, soulevaient contre eux-mêmes les habitants, par la dureté de leur conduite. Les Transylvains, plus maltraités, ou moins endurants, prirent le parti, l'an 1554, de rappeler la reine Elisabeth et son fils, à qui Ferdinand refusait de livrer les duchés qu'il leur avait promis. Dès qu'ils reparurent, la noblesse du pays leur jura une fidélité à l'épreuve de la séduction de Castaldo, de la puissance de Ferdinand et des caprices de la fortune. Les Turcs viennent à leur appui, et prennent diverses places en Transylvanie. L'an 1559, la reine Elisabeth meurt le 20 septembre, à l'âge de quarante ans; princesse continuellement exercée par des revers qu'elle soutint avec le courage d'une héroïne, et la résignation d'une chrétienne. Jean-Sigismond, son fils, eut à se défendre non-seulement contre les Autrichiens, mais contre ses propres sujets. Les Sicules excitèrent, en Transylvanie, une violente sédition, qu'il vint à bout de réprimer par sa fermeté. Ferdinand ayant cédé, l'an 1563, la Hongrie à Maximilien, son fils, il continua la guerre contre ce dernier, et remporta sur lui quelques avantages. Les Tartares, qui étaient venus à son secours, devinrent, par les cruautés qu'ils exercèrent en Hongrie et en Transylvanie, de nouveaux ennemis qu'il eut à combattre. L'an 1568, il leur livra une bataille où vingt mille de ces barbares furent taillés en pièces. Enfin, l'an 1570 il fit la paix par la médiation du roi de Pologne, et à l'insu des Turcs, avec Maximilien. Par le traité qui fut conclu entre eux, il renonça au titre de roi, pour ne prendre désormais que celui de prince sérénissime. La Transylvanie intérieure lui fut abandonnée comme son patrimoine, et il fut dit qu'après sa mort, l'ultérieure, dont il jouirait pendant sa vie, retournerait à l'empereur. Enfin, le dernier article portait, qu'au cas qu'il mourût sans postérité, les états de Transylvanie éliraient un prince qui serait dépendant de la maison d'Autriche. Jean-Sigismond mourut effectivement sans lignée, et sans même avoir été marié, à Albe-Royale, le 12 mars 1571. Il avait eu le malheur de se laisser infecter de l'hérésie socinienne, qui avait fait des progrès en Hongrie et en Transylvanie, à la faveur des troubles.

ETIENNE BATTHORI.

1571. ETIENNE BATTHORI, seigneur puissant, brave, vertueux, affable et d'une taille avantageuse, fut élu, le 21 mai 1571, par les états de Transylvanie, pour succéder au prince Jean-Sigismond. Son élection fut confirmée par les deux cours de Vienne et de Constantinople, à la charge de se reconnaître vassal de la première, et tributaire de la seconde. Etienne avait d'abord été attaché à l'empereur Ferdinand; il perdit même la liberté en combattant pour lui. Mais son attachement et ses services furent payés d'ingratitude. Le prince Jean-Sigismond l'attira ensuite à sa cour, et le chargea d'une commission importante auprès de l'empereur Maximilien II, qui le fit arrêter, sous prétexte qu'il avait contrevenu à la trêve. Il passa dans sa prison trois années qu'il employa à s'instruire par la conversation des savants, l'étude de l'histoire et la lecture des bons livres. Tel était le prince que les Transylvains se donnèrent. Son mérite était trop brillant pour ne point offusquer des yeux jaloux. L'an 1575, Etienne fut obligé de prendre les armes contre un seigneur nommé Béquessi, qu'il avait eu pour compétiteur dans le tems de son élection, et qui, ne pouvant lui pardonner la préférence qu'il avait eue, ne cessait de cabaler et d'exciter la Transylvanie à la révolte. Béquessi, assiégé dans son château, prit honteusement la fuite, et assura, par sa retraite, la tranquillité de la Transylvanie. Elevé la même année sur le trône de Pologne, Etienne cède, l'an 1576, la Transylvanie à son frère, sous le bon plaisir des états. (Voy. *les rois de Pologne.*)

CHRISTOPHE BATTHORI.

1576. CHRISTOPHE BATTHORI est élu prince de Transylvanie à la place d'Etienne, son frère. Les infirmités de ce prince rendirent son règne assez court et très-languissant. Il mourut l'an 1581, laissant un fils nommé Sigismond, qui lui succéda, et une fille appelée Grisilde, qui fut mariée à Zamoski, chancelier de Pologne.

SIGISMOND BATTHORI II.

1581. SIGISMOND BATTHORI, fils de Christophe, lui succéda, l'an 1581, par le choix des états. L'an 1595, ligué avec l'empereur Rodolphe, contre les Turcs, par un traité conclu le 4 mars, il bat le visir Sinan, devant le château de Saint-Georges, en Esclavonie, prend cette place d'assaut, emporte quelques autres villes, et revient, au mois de novembre de la même année, dans ses états, couvert de gloire et chargé de butin. Sigismond, en s'alliant avec Rodolphe, n'avait pas oublié ses intérêts. S'il y eût jusqu'alors quelque doute sur la souveraineté et l'indépendance de la Transylvanie, il fut levé par la diète, tenue cette année à Presbourg, où dans l'article trois, le prince de Transylvanie est reconnu prince libre, avec le titre d'*illustrissime*. Il accompagna, l'an 1596, l'archiduc Maximilien, dans la campagne de Hongrie, et eut la plus grande part dans ses expéditions. Mais l'année suivante, la crainte de tomber entre les mains des Turcs, lui fit prendre le parti de mettre entre eux et lui, un intervalle qu'il ne leur serait pas aisé de franchir. S'étant rendu à Prague, il traite avec l'empereur de l'échange de ses états contre les principautés d'Oppelen et Ratibor, en Silésie. On célébra cette abdication comme un acte d'héroïsme à Vienne. On s'en moqua dans le reste de l'Europe, comme de l'effet du caprice et d'une étrange pusillanimité. L'événement justifia ce dernier jugement. L'an 1598, en exécution de ce traité, Sigismond se rend en Silésie au mois de juin. Le regret le saisit aussitôt; il en part au mois d'août suivant pour retourner en Transylvanie. Nouveau trait de la légèreté de ce prince. L'an 1599, il remet, avec l'agrément des états assemblés au mois de mars, la Transylvanie à son cousin André, cardinal et évêque de Varmie, en Pologne. André ne jouit pas long-tems de cette principauté; la même année il est battu, le 28 octobre, près d'Hermanstadt, par Georges Basta, général de l'empereur, et trois jours après, les ennemis l'ayant surpris dans sa fuite, lui tranchent la tête. Sigismond veut encore reprendre le gouvernement de la Transylvanie. Battu plusieurs fois, mais surtout le 2 août 1601, à Moitin, il y renonce de nouveau, l'an 1602, et se retire au château de Lobkowitz, que l'empereur lui avait assigné pour sa retraite. Depuis, ayant encore voulu remuer, il fut arrêté et envoyé prisonnier à Prague, où il mourut le 20 mars 1613, sans avoir eu d'enfants de son épouse CHRISTINE, fille de Charles II, archiduc d'Autriche, qu'il avait épousée le 6 août 1595, (morte le 6 avril 1621.)

L'EMPEREUR RODOLPHE.

1602. L'empereur RODOLPHE, devenu maître de la Transylvanie par la dernière cession de Sigismond Batthori, établit une espèce de triumvirat pour gouverner l'état. L'an 1603, les Transylvains, mécontents de ce gouvernement, se donnent à Moïse, prince des Sicules. Moïse entre, le 9 juin de la même année, dans Weissembourg, ou Albe-Julie, qui lui avait volontairement ouvert ses portes. Mais, au mois de septembre suivant, il est battu par les Impériaux, et tué dans le combat. L'an 1604, nouvelle révolte de la Transylvanie, et d'une partie de la Hongrie, sous la conduite d'Etienne Botskai, noble hongrois. Le 5 décembre, Etienne livre bataille au comte de Belle-Joyeuse, général des Impériaux, et le bat à plate-couture.

ETIENNE BOTSKAI.

1605. ETIENNE BOTSKAI, protestant de religion, se fait reconnaître, au mois d'avril 1605, prince de Transylvanie par les états du pays. (Sponde.) Le sultan, sous la protection duquel il s'était mis, le confirme, au mois de novembre suivant, dans cette principauté, comme dans celles de Moldavie et de Valachie, dont il s'était pareillement emparé. Il y ajouta le titre de roi. L'an 1606, par le traité conclu le 23 juin entre la cour de Vienne et la Porte, Botskai se fait reconnaître, par l'empereur, prince de Transylvanie, comte des Sicules et palatin de Hongrie; dignités qui se perpétueront, est-il dit, dans sa race masculine, jusqu'à son extinction; après quoi la Transylvanie doit retourner à l'empereur, ou plutôt à la maison d'Autriche. Etienne meurt à Cassovie, empoisonné, dit-on, par son secrétaire, à la sollicitation des Turcs, le 28 décembre de la même année, sans laisser d'enfants de son épouse CATHERINE, fille du comte Hagorassi.

SIGISMOND RACOCZI.

1607. SIGISMOND DE FELSOE VADAS, Prince de Racoczi (et non Ragotski), dont la valeur s'était signalée en Hongrie contre les Turcs, est élu, malgré lui, prince de Transylvanie, dans un âge avancé, le 22 février 1607, par les états assemblés à Clausembourg. L'empereur, à qui cette principauté devait revenir après la mort de Botskai, suivant le traité fait avec lui, dissimule cette élection. Racoczi, l'an 1608, abdique à raison de ses infirmités, et se retire à Sarrente, où il mourut l'an 1613, dans une heureuse obscurité, laissant un fils nommé Georges, qui viendra ci-après.

GABRIEL BATTHORI.

1608. GABRIEL BATTHORI succéda, par le choix des états et la faveur des Turcs, à Sigismond Racoczi. Informé que l'empereur se prépare à faire valoir ses droits sur la Transylvanie, il le prévient par une députation dont le succès fut un traité par lequel il était reconnu vaivode de Transylvanie, à condition de recevoir garnison allemande dans les villes de sa domination. La Porte, instruite de ce traité par Bétlem-Gabor, qui aspirait à sa place, envoie contre lui deux corps de troupes, commandés, l'un par Sandar Bassa, l'autre par Ogli. Batthori, poursuivi de place en place, et se voyant sans ressource, se fait donner la mort à Vallenèse, par un de ses soldats, le 27 octobre de l'an 1613.

BETLEM OU BETLÉEM GABOR.

1613. BETHLEM GABOR, ou GABRIEL BETLÉEM, noble hongrois et calviniste, persécuteur de Gabriel Batthori, qui l'avait comblé de bienfaits, est déclaré prince de Transylvanie, le 30 octobre 1613, par Sandar Bassa, titre que les états assemblés à Hermanstadt lui confirment. L'an 1619, il se déclare le protecteur des rebelles de Bohême, et conclut une ligue avec eux. Tandis que l'empereur Ferdinand est occupé à réduire ce pays, il entre, au mois de septembre, dans la haute Hongrie à la tête d'une armée, faisant porter devant lui un étendard sur lequel on avait peint deux chevaliers qui unissaient leurs mains, et au bas desquels on lisait cette devise : *Confœderatio et concordia.* Ne trouvant presque point de résistance, il s'avance jusqu'à Presbourg, dont il se rend maître, le 20 octobre, et s'y fait reconnaître prince de Hongrie. Vienne croyait déjà le voir sous ses murs, et en tremblait d'effroi. Mais la disette de vivres l'oblige de revenir sur ses pas. S'étant arrêté à Neuhausel, il y convoque une assemblée des états de Hongrie, de Silésie et de Lusace, dans laquelle il fut résolu de le déclarer roi de Hongrie. Mais la proclamation et le couronnement furent remis à un autre tems. Le comte de Buquoi reprend Presbourg, le 10 mai 1621, et met ensuite le siége devant Neubausel, où il est tué le 10 juillet. L'an 1624, le 8 mai (*Mercure Français*), Gabor conclut à Vienne, par ses députés, un traité de paix avec l'empereur Ferdinand II, par lequel il est reconnu prince de Transylvanie, en renonçant au titre de roi de Hongrie, et obtient les duchés d'Oppelen et de Ratibor, en Silésie. L'an 1629, sur la nouvelle que Gustave-Adolphe, roi de Suède, se prépare à pénétrer en Allemagne, il fait de son côté des préparatifs pour entrer en Hongrie. Mais une hydropisie qui lui survient, fait évanouir ce projet. Il meurt de cette maladie, au mois de novembre de la même année. On dit que sentant approcher sa dernière heure, il fit un testament par lequel il donnait à l'empereur un cheval de prix, richement enharnaché, et 40,000 ducats. Il y avait un legs semblable pour le roi de Hongrie, et un autre de la même espèce pour le sultan Amurat IV. La bizarrerie de ce testament ne démentait point la conduite que le vaivode avait tenue dans l'administration de ses affaires. Son caractère était un mélange d'avarice et de générosité, de valeur et d'inconstance, de vertus et de vices, qu'il serait difficile de définir. On peut regarder le tableau de sa vie comme une suite de singularités, sur laquelle on ne saurait asseoir de jugement solide. Tout ce qu'on en peut dire, c'est qu'il joignait un peu de folie à de grandes qualités. Sa femme, CATHERINE de BRANDEBOURG, dont il ne laissa point d'enfants, lui survécut. Elle gouverna la Transylvanie jusqu'à la tenue des états.

GEORGES RACOCZI I.

1631. Les états de Transylvanie, après avoir élu pour leur prince, l'an 1630, à Waradin, Etienne Betléem, proche parent de Gabor, révoquent cette élection en 1631, et proclament GEORGES RACOCZI, vulgairement appelé RAGOTZI. Résolu de se rendre indépendant, il ne ménagea ni l'empereur ni le sultan, et s'allia aux Suédois avec lesquels il dévasta la Pologne. Les Protestants de Hongrie trouvèrent en lui un défenseur ardent. Attaqué, l'an 1636, par les Turcs, protecteurs de la maison de Betléem qu'il maltraitait, Racoczi leur fait face, et les repousse vigoureusement. L'an 1644, pour faire diversion aux forces de la maison d'Autriche, employées en Allemagne contre les Suédois, il fond sur la haute Hongrie, pille quantité de bourgs ou de villages, emporte d'assaut Cassovie, au mois de mars, et plusieurs autres places dans le cours de cette année et de la suivante. Paix entre ce prince et l'empereur, conclue le 26 de juillet 1645, à des conditions trop avantageuses pour le premier. L'an

1648, il se met sur les rangs pour la couronne de Pologne, et se présente à la tête de trente mille hommes, pour combattre, s'il est élu, contre les cosaques, avec lesquels la république était alors en guerre, ou se joindre à eux s'il est rejeté. Cette alternative, proposée avec indécence, lui fait donner l'exclusion. Il meurt le 24 octobre de la même année, après avoir été marié deux fois; la première à SOPHIE, fille d'Etienne Betléem; dont il eut Georges Racoczi, qui lui succéda; la deuxième à SUZANNE LORENTZA, qui lui donna Sigismond, dans la suite duc de Montgatz, et mort en 1652. Ce prince en mourant laissa ses états augmentés des deux Valachies qu'il avait conquises, et de grands trésors que l'ambition démesurée de son successeur trouva moyen de dissiper en pure perte.

GEORGES RACOCZI II.

1648. GEORGES RACOCZI, est élu vers la mi-octobre 1648, pour succéder au prince Georges, son père. La Pologne, en 1655, se vit plongée dans une grande confusion, le roi Casimir ayant été poussé jusque sur la frontière par quelques palatins qui avaient appelé le roi de Suède à leur secours. Racoczi croit l'occasion favorable pour se faire reconnaître lui-même roi de Pologne. L'an 1657, au mois de janvier, il entre dans ce pays pour joindre ses armes à celles du roi de Suède. Battu le 14 juillet suivant par les Polonais et les Impériaux réunis, il est obligé de reprendre la route de ses états, après avoir subi la loi du vainqueur dans un traité de paix qu'il signa au mois d'août; et s'en revient avec trente domestiques, reste malheureux d'une armée de vingt-cinq à trente mille hommes qu'il avait menée en Pologne. Le grand-seigneur irrité de son irruption dans ce royaume, mande aux Transylvains de lui donner un successeur. Racoczi feint de se démettre de sa principauté le 12 d'octobre 1658, pour éviter une déposition dans les formes. Les états lui substituent le comte Redei; mais Racoczi chasse peu après ce rival. Il entre aussitôt en négociation pour mettre la Transylvanie sous la protection de l'empereur. La chose ayant réussi, les Impériaux et les Hongrois viennent en foule se ranger sous ses drapeaux. Il marche à leur tête contre le pacha de Bude, qui s'était mis en campagne à la tête d'une nombreuse armée, et le met en déroute près d'Arad. Cependant le grand visir s'avançait avec une autre armée de cent mille hommes. Les états de Transylvanie lui députent pour désavouer la conduite de leur prince. Il arrive sur les lieux, dépose Racoczi, et nomme Acasio Barczai, ou Barczai Acas, pour le remplacer. Racoczi rentre en

Transylvanie, après le départ du visir, et fait de nouveaux efforts pour recouvrer ses états. L'an 1660, il meurt à Waradin, le 26 juin, des blessures qu'il avait reçues le 27 mai dans une bataille donnée entre Guile et Coloswar, contre les turcs. (D'Avrigni, de Saci.) M. Pfeffel dit qu'il fut tué devant Clausembourg. Il eut de Sophie Batthori, son épouse (morte en 1679) François, qui eut part aux troubles de Hongrie, et mourut en 1676, laissant de sa femme Hélène d'Esdrin, fille de Pierre, comte de Sérin, un fils nommé François-Léopold, et Julie-Barbe, mariée, en 1691, à Ferdinand Gobert, comte d'Aspremont-Reicheim. Hélène d'Esdrin, mère de ces deux enfants, épousa en secondes noces le fameux Eméric Tékéli, chef des mécontents de Hongrie.

KÉMENI JANOS, OU JEAN KEMIN.

1660. Kémeni Janos, général des troupes de Racoczi, lui succéda, l'an 1660, par le choix des états assemblés à Bistricz. Barczai lui céda ses droits sur cette principauté moyennant une pension; mais peu après Kémeni lui fait trancher la tête, ou selon le comte Betlem Niklos, le fait assassiner dans une partie de chasse sur des soupçons de trahison. L'an 1661, les Turcs déposent Kémeni qui s'était mis sous la protection de l'empereur, et nomment à sa place Michel Abaffi, qui ayant été pris en guerre par les Tartares avait été pendant quelque tems leur esclave. Kémeni périt, le 1 février 1662, écrasé sous les pieds des chevaux dans une bataille contre son compétiteur.

MICHEL ABAFFI Ier.

1662. Michel Abaffi devient paisible possesseur de la Transylvanie par la mort de Kémeni. L'an 1664, après avoir servi jusqu'alors les Turcs en Hongrie, il se fait comprendre dans la trêve de vingt ans, conclue à Témeswar entre la cour de Vienne et la Porte. Il y est reconnu par ces deux puissances vaivode de Transylvanie, avec confirmation des anciennes limites, lois et priviléges de la province. Mais son penchant fut toujours pour les Turcs et les mécontents de Hongrie, qui trouvèrent souvent des secours et un asile chez lui. Le duc de Lorraine ayant pénétré, l'an 1687, dans la Transylvanie, soumet cette province sans la ravager. Abaffi avait pris la fuite à son approche. Consterné de la perte de ses états, il alla se jeter aux pieds de l'empereur qu'il vint à bout de fléchir, en lui promettant de le servir fidèlement et de rompre toute intelligence avec le Turc,

L'empereur non-seulement lui rendit sa principauté, mais consentit que son fils lui succédât, et accorda aux Transylvains quelques conditions qui flattaient leur orgueil : (ceci est du 8 mai.) Depuis ce tems, Abaffi vécut tranquille jusqu'à sa mort arrivée au mois d'avril 1690, dans la cinquante-huitième année de son âge. D'ANNE BOMEMIERN, son épouse, il laissa un fils, nommé comme lui, qui le remplaça.

MICHEL ABAFFI II.

1690. MICHEL ABAFFI II, né l'an 1677, est mis en possession des états de son père au mois de mai 1690, sous des tuteurs que l'empereur lui donna à cause de sa minorité. Les Turcs, de leur côté, nomment à cette principauté le comte Eméric Tékéli, qui s'y rend aussitôt à la tête de vingt-quatre mille hommes. Après avoir conquis plusieurs places, il est obligé de les rendre la même année et d'évacuer le pays. Alors il se retire à Constantinople, où il vécut en particulier jusqu'au 13 septembre 1705, qu'il mourut catholique près de Nicomédie. L'an 1694, Abaffi, mandé à la cour de Vienne, est contraint de céder ses états à l'empereur, moyennant une pension, et le titre de prince de l'empire. Depuis ce tems la Transylvanie est demeurée sous la puissance de la maison d'Autriche, malgré les efforts que les mécontents ont encore faits depuis pour l'en retirer. Abaffi mourut à Vienne le 1 février 1713, et son épouse, CATHERINE BETLÉEM, le 4 janvier 1725, dans la même ville.

Il nous reste cependant à parler encore d'un nouveau prétendant au trône de Transylvanie et des efforts qu'il fit sans succès pour y parvenir ; quoiqu'on les ait déjà touchés sur les rois de Hongrie.

FRANÇOIS-LÉOPOLD RACOCZI (c'est ainsi qu'il signait lui-même, et non pas Ragotzki), né le 27 mars 1676, de François-Racoczi et d'Hélène-Aurore-Véronique, fille du comte Pierre Szerini (Sérin), décapité à Neustadt en 1671, avait à peine six mois lorsqu'il perdit son père. On a vu, à l'article de Hongrie, la part que celui-ci eut aux troubles de ce royaume. Sa veuve s'étant retirée au château de Mongatz ou Munkats avec son fils et Barbe-Julie, sa fille, née en 1672, se remaria l'an 1682, au mois d'août, à Eméric Tékéli ou Théokéoli, dont le père, Etienne Tékéli, l'un des chefs des mécontents de Hongrie, mourut en 1673, dans son château de Kus, tandis que la garnison capitulait avec les Impériaux qui en faisaient le siége. Emeric marcha sur les traces de son père, et l'effaça par l'éclat de ses actions. La princesse, son épouse, ne lui cédait point en courage. Obligée, le 17 janvier 1688, de rendre aux Impériaux le château de Mongatz, après s'y être défendue pendant plusieurs années, elle fut conduite à Vienne avec sa fille dans un couvent d'ursulines, tandis qu'on menait son fils aux Jésuites de Prague pour y être élevé. François-Léopold se plaint amèrement dans ses Confessions de la cruelle indulgence avec laquelle ses instituteurs traitaient les maladies de son âme, et du peu de soin qu'ils prenaient de le retirer des impuretés secrètes dans lesquelles il tombait fréquemment, jusqu'à lui laisser même ignorer la gravité de ces sortes de péchés, tandis qu'ils l'amusaient de pratiques minutieuses d'une dévotion superficielle. L'an 1693, il quitta ces maîtres qui auraient bien souhaité l'agréer à leur corps, mais qu'il n'aimait ni n'estimait assez pour se livrer à eux, et se mit à voyager en Italie. A son retour, il épousa, le 26 septembre 1694, à Cologne, la princesse Charlotte-Amélie, fille de Charles, landgrave de Hesse-Rhinfeld, auteur de la branche de Hesse-Wanfried, et d'Alexandrine de Liningen. La cour de Vienne ne vit pas avec satisfaction cette alliance des deux maisons de Racoczi et de Hesse. Le cardinal Colonitz, et le comte Kinski, ennemis de François-Léopold Racoczi, augmentent les défiances de la cour impériale, en le faisant passer pour auteur du soulèvement des Hongrois et des Transylvains. On lui attache des espions, et sur le rapport qu'ils font des correspondances qu'il entretenait avec le ministre de France à Vienne, il est arrêté, le 10 avril 1701, dans son château de Saaros, par ordre de l'empereur, et conduit à Neustadt. Un capitaine de dragons lui ayant facilité son évasion le 9 de novembre suivant, il se sauve en Pologne et rencontre à Varsovie le comte Bérésini avec lequel il se lie. De-là ils passent ensemble en Russie, bien décidés l'un et l'autre à mettre tout en œuvre pour se tirer, ainsi que leurs compatriotes, de l'oppression de la maison d'Autriche. Une diète tenue, l'an 1705, dans le mois d'août, à Weissembourg ou Albe-Julie, élit Racoczi, prince souverain de Transylvanie. Racoczi, au mois de septembre suivant, en convoque une nouvelle où il est une seconde fois proclamé prince de Transylvanie, duc et chef de toute la Hongrie, et père de la patrie. Pour soutenir ces titres il n'eût d'abord que cinq cents hommes de pied et cinquante cavaliers. Mais cette petite armée dans l'espace de trois ans s'accrut jusqu'à soixante-quinze mille guerriers, et par les progrès rapides qu'elle fit, porta la terreur jusqu'aux portes de Vienne. Par les traités conclus avec Georges Racoczi I, la France avait garanti le maintien de la maison de Racoczi dans la principauté de

Transylvanie en cas d'élection. François, ayant rappelé à cette cour ces engagements, en lui notifiant son élection, Louis XIV donna ordre au marquis des Alleurs de le reconnaître pour prince de Transylvanie, pourvu que les confédérés renonçassent formellement à la domination de la maison d'Autriche. La condition fut remplie, dans le mois de mars 1707, par les états d'Onod. Au mois d'octobre suivant, Auguste, roi de Pologne, ayant été renversé du trône, les Polonais, à la sollicitation du czar, veulent y placer le prince de Transylvanie. Mais Racoczi refuse cet honneur incompatible avec les engagements qu'il a pris envers sa patrie. Il avait des traîtres parmi ses principaux officiers dont le plus dangereux, Ladislas Octaï, fut cause de la défaite totale qu'il essuya, l'an 1708, auprès du château de Trenskin. Le pape Clément XI achève la ruine de Racoczi, l'an 1709, par la défense qu'il fait au clergé de Transylvanie de reconnaître d'autre souverain que l'empereur. La noblesse catholique ayant suivi l'exemple du clergé, Racoczi quitte brusquement son armée, le 2 février 1710, passe en Pologne et delà en Russie. Pendant son absence, Karoli, général des confédérés, et quelques uns de leurs députés, signent à Karol un traité de paix, conforme aux desirs de la maison d'Autriche. Racoczi arrive en France l'an 1712, et y est reçu avec affection par Louis XIV. Ses talents, ses manières nobles et son caractère plein de franchise, le firent extrêmement goûter à la cour de France. Mais en même tems qu'il recherchait l'amitié des grands, il pensait à se rendre agréable à Dieu par de fréquentes retraites chez les Camaldules de Grosbois, à quatre lieues au-dessus de Paris. Il y fixa enfin sa demeure, l'an 1715, après la mort de Louis XIV. Cependant le Turc lui laissant entrevoir quelque ressource, il part, l'an 1717, autorisé par une consultation de Sorbonne, mais contre l'avis du régent de France et celui du czar, et se rend à Andrinople. A son arrivée, les intérêts du sultan n'étaient plus les mêmes. La Porte ne voit plus dans celui qu'elle avait appelé comme un allié important, qu'un ami peu intéressant, et à la fin qu'un hôte qui est à charge. Il sollicite la permission de revenir en France; le régent la refuse. La princesse, son épouse, est néanmoins reçue à Paris, où elle mourut le 8 février 1722, et fut enterrée chez les Carmes Déchaussés. Racoczi, abandonné des hommes, tourna toutes ses pensées vers le ciel. Il se donna entièrement à la pénitence. Dans sa retraite, il composa lui-même ses Mémoires, imprimés en 1739, dans les révolutions de Hongrie. Son testament politique et moral qu'on a mutilé en le mettant au jour, l'an 1751, est un autre fruit de sa retraite. On a aussi de lui, en manuscrit, des méditations, des soliloques, et un commentaire sur le Pentateuque. Enfin il dressa les confessions de sa vie sur le modèle de celles de saint Augustin. Les originaux de quelques-uns de ces ouvrages sont à la bibliothèque de Saint-Germain-Des-Prés. Tels furent les principaux exercices de Racoczi pendant sa longue retraite qu'il termina par une mort édifiante le 8 avril 1735, à Rodosto dans la Romanie. Son cœur fut apporté chez les Camaldules à Grosbois et placé dans le cimetière de ces religieux, suivant ses intentions. Il avait eu de son mariage trois enfants, Joseph, mort à Constantinople, le 7 novembre 1728; Georges, connu sous le nom de marquis de Sainte-Elisabeth, marié à Marguerite-Susanne Pinthereau de Bois-Lisle, dame de Cléri, en Vexin, mort à la Chapelle-lès-Paris, en juin 1756, sans laisser d'enfants de sa femme qui mourut à Cléri le 23 décembre 1768; et Charlotte, décédée sans alliance.

FIN DU SEPTIÈME VOLUME.

TABLE DES MATIÈRES

CONTENUES

DANS CE VOLUME.

www.ingramcontent.com/pod-product-compliance
Lightning Source LLC
LaVergne TN
LVHW010527100826
845148LV00001B/111